中财传媒版 2023 年注册会计师全国统一考试辅导系列丛书 · 注定会赢®

会计高频考点精讲

注册会计师考试编写组　编

中国财经出版传媒集团
中国财政经济出版社

图书在版编目（CIP）数据

会计高频考点精讲／注册会计师考试编写组编．--北京：中国财政经济出版社，2023.2

（中财传媒版 2023 年注册会计师全国统一考试辅导系列丛书．注定会赢）

ISBN 978-7-5223-1964-3

Ⅰ.①会…　Ⅱ.①注…　Ⅲ.①会计学-资格考试-自学参考资料　Ⅳ.①F230

中国国家版本馆 CIP 数据核字（2023）第 018540 号

责任编辑：张若丹　　　　责任校对：郑淑艳

封面设计：孙俪铭　　　　责任印制：党　辉

会计高频考点精讲

KUAIJI GAOPIN KAODIAN JINGJIANG

中国财政经济出版社 出版

URL：http：//www.cfeph.cn

E-mail：cfeph@cfeph.cn

社址：北京市海淀区阜成路甲 28 号　邮政编码：100142

营销中心电话：010-88191522

天猫网店：中国财政经济出版社旗舰店

网址：https：//zgczjjcbs.tmall.com

北京鑫海金澳胶印有限公司印刷　各地新华书店经销

成品尺寸：185mm×260mm　16 开　33.5 印张　835 000 字

2023 年 2 月第 1 版　2023 年 2 月北京第 1 次印刷

定价：98.00 元

ISBN 978-7-5223-1964-3

（图书出现印装问题，本社负责调换，电话：010-88190548）

本社图书质量投诉电话：010-88190744

打击盗版举报热线：010-88191661　QQ：2242791300

前　言

中国注册会计师制度自恢复至今已经走过四十多个春秋，四十多年的风雨历程见证了注册会计师事业的辉煌，而注册会计师考试是其很重要的组成部分。注册会计师考试科目多、章节内容广、知识点覆盖庞杂，考生常常反映考试难度大，甚至有的考生在备考过程中就选择了放弃。其实，考生如果能够掌握正确的复习方法和应试技巧，顺利通过考试并没有想象中那么难。复习时，首先应当按考试大纲规定的范围和相应的辅导教材进行全面、系统的学习；其次抓住考试中高频出现的重点章节和重点内容强化知识储备；最后有针对性地多做练习，以掌握答题思路和技巧，并加深对高频考点的理解和把握，方法得当，教辅应手，往往事半功倍！

注册会计师考试编写组通过对注册会计师考试辅导教材和历年注会考试真题的详细解读与针对性研究，深度梳理与分析了教材中的知识点和考试中的高频考点。在本系列丛书中，我们将教会考生如何备考、如何抓住高频考点以及如何理解以前年度真题。通过对本系列丛书的学习，考生可以更加深入地了解历年考试的重点，更好地把握2023年教材的新变化，书中还附有针对高频考点的练习题，帮助考生巩固所学知识、顺利通过考试。

注册会计师考试编写组以注册会计师考试教材为起点，认真剖析知识点与考试的关系，精准把握考试定位，方便考生理解和记忆，书中主要包含以下三部分：

第一部分：命题规律及本科目学习指导

本部分总结了历年来本科目注册会计师考试命题的规律，具体分析了题型与分值分布及主客观题的主要考点等，分析了注册会计师考试命题中题型与能力考核的对应关系，提醒考生在复习中不仅应关注知识点，更应注重各方面能力的培养。同时，本部分还为考生提供了本科目的学习指导，以使考生掌握科学的学习方法，按部就班、循序渐进地进行本科目学习，提高学习效率与效果。

第二部分：高频考点精讲及进阶练习

一是2023年教材各章内容的主要变化。这一部分主要是解读新教材的变化，帮助考生了解2023年教材与以往的不同之处，把握教材新动向。

二是各章近五年考试高频考点分布。这一部分主要是对每一章节近五年的考试分值分布与考点分布进行了统计，帮助考生了解重点所在，使考生复习时有的放矢。

三是各章的高频考点精讲。这一部分是对教材知识点进行深度解析，为了考生使用方便，我们对每个考点标有不同的星级，以此来对其重要程度进行区分，且后面设有包括真题的经典例题讲解，以求更好地帮助考生理解和掌握考试知识点。

四是进阶练习。这一部分旨在帮助考生巩固所学知识点，掌握答题的思路和技巧。

五是进阶练习答案及解析。

第三部分：跨章节综合题演练

本部分内容包括跨章节综合练习题和跨章节综合练习题答案及解析。这部分以对历年考试真题的详尽分析为基础，全面、系统、综合地将跨章节的考点加以涵盖，有助于考生通过练习掌握知识链，提高应试的综合能力和水平。

本系列丛书的撰写倾注了编写团队大量的心血和情感，团队成员经验丰富、熟悉专业、了解考生的需求。我们的最终目标就是希望能真正帮助考生攻克每一个难关，提高考生的应试能力，让考生轻松通过考试，顺利拿下证书。

预祝各位考生取得好成绩!

目　录

第一部分　命题规律及本科目学习指导

第二部分　高频考点精讲及进阶练习

第三部分 跨章节综合题演练

本书高频考点索引

第十二章 或有事项

第十三章 金融工具

第十四章 租赁

第十五章 持有待售的非流动资产、处置组和终止经营

第十六章 所有者权益

第十七章 收入、费用和利润

第十八章 政府补助

第十九章 所得税

第二十章 非货币性资产交换

第二十一章 债务重组

第二十二章 外币折算

第二十三章 财务报告

第二十四章 会计政策、会计估计及其变更和差错更正

第二十五章 资产负债表日后事项

第二十六章 企业合并

第二十七章 合并财务报表

第二十八章 每股收益

第二十九章 公允价值计量

第三十章 政府及民间非营利组织会计

第一部分

命题规律
及本科目学习指导

一、本书特点

（一）直击考点

本书总体架构上与教材保持一致，便于大家将本书与教材结合来使用。但是在内容安排上以考试中的高频考点为单元，每个知识点短小精悍，既有知识的总结也有真题和例题的讲解，每章结束还有对应的进阶练习，帮助大家检查本章内容的学习成果。

（二）重点突出

注册会计师考试与学历教育考试的最大区别是只要及格就能通关，就能够拿证书，没有优良中之分，六十分万岁。所以，为了优化备考时间，提高学习效率，本书没有面面俱到讲解所有知识点，也没有为所有的知识点配备相应的题目。书中的内容都是在考试中经常出现的重要知识点和难点问题，每个知识点配备典型真题、经典例题，题目数量不多，但都比较具有代表性，对帮助大家理解和掌握教材内容、提高应试能力具有很大的参考价值。

（三）与时俱进

由于会计准则和相关政策法规不断发生变化，考试大纲和教材每年都进行重新修订，所以本套教辅书的内容也每年都进行相应的修订，根据教材变化调整知识点的解析，根据上一年的考试情况调整真题，根据上市公司实务中的最新案例和监管层的相关指引，结合考试的命题规律，不断更新相关题目，以不断适应考试的要求。

二、近三年考情分析

（一）题型、题量和分值

题型	2022 年		2021 年		2020 年	
	题量	分值	题量	分值	题量	分值
单项选择题	13	26	13	26	12	24
多项选择题	12	24	12	24	10	20
计算分析题	2	18	2	18	2	20
综合题	2	32	2	32	2	36
英文附加题		0		5		5
合　计		100		105		105

（二）命题特点

1. 覆盖面宽，考核全面

注册会计师考试的目的是选拔高层次人才进入注册会计师从业队伍，最终的目的是解决实际工作中的问题，提高会计信息的质量，更好地服务资本市场的发展，保护投资者尤其是中小投资者的利益。因此教材的任何一个章节，任何一个页码，犄角旮旯的地方都有可能出题，这在广度上提高了考试的难度。尤其是近两年的主观题中出现了大量的拼盘题，难度不是很大，但是范围很宽，很多不相关的内容都可以拼在一起来考，尽量把考试大纲和教材的内容覆盖全面。

2. 喜新不厌旧

“喜新”是指逢新必考，这是各大考试的规律。注册会计师考试辅导教材更新的速度是其他任何教材都无法比拟的，只要涉及会计准则的修订和新增、新的企业会计准则解释的发布、财务报表格式的修改等政策法规的变化，教材一定会及时更新，更新的内容一定是当年考试的热点、重点。例如 2017 年的会计改革涉及的准则变化，在 2018 年教材中及时进行了更新，当年的考试主观题中考到了收入、持有待售的非流动资产、处置组和终止经营、金融工具、政府及民间非营利组织会计等新准则的内容。2020 年教材中租赁、非货币性资产交换和债务重组等内容按照新的租赁准则重新编写，当年的考试主观题中考到了租赁的会计处理，2021 年主观题考到了债务重组和非货币性资产交换。

“不厌旧”是指重者恒重，这也是考试的铁律。涉及“四大金刚”的内容，即金融工具、股权投资“三姐妹”（长期股权投资、企业合并、合并财务报表）、收入、所得税，年年是重点，几乎每年都考主观题。除此之外，职工薪酬、政府补助、股份支付、借款费用、外币折算、投资性房地产等内容，虽然不是每年必考主观题，但是主观题当中也经常出现它们的影子，比如 2014 年借款费用、2017 年和 2021 年政府补助、2019 年职工薪酬、2022 年限制性股票等。

3. 综合性较强，难度较大

近年来的考试题，不管是客观题还是主观题，都越来越倾向于综合性，考单一知识点的题目越来越少。尤其是主观题部分，几乎不考单一知识点。命题往往沿着这两条线进行：第一条线是长期股权投资结合企业合并与合并财务报表出题，个别报表角度考查权益法、长期股权投资核算方法转换；合并报表层面考合并类型的判断、合并成本和商誉的计算，调整分录和抵销分录的编制，所得税以及特殊交易在合并报表中的会计处理，等等。第二条线是会计调整结合具体业务，考查会计差错的判断、更正分录的编制，资产负债表日后调整事项和非调整事项的判断及调整事项的会计处理等。而且每年个别批次的卷子都会或多或少考“黑马题”，比如 2016 年的反向购买，2020 年“套娃题”和 2022 年“新套娃题”，2021 年资产证券化的题目等，无疑又增加了考试的难度。

4. 侧重基本概念和职业判断

注册会计师考试作为鉴证类的考试，相对于会计职称、税务师等职业资格类考试，更加侧重于职业判断能力的考查。近年来，文字描述形式的客观题和主观题越来越多，有的题目甚至直接考基本概念。比如 2017 年考到了金融负债的识别，2018 年考到了被套期项目的识别、重组、合同成本的确认、控制权转移的判断迹象，2019 年考到了分配现金利润确认应付股利的时点、借款费暂停资本化条件中的非正常中断情形，2020 年考到了金融工具减值的预期信用损失法的概念，2021 年考到了金融资产类别的判断、履约义务的识别、合同变更以及是否应当合并的判断，等等。

三、本科目学习方法指导

（一）理解万岁

考“税法”要过数字关，考“财务成本管理”要过公式关，考“会计”需要过理解关。会计上的科目众多，分录复杂，计算量大，如果靠死记硬背方式学习，很难搞定，即便你有很好的记忆力，也事倍功半。事实上，百分之九十五以上的会计确认、计量都有其背后的原理，只要大家把原理理解好，把源头的问题解决，很容易就能够把知识点掌握好，想忘记都难。比如存货盘盈的会计处理是冲减“管理费用”，而固定资产盘盈却计入“以前年度损益调整”，为什么同一类经济业务，会计处理不一样？其实道理很简单，存货量多价低，收发比较频繁，出现盘盈可以认为是不重要的差错；而固定资产量少价高，收发并不频繁，如果出现盘盈，属于重大差错，因此按照前期重大差错更正的原则处理。再比如股权投资，被投资方宣告分配现金股利，投资方如果把股权投资确认为金融资产和长期股权投资并按照成本法核算，需要确认投资收益；而投资方如果将其确认为长期股权投资并按照权益法核算，则冲减长期股权投资的账面价值。什么原因呢？这要回到权益法的本质上，长期股权投资的账面价值反映的是在被投资方所有者权益（或净资产）中享有的份额，被投资方宣告分配现金股利时，会导致被投资单位留存收益（所有者权益）减少，作为权益法的长期股权投资账面价值就需要按照比例进行调减处理。

（二）抓住规律，关注特例

会计的内容虽然多，但是规律性很强。只要抓住其内在规律，就能够取得事半功倍的效果。比如，为取得资产发生的直接相关费用通常作为合理必要支出计入该资产的成本，但是企业合并的长期股权投资，没有计入成本，而是直接计入“管理费用”，以公允价值计量且其变动计入当期损益的金融资产也没有计入成本，直接计入“公允价值变动损益”。为什么这两项资产处理如此特殊？仔细分析后大家会发现，母公司编制合并财务报表时，母公司长期股权投资与子公司所有者权益需要抵销掉，如果把企业合并的长期股权投资发生的直接相关费用计入成本，就会导致加大抵销分录的借方差额，增加了商誉金额。而商誉从本质上来讲，是企业的一种超额收益能力，直接相关费用显然不属于商誉的构成内容。因此，为了防止虚增资产，直接把该费用计入当期损益了。而以公允价值计量且其变动计入当期损益的金融资产，在初始计量环节的交易费用如果计入成本，会导致期末确认的公允价值变动损益受到影响。而这类金融资产，企业看重的是公允价值以及公允价值变动带来的即期获利能力，所以为了确保公允价值变动信息的准确性，就把取得环节的交易费用计入当期损益了。

（三）把握特殊业务的游戏规则

注会会计教材总体架构上包括会计基本理论、会计要素确认计量记录、特殊业务的会计处理以及财务报告与会计调整等几个模块的内容，特殊业务部分只要把握具体会计准则的游戏规则，就可以达到四两拨千斤的学习效果。比如借款费用准则的核心是借款费用到底应该资本化计入相关资产成本，还是应该费用化计入当期损益，资本化和费用化的金额如何计算这样一个问题。游戏规则是先花专门借款、再花一般借款资金，专门借款利息净支出在资本化期间全额资本化，而一般借款利息在资本化期间是按照占用的一般借款部分进行资本化处理。

（四）立足基础，抓住重点，有选择性地攻破难点

万丈高楼平地起，虽然注册会计师考试难度很大，但是基础知识依然占据较大的比重，考生在第一轮的学习备考过程中，需要耐下心来，进行360度无死角的学习，把基本概念和基本理论在理解的基础上掌握好，把基本功打牢。哲学告诉我们，做事情要抓住主要矛盾和矛盾的主要方面，因此第二轮学习时，要把主要精力放在“四大金刚”所涵盖和辐射的重点章节上，进行纵深

学习、拔高训练，通过听课与做题的结合，打通奇经八脉，把知识点融会贯通。对于难点问题，有所取舍，有所为有所不为。有的知识点是难点但不是重点，有的知识点是重点但不是难点，有的知识点既是重点也是难点，有的知识点既不是重点也不是难点。明白这个道理，我们在学习时就要做好时间分配，重点难点章节分配更多时间，投入更多精力，而对于难点非重点内容，可以根据以往出题情况选择战略性地放弃一部分不常考的内容，优化备考时间，提高备考效率。

（五）做经典母题和往年真题，掌握解题方法

会计是实务性很强的科目，既有概念也有计算，既有理论也有实务处理。要想全方位多角度掌握某一个知识点以及相关的知识点，还需要花费一定时间做高质量的经典题目，即母题，做一题胜十题，举一反三，触类旁通，打通章节和不同知识点的界限，由点到面，由平面到立体，形成知识网路。

真题是考前最好的练习题，做真题的过程是跟出题人直接对话的过程，通过做真题，考生可以把握考试命题的视角、风格、广度和深度，如何设置陷阱，如何躲避陷阱，都可以在做真题的过程中得到很好的体会和训练，通过反复训练，会找到临场应试的最佳状态。当然，真题有一定的缺陷，就是时效性差，有的知识点涉及准则的变化，确认计量原则都发生了变化，相关的真题就没有学习和参考价值了。

通过做母题、真题，掌握一定的解题方法和速算技巧，做到条件反射，拿到题目脑子里立马浮现出对应的知识点和解题思路，用最少的时间把题目做完、做对，防止出现做不完题、答不完卷的情况。

四、本书使用方法指引

（一）与教材结合使用

教材重在准则的介绍和知识点的传授，没有讲解考试重难点，也没有讲解题方法。受制于版面的限制，有的知识点并没有配套的例题讲解，比如股份支付这章关于限制性股票的会计处理，教材没有例题讲解，但 2019 年考了综合题；股份支付这章关于一次授予、分次行权没有例题讲解，2015 年考了综合题。所得税这章股份支付的所得税处理，教材没有例题讲解，但 2016 年考了综合题。因此，注册会计师考试，只有一本教材显然不够，只搞定教材，是搞不定考试的。而本书是为应试打造的教辅资料，里面除了重要知识点梳理总结以外，还配了典型真题、例题和进阶练习，大家可以将本书与教材结合使用，既能够很好地理解和掌握教材内容，又能够在此基础上拔高和提升，进而达到考试标准。

（二）与视频讲解结合使用

为了让大家更有效地使用本书，笔者从每章的真题、例题和习题中挑选出一些比较重要的、难度比较大的题目录制了视频讲解，视频中以所选题目为实例，在讲解本题目的基础上，结合考试又做了延伸，帮助大家灵活掌握相关知识点，各位同学在做题过程中如果遇到困难，可以有选择性地去听视频讲解。

最后，祝大家顺利通过考试！

第二部分

高频考点精讲
及进阶练习

第一章　总论

2023 年教材内容主要变化

本章教材新增会计人员职业道德以及可持续性信息披露的相关内容。

本章近五年考试高频考点分布

高频考点内容	年度及题型分布
会计信息质量要求	2022 年多选题、2021 年多选题、2020 年单选题

高频考点精讲

本章内容是会计准则中的基本准则，对全书后续章节具有统驭作用。本章主要内容包括：会计的含义、财务报告目标、会计四项基本假设、会计基础、8 个会计信息质量要求、六大会计要素的含义及其确认条件、会计要素的五个计量属性。

高频考点 1：会计人员职业道德★

项目	内容
会计人员职业道德的范畴	坚持诚信，守法奉公；坚持准则，守责敬业；坚持学习，守正创新
中国注册会计师职业道德守则	诚信；客观公正；独立性；专业胜任能力和勤勉尽责；保密；良好职业行为

经典例题

【例题·单选题】在注册会计师职业道德基本原则中居于首要地位的是（　　）。

A. 客观公正

B. 独立性

C. 专业胜任能力和勤勉尽责

D. 诚信

【答案】D

【解析】诚信是注册会计师行业存在和发展的基石，在职业道德基本原则中居于首要地位，选项 D 正确。

高频考点 2：会计信息质量要求★★★

会计信息质量要求主要包括：可靠性、相关性、可理解性、可比性、实质重于形式、重要性、谨慎性和及时性。

小贴士 本考点通常是结合其他章节的具体业务处理方式考核对上述 8 个会计信息质

量要求的具体理解和应用。本章的试题会涉及其他章节内容，建议后面知识学完再做此章节的习题。

经典例题

【真题·单选题】（2022）谨慎性是企业会计信息质量的要求之一，下列各项体现谨慎性信息质量要求的是（　　）。

A. 企业不能随意遗漏或者减少应披露的信息

B. 企业对售出商品可能发生的保修义务确认预计负债

C. 资产负债表中的负债应按流动负债和非流动负债分别列报

D. 企业在面临不确定因素的情况下做出的估计应低估资产或收益

【答案】B

【解析】选项A体现的是可靠性；选项C体现的是相关性；选项D属于滥用谨慎性。

【真题·单选题】（2020）下列各项关于企业应遵循的会计信息质量要求的表述中，正确的是（　　）。

A. 企业对不重要的会计差错无须进行差错更正

B. 企业应当以实际发生的交易或事项为依据进行确认、计量和报告

C. 企业对不同会计期间发生的相同交易或事项可以采用不同的会计政策

D. 企业在资产负债表日对尚未获得全部信息的交易或事项不应进行会计处理

【答案】B

【解析】选项A，不重要的会计差错可以不调整财务报表相关项目期初数，但应调整发生当期与前期相同的相关项目。选项C，对于不同会计期间发生的相同交易或事项，应当采用一致的会计政策，不得随意变更，按照规定或变更后可以提供更可靠、更相关的会计信息的，可以变更会计政策。选项D，资产负债表日已经存在的交易或事项，即使尚未获得全部信息，也应当按照会计准则要求进行会计处理。

高频考点3：会计基本假设★

会计基本假设包括会计主体、持续经营、会计分期和货币计量。

经典例题

【真题·多选题】（2021）下列各项关于企业财务报告目标和会计基本假设的表述中，正确的有（　　）。

A. 财务报告主要是提供与企业财务状况、经营成果和现金流量等相关的会计信息

B. 财务报告所提供的信息应有助于外部投资者作出经济决策，反映企业管理层受托责任履行情况

C. 企业会计的确认、计量和报告应当以权责发生制为基础

D. 法律主体必然是一个会计主体

【答案】ABCD

【解析】四个选项均正确。选项D，会计主体不一定是法律主体，但法律主体必然是一个会计主体。

高频考点4：会计要素确认与计量★

（一）六大会计要素的定义及确认条件（见下表）

会计要素	定义	确认条件
资产	资产是指企业过去的交易或者事项形成的、由企业拥有或者控制的、预期会给企业带来经济利益的资源	（1）与该资源有关的经济利益很可能流入企业； （2）该资源的成本或者价值能够可靠地计量

续表

会计要素	定义	确认条件
负债	负债是指企业过去的交易或者事项形成的、预期会导致经济利益流出企业的现时义务	（1）与该义务有关的经济利益很可能流出企业； （2）未来流出的经济利益的金额能够可靠地计量
所有者权益	所有者权益是指企业资产扣除负债后，由所有者享有的剩余权益。公司的所有者权益又称为股东权益	所有者权益的确认主要依赖于其他会计要素，尤其是资产和负债的确认；所有者权益金额的确定也主要取决于资产和负债的计量
收入	收入是指企业在日常活动中形成的、会导致所有者权益增加的、与所有者投入资本无关的经济利益的总流入	企业应当在履行了合同中的履约义务，即在客户取得相关商品控制权时确认收入。取得相关商品控制权，是指能够主导该商品的使用并从中获得几乎全部的经济利益
费用	费用是指企业在日常活动中发生的、会导致所有者权益减少的、与向所有者分配利润无关的经济利益的总流出	费用只有在经济利益很可能流出从而导致企业资产减少或者负债增加，且经济利益的流出额能够可靠计量时才能予以确认
利润	利润是指企业在一定会计期间的经营成果	利润的确认主要依赖于收入和费用以及利得和损失的确认，其金额的确定也主要取决于收入、费用、利得和损失金额的计量

小贴士 本考点主要考核结合其他章节的具体业务来判断作为哪一项会计要素加以确认。其中，对于具体业务中涉及的物资是确认为资产还是直接列为费用不好辨别，需要通过是否满足对应要素的本质特征来辨别，还需要注意利得和损失的确认。需要掌握六大会计要素的本质特征。

经典例题

【例题·多选题】下列各项中，属于损失的有（　　）。

A. 企业确认的行政管理部门固定资产折旧费

B. 自然灾害导致的存货盘亏

C. 出售无形资产产生的净损失

D. 其他债权投资公允价值下降

【答案】BCD

【解析】本题主要考核损失的确认，要依据损失的本质特征来判断。损失是企业非日常活动中形成的，会导致所有者权益减少。选项A是企业日常活动中发生的，属于费用；选项B是非日常活动中发生的，企业要确认营业外支出，会导致所有者权益减少，是损失；选项C是非日常活动中发生的，企业要确认资产处置损失，会导致所有者权益减少，是损失；选项D是非日常活动中发生的，其他债权投资公允价值下降，会使其他综合收益减少，导致所有者权益减少，是损失。

（二）会计要素的计量属性

历史成本、重置成本、现值、可变现净值和公允价值。

高频考点5：可持续性信息披露★

项目	内容
目前全球交易所采用率最高的可持续性信息披露框架	全球报告倡议组织、碳披露项目、气候相关财务信息披露工作组、国际财务报告可持续性披露准则
中国可持续性信息披露现状	香港联合交易所ESG信息披露、中国内地可持续性信息披露

续表

项目	内容
企业可持续发展报告基本内容	ESG 治理层面，强调董事会责任及全面参与 ESG 进度检讨、风险评估及报告审批；由董事会发出的声明；ESG 报告层面，要求企业明确报告定量与定性内容要点、报告原则与方法论，敦促上市公司不断规范 ESG 报告流程，实现高质量的报告披露
可持续性信息和财务信息相互影响	高质量的 ESG 信息披露可以在公开 ESG 战略的基础上，清晰展示出利益相关方关注议题、企业关键风险与企业绩效管理之间的关联。完善的 ESG 信息披露将有利于规范企业 ESG 信息披露，确保企业所披露的数据准确、及时并具备可比性；有利于 ESG 评级科学合理地反映企业的 ESG 管理水平；有利于跨境贸易的企业客观了解自身产品的碳排放情况，规避或减少跨境贸易的碳税影响；有利于提高投资者对于企业 ESG 风险管理的了解，规避投资风险；有利于增强利益相关方的沟通，及时向相关方呈现企业可持续发展绩效

经典例题

【例题·多选题】下列会计处理体现气候风险和可持续发展相关信息影响会计确认、计量和披露的有（　　）。

A. 企业资产由于自然气候事件（物理风险）或政策变动（转型风险）而无法使用，企业需要重新评估资产的使用寿命和残值，并考虑对递延所得税资产和未来应纳税所得额的影响

B. 由于碳价格上涨，对温室气体排放实施更严格的监管以及客户偏好发生变化，将会导致企业主营业务的变化，面临成本上升，供应减少或需求减少的风险，从而企业要评价资产是否存在减值的可能

C. 重点排放企业为履行减排义务，通过购入方式取得碳排放配额，企业需要在其账面确认相应的碳排放权资产，并在后续的使用、出售或注销该碳排放配额时考虑相应的会计处理，财务报告列示和披露

D. 由于技术进步，将无形资产的摊销年限由 10 年调整为 6 年

【答案】ABC

【解析】选项 D 属于会计估计变更，该处理与气候风险和可持续发展信息无关。

进阶练习

（一）单项选择题

1. 下列做法中，不违背会计信息质量可比性要求的是（　　）。

A. 因减少投资，使原投资比例由 20% 降低到 10%，从而对被投资单位不再具有重大影响，将长期股权投资由权益法核算改为以公允价值计量且其变动计入当期损益的金融资产核算

B. 因预计发生年度亏损，将以前年度计提的坏账准备全部予以转回

C. 投资性房地产的后续计量由公允价值模式改为成本模式

D. 为了少提折旧，企业将固定资产折旧方法由年数总和法改为直线法

2. 下列不符合实质重于形式会计信息质量要求的是（　　）。

A. X 公司对 Y 公司投资占 Y 公司股份的 30%，X 公司能够控制 Y 公司的财务和经营政策，X 公司对 Y 公司的长期股权投资采用成本法核算

B. X 公司与 Y 公司签订销售合同，向 Y 公司销售商品，售价 75 万元，并承诺于半年后将商品以 90 万元回购，甲公司于销售时确认收入 75 万元

C. 甲公司与乙公司签订销售合同，向乙公司销售商品，售价 90 万元，并承诺于半年

后将商品以 100 万元回购，甲公司销售时不应确认收入

D. 将企业集团作为会计主体编制合并报表

3. 甲公司与乙信托公司合资设立丙项目公司，其中，甲公司持股比例为 20%，乙信托公司持股比例为 80%，甲公司与乙信托公司签订的合同约定：丙项目公司的生产经营决策由甲公司决定，按照乙信托公司投入资金及年收益率 10% 计算确定应支付乙信托公司的投资收益，丙项目公司清算时，先支付乙信托公司投入的本金及相关合同收益，丙项目公司净资产不足以支付的部分由甲公司提供担保，依据上述条款，甲公司在编制合并财务报表时，将丙项目公司纳入合并范围，并将应付乙信托公司的金额在合并报表中确认为负债，甲公司会计处理体现的会计信息质量要求是（　　）。

A. 实质重于形式　　B. 重要性

C. 可理解性　　D. 相关性

4. 下列各项中，根据资产定义可以确认为企业资产的是（　　）。

A. 企业盘亏的存货

B. 法定使用期内无使用价值和无转让价值的无形资产

C. 企业筹建期间发生的开办费用

D. 为取得合同发生预期能够收回的增量成本

5. 下列各项资产、负债中，不应当采用公允价值进行后续计量的是（　　）。

A. 实施以现金结算的股份支付计划形成的应付职工薪酬

B. 持有以备出售的商品

C. 远期外汇合同形成的衍生金融负债

D. 为交易目的持有的 4 年期债券

（二）多项选择题

1. 2×21 年 3 月 1 日，甲公司与客户签订一项商品销售合同，客户在合同开始日即取得了商品的控制权。该合同包括两种可供选择的付款方式：在 7 个月内支付 200 万元，或在合同开始日支付 160 万元，该合同不可撤销。客户选择在 7 个月内支付 200 万元。合同同时约定，因商品质量问题客户在 30 天内有权退货，甲公司根据过去的经验，估计该批商品的退货率为 15%。为取得与该客户的合同，甲公司聘请外部律师进行尽职调查支付相关费用为 11 500 元，为投标而发生的差旅费为 6 500 元，支付销售人员佣金 7 500 元，甲公司预期这些支出未来均能够收回。假定不考虑税费等其他因素。下列各项中，甲公司上述交易或事项会计处理及相关表述正确的有（　　）。

A. 甲公司将为取得合同而发生的尽职调查费、差旅费确认为费用，未确认为资产

B. 甲公司支付给销售人员的佣金，满足资产确认条件，将其确认为一项资产

C. 甲公司评估后认为该合同存在重大融资成分，但由于付款期较短，其选择简化处理方法确认收入，体现了实质重于形式要求

D. 甲公司将按照预期因销售退回将退还的金额，确认为一项负债，体现了谨慎性要求

2. 下列关于会计信息质量要求的表述中，正确的有（　　）。

A. 企业固定资产折旧方法一经确定，不得随意改变，如有变更需要在财务报告中说明，这一做法体现了对可比性要求的遵循

B. 期末对以公允价值计量且其变动计入其他综合收益的债权性金融资产进行减值测试，属于遵循谨慎性要求

C. 低值易耗品作为存货项目列报体现了重要性要求

D. 大华公司已经将商品售出，但是为了确保到期收回货款而暂时保留商品的法定所有权时，该权利通常不会对客户取得该商品的控制权构成障碍，在满足收入确认的其他条件时，大华公司确认相应的收入，这一做法体现了对谨慎性要求的遵循

3. 2×21 年，甲公司发生的有关交易或事项如下：（1）甲公司持有乙公司 70% 的股权，其与丙公司签订合同，拟全部出售对乙公司的股权投资，截至 2×21 年末已办理完成股权过户登记手续，出售股权所得价款已收存银行；

(2) 甲公司发现应于 2×20 年确认为当年费用的某项支出未计入 2×20 年利润表，该费用占 2×20 年实现净利润的 0.7%；(3) 自甲公司设立以来，其对销售的商品一贯提供 2 年内的产品质量保证，但在与客户签订的合同或法律法规中并没有相应的条款；(4) 因甲公司对丁公司提供的一批商品存在质量问题，丁公司向法院提起诉讼，向甲公司索赔 400 万元，截至 2×21 年 12 月 31 日法院仍未作出最终判决。不考虑其他因素，下列各项关于上述交易或事项会计处理的表述中，正确的有（　　）。

A. 因为乙公司被甲公司出售，所以乙公司的财务报表不应继续按持续经营假设对会计要素进行确认、计量和报告

B. 甲公司未经法院最终判决的诉讼事项因资产负债表日未获得全部信息而无须进行会计处理，符合重要性要求

C. 甲公司销售商品提供 2 年内的产品质量保证属于一项推定义务

D. 甲公司未在 2×20 年确认的费用因其不重要而无须调整 2×20 年度的财务报表

4. 下列各项资产和负债中，不应采用公允价值进行计量的有（　　）。

A. 交易目的持有的金融资产

B. 盘盈的固定资产

C. 房地产开发企业尚未出售的房屋建筑物

D. 企业间具有商业实质的非货币性资产交换换入或换出的资产

5. 下列表述中，不正确的有（　　）。

A. 甲公司、乙公司受同一股东丙公司全资控股，甲公司自丙公司处取得乙公司 100% 的股权，因此乙公司属于会计主体但不属于法律主体

B. 寿命有限的封闭式基金、理财产品、信托计划等结构化主体并不适用于持续经营假设

C. 丁企业会计人员拒绝将公司主管李某的个人车油费列入本公司的费用，体现了会计主体的基本假设

D. 以外币为记账本位币的企业，编制财务报告时仍采用外币进行编制

进阶练习答案及解析

（一）单项选择题

1. 【答案】A

【解析】选项 B、C、D 的会计处理不符合会计准则的规定，因此违背会计信息质量可比性要求。

2. 【答案】B

【解析】选项 B，回购价格大于原售价的售后回购交易属于融资交易，商品所有权上的主要风险和报酬没有转移，依据实质重于形式的会计信息质量要求，企业不应确认收入。

3. 【答案】A

【解析】甲公司虽然持股比例仅为 20%，但是由于合同约定丙项目公司的生产经营决策由甲公司决定，所以甲公司对丙项目公司具有实质上的控制权，应将其纳入合并范围，体现实质重于形式的会计信息质量要求。

4. 【答案】D

【解析】资产的概念是指企业过去的交易或者事项形成的、由企业拥有或者控制的、预期会给企业带来经济利益的资源。选项 A，盘亏的存货并不能给企业带来经济利益的流入，不属于资产；选项 B，该无形资产也不能带来经济利益的流入；选项 C 属于费用；选项 D，为取得合同发生预期能够收回的增量成本应作为合同取得成本确认为一项资产。

5. 【答案】B

【解析】选项 A，应以股价的公允价值为基础确定；选项 B，存货按照成本与可变现净值孰低进行期末计量，不采用公允价值；选项 C，属于交易性金融负债，后续计量采用公允价值；选项 D，属于交易性金融资产核算的范围，后续计量采用公允价值。

（二）多项选择题

1.【答案】ABD

【解析】选项A，对于无论是否取得合同均会发生的尽职调查费、为投标而发生的差旅费等支出，是发生于取得合同之前，不属于增量成本，且合同并未约定上述支出由客户承担，应将上述支出确认为费用计入当期损益；选项B，支付销售人员佣金，属于增量成本，且预期未来能够收回，满足资产确认条件，应确认一项资产；选项C错误，为简化实务操作，如果在合同开始日，企业预计客户取得商品控制权与客户支付价款间隔不超过一年的，可以不考虑合同中存在的重大融资成分，采用简化处理方法，体现了重要性要求；选项D，对于附有销售退回条款的销售，按照预期因销售退回将退还的金额确认负债（预计负债），体现了谨慎性要求。

2.【答案】ABC

【解析】选项D，体现了实质重于形式要求。

3.【答案】CD

【解析】乙公司被甲公司出售给丙公司，此事项并不影响乙公司的持续经营，所以乙公司的财务报表应按照持续经营假设对会计要素进行确认计量报告，选项A错误；甲公司应对未决诉讼进行会计处理，符合及时性要求，选项B错误；推定义务是指根据企业多年来的习惯做法、公开的承诺或者公开宣布的政策而导致企业将承担的责任，这些责任也使有关各方形成了企业将履行义务解脱责任的合理预期。所以2年内质量保证包含其中，选项C正确；补记金额相对于2×20年实现的净利润而言整体影响不大，应作为不重要的前期差错处理，无须调整2×20年度的财务报表，选项D正确。

4.【答案】BC

【解析】选项A，交易目的持有的金融资产是划分为以公允价值计量且其变动计入当期损益的金融资产，应采用公允价值进行后续计量；选项B，盘盈的固定资产应用重置成本计量；选项C，房地产开发企业尚未出售的房屋建筑物是作为房地产开发企业的存货核算，不应采用公允价值计量；选项D，企业间具有商业实质的非货币性资产交换的资产应当采用公允价值计量。

5.【答案】ABD

【解析】选项A，母公司控制下的子公司既是法律主体，也是会计主体；选项B，对于封闭式基金、理财产品、信托计划等寿命固定或可确定的结构化主体，有限寿命本身并不影响持续经营假设的成立；选项D，记账本位币为外币的企业在编制财务报告时应将财务报告折算为人民币。

第二章　存货

2023 年教材内容主要变化

新增了对存货的可变现净值中估计的销售费用内容的解释。

本章近五年考试高频考点分布

高频考点内容	年度及题型分布
存货的初始计量	2021 年多选题
确定与计算存货可变现净值	2022 年多选题、2019 年多选题、2018 年单选题
存货跌价准备计提金额	2020 年多选题
存货的清查盘点	2021 年多选题

高频考点精讲

本章主要内容包括：存货的含义与确认条件、存货的初始计量、发出存货成本的计量方法与结转、存货可变现净值的确定、存货跌价准备的计提和结转、存货的清查盘点。

高频考点 1：存货的初始计量★

企业取得存货应当按照成本进行计量。存货成本包括采购成本、加工成本和使存货达到目前场所和状态所发生的其他成本三个组成部分。

存货在不同取得方式下的成本构成

存货的取得方式	成本构成
外购存货的成本	购买价款 + 相关税费 + 运输费、装卸费、保险费以及其他可归属于存货采购成本的费用 这里的相关税费不包含增值税
加工取得存货的成本	采购成本 + 加工成本 其中，存货的加工成本 = 直接人工 + 按照一定方法分配的制造费用

续表

存货的取得方式	成本构成
投资者投入存货	按投资合同或协议约定的价值确定，但合同或协议约定价值不公允的除外。在投资合同或协议约定价值不公允的情况下，按照该项存货的公允价值作为其入账价值
通过非货币性资产交换、债务重组、企业合并等方式取得的存货	执行相关准则
通过提供劳务取得的存货	从事劳务提供人员的直接人工＋其他直接费用＋可归属于该存货的间接费用

小贴士 本考点通常是考核存货初始成本的计算。考核不同取得方式下，存货初始入账价值的确定。所以考生要掌握存货在不同的取得方式下，初始入账金额包括哪些内容。

经典例题

【真题·多选题】（2021）下列各项关于企业存货计量的表述中，正确的有（　　）。

A. 存货入库后发生的仓储费用应计入存货成本

B. 生产设备发生的日常维修费用应计入存货成本

C. 受托加工存货成本中不应包括委托方提供的材料成本

D. 季节性停工期间生产车间发生的停工损失应计入存货成本

【答案】BCD

【解析】选项A错误，存货在采购入库后发生的储存费用应计入当期损益。存货加工成本由直接人工和制造费用构成，不包括直接由材料存货转移来的价值。制造费用是指企业为生产产品和提供劳务而发生的各项间接费用，包括车间固定资产的修理费用、季节性和修理期间的停工损失等，选项B、C、D正确。

【例题·多选题】下列各项中可以计入存货成本的有（　　）。

A. 可以资本化的借款费用的利息

B. 房地产开发企业生产的商品房购入的土地使用权

C. 不能抵扣的增值税进项税额

D. 专门为客户设计产品发生的设计费用

【答案】ABCD

高频考点2：存货可变现净值的计算 ★★

存货可变现净值，是指在日常活动中，存货的估计售价减去至完工时估计将要发生的成本、估计的销售费用以及相关税费后的金额。这里的销售费用不仅包括销售存货过程中发生的增量成本，还应包括企业将在销售存货过程中必须发生的、除增量成本以外的其他成本，例如，销售门店发生的水电、摊销等费用。根据可变现净值的含义，可以列出下列公式：

可变现净值＝估计售价－估计至完工时发生的成本－（销售费用＋相关税费）

（一）不同存货可变现净值的构成不同

（1）产成品、商品和用于出售的材料等直接用于出售的商品存货，其可变现净值为在正常生产经营过程中，该存货的估计售价减去估计的销售费用和相关税费后的金额。

（2）需要经过加工的材料存货，其可变现净值为在正常生产经营过程中，以该材料所生产的产成品的估计售价减去至完工时估计将要发生的成本、销售费用和相关税费后的金额。

（二）存货估计售价的确定

对于企业持有的各类存货，在确定其可变现净值时，最关键的问题是确定估计售价。

企业应当区别以下情况确定存货估计售价：

存货持有数量的不同情况	计算可变现净值时估计售价的确定
存货数量＝销售合同或者劳务合同的数量	产成品或商品的合同价格作为估计售价
存货数量 > 销售合同订购数量	超过部分的存货以市场销售价格作为估计售价
存货数量 < 销售合同订购数量	销售合同所规定的价格作为估计售价。 如果合同为亏损合同，应同时按照《企业会计准则第 13 号——或有事项》的规定处理
没有销售合同约定的存货	市场价格作为估计售价

（三）确定存货的可变现净值应考虑的因素

企业确定存货的可变现净值，应当以取得的确凿证据为基础，并且考虑**持有存货的目的、资产负债表日后事项**的影响等因素。

小贴士 由于存货可变现净值具体的计算公式与持有存货的目的有关，所以当同一种存货由于持有目的不同时，会导致可变现净值的计算公式不同。

持有材料的目的	可变现净值的计算公式
直接出售	材料的估计售价－估计完工时发生的成本（为零）－材料销售过程中的相关税费
生产产品	产品的估计售价－估计完工时发生的成本（将材料加工成产品的成本）－产品销售过程中的相关税费

另外，在对材料进行期末计量时，如果持有材料的目的是生产产品，在判断材料是否减值时首先应判断用材料生产的产品是否减值，如果产品没减值，则材料没减值，期末材料按成本计量，如果产品减值了，再进一步计算材料的可变现净值。

经典例题

【真题·多选题】（2022）下列各项关于企业确定存货可变现净值及存货跌价准备会计处理的表述中，正确的有（　　）。

A. 在确定存货可变现净值时应考虑持有存货的目的

B. 以资产负债表日取得最可靠的证据估计的售价作为确定可变现净值的基础

C. 持有的存货数量小于相关销售合同中的订购数量，应以销售合同的价格作为可变现净值的计量基础

D. 在确定存货可变现净值时，应考虑资产负债表日至财务报告批准报出日之间发生市场行情变化导致的存货价格波动

【答案】ABC

【解析】资产负债表日至财务报告批准报出日之间存货售价发生波动的，如有确凿证据表明其对资产负债表日存货已经存在的情况提供了新的或进一步的证据，则在确定存货可变现净值时应当予以考虑，否则，不应予以考虑，选项 D 错误。

【例题·单选题】甲公司主要从事 A 产品的生产销售，生产 A 产品使用的主要材料 B 材料全部从外部购入，2×20 年 12 月 31 日，在甲公司财务报表中库存 B 材料的成本为 280 万元，若将全部库存 B 材料加工成 A 产品，甲公司估计还需要发生成本 90 万元。预计加工完成的 A 产品售价总额为 350 万元，预计的销售费用及相关税费总额为 15 万元，若将库存 B 材料全部予以出售，其市场价格为 250 万元。假定甲公司持有 B 材料的目的系用于 A 产品的生产，不考虑其他因素，甲公司在对 B 材料进行期末计量时确定的可变现净值是（　　）万元。

A. 145　　B. 245

C. 350　　D. 500

【答案】B

【解析】B 材料主要是用于生产 A 产品，不是为了直接出售，所以 B 材料的可变现净值 = A 产品的估计售价 - 进一步加工成本 - A 产品销售过程中的税费 $= 350 - 90 - 15 = 245$（万元）。

高频考点 3：存货跌价准备计提金额的计算★★★

（一）存货减值的判断依据

（1）该存货的市场价格持续下跌，并且在可预见的未来无回升的希望；

（2）企业使用该项原材料生产的产品的成本大于产品的销售价格；

（3）企业因产品更新换代，原有库存原材料已不适应新产品的需要，而该原材料的市场价格又低于其账面成本；

（4）因企业所提供的商品或劳务过时或消费者偏好改变而使市场的需求发生变化，导致市场价格逐渐下跌；

（5）其他足以证明已无使用价值和转让价值的存货。

（二）计提存货跌价准备的基础

（1）企业通常应当按照单个存货项目计提存货跌价准备；

（2）对于数量繁多、单价较低的存货，可以按照存货类别计提存货跌价准备；

（3）以合并存货为基础计提存货跌价准备。

小贴士 存货的可变现净值低于成本时，要计提存货跌价准备。掌握该考点时需要注意成本与可变现净值的差额是“存货跌价准备”账户贷方应有的余额数，我们还要结合该账户的期初余额找到本期发生额，也就是存货跌价准备的提取数。

本考点通常考核材料应该计提的存货跌价准备数。如果持有材料的目的是生产产品，在判断材料是否减值时首先应判断用材料生产的产品是否减值，如果产品没减值，则材料没减值，期末材料按成本计量，如果产品减值了，再进一步计算材料的可变现净值。

经典例题

【真题·单选题】（2019）甲公司 20×8 年末库存乙材料 1 000 件，单位成本为 2 万元。甲公司将乙原材料加工成丙产品对外销售，每 2 件乙原材料可加工成 1 件丙产品，20×8 年 12 月 31 日，乙原材料的市场售价为 1.8 万元/件，用乙原材料加工的丙产品市场售价为 4.7 万元/件，将 2 件乙原材料加工成 1 件丙产品的过程中预计发生加工费用 0.6 万元，预计销售每件丙产品发生销售费用的金额为 0.2 万元。20×9 年 3 月，在甲公司 20×8 年度财务报表经董事会批准对外报出日前，乙原材料市场价格为 2.02 万元/件。不考虑其他因素，甲公司 20×8 年末乙原材料应当计提的存货跌价准备是（　　）万元。

A. 50　　B. 0

C. 450　　D. 200

【答案】A

【解析】计算原材料减值前先判断产品是否减值，产品的成本 $= 2 \times 1\,000 + 0.6 \times 1\,000/2 = 2\,300$（万元），产品的可变现净值 $= 4.7 \times 1\,000/2 - 0.2 \times 1\,000/2 = 2\,250$（万元），成本大于可变现净值，说明该产品减值了。乙原材料的成本 $= 2 \times 1\,000 = 2\,000$（万元），乙原材料的可变现净值 $= 4.7 \times 1\,000/2 - 0.2 \times 1\,000/2 - 0.6 \times 1\,000/2 = 1\,950$（万元），因此 20×8 年末乙原材料应当计提的存货跌价准备 $= 2\,000 - 1\,950 = 50$（万元）。

高频考点 4：存货的清查盘点★★

1. 发生存货盘盈

借：原材料、库存商品等（重置成本）

　　贷：待处理财产损溢

按管理权限报经批准后：

借：待处理财产损溢

　　贷：管理费用

2. 发生存货盘亏

借：待处理财产损溢

贷：原材料等

应交税费——应交增值税（进项税额转出）

按管理权限报经批准后：

借：管理费用

营业外支出（自然灾害等非常原因）

其他应收款

贷：待处理财产损溢

小贴士 需要注意的是，管理不善导致的非正常损失进项税额需要转出，而收发计量差错造成的存货短缺和自然灾害导致的非正常损失进项税额不需要转出。

经典例题

【真题·多选题】（2021改编）甲公司为增值税一般纳税人。2×20年12月31日，甲公司存货盘点中发现：（1）原材料收发计量差错盘亏5万元，增值税进项税额0.65万元；（2）原材料自然溢余盘盈20万元；（3）因洪水暴发仓库进水导致原材料毁损1 200万元，增值税进项税额156万元，获得保险公司赔偿800万元，出售毁损原材料取得残值收入200万元，增值税销项税额为26万元；（4）盘盈某产品10万元。假定上述存货盘盈盘亏金额均为成本，存货盘点发现问题已经甲公司管理层批准处理。不考虑存货跌价准备及其他因素，下列各项关于存货盘盈盘亏在甲公司2×20年度会计处理的表述中，不正确的有（　　）。

A. 盘盈某产品10万元计入当期营业收入

B. 原材料自然溢余盘盈20万元计入当期营业外收入

C. 原材料收发计量差错盘亏5.65万元计入当期管理费用

D. 洪水暴发导致原材料净损失356万元计入当期营业外支出

【答案】ABCD

【解析】选项A、B错误，发生存货盘盈，应冲减管理费用。选项C错误，属于计量收发差错和管理不善等原因造成的存货短缺，应先扣除残料价值、可以收回的保险赔偿和过失人赔偿，将净损失5万元计入管理费用，进项税额不转出。选项D错误，属于自然灾害非常原因造成的存货毁损，其增值税进项税额不转出，净损失＝1 200－800－200＝200（万元），计入营业外支出。

进阶练习

（一）单项选择题

1. 下列项目中，应当计入存货成本的是（　　）。

A. 新产品研发人员的薪酬

B. 超定额的废品损失

C. 采购材料入库后的仓储费用

D. 材料采购过程中发生的合理损耗

2. 甲公司为增值税一般纳税人。2×22年购入了原材料100吨，增值税专用发票上注明的货款为200万元，增值税进项税额为26万元。原材料在运输途中产生运输费和装卸费9万元，在验收入库时发现短缺5%，经过查验为自然损耗，入库后发生仓储费用5万元。甲公司采购的该批原材料每吨的实际成本为（　　）万元。

A. 2.4　　B. 2.14

C. 2.2　　D. 2.5

3. A公司为增值税一般纳税人，于2×22年11月12日购入一批原材料，支付价款226万元（包含26万元增值税），同时支付运费4.36万元（包含0.36万元增值税），共计10吨原材料。该材料入库后被用来制作甲设备，直至2×22年12月31日，甲设备并未完工，领用该原材料80%，同时领用其他材料100万元。所领用的其他材料在使用的过程中发生20万元的非正常损失，5万元的正常损耗。制造过程中发生人工费10万元，制造费用15万元，2×22年12月31日，甲设备的入账价值为（　　）万元。

A. 260　　B. 268.2

C. 263.2　　D. 265

4. A公司主要从事甲产品的生产和销售，生产甲产品使用的主要材料乙材料全部从外部购入，2×22年12月31日，在A公司财务报表中库存乙材料的成本为560万元，若将全部库存乙材料加工成甲产品，A公司估计还需要发生成本110万元。预计加工完成的甲产品售价总额为700万元，预计的销售费用及相关税费总额为25万元，若将库存乙材料全部予以出售，其市场价格为500万元。假定A公司持有乙材料的目的系甲产品的生产，不考虑其他因素，A公司在对乙材料进行期末计量时确定的可变现净值是（　　）万元。

A. 500　　B. 675

C. 565　　D. 560

5. 2×22年12月1日，甲公司与丙公司签订了一份不可撤销的A设备销售合同，并为此购入专门用于生产A设备的一批钢材，其初始入账金额为600万元。2×22年12月31日，该批钢材的市场销售价格为560万元，甲公司将其加工成A设备尚需发生加工成本320万元，合同约定A设备的销售价格为830万元，估计的销售费用和相关税费为15万元。若不考虑其他因素，2×22年12月31日甲公司对该批钢材应计提存货跌价准备的金额为（　　）万元。

A. 100　　B. 105

C. 110　　D. 120

6. A公司2×22年末库存乙材料的账面余额为1 600万元，年末计提存货跌价准备前的账面价值为1 450万元，库存乙材料将全部用于生产甲产品，预计甲产品的市场价格总额为1 750万元，预计生产甲产品还需发生除乙材料以外的加工成本为500万元，预计为销售甲产品发生的相关税费总额为84.5万元。甲产品销售数量中有固定销售合同的占80%，合同价格总额为1 450万元。若不考虑其他因素，2×22年12月31日，A公司对乙材料应计提的存货跌价准备金额为（　　）万元。

A. 354.5　　B. 234.5

C. 275.5　　D. 375.5

7. 2×22年10月3日，甲公司与乙公司签订一份不可撤销的销售合同，双方约定：甲公司应于2×23年5月3日前向乙公司发出15件A产品，每件产品售价20万元。2×22年12月31日，甲公司库存B原材料15件，成本为每件15万元，该材料全部用于生产A产品，每件B原材料可加工1件A产品。加工过程中尚需发生的加工成本为100万元，预计销售每件A产品尚需发生运输费0.2万元。临近年末，B原材料及A产品的市场价格有所波动，2×22年11月20日，B原材料每件售价19万元，A产品每件售价23万元；2×22年12月31日，B原材料每件售价20万元，A产品每件售价22万元。不考虑其他因素，甲公司2×22年末所持有的B原材料是否发生减值，可变现净值为（　　）万元。

A. 减值　197　　B. 未减值　197

C. 减值　225　　D. 未减值　225

（二）多项选择题

1. 下列项目中，应计入存货成本的有（　　）。

A. 材料采购过程中发生的正常损耗

B. 超定额的废品损失

C. 为使生产的酒达到规定的产品质量标准而发生的仓储费用

D. 正常消耗的直接材料、直接人工和制造费用

2. A公司从事房地产开发与建设业务，2×21年8月1日，A公司以出让方式取得一宗土地使用权，实际成本为45 000万元，预计使用年限为60年，无残值。2×22年6月15日，A公司在该地块上开始建设住宅小区，建成后对外销售。至2×22年12月31日，住宅小区尚未完工，共发生开发成本25 000万元（不包括土地使用权成本）。A公司下列会计处理中正确的有（　　）。

A. 住宅小区所在地块的土地使用权取得时按照实际成本确认为存货

B. 住宅小区2×22年12月31日作为存货按70 000万元计量

C. 住宅小区所在地块的土地使用权在建设期间的摊销金额不计入住宅小区开发成本

D. 住宅小区2×22年12月31日作为在建工程列示，并按照25 000万元计量

3. 下列有关存货会计处理的表述中，正确的有（　　）。

A. 购买商品运输途中发生的合理损耗应从存货总成本中扣除

B. 通过非货币性资产交换方式取得存货的成本，应当区分以公允价值为基础计量还是以账面价值为基础计量

C. 对于盘亏的存货，属于自然灾害等原因造成的存货毁损，应将其净损失计入管理费用

D. 通过提供劳务取得的存货，其成本按从事劳务提供人员的直接人工和其他直接费用以及可归属于该存货的间接费用确定

4. 甲公司为增值税一般纳税人，适用的增值税税率为13%，2×21年12月31日A库存商品的账面余额为220万元，已计提存货跌价准备30万元。2×22年1月20日，甲公司将上述商品全部对外出售，售价为200万元，增值税销项税额为26万元，收到款项存入银行。则下列说法中错误的有（　　）。

A. 2×22年1月20日，甲公司出售A商品影响利润总额的金额为10万元

B. 若仅销售该批存货数量的50%，应按照出售比例结转相应的存货跌价准备15万元

C. 该批存货的跌价准备一经计提，在持有期间不得转回

D. 若该批存货因债务重组而转出，则应冲减当期的资产减值损失

5. 下列关于存货处理的表述中，错误的有（　　）。

A. 资产负债表中“存货”项目的金额不包括生产成本账户的余额

B. 原材料的价格降低，则该原材料可以确认减值

C. 生产过程中为达到下一个生产阶段所必需的仓储费用计入存货成本

D. 存货盘亏可能计入的账户有管理费用、其他应收款和营业外支出

6. 2×20年12月31日，A公司甲产品的账面价值（成本）为3 500万元，数量为350台，单位成本为每台10万元；乙产品的账面价值（成本）为2 700万元，数量为150台，单位成本为每台18万元。2×20年9月16日，A公司与B公司签订不可撤销的合同，约定于2×21年6月7日将350台甲产品以每台11万元的价格交付B公司，资产负债表日甲产品的市场销售价格为每台11.5万元。乙产品未签订任何合同，资产负债表日乙产品的市场销售价格为每台16.5万元。预计未来甲产品的销售费用及税金每台0.5万元；乙产品的销售费用及税金每台0.3万元。根据上述信息，下列选项正确的有（　　）。

A. 甲产品的可变现净值为3 675万元

B. 甲产品本年度发生减值

C. 乙产品的可变现净值为2 430万元

D. A公司本年计提存货跌价准备200万元

进阶练习答案及解析

（一）单项选择题

1. 【答案】D

【解析】选项A，资本化的部分计入产品成本，费用化的部分计入当期损益，不一定计入存货成本；选项B，计入当期损益，不影响存货的成本；选项C，计入当期损益，不影响存货成本；选项D，应计入存货成本。

2. 【答案】C

【解析】原材料每吨的实际成本＝(200＋9)÷(1－5%)×100＝2.2（万元）。

3. 【答案】B

【解析】甲设备的入账价值＝204×80%＋

100 - 20 + 10 + 15 = 268.2（万元）。

4.【答案】C

【解析】乙材料主要用于生产甲产品，不是为了直接出售，所以乙材料的可变现净值 = 甲产品的估计售价 - 进一步加工成本 - 甲产品销售过程中的税费 = 700 - 110 - 25 = 565（万元）。

5.【答案】B

【解析】该批钢材专门用于生产 A 设备，所以应当先确定 A 设备是否发生减值。A 设备的可变现净值 = 830 - 15 = 815（万元），A 设备的成本 = 600 + 320 = 920（万元），A 设备成本大于可变现净值，所以 A 设备发生了减值，据此判断该批钢材发生了减值，钢材可变现净值 = 830 - 15 - 320 = 495（万元），钢材的成本为 600 万元，该批钢材应计提的存货跌价准备 = 600 - 495 = 105（万元）。

6.【答案】B

【解析】2×22 年末乙材料计提存货跌价准备前的存货跌价准备余额 = 16 00 - 1 450 = 150（万元）；无销售合同部分材料可变现净值 =（1 750 - 500 - 84.5）×20% = 233.1（万元），成本 = 1 600×20% = 320（万元），无销售合同部分期末存货跌价准备余额 = 320 - 233.1 = 86.9（万元），应计提存货跌价准备 = 86.9 - 150×20% = 56.9（万元）；有合同部分材料可变现净值 = 1 450 - 500×80% - 84.5×80% = 982.4（万元），成本 = 1 600×80% = 1 280（万元），有合同部分存货跌价准备余额 = 1 280 - 982.4 = 297.6（万元），应计提存货跌价准备 = 297.6 - 150×80% = 177.6（万元）；因此，2×22 年应计提的存货跌价准备 = 56.9 + 177.6 = 234.5（万元）。

7.【答案】A

【解析】A 产品成本 = 15×15 + 100 = 325（万元），A 产品可变现净值 = 20×15 - 0.2×15 = 297（万元），成本大于可变现净值，A 产品发生减值，故 B 原材料发生减值；B 原材料成本 = 15×15 = 225（万元），B 原材料的可变现净值 = 20×15 - 0.2×15 - 100 = 197（万元）。

（二）多项选择题

1.【答案】ACD

【解析】选项 B，超定额的废品损失计入当期损益，不影响存货成本。

2.【答案】AB

【解析】房地产开发公司为建造对外出售的商品房（住宅小区）购入的土地使用权计入开发成本，属于存货，选项 A 正确；住宅小区的土地使用权计入建造房屋建筑物成本，应作为存货列示，2×22 年 12 月 31 日其应确认的金额 = 45 000 + 25 000 = 70 000（万元），选项 B 正确；住宅小区所在地块的使用权属于存货，不摊销，选项 C 错误；住宅小区 2×22 年 12 月 31 日作为存货列示，选项 D 错误。

3.【答案】BD

【解析】购买商品运输途中发生的合理损耗不应从存货总成本中扣除，选项 A 错误；对于盘亏的存货，属于自然灾害等原因造成的存货毁损，应将其净损失计入营业外支出，选项 C 错误。

4.【答案】CD

【解析】选项 A，甲公司出售 A 商品影响利润总额的金额 = 200 -（220 - 30）= 10（万元）；选项 B，已计提存货跌价准备的存货，未全部对外出售的，应按照出售比例结转相应的存货跌价准备；选项 C，资产负债表日，企业应当重新确定存货的可变现净值，如果以前减记存货的影响因素已经消失，则减记的金额应当予以恢复，并在原已计提的存货跌价准备的金额内转回；选项 D，债务人因债务重组转出存货，视同销售存货，需要对持有期间计提的存货跌价准备进行相应结转，但不冲减当期的资产减值损失。

5.【答案】AB

【解析】选项 A，“生产成本”账户的余额包含在存货项目的金额中，选项 A 表述错误；选项 B，如果原材料是用来生产商品的，其是否减值应该通过其生产的商品是否减值来判断，所以，尽管材料本身的价格已经下降，但是不能确认该材料减值，选项 B 表述错误。

6.【答案】AC

【解析】甲产品的可变现净值 =（11 -

0.5）×350＝3 675（万元），选项A正确；甲产品的成本＝350×10＝3 500（万元），甲产品的可变现净值＝3 675万元，可变现净值大于成本，未发生减值，不需要计提存货跌价准备，选项B错误；乙产品的可变现净值＝（16.5－0.3）×150＝2 430（万元），选项C正确；乙产品的成本＝150×18＝2 700（万元），乙产品的可变现净值＝2 430万元，可变现净值小于成本，发生减值，乙产品应计提的存货跌价准备＝2 700－2 430＝270（万元），A公司本年应计提存货跌价准备＝0＋270＝270（万元），选项D错误。

第三章　固定资产

2023年教材内容主要变化

本章教材在固定资产使用寿命、预计净残值和折旧方法的复核部分新增了一道由于气候风险的影响导致固定资产折旧年限和预计净残值发生变更的例题。

本章近五年考试高频考点分布

高频考点内容	年度及题型分布
固定资产折旧	2022年单选题、2020年综合题、2018年综合题
固定资产后续支出	2022年单选题、2021年单选题
固定资产处置	2020年多选题、2019年综合题

高频考点精讲

本章内容主要包括固定资产确认条件，不同方式取得固定资产入账价值的确定；固定资产折旧的计算、核算，后续支出的核算；固定资产的处置。

高频考点1：固定资产初始计量★

（一）外购固定资产

企业外购固定资产的成本，包括购买价款、相关税费（不含可抵扣的增值税进项税额）、使固定资产达到预定可使用状态前所发生的可归属于该项资产的运输费、装卸费、安装费和专业人员服务费等。

在实务中，企业可能以一笔款项同时购入没有单独标价的固定资产，可以按照各项固定资产公允价值的比例对总成本进行分配，分别确定各项固定资产的成本。

购买固定资产的价款超过正常信用条件延期支付，实质上具有融资性质的，固定资产的成本以购买价款的现值为基础确定。

购买时：

借：固定资产/在建工程（购买价款现值）

　　应交税费——应交增值税（进项税额）

　　未确认融资费用

贷：银行存款
　　长期应付款

采用实际利率法摊销时：

借：在建工程
　　财务费用
　贷：未确认融资费用

（二）自行建造固定资产

1. 自营方式建造固定资产

企业如有以自营方式建造固定资产，其成本应当按照直接材料、直接人工、直接机械施工费等计量。

（1）建设期间发生的工程物资盘亏、报废及毁损，减去残料价值以及保险公司、过失人等赔款后的净损失，计入所建工程项目的成本；盘盈的工程物资或处置净收益，冲减所建工程项目的成本。工程完工后发生的工程物资盘盈、盘亏、报废、毁损，计入当期损益。

（2）在建工程试运行期间发生的与产品生产有关的费用，计入存货成本，将试运行产品对外出售确认为收入，不再计入工程成本。

（3）所建造的固定资产已达到预定可使用状态，但尚未办理竣工决算的，应当自达到预定可使用状态之日起，根据工程预算、造价或者工程实际成本等，按暂估价值转入固定资产，并按有关计提固定资产折旧的规定，计提固定资产折旧。待办理了竣工决算手续后再调整原来的暂估价值，但不需要调整原来的折旧额。

（4）企业以自营方式建造固定资产的账务处理：

发生的工程成本：

借：在建工程
　贷：工程物资等

工程完工达到预定可使用状态：

借：固定资产
　贷：在建工程

（5）高危行业企业按照国家规定提取的安全生产费用：

提取安全生产费用时：

借：生产成本（或当期损益）
　贷：专项储备

使用提取的安全生产费用，形成固定资产的：

借：在建工程
　贷：银行存款
　　　工程物资
　　　应付职工薪酬

借：固定资产
　贷：在建工程

借：专项储备
　贷：累计折旧

2. 出包方式建造固定资产

企业以出包方式建造固定资产，其成本由建造该项固定资产达到预定可使用状态前所发生的必要支出构成，包括发生的建筑工程支出、安装工程支出，以及需分摊计入各固定资产价值的待摊支出。

（三）其他方式取得的固定资产成本

取得方式	固定资产的初始计量金额
投资者投入的固定资产	按照投资合同或协议约定的价值确定，但合同或协议约定价值不公允的除外
非货币性资产交换、债务重组、企业合并等方式取得固定资产的成本	初始计量按照《企业会计准则第 7 号——非货币性资产交换》《企业会计准则第 12 号——债务重组》《企业会计准则第 20 号——企业合并》等的规定确定。但是，其后续计量和披露应当执行固定资产准则的规定
盘盈固定资产的成本	作为前期差错处理，在按管理权限报经批准处理前，先通过“以前年度损益调整”科目核算

（四）存在弃置费用的固定资产

对于特殊行业的特定固定资产，确定其初始成本时，还应考虑弃置费用。弃置费用通常是指根据国家法律和行政法规、国际公约等规定，企业承担的环境保护和生态恢复等义务所确定的支出，如核电站核设施等的弃置和恢复环境义务。

经典例题

【例题·单选题】甲公司 2×22 年取得一项固定资产，与取得该资产相关的支出包括：(1) 支付购买款 400 万元、增值税进项税额 52 万元，另支付购入过程中运输费 10 万元、相关增值税进项税额 0.9 万元；(2) 为使固定资产符合甲公司特定用途，购入后甲公司对其进行了改造。改造过程中领用本公司原材料 8 万元，相关增值税 1.04 万元，发生职工薪酬 5 万元。甲公司为增值税一般纳税人，不考虑其他因素，甲公司该固定资产的入账价值是（　　）万元。

A. 417

B. 423

C. 417.88

D. 418.02

【答案】B

【解析】固定资产入账价值 = 400 + 10 + 8 + 5 = 423（万元），相关增值税不计入固定资产入账价值。

高频考点 2：固定资产折旧★★★

（一）影响固定资产折旧的因素

（1）固定资产原价；

（2）固定资产的使用寿命；

（3）预计净残值；

（4）固定资产减值准备。

（二）固定资产折旧范围

企业应当对所有的固定资产计提折旧，但是，已提足折旧仍继续使用的固定资产和单独计价入账的土地除外。

在确定计提折旧的范围时还应注意以下几点：

（1）固定资产应当按月计提折旧。固定资产应自达到预定可使用状态时开始计提折旧，终止确认时或划分为持有待售非流动资产时停止计提折旧。当月增加的固定资产，当月不计提折旧，从下月起计提折旧；当月减少的固定资产，当月仍计提折旧，从下月起不计提折旧。

（2）固定资产提足折旧后，不论能否继续使用，均不再计提折旧，提前报废的固定资产也不再补提折旧。所谓提足折旧是指已经提足该项固定资产的应计折旧额。

（3）已达到预定可使用状态但尚未办理竣工决算的固定资产，应当按照估计价值确定其成本，并计提折旧；待办理竣工决算后再按实际成本调整原来的暂估价值，但不需要调整原已计提的折旧额。

（三）固定资产折旧方法

折旧方法	计算公式
年限平均法	年折旧额 =（原价 − 预计净残值）÷ 预计使用年限 = 原价 × 年折旧率
工作量法	单位工作量折旧额 = 固定资产原价 ×（1 − 预计净残值率）÷ 预计总工作量 某项固定资产月折旧额 = 该项固定资产当月工作量 × 单位工作量折旧额
双倍余额递减法	年折旧额 = 期初固定资产净值 × 2/预计使用年限 最后两年改为年限平均法。 固定资产净值 = 固定资产原价 − 累计折旧
年数总和法	年折旧额 =（原价 − 预计净残值）× 年折旧率 以 5 年为例，第一年年折旧率为 5/（1 + 2 + 3 + 4 + 5），第二年年折旧率为 4/（1 + 2 + 3 + 4 + 5），依次类推

（四）固定资产折旧的会计处理

借：制造费用（生产车间）
　　管理费用（企业管理部门、未使用的固定资产）
　　销售费用（企业专设销售部门）
　　其他业务成本（经营租出固定资产）
　　研发支出（企业研发无形资产时使用固定资产）
　　在建工程（在建工程中使用固定资产）
　贷：累计折旧

（五）固定资产使用寿命、预计净残值和折旧方法的复核

企业至少应当于每年年度终了，对固定资产的使用寿命、预计净残值和折旧方法进行复核：

（1）使用寿命预计数与原先估计数有差异的，应当调整固定资产使用寿命。

（2）预计净残值预计数与原先估计数有差异的，应当调整预计净残值。

（3）如果固定资产给企业带来经济利益的方式发生重大变化，企业应当改变固定资产折旧方法。

固定资产使用寿命、预计净残值和折旧方法的改变应当作为**会计估计变更**，按照《企业会计准则第28号——会计政策、会计估计变更和差错更正》处理。

经典例题

【真题·多选题】（2019）下列各项关于固定资产会计处理的表述中，正确的有（　　）。

A. 为保持固定资产使用状态而发生的日常修理支出予以资本化计入固定资产成本

B. 达到预定可使用状态但尚未办理竣工决算的固定资产以暂估价值为基础计提折旧

C. 为提升性能进行更新改造的固定资产停止计提折旧

D. 已签订不可撤销合同，拟按低于账面价值的价格出售的固定资产，停止计提折旧并按账面价值结转固定资产清理

【答案】BC

【解析】选项A，应予以费用化，不计入固定资产成本；选项D，符合持有待售的条件，应停止计提折旧并按账面价值转入持有待售资产。

【例题·单选题】2×20年12月20日，A公司购进一台不需要安装的设备，不含税买价为700万元，另发生运杂费2万元、专业人员服务费20万元，款项均以银行存款支付。该设备于购入当日投入使用，预计使用年限为10年，预计净残值为20万元，采用年限平均法计提折旧。2×21年12月31日，A公司对该设备进行检查时发现其已经发生减值，可收回金额为540万元。计提减值准备后，该设备的预计使用年限、折旧方法保持不变，预计净残值变更为零。不考虑其他因素，则A公司在2×22年度对该项设备应计提的折旧金额为（　　）万元。

A. 57.78　　B. 60
C. 70.2　　D. 71.8

【答案】B

【解析】该设备的入账成本＝700＋2＋20＝722（万元）。2×21年度该设备所计提的折旧额＝(722－20)/10＝70.2（万元）。2×21年12月31日，该设备所计提的减值准备＝(722－70.2)－540＝111.8（万元），计提减值准备后固定资产的账面价值为540万元。2×22年度应计提的折旧＝540/9＝60（万元）。

高频考点3：固定资产后续支出★

后续支出的处理原则为：符合固定资产确认条件的，应当计入固定资产成本或其他相关资产成本（例如，与生产产品相关的固定资产的后续支出计入相关产成品的成本），同时将被替换部分的**账面价值**扣除；不符合固定资产确认条件的，应当计入当期损益。

（一）资本化的后续支出

与固定资产有关的更新改造等后续支出，符合固定资产确认条件的，应当计入固定资产成本，同时将被替换部分的账面价值扣除。与存货的生产和加工相关的固定资产的修理费用，计入存货成本（制造费用）。

（1）固定资产进行更新改造时将固定资产转入在建工程：

借：在建工程
　　累计折旧
　　固定资产减值准备
　　贷：固定资产

（2）发生可资本化的后续支出时：

借：在建工程
　　贷：工程物资、原材料、应付职工薪酬等

（3）后续支出完工并达到预定可使用状态时：

借：固定资产
　　贷：在建工程

固定资产进行更新改造期间，停止计提折旧。更新改造结束，按重新确定的使用寿命、预计净残值和折旧方法计提折旧。

（二）费用化的后续支出

与固定资产有关的修理费用等后续支出，不符合固定资产确认条件的，应当根据不同情况分别在发生时计入当期管理费用或销售费用。

借：管理费用（行政管理部门固定资产修理费用等）
　　销售费用（专设的销售机构的固定资产修理费用等）
　　贷：工程物资、原材料、应付职工薪酬等

经典例题

【真题·单选题】（2022）下列各项关于企业固定资产会计处理的表述中，正确的是（　　）。

A. 进行更新改造转入在建工程的固定资产，应停止计提折旧

B. 生产企业在季节性停工期间，生产用固定资产应停止计提折旧

C. 固定资产更新改造时，被替换部分的账面价值仍保留在改造后固定资产账面价值中

D. 对固定资产进行更新改造并转入在建工程时，原计提的固定资产减值准备不应转出

【答案】A

【解析】企业在季节性停工期间，生产用固定资产应正常计提折旧，选项 B 错误；固定资产更新改造时，应将被替换部分的账面价值从工程成本中扣除，选项 C 错误；对固定资产进行更新改造并转入在建工程时，原计提的固定资产减值准备应转出，选项 D 错误。

【真题·单选题】（2021）甲公司为增值税一般纳税人。2×10 年 12 月，甲公司购入一条生产线，实际发生的成本为 5 000 万元，其中控制装置的成本为 800 万元。甲公司对该生产线采用年限平均法计提折旧，预计使用 20 年，预计净残值为零。2×18 年末，甲公司对该生产线进行更新改造，更换控制装置使其具有更高的性能。更换控制装置的成本为 1 000 万元，增值税税额为 130 万元。另外，更新改造过程中发生人工费用 80 万元；外购工程物资 400 万元（全部用于该生产线），增值税税额 52 万元。2×19 年 10 月，生产线完成更新改造达到预定可使用状态。不考虑其他因素，该生产线更新改造后，结转固定资产的入账金额是（　　）万元。

A. 4 000　　B. 4 182
C. 5 680　　D. 5 862

【答案】A

【解析】（5 000 − 800 − 4 200 ÷ 20 × 8）+ 1 000 + 80 + 400 = 4 000（万元）。

高频考点4：固定资产处置★

固定资产的处置

账务处理步骤	会计分录
1. 固定资产转入清理	借：固定资产清理（账面价值） 累计折旧 固定资产减值准备（已提数） 贷：固定资产
2. 发生清理费用	借：固定资产清理 贷：银行存款等
3. 出售收入和残料等的处理	借：银行存款/原材料 贷：固定资产清理 应交税费——应交增值税（销项税额）
4. 保险赔偿的处理	借：其他应收款/银行存款 贷：固定资产清理
5. 结转出售固定资产净收益或净损失	收益：借：固定资产清理 贷：资产处置损益（或营业外支出，报废或自然灾害） 损失：借：资产处置损益（或营业外支出，报废或自然灾害） 贷：固定资产清理

小贴士 属于正常出售、转让所得产生的利得或损失，记入“资产处置损益”科目；属于已丧失用功能正常报废产生的利得或损失，记入“营业外支出”科目；属于自然灾害等非常原因造成的损失，记入“营业外支出”科目。

经典例题

【例题·多选题】2×20年12月31日，大华公司与金丰公司签订不可撤销的销售协议，约定于2×21年3月31日将大华公司一台生产设备出售给金丰公司，约定价款200万元，估计处置费用为5万元。该项固定资产为大华公司2×18年12月31日购入，原价为300万元，按照直线法计提折旧，预计使用年限为5年，预计净残值为零。假定不考虑其他因素，下列说法正确的有（　　）。

A. 2×20年12月31日，大华公司应将该项固定资产划分为持有待售资产，并停止计提折旧

B. 划分为持有待售资产之后，该项设备应按照180万元进行计量

C. 2×20年12月31日大华公司应确认资产减值损失5万元

D. 2×21年3月31日，大华公司应确认处置损益10万元

【答案】AB

【解析】该设备应划分为持有待售，并停止计提折旧，选项A正确；2×20年12月31日账面价值为300－300÷5×2＝180（万元），公允价值减去处置费用＝200－5＝195（万元），所以按照账面价值计量，不需要确认减值损失，选项B正确、选项C错误；该设备处置损益＝200－5－180＝15（万元），选项D错误。

进阶练习

（一）单项选择题

1. 甲公司采用出包方式建造厂房和设备，于2×22年8月30日达到预定可使用状态。发生厂房工程支出300万元，设备及安装支出

700万元，支付工程项目管理费、可行性研究费、监理费等共计100万元，符合资本化条件的借款费用20万元。预计厂房使用年限为20年，设备使用年限为14年，预计净残值均为零，按照年限平均法计提折旧，假定不考虑其他因素，2×22年该设备的折旧金额为（　　）万元。

A. 20　　B. 18.67

C. 25.34　　D. 24

2. M公司为增值税一般纳税人，2×19年1月1日开始自行建造一条生产线。由于该生产线符合国家部门政策，因此政府给予其300万元的建造补贴款；为建造该项生产线占用一笔专门借款，该借款为2×18年1月1日借入，本金为2 000万元，年利率为5%，期限为5年；2×19年1月1日为建造该项生产线发生支出800万元，其中，占用政府补助200万元，占用专门借款600万元。假定2×19年没有发生其他支出，该生产线预计2×20年10月31日完工，不考虑专门借款闲置资金的收益等因素。M公司采用总额法核算其政府补贴款。2×19年末M公司“在建工程”项目余额为（　　）万元。

A. 900　　B. 850

C. 835　　D. 1000

3. 某公司于2×22年3月20日对生产线进行更新改造，该生产线原价为2 000万元，预计使用年限为8年，已经使用2年，预计净残值为零，未计提减值准备，按年限平均法计提折旧。更新改造过程中领用本公司一批产品的成本为84万元，发生人工费用16万元，领用工程用物资160万元；用一台400万元的部件替换生产线中已报废部件，被替换部件原值480万元。该改造工程于当年9月30日达到预定可使用状态并交付生产使用，预计尚可使用寿命为10年，预计净残值为零，按年限平均法计提折旧。该生产线生产产品当年全部对外销售。不考虑相关税费及其他因素，该生产线的生产和改造影响2×22年利润总额的金额为（　　）万元。

A. −107.5　　B. −405

C. −467.5　　D. −637.5

4. 下列有关固定资产处理的表述中，正确的是（　　）。

A. 固定资产盘亏产生的损失计入当期损益

B. 企业使用提取的安全生产费构建的固定资产，使用过程中按估计的使用寿命，采用一定的方法计提折旧

C. 处于季节性维修中的固定资产，在维修期间应暂停计提折旧

D. 暂估入账的固定资产，待办理了竣工决算手续后再调整原来的暂估价值和折旧

5. 下列各项会计处理中，表述错误的是（　　）。

A. 不需用的房屋建筑物不需要计提折旧

B. 对于以公允价值进行后续计量的金融负债，其公允价值变动形成的利得或损失，应计入当期损益

C. 高危行业企业按照国家规定提取的安全生产费计入生产成本或当期损益

D. 生产车间固定资产发生的日常修理费，应计入制造费用

6. 甲公司一条生产线于2×21年5月6日投入改扩建，该生产线原值200 000元，累计计提折旧80 000元，没有计提减值准备。设备改扩建过程中领用工程物资79 100元，其中价款70 000元，应交增值税9 100元，领用库存材料一批，实际成本6 000元，增值税税额780元，领用库存产成品若干件，实际成本8 100元；辅助生产部门为工程提供水、电等劳务支出共计5 000元；工程应负担直接人工费10 260元。2×21年10月6日扩建结束，则该生产线的入账价值为（　　）元。

A. 309 240　　B. 229 240

C. 219 360　　D. 228 460

7. 甲公司2×19年12月15日购入一台入账价值为200万元的生产设备，购入后即达到

预定可使用状态。该设备预计使用寿命为10年，预计净残值为12万元，按照年限平均法计提折旧。2×20年末因出现减值迹象，甲公司对该设备进行减值测试，预计该设备的公允价值为120万元，处置费用为56万元，如果继续使用，预计未来使用及处置产生的现金流量现值为80万元。假定原预计使用寿命、预计净残值以及折旧方法不变。则2×21年该生产设备应计提折旧额为（　　）万元。

A. 6.35　　B. 7.56

C. 8　　D. 11.06

8. 下列关于固定资产的表述中，正确的是（　　）。

A. 固定资产因已丧失使用功能而报废清理产生的利得或损失，应计入资产处置损益

B. 由于重大人为过失或舞弊原因而造成固定资产使用寿命、预计净残值或折旧方法错误的，经复核后进行的变更处理叫作会计估计变更

C. 企业应根据与固定资产有关的经济利益的预期消耗方式来选择固定资产折旧方法

D. 以公允价值模式进行后续计量的已出租厂房也要计提折旧

（二）多项选择题

1. 甲公司为增值税一般纳税人。2×21年1月1日通过增发本公司股票募集9 000万元进行生产线建设。生产线建设期间发生了如下费用或支出：（1）生产线建设工程于2×21年1月1日开始施工，至2×21年6月30日，募集资金已全部投入；（2）为弥补资金缺口，甲公司于7月1日借入一笔一般借款1 000万元（全部用于该设备的更新改造），年利率6%；（3）发生人工费用300万元；（4）领用本公司原材料一批，成本为100万元，购入时的增值税进项税额为13万元；该批材料公允价值为120万元；（5）外购工程物资200万元（全部用于该生产线），增值税税额为26万元；生产线建设期间，领用的外购工程物资因管理不善盘亏10万元，相关过失人员赔付2万元。该生产线于2×21年12月31日达到预定可使用状态，不考虑其他因素，下列说法中正确的有（　　）。

A. 使用募集资金支出9 000万元应当资本化计入所建造生产线成本

B. 将一般借款发生的所有利息计入所建造生产线成本

C. 将生产线建设期间盘亏的工程物资净损失计入生产线成本

D. 该生产线的入账价值为9 628万元

2. 下列有关折旧的表述中，正确的有（　　）。

A. 更新改造过程中的房屋建筑物停止计提折旧

B. 固定资产在定期大修理间隔期间，照提折旧

C. 因产品市场不景气尚未投入使用的外购机器设备不需要计提折旧

D. 已经完工投入使用但尚未办理竣工决算的自建厂房不计提折旧

3. 下列各项中，不影响在建工程项目成本的有（　　）。

A. 固定资产达到预定可使用状态前产出的产品或副产品的售价与成本的差额

B. 为取得土地使用权而缴纳的土地出让金

C. 符合资本化条件的借款费用

D. 建造过程中所占用土地使用权的摊销

4. 下列项目中可能影响企业当期损益的有（　　）。

A. 具有融资性质的分期付款购入的固定资产未确认融资费用的摊销

B. 可转换公司债券转换股份前负债成分计提的利息费用

C. 企业作为债务人进行债务重组获得的重组收益

D. 符合资本化条件的固定资产改良支出

5. 关于固定资产，下列各项表述错误的有（　　）。

A. 高危行业使用提取的安全费用，形成固定资产的，应在固定资产的使用年限内计提折旧并计入专项储备账户

B. 采用成本模式进行后续计量的投资性房地产转换为固定资产时，按投资性房地产的账面价值转入“固定资产”科目

C. 建设期间发生的联合试车费计入管理费用

D. 企业为建造固定资产通过出让方式取得土地使用权支付的土地出让金计入在建工程

6. 甲公司经国家批准建造一个核电站，其主体设备核反应堆将会对当地的生态环境产生一定的影响。根据法律规定，甲公司应在该项设备使用期满后将其拆除，并对其造成的污染进行整治。2×15 年 12 月 31 日，该项设备建造完成并交付使用，建造成本共计 200 000 万元。预计使用寿命 20 年，采用年限平均法计提折旧，预计净残值为零。使用寿命结束时预计为恢复环境将发生弃置费用 2 000 万元。假定考虑货币时间价值和相关通货膨胀因素下确定的折现率（即实际年利率）为 12%，（P/F，12%，20）= 0. 1037。假定按年确认利息费用，下列甲公司会计处理中正确的有（　　）。

A. 2×15 年 12 月 31 日，该固定资产的入账价值是 200 207. 4 万元

B. 2×16 年固定资产计提折旧金额为 10 010. 37 万元

C. 2×16 年末计提预计负债金额为 24. 89 万元

D. 2×16 年末预计负债余额为 232. 29 万元

7. 下列关于固定资产的表述中，正确的有（　　）。

A. 存在弃置费用的固定资产，应将弃置费用直接计入固定资产的成本

B. 盘盈的固定资产按重置成本记入“以前年度损益调整”账户

C. 固定资产建造前发生的借款利息计入固定资产成本

D. 自建固定资产期间发生的工程物资盘盈，冲减在建工程成本

8. 下列关于固定资产的表述中，正确的有（　　）。

A. 固定资产在定期大修理间隔期间照提折旧

B. 以固定资产单独计价而入账的土地也需要计提折旧

C. 固定资产出售、转让未划归为持有待售类别的，通过“固定资产清理”科目核算

D. 固定资产属于自然灾害等非正常原因造成的损失记入“营业外支出”科目

9. 2×22 年 7 月 1 日，甲公司出售一栋办公楼，取得处置价款 6 000 万元，该办公大楼于 2×15 年 1 月 1 日购入，入账成本为 4 500 万元，预计使用年限为 20 年，预计净残值率为 5%，采用年限平均法计提折旧。出售过程中未发生其他费用，不考虑相关税费等其他因素，则下列说法中正确的有（　　）。

A. 至出售时固定资产累计应计提的折旧为 1 603. 125 万元

B. 取得处置价款 6 000 万元记入“固定资产清理”科目贷方

C. 处置办公大楼应计入资产处置损益的金额为 3 103. 125 万元

D. 出售办公大楼对甲公司当月营业利润的影响金额为 2 996. 881 万元

进阶练习答案及解析

（一）单项选择题

1.【答案】B

【解析】待摊支出是指在建设期间发生的，不能直接计入某项固定资产价值，应由所建造的固定资产共同负担的相关费用，按照该项目支出占全部工程支出比例进行分摊。设备

入账价值 = 700 + [(100 + 20) × 700/(300 + 700)] = 700 + 84 = 784（万元），2×22 年该设备的折旧金额 = 784/14 × 4/12 = 18.67（万元）。

2. 【答案】A

【解析】取得的政府补助属于与资产相关的政府补助，在取得时应记入“递延收益”科目，实际占用的部分计入在建工程成本。专门借款占用的本金应计入在建工程，专门借款 2×19 年全年的利息费用均应资本化，不能仅考虑被占用部分的利息费用。因此，2×19 年末 M 公司“在建工程”科目余额 = 200 + 600 + 2 000 × 5% = 900（万元），选项 A 正确。

3. 【答案】C

【解析】更新改造后的固定资产成本 = (2 000 − 2 000/8 × 2) + 84 + 16 + 160 + 400 − (480 − 480/8 × 2) = 1 800（万元），影响 2×22 年利润总额的金额 = −62.5（2×22 年前 3 个月折旧额 2000/8 × 3/12）− 45（2×22 年改造完成后 3 个月折旧额 1 800/10 × 3/12）− 360（被替换设备部件的账面价值 480 − 480/8 × 2）= −467.5（万元）。

4. 【答案】A

【解析】选项 A，盘亏产生的净损失通过营业外支出计入当期损益。选项 B，企业使用提取的安全生产费构建的固定资产折旧一次性计入专项储备，不需按使用年限计提折旧。选项 C，处于季节性维修中的固定资产在维修期间也应计提折旧。选项 D，暂估入账的固定资产，待办理了竣工决算手续后再调整原来的暂估价值，但是折旧不需要调整。

5. 【答案】A

【解析】选项 A，不需用的房屋建筑物仍需计提折旧，计入管理费用。

6. 【答案】C

【解析】本题中改扩建过程中发生的后续支出属于资本化的后续支出，要计入生产线的成本。固定资产投入改扩建后，相当于新的固定资产的形成，所以要把原固定资产的账面价值转入在建工程中，在此基础上归集改扩建过程中发生的支出，最后形成改扩建后固定资产的入账价值。

改扩建中最终计入固定资产成本的金额中只包括领用物资的成本，不包括增值税。生产线的入账价值 = (200 000 − 80 000) + 70 000 + 6 000 + 8 100 + 5 000 + 10 260 = 219 360（元）。

7. 【答案】B

【解析】2×20 年计提减值准备前该设备账面价值 = 200 − (200 − 12)/10 = 181.2（万元），固定资产期末按照账面价值与可收回金额孰低计量，可收回金额为公允价值减去处置费用后的净额 64 万元（120 − 56）与预计未来现金流量现值 80 万元两者之间的较高者，故可收回金额为 80 万元，小于该设备的账面价值，2×20 年末计提减值准备 = 181.2 − 80 = 101.2（万元），计提减值准备后该设备的账面价值为 80 万元；2×21 年该设备应计提折旧金额 = (80 − 12)/(10 − 1) = 7.56（万元）。

8. 【答案】C

【解析】选项 A，固定资产因已丧失使用功能而报废清理产生的利得或损失，应计入营业外支出；选项 B，固定资产使用寿命、预计净残值和折旧方法的改变应当作为会计估计变更，但是由于重大人为过失或舞弊原因而改变应叫作差错更正；选项 D，以公允价值模式进行后续计量的已出租厂房属于投资性房地产，需要反映其公允价值发生的变动，不需要计提折旧。

（二）多项选择题

1. 【答案】AC

【解析】选项 A 正确，因建设生产线所募集的 9 000 万元属于筹建资产支出，应计入生产线的成本。选项 B 错误，为建造生产线支出的一般借款，其在 2×21 年 7 月 1 日至 2×21 年 12 月 31 日资本化期间所产生的利息，应计入生产线成本，资本化利息 = 1 000 × 6% × 1/2 = 30（万元），建设期外的利息费用应计入费用，不再资本化。因此该选项表述不准确，应说明“本年度”或者“建设期内”的一般借款利息计入所建造生产线成本。选项 C 正确，盘亏、报废、毁损的工程物资，减去残料价值以及保险公司、过失人等的赔款后的差额，在生产线建设期间应计入相关资产成本。选项 D 错误，因建造生产线借入的 1 000 万元一般借款，应当资本化计入所建造生产线的成本。生产线的入账价值 = 9 000 + 1 000 + 30 + 300 + 100 + 200 - 10 + (10 - 2) = 10 628（万元）。

2. 【答案】AB

【解析】选项 C，因产品市场不景气尚未投入使用的外购机器设备要计提折旧；选项 D，已经完工投入使用但尚未办理竣工决算的自建厂房要计提折旧。

3. 【答案】AB

【解析】选项 A，企业将固定资产达到预定可使用状态前或者研发过程中产出的产品或副产品对外销售的，应当按照《企业会计准则第 14 号——收入》《企业会计准则第 1 号——存货》等规定，对试运行销售相关的收入和成本分别进行会计处理，计入当期损益，不应将试运行销售相关收入抵销相关成本后的净额冲减固定资产成本或者研发支出；选项 B，为取得土地使用权而缴纳的土地出让金应作为无形资产核算。

4. 【答案】ABC

【解析】选项 A，具有融资性质的分期付款购入的固定资产未确认融资费用的摊销计入财务费用，影响当期损益；选项 B，可转换公司债券转换股份前负债成分计提的利息费用可能计入财务费用，影响当期损益；选项 C，企业作为债务人进行债务重组获得的重组收益，计入投资收益或其他收益，影响当期损益。选项 D，符合资本化条件的固定资产改良支出，应计入固定资产成本，不影响当期损益。

5. 【答案】ABCD

【解析】高危行业使用提取的安全费用，形成固定资产的，一次全额计提折旧并计入专项储备账户，选项 A 错误；采用成本模式进行后续计量的投资性房地产转换为固定资产时，按投资性房地产的原值转入“固定资产”科目，选项 B 错误；建设期间发生的联合试车费计入在建工程成本，选项 C 错误；企业为建造固定资产通过出让方式取得土地使用权支付的土地出让金不作为在建工程成本，而是作为无形资产单独核算，选项 D 错误。

6. 【答案】ABCD

【解析】2×15 年 12 月 31 日固定资产入账价值 = 200 000 + 2 000 × 0.1037 = 200 207.4（万元），选项 A 正确；2×16 年应计提折旧金额 = 200 207.4/20 = 10 010.37（万元），选项 B 正确；2×16 年末应确认预计负债 = 2 000 × 0.1037 × 12% = 24.89（万元），选项 C 正确；2×16 年末预计负债余额 = 2 000 × 0.1037 + 24.89 = 232.29（万元），选项 D 正确。

7. 【答案】BD

【解析】不能将弃置费用直接计入固定资产成本，而是将弃置费用的现值计入固定资产成本，选项 A 错误；固定资产建造前发生的借款利息不能计入固定资产成本，选项 C 错误。

8. 【答案】ACD

【解析】选项 A，固定资产在定期大修理间隔期间，应该计提折旧；选项 B，以固定资产单独计价入账的土地是特殊情况，不需要计提折旧；选项 C，固定资产出售、转让未划归为持有待售类别的，通过“固定资产清理”科目核算；选项 D，固定资产属于自然灾害等非正常原因造成的损失记入“营业外支出”科目。

9. 【答案】ABC

【解析】至出售时固定资产累计应计提折旧金额 = 4 500 × (1 - 5%)/20 × 7.5（2×15 年 2 月至 2×22 年 7 月）= 1 603.125（万元），选项 A 正确；取得处置价款时应借记“银行存款”等科目，贷记“固定资产清理”科目，选项 B 正确；处置办公大楼的净损益应记入“资产处置损益”科目，该科目影响营业利润，应计入资产处置损益的金额 = 6 000 - (4 500 - 1 603.125) = 3 103.125（万元），选项 C 正确、选项 D 错误。

第四章　无形资产

2023 年教材内容主要变化

本章教材内容无实质变化。

本章近五年考试高频考点分布

高频考点内容	年度及题型分布
无形资产初始计量	2021 年多选题、2020 年多选题、2019 年多选题、2018 年单选题
内部研究开发支出的确认和计量	2022 年多选题、2019 年多选题
无形资产后续计量	2019 年多选题

高频考点精讲

本章内容主要包括：无形资产的确认条件；不同取得方式下无形资产初始入账金额的确定；内部研发无形资产的确认和计量；无形资产后续摊销、减值；无形资产出售、出租及报废的会计处理。

高频考点 1：无形资产的初始计量★★★

（一）外购的无形资产成本

取得方式	初始计量金额
购买价款不具有融资性质	购买价款 + 相关税费 + 直接归属于使该项资产达到预定用途所发生的其他支出（直接归属于使该项资产达到预定用途所发生的其他支出包括使无形资产达到预定用途所发生的专业服务费用、测试无形资产是否能够正常发挥作用的费用等） 需要注意的是，下列各项不包括在无形资产初始成本中： （1）为引入新产品进行宣传发生的广告费、管理费用及其他间接费用； （2）无形资产已经达到预定用途以后发生的费用

续表

取得方式	初始计量金额
购买无形资产的价款超过正常信用条件延期支付，实质上具有融资性质	无形资产的成本应以购买价款的现值为基础确定。实际支付的价款与购买价款的现值之间的差额，除按照本书“借款费用”的有关规定应予资本化的以外，应当在信用期间内采用实际利率法进行摊销，计入当期损益

（二）投资者投入的无形资产成本

投资者投入无形资产的成本，应当按照投资合同或协议约定的价值确定，但合同或协议约定价值不公允的，应按无形资产的公允价值作为无形资产初始成本入账。

（三）土地使用权的处理

企业取得的土地使用权通常应确认为无形资产。土地使用权用于自行开发建造厂房等地上建筑物时，土地使用权与地上建筑物分别进行摊销和提取折旧。

但下列情况除外：

（1）房地产开发企业取得的土地使用权用于建造对外出售的房屋建筑物，相关的土地使用权应当计入所建造的房屋建筑物成本。

小贴士 房地产开发企业取得的土地使用权用于建造对外出售的房屋建筑物，这时的土地使用权相当于一般工商企业的原材料，应将其计入房屋建筑物的成本。

（2）企业外购房屋建筑物所支付的价款应当按照合理的方法在地上建筑物与土地使用权之间进行分配；难以合理分配的，应当全部作为固定资产处理。

小贴士 坚持楼是楼、地是地的区分原则，企业应将外购房屋建筑物所支付的价款，合理分配于固定资产和无形资产，无法合理区分的，全部计入固定资产。

企业改变土地使用权的用途，停止自用土地使用权而用于赚取租金或资本增值时，应将其账面价值转为投资性房地产。

（四）企业合并取得的无形资产成本

取得方式	初始计量金额
同一控制下吸收合并	按照被合并企业无形资产的账面价值确认为取得时的初始成本
同一控制下控股合并	按照被合并方无形资产的账面价值作为合并基础
非同一控制下的企业合并	购买方取得的无形资产应以其在购买日的公允价值计量，包括： （1）被购买企业原已确认的无形资产。 （2）被购买企业原未确认的无形资产，但其公允价值能够可靠计量，购买方就应在购买日将其独立于商誉确认为一项无形资产。例如，被购买方正在进行中的一个研究开发项目，符合无形资产的定义且其公允价值能够可靠计量，则购买方应将其独立于商誉确认为一项无形资产

经典例题

【真题·多选题】（2020）2×18年，甲公司发生的相关交易或事项如下：（1）经拍卖取得一块土地，甲公司拟在该土地上建造一栋办公楼；（2）经与乙公司交换资产取得一块土地，甲公司拟在该土地上建造商品房；（3）购入一厂房，厂房和土地的公允价值均能可靠计量；（4）将原自用的土地改为出租。不考虑其他因素，下列各项关于甲公司持有土地会计处理的表述中，正确的有（　　）。

A. 购入厂房取得的土地确认为固定资产

B. 交换取得用于建造商品房的土地确认为存货

C. 拍卖取得用于建造办公楼的土地确认为无形资产

D. 将自用改为出租的土地从租赁期开始日起确认为投资性房地产

【答案】BCD

【解析】选项 A 错误，由于厂房和土地的公允价值均能可靠计量，所以购入厂房取得的土地应确认为无形资产；选项 B 正确，交换取得用于建造商品房的土地应确认为存货；选项 C 正确，拍卖取得用于建造办公楼的土地应确认为无形资产；选项 D 正确，企业改变土地使用权的用途，停止自用土地使用权用于赚取租金或资本增值时，应将其账面价值转为投资性房地产，即从租赁期开始日起确认为投资性房地产。

高频考点 2：内部研究开发支出的确认和计量★★

对于企业自行进行的研究开发项目，应当区分研究阶段和开发阶段两个部分分别进行核算。研究阶段的支出，不能资本化，在发生时全部计入当期损益。开发阶段的支出，应该满足一定的条件才能予以资本化，计入无形资产的价值。

小贴士 （1）如果确实无法区分研究阶段和开发阶段的支出，应当在发生时费用化，计入管理费用。

（2）内部开发无形资产的成本仅包括在满足资本化条件的时点至无形资产达到预定用途前发生的支出总额，满足资本化条件以前，达到预定用途后发生的支出不计入无形资产的成本。

（3）无形资产达到预定用途前发生的可辨认的无效和初始运作损失、为运行该无形资产发生的培训支出等，不构成无形资产的开发成本。

（4）资产负债表日，即使无形资产研发没有结束，“研发支出——费用化支出”科目余额也转入管理费用，“研发支出——资本化支出”科目余额记入资产负债表中的“开发支出”项目。

经典例题

【真题·多选题】（2022）下列各项企业内部开发活动在满足资本化条件的时点至开发项目达到预定用途前发生的费用或支出中，构成无形资产成本的有（　　）。

A. 使用其他专利权发生的摊销额

B. 为使用该无形资产所发生的培训支出

C. 按照借款费用处理原则计算的资本化利息

D. 同时支持多项开发活动但无法明确分配到各项目的支出

【答案】AC

【解析】为使用该无形资产所发生的培训支出不是无形资产达到预定可使用状态前发生的合理必要支出，不计入无形资产成本，选项 B 错误；同时支持多项开发活动但无法明确分配到各项目的支出直接计入当期损益，选项 D 错误。

【真题·多选题】（2019）下列各项关于无形资产会计处理的表述中，错误的有（　　）。

A. 外包无形资产开发活动在实际支付价款时确认无形资产

B. 无法区分研究阶段和开发阶段的支出，全部费用化计入当期损益

C. 使用寿命不确定的无形资产只在存在减值迹象时进行减值测试

D. 在无形资产达到预定用途前为宣传新技术发生的费用，计入无形资产成本

【答案】ACD

【解析】选项 A 错误，外包无形资产开发活动应该在满足资本化时点，即外包无形资产达到预定可使用状态时确认无形资产；选项 B 正确，无法区分研究阶段和开发阶段的支出，应全部费用化计入当期损益；选项 C 错误，使用寿命不确定的无形资产每年年末都要进行减值测试，不是只在存在减值迹象时才进行测试；选项 D 错误，在无形资产达到预定用途前为宣传新技术发生的费用不计入无形资产的成本。

高频考点 3：无形资产后续计量★★

无形资产初始确认和计量后，在其后使用该项无形资产期间内应以成本减去累计摊销额和累计减值损失后的余额计量。

需要强调的是，确定无形资产在使用过程

中的累计摊销额，基础是估计其使用寿命，只有使用寿命有限的无形资产才需要在估计的使用寿命内采用系统合理的方法进行摊销，对于使用寿命不确定的无形资产，每年进行减值测试。

（1）企业至少应当于每年年度终了，对使用寿命有限的无形资产的使用寿命及摊销方法进行复核。如果有证据表明无形资产的使用寿命及摊销方法与以前估计不同的，应当改变其摊销期限和摊销方法，并按照会计估计变更进行处理。

（2）企业应当在每个会计期间对使用寿命不确定的无形资产的使用寿命进行复核。如果有证据表明无形资产的使用寿命是有限的，视为会计估计变更，应当估计其使用寿命，并按使用寿命有限的无形资产的处理原则进行处理。

小贴士 本考点主要考核使用寿命有限的无形资产的摊销及使用寿命无限的无形资产的减值测试。

当月增加的无形资产，当月开始摊销；当月减少的无形资产，当月不再摊销。无形资产减值以后，需要重新核定无形资产的使用寿命和摊销方法，并按新的寿命和摊销方法继续摊销。无形资产的摊销金额一般应当计入当期损益（管理费用、其他业务成本等）。但如果某项无形资产包含的经济利益是通过转入到所生产的产品或其他资产实现的，其摊销金额应当计入制造费用。

经典例题

【真题·多选题】（2020）下列各项资产中，后续计量时不应当进行摊销的有（　　）。

A. 持有待售的无形资产

B. 尚未达到预定用途的开发阶段支出

C. 非同一控制下企业合并中取得、法律保护期还剩 10 年的专利权

D. 使用寿命不确定的无形资产

【答案】ABD

【解析】非同一控制下企业合并取得的使用寿命有限的无形资产，后续计量应当进行摊销。

【例题·单选题】甲公司自 2×20 年初开始自行研究开发新专利技术，2×20 年发生相关研发支出 140 万元，其中，符合资本化条件的开发支出为 70 万元；2×21 年至无形资产达到预定用途前发生开发支出 210 万元（全部符合资本化条件），2×21 年 7 月 1 日该专利技术获得成功达到预定用途并专门用于生产 A 产品。申请该专利权发生注册费用 15 万元，为运行该项无形资产发生培训支出 8 万元。该项专利权的法律保护期限为 15 年，甲公司预计运用该项专利权生产的产品在未来 10 年内会为公司带来经济利益。甲公司计划在 5 年后以 80 万元（不含增值税）将该项专利权出售。甲公司对无形资产采用直线法摊销。甲公司自行开发的该项无形资产在 2×21 年应推销的金额为（　　）万元。

A. 12　　B. 24

C. 21.5　　D. 22.8

【答案】C

【解析】该项专利权的入账价值 = 70 + 210 + 15 = 295（万元），2×21 年应摊销的金额 =（295 − 80）÷5×6/12 = 21.5（万元）。

进阶练习

（一）单项选择题

1. 下列各项关于无形资产会计处理的表述中，正确的是（　　）。

A. 自行研究开发的无形资产在尚未达到预定用途前无须考虑减值

B. 使用寿命不确定的无形资产在持有过程中不应摊销也不考虑减值

C. 企业外购的房屋建筑物支付的价款无法在地上建筑物与土地使用权之间分配的，应当全部确认为无形资产

D. 企业内部研究开发项目研究阶段发生的支出不影响无形资产的账面价值

2. 按照会计准则规定，下列各项中，应计入无形资产成本的是（　　）。

A. 为运行该无形资产发生的培训支出

B. 开发无形资产时耗费的材料、劳务成本、注册费等符合资本化条件的支出

C. 无形资产达到预定用途前发生的可辨认的无效和初始运作损失

D. 为引入新产品进行宣传发生的广告费

3. 甲公司于2×18年1月1日购入一项专利权，初始入账价值为500万元，预计使用年限为25年，无净残值，采用直线法摊销，2×18年12月31日，该专利权出现减值迹象，预计可收回金额为475万元；2×19年1月1日将其出租给乙公司，年租金150万元，租期1年；2×19年12月31日，甲公司估计该项专利权可收回金额为450万元。不考虑其他因素，下列各项说法正确的是（　　）。

A. 2×18年12月31日该项专利权应计提的减值准备5万元

B. 2×19年12月31日该项专利权的账面价值是455万元

C. 因该项专利权影响甲公司2×19年度利润总额金额是125万元

D. 2×20年6月30日该项专利权的账面价值是430万元

4. 2×22年1月1日，甲公司购入一项管理用无形资产，双方协议采用分期付款方式支付价款，合同价款为1 800万元，每年年末付款450万元，4年付清。假定银行同期贷款年利率为6%，另以银行存款支付相关税费40.705万元（不含增值税）。该项无形资产购入当日即达到预定用途，预计使用寿命为10年，无残值，采用直线法摊销。已知：（P/A，6%，4）=3.4651，假定不考虑其他因素，该项无形资产的有关事项影响2×22年度损益的金额为（　　）万元。（计算结果保留两位小数）

A. 93.56　　B. 160

C. 253.56　　D. 353.96

5. 甲公司为增值税一般纳税人，2×21年7月1日，甲公司将某管理用商标权出租给乙公司，租赁期为3年，每年收取租金100万元，增值税税额6万元。甲公司在出租期间内不再使用该商标权。该商标权系甲公司2×20年1月1日购入的，初始入账价值为500万元，预计使用年限为10年，采用直线法摊销，无残值。假定不考虑除增值税以外的其他税费，甲公司2×21年度该商标权影响营业利润的金额为（　　）万元。

A. 20　　B. 0

C. 40　　D. 60

6. 甲公司2×18年6月自行研发一项新技术，累计发生研究开发支出800万元，其中，研究阶段支出200万元，开发阶段符合资本化条件前支出140万元，符合资本化条件后到2×18年末的支出为400万元，无形资产2×19年1月末研发结束，1月份发生研发支出60万元。按照税法规定，研发费用未形成资产计入当期损益的，在规定据实扣除的基础上，按照研究开发费用的75%加计扣除，形成无形资产的，按照无形资产成本的175%摊销。甲公司适用的所得税税率为25%，则下列说法中正确的是（　　）。

A. 2×18年末，资产负债表中开发项目反映的金额为740万元

B. 该项技术的计税基础为805万元

C. 研发该技术形成可抵扣暂时性差异190万元

D. 应确认递延所得税资产47.5万元

7. 下列关于无形资产的会计处理中不正确的是（　　）。

A. 为引入新产品进行宣传发生的广告费、管理费用不计入无形资产的成本

B. 丙公司将持有的土地使用权对外出租，租赁开始日继续摊销并转为采用成本模式进行后续计量

C. 购买无形资产的价款超过正常信用条件延期支付，实质上具有融资性质的，无形资产的成本以购买价款的现值为基础确定

D. 企业应将外购房屋建筑物所支付的价款，合理分配于固定资产和无形资产，无法合理区分的，全部计入无形资产

8. 甲公司于2×20年开始研究开发一项用于制造某大型专用设备的非专利技术，发生研究支出350万元，开发支出5 000万元，其中符合资本化条件的开发支出3 000万元，在2×21年1月1日正式确认为无形资产。甲公司计划生产该专用设备200台，并按生产数量摊销该项无形资产。2×21年度，甲公司共生产该专用设备50台。2×21年12月31日，经减值测试，该项无形资产的可收回金额为1 500万元，2×22年度，甲公司计划生产该专用设备90台。A公司2×22年该无形资产摊销额为（　　）万元。

A. 1 200　　B. 950

C. 900　　D. 1 000

（二）多项选择题

1. 下列会计处理中，正确的有（　　）。

A. 同一控制下控股合并，合并方在合并日编制合并报表时，需要确认被合并方在该项交易前未确认的无形资产

B. 具有商业实质的非货币性资产交换中，以无形资产的公允价值作为入账基础

C. 使用寿命不确定的无形资产，在持有期间不需要摊销，也不计提减值准备

D. 和产品生产有关的无形资产的摊销额计入生产成本

2. 下列各项关于无形资产会计处理的表述中，正确的有（　　）。

A. 企业购买正在进行中的研究开发项目，符合资本化条件的，应记入“研发支出——费用化支出”科目

B. 房地产开发企业取得的土地使用权用于建造对外出售的房屋建筑物，相关的土地使用权应当计入所建造的房屋建筑物成本

C. 同一控制下企业合并，合并方应确认被合并方在该项交易前未确认的无形资产

D. 非同一控制下的企业合并中，购买方应确认被购买方在该项交易前未确认但可单独辨认且公允价值能够可靠计量的无形资产

3. 甲公司2×22年至2×23年为非专利技术研究开发了一项新工艺。2×22年10月1日以前发生各项研究、调查、试验等费用200万元，在2×22年10月1日，该公司证实该项新工艺研究成功，后续支出应予资本化。2×22年10～12月发生材料费用、直接人工等各项支出共计300万元，2×23年1～6月又发生材料费用、直接参与开发人员的工资、场地设备等租金和注册费等支出600万元，按照新工艺试生产了产品，2×23年6月20日通过鉴定，证明可以达到预定用途，甲公司将该项新工艺作为商业性使用并预计在未来10年可以为公司带来经济利益，甲公司采用直线法摊销该项无形资产，无残值。下列关于该项新工艺的会计处理中正确的有（　　）。

A. 2×22年12月31日资产负债表上列示无形资产的金额为300万元

B. 2×22年12月31日因该项新工艺增加利润表上研发费用金额200万元

C. 2×23年6月30日资产负债表上列示无形资产的金额为892.5万元

D. 2×23年12月31日资产负债表上列示无形资产的金额为850万元

4. 关于无形资产摊销的会计处理，下列表述中正确的有（　　）。

A. 自用厂房建造期间，其用地的土地使用权摊销额应计入厂房成本

B. 企业选择的无形资产摊销方法，应当反映与该项无形资产有关的经济利益的预期消耗方式

C. 企业用于生产某种产品的、已确认为无形资产的非专利技术，其摊销金额应计入当期管理费用

D. 对于使用寿命有限的无形资产应当自可供使用当月起开始摊销，处置当月不再摊销

5. 下列关于无形资产的表述中，错误的有（　　）。

A. 将预期不能给企业带来经济利益的无形资产账面价值计入管理费用

B. 已经划分为持有待售的无形资产采用直线法进行摊销

C. 企业所拥有的无形资产在没有发生减值迹象时，不需要进行减值测试

D. 通过政府补助取得的无形资产，公允价值能够可靠取得的应按照公允价值计量

6. 奔腾公司是一家多元化经营的综合性集团公司，不考虑其他因素，其纳入合并范围的下列子公司对所持有的土地使用权的会计处理中，符合会计准则规定的有（　　）。

A. 子公司甲为房地产开发企业，将取得的用于建造对外出售房屋建筑物的土地使用权的相关成本计入无形资产

B. 子公司乙也是房地产开发企业，其建造的用于出售商品房所在地块的土地使用权在建设期间的摊销金额计入商品房开发成本

C. 子公司丙外购房屋建筑物所支付的价款中包括土地使用权和建筑物价值的，由于实际支付的价款确实无法在土地使用权和地上建筑物之间进行合理分配，因而丙企业将其全部确认为固定资产进行计量

D. 子公司丁将持有的土地使用权对外出租，租赁期开始日停止摊销并转为采用公允价值进行后续计量

进阶练习答案及解析

（一）单项选择题

1. 【答案】D

【解析】自行研究开发的无形资产在尚未达到预定用途前也需要考虑减值，选项A错误；使用寿命不确定的无形资产在持有过程中不需要摊销，但是每年年末要进行减值测试，选项B错误；企业外购的房屋建筑物支付的价款无法在地上建筑物与土地使用权之间分配的，应当全部确认为固定资产，选项C错误。

2. 【答案】B

【解析】无形资产达到预定用途前发生的可辨认的无效和初始运作计入当期损益，为运行该无形资产发生的培训支出计入管理费用，不构成无形资产的开发成本，选项A、C错误；为引入新产品发生的广告费应计入销售费用，选项D错误。

3. 【答案】C

【解析】选项A，2×18年12月31日该项专利权的账面价值 = 500 − 500/25 = 480（万元）；2×18年12月31日该项专利权应计提的减值准备 = 480 − 475 = 5（万元）。选项B，2×19年1月1日该项专利权的账面价值 = 475万元。选项C，2×19年12月31日该项专利权的账面价值 = 475 − 475/24 = 455.20（万元）；2×19年12月31日该项专利权应计提的减值准备 = 455.2 − 450 = 5.2（万元）；因该项专利权影响甲公司2×19年度利润总额金额 = 150 − 475/24 − 5.2 = 125（万元）。选项D，2×20年6月30日该项专利权的账面价值 = 450 − 450/23 × 6/12 = 440.22（万元）。

4. 【答案】C

【解析】该项无形资产的入账价值 = 450 × 3.4651 + 40.705 = 1 559.295 + 40.705 = 1 600（万元），未确认融资费用 = 1 800 − 1 559.295 = 240.705（万元），2×22年未确认融资费用摊销计入财务费用金额 = 1 559.295 × 6% = 93.56（万元），2×22年无形资产摊销计入管理费用金额 = 1 600/10 = 160（万元）。该项无形资产的有关事项影响2×22年度损益的金额 = 93.56 + 160 = 253.56（万元）。

5. 【答案】B

【解析】甲公司2×21年下半年租金收入计入其他业务收入的金额 = 100 ÷ 2 = 50（万元）。2×21年上半年商标权摊销额 = 500 ÷ 10 ÷ 2 = 25（万元），计入管理费用；下半年商标权摊销500 ÷ 10 ÷ 2 = 25（万元），计入其他业

务成本，所以甲公司2×21年度该商标权影响营业利润的金额=50－25－25=0。

6.【答案】B

【解析】选项A，2×18年末资产负债表中开发支出项目反映的金额应该为400万元，不符合资本化条件的支出340万元，2×18年末转入管理费用；选项B，该项技术的计税基础为460×175%=805（万元）；选项C，研发该项技术形成可抵扣暂时性差异=805－460=345（万元）；选项D，研发新技术不是企业合并，发生时不影响会计利润与应纳税所得额，不应确认递延所得税资产。

7.【答案】D

【解析】选项A正确，为引入新产品进行宣传发生的广告费、管理费用不计入无形资产的成本，宣传广告费应计入销售费用；选项B正确，无形资产转换为成本模式后续计量的投资性房地产应该继续摊销；选项C正确，购买无形资产的价款超过正常信用条件延期支付，实质上具有融资性质的，无形资产的成本以购买价款的现值为基础确定；选项D错误，无法合理区分的应全部计入固定资产。

8.【答案】C

【解析】2×21年无形资产摊销额=3 000×50/200=750（万元），2×22年12月31日计提无形资产减值准备=（3 000－750）－1 500=750（万元），计提减值准备后无形资产账面价值为1 500万元，2×22年无形资产摊销额=1 500×90/150=900（万元）。

（二）多项选择题

1.【答案】BD

【解析】选项A，同一控制下企业合并中，合并方不需要确认被合并方在该项交易前未确认的无形资产，只需要确认已确认的体现在资产负债表中的无形资产。选项C，使用寿命不确定的无形资产，在持有期间不需要摊销，如果减值，需要计提减值准备。

2.【答案】BD

【解析】选项A，企业购买正在进行中的研究开发项目，符合资本化条件的，应记入“研发支出——资本化支出”科目。选项C，同一控制下的企业合并中，合并日不会产生新的资产负债，所以不需要确认被合并方在该项交易前未确认的无形资产。

3.【答案】BC

【解析】2×22年12月31日研究开发项目没有达到预定用途，将应予资本化的研发支出在资产负债表中“开发支出”项目列示，选项A错误；研发支出不符合资本化条件的支出应计入管理费用，在利润表“研发费用”项目中列示，选项B正确；2×23年6月30日资产负债表上列示无形资产的金额=（300＋600）－（300＋600）/10×1/12=892.5（万元），选项C正确；2×23年12月31日资产负债表上列示无形资产的金额=（300＋600）－（300＋600）/10×7/12=847.5（万元），选项D错误。

4.【答案】ABD

【解析】无形资产用于生产某种产品的，其摊销金额应当计入产品的成本，选项C错误。

5.【答案】ABC

【解析】选项A，预期不能给企业带来经济利益的无形资产账面价值应该计入营业外支出；选项B，已经划分为持有待售的无形资产不再是非流动资产，而是流动资产，不能继续摊销；选项C，使用寿命不确定的无形资产在持有期间不需要摊销，但是每年年末要进行减值测试，自行研发的无形资产在达到预定可使用状态之前，期末也要进行减值测试，以上两种情况都可以没有减值迹象的发生。

6.【答案】CD

【解析】选项A错误，房地产开发企业取得的土地使用权用于建筑对外出售的房屋建筑物，相关土地使用权应当计入所建造的房屋建筑物的成本，而非计入无形资产；选项B错误，乙公司建造的用于出售商品房所在地块的土地使用权属于存货，不进行摊销，无摊销额；选项C正确，无法区分的情况下，全部确认为固定资产；选项D正确，企业将持有的土地使用权对外出租，租赁期开始日应停止摊销并转为采用公允价值进行后续计量。

第五章　投资性房地产

2023 年教材内容主要变化

本章教材删除了投资性房地产后续支出部分的一个例题。

本章近五年考试高频考点分布

高频考点内容	年度及题型分布
投资性房地产的后续计量	2021 年多选题、2020 年单选题、2018 年综合题
投资性房地产的转换	2020 年单选题、2019 年单选题、2018 年多选题、2018 年综合题

高频考点精讲

本章主要内容是投资性房地产特征及范围；投资性房地产的确认及后续资本化和费用化的支出；投资性房地产两种后续计量模式及具体会计核算；投资性房地产的转换及处置。

高频考点 1：投资性房地产的后续计量★★★

投资性房地产的后续计量可以采用成本模式也可以采用公允价值模式，采用公允价值模式对投资性房地产进行后续计量必须满足有确凿证据表明投资性房地产的公允价值能够持续可靠取得。但是，同一企业只能采用一种模式对所有投资性房地产进行后续计量，不得同时采用两种计量模式。即不得对一部分投资性房地产采用成本模式进行后续计量，对另一部分投资性房地产采用公允价值模式进行后续计量。

业务类别	账务处理模式
1. 采用成本模式进行后续计量的投资性房地产。 后续计量中要计提折旧、摊销和减值	（1）折旧或摊销时： 借：其他业务成本 　贷：投资性房地产累计折旧（摊销） （2）计提减值准备时： 借：资产减值损失 　贷：投资性房地产减值准备 （3）取得租金收入： 借：银行存款 　贷：其他业务收入
2. 采用公允价值模式进行后续计量的投资性房地产。 只有存在确凿证据表明投资性房地产的公允价值能够持续可靠取得的，才可以采用公允价值模式对投资性房地产进行后续计量。 公允价值模式后续计量，不计提折旧、不摊销、不减值，但要反映公允价值的变动	（1）资产负债表日，投资性房地产的公允价值高于其账面余额： 借：投资性房地产——公允价值变动 　贷：公允价值变动损益 （2）公允价值低于其账面余额： 借：公允价值变动损益 　贷：投资性房地产——公允价值变动
3. 投资性房地产后续计量模式的变更。 企业对投资性房地产的计量模式一经确定，不得随意变更。以成本模式转为公允价值模式的，应当作为会计政策变更处理，将计量模式变更时公允价值与账面价值的差额，调整期初留存收益。 已采用公允价值模式计量的投资性房地产，不得从公允价值模式转为成本模式	借：投资性房地产——成本（变更日公允价值） 　投资性房地产累计折旧（摊销） 　投资性房地产减值准备 　贷：投资性房地产（原值） 　　利润分配——未分配利润（或借记） 　　盈余公积（或借记）

小贴士 投资性房地产后续计量通常会结合投资性房地产的转换进行考核。考核内容是自用房地产转换为对外出租，后续计量采用成本或公允价值模式，其中采用公允价值模式的考题更多。

投资性房地产后续计量模式的变更不是互逆的，成本模式可以转换成公允价值模式，但是公允价值模式不可以转换成成本模式。而且成本模式转换成公允价值模式属于会计政策变更，变更中涉及所得税影响的，还要调整递延所得税负债（或递延所得税资产）。

经典例题

【真题·多选题】（2021）甲公司对出租的投资性房地产采用公允价值进行后续计量，适用的企业所得税税率为25%。2×19年12月20日，甲公司以2亿元购入一栋写字楼，并于2×19年12月31日以年租金1 000万元的合同价格出租给乙公司，甲公司于2×20年1月1日起开始收取租金。2×19年12月31日、2×20年12月31日，该楼的公允价值分别为2.20亿元、2.22亿元。企业所得税法规定，企业取得的该写字楼按50年、以年限平均法计提的折旧（不考虑净残值）可在计算应纳税所得额时扣除。甲公司2×20年初递延所得税资产和递延所得税负债的账面价值均为零，除上述交易或事项外，甲公司没有其他纳税调整事项，不考虑除企业所得税以外的其他相关税费及其他因素，下列各项关于甲公司对上述交易或事项会计处理的表述中，正确的有（　　）。

A. 2×19年实现利润总额3 000万元

B. 2×20年度实现利润总额1 200万元

C. 2×19年末应确认其他综合收益2 000万元

D. 2×20年末递延所得税负债的账面余额为650万元

【答案】 BD

【解析】 选项A错误，2×19年实现利润总额＝2.2－2＝0.2（亿元）；选项B正确，2×20年度实现利润总额＝0.1＋0.02＝0.12

（亿元）；选项C错误，2×19年末应确认公允价值变动损益2 000万元；选项D正确，2×20年末递延所得税负债的账面余额 = [22 200 - (20 000 - 20 000/50)] ×25% = 650（万元）。

【例题·单选题】甲公司2×21年1月1日购入一栋建筑物出租给乙公司，取得发票上注明的价款为2 200万元，甲公司将其作为投资性房地产核算，并采用公允价值模式计量，租期为5年，每年末收取租金100万元。2×21年12月31日，该栋厂房的公允价值为2 250万元。甲公司2×21年因该投资性房地产对营业利润的影响为（　　）万元。

A. -50　　B. 150

C. 200　　D. -200

【答案】B

【解析】租金收入100万元计入其他业务收入，对营业利润有影响；公允价值增加50万元，计入公允价值变动损益，对营业利润有影响，所以对营业利润的影响金额 = 100 + 50 = 150（万元），选项B正确。

高频考点2：投资性房地产的转换

★★★

（一）投资性房地产转换形式和转换日

1. 房地产的转换

房地产的转换，是因房地产的用途发生改变而对房地产进行的重新分类。企业必须有确凿证据表明房地产的用途发生了改变，才能进行房地产的转换。这里确凿证据包括两个方面：一是企业董事会或类似机构应当就改变房地产的用途形成正式的书面决议；二是房地产因用途改变而发生实际状态上的改变，如从自用状态改为出租状态。

2. 房地产转换形式

投资性房地产原形式		转换后形式
投资性房地产	⟶	存货
固定资产或无形资产	⟶	投资性房地产
存货	⟶	投资性房地产

3. 转换日的确定

投资性房地产转换时，需要在转换日作会计处理，这涉及资产入账价值的确定，所以要正确确认转换日。

转换形式	转换日
固定资产、无形资产、存货转为投资性房地产	租赁期开始日
自用土地停止自用，用于赚取租金或资本增值	用于资本增值的日期
空置建筑物或在建建筑物转为投资性房地产	董事会或类似机构作出书面决议的日期
投资性房地产转为固定资产或无形资产	房地产达到自用状态的日期
投资性房地产转为存货	租赁期届满，企业董事会或类似机构作出书面决议明确表明将其重新开发用于对外出售的日期

（二）房地产转换的会计处理

1. 采用成本模式进行后续计量的投资性房地产与自用房地产的相互转换

业务类别	账务处理
（1）由固定资产、无形资产或存货转为投资性房地产。按转换日上述资产的账面价值转为投资性房地产，也就是说，将固定资产、无形资产及存货相关的账户清零，将余额转入投资性房地产对应的账户中去	借：投资性房地产（原值或开发产品的成本） 　　累计折旧（摊销） 　　固定（无形）资产减值准备、存货跌价准备 　　贷：固定资产、无形资产（原值）、开发产品 　　　　投资性房地产累计折旧（摊销） 　　　　投资性房地产减值准备

续表

业务类别	账务处理
（2）由投资性房地产转换为固定资产、无形资产或存货。按转换日投资性房地产的账面价值转为上述资产，也就是说，将投资性房地产相关的账户清零，将余额转入固定资产、无形资产或存货对应的账户中去	借：固定资产、无形资产（原值）、开发产品 投资性房地产累计折旧（摊销） 投资性房地产减值准备 贷：投资性房地产（原值或开发产品的成本） 累计折旧（摊销） 固定（无形）资产减值准备、存货跌价准备

2. 采用公允价值模式进行后续计量的投资性房地产与自用房地产相互转换

业务类别	账务处理
（1）由固定资产、无形资产或存货转为投资性房地产。按转换日上述资产的公允价值转为投资性房地产，也就是说，将固定资产、无形资产及存货相关的账户清零，按转换日的公允价值记入“投资性房地产”账户，公允价值大于账面价值的差额计入其他综合收益，公允价值小于账面价值的差额计入公允价值变动损益	借：投资性房地产（转换日的公允价值） 累计折旧（摊销） 固定（无形）资产减值准备、存货跌价准备 公允价值变动损益（公允价值小于账面价值） 贷：固定资产、无形资产（原值）、开发产品 其他综合收益（公允价值大于账面价值）
（2）由投资性房地产转为固定资产、无形资产或存货。按转换日投资性房地产的公允价值转为上述资产，也就是说，将投资性房地产相关的账户清零，按转换日的公允价值计入固定资产、无形资产或存货，公允价值与账面价值的差额均计入公允价值变动损益	借：固定资产、无形资产、开发产品（转换日的公允价值） 公允价值变动损益（公允价值小于账面价值） 贷：投资性房地产——成本 ——公允价值变动（可能在借方） 公允价值变动损益（公允价值大于账面价值）

经典例题

【真题·单选题】（2019）甲公司将原自用的办公楼用于出租，以赚取租金收入。租赁期开始日，该办公楼账面原价为 14 000 万元，已计提折旧为 5 600 万元，公允价值为 12 000 万元。甲公司对投资性房地产采用公允价值模式进行后续计量。甲公司上述自用办公楼转换为投资性房地产时公允价值大于原账面价值的差额在财务报表中列示的项目是（　　）。

A. 资本公积

B. 营业收入

C. 其他综合收益

D. 公允价值变动收益

【答案】C

【解析】自用房地产转换为以公允价值模式进行后续计量的投资性房地产，转换日公允价值大于原账面价值的差额计入其他综合收益，公允价值小于原账面价值的差额计入公允价值变动损益。

进阶练习

（一）单项选择题

1. 以下关于投资性房地产的核算中，表述正确的是（　　）。

A. 公允价值模式计量的投资性房地产转换为自用房地产时，以转换当日投资性房地产的公允价值作为自用房地产的入账价值，公允价值与原账面价值的差额计入公允价值变动损益

B. 同一企业可以分别采用成本模式和公允价值模式对投资性房地产进行后续计量

C. 用公允价值模式计量的投资性房地产，不得转为非投资性房地产核算

D. 对投资性房地产的计量模式可以随意变更

2. 甲公司及子公司对投资性房地产采用不同的会计政策。具体为：子公司乙对作为投资性房地产核算的房屋采用公允价值模式进行后续计量；子公司丙对作为投资性房地产核算的土地使用权采用成本模式计量，按剩余15年期限分期摊销计入损益；子公司丁对出租的房屋采用成本模式计量，并按房屋仍可使用年限10年计提折旧；子公司戊对在建的投资性房地产采用公允价值模式进行后续计量。甲公司自身对作为投资性房地产的房屋采用成本模式进行后续计量，并按房屋仍可使用年限20年计提折旧。不考虑其他因素，下列关于甲公司在编制合并财务报表时，对纳入合并范围的各子公司投资性房地产的会计处理中，正确的是（　　）。

A. 将投资性房地产的后续计量统一为成本模式，同时统一有关资产的折旧或摊销年限

B. 对于公允价值能够可靠计量的投资性房地产采用公允价值模式计量，其他投资性房地产采用成本模式计量

C. 区分在用投资性房地产与在建投资性房地产，在用投资性房地产统一采用成本模式计量，在建投资性房地产采用公允价值模式计量

D. 子公司的投资性房地产后续计量均应按甲公司的会计政策进行调整，即后续计量采用成本模式并考虑折旧或摊销，折旧或摊销年限根据实际使用情况确定

3. 2×18年12月，甲公司购入一栋办公楼用于出租，购入价格为1 000万元，预计使用年限为40年，预计净残值为200万元，采用年限平均法计提折旧。2×19年1月1日甲公司将该办公楼出租给乙公司，并采用成本模式进行后续计量。2×21年1月1日出租给乙公司的写字楼所在的房地产交易市场发展较为成熟，决定将成本模式转换为公允价值计量模式进行后续计量。2×21年1月1日该写字楼的公允价值是1 200万元，假设甲公司不存在其他的投资性房地产，按净利润的10%提取盈余公积，不考虑其他因素，则转换日当天应提取盈余公积（　　）万元。

A. 240　　B. 260

C. 24　　D. 25

4. 2×22年1月10日，甲公司以公允价值2 800万元取得一项处于建设中的房产，甲公司在取得后继续建造期间发生建造和装修支出1 000万元、符合资本化的利息费用200万元，该房产于2×22年6月20日达到预定可使用状态。考虑自身生产经营需要，甲公司董事会作出决议将该房产40%留作自用办公楼，另外60%与乙企业签订了经营租赁合同，租赁期开始日为2×22年7月1日，年租金200万元。该项办公楼预计使用寿命为20年、预计净残值为零，采用双倍余额递减法计提折旧。甲公司采用成本模式对投资性房地产进行后续计量。不考虑税费及其他因素，2×22年甲公司因上述业务确认利润总额的影响金额为（　　）万元。

A. 80　　B. －10

C. 30　　D. －100

5. 2×18年1月1日，甲公司将一栋自用的办公楼转换为采用公允价值模式进行后续计量的投资性房地产。当日，该办公楼的账面原值为3 000万元，已计提折旧1 800万元，未计提减值准备，公允价值为1 700万元。2×18年12月31日，该办公楼的公允价值为1 800万元。2×19年12月31日，该办公楼的公允价值为1 960万元。2×20年2月1日，甲公司将该办公楼以2 100万元出售，出售款项已收讫。不考虑其他因素，甲公司2×20年因出售该办公楼应确认的损益金额为（　　）万元。

A. 400　　B. 900

C. 640　　D. 140

6. 甲公司于2×22年6月30日决定将自用房地产转为出租，且以公允价值模式对投资性房地产进行后续计量，租期2年，月

租金30万元。甲公司于2×18年12月31日取得该房地产，该自用房地产的取得成本为3 000万元，预计使用年限为20年，预计净残值为零，采用年限平均法计提折旧，未计提减值准备。2×22年6月30日为租赁期开始日，当日该房地产的公允价值为2 500万元，2×22年12月31日公允价值为2 700万元。假设税法对该房地产以成本计量，且与房地产自用时的折旧政策一致。甲公司适用的所得税税率为25%，不考虑其他因素，下列说法中，正确的是（　　）。

A. 投资性房地产在转换日的入账价值为2 500万元

B. 投资性房地产在转换日应计入公允价值变动损益的金额为25万元

C. 该事项属于会计政策变更

D. 2×22年12月31日递延所得税资产余额75万元

7. 下列关于企业投资性房地产的说法中，正确的是（　　）。

A. 投资性房地产的租金收入应作为企业的营业外收入

B. 企业将自身的办公楼用于出租后应作为投资性房地产核算

C. 房地产开发企业用于持有以备增值后转让的土地使用权作为投资性房地产核算

D. 企业将自身房地产出租给职工住宿，收取租金，应作为投资性房地产核算

8. 2×22年1月1日，甲公司将一项投资性房地产由成本模式转为公允价值模式计量。该投资性房地产原价为40 000万元，至转换时点已计提折旧10 000万元，未计提减值准备，当日该投资性房地产公允价值为50 000万元。甲公司按净利润的10%计提法定盈余公积，不提取任意盈余公积。假定不考虑所得税及其他因素的影响。则转换日影响甲公司2×22年资产负债表中“未分配利润”项目的年初金额为（　　）万元。

A. 2 000　　B. 1 500

C. 18 000　　D. 13 500

（二）多项选择题

1. 某企业2×17年12月31日在境外购入一栋办公楼，当日美元与人民币汇率为1∶6.2，购入价格为800万元人民币，预计使用年限为20年，预计净残值为零，未计提减值准备，采用年限平均法计提折旧。2×19年1月1日将该办公楼出租，租期2年，每年租金为150万元人民币，采用公允价值计量模式对其进行后续计量。签订协议当日该办公楼的公允价值是750万元人民币。2×19年12月31日，该办公楼的公允价值是680万元。不考虑其他因素，2×21年1月1日租赁协议到期，1月31日该企业将办公楼出售并签订协议以640万元人民币出售，当日美元与人民币汇率为1∶6.4，款项未收到，账款于3月13日收回，当日美元与人民币汇率为1∶6.8。下列表述中，正确的有（　　）。

A. 2×19年对该投资性房地产计提折旧40万元

B. 2×19年1月1日应确认公允价值变动损益10万元

C. 2×19年该投资性房地产增加当期营业利润80万元

D. 因出售办公楼而取得的外币债权到3月13日结算时产生的汇兑收益是40万元人民币

2. 企业发生的下列交易或事项中，相关会计处理将影响发生当年净利润的有（　　）。

A. 房地产开发企业将作为存货的商品房转换为采用公允价值模式进行后续计量的投资性房地产时，转换日商品房公允价值大于账面价值的差额

B. 其他债权投资处置时，持有期间因为公允价值变动计入所有者权益中的金额

C. 采用成本模式进行后续计量的投资性房地产计提的减值准备

D. 投资性房地产的处置净损益

3. 2×21年，甲公司发生的交易或事项如下：（1）3月1日，甲公司董事会通过将其自用的一

栋办公楼用于出租的议案，并形成书面决议，该办公楼的成本为45 000万元，按照年限平均法计提折旧，使用寿命为50年，预计净残值为零，累计已计提折旧4 500万元，未计提减值准备；（2）4月1日，甲公司陆续搬迁，准备腾空办公楼；（3）4月25日，甲公司与乙公司签订经营租赁合同，将该栋办公楼出租给乙公司，租赁期为10年，租赁期开始日为2×21年5月1日（当日甲公司已彻底腾空该办公楼），每月租金84万元，前两个月为免租期。甲公司对投资性房地产采用成本模式进行后续计量，假定折旧方法、预期使用寿命、预计净残值不变。不考虑其他因素，下列各项关于甲公司2×21年会计处理的表述中，正确的有（　　）。

A. 自用办公楼转换为投资性房地产的转换日为2×21年3月1日

B. 自用办公楼转换为投资性房地产作为会计政策变更进行会计处理

C. 免租期内应当确认租金收入

D. 甲公司2×21年确认损益的影响金额-239.2万元

4. 下列有关投资性房地产的会计处理中，正确的有（　　）。

A. 以成本模式后续计量的投资性房地产转换为固定资产，记入“固定资产”账户的金额为“投资性房地产”账户的金额

B. 以公允价值模式后续计量的投资性房地产转换为固定资产，固定资产应按转换日的公允价值计量，公允价值大于原账面价值的差额确认为其他综合收益

C. 企业将原本用于生产商品的房地产改为用于出租，则该房地产的转换日为承租人有权行使其租赁资产权利的日期

D. 企业将原本用于经营管理的土地使用权改用于资本增值，则该房地产的转换日应确定为自用土地使用权停止自用后，确定用于资本增值的日期

5. 甲公司采用公允价值模式对投资性房地产进行后续计量，有关投资性房地产的资料如下：2×20年6月30日，甲公司董事会决定将自用办公楼整体出租给乙公司，租期为3年，月租金为400万元。2×20年6月30日为租赁期开始日，当日的公允价值为80 000万元。该办公楼原值为80 000万元，预计使用年限为40年，至出租时已计提折旧10 000万元，未计提减值准备。2×20年末该房地产的公允价值为96 000万元。关于甲公司2×20年的会计处理，下列说法中正确的有（　　）。

A. 2×20年6月30日确认投资性房地产的入账价值为80 000万元

B. 2×20年末该项投资性房地产计提折旧

C. 2×20年末该项投资性房地产的列报金额为96 000万元

D. 2×20年下半年该业务影响利润表营业利润的金额为18 400万元

6. 下列各项有关投资性房地产会计处理的表述中，正确的有（　　）。

A. 存货转换为以公允价值模式后续计量的投资性房地产，投资性房地产应按照转换日的公允价值计量，公允价值小于存货的账面价值的差额确认为当期损益

B. 投资性房地产转为自用房地产，其转换日为房地产达到自用状态，企业开始将房地产用于生产商品、提供劳务或者经营管理的日期

C. 企业将原本用于经营管理的土地使用权改用于资本增值，则该房地产的转换日为自用土地使用权停止自用，用于资本增值的日期

D. 企业将原本用于生产商品的房地产改为出租，则该房地产的转换日为租赁期开始日

7. 甲公司为增值税一般纳税人，出租和出售投资性房地产的适用税率为9%，2×15年12月31日购入一栋管理用办公楼，支付价款16 350万元（含增值税1 350万元）。该办公楼预计使用年限为30年，预计净残值为零，采用年限平均法计提折旧。因经营重心改变，甲公司决定迁址，2×19年5月1日与乙

公司签订租赁协议，以经营租赁方式将该办公楼出租给乙公司，并以公允价值模式对投资性房地产进行后续计量，租赁期开始日为6月30日，租期为2年，年租金为400万元，该办公楼至租赁期开始日未计提减值准备。协议签订日该办公楼公允价值为15 200万元，租赁期开始日的公允价值为16 000万元，2×19年12月31日公允价值为16 500万元。不考虑其他因素，下列说法正确的有（　　）。

A. 投资性房地产的转换日为2×19年5月1日

B. 该办公楼至租赁期开始日的累计折旧额1 750万元

C. 上述交易或事项对甲公司2×19年度营业利润的影响金额为450万元

D. 转换日应计入其他综合收益的金额为2 750万元

进阶练习答案及解析

（一）单项选择题

1. 【答案】A

【解析】同一企业只能采用一种模式对所有投资性房地产进行后续计量，不得同时采用两种计量模式，选项B错误；已采用公允价值模式计量的投资性房地产，不得从公允价值模式转为成本模式，但可以由投资性房地产转换为非投资性房地产核算，选项C错误；投资性房地产的计量模式一经确定，不得随意变更，选项D错误。

2. 【答案】D

【解析】编制合并财务报表时，母、子公司采用的会计政策不一致时，应当按照母公司所采用的会计政策调整子公司的会计报表。选项A，将投资性房地产的后续计量统一为成本模式，折旧或摊销年限根据实际使用情况确定，不能统一有关资产的折旧或摊销年限；选项B、C没有实现母、子公司会计政策的统一，应该都采用成本模式进行后续计量。

3. 【答案】C

【解析】2×21年1月1日该投资性房地产的账面价值＝1 000－（1 000－200）/40×2＝960（万元），转换日应提取盈余公积＝（1 200－960）×10%＝24（万元）。

4. 【答案】D

【解析】甲公司因上述业务对2×22年利润总额的影响金额＝200×6/12－（2 800＋1 000＋200）×2/20×6/12＝－100（万元）。

5. 【答案】C

【解析】甲公司2×20年因出售该办公楼应确认的损益金额＝（2 100－1 960）＋［1 700－（3 000－1 800）］＝640（万元）。转换日公允价值大于账面价值的部分计入其他综合收益，出售日应将该部分金额结转到当期损益，因为其他综合收益属于所有者权益项目，所以该结转会影响出售的损益金额；而出售时公允价值变动损益结转至其他业务成本，这属于损益类科目的内部结转，不影响损益总额。

6. 【答案】A

【解析】甲公司以公允价值对投资性房地产进行后续计量，应使用转换日的公允价值作为投资性房地产的入账价值，即入账价值为2 500万元，选项A正确；转换日该房地产的账面价值＝3 000－3 000/20×3.5＝2 475（万元），自用房地产转为采用公允价值模式计量的投资性房地产时，其公允价值大于账面价值的差额25万元应计入其他综合收益，选项B错误；该事项属于房地产用途的转换，不属于会计政策变更，选项C错误；2×22年12月31日投资性房地产的计税基础＝3 000－3 000/20×4＝2 400（万元），账面价值为2 700万元，2×22年12月31日递延所得税负债余额＝（2700－2400）×25%＝75（万元），选项D错误。

7. 【答案】B

【解析】选项A，投资性房地产属于企业

的日常经营活动，产生的租金收入应作为其他业务收入核算；选项 C，房地产开发企业用于持有以备增值后转让的土地使用权作为存货核算，不作为投资性房地产核算；选项 D，企业出租给本企业职工居住的宿舍，虽然也收取租金，但间接为企业自身的生产经营服务，因此具有自用房地产的性质，不属于投资性房地产。

8. 【答案】C

【解析】将投资性房地产的后续计量模式由成本模式转为公允价值模式属于会计政策变更，公允价值与原账面价值的差额调整期初留存收益。转换日影响 2×22 年资产负债表中期初“未分配利润”项目的金额 = [50 000 - (40 000 - 10 000)] ×90% = 18 000（万元）。

（二）多项选择题

1. 【答案】BD

【解析】选项 A 错误，采用公允价值计量模式的投资性房地产不计提折旧或摊销；选项 B 正确，该办公楼初始入账价值是 800 万元，2×18 年计提的折旧 = 800/20 = 40（万元），办公楼出租前的账面价值 = 800 - 40 = 760（万元），出租日公允价值为 750 万元，将自用房地产转换为以公允价值计量模式的投资性房地产账面价值和公允价值的借方差额计入公允价值变动损益；选项 C 错误，2×19 年的营业利润 = 150 - (750 - 680) - 10 = 70（万元），因此 2×19 年增加营业利润 70 万元；选项 D 正确，1 月 31 日以 640 万元人民币即 100 万美元出售办公楼，该项外币债权到 3 月 13 日结算时产生的汇兑收益 = 100 × (6.8 - 6.4) = 40（万元）。

2. 【答案】BCD

【解析】选项 A，计入其他综合收益，不影响当年净利润；选项 B，转入投资收益，影响当年净利润；选项 C，计入资产减值损失，会影响当年净利润；选项 D，投资性房地产的处置净损益是通过其他业务收入和其他业务成本实现的，所以影响当年净利润。

3. 【答案】CD

【解析】自用建筑物停止自用改为出租，转换日通常为租赁期开始日即 2×21 年 5 月 1 日，选项 A 错误；自用办公楼（固定资产）与投资性房地产具有本质差别，自用办公楼转换为投资性房地产，属于新的交易或事项，不属于会计政策变更，选项 B 错误；出租人提供免租期的，出租人应将租金总额在不扣除免租期的整个租赁期内，按直线法或其他合理的方法进行分配，免租期内应当确认租金收入，选项 C 正确；因为前两个月为免租期，租金总额 = 84 × (10 × 12 - 2) = 9 912（万元），2×21 年应确认租金收入 = 9 912/10 × 8/12 = 660.8（万元），2×21 年固定资产计提折旧 = 45 000/50 × 4/12 = 300（万元），计入管理费用，投资性房地产计提折旧额 = 45 000/50 × 8/12 = 600（万元），计入其他业务成本，综上，甲公司 2×21 年确认损益的影响金额 = 660.8 - 300 - 600 = -239.2（万元），选项 D 正确。

4. 【答案】ACD

【解析】选项 B，公允价值与原账面价值的差额计入当期损益，无须区分该差额是借方或贷方。

5. 【答案】ACD

【解析】2×20 年 6 月 30 日投资性房地产应按公允价值 80 000 万元计量，选项 A 正确；采用公允价值进行后续计量的投资性房地产，会计上不进行折旧或摊销，选项 B 错误；2×20 年末该项投资性房地产按其公允价值 96 000 万元列报，选项 C 正确；2×20 年下半年该业务影响利润表营业利润的金额 = 400 × 6 + (96 000 - 80 000) = 18 400（万元），选项 D 正确。

6. 【答案】ABCD

7. 【答案】BCD

【解析】选项 A 错误，自用房地产转换为投资性房地产的转换日是租赁期开始日，即为 6 月 30 日，而非租赁协议签订日；选项 B 正确，该办公楼至 2×19 年 6 月 30 日的累计折旧额 = (16 350 - 1 350)/30 × 3.5 = 1 750（万元）；选项 C 正确，2×19 年租金收入 = 400/2 = 200

（万元），2×19 年由于自用办公楼转换为公允价值模式计量的投资性房地产所产生的其他综合收益 2 750 万元不影响当年营业利润，上述交易或事项对甲公司 2×19 年度营业利润的影响金额 = -（16 350 - 1 350）/30/2 + 400/2 +（16 500 - 16 000）= 450（万元）；选项 D 正确，转换日该办公楼的账面价值 = 15 000 -（16 350 - 1 350）/30 × 3.5 = 13 250（万元），账面价值与公允价值的差额 = 16 000 - 13 250 = 2 750（万元），自用房地产转为采用公允价值模式计量的投资性房地产时，其账面价值小于公允价值的差额应计入其他综合收益，因此，转换日应计入其他综合收益的金额为 2 750 万元。

第六章　长期股权投资与合营安排

2023 年教材内容主要变化

本章教材调整了对合营企业投资的表述方式，删除同一控制下企业合并子公司改制的相关表述，调整了投资方与联营企业、合营企业之间的内部交易构成业务的表述。

本章近五年考试高频考点分布

高频考点内容	年度及题型分布
权益法	2020 年单选题、2020 年计算题、2019 年计算题、2018 年单选题
核算方法转换	2022 年计算题、2019 年计算题
与合并报表结合	2022 年综合题、2021 年综合题、2020 年计算题、2019 年综合题、2018 年综合题
合营安排	2021 年单选题

高频考点精讲

本章讲解长期股权投资的初始计量、后续计量、核算方法转换与处置等内容，考试时各种题型均可能出现，主观题既可以单独出，也可以与金融工具、企业合并、合并财务报表等章节内容结合，在考试中占有举足轻重的地位。

高频考点 1：对联营企业、合营企业投资的初始计量★

（一）以支付现金方式取得

1. 初始成本

初始成本为实际支付的购买价款，包括直接相关的费用、税金及其他必要支出，不包括被投资单位已宣告但尚未发放的现金股利或利润。

2. 账务处理

借：长期股权投资

　　应收股利

　　贷：银行存款

（二）以发行权益性证券方式取得

1. 初始成本

初始成本为所发行权益性证券的公允价值；发行费用冲减“资本公积——股本溢价”。

2. 账务处理

借：长期股权投资

　　贷：股本

　　　　资本公积——股本溢价

借：资本公积——股本溢价（发行费用）

　　贷：银行存款

（三）债务重组方式取得

1. 初始成本

初始成本为放弃债权的公允价值加上可直接归属于该资产的税金等其他成本。

2. 账务处理

借：长期股权投资

　　坏账准备

　　贷：应收账款等

　　　　投资收益（倒挤差额，或借）

（四）以非货币性资产交换方式取得

1. 初始成本

初始成本按照非货币性资产交换准则计量（具有商业实质、公允价值计量）。

2. 账务处理

（1）付出的对价是无形资产。

借：长期股权投资（无形资产的公允价值＋销项税额）

　　累计摊销

　　无形资产减值准备

　　贷：无形资产（账面余额）

　　　　应交税费——应交增值税（销项税额）

　　　　资产处置损益（倒挤差额，或借）

（2）付出的对价是固定资产。

借：固定资产清理

　　累计折旧

　　固定资产减值准备

　　贷：固定资产

借：长期股权投资（固定资产的公允价值＋销项税额）

　　贷：固定资产清理

　　　　应交税费——应交增值税（销项税额）

　　　　资产处置损益（倒挤差额，或借）

（3）付出的对价是存货。

借：长期股权投资（存货的含增值税公允价值）

　　贷：主营业务收入

　　　　应交税费——应交增值税（销项税额）

借：主营业务成本

　　存货跌价准备

　　贷：库存商品

（4）付出的对价是金融资产。

借：长期股权投资（金融资产的公允价值）

　　贷：其他债权投资/交易性金融资产/其他权益工具投资等

　　　　投资收益/留存收益（倒挤差额，或借）

经典例题

【例题·单选题】2×22 年 2 月 1 日，甲公司以增发 1 000 万股普通股和一台设备为对价，取得乙公司 25% 股权。普通股面值为每股 1 元，公允价值为每股 10 元。为发行股份支付佣金和手续费 400 万元。设备账面价值为 1 000 万元，公允价值为 1 200 万元，当日乙公司可辨认净资产公允价值 40 000 万元。投资后甲公司能够对乙公司施加重大影响，不考虑其他因素，甲公司该项长期股权投资初始投资成本是（　　）万元。

A. 10 000　　B. 10 400

C. 11 600　　D. 11 200

【答案】D

【解析】甲公司该项长期股权投资的初始投资成本 = 1 000 × 10 + 1 200 = 11 200（万元）。账务处理如下：

借：长期股权投资　　11 200

　　贷：固定资产清理　　1 000

　　　　资产处置损益　　200

　　　　股本　　1 000

　　　　资本公积——股本溢价　　8 600

银行存款 400

【真题·单选题】（2020）甲公司为一家上市公司，2×19年2月1日，甲公司向乙公司股东发行股份1 000万股（每股面值1元）作为支付对价，取得乙公司20%的股权。当日，乙公司净资产账面价值为8 000万元，可辨认净资产公允价值为12 000万元，甲公司所发行股份的公允价值为2 000万元。为发行该股份，甲公司向证券承销机构支付200万元的佣金和手续费。取得股权后甲公司能够对乙公司施加重大影响。取得股权日，甲公司对乙公司长期股权投资的账面价值是（　　）万元。

A. 2 200　　B. 2 400

C. 2 000　　D. 2 600

【答案】B

【解析】本题考核的取得联营企业长期股权投资的初始入账金额。甲公司取得乙公司的20%股权，能够对乙公司实施重大影响，甲公司应该将其作为权益法核算的长期股权投资进行账务处理；在取得股权日，甲公司按照付出对价的公允价值2 000万元确认长期股权投资初始投资成本；初始投资成本2 000万元，与应享有乙公司可辨认净资产公允价值的份额2 400万元（12 000×20%）比较，前者小于后者，因此应按照差额调整长期股权投资账面价值；因此取得投资日，甲公司长期股权投资的账面价值是2 400万元。相关的账务处理如下：

借：长期股权投资 2 000

　贷：股本 1 000

　　资本公积——股本溢价 1 000

借：长期股权投资

　（12 000×20% －2 000）400

　贷：营业外收入

　　（负商誉的部分）400

发生的手续费及佣金200万元冲减资本公积（股本溢价）：

借：资本公积——股本溢价 200

　贷：银行存款 200

【例题·多选题】以发行权益性证券取得对联营企业、合营企业的长期股权投资，初始投资成本包括（　　）。

A. 发行权益性证券的账面价值

B. 发行权益性证券的公允价值

C. 与股份发行相关的相关税费

D. 为取得长期股权投资支付的相关税费

【答案】BD

【解析】以发行权益性证券取得对联营企业、合营企业的长期股权投资，应当按照发行权益性证券的公允价值与为取得长期股权投资相关税费之和作为初始投资成本。与股份发行相关的相关税费冲减“资本公积——股本溢价”。

高频考点2：对子公司投资的初始计量★★

（一）非同一控制下企业合并

1. 一次交易实现控股合并

（1）处理原则。

项目	会计处理原则
长期股权投资初始成本	合并成本，即付出对价的公允价值
对价的处理	按照公允价值计量，对价如果是非现金资产，视同销售，公允价值与账面价值的差额计入当期损益
合并价差的处理	个别报表不处理，合并报表层面，合并成本超过被购买方可辨认净资产公允价值份额的差额，确认为商誉
评估费、法律费、审计费等直接相关费用	管理费用
作为对价发行权益性证券的发行费用	冲减“资本公积——股本溢价”
作为对价发行债务性证券的发行费用	记入“应付债券——利息调整”
支付的对价中包含的已宣告尚未发放的现金股利	记入“应收股利”

（2）账务处理。

①付出的对价是无形资产。

借：长期股权投资［无形资产的含税公允价值］
　　累计摊销
　　无形资产减值准备
　　贷：无形资产［账面余额］
　　　　应交税费——应交增值税（销项税额）
　　　　资产处置损益［或借］

②付出的对价是固定资产。

借：固定资产清理
　　累计折旧
　　固定资产减值准备
　　贷：固定资产

借：长期股权投资［固定资产的含税公允价值］
　　贷：固定资产清理
　　　　应交税费——应交增值税（销项税额）
　　　　资产处置损益［或借］

③付出的对价是存货。

借：长期股权投资［存货的含税公允价值］
　　贷：主营业务收入
　　　　应交税费——应交增值税（销项税额）

借：主营业务成本
　　存货跌价准备
　　贷：库存商品

④付出的对价是发行权益性证券。

借：长期股权投资［按股份的公允价值入账］
　　贷：股本［按股票面值入账］
　　　　资本公积——股本溢价［倒挤］

另付发行费用时：

借：资本公积——股本溢价
　　贷：银行存款

⑤直接相关费用的处理。

借：管理费用
　　贷：银行存款

2. 多次交易实现控股合并

（1）处理原则。

非同一控制下多次交易实现控股合并在个别报表的处理原则如下表所示。

非同一控制下多次交易实现控股合并在个别报表的处理原则

项目	内容
原投资为金融资产	原投资按照公允价值重新计量（先卖后买），“其他综合收益”转“投资收益”或“留存收益”
原投资为长期股权投资（权益法）	原投资个别报表上维持其账面价值，“其他综合收益”“资本公积——其他资本公积”在购买日不进行结转，将来在投资处置时转“投资收益”或“留存收益”

（2）账务处理。

①原投资为金融资产。

借：长期股权投资（原公允价值＋新公允价值）
　　贷：交易性金融资产/其他权益工具投资
　　　　投资收益/留存收益（原投资公允价值与账面价值之差，或借）
　　　　银行存款等

借：其他综合收益
　　贷：盈余公积
　　　　利润分配——未分配利润

或作相反会计分录。

②原投资为长期股权投资（权益法）。

借：长期股权投资（原账面价值＋新公允价值）
　　贷：长期股权投资
　　　　银行存款等

（二）同一控制下企业合并

1. 一次交易实现控股合并

（1）处理原则。

项目	会计处理原则
长期股权投资初始成本	被合并方子公司的可辨认净资产在最终控制方合并报表中的账面价值份额×合并方母公司持股比例+最终控制方收购被合并方形成的商誉
对价的处理	按账面价值计量，账面余额反向结转
合并价差的处理	调整“资本公积——资本溢价（股本溢价）”，余额不足，冲减留存收益
评估费、法律费、审计费等直接相关费用	管理费用
作为对价发行权益性证券的发行费用	冲减“资本公积——股本溢价”
作为对价发行债务性证券的发行费用	记入“应付债券——利息调整”
支付的对价中包含的已宣告尚未发放的现金股利	记入“应收股利”

（2）账务处理。

①合并方以支付现金、转让非现金资产或承担债务方式作为合并对价。

借：长期股权投资

　　贷：相关负债科目［账面价值］

　　　　相关资产科目［账面价值］

　　　　资本公积——股本（资本）溢价

　　　　　　［差额，或借方］

②发行权益性证券作为合并对价。

借：长期股权投资

　　贷：股本［发行股票的数量×每股面值］

　　　　资本公积——股本溢价（差额）

权益性证券的发行费用冲减“资本公积——股本溢价”：

借：资本公积——股本溢价

　　贷：银行存款

③直接相关费用的处理。

借：管理费用

　　贷：银行存款

2. 多次交易实现控股合并

（1）处理原则。

长期股权投资的成本按照被合并方的可辨认净资产在最终控制方合并报表中的账面价值乘以累计持股比例，再加上最终控制方收购被合并方形成的商誉确定。付出的对价为原股权投资的账面价值加上追加投资付出对价的账面价值。形成的差额调整“资本公积——资本溢价”或“资本公积——股本溢价”，余额不足，冲减留存收益。

（2）账务处理。

借：长期股权投资

　　贷：长期股权投资/交易性金融资产/其他权益工具投资［账面价值］

　　　　相关资产、负债等［账面价值］

　　　　资本公积——股本（资本）溢价

　　　　　　［倒挤差额，或借方］

名师解惑

问：非企业合并方式形成的长期股权投资（对联营企业、合营企业投资），发生的直接相关费用计入投资成本，为什么企业合并方式形成的对子公司长期股权投资，发生的直接相关费用计入当期损益？

答：如果企业合并的长期股权投资，取得环节发生的评估费用、法律费用、审计费等直接相关费用计入投资成本，会导致报表层面形成商誉或增加原有的商誉，不符合商誉的本质，不符合谨慎性要求，因此通过“管理费用”费用化直接计入当期损益。

经典例题

【例题·多选题】下列各项涉及交易费用会计处理的表述中，正确的有（　　）。

A. 购买子公司股权发生的评估费、法律费用、咨询费、佣金手续费等直接相关费用直接计入当期损益

B. 定向增发普通股支付的券商手续费直接计入当期损益

C. 购买交易性金融资产发生的手续费直接计入当期损益

D. 购买以摊余成本计量的金融资产发生的手续费直接计入当期损益

【答案】AC

【解析】选项B，应计入权益性证券的初始计量金额（即冲减资本公积）；选项D，应计入金融资产的初始确认金额。

【真题·单选题】（2014）甲公司2×18年7月1日自母公司（丁公司）取得乙公司60%股权，当日，乙公司个别财务报表中净资产账面价值为3 200万元。该股权系丁公司于2×16年6月自公开市场购入，丁公司在购入乙公司60%股权时确认了800万元商誉。2×18年7月1日，以丁公司取得该股权时乙公司可辨认净资产公允价值为基础持续计算的乙公司可辨认净资产价值为4 800万元。为进行该项交易，甲公司支付有关审计等中介机构费用120万元。不考虑其他因素，甲公司应确认对乙公司股权投资的初始投资成本是（　　）万元。

A. 1 920

B. 2 040

C. 2 880

D. 3 680

【答案】D

【解析】甲公司应确认对乙公司股权投资的初始投资成本 = 4 800 × 60% + 800 = 3 680（万元）。

【例题·单选题】甲公司2×20年发生的投资事项包括：（1）以银行存款300万元购买乙公司30%的股权，发生相关交易费用5万元，投资日乙公司净资产公允价值为800万元。甲公司对乙公司能够施加重大影响。（2）通过发行甲公司股份的方式购买丙公司20%的股权，发生与发行股份相关的交易费用为8万元，投资日甲公司发行的股份的公允价值为450万元，丙公司净资产公允价值为1 500万元，甲公司对丙公司能够施加重大影响。（3）同一控制下企业合并中购买丁公司80%的股权，支付购买价款800万元，发生交易费用10万元。合并日丁公司净资产账面价值为600万元，公允价值为800万元。（4）非同一控制下企业合并中购买戊公司60%的股权，支付购买价款1 000万元，发生交易费用20万元。购买日戊公司可辨认净资产公允价值为1 450万元。下列各项关于甲公司上述长期股权投资相关会计处理的表述中，正确的是（　　）。

A. 对乙公司长期股权投资的初始投资成本为300万元

B. 对丙公司长期股权投资的初始投资成本为458万元

C. 对丁公司长期股权投资的初始投资成本为800万元

D. 对戊公司长期股权投资的初始投资成本为1 000万元

【答案】D

【解析】甲公司对乙公司投资的初始投资成本 = 300 + 5 = 305（万元），选项A不正确。甲公司对丙公司投资的初始投资成本 = 450万元，发行股份相关的交易费用冲减资本公积——股本溢价，选项B不正确。同一控制企业合并和非同一控制企业合并中的交易费用均计入当期损益，不影响初始投资成本的计算。甲公司对丁公司投资的初始投资成本 = 600 × 80% = 480（万元），选项C不正确；甲公司对戊公司投资的初始投资成本 = 1 000万元，选项D正确。

【例题·单选题】2×21年1月1日，甲公司取得A公司25%的股权，实际支付款项5 000万元，能够对A公司施加重大影响，同日A公司可辨认净资产公允价值为22 000万元（与账面价值相等）。2×21年度，A公司实现净利润1 000万元，无其他所有者权益变动。2×22年1月1日，甲公司以定向增发股票的方式购买同一集团内另一企业持有的A公司40%股权。为取得该股权，甲公司增发2 000万股普通股，每股面值为1元，每股公允价值为3.5元；另支付承销商佣金50万元。

取得该股权时，相对于最终控制方而言的A公司可辨认净资产账面价值为23 000万元，甲公司所在集团最终控制方此前合并A公司时确认的商誉为200万元。

进一步取得投资后，甲公司能够对A公司实施控制。假定甲公司和A公司采用的会计政策、会计期间相同。不考虑其他因素，甲公司2×22年1月1日进一步取得股权投资时应确认的资本公积为（　　）万元。

A. 7 350　　B. 6 900

C. 6 950　　D. 6 750

【答案】A

【解析】合并日长期股权投资的初始投资成本＝23 000×65%＋200＝15 150（万元）；原25%股权投资在合并日的账面价值＝22 000×25%＋1 000×25%＝5 750（万元）。甲公司2×22年1月1日进一步取得股权投资时应确认的资本公积＝15 150－5 750－股本2 000×1－发行费用50＝7 350（万元）。

账务处理如下：

2×21年1月1日：

借：长期股权投资——成本　5 500

　贷：银行存款　5 000

　　营业外收入　500

2×21年底确认投资收益：

借：长期股权投资——损益调整　250

　贷：投资收益　250

2×22年1月1日：

借：长期股权投资　15 150

　贷：长期股权投资——成本　5 500

　　——损益调整　250

　　股本　2 000

　　银行存款　50

　　资本公积——股本溢价　7 350

【例题·单选题】A公司和B公司为同一集团甲公司下的两个子公司。A公司2×18年初支付银行存款20万元取得B公司10%的股权，分类为以公允价值计量且其变动计入当期损益的金融资产，当年年末公允价值为30万元。2×18年初，A公司又支付银行存款100万元从母公司甲公司手中取得B公司45%的股权，对B公司实现控制。当日乙公司可辨认净资产公允价值为420万元，所有者权益账面价值为400万元；假定不考虑其他因素，已知该项交易不属于“一揽子交易”。形成合并之后，A公司应确认的对B公司长期股权投资入账价值为（　　）万元。

A. 130

B. 125

C. 220

D. 231

【答案】C

【解析】同一控制下多次交易分步实现企业合并，合并日以应享有被投资方所有者权益账面价值的份额作为长期股权投资的入账价值。A公司应确认的长期股权投资入账价值＝400×（10%＋45%）＝220（万元）。

相应的会计分录为：

2×18年初：

借：交易性金融资产——成本　20

　贷：银行存款　20

2×18年末：

借：交易性金融资产——公允价值变动　10

　贷：公允价值变动损益　10

2×19年初：

借：长期股权投资　220

　贷：交易性金融资产——成本　20

　　——公允价值变动　10

　　银行存款　100

　　资本公积——股本溢价　90

高频考点3：长期股权投资权益法★★★

（一）一般会计处理

项目	会计处理
1. 初始成本调整	初始投资成本小于投资时点享有被投资单位可辨认净资产公允价值份额，按照差额： 借：长期股权投资——投资成本 　　贷：营业外收入
2. 投资损益的确认	按照被投资单位调整之后的净损益乘以投资方的持股比例： 借：长期股权投资——损益调整 　　贷：投资收益 或作相反会计分录
3. 现金股利的处理	按照被投资单位宣告发放的现金股利乘以投资方持股比例： 借：应收股利 　　贷：长期股权投资——损益调整
4. 超额亏损的处理	投资企业确认被投资单位发生的净亏损，应当以长期股权投资的账面价值以及其他实质上构成对被投资单位净投资的长期权益减记至零为限，投资企业负有承担额外损失义务的除外。 （1）确认投资损失： 借：投资收益/其他综合收益 　　贷：长期股权投资——损益调整/其他综合收益 　　　　长期应收款 　　　　预计负债 （2）将来被投资方实现盈利（或增加其他综合收益税后净额）时，先冲备查簿中的亏损额，再作相反会计分录
5. 其他综合收益的处理	按照被投资单位其他综合收益的变动额乘以持股比例： 借：长期股权投资——其他综合收益 　　贷：其他综合收益 或作相反会计分录
6. 被投资单位所有者权益其他变动的处理	按照被投资单位除了净损益、利润分配、其他综合收益以外的所有者权益变动额乘以持股比例： 借：长期股权投资——其他权益变动 　　贷：资本公积——其他资本公积 或作相反会计分录
7. 股票股利的处理	不作会计处理，但应于除权日注明所增加的股数，以反映股份的变化情况（同成本法）

（二）被投资方账面净利润的调整

项目	存货	固定资产、无形资产（直线法）
投资时点公允价值调整	调整后的净利润＝被投资方当期实现净利润－（投资时点存货公允价值－存货账面价值）×当期出售比例	调整后的净利润＝被投资方当期实现净利润－（资产公允价值－资产账面价值）/尚可使用年限×（当年折旧、摊销月数/12）
内部交易调整	（1）交易发生当年： 调整后的净利润＝被投资方当期实现净利润－（存货内部交易售价－存货账面价值）×（1－当期出售比例） （2）后续期间： 调整后的净利润＝被投资方当期实现净利润＋（存货内部交易售价－存货账面价值）×当期出售比例	（1）交易发生当年： 调整后的净利润＝被投资方当期实现净利润－（资产售价－资产账面价值）＋（资产售价－资产账面价值）/预计尚可使用年限×（当年折旧、摊销月数/12） （2）后续期间： 调整后的净利润＝被投资方当期实现净利润＋（资产售价－资产账面价值）/预计尚可使用年限×（当期折旧、摊销月数/12）

（三）合并报表层面投资方与联营企业、合营企业之间内部交易的调整

内部交易类型	调整分录
逆流交易	借：长期股权投资 　　贷：存货等 注意：按照投资方期末未实现对外销售的比例调整，只要有未实现的损益，年年调整
顺流交易	借：营业收入 　　贷：营业成本 　　　　投资收益 或者： 借：资产处置收益 　　贷：投资收益 注意：与被投资方将存货对外销售的比例无关，只调整发生内部交易当年

命题点拨

命题角度：被投资方账面净利润的调整。

针对投资时点被投资方资产评估增值，存货对外出售部分计入营业成本，因此投资方按照对外销售的比例调减被投资方账面净利润；固定资产、无形资产计提折旧计入成本费用，因此按照补提折旧部分调减被投资方账面净利润。针对买方形成存货的未实现内部交易损益，投资方是按照没有对外实现销售的部分调减被投资方账面净利润；针对买方形成固定资产、无形资产的未实现内部交易损益，投资方当年要按照内部售价与账面价值的差额调减被投资方账面净利润，同时加回来当年计提折旧或摊销实现的部分。以后年度，需要加回来当年计提折旧或摊销实现的部分。

经典例题

【真题·单选题】（2018）2×16 年 1 月 1 日，甲公司以 1 500 万元的价格购入乙公司 30% 股权，能对乙公司施加重大影响。当日，乙公司可辨认净资产的公允价值为 4 800 万元，与其账面价值相同。2×16 年度，乙公司实现净利润 800 万元，其他综合收益增加 300 万元；乙公司从甲公司购入某产品并形成年末存货 900 万元（未发生减值），甲公司销售该产品的毛利率为 25%。2×17 年度，乙公司分派现金股利 400 万元，实现净利润 1 000 万元，上年度从甲公司购入的 900 万元产品全部对外销售。甲公司投资乙公司前，双方不存在关联方关系。不考虑税费及其他因素，甲公司对乙公司股权投资在其 2×17 年末合并资产负债表中应列示的金额是（　　）万元。

A. 1 942.5　　B. 2 062.5

C. 2 077.5　　D. 2 010

【答案】D

【解析】甲公司对乙公司股权投资在其 2×17 年末合并资产负债表中应列示的金额 = 1 500 + [（800 − 900 × 25%）+ 300] × 30% + [（1 000 + 900 × 25%）− 400] × 30% = 2 010（万元）。

【真题·多选题】（2017）甲公司为境内上市的非投资性主体，其持有其他企业股权或权益的情况如下：（1）持有乙公司 30% 的股权并能对其施加重大影响；（2）持有丙公司 50% 股权并能与丙公司的另一投资方共同控制丙公司；（3）持有丁公司 5% 股权但对丁公司不具有控制、共同控制和重大影响；（4）持有戊结构化主体的权益并能对其施加重大影响。下列各项关于甲公司持有其他企业股权或权益会计处理的表述中，正确的有（　　）。

A. 甲公司对乙公司的投资采用权益法进行后续计量

B. 甲公司对丙公司的投资采用成本法进行后续计量

C. 甲公司对丁公司的投资采用公允价值进行后续计量

D. 甲公司对戊公司的投资采用公允价值进行后续计量

【答案】AC

【解析】甲公司持有丙公司 50% 股权，能够与其他企业共同控制丙公司，采用权益法核算，选项 B 不正确；甲公司持有戊公司结构化主体的权益，并能够对其施加重大影响，采用权益法核算，选项 D 不正确。

【真题·计算分析题】（2017节选）甲股份有限公司（以下简称“甲公司”）2×16年发生的有关交易和事项如下：

1月2日，甲公司支付3 600万元银行存款，取得丙公司30%的股权，当日丙公司可辨认净资产公允价值为14 000万元，有关可辨认资产、负债的公允价值与账面价值相同。甲公司取得该股权后，向丙公司董事会派出一名成员，参与丙公司的日常经营决策。

2×16年丙公司实现净利润2 000万元，持有其他债权投资当年市场价格下跌300万元。

2×16年12月31日丙公司引入新投资者，新投资者向丙公司投入4 000万元，新投资者加入后，甲公司持有丙公司的股权比例降至25%，但仍能够对丙公司施加重大影响。

其他相关资料：本题中不考虑所得税等相关税费影响以及其他因素。

要求：说明上述业务是否影响其他综合收益，并进行账务处理。

【答案及解析】

上述事项影响其他综合收益。

借：长期股权投资　　4 200

　　贷：银行存款　　3 600

　　　　营业外收入　　600

借：长期股权投资

　　（2 000×30%）600

　　贷：投资收益　　600

借：其他综合收益

　　（300×30%）90

　　贷：长期股权投资　　90

因股权稀释导致增加的净资产份额＝4 000×25%－（30%－25%）/30%×（4 200＋600－90）＝4 000×25%－（30%－25%）×（14 000＋2 000－300）＝215（万元）

速算技巧：被投资单位增资后的所有者权益×被稀释后持股比例－被投资单位增资前的所有者权益×被稀释前持股比例＝（14 000＋2 000－300＋4 000）×25%－（14 000＋2 000－300）×30%＝215（万元）

应用条件：投资时点没有商誉。

借：长期股权投资——其他权益变动

　　215

　　贷：资本公积——其他资本公积

　　　　215

【真题·综合题】（2017节选）甲股份有限公司（旗下有子公司）2×15年、2×16年发生的有关交易或事项如下：

（1）2×15年6月30日，甲公司以4 800万元取得丙公司20%股权。当日，交易各方办理完成股权变更登记手续，丙公司可辨认净资产公允价值为28 000万元，其中除一项土地使用权的公允价值为2 400万元、账面价值为1 200万元外，其他资产、负债的公允价值与账面价值相同。该土地使用权未来仍可使用10年，丙公司采用直线法摊销，预计净残值为零。

当日，根据丙公司章程规定，甲公司向丙公司董事会派出一名成员，参与财务和生产经营决策。

（2）2×16年，甲公司与丙公司发生的交易或事项如下：

7月20日，甲公司将其生产的一台设备销售给丙公司。该设备在甲公司的成本为600万元，销售给丙公司的售价为900万元，有关款项已通过银行存款收取。丙公司将取得的设备作为存货。至2×16年末，尚未对外销售。丙公司2×16年实现净利润4 000万元。

要求：

（1）计算甲公司2×16年合并利润表中应当确认的投资收益，编制甲公司2×16年个别财务报表中与持有丙公司投资相关的会计分录。

（2）编制甲公司2×16年合并财务报表时与丙公司未实现内部交易损益相关的调整或抵销分录。

【答案及解析】

（1）合并利润表中确认的投资收益＝

3 580×20% +(900 - 600)×20% =776(万元)。丙公司调整后的净利润 =4 000 - 评估增值无形资产补提摊销(2 400 - 1 200)/10 -(900 - 600)=3 580(万元)。

借:长期股权投资

(3 580×20%)716

贷:投资收益 716

(2)与丙公司内部交易的调整分录。

借:营业收入(900×20%)180

贷:营业成本(600×20%)120

投资收益 60

【例题·单选题】甲公司持有乙公司30%的股权,能对乙公司施加重大影响。20×2年度乙公司实现净利润8 000万元,当年6月20日,甲公司将成本为600万元的商品以1 000万元的价格出售给乙公司,乙公司将其作为管理用固定资产并于当月投入使用,预计使用10年,净残值为零,采用年限平均法计提折旧。甲公司在其20×2年度的个别财务报表中应确认对乙公司投资的投资收益为( )万元。

A. 2 100　　B. 2 280

C. 2 286　　D. 2 400

【答案】C

【解析】甲公司在其20×2年度的个别财务报表中应确认对乙公司投资的投资收益 =[8 000 -(1 000 - 600)+(1 000 - 600)/10×6/12]×30% =2 286(万元)。

【例题·单选题】甲公司2×13年7月以860万元取得100万股乙公司普通股,占乙公司发行在外普通股股份的0.5%,作为其他权益工具投资核算。乙公司股票2×13年末收盘价为每股10.2元。2×14年4月1日,甲公司又出资27 000万元取得乙公司15%的股份,按照乙公司章程规定,自取得该股份之日起,甲公司有权向乙公司董事会派出成员;当日,乙公司股票价格为每股9元。2×15年5月,乙公司经股东大会批准进行重大资产重组(接受其他股东出资),甲公司在该项重大资产重组后持有乙公司的股权比例下降为10%,但仍能向乙公司董事会派出董事并对乙公司施加重大影响。不考虑其他因素,下列关于因持有乙公司股权对甲公司各期间利润影响的表述中,正确的是( )。

A. 2×14年持有乙公司15.5%股权应享有乙公司净利润的份额影响2×14年利润

B. 2×13年持有乙公司股权期末公允价值相对于取得成本的变动额影响2×13年利润

C. 2×15年因重大资产重组,相应享有乙公司净资产份额的变动额影响2×15年利润

D. 2×14年增持股份时,原所持100万股乙公司股票公允价值与账面价值的差额影响2×14年利润

【答案】A

【解析】选项B,乙公司股权公允价值相对于取得成本的变动计入其他综合收益,不影响利润;选项C,2×15年因重大资产重组,相应享有乙公司净资产份额的变动计入资本公积,不影响利润;选项D,原所持100万股乙公司股票公允价值与账面价值的差额计入留存收益。

【例题·多选题】下列各项中,在相关资产处置时应当转入当期损益的有( )。

A. 自用房地产转换为以公允价值计量的投资性房地产时计入其他综合收益的部分

B. 权益法下投资方应享有被投资单位因接受其他股东资本性投入导致所有者权益变动计入资本公积的金额

C. 指定为以公允价值计量且其变动计入其他综合收益的权益工具投资,因以前期间公允价值变动累计计入其他综合收益的金额

D. 同一控制下企业合并中长期股权投资初始投资成本与支付对价之间的差额计入资本公积的部分

【答案】AB

【解析】选项A,处置时其他综合收益结转计入其他业务成本;选项B,处置时资本公积结转计入投资收益;选项C,其他综合收益结转计入留存收益;选项D,处置时不需要结转。

高频考点4：长期股权投资核算方法转换★★★

（一）公允价值计量的金融资产转为权益法

（1）转换后长期股权投资初始投资成本 = 转换日原投资公允价值（先卖后买）+ 新增投资的公允价值。

（2）原股权投资于转换日的公允价值与账面价值之间的差额，计入改按权益法核算当期的损益（投资收益）或留存收益。

（3）比较初始投资成本与获得重大影响或共同控制时应享有被投资单位可辨认净资产公允价值份额之间的差额，前者大于后者的，不调整长期股权投资的账面价值；前者小于后者的，差额应调整长期股权投资的账面价值，并计入当期营业外收入。

会计分录如下：

借：长期股权投资
　　贷：交易性金融资产
　　　　银行存款等
　　　　投资收益［倒挤差额，或借］

或：

借：长期股权投资
　　贷：其他权益工具投资
　　　　银行存款等
　　　　盈余公积、利润分配［倒挤差额，或借］

借：其他综合收益
　　贷：盈余公积、利润分配［或相反］

借：长期股权投资
　　贷：营业外收入［负商誉调整］

（二）金融资产或权益法转为成本法

按照多次交易实现控股合并的原则处理。

（三）成本法转权益法

1. 处置部分

借：银行存款
　　贷：长期股权投资
　　　　投资收益［差额］

2. 剩余部分的追溯调整

（1）原投资时点负商誉的追溯。

比较剩余长期股权投资的投资成本与按剩余持股比例计算原投资时点应享有被投资单位可辨认净资产公允价值份额，如果前者小于后者，按照差额调整长期股权投资账面价值，同时调整留存收益。调整分录如下：

借：长期股权投资
　　贷：盈余公积
　　　　利润分配——未分配利润

（2）调原投资时点至处置投资交易日之间被投资单位净资产价值变动中投资方按剩余持股比例享有的份额。

按权益法调整剩余股权投资的思路如下表所示。

按权益法调整剩余股权投资的思路

情况分类	会计处理	
被投资方实现净损益	取得原投资时点至处置投资当期期初的部分（以前年度）	调整留存收益
	处置投资当期期初至处置投资交易日之间的部分（当年）	计入当期损益
被投资方实现其他综合收益	调整其他综合收益	
被投资方发生其他权益变动	调整资本公积——其他资本公积	

调整分录如下：

借：长期股权投资
　　贷：盈余公积、利润分配［取得原投资时点至处置投资当期期初被投资方的留存收益变动（扣除现金股利）×剩余持股比例］
　　　　投资收益［处置投资当期期初至处置日被投资方的净损益变动

（扣除现金股利）×剩余持股比例］
其他综合收益（投资持有期间被投资单位其他综合收益变动×剩余持股比例）
资本公积——其他资本公积（投资持有期间被投资单位其他净资产变动×剩余持股比例）

（四）权益法转为公允价值计量的金融资产

1. 确认处置部分的损益

借：银行存款
　　贷：长期股权投资
　　　　投资收益

2. 原权益法核算确认的其他综合收益全部转投资收益或留存收益

借：其他综合收益
　　贷：投资收益
　　　　盈余公积
　　　　利润分配——未分配利润

或作相反会计分录。

3. 原权益法核算确认的资本公积（其他资本公积）全部转投资收益

借：资本公积——其他资本公积
　　贷：投资收益

或作相反会计分录。

4. 剩余股权投资转为公允价值计量的金融资产

借：其他权益工具投资/交易性金融资产［剩余部分的公允价值］
　　贷：长期股权投资［剩余部分的账面价值］
　　　　投资收益［差额］

（五）成本法转公允价值计量的金融资产

1. 确认处置部分的损益

借：银行存款
　　贷：长期股权投资［出售部分账面价值］
　　　　投资收益

2. 剩余股权投资转为公允价值计量的金融资产

借：其他权益工具投资/交易性金融资产［剩余部分公允价值］
　　贷：长期股权投资［剩余部分账面价值］
　　　　投资收益［差额］

经典例题

【真题·多选题】（2020）甲公司持有乙公司3%股权，对乙公司不具有重大影响。甲公司在初始确认时将对乙公司股权投资指定为以公允价值计量且其变动计入其他综合收益的金融资产。2×18年5月，甲公司对乙公司进行增资，增资后甲公司持有乙公司20%股权，能够对乙公司施加重大影响。不考虑其他因素，下列各项关于甲公司对乙公司股权投资会计处理的表述中，正确的有（　　）。

A. 对乙公司增资后改按权益法核算

B. 增资后原持有3%股权期间公允价值变动金额从其他综合收益转入增资当期损益

C. 原持有3%股权的公允价值与新增投资而支付对价的公允价值之和作为20%股权投资的初始投资成本

D. 增资后20%股权投资的初始投资成本小于应享有乙公司可辨认净资产公允价值份额的差额计入增资当期损益

【答案】ACD

【解析】选项A，甲企业原持有乙公司3%股权，原持有的被投资单位的股权不具有控制、共同控制或重大影响，因增资导致持股比例增加至20%，使其能够对被投资单位实施共同控制或重大影响应转为按权益法核算。选项C，在转换日，按照原3%股权的公允价值加上为取得新增投资而应支付对价的公允价值，作为改按权益法核算的初始投资成本。选项B，原投资属于指定为以公允价值计量且其变动计入其他综合收益的非交易性权益工具投资，与其相关的原计入其他综合收益的累计公允价值变动转入改按权益法核算当期的留存收益，不得计入当期损益。选项D，比较初始投资成本与获得被投资单位共同控制或重大影响时应享有被投资单位可辨认净资产公允价值份额之间的差额，前者大于后者的，不调整长期股权投资的账面价值；前者小于后者的，调整长期股权投资的账面价值，并计入当期营业外收入。

【真题·多选题】（2020）2×18 年 1 月 1 日，甲公司出售所持联营企业（乙公司）的全部 30% 股权，出售所得价款 1 800 万元。出售当日，甲公司对乙公司股权投资的账面价值为 1 200 万元，其中投资成本为 850 万元，损益调整为 120 万元，因乙公司持有的非交易性权益工具投资公允价值变动应享有其他综合收益的份额为 50 万元，因乙公司所持丙公司股权被稀释应享有的资本公积份额为 180 万元。另外，甲公司应收乙公司已宣告但尚未发放的现金股利 10 万元。不考虑税费及其他因素，下列各项关于甲公司出售乙公司股权会计处理的表述中，正确的有（　　）。

A. 确认出售乙公司股权投资的转让收益 600 万元

B. 应收股利 10 万元在出售当期确认为信用减值损失

C. 因乙公司所持丙公司股权被稀释应享有资本公积份额 180 万元从资本公积转入出售当期的投资收益

D. 因乙公司非交易性权益工具投资公允价值变动应享有其他综合收益份额 50 万元从其他综合收益转入出售当期的留存收益

【答案】ACD

【解析】选项 A，甲公司将持有的乙公司 30% 长期股权投资（权益法核算）全部处置，应结转与所售股权相对应的长期股权投资的账面价值 1 200 万元，出售所得价款（1 800 万元）与处置长期股权投资账面价值（1 200 万元）之间的差额，应确认为处置损益（600 万元）。选项 C、D，全部处置后对有关投资终止采用权益法的，则原计入其他综合收益（50 万元）（不能结转损益的除外）或资本公积（180 万元）（其他资本公积）中的金额应全部转入当期损益。选项 B，甲公司应收乙公司已宣告但尚未发放的现金股利 10 万元，仍属于资产项目，不因甲公司出售该股权而消失。

【真题·单选题】（2018）2×17 年 1 月，甲公司出售所持子公司（乙公司）80% 股权，出售后剩余 5% 股权不能再对乙公司进行控制、共同控制或施加重大影响。下列各项关于甲公司出售乙公司股权时对剩余 5% 股权进行会计处理的表述中，正确的是（　　）。

A. 按成本进行计量

B. 按公允价值与其账面价值的差额确认为资本公积

C. 视同取得该股权投资时即采用权益法核算并调整其账面价值

D. 按金融工具确认和计量准则进行分类和计量

【答案】D

【解析】出售后剩余 5% 股权不能再对乙公司进行控制、共同控制或施加重大影响，应按照金融工具确认和计量准则进行分类和计量，按照该时点公允价值进行计量，其公允价值与账面价值的差额计入投资收益，选项 D 正确。

【真题·计算分析题】（2019）甲公司没有子公司，不编合并报表。甲公司相关年度发生与投资有关的交易或事项如下：

（1）20×7 年 1 月 1 日，甲公司通过发行普通股 2 500 万股（1 元/股）取得乙公司 30% 股权，能对乙公司产生重大影响。甲公司发行股票的公允价值为 6 元/股，甲公司取得投资时，乙公司可辨认净资产的账面价值为 50 000 万元，公允价值为 55 000 万元，除 A 办公楼外，乙公司其他资产、负债的账面价值均等于公允价值。A 办公楼的账面余额为 30 000 万元，累计计提折旧 15 000 万元，公允价值为 20 000 万元。乙公司对该办公楼预计总使用年限为 40 年，已用 20 年，自甲公司取得乙公司股权投资日起确定尚可使用 20 年，预计净残值为零。

（2）20×7 年 6 月 3 日，甲公司以 300 万元的价值自乙公司购入产品一批，该批产品成本为250万元，至20×7年底，乙公司已将该产品销售50%，其余50%产品尚未销售形成存货。

20×7年度，乙公司实现净利润3 600万元，因分类为以公允价值计量且其变动计入其他综合收益的金融资产公允价值变动确认其他综合收益100万元。

（3）20×8年1月1日，甲公司以12 000万元的价格将所持乙公司15%股权对外出售，股权出售后，甲公司对乙公司不再具有重大影响，将所持乙公司剩余15%股权指定为以公允价值计量且其变动计入其他综合收益的金融资产，公允价值为12 000万元。

（4）20×8年12月31日，甲公司所持乙公司15%股权公允价值为14 000万元。

（5）20×9年1月1日，甲公司将所持乙公司15%股权对外出售，取得价款14 000万元。

其他资料：第一，甲公司按净利润的10%提取盈余公积；第二，不考虑相关税费及其他因素。

要求：

（1）根据资料（1），计算甲公司所持乙公司长期股权投资的初始投资成本，并编制相关会计分录。

（2）根据资料（1）~（2），计算甲公司所持乙公司股权投资20×7年应确认的投资收益，并编制相关会计分录。

（3）根据资料（3），计算甲公司出售所持乙公司15%股权产生的损益，并编制相关会计分录。

（4）根据资料（4）~（5），编制甲公司持有并出售乙公司剩余15%股权的会计分录。

【答案及解析】

（1）甲公司所持乙公司长期股权投资的初始投资成本＝2 500×6＝15 000（万元）

初始投资成本15 000万元，享有被投资单位可辨认净资产公允价值份额＝55 000×30%＝16 500（万元），初始投资成本小于享有被投资单位可辨认净资产公允价值份额，应按差额1 500万元调增长期股权投资，同时计入营业外收入。

借：长期股权投资——投资成本　15 000
　贷：股本　2 500
　　资本公积——股本溢价　12 500

借：长期股权投资——投资成本　1 500
　贷：营业外收入　1 500

（2）乙公司20×7年调整后的净利润＝3 600－［20 000－（30 000－15 000）］/20－（300－250）×（1－50%）＝3 325（万元）

甲公司20×7年应确认的投资收益＝3 325×30%＝997.5（万元）

借：长期股权投资——损益调整　997.5
　贷：投资收益　997.5

甲公司20×7年确认的乙公司其他综合收益变动份额＝100×30%＝30（万元）

借：长期股权投资——其他综合收益　30
　贷：其他综合收益　30

（3）甲公司出售所持乙公司15%股权投资产生的损益＝（12 000＋12 000）－（16 500＋997.5＋30）＋30＝6 502.5（万元）

借：银行存款　12 000
　贷：长期股权投资——投资成本（16 500×15%/30%）　8 250
　　——损益调整（997.5×15%/30%）　498.75
　　——其他综合收益（30×15%/30%）　15
　　投资收益　3 236.25

借：其他权益工具投资——成本　12 000
　贷：长期股权投资——投资成本　8 250
　　——损益调整　498.75
　　——其他综合收益　15

投资收益　　3 236.25

借：其他综合收益　　30

贷：投资收益　　30

（4）20×8 年 12 月 31 日：

借：其他权益工具投资——公允价值变动　　2 000

贷：其他综合收益　　2 000

20×9 年 1 月 1 日：

借：银行存款　　14 000

贷：其他权益工具投资——成本　　12 000

——公允价值变动　　2 000

借：其他综合收益　　2 000

贷：盈余公积　　200

利润分配——未分配利润　　1 800

【例题·计算分析题】2×18 年 1 月 1 日，甲公司以 2 800 万元取得乙公司 70% 的股权，款项以银行存款支付，乙公司 2×18 年 1 月 1 日可辨认净资产公允价值总额为 4 500 万元（假定其公允价值等于账面价值），假设合并前甲公司与乙公司不存在任何关联方关系。甲公司对该项投资采用成本法核算。

2×18 年乙公司实现净利润 800 万元，其他债权投资公允价值变动计入其他综合收益的金额是 200 万元，乙公司当年未分派现金股利。

2×19 年 1 月 3 日，甲公司出售乙公司 40% 的股权，取得出售价款 2 000 万元，当日乙公司可辨认净资产公允价值总额为 6 000 万元。

要求：

（1）编制甲公司取得以及处置乙公司股权相关的会计分录；

（2）计算甲公司处置乙公司股权后剩余长期股权投资的账面价值。

【答案及解析】

（1）2×18 年 1 月 1 日，取得乙公司股权：

借：长期股权投资　　2 800

贷：银行存款　　2 800

2×19 年 1 月 3 日，出售股权：

借：银行存款　　2 000

贷：长期股权投资　　（2 800/70%×40%）1 600

投资收益　　400

对剩余投资按照权益法追溯调整：

初始投资成本的调整：

借：长期股权投资——投资成本　　（4 500×30%－2 800×30%/70%）150

贷：盈余公积　　15

利润分配——未分配利润　　135

对净利润和其他综合收益的调整：

借：长期股权投资——损益调整　　（800×30%）240

贷：盈余公积　　24

利润分配——未分配利润　　216

借：长期股权投资——其他综合收益　　60

贷：其他综合收益　　（200×30%）60

（2）剩余股权调整之后的账面价值＝2 800－1 600＋150＋240＋60＝1 650（万元）。

高频考点 5：合营安排★★

（一）合营安排特征

合营安排是指一项由两个或两个以上的参与方共同控制的安排。主要特征：各参与方均受到该安排的约束；两个或两个以上的参与方对该安排实施共同控制。

在判断是否具有共同控制时，首先判断是否所有参与方或参与方组合集体控制该安排，其次再判断该安排相关活动的决策是否必须经过这些参与方一致同意。

（二）共同经营中合营方的会计处理

除合营方对持有合营企业投资应当采用权

益法核算以外，其他合营安排中的合营方应当确认自身所承担的以及按比例享有或承担的合营安排中按照合同、协议等的规定归属于本企业的资产、负债、收入及费用。

合营方向共同经营投出或出售资产等（该资产构成业务的除外），在共同经营将相关资产出售给第三方或相关资产消耗之前（即，未实现内部利润仍包括在共同经营持有的资产账面价值中时），应当仅确认归属于共同经营其他参与方的利得或损失。

合营方自共同经营购买资产等（该资产构成业务的除外），在将该资产等出售给第三方之前（即，未实现内部利润仍包括在合营方持有的资产账面价值中时），不应当确认因该交易产生的损益中该合营方应享有的部分。即此时应当仅确认因该交易产生的损益中归属于共同经营其他参与方的部分。

经典例题

【真题·单选题】（2021）下列各项关于合营安排会计处理的表述中，正确的是（　　）。

A. 合营方应对持有的合营企业投资采用成本法核算

B. 共同经营的合营方对共同经营的投资应按摊余成本计量

C. 共同经营的合营方应按约定的份额比例享有共同经营产生的净资产

D. 合营方自共同经营购买不构成业务的资产的，在将该资产出售给第三方前应仅确认因该交易产生损益中归属于共同经营其他参与方的部分

【答案】D

【解析】选项 A，合营方应对持有的合营企业投资采用成本法核算；选项 B、C，其他合营安排中的合营方应当确认自身所承担的以及按比例享有或承担的合营安排中按照合同、协议等的规定归属于本企业的资产、负债、收入及费用；选项 D，合营方自共同经营购买不构成业务的资产的，在将该资产等出售给第三方之前应当仅确认因该交易产生的损益中归属于共同经营其他参与方的部分。

进阶练习

（一）单项选择题

1. 乙公司为丙公司和丁公司共同投资设立。2×17 年 1 月 1 日，乙公司增资扩股，甲公司出资 450 万元取得乙公司 30% 股权并能够对其施加重大影响。甲公司投资日，乙公司可辨认净资产的公允价值和账面价值均为 1 600 万元。2×17 年，乙公司实现净利润 900 万元，其他综合收益增加 120 万元。甲公司拟长期持有对乙公司的投资。甲公司适用的所得税税率为 25%。不考虑其他因素，下列各项关于甲公司 2×17 年对乙公司投资相关会计处理的表述中，正确的是（　　）。

A. 按照实际出资金额确定对乙公司投资的投资资本

B. 将按持股比例计算应享有乙公司其他综合收益变动的份额确认为投资收益

C. 投资时将实际出资金额与享有乙公司可辨认净资产份额之间的差额确认为其他综合收益

D. 对乙公司投资年末账面价值与计税基础不同产生的应纳税暂时性差异，不应确认递延所得税负债

2. 甲公司持有乙公司 5% 的有表决权股份，指定为以公允价值计量且其变动计入其他综合收益的非交易性权益工具投资。2×18 年 12 月 31 日该股权的账面价值为 2 000 万元（其中成本 1 500 万元，公允价值变动 500 万元）。2×19 年 4 月 1 日甲公司又以账面价值为 5 000 万元、公允价值为 8 000 万元的无形资产为对价自非关联方处取得乙公司 50% 的股权，至此持股比例达到 55%，能够对乙公司施加控制。2×19 年 3 月 1 日乙公司可辨认净资产

公允价值与账面价值均为15 000万元，原股权在当日的公允价值为2 500万元，假定该交易不属于“一揽子交易”。购买日，长期股权投资的入账价值为（　　）万元。

A. 8 250　　B. 7 000

C. 10 000　　D. 10 500

3. 2×17年1月1日A公司自母公司处取得B公司30%股权，能够对B公司生产经营决策施加重大影响。截至2×19年12月31日，A公司持有B公司30%股权的账面价值为600万元（其中，投资成本500万元，损益调整50万元，其他综合收益50万元），公允价值为700万元。2×20年1月1日，A公司又以一批存货（其账面价值为300万元，公允价值为400万元）和一项固定资产（其账面价值为600万元，公允价值为800万元）从母公司手中取得B公司40%的股权，当天办理完毕资产转移手续并取得对B公司的控制权。合并日B公司所有者权益的账面价值为2 000万元，公允价值为2 200万元。不考虑其他因素的影响。假设此交易不属于“一揽子交易”，A公司增资后计入资本公积的金额为（　　）万元。

A. －100　　B. －400

C. 40　　D. －500

4. 下列关于长期股权投资后续计量方法的表述中，错误的是（　　）。

A. 甲公司取得乙公司40%的股权投资，对其具有重大影响，应按权益法进行后续计量

B. 甲公司取得乙公司45%有表决权股份，能够控制乙公司，应按成本法进行后续计量

C. 甲、乙公司共同设立丙公司，双方对丙公司具有共同控制，且能够对丙公司的净资产享有权利，则甲、乙公司均应按权益法对各自的股权投资进行后续计量

D. 甲公司为投资性主体，从证券市场购入乙上市公司30%股份，对其具有重大影响，甲公司将其作为长期股权投资并按权益法核算

5. 关于成本法与权益法的转换，下列说法中不正确的是（　　）。

A. 因追加投资等原因导致对被投资单位由公允价值计量转为控制的，应由权益法改为成本法核算

B. 因处置投资导致对被投资单位的影响能力由控制转为具有重大影响的，应由成本法转换为权益法核算

C. 因追加投资等原因导致对被投资单位由重大影响转为控制的，应由权益法改为成本法核算，并进行追溯调整

D. 因子公司少数股东对子公司增资，导致母公司股权被稀释进而丧失控制权但保留重大影响的，应由成本法转换为权益法核算

6. 甲公司2×13年7月以860万元取得100万股乙公司普通股，占乙公司发行在外普通股股份的0.5%，作为其他权益工具投资核算。乙公司股票2×13年末收盘价为每股10.2元。2×14年4月1日，甲公司又出资27 000万元取得乙公司15%的股份，按照乙公司章程规定，自取得该股份之日起，甲公司有权向乙公司董事会派出成员；当日，乙公司股票价格为每股9元。2×15年5月，乙公司经股东大会批准进行重大资产重组（接受其他股东出资），甲公司在该项重大资产重组后持有乙公司的股权比例下降为10%，但仍能向乙公司董事会派出董事并对乙公司施加重大影响。不考虑其他因素，下列关于因持有乙公司股权对甲公司各期间利润影响的表述中，正确的是（　　）。

A. 2×14年持有乙公司15.5%股权应享有乙公司净利润的份额影响2×14年利润

B. 2×13年持有乙公司股权期末公允价值相对于取得成本的变动额影响2×13年利润

C. 2×15年因重大资产重组，相应享有乙公司净资产份额的变动额影响2×15年利润

D. 2×14年增持股份时，原所持100万股乙公司股票公允价值与账面价值的差额影响2×14年利润

7. 2×14年2月1日，甲公司以增发1 000万股普通股和一台设备为对价，取得乙公司25%股权。普通股面值为每股1元，公允价值

为每股10元。为发行股份支付佣金和手续费400万元。设备账面价值为1 000万元，公允价值为1 200万元，当日乙公司可辨认净资产公允价值为40 000万元。投资后甲公司能够对乙公司施加重大影响，不考虑其他因素，甲公司该项长期股权投资初始投资成本是（　　）万元。

A. 10 000　　B. 10 400

C. 11 600　　D. 11 200

8. 20×9年10月12日，甲公司与乙公司、丙公司共同出资设立丁公司。根据合资合同和丁公司章程的约定，甲公司、乙公司、丙公司分别持有丁公司55%、25%、20%的表决权资本；丁公司设股东会，相关活动的决策需要60%以上表决权通过才可作出，丁公司不设董事会，仅设一名执行董事，同时兼任总经理，由职业经理人担任，其职责是执行股东会决议，主持经营管理工作。不考虑其他因素，对甲公司而言，丁公司是（　　）。

A. 共同经营　　B. 联营企业

C. 合营企业　　D. 子公司

（二）多项选择题

1. 2×18年，甲公司及其子公司发生的相关交易或事项如下：（1）因乙公司的信用等级下降，甲公司将持有并分类为以摊余成本计量的乙公司债券全部出售，同时将该类别的债权投资全部重分类为以公允价值计量且其变动计入其他综合收益的金融资产；（2）因考虑公允价值变动对净利润的影响，甲公司将持有丙公司8%的股权投资从以公允价值计量且其变动计入当期收益的金融资产，重分类为以公允价值计量且其变动计入其他综合收益的金融资产；（3）甲公司的子公司（风险投资机构）新取得丁公司36%股权并对其具有重大影响，对其投资采用公允价值计量；（4）甲公司对戊公司增资，所持戊公司股权由30%增加至60%，并能够对戊公司实施控制，甲公司将对戊公司的股权投资核算方法由权益法改为成本法。下列各项关于甲公司及其子公司上述交易或事项会计处理的表述中，正确的有（　　）。

A. 甲公司出售所持乙公司债券后对该类别的债权投资予以重分类

B. 甲公司对所持丙公司股权投资予以重分类

C. 风险投资机构对所持丁公司股权投资以公允价值计量

D. 甲公司对戊公司股权投资核算方法由权益法改为成本法

2. 下列各项中，在相关资产处置时应当转入当期损益的有（　　）。

A. 自用房地产转换为以公允价值计量的投资性房地产时计入其他综合收益的部分

B. 权益法下投资方应享有被投资单位因接受其他股东资本性投入导致所有者权益变动计入资本公积的金额

C. 指定为以公允价值计量且其变动计入其他综合收益的权益工具投资，因以前期间公允价值变动累计计入其他综合收益的金额

D. 同一控制下企业合并中长期股权投资初始投资成本与支付对价之间的差额计入资本公积的部分

3. 母公司因处置部分子公司股权导致丧失了控制权，下列会计处理中，正确的有（　　）。

A. 处置后的剩余股权能够对被投资单位实施共同控制或施加重大影响的，应当改按权益法核算，并按照剩余股权的公允价值作为长期股权投资权益法的初始入账价值

B. 处置后的剩余股权能够对被投资单位实施共同控制或施加重大影响的，应当改按权益法核算，并对该剩余股权视同自取得时即采用权益法进行追溯调整

C. 处置后的剩余股权不能对被投资单位实施共同控制或施加重大影响的，应当改按《企业会计准则第22号——金融工具确认和计量》的有关规定进行会计处理，并按其在丧失控制权之日的账面价值作为金融资产的成本

D. 处置后的剩余股权不能对被投资单位实施共同控制或施加重大影响的，应当改按

《企业会计准则第22号——金融工具确认和计量》的有关规定进行会计处理，并按其在丧失控制之日的公允价值作为金融资产的成本，其在丧失控制权之日的公允价值与账面价值间的差额计入投资收益

4. 确定非同一控制下企业合并的购买日，以下必须同时满足的条件有（　　）。

A. 合并合同或协议已获董事会等内部权力机构通过

B. 已获得国家有关主管部门审批，已办理了必要的财产权交接手续

C. 购买方实际上已经控制了被购买方的财务和经营政策，并享有相应的收益和风险

D. 购买方已支付了购买价款的大部分（一般应超过50%），并且有能力支付剩余款项

5. 下列事实或情况可以判断属于共同经营的有（　　）。

A. 合营安排未通过单独主体达成

B. 单独主体的法律形式赋予各参与方享有与安排相关资产的权利，并承担与安排相关负债的义务

C. 合同安排的条款约定各参与方享有与安排相关资产的权利，并承担与安排相关负债的义务

D. 参与方为合营安排提供担保（或提供担保的承诺）

6. 甲公司20×3年1月2日取得乙公司30%的股权，并与其他投资方共同控制乙公司，甲公司、乙公司20×3年发生的下列交易或事项中，会对甲公司20×3年个别财务报表中确认对乙公司投资收益产生影响的有（　　）。

A. 乙公司股东大会通过发放股票股利的议案

B. 甲公司将成本为50万元的产品以80万元出售给乙公司作为固定资产

C. 投资时甲公司投资成本小于应享有乙公司可辨认净资产公允价值的份额

D. 乙公司将账面价值200万元的专利权作价360万元出售给甲公司作为无形资产

（三）计算分析题

1. 甲公司为生产加工企业，其在2×22年度发生了以下与股权投资相关的交易：

其他资料：本题中不考虑所得税等税费及其他相关因素。

（1）甲公司在若干年前参与设立了乙公司并持有其30%的股权，将乙公司作为联营企业，采用权益法核算。2×22年1月1日，甲公司自A公司（非关联方）购买了乙公司60%的股权并取得了控制权，购买对价为3 000万元，发生与合并直接相关费用100万元，上述款项均以银行存款转账支付。

2×22年1月1日，甲公司原持有对乙公司30%长期股权投资的账面价值为600万元（长期股权投资账面价值的调整全部为乙公司实现净利润，乙公司不存在其他综合收益及其他影响权益变动的因素）；当日乙公司净资产账面价值为2 000万元，可辨认净资产公允价值为3 000万元，乙公司100%股权的公允价值为5 000万元，30%股权的公允价值为1 500万元，60%股权的公允价值为3 000万元。

（2）2×22年6月20日，乙公司股东大会批准2×21年度利润分配方案，提取盈余公积10万元，分配现金股利90万元，以未分配利润200万元转增股本。

（3）2×22年1月1日，甲公司与B公司出资设立丙公司，双方共同控制丙公司。丙公司注册资本2 000万元，其中甲公司占50%。甲公司以公允价值为1 000万元的土地使用权出资，B公司以公允价值为500万元的机器设备和500万元现金出资。该土地使用权系甲公司于10年前以出让方式取得，原值为500万元，期限为50年，按直线法摊销，预计净残值为零，至投资设立丙公司时账面价值为400万元，后续仍可使用40年。丙公司2×22年实现净利润220万元。

（4）2×22年1月1日，甲公司自C公司购买丁公司40%的股权，并派人参与丁公司生产经营决策，购买对价为4 000万元，以银行存款转账支付。购买日，丁公司净资产账面

价值为5 000万元，可辨认净资产公允价值为8 000万元，3 000万元增值均来自丁公司的一栋办公楼。该办公楼的原值为2 000万元，预计净残值为零，预计使用寿命为40年，采用年限平均法计提折旧，自甲公司取得丁公司股权之日起剩余使用寿命为20年。

丁公司2×22年实现净利润900万元，实现其他综合收益200万元。

要求：

（1）根据资料（1），计算甲公司在进一步取得乙公司60%股权后，个别财务报表中对乙公司长期股权投资的账面价值，并编制相关会计分录；计算甲公司合并财务报表中与乙公司投资相关的商誉金额，计算该交易对甲公司合并财务报表损益的影响。

（2）根据资料（2），针对乙公司2×21年利润分配方案，说明甲公司个别财务报表中的相关会计处理，并编制相关会计分录。

（3）根据资料（3），编制甲公司对丙公司出资及确认2×22年投资收益相关的会计分录。

（4）根据资料（4），计算甲公司对丁公司的初始投资成本，并编制相关会计分录。计算甲公司2×22年因持有丁公司股权应确认的投资收益金额，并编制调整长期股权投资账面价值相关的会计分录。

2. 甲公司没有子公司，无须编制合并财务报表。该公司与股权投资相关的事项或交易如下：

资料一：2×20年初，甲公司以发行普通股方式发行2 000万股普通股股票，每股面值为1元，购买取得了乙公司30%的股权。甲公司所发行的上述普通股的公允价值为6元/股。

甲公司取得乙公司30%的股权后，能够对乙公司实施重大影响。甲公司取得乙公司投资时，乙公司可辨认净资产账面价值为40 000万元，公允价值为50 000万元。除了存货（A产成品）、固定资产（B厂房）外，乙公司其他资产及负债的账面价值与公允价值相等：①A产成品的账面价值为1 000万元，公允价值为1 500万元；②B厂房的原价为10 000万元，已提折旧5 000万元，公允价值为9 500万元。

B厂房按照年限平均法计提折旧，预计折旧年限为40年，截至甲公司投资乙公司时，已计提折旧20年，预计尚可使用寿命为20年，预计净残值为零。

资料二：甲公司于6月5日将一台自产的设备C卖给乙公司，销售价格为500万元，成本为300万元。

6月20日，甲公司向乙公司交付该设备。乙公司于6月30日将该设备安装完毕，并结转为固定资产核算。假定该设备的预计使用寿命为10年，采用年限平均法计提折旧，预计净残值为零。

2×20年，乙公司实现净利润2 000万元，其中，乙公司在甲公司投资时所持有的A产成品至年末已销售80%。乙公司当年分配现金股利1 200万元，甲公司已将收到的现金股利收存银行。

资料三：2×21年，乙公司实现净利润2 500万元，其中，乙公司在甲公司投资时所持有的A产成品至年末已全部销售完毕；2×21年末，乙公司将2×20年购入的C设备对外出售。当年乙公司因指定为以公允价值计量且其变动计入其他综合收益的金融资产的公允价值变动导致其他综合收益增加3 000万元。

资料四：2×22年，甲公司以3 200万元的价格将其所持有的乙公司6%的股权对外转让。甲公司持有乙公司剩余24%的股权，其公允价值为17 000万元。处置后，甲公司对乙公司仍具有重大影响。

其他资料：甲公司和乙公司不是投资性主体；甲公司每年按10%提取法定盈余公积，不计提任意公积；假定不考虑所得税等其他相关税费的影响。

要求：

（1）计算2×20年初甲公司调整后的乙公司股权投资的账面价值。

（2）编制 2×20 年甲公司对乙公司股权投资的会计处理分录。

（3）编制 2×21 年甲公司对乙公司股权投资的会计处理分录。

（4）计算甲公司转让乙公司 6% 的股权应确认的损益金额，并作出与处置股权相关的会计分录。

（四）综合题

甲公司和乙公司 20×8 年度和 20×9 年度发生的有关交易或事项如下：

（1）20×8 年 5 月 20 日，乙公司的客户（丙公司）因产品质量问题向法院提起诉讼，请求法院裁定乙公司赔偿损失 120 万元，截至 20×8 年 6 月 30 日，法院尚未对上述案件作出判决，在向法院了解情况并向法院顾问咨询后，乙公司判断该产品质量诉讼案件发生赔偿损失的可能性小于 50%。

20×8 年 12 月 31 日，乙公司对丙公司产品质量诉讼案件进行了评估，认定该诉讼案状况与 20×8 年 6 月 30 日相同。

20×9 年 6 月 5 日，法院对丙公司产品质量诉讼案件作出判决，驳回丙公司的诉讼请求。

（2）因丁公司无法支付甲公司货款 3 500 万元，甲公司 20×8 年 6 月 8 日与丁公司达成债务重组协议。协议约定，双方同意丁公司以其持有乙公司的 60% 股权用以抵偿其欠付甲公司货款 3 500 万元。甲公司对上述应收账款已计提坏账准备 1 300 万元。经评估甲公司该应收账款在 6 月 30 日的公允价值为 3 300 万元。

20×8 年 6 月 20 日，上述债务重组协议经甲公司、丁公司董事会和乙公司股东会批准。20×8 年 6 月 30 日，办理完成了乙公司的股东变更登记手续。同日，乙公司的董事会进行了改选，改选后董事会由 7 名董事组成，其中甲公司委派 5 名董事。乙公司章程规定，其财务和经营决策需经董事会 1/2 以上成员通过才能实施。

20×8 年 6 月 30 日，乙公司可辨认净资产的账面价值为 4 500 万元，除下列项目外，其他可辨认资产、负债的公允价值与其账面价值相同。

单位：万元

项目	账面价值	公允价值
固定资产	1 000	1 500
或有负债	—	20

上述固定资产的成本为 3 000 万元，原预计使用 30 年，截至 20×8 年 6 月 30 日已使用 20 年，预计尚可使用 10 年。乙公司对上述固定资产采用年限平均法计提折旧，预计净残值为零。上述或有负债为乙公司因丙公司产品质量诉讼案件而形成的。

（3）20×8 年 12 月 31 日，甲公司对乙公司的商誉进行减值测试。在进行商誉的减值测试时，甲公司将乙公司的所有资产认定为一个资产组，而且判断该资产组的所有可辨认资产不存在减值迹象。甲公司估计乙公司资产组的可收回金额为 5 375 万元。

（4）20×9 年 6 月 28 日，甲公司与戊公司签订股权置换合同，合同约定：甲公司以其持有乙公司 60% 股权与戊公司所持有辛公司 30% 股权进行置换；甲公司所持有乙公司 60% 股权的公允价值为 4 000 万元，戊公司所持有辛公司 30% 股权的公允价值为 2 800 万元，戊公司另支付补价 1 200 万元。20×9 年 6 月 30 日，办理完成了乙公司、辛公司的股东变更登记手续，同时甲公司收到了戊公司支付的补价 1 200 万元。

（5）其他资料如下：

①甲公司与丁公司、戊公司不存在任何关联方关系。甲公司在债务重组取得乙公司 60% 股权前，未持有乙公司股权。乙公司未持有任何公司的股权。

②乙公司 20×8 年 7 月 1 日至 12 月 31 日期间实现净利润 200 万元。20×9 年 1 月 1 日至 6 月 30 日期间实现净利润 260 万元。除实现的净利润外，乙公司未发生其他影响所有者

权益变动的事项。

③本题不考虑税费及其他影响事项。

要求：

（1）对丙公司产品质量诉讼案件，判断乙公司在其20×8年12月31日资产负债表中是否应当确认预计负债，并说明判断依据。

（2）计算甲公司通过债务重组取得乙公司60%股权的交易应当确认的债务重组损益，并编制取得股权的会计分录。

（3）确定甲公司通过债务重组合并乙公司购买日，并说明确定依据。

（4）计算甲公司通过债务重组取得乙公司股权时应当确认的商誉。

（5）判断甲公司20×8年12月31日是否应当对乙公司的商誉计提减值准备，并说明判断依据（需要计算的，列出计算过程）。

（6）判断甲公司与戊公司进行的股权置换交易是否构成非货币性资产交换，并说明判断依据。

（7）计算甲公司因股权置换交易而应分别在其个别财务报表和合并财务报表中确认的损益。

进阶练习答案及解析

（一）单项选择题

1.【答案】D

【解析】甲公司取得乙公司30%股权投资并能够施加重大影响，属于不形成控股合并的长期股权投资，应该按照付出对价的公允价值作为其初始投资成本，并采用权益法进行后续计量。初始投资成本450万元小于应享有乙公司可辨认净资产公允价值的份额480万元（1 600×30%）的差额调整初始投资成本，计入营业外收入，选项A、C不正确；应享有乙公司实现其他综合收益的份额确认为其他综合收益，选项B不正确；甲公司拟长期持有对乙公司的投资，形成的暂时性差异不需要确认递延所得税，选项D正确。

2.【答案】D

【解析】金融资产增资转为成本法核算的长期股权投资，长期股权投资的初始投资成本为金融资产的公允价值加上新支付对价的公允价值，因此购买日长期股权投资入账价值等于初始投资成本，即＝2 500＋8 000＝10 500（万元）。

3.【答案】A

【解析】A公司增资后长期股权投资的账面价值＝2 000×70%＝1 400（万元）。应冲减资本公积的金额＝原30%股权的账面价值600＋追加投资付出对价的账面价值（300＋600）－1 400＝100（万元）。

借：长期股权投资　　1 400

　　资本公积——股本溢价　100

　　贷：长期股权投资——投资成本　500

　　　　　　　　——损益调整　50

　　　　　　　　——其他综合收益　50

　　　　库存商品　300

　　　　固定资产清理　600

4.【答案】D

【解析】甲公司为投资性主体，应该按照金融工具准则，将从证券市场购入乙上市公司30%股份确认为公允价值计量且其变动计入当期损益的金融资产，选项D错误。

5.【答案】C

【解析】因追加投资等原因导致对被投资单位由重大影响转为控制的，应按照通过多次交易实现控股合并进行处理，由权益法改为成本法核算，不需要进行追溯调整。

6.【答案】A

【解析】选项B，乙公司股权公允价值相对于取得成本的变动计入其他综合收益不影响利润。选项C，2×15年因重大资产重组，相应享有乙公司净投资份额的变动计入资本公积，不影响利润。选项 D，原所持 100 万股乙公司股票公允价值与账面价值的差额计入留存收益，不影响利润。

7.【答案】D

【解析】甲公司该项长期股权投资的初始投资成本 = 1 000 × 10 + 1 200 = 11 200（万元）。

8.【答案】B

【解析】甲公司持有丁公司 55% 的股权，但是并不能控制丁公司，甲公司和乙公司或甲公司和丙公司的股权相加都大于 60%，所以对甲公司而言，丁公司不是合营企业，也不是子公司，所以丁公司是甲公司的联营企业。

（二）多项选择题

1.【答案】CD

【解析】企业改变其管理金融资产的业务模式时，应当按照规定对所有受影响的相关金融资产进行重分类。只有当企业开始或终止某项对其经营影响重大的活动时（如当企业收购、处置或终止某一业务线时），其管理金融资产的业务模式才会发生变更。事项（1）信用等级下降，以及事项（2）考虑公允价值变动对净利润的影响，不是能够使企业改变管理金融资产业务模式的事项，因此事项（1）、（2）金融资产不得进行重分类，选项 A、B 不正确。

2.【答案】AB

【解析】选项 A，处置时其他综合收益结转计入其他业务成本；选项 B，处置时资本公积结转计入投资收益；选项 C，其他综合收益结转计入留存收益；选项 D，处置时不需要结转。

3.【答案】BD

【解析】选项 A，处置后的剩余股权能够对被投资单位实施共同控制或施加重大影响的，应当改按权益法核算，并按照剩余股权的账面价值作为长期股权投资权益法的初始成本，并按照权益法进行追溯调整；选项 C，处置后的剩余股权不能对被投资单位实施共同控制或施加重大影响的，应当改按《企业会计准则第 22 号——金融工具确认和计量》的有关规定进行会计处理，并按其在丧失控制权之日的公允价值作为金融资产的成本（先卖后买）。

4.【答案】BCD

【解析】选项 A，合并合同或协议已获股东大会等内部权力机构通过。

5.【答案】ABC

【解析】参与方为合营安排提供担保（或提供担保的承诺）的行为本身并不直接导致一项安排被分类为共同经营，选项 D 错误。

6.【答案】BD

【解析】选项 A，由于对乙公司所有者权益没有影响，甲公司不作会计处理；选项 B、D，属于内部交易，影响调整后的净利润，因此影响投资收益；选项 C，确认营业外收入，不影响投资收益。

（三）计算分析题

1.【答案及解析】

（1）甲公司个别财务报表中长期股权投资的账面价值 = 600 + 3 000 = 3 600（万元）。

借：长期股权投资　　3 000
　贷：银行存款　　3 000
借：管理费用　　100
　贷：银行存款　　100

甲公司合并财务报表中的商誉 = 甲公司原持有股权的公允价值 + 新增的购买成本 − 乙公司可辨认净资产公允价值的份额 = (1 500 + 3 000) − 3 000 × 90% = 4 500 − 2 700 = 1 800（万元）。该交易对甲公司合并财务报表的损益影响 = −100 + (1 500 − 600) = 800（万元）。

（2）自 2 × 22 年 1 月 1 日起，甲公司对乙公司持股 90% 并采用成本法核算。对乙公司宣告分配的现金股利按照应享有的份额确认投资收益。

对乙公司提取盈余公积和以未分配利润转增股本，不属于分配现金股利或利润，甲公司不进行会计处理。

甲公司应确认的投资收益为 81 万元（90 × 90%），会计分录如下：

借：应收股利——乙公司　　81

　贷：投资收益　　81

（3）会计分录如下：

借：长期股权投资　　1 000

　累计摊销　　100

　贷：无形资产——土地使用权成本　　500

　　资产处置损益　　600

借：投资收益　　182.5

　贷：长期股权投资　[（220－600＋600/40）×50%]182.5

（4）甲公司购买丁公司40%股权的初始投资成本为4 000万元。会计分录如下：

借：长期股权投资　　4 000

　贷：银行存款　　4 000

甲公司应确认投资收益＝（900－3 000/20）×40%＝750×40%＝300（万元）

甲公司在权益法下应享有的丁公司其他综合收益的份额＝丁公司合并报表其他综合收益×甲公司的持股比例＝200×40%＝80（万元）。会计分录如下：

借：长期股权投资　　300

　贷：投资收益　　300

借：长期股权投资　　80

　贷：其他综合收益　　80

或：

借：长期股权投资　　380

　贷：投资收益　　300

　　其他综合收益　　80

2.【答案及解析】

（1）甲公司取得乙公司股权投资的初始投资成本＝所发行股票的公允价值＝2 000×6＝12 000（万元），投资时享有乙公司可辨认净资产公允价值份额＝50 000×30%＝15 000（万元），前者小于后者，因此调整后的对乙公司股权投资的账面价值为15 000万元。

（2）2×20年甲公司对乙公司股权投资的会计处理如下：

取得投资时：

借：长期股权投资——投资成本　　12 000

　贷：股本　　2 000

　　资本公积——股本溢价　（2 000×6－2 000）10 000

借：长期股权投资——投资成本　　3 000

　贷：营业外收入　（15 000－12 000）3 000

按照权益法后续计量时：

借：应收股利　（1 200×30%）360

　贷：长期股权投资——损益调整　　360

借：银行存款　　360

　贷：应收股利　　360

调整后的乙公司净利润＝2 000－500×80%－[9 500－（10 000－5 000）]/20－（500－300）＋（500－300）/10×6/12＝1 185（万元）

借：长期股权投资——损益调整　（1 185×30%）355.5

　贷：投资收益　　355.5

（3）2×21年调整后的乙公司净利润＝2 500－500×20%－[9 500－（10 000－5 000）]/20＋[（500－300）－（500－300）/10×6/12]＝2 365（万元）

借：长期股权投资——损益调整　（2 365×30%）709.5

　贷：投资收益　　709.5

借：长期股权投资——其他综合收益　（3 000×30%）900

　贷：其他综合收益　　900

（4）甲公司转让乙公司6%的股权应确认的损益＝3 200－（15 000－360＋355.5＋709.5＋900）×（6%/30%）＝－121（万元）

借：银行存款　　3 200

　投资收益　　121

　贷：长期股权投资——投资成本　（15 000×6%/30%）3 000

　　——损益调整　[（－360＋355.5＋709.5）×6%/30%]141

　　——其他综合收益　（900×6%/30%）180

借：其他综合收益

［900×(6%/30%)］ 180

　贷：盈余公积　　18

　　利润分配——未分配利润

　　　162

(四) 综合题

【答案及解析】

(1) 对于丙公司产品质量诉讼案件，乙公司在其20×8年12月31日资产负债表中不应当确认预计负债。

判断依据：乙公司判断发生赔偿损失的可能性小于50%，不是很可能导致经济利益流出企业，不符合预计负债确认条件。

(2) 甲公司应当确认的债务重组损益=3 300-(3 500-1 300)=1 100（万元）。

会计分录为：

借：长期股权投资　　3 300

　坏账准备　　1 300

　贷：应收账款　　3 500

　　投资收益　　1 100

(3) 甲公司通过债务重组合并乙公司的购买日为20×8年6月30日。

判断依据：20×8年6月20日上述债务重组协议经甲公司、丁公司董事会和乙公司股东会批准。20×8年6月30日，办理完成了乙公司的股东变更登记手续，且甲公司向丁公司收取应收款项的权利终止，表明甲公司已支付全部购买价款；同日，乙公司的董事会进行了改选，甲公司能够控制乙公司财务和经营政策。

(4) 乙公司可辨认净资产公允价值=4 500+［(1 500-1 000)-20］=4 980（万元）；实际付出的成本为3 300万元，按照持股比例计算得到的享有份额=4 980×60%=2 988（万元）；应确认的商誉金额=3 300-2 988=312（万元）。

(5) 甲公司20×8年12月31日应当对乙公司的商誉计提减值准备。

判断依据：乙公司可辨认净资产按照购买日的公允价值持续计算的账面价值=4 500+［(1 500-1 000)-20］+200-(1 500-1 000)/10×6/12=5 155（万元）。

包括完全商誉的乙公司可辨认资产的账面价值=5 155+312/60%=5 675（万元）。

由于可收回金额5 375万元小于5 675万元，所以商誉发生了减值，因减值损失总额为300万元，而完全商誉金额=312÷60%=520（万元），所以减值损失均应冲减商誉。

甲公司应确认的商誉减值的金额=300×60%=180（万元）。

(6) 甲公司与戊公司进行的股权置换交易不构成非货币性资产交换。

判断依据：甲公司收取的货币性资产占换出资产公允价值的比例=1 200/4 000×100%=30%，该比例超过了25%。

(7) 甲公司在个别财务报表上确认的股权置换损益=4 000-3 300=700（万元）；

甲公司因股权置换交易而应在其合并财务报表中确认的损益=4 000-［5 155+260-(1 500-1 000)/10×6/12+20］×60%-(312-180)=622（万元）。

第七章 资产减值

2023年教材内容主要变化

本章教材在预计资产未来现金流量应考虑的因素部分增加了一道例题，分两种情况分析是否考虑重组的影响。

本章近五年考试高频考点分布

高频考点内容	年度及题型分布
可收回金额的计量	2020年单选题、2020年多选题
资产组减值	2022年多选题、2021年单选题
商誉减值	2020年多选题、2019年单选题、2019年综合题

高频考点精讲

本章介绍了资产减值的范围与测试、可收回金额的计算、资产减值损失的确认与计量、资产组减值测试与处理，以及商誉减值的处理等内容，重点关注资产组减值与商誉减值。

高频考点1：资产减值的范围与测试原则★

（一）资产减值的范围

资产减值准则涉及七类非金融长期资产：

（1）对子公司、联营企业和合营企业的长期股权投资；

（2）采用成本模式进行后续计量的投资性房地产；

（3）固定资产；

（4）生产性生物资产；

（5）无形资产；

（6）商誉；

（7）探明石油天然气矿区权益和井及相关设施、辅助设备及设施；

（8）使用权资产。

（二）资产减值的测试

（1）有确凿证据表明资产存在减值迹象的，应当在资产负债表日进行减值测试，估计资产的可收回金额，如低于账面价值，计提减值准备，确认减值损失。

（2）至少应当于每年年度终了进行减值

测试的三项资产（不依据减值迹象）：

①因企业合并形成的商誉；

②使用寿命不确定的无形资产；

③尚未达到预定可使用状态的无形资产。

经典例题

【真题·多选题】（2020）甲公司相关固定资产和无形资产减值的会计处理如下：（1）对于尚未达到预定可使用状态的无形资产，在每年末进行减值测试；（2）如果连续3年减值测试的结果表明，固定资产的可收回金额超过其账面价值的20%，且报告期间未发生不利情况，资产负债表日不需重新估计该资产的可收回金额；（3）如果固定资产的公允价值减去处置费用后的净额与该资产预计未来现金流量的现值中，有一项超过了该资产的账面价值，不需再估计另一项金额；（4）如果固定资产的公允价值减去处置费用后的净额无法可靠估计，以该资产预计未来现金流量的现值作为其可收回金额。不考虑其他因素，下列各项关于甲公司固定资产和无形资产减值的会计处理中，正确的有（　　）。

A. 未达到预定可使用状态的无形资产减值测试的处理

B. 连续3年固定资产可收回金额超过其账面价值20%时的处理

C. 固定资产的公允价值减去处置费用后的净额无法可靠估计时的处理

D. 固定资产的公允价值减去处置费用后的净额与该资产预计未来现金流量的现值中有一项超过该资产账面价值时的处理

【答案】ABCD

【解析】尚未达到预定可使用状态的无形资产、使用寿命不确定的无形资产、商誉这三项资产，由于价值不摊销，为防止账面价值虚增，至少在每年末进行减值测试，选项A正确；以前报告期间的计算结果表明，资产的可收回金额显著高于其账面价值，之后又没有发生消除这一差异的交易或事项的，可以不需要重新计算可收回金额，选项B正确；如果固定资产的公允价值减去处置费用后的净额无法可靠估计，以该资产预计未来现金流量的现值作为其可收回金额，选项C正确；公允价值减去处置费用后的净额与资产预计未来现金流量的现值，只要有一项超过了资产的账面价值，就表明资产没有发生减值，不需再估计另一项金额，选项D正确。

高频考点2：资产可收回金额的估计 ★★

（一）估计资产可收回金额的基本方法

资产可收回金额为公允价值减去处置费用后的净额与未来现金流量现值两者中的较高者。

（二）资产的公允价值减去处置费用后的净额的估计

资产的公允价值减去处置费用后的净额，通常反映的是资产如果被出售或者处置时可以收回的净现金收入。处置费用是指可以直接归属于资产处置的增量成本，包括与资产处置有关的法律费用、相关税费、搬运费以及为使资产达到可销售状态所发生的直接费用等，但是，不包括财务费用和所得税费用。

（三）资产预计未来现金流量现值的估计

应当综合考虑的因素：资产预计未来现金流量、资产的使用寿命、折现率。

1. 资产未来现金流量的预计

（1）资产预计未来现金流量应当包括的内容。

①资产持续使用过程中预计产生的现金流入。

②为实现资产持续使用过程中产生的现金流入所必需的预计现金流出，包括为使资产达到预定可使用状态所发生的现金流出。

③资产使用寿命结束时，处置资产所收到或者支付的净现金流量。

每期净现金流量＝该期现金流入－该期现金流出

（2）预计资产未来现金流量应当考虑的因素。

①以资产的当前状况为基础预计资产未来现金流量。不包括与将来可能会发生的、尚未作出承诺的重组事项或与资产改良有关的预计未来现金流量。

②预计资产未来现金流量不包括筹资活动和所得税收付产生的现金流量（息税前）。

③对通货膨胀因素的考虑应当和折现率一致。

④内部转移价格应当予以调整。

命题点拨

命题角度：预计未来现金流量应当考虑哪些因素？

预计未来现金流量应当以当前状况为基础，不考虑尚未作出承诺的重组以及未来改良影响的现金流量，但是已承诺的重组和日常修理影响的现金流量应当予以考虑，因为这些属于当前状况。

（3）预计资产未来现金流量的方法。

①传统法。根据资产未来每期最有可能产生的现金流量进行预测。使用单一的未来每期预计现金流量和单一的折现率计算。

②期望现金流量法。根据资产未来每期现金流量的期望值进行预计。每期现金流量的期望值按照在各种可能情况下的现金流量与其发生的概率进行加权计算。

2. 折现率的预计

折现率应当是反映货币时间价值和特定风险的税前利率。

3. 外币未来现金流量及其现值的预计

（1）计算外币现值（外币未来现金流量×外币折现系数）。

（2）计算以记账本位币表示的现值（外币现值×减值测试当日的即期汇率）。

（3）确定可收回金额、资产减值损失（现金流量现值与公允价值减处置费用后的净额比较；可收回金额与账面价值比较）。

经典例题

【真题·单选题】（2020）为了资产减值测试的目的，企业需要对资产未来现金流量进行预计，并选择恰当的折现率对其进行折现，以确定资产预计未来现金流量的现值。根据企业会计准则的规定，预计资产未来现金流量的期限应当是（　　）。

A. 5 年

B. 永久

C. 资产剩余使用寿命

D. 企业经营期限

【答案】C

【解析】为了估计资产未来现金流量的现值，需要首先预计资产的未来现金流量，为此，企业管理层应当在合理和有依据的基础上对资产剩余使用寿命内整个经济状况进行最佳估计，选项 C 正确。

【真题·综合题】（2016 节选）由于出现减值迹象，2×15 年 6 月 30 日，甲公司对一栋专门用于出租给子公司戊公司的办公楼进行减值测试。该出租办公楼采用成本模式进行后续计量，原值为 45 000 万元，已计提折旧 9 000 万元，以前年度未计提减值准备，预计该办公楼的未来现金流量现值为 30 000 万元，公允价值减去处置费用后的净额为 32 500 万元。甲公司的会计处理如下：

借：资产减值损失　　6 000

　　贷：投资性房地产减值准备　　6 000

要求：根据上述资料判断甲公司的会计处理是否正确，并说明理由；如果甲公司的会计处理不正确，编制更正的会计分录（无须通过“以前年度损益调整”科目，答案以万元为单位）。

【答案及解析】甲公司的会计处理不正确。

理由：投资性房地产的减值金额是账面价值与可收回金额进行比较确定的，可收回金额以预计未来现金流量的现值与公允价值减去处置费用后的净额孰高计量，办公楼的可收回金额是 32 500 万元，应计提的减值损失 =（45 000 - 9 000）- 32 500 = 3 500（万元）。更正分录为：

借：投资性房地产减值准备 2 500

贷：资产减值损失 2 500

【例题·多选题】甲公司相关固定资产和无形资产减值的会计处理如下：（1）对于尚未达到预定可使用状态的无形资产，在每年末进行减值测试；（2）如果连续3年减值测试的结果表明，固定资产的可收回金额超过其账面价值的20%，且报告期间未发生不利情况，资产负债表日不需重新估计该资产的可收回金额；（3）如果固定资产的公允价值减去处置费用后的净额与该资产预计未来现金流量的现值中，有一项超过了该资产的账面价值，不需再估计另一项金额；（4）如果固定资产的公允价值减去处置费用后的净额无法可靠估计，以该资产预计未来现金流量的现值作为其可收回金额。不考虑其他因素，下列各项关于甲公司固定资产和无形资产减值的会计处理中，正确的有（ ）。

A. 未达到预定可使用状态的无形资产减值测试的处理

B. 连续3年固定资产可收回金额超过其账面价值20%时的处理

C. 固定资产的公允价值减去处置费用后的净额与该资产预计未来现金流量的现值中有一项超过该资产账面价值时的处理

D. 固定资产的公允价值减去处置费用后的净额无法可靠估计时的处理

【答案】ABCD

【解析】事项（1），对于尚未达到可使用状态的无形资产，由于其价值具有较大的不确定性，企业应当于每年末进行减值测试；事项（2），以前报告期间的计算结果表明，资产可收回金额远高于其账面价值，之后又没有发生消除这一差异的交易或者事项的，企业在资产负债表日可以不重新估计该资产的可收回金额；事项（3），资产的公允价值减去处置费用后的净额与资产预计未来现金流量的现值，只要有一项超过了资产的账面价值，就表明资产没有发生减值，不需再估计另一项金额；事项（4），资产的公允价值减去处置费用后的净额无法可靠估计的，应当以该资产预计未来现金流量的现值作为其可收回金额。因此，四个选项均符合题意。

【例题·计算分析题】2×18年12月31日，甲公司自行研发尚未完成但符合资本化条件的开发项目的账面价值为3 500万元，预计至开发完成尚需投入300万元。该项目以前未计提减值准备。由于市场出现了与其开发相类似的项目，甲公司于年末对该项目进行减值测试，经测试表明：扣除继续开发所需投入因素预计可收回金额为2 800万元，未扣除继续开发所需投入因素预计的可收回金额为2 950万元。2×18年12月31日，该项目的市场出售价格减去相关费用后的净额为2 500万元。

要求：计算甲公司于2×18年末对开发项目应确认的减值损失金额，并说明确定可收回金额的原则。

【答案及解析】

该开发项目应确认的减值损失＝3 500－2 800＝700（万元）。

可收回金额应当按照其公允价值减去处置费用后的净额与资产预计未来现金流量的现值两者较高者确定；在预计未来现金流出时，应考虑为使资产达到预定可使用状态所发生的现金流出。

高频考点3：资产减值损失的确认与计量★★

（一）资产减值损失确认与计量的一般原则

1. 确认减值

将资产的账面价值减记至可收回金额，减记的金额确认为资产减值损失，计入当期损益，同时计提相应的资产减值准备。

2. 确认减值以后

减值资产的折旧或者摊销费用应当在未来期间作相应调整，以使该资产在剩余使用寿命内，系统地分摊调整后的资产账面价值（扣除预计净残值）。

3. 减值可否转回

资产减值损失一经确认，在以后会计期间不得转回，在将来处置时将减值准备予以转销。

（二）资产减值损失的账务处理

1. 计提减值

借：资产减值损失

　　贷：××资产减值准备

2. 转销减值准备

资产将来处置（终止确认）时，减值准备的余额与资产的余额一同转销。

经典例题

【例题·单选题】甲公司于2×17年12月以银行存款8 000万元购入一栋房地产，于当月达到预定可使用状态并对外出租，年租金为500万元，采用成本模式进行后续计量。该房地产的预计使用年限为10年，净残值为零，采用直线法计提折旧。2×18年12月31日预计该投资性房地产的可收回金额为6 300万元。该房地产发生减值后，原折旧方法、预计使用年限不变。甲公司2×19年因该投资性房地产对当年营业利润的影响为（　　）万元。

A. -700　　B. 500

C. -200　　D. -300

【答案】C

【解析】2×18年12月31日的账面净值 = 8 000 - 8 000/10 = 7 200（万元），可收回金额 = 6 300万元，应计提减值900万元，提完减值后的账面价值 = 6 300万元；2×19年12月31日计提的折旧 = 6 300/（10 - 1）= 700（万元），计入其他业务成本，减少营业利润；租金收入 = 500万元，增加营业利润，所以该投资性房地产对当年营业利润的影响金额 = -700 + 500 = -200（万元）。

高频考点4：资产组的认定及减值处理★★★

（一）资产组的认定

认定资产组应当考虑的因素：

（1）该资产组能否独立产生现金流入（最关键的因素）；

（2）企业对生产经营活动的管理或者监控方式、企业对资产使用或者处置的决策方式等。

（二）资产组减值测试

1. 资产组账面价值和可收回金额的确定基础（保持一致）

资产组账面价值包括可直接归属的部分和可合理和一致地分摊的部分。

（1）可以合理和一致地分摊的部分。主要包括两项内容：总部资产和商誉。

（2）分摊的方法。通常按照各个资产组的账面价值的比例分摊。但如果各资产组使用寿命不一样，需要用加权的账面价值比例进行分摊。

（3）是否包含负债的账面价值。资产组的账面价值通常是不包括负债的账面价值的，但是如果某一项负债的价值在确定可收回金额的时候考虑了，那么资产组的账面价值也应该包括这个负债的价值。

2. 资产组减值的会计处理

减值损失金额应当按照以下顺序分摊：

（1）减值分摊至资产组中商誉的账面价值。

（2）根据资产组中除商誉之外的其他各项资产的账面价值所占比重，按比例抵减其他各项资产的账面价值。

注意：抵减后各资产的账面价值不得低于以下三者之中的最高者：

①该资产的公允价值减去处置费用后的净额（如可确定）；

②该资产预计未来现金流量的现值（如可确定）；

③零。

由于抵减后各资产的账面价值不得低于上述三者之中的最高者，所以可能存在某个单项资产无法按照其账面价值比重分摊资产组减值损失的情况，此时企业应当将该单项资产未能分摊的那部分资产减值损失在其他单项资产之间进行二次分摊。

经典例题

【真题·多选题】（2022）甲公司的某类产品由于技术落后出现亏损，用于生产该产品的长期资产也出现了减值迹象，2×20年12月31日，甲公司对用于生产该产品的长期资产进行减值测试。相关资产包括厂房、设备M和设备N，甲公司将其作为一个资产组，账面价值合计为800万元，其中，厂房的账面价值为400万元，设备M的账面价值为100万元，设备N的账面价值为300万元。厂房的公允价值减处置费用后的净额为360万元，设备M和设备N的公允价值或未来现金流量现值无法合理估计。整个资产组的可收回金额为600万元。下列各项关于资产减值损失在该资产组内各项资产分配的表述中，正确的有（　　）。

A. 厂房应确认减值损失100万元

B. 设备M应确认减值损失25万元

C. 设备N应确认减值损失120万元

D. 资产组应确认减值损失200万元

【答案】CD

【解析】资产组总的减值损失=800－600=200（万元），选项D正确；其中厂房分摊的减值损失=400－360=40（万元），选项A错误；剩余的损失为160万元，M设备分摊的金额=160×100/400=40（万元），选项B错误；N设备分摊的金额=160×300/400=120（万元），选项C正确。

【例题·单选题】甲公司属于矿产资源开发企业，假定该公司取得矿山时针对弃置费用确认的预计负债的账面价值为500万元（假定不考虑计提利息）。2×19年12月31日，该公司对矿山进行减值测试，整座矿山被认定为一个资产组。甲公司如果对外出售，买方愿意出价4 800万元，这一价格已经考虑了复原表土覆盖层的成本，预计处置费用为100万元；矿山预计未来现金流量的现值为5 500万元，不包括应负担的恢复费用；矿山的账面价值为6 100万元。该资产组2×19年12月31日应计提的减值准备金额为（　　）万元。

A. 0　　B. 100

C. 900　　D. 600

【答案】D

【解析】预计未来现金流量现值在考虑应负担的恢复费用后的价值=5 500－500=5 000（万元），大于该资产组的公允价值减去处置费用后的净额4 700万元（4 800－100），所以该资产组的可收回金额为5 000万元。因为计算可收回金额时，把弃置费用这个因素剔除了，为了遵循可比性，其账面价值中也应该把这个弃置费用的因素剔除掉，因此，资产组的账面价值=6 100－500=5 600（万元），所以该资产组计提的减值准备=5 600－5 000=600（万元）。

高频考点5：商誉减值测试与处理

★★★

（一）非同一控制下吸收合并形成的商誉（个别报表）

首先，对不包含商誉的资产组或者资产组组合进行减值测试，确认相应的减值损失；

其次，再对包含商誉的资产组或者资产组组合进行减值测试，确认相应的减值损失，损失先抵减分摊的商誉价值，然后在资产组中其他资产之间按比例分摊。

会计处理如下：

借：资产减值损失

　　贷：商誉减值准备

（二）非同一控制下控股合并形成的商誉（合并报表）

首先，将归属于少数股东权益的商誉价值补充到资产组账面价值中，计算子公司按照购买日公允价值持续计算的净资产（包括可辨认和不可辨认的完全商誉）；

其次，确定减值总额，先冲减商誉价值，然后在资产组中可辨认资产之间分配；

最后，将归属于少数股东权益的商誉减值剔除，使合并报表中反映的是母公司商誉减值金额。

会计分录如下：

借：资产减值损失

　　贷：商誉——商誉减值准备

名师解惑

问：为什么进行商誉减值测试时要把少数股东享有的商誉加进来？

答：因为合并报表层面子公司整体作为一个资产组，其可收回金额考虑了包括了全部的商誉（含少数股东享有的商誉价值），为了确保资产组账面价值与可收回金额比较的基础是一致的，需要统一口径，将少数股东享有的商誉价值加到资产组账面价值中。

经典例题

【真题·单选题】（2019）2×19年1月1日，甲公司以非同一控制下企业合并的方式购买了乙公司60%的股权，支付价款1 800万元。在购买日，乙公司可辨认资产的账面价值为2 300万元，公允价值为2 500万元，没有负债和或有负债。2×19年12月31日，乙公司可辨认资产的账面价值为2 500万元，按照购买日的公允价值持续计算的金额为2 600万元，没有负债和或有负债。甲公司认定乙公司的所有资产为一个资产组，确定该资产组在2×19年12月31日的可收回金额为2 700万元。经评估，甲公司判断乙公司资产组不存在减值迹象。不考虑其他因素，甲公司在2×19年度合并利润表中应当列报的资产减值损失金额是（　　）万元。

A. 0　　　　B. 200

C. 240　　　D. 400

【答案】C

【解析】合并商誉 = 1 800 − 2 500 × 60% = 300（万元）；包含商誉的资产组账面价值 = 2 600 + 300/60% = 3 100（万元）；包含商誉的资产组的可收回金额 = 2 700万元；所以资产组减值 = 3 100 − 2 700 = 400（万元）。应全部冲减商誉的账面价值，又因为合并报表只反映母公司的商誉，所以合并报表中列示的资产减值损失 = 400 × 60% = 240（万元）。

【真题·多选题】（2017）2×16年末，甲公司某项资产组（均为非金融长期资产）存在减值迹象，经减值测试，预计资产组的未来现金流量现值为4 000万元，公允价值减去处置费用后的净额为3 900万元；该资产组的账面价值为5 500万元，其中商誉的账面价值为300万元。2×17年末，该资产组的账面价值为3 800万元。预计未来现金流量现值为5 600万元，公允价值减去处置费用后的净额为5 000万元。该资产组2×16年前未计提减值准备，不考虑其他因素，下列各项关于甲公司对该资产组减值会计处理的表述中，正确的有（　　）。

A. 2×16年末应计提资产组减值准备1 500万元

B. 2×17年末资产组的账面价值为3 800万元

C. 2×16年末应对资产组包含的商誉计提300万元的减值准备

D. 2×17年末资产组中商誉的账面价值为300万元

【答案】ABC

【解析】预计资产组的未来现金流量现值为4 000万元，公允价值减去处置费用后的净额为3 900万元，取较高者4 000万元作为可收回金额，小于资产组账面价值5 500万元，因此，2×16年末应计提资产组减值准备1 500万元，选项A正确；资产组的减值损失首先冲减分摊到该资产组的商誉价值，因此，2×16年末应对资产组包含的商誉计提300万元的减值准备，商誉账面价值变为0，选项C正确；由于非金融长期资产减值不允许转回，因此2×17年末资产组的账面价值为3 800万元，选项B正确；选项D，至2×16年末，商誉全额减值，虽然2×17年价值回升，但商誉减值不允许转回，因此以后每年年末该商誉的账面价值均为0。

【真题·多选题】（2016）下列关于商誉

的会计处理中，正确的有（　　）。

A. 商誉应当结合与其相关的资产组或资产组组合进行减值测试

B. 商誉于资产负债表日不存在减值迹象的，无须进行减值测试

C. 有关商誉的资产组或资产组组合存在减值迹象的，应当首先对不包含商誉的资产组或资产组组合进行减值测试

D. 与商誉有关的资产组或资产组组合的减值损失应首先抵减分摊至资产组或资产组组合中商誉的账面价值

【答案】ACD

【解析】选项 B，对于商誉、使用寿命不确定的无形资产以及尚未达到预定可使用状态的无形资产，企业至少应当于每年年度终了进行减值测试。

【例题·单选题】甲公司 20×8 年 5 月通过非同一控制下企业合并的方式取得乙公司 60% 的股权，并能够对乙公司实施控制。甲公司因该项企业合并确认了商誉 7 200 万元。20×8 年 12 月 31 日，乙公司可辨认净资产的账面价值为 18 000 万元，按照购买日的公允价值持续计算的金额为 18 800 万元。甲公司将乙公司认定为一个资产组，确定该资产组在 20×8 年 12 月 31 日的可收回金额为 22 000 万元。经评估，甲公司判断乙公司资产组不存在减值迹象。不考虑其他因素，甲公司在 20×8 年度合并财务报表中应确认的商誉减值损失金额是（　　）万元。

A. 3 200　　B. 4 000

C. 8 800　　D. 5 280

【答案】D

【解析】乙公司完全商誉 = 7 200/60% = 12 000（万元），包含完全商誉的净资产 = 18 800 + 12 000 = 30 800（万元），可收回金额为 22 000 万元，该资产组应计提减值的金额 = 8 800 万元（30 800 − 22 000），应全额冲减完全商誉 8 800 万元，合并报表中只反映归属于母公司的商誉，所以合并报表中应确认的商誉减值损失金额 = 8 800 × 60% = 5 280（万元）。

进阶练习

（一）单项选择题

1. 下列业务中，适用资产减值准则范围的是（　　）。

A. 企业合同资产计提的减值准备

B. 出租方应收融资租赁款计提的减值准备

C. 承租方确认的使用权资产应计提的减值准备

D. 企业取得的债权投资计提的减值准备

2. 下列关于资产减值准则规范的资产减值的表述中，符合会计准则规定的是（　　）。

A. 预计资产未来现金流量应当考虑与筹资活动和所得税收付相关的现金流量

B. 资产的公允价值减去处置费用后的净额高于其账面价值，但预计未来现金流量现值低于其账面价值的，应当计提减值

C. 在确定资产未来现金流量现值时，应当考虑将来可能发生与改良有关的预计现金流量的影响

D. 单项资产本身的可收回金额难以有效估计的，应当以其所在的资产组为基础确定可收回金额

3. 甲公司是由 A 设备、B 设备、C 设备组成的一条生产线，专门用于生产 W 商品。2×19 年 12 月 31 日，甲公司对有关资产进行减值测试。有关资产组资料如下：（1）该资产组的账面价值为 1 000 万元，其中 A 设备、B 设备、C 设备的账面价值分别为 200 万元、500 万元、300 万元。（2）资产组的未来现金流量现值为 900 万元，资产组的公允价值为 850 万元，如将其处置，预计将发生相关费用 50 万元。（3）B 设备的公允价值为 490 万元，如将其处置，预计将发生相关费用 10 万元，

无法独立确定其未来现金流量现值；B 设备和 C 设备的公允价值减去处置费用后的净额以及预计未来现金流量的现值均无法确定。下列有关 2×19 年计提减值准备的表述，不正确的是（　　）。

A. 资产组计提的减值准备为 100 万元

B. A 设备应分摊的减值损失为 32 万元

C. B 设备应分摊的减值损失为 50 万元

D. C 设备应分摊的减值损失为 48 万元

4. 下列关于固定资产减值的表述中，符合会计准则规定的是（　　）。

A. 预计固定资产未来现金流量应当考虑与所得税收付相关的现金流量

B. 固定资产的公允价值减去处置费用后的净额高于其账面价值，但预计未来现金流量现值低于其账面价值的，应当计提减值

C. 在确定固定资产未来现金流量现值时，应当考虑将来可能发生的与改良有关的预计现金流量的影响

D. 单项固定资产本身的可收回金额难以有效估计的，应当以其所在的资产组为基础确定可收回金额

5. 下列有关资产减值的说法中，正确的是（　　）。

A. 资产的公允价值减去处置费用后的净额与资产预计未来现金流量现值中，只要有一项超过了资产的账面价值，就表明该项资产没有发生减值

B. 资产存在减值迹象的，都应估计可收回金额，以确认是否发生减值

C. 确认减值时应该优先以公允价值减去处置费用之后的净额作为可收回金额

D. 如果资产没有出现减值迹象，则企业不需对其进行减值测试

6. 企业在计量资产可收回金额时，下列各项中，不属于资产预计未来现金流量的是（　　）。

A. 为维持资产正常运转发生的现金流出

B. 资产持续使用过程中产生的现金流入

C. 未来年度为改良资产发生的现金流出

D. 未来年度因实施已承诺重组减少的现金流出

（二）多项选择题

1. 在判断资产减值迹象时可以不估计可收回金额的有（　　）。

A. 以前报告期间的计算结果表明，资产可收回金额远高于其账面价值，之后又没有发生消除这一差异的交易或者事项的

B. 以前报告期间的计算与分析表明，资产可收回金额对于资产减值准则中所列示的一种或者多种减值迹象反应不敏感，在本报告期间又发生了这些减值迹象的

C. 当期其他市场投资报酬率提高，企业计算现金流量时所采用的折现率不大可能受其他市场投资报酬率影响的资产

D. 当期市场利率提高，企业计算现金流量时所采用的折现率不大可能受该市场利率影响的资产

2. 预计资产未来现金流量时应包括的内容有（　　）。

A. 因筹资活动和所得税收付产生的现金流量

B. 与资产维护支出相关的预计未来现金流量

C. 尚未作出承诺的重组义务支出相关的预计未来现金流量

D. 资产使用寿命结束时处置资产所收到的现金净流量

3. 下列有关资产减值的说法中，不正确的有（　　）。

A. 资产组的账面价值通常应当包括已确认负债的账面价值

B. 资产的可收回金额低于其账面价值，表明资产发生了减值，应当确认相应的资产减值损失

C. 资产组的可收回金额低于其账面价值的，应当确认相应的减值损失，并将减值损失按照一定的顺序进行分摊

D. 在估计资产可收回金额时，只能以单项资产为基础加以确定

4. 下列各项中，无论是否有确凿证据表明资产存在减值迹象，均应至少于每年年末进行减值测试的有（　　）。

A. 对联营企业的长期股权投资

B. 使用寿命不确定的专有技术

C. 非同一控制下企业合并产生的商誉

D. 尚未达到预定可使用状态的无形资产

5. 甲公司 2×16 年向非关联方收购乙公司 80% 股权，并产生商誉。乙公司有两个事业部，相对独立经营，构成两个报告分部，对应的资产组分别为 M 和 N，乙公司与甲公司业务不具有协同效应。收购完成后乙公司经营状况良好，但 2×19 年由于外部环境变化，乙公司的经营不如预期，固定资产存在减值迹象，下列各项关于乙公司固定资产减值测试的表述中，正确的有（　　）。

A. 对 M 和 N 两个资产组分别进行减值测试，计算可收回金额并与各自的账面价值相比较，确认相应的减值损失

B. 将商誉分摊至 M 和 N 资产组，将包含商誉的资产组分别进行减值测试，分别比较 M 和 N 资产组（包含分摊商誉的账面价值）与其可收回的金额，减值损失金额先冲减商誉，再冲减 M 和 N 的账面价值

C. 在进行减值测试时，将属于少数股东的商誉调整资产组（包括商誉）的账面价值，并与其可收回金额进行比较，以确定相应的资产组是否发生减值

D. 将 M 和 N 作为一个资产组组合，将 M 和 N 确认减值损失后的账面价值加上商誉，并与 M 和 N 构成的资产组组合的可收回金额相比较，减值损失金额先冲减商誉，再按比例冲减 M 和 N 的账面价值

（三）计算分析题

1. 甲公司为一家物流企业，经营国内、国际货物运输业务。由于拥有的货轮出现了减值迹象，甲公司于 2×18 年 12 月 31 日对其进行减值测试。相关资料如下：

（1）甲公司以人民币为记账本位币，国内货物运输采用人民币结算，国际货物运输采用美元结算。

（2）货轮采用年限平均法计提折旧，预计使用 20 年，预计净残值率为 5%。2×18 年 12 月 31 日，货轮的账面原价为人民币 38 000 万元，已计提折旧为人民币 27 075 万元，账面价值为人民币 10 925 万元。货轮已使用 15 年，尚可使用 5 年，甲公司拟继续经营使用货轮直至报废。

（3）甲公司将货轮专门用于国际货物运输。由于国际货物运输业务受宏观经济形势的影响较大，甲公司预计货轮未来 5 年产生的净现金流量（假定使用寿命结束时处置货轮产生的净现金流量为零，有关现金流量均发生在年末）如下表所示。

甲公司预计货轮未来 5 年产生的净现金流量　　单位：万美元

年限	业务好时（20%的可能性）	业务一般时（60%的可能性）	业务差时（20%的可能性）
第 1 年	500	400	200
第 2 年	480	360	150
第 3 年	450	350	120
第 4 年	480	380	150
第 5 年	480	400	180

（4）由于不存在活跃市场，甲公司无法可靠估计货轮的公允价值减去处置费用后的净额。

（5）在考虑了货币时间价值和货轮特定风险后，甲公司确定 10% 为人民币适用的折现率，确定 12% 为美元适用的折现率。相关

复利现值系数为：（P/F，10%，1）=0.9091；（P/F，12%，1）=0.8929；（P/F，10%，2）=0.8264；（P/F，12%，2）=0.7972；（P/F，10%，3）=0.7513；（P/F，12%，3）=0.7118；（P/F，10%，4）=0.6830；（P/F，12%，4）=0.6355；（P/F，10%，5）=0.6209；（P/F，12%，5）=0.5674。

（6）2×18年12月31日的汇率为1美元=6.85元人民币。甲公司预测以后各年末的美元汇率如下：第1年末为1美元=6.80元人民币；第2年末为1美元=6.75元人民币；第3年末为1美元=6.70元人民币；第4年末为1美元=6.65元人民币；第5年末为1美元=6.60元人民币。

要求：

（1）使用期望现金流量法计算货轮未来5年每年的现金流量。

（2）计算货轮按照记账本位币表示的未来5年现金流量的现值，并确定其可收回金额。

（3）计算货轮应计提的减值准备，并编制相关会计分录。

（4）计算货轮2×19年应计提的折旧，并编制相关会计分录。

2. 甲公司拥有一栋办公楼和M、P、V三条生产线，办公楼为与M、P、V生产线相关的总部资产。2×19年12月31日，办公楼、M、P、V生产线的账面价值分别为200万元、80万元、120万元和150万元。2×19年12月31日，办公楼、M、P、V生产线出现减值迹象，甲公司决定进行减值测试，办公楼无法单独进行减值测试。M、P、V生产线分别被认定为资产组。

（1）2×19年12月31日，甲公司运用合理和一致的基础将办公楼账面价值分摊到M、P、V生产线的金额分别为40万元、60万元和100万元。

（2）2×19年12月31日，分摊了办公楼账面价值的M、P、V生产线的可收回金额分别为140万元、150万元和200万元。

（3）P生产线由E、F两台设备构成，E、F设备均无法产生单独的现金流量。2×19年12月31日，E、F设备的账面价值分别为48万元和72万元，甲公司估计E设备的公允价值和处置费用分别为45万元和1万元，F设备的公允价值和处置费用均无法合理估计。不考虑其他因素。

要求：

（1）分别计算分摊了办公楼账面价值的M、P、V生产线应确认减值损失的金额。

（2）计算办公楼应确认减值损失的金额，并编制相关会计分录。

（3）分别计算P生产线中E、F设备应确认减值损失的金额。

进阶练习答案及解析

（一）单项选择题

1.【答案】C

【解析】选项A，合同资产属于收入准则的核算范畴，但是其减值的计提适用《企业会计准则第22号——金融工具确认和计量》；选项B，出租方的应收融资租赁款相当于一项长期应收款，属于金融资产的核算范畴，因此应收融资租赁款减值准备适用《企业会计准则第22号——金融工具确认和计量》；选项D，债权投资属于第一类金融资产，计提减值准备适用《企业会计准则第22号——金融工具确认和计量》。

2.【答案】D

【解析】选项A，预计未来现金流量不应当包括与所得税收付相关的现金流量；选项B，资产的公允价值减去处置费用后的净额与预计未来现金流量现值中存在一个大于账面价值的，则不应当计提减值；选项C，不需要考虑与改良有关的预计现金流量。

3.【答案】C

【解析】选项A，计提减值前，该资产组的账面价值为1 000万元；资产组的预计未来现金流量现值900万元大于公允价值减去处置费用后的净额800万元（850－50），判断其可收回金额为900万元；资产组计提的减值准备＝1 000－900＝100（万元）。

如果按照账面价值比例，B设备应分摊的减值损失＝100×500/1 000＝50（万元），而B设备的公允价值减去处置费用后的净额＝490－10＝480（万元），B设备最多分摊减值20万元（500－480），因此其余损失由A设备和C设备分摊。A设备分摊的减值损失＝(100－20)×200/500＝32（万元）；C设备分摊的减值损失＝(100－20)×300/500＝48（万元）。

4.【答案】D

【解析】选项A，不需要考虑与所得税收付相关的现金流量；选项B，公允价值减去处置费用后的净额与预计未来现金流量现值中有一个高于账面价值，则不需要计提减值；选项C，不需要考虑与改良有关的预计现金流量。

5.【答案】A

【解析】选项B，资产出现减值迹象，在判断是否需要估计可收回金额时，应遵循重要性原则；选项C，没有确凿证据或理由表明，资产预计未来现金流量现值显著高于其公允价值的情况下，可以将公允价值减去处置费用后的净额视为资产的可收回金额；选项D，不管是否出现减值迹象，使用寿命不确定的、尚未达到可使用状态的无形资产和商誉至少应于每年年末进行减值测试。

6.【答案】C

【解析】预计未来现金流量的内容及考虑因素不包括未来年度与资产改良有关的现金流量和尚未作出承诺的重组事项影响的现金流量。

（二）多项选择题

1.【答案】ABCD

【解析】以上四个选项均正确。

2.【答案】BD

【解析】预计资产未来现金流量应以资产的当前状况为基础，不应当包括与将来可能会发生的、尚未作出承诺的重组事项或者与资产改良有关的预计未来现金流量（选项C），也不应当包括筹资活动和所得税收付产生的现金流量（选项A）。企业未来发生的现金流出如果是为了维持资产正常运转或者资产正常产出水平而必要的支出或者属于资产维护支出（选项B），应当在预计资产未来现金流量时将其考虑在内。

3.【答案】AD

【解析】选项A，资产组的账面价值通常不应当包括已确认负债的账面价值，但如不考虑该负债金额就无法确定资产组可收回金额的除外；选项D，原则上应以单项资产为基础，如果企业难以对单项资产的可收回金额进行估计的，应当以该资产所属的资产组为基础确定资产组的可收回金额。

4.【答案】BCD

【解析】使用寿命不确定的无形资产和因企业合并所形成的商誉，由于不摊销，为防止价值虚增，无论是否存在减值迹象，至少每年年末进行减值测试。另外，对于尚未达到预定可使用状态的无形资产，由于其价值具有较大的不确定性，也应当每年进行减值测试。

5.【答案】ABC

【解析】选项A、B，首先，应当对不包含商誉的资产组或资产组组合进行减值测试，计算可收回金额，并与相关账面价值相比较，确认相应的减值损失。其次，再对包含商誉的资产组或资产组组合进行减值测试，比较这些相关资产组或者资产组组合的账面价值（包含所分摊的商誉账面价值部分）与其可收回金额，可收回金额低于其账面价值的，应当就其差额确认减值损失，减值损失金额应当首先抵减分摊至资产组或资产组组合中商誉的账面价值，再冲减资产组的账面价值。选项C，在对与商誉相关的资产组或者资产组组合进行减值测试时，由于其可回收金额的预计包含归属于少数股东的商誉价值部分，为了使减值测试建立在一致的基础上，企业应当调整资产组的账面价值，将归属于少数股东权益的商誉包含在内，然后根据调整后的资产组账面价值与其可收回金额进行比较，以确定资产组（包含商誉）是否发生了减值。

（三）计算分析题

1.【答案及解析】

（1）货轮未来5年每年的现金流量如下：

第1年期望现金流量 = 500 × 20% + 400 × 60% + 200 × 20% = 380（万美元）

第2年期望现金流量 = 480 × 20% + 360 × 60% + 150 × 20% = 342（万美元）

第3年期望现金流量 = 450 × 20% + 350 × 60% + 120 × 20% = 324（万美元）

第4年期望现金流量 = 480 × 20% + 380 × 60% + 150 × 20% = 354（万美元）

第5年期望现金流量 = 480 × 20% + 400 × 60% + 180 × 20% = 372（万美元）

（2）未来5年现金流量的现值 =（380 × 0.8929 + 342 × 0.7972 + 324 × 0.7118 + 354 × 0.6355 + 372 × 0.5674）× 6.85 = 8 758.48（万元），因无法可靠估计货轮的公允价值减去处置费用后的净额，所以可收回金额为8 758.48万元。

（3）应计提减值准备 = 10 925 − 8 758.48 = 2 166.52（万元）

会计分录如下：

借：资产减值损失　　2 166.52

　　贷：固定资产减值准备　2 166.52

（4）2×19年应计提折旧 = 8 758.48 ÷ 5 = 1 751.70（万元）

会计分录如下：

借：主营业务成本　　1 751.70

　　贷：累计折旧　　1 751.70

2.【答案及解析】

（1）M生产线包含总部资产的账面价值 = 80 + 40 = 120（万元），可收回金额是140万元，未发生减值。

P生产线包含总部资产的账面价值 = 120 + 60 = 180（万元），可收回金额是150万元，应确认的减值损失金额 = 180 − 150 = 30（万元）。

V生产线包含总部资产的账面价值 = 150 + 100 = 250（万元），可收回金额是200万元，应确认的减值损失金额 = 250 − 200 = 50（万元）。

（2）办公楼应确认的减值损失金额 = 30 × 60/（120 + 60）+ 50 × 100/（100 + 150）= 30（万元）。

借：资产减值损失　　30

　　贷：固定资产减值准备　　30

（3）P生产线应确认的减值损失金额 = 30 × 120/(120 + 60) = 20（万元）。

E设备应分摊的减值损失金额 = 20 × 48/120 = 8（万元），大于该设备的最大减值额4万元[48 −（45 − 1）]，因此E设备应确认的减值损失金额为4万元；F设备应确认的减值损失金额 = 20 − 4 = 16（万元）。

第八章　负债

2023 年教材内容主要变化

本章教材删除了应付账款入账价值的表述，修订了预缴增值税的例题。

本章近五年考试高频考点分布

高频考点内容	年度及题型分布
流动负债（应交税费）	2021 年单选题、2020 年单选题、2020 年多选题、2019 年单选题
非流动负债（可转债）	2021 年综合题、2020 年计算题

高频考点精讲

本章内容是流动负债和非流动负债的核算。流动负债中，重点掌握应交税费中增值税和消费税的核算；非流动负债中，重点掌握一般公司债券和可转换公司债券的核算。

高频考点 1：应交税费★★

（一）增值税

增值税一般纳税人应当在“应交税费”科目下设置“应交增值税”“未交增值税”“预缴增值税”“待抵扣进项税额”等明细科目进行核算。“应交税费——应交增值税”明细科目下设置“进项税额”“销项税额抵减”“已交税金”“转出未交增值税”“减免税款”“销项税额”“出口退税”“进项税额转出”“转出多交增值税”等专栏。一些特殊情况的会计处理见下表。

具体情况	会计处理
小规模纳税企业	购买时，价税合计计入成本费用。 销售时，价税分离，计算增值税，不得抵扣进项税额
视同销售	企业将自产、委托加工或购买的货物分配给股东或投资者；将自产、委托加工的货物用于集体福利或个人消费等行为，确认增值税销项税额

续表

具体情况	会计处理
进项税额不予抵扣的情况及抵扣情况发生变化	一般纳税人购进货物、加工修理修配劳务、服务、无形资产或不动产，用于简易计税方法计税项目、免征增值税项目、集体福利或个人消费等，其进项税额不得从销项税额中抵扣的，应当计入相关成本费用，不通过“应交税费——应交增值税（进项税额）”科目核算
增值税税控系统专用设备和技术维护费用抵减增值税税额	企业购入增值税税控系统专用设备： 借：固定资产 　　贷：银行存款等 按规定抵减的增值税应纳税额： 借：应交税费——应交增值税（减免税款）/ 　　应交税费——应交增值税[小规模纳税人] 　　贷：管理费用 企业发生技术维护费： 借：管理费用 　　贷：银行存款等 按规定抵减的增值税应纳税额： 借：应交税费——应交增值税（减免税款）/ 　　应交税费——应交增值税[小规模纳税人] 　　贷：管理费用
减免增值税的会计处理	当期直接减免的增值税，借记“应交税费——应交增值税（减免税款）”科目，贷记“其他收益”项目。当期按规定即征即退的增值税，记入“其他收益”科目

（二）消费税

“应交税费——应交消费税”科目核算企业应交纳的消费税。应交的消费税，应按照权责发生制核算，应交消费税在尚未交纳之前，形成负债，通过“应交税费——应交消费税”科目核算。

涉及消费税业务	会计处理
企业将生产的应税消费品直接对外销售的	借：税金及附加 　　贷：应交税费——应交消费税
在建工程或非生产机构等其他方面领用自产产品（应税消费品）	借：在建工程 　　贷：应交税费——应交消费税
企业委托加工的应税消费品，由受托方代收代缴的消费税	收回后直接出售： 借：委托加工物资 　　贷：银行存款
	收回后用于连续生产应税消费品： 借：应交税费——应交消费税 　　贷：银行存款

小贴士 消费税结合委托加工物资进行考核。考生需要掌握委托加工物资收回后直接出售还是继续生产应税消费品再出售，由受托方代收代缴的消费税的会计处理是不一样的。

经典例题

【真题·多选题】（2020）2×18年1月1日，甲公司初次购买增值税税控系统专用设备，取得的增值税专用发票注明的价款为300万元，增值税税额为39万元。甲公司将购买的增值税税控系统专用设备作为固定资产核算和管理。当年，甲公司计提增值税税控系统专用设备折旧80万元，发生技术维护费50万元。不考虑其他因素，下列各项关于甲公司上述交易或事项会计处理的表述中，正确的有（　　）。

A. 购买增值税税控系统专用设备支付的增值税税额39万元计入当期管理费用

B. 发生的50万元技术维护费计入当期管理费用

C. 购买增值税税控系统专用设备支付的

价款及增值税税额 339 万元计入固定资产的成本

D. 计提的 80 万元折旧计入当期管理费用

【答案】BCD

【解析】按增值税有关规定，初次购买增值税税控系统专用设备支付的费用以及缴纳的技术维护费允许在增值税应纳税额中全额抵减。

甲公司初次买入增值税税控系统专用设备时：

借：固定资产　　339
　　贷：银行存款　　339

按规定抵减增值税应纳税额时：

借：应交税费——应交增值税（减免税款）　　339
　　贷：管理费用　　339

企业发生技术维护费，按实际支付或应付的金额：

借：管理费用　　50
　　贷：银行存款　　50

计提的 80 万元折旧费用：

借：管理费用　　80
　　贷：累计折旧　　80

购买增值税税控系统专用设备支付的增值税税额 39 万元计入固定资产，所以选项 A 不正确，其他选项正确。

【例题·单选题】某一般纳税企业月初欠交增值税 30 万元，无尚未抵扣增值税。本月发生进项税额 100 万元，销项税额 130 万元，进项税额转出 10 万元，交纳本月增值税 30 万元。无其他事项，月末结转后，“应交税费——未交增值税”科目的余额是（　　）万元。

A. 40　　B. 30
C. 10　　D. 0

【答案】A

【解析】按照规定，月初有欠交增值税部分应转入“应交税费——未交增值税”科目的贷方：

借：应交税费——应交增值税（转出未交增值税）　　30
　　贷：应交税费——未交增值税　　30

本月发生的未交增值税 = 130 − (100 − 10) − 30 = 10（万元）。

交纳本月增值税 30 万元时：

借：应交税费——应交增值税（已交税金）　　30
　　贷：银行存款　　30

转入本月未交增值税：

借：应交税费——应交增值税（转出未交增值税）　　10
　　贷：应交税费——未交增值税　　10

因此，累计形成的未交增值税金额 = 30 + 10 = 40（万元）。

高频考点 2：一般公司债券★

企业发行的超过一年期以上的债券（包括企业发行的归类为金融负债的优先股、永续债等），构成了企业的长期负债。

一般公司债券核算时使用的科目是“应付债券”，该一级科目下设置“面值”“利息调整”“应计利息”三个二级科目。“面值”核算发行债券的票面金额，利息调整核算债券发行时的溢折价及后续溢折价的摊销，“应计利息”核算到期付息的应付债券的计息。应付债券具体的账务处理如下：

1. 发行债券

借：银行存款
　　贷：应付债券——面值（债券面值）
　　　　　　　——利息调整（差额，可能在借方）

2. 期末计提利息

每期记入“在建工程”“制造费用”“财务费用”等科目的**利息费用 = 期初摊余成本 × 实际利率**；每期确认的“应付利息”或“应付债券——应计利息” = 债券面值 × 票面利率。

借：在建工程、制造费用、财务费用等
　　应付债券——利息调整（可能在贷方）
　　贷：应付利息（分期付息债券利息）
　　　　应付债券——应计利息（到期一

次还本付息债券利息）

3. 到期归还本金和利息

借：应付债券——面值

——应计利息（到期一次还本付息债券利息）

应付利息（分期付息债券的最后一次利息）

贷：银行存款

经典例题

【例题·单选题】甲公司于2×18年1月1日发行五年期、每年1月1日付息、到期一次还本的公司债券，该债券面值5 000万元，票面年利率5%，实际年利率5.5%，发行价格为4 900万元，扣除发行费用50万元后的发行收入已存入银行。甲公司按照实际利率法确认利息费用。不考虑其他因素，2×19年度应确认的利息费用为（　　）万元。

A. 266.75　　B. 267.67

C. 250　　D. 269.5

【答案】B

【解析】该债券2×18年度应确认的利息费用＝(4 900－50)×5.5%＝266.75（万元）。该债券2×19年度应确认的利息费用＝(4 900－50＋266.75－5 000×5%)×5.5%＝267.67（万元）。会计分录如下：

2×18年1月1日：

借：银行存款　4 850

应付债券——利息调整　150

贷：应付债券——面值　5 000

2×18年12月31日：

借：财务费用　266.75

贷：应付利息　250

应付债券——利息调整　16.75

2×19年12月31日：

借：财务费用　267.67

贷：应付利息　250

应付债券——利息调整　17.67

高频考点3：可转换公司债券★

企业发行的可转换公司债券，应当在初始确认时将其包含的负债成分和权益成分进行分拆，将负债成分确认为应付债券，将权益成分确认为其他权益工具。

在进行分拆时，应当对负债成分的未来现金流量进行折现确认为负债成分的初始确认金额，再按发行价格总额扣除负债成分初始确认金额后的金额确定为权益成分的初始确认金额。发行可转换公司债券发生的交易费用，应当在负债成分和权益成分之间按照各自的相对公允价值进行分摊。

小贴士 负债成分承担的交易费用记入“应付债券——可转换公司债券（利息调整）”，权益成分承担的交易费用记入“其他权益工具”。

1. 发行可转换公司债券时

借：银行存款

应付债券——可转换公司债券（利息调整）（可能在贷方）

贷：应付债券——可转换公司债券（面值）

其他权益工具（权益成分公允价值）

2. 转换股份前

可转换公司债券的负债成分，在转换为股份前，其会计处理与一般公司债券相同，即按照实际利率和摊余成本确认利息费用，按面值和票面利率确认应付利息，差额作为利息调整进行摊销。

3. 转换股份时

借：应付债券——可转换公司债券（面值）

应付利息

其他权益工具（转换部分权益成分的公允价值）

贷：股本（股票面值×转换的股数）

应付债券——可转换公司债券（利息调整）（可能在借方）

资本公积——股本溢价（差额）

小贴士　可转换公司债券转为股份时，应该将原记入“应付债券”和“其他权益工具”科目的金额清零，贷方记入“股本”里的金额为转换股份的面值，借贷方差额记入“资本公积——股本溢价”。

小贴士　本考点主要考核可转换公司债券发行、转股前及转换股份的会计处理，通常会与其他章节结合在一起出计算分析题。

经典例题

【真题·单选题】（2020）下列各项交易或事项产生的差额中，应当计入所有者权益的是（　　）。

A. 企业发行公司债券实际收到的价款与债券面值之间的差额

B. 企业发行可转换公司债券的发行价格与负债公允价值之间的差额

C. 企业将债务转为权益工具时债务账面价值与权益工具公允价值之间的差额

D. 企业购入可转换公司债券实际支付的价款与可转换公司债券面值之间的差额

【答案】B

【解析】企业发行公司债券实际收到的价款与债券面值之间的差额，贷记或借记“应付债券——利息调整”；企业发行可转换公司债券的发行价格与负债公允价值之间的差额为权益部分，确认为其他权益工具，计入所有者权益；企业将债务转为权益工具时债务账面价值与权益工具公允价值之间的差额，确认为投资收益；企业购入可转换公司债券实际支付的价款与可转换公司债券面值之间的差额，记入“应付债券——可转换公司债券（利息调整）”。

【例题·单选题】甲公司2×17年1月1日发行1 000万份可转换公司债券，每份面值为100元，每份发行价格为100.5元。可转换公司债券发行2年后，每份可转换公司债券可以转换4股甲公司普通股（每股面值1元）。甲公司发行该可转换公司债券确认的负债初始计量金额为100 150万元。2×18年12月31日，与该可转换公司债券相关负债的账面价值为100 050万元。2×19年1月2日，该可转换公司债券全部转换为甲公司股份。则下列说法中正确的是（　　）。

A. 发行可转换公司债券发生的手续费应计入当期损益

B. 甲公司因可转换公司债券的转换应确认资本公积96 040万元

C. 可转换公司债券在进行分拆时，应当对负债成分的未来现金流量进行折现确定负债成分的初始金额

D. 可转换公司债券的面值总额减去负债成分的公允价值得出权益成分的公允价值

【答案】C

【解析】选项A，发行可转换公司债券发生的手续费应在权益成分与负债成分之间按照公允价值比例进行分配，并计入各自的入账价值；选项B，甲公司因可转换公司债券的转换应确认的资本公积（股本溢价）的金额＝100 050＋（1 000×100.5－100 150）－1 000×4＝96 400（万元）；选项D，应按照可转换公司债券按发行价格总额减去负债成分的公允价值算出权益成分的公允价值。

进阶练习

（一）单项选择题

1. 甲公司为生产型企业，属于增值税一般纳税人，下列各项税费会计处理的表述中，不正确的是（　　）

A. 购进货物用于集体福利或个人消费等，其进项税额应当记入“应交税费——应交增值税（进项税额）”科目核算

B. 经主管税务机关审核后的增值税即征即退的退税额计入当期损益

C. 一般纳税人初次购买增值税税控系统

专用设备支付的价款及增值税额计入固定资产的成本

D. 当月交纳以前各期未交的增值税，通过“应交税费——未交增值税”科目核算

2. B公司于2×21年1月1日按面值发行3年期、到期一次还本、按年付息的公司债券，每年12月31日支付当年度利息。该公司债券票面年利率为5%，实际年利率为6%，面值总额为30 000万元，扣除发行费用400万元后的发行收入已经存入银行，该公司采用实际利率法确认利息费用，假定不考虑其他因素，2×22年该债券“应付债券——利息调整”的摊销额为（　　）万元。

A. 368.72　　B. 292.56

C. −46.89　　D. 173.24

3. 新华公司由于疫情停工造成资金短缺，决定于2×20年2月1日按面值发行分期付款、到期一次还本的可转换公司债券500万份，每份面值为100元。可转换公司债券发行总额为50 000万元，另发生发行费用800万元，该可转换公司债券的期限为3年，票面年利率为2%，募集的资金已经到账。发行时二级市场与之类似没有附带转换权的债券的市场利率为5%。已知（P/F，5%，1）=0.9524；（P/F，5%，2）=0.9070；（P/F，5%，3）=0.8638。下列说法不正确的是（　　）。

A. 发生的可转换债券的发行费用800万元，应按比例分配计入负债成分和权益成分

B. 发行公司可转换债券应确认其他权益工具4 086.8万元

C. 负债成分承担的发行费用为754.6万元

D. 实际利率大于5%

4. 下列关于公司债券的说法中，正确的是（　　）。

A. 应付（计）利息应按期初摊余成本和实际利率确认

B. 发行可转换公司债券时发生的交易费用应当在负债成分和权益成分之间按初始确认金额比例进行分摊

C. 发行债券时支付的手续费应计入当期损益

D. 可转换公司债券属于复合金融工具

5. 华丰公司2×19年1月1日发行3年期可转换公司债券，实际发行价款为100 000万元，其中负债成分的公允价值为90 000万元。假定发行债券时另支付发行费用1 200万元。华丰公司发行债券时应确认“应付债券”（　　）万元。

A. 99 200　　B. 10 000

C. 89 880　　D. 88 920

6. 乙公司2×18年1月1日发行1 500万份可转换公司债券，每份面值为100元，每份发行价格为101元，可转换公司债券发行2年后，每份可转换公司债券可以转换4股乙公司普通股（每股面值1元）。乙公司发行该可转换公司债券确认的负债成分初始计量金额为100 150万元。2×19年12月31日，与该可转换公司债券相关负债的账面价值为151 600万元。2×20年1月2日，该可转换公司债券全部转换为乙公司股份。若不考虑其他因素，则乙公司因可转换公司债券的转换应确认的资本公积（资本溢价）为（　　）万元。

A. 196 400　　B. 400

C. 196 950　　D. 360

7. 甲公司（一般纳税人）在20×8年12月委托A加工厂（一般纳税人）加工一批应税消费品，计划收回后按不高于受托方计税价格的金额直接对外销售。甲公司发出原材料成本为8 000元，支付加工费2 800元（不含增值税），加工完成的应税消费品已验收入库，双方适用的增值税税率均为13%，消费税税率为10%，则该委托加工物资的入账价值为（　　）元。

A. 11 080　　B. 12 000

C. 12 364　　D. 11 444

8. 某股份有限公司于2×20年1月1日发行3年期，每年1月1日付息、到期一次还本的公司债券，债券面值为300万元，票面年

利率为6%，实际年利率为7%，发行价格为296.5万元，另支付发行费用1万元。按实际利率法确认利息费用。不考虑其他因素，该债券2×21年度确认的利息费用为（　　）万元。

A. 20.8967　　B. 19.8676

C. 20.87295　　D. 21.765

（二）多项选择题

1. 下列有关税金会计处理的表述中，正确的有（　　）。

A. 一般纳税人购进货物用于免征增值税项目，其进项税额计入相关成本费用

B. 一般纳税人初次购买增值税税控系统专用设备支付的价款及增值税额计入固定资产的成本

C. 委托加工应税消费品收回后以不高于受托方计税价格的金额直接对外销售的，委托方应将代收代缴的消费税冲减当期应交税费

D. 一般纳税人购入进口商品交纳的关税应当记入应交税费借方

2. A公司为增值税一般纳税人，其发生的下列税费中，应计入相应资产成本的有（　　）。

A. 购入作为非货币性福利发放给生产工人的商品支付的增值税

B. 委托加工物资由受托方代收代缴的消费税，收回后用于直接出售

C. 作为固定资产核算的车辆交纳的车船税

D. 购置用于不动产扩建的工程材料支付的增值税

3. 甲公司2×22年按面值发行三年期可转换公司债券，每年6月30日付息、到期一次还本，票面利率3%，实际利率5%，面值为1 000万元，另支付发行费用20万元，其中负债成分的公允价值为600万元，不考虑其他因素，下列表述中正确的有（　　）。

A. 应确认“应付债券”588万元

B. 应确认“应付债券”400万元

C. 应确认“其他权益工具”392万元

D. 应确认“应付债券——利息调整”400万元

4. 关于负债的会计处理，下列说法中正确的有（　　）。

A. 小规模纳税人将自产的产品分配给股东，视同销售货物，计算缴纳的增值税计入销售成本

B. 附有赎回选择权的可转换公司债券在赎回日若需支付利息补偿金，应在债券发行日至约定赎回届满日期间计提

C. 可转换公司债券发行时发生的交易费用应当计入当期损益

D. 债券面值与实际收到的款项之间的差额，应记入“应付债券——利息调整”科目

5. 甲公司2×20年1月1日按面值发行3年期可转换公司债券，每年年末付息、到期一次还本，面值总额为10 000万元，票面年利率为4%，债券发行时二级市场与之类似的没有附带转换权的债券市场年利率为6%。可转换公司债券在发行满1年时可转换为甲公司普通股股票。2×21年1月1日，某债券持有人将其持有的5 000万元（面值）甲公司可转换公司债券转换为100万股普通股（每股面值1元）。已知：（P/A，6%，3）=2.6730；（P/F，6%，3）=0.8396。不考虑其他因素，下列各项关于上述交易甲公司会计处理的表述中，正确的有（　　）

A. 2×20年1月1日，应确认其他权益工具的金额为532.7万元

B. 2×20年12月31日，“利息调整”明细科目借方余额为366.89万元

C. 2×21年1月1日，该债券持有人行使转换权时，计入所有者权益的金额为4 816.56万元

D. 2×21年应确认利息费用金额为279.76万元

6. 2×21年1月1日，甲公司经批准发行5年期一次还本、分期付息、面值为1 000万元公司债

券，债券利息在每年 12 月 31 日支付，票面年利率为 6%，实际年利率为 5%。已知（P/F，5%，5）=0.7835；（P/A，5%，5）=4.3295。不考虑其他因素，下列各项关于上述交易甲公司会计处理的表述中，正确的有（　　）。

A. 2×21 年 12 月 31 日，该应付债券的摊余成本为 1 033.38 万元

B. 2×22 年 12 月 31 日，该应付债券利息调整明细科目余额为 29.70 万元

C. 2×22 年度该应付债券应确认利息费用 51.77 万元

D. 2×21 年 12 月 31 日，该应付债券的利息调整的摊销额为 7.84 万元

7. 甲公司 2×19 年 7 月 1 日按面值发行分期付息、到期还本的公司债券 200 万张，另支付发行手续费 70 万元。该债券每张面值为 100 元，期限为 5 年，票面利率为 5%。下列会计处理中正确的有（　　）。

A. 发行公司债券时支付的手续费冲减资本公积

B. 应付债券的初始计量金额为 19 930 万元

C. 2×19 年应确认应付利息 500 万元

D. 发行的公司债券按面值总额确认为负债

进阶练习答案及解析

（一）单项选择题

1. 【答案】A

【解析】选项 A，增值税一般纳税人购进货物、加工修理修配劳务、服务、无形资产或不动产，用于简易计税方法计税项目、免征增值税项目、集体福利或个人消费等，其进项税额不得从销项税额中抵扣的，应当计入相关成本费用，不通过"应交税费——应交增值税（进项税额）"科目核算；选项 B，对于当期按规定即征即退的增值税，记入"其他收益"科目，计入当期损益；选项 C，一般纳税人初次购买增值税税控系统专用设备支付的价款及增值税额计入固定资产的成本；选项 D，当月交纳以前各期未交的增值税，通过"应交税费——未交增值税"科目核算，借记"应交税费——未交增值税"科目，贷记"银行存款"科目。

2. 【答案】B

【解析】2×21 年 1 月 1 日债券摊余成本 = 实际收到款项 = 30 000 − 400 = 29 600（万元），2×21 年 12 月 31 日债券摊余成本 = 29 600 + 29 600 × 6% − 30 000 × 5% = 29 876（万元），2×22 年当期利息调整的摊销金额 = 29 876 × 6% − 30 000 × 5% = 292.56（万元）。

3. 【答案】C

【解析】选项 A，发生的可转换债券的发行费用 800 万元，应按比例分配进负债成分和权益成分；选项 B，不考虑交易费用，负债成分的公允价值 = 50 000 × 2% × 0.952 4 + 50 000 × 2% × 0.907 0 +（50 000 + 50 000 × 2%）× 0.863 8 = 45 913.2（万元），权益成分 = 50 000 − 45 913.2 = 4 086.8（万元）；选项 C，负债成分承担的发行费用 = 800 × 45 913.2/50 000 = 734.6（万元）；选项 D，发行时二级市场与之类似没有附带转换权的债券的市场利率为 5%，没有考虑发行时负债公允价值的折现率，考虑发行费用后负债的公允价值会变小，实际利率越大，负债的公允价值会越小，所以实际利率应大于 5%。

4. 【答案】D

【解析】选项 A 错误，无论是一般公司债券还是可转换公司债券，应付（计）利息应按照债券面值和票面利率确认，利息费用应按照实际利率和摊余成本确认，注意区分利息费用和应付（计）利息的计算；选项 B 错误，发行可转换公司债券时的交易费用应当按照负债成分和权益成分各自的公允价值比例进行分摊，而非初始确认金额比例；选项 C 错误，发

行公司债券时支付的手续费应计入应付债券的初始入账金额；选项D正确，可转换公司债券属于复合金融工具。

5. 【答案】D

【解析】发行费用应在负债成分和权益成分之间按公允价值比例分摊；负债成分应承担的发行费用 = 1 200 × 90 000 ÷ 100 000 = 1 080（万元），应确认的“应付债券”的金额 = 90 000 − 1 080 = 88 920（万元）。

6. 【答案】C

【解析】乙公司因可转换公司债券的转换应确认的资本公积（资本溢价）的金额 = 转换日负债成分的账面价值 151 600 + 其他权益工具的账面价值（1 500 × 101 − 100 150）− 股本（1 500 × 4）= 196 950（万元）。

7. 【答案】B

【解析】该批委托加工物资在委托加工环节应缴纳的消费税 = (8 000 + 2 800)/(1 − 10%) × 10% = 1 200（元）。该委托加工物资收回后按不高于受托方计税价格的金额直接对外销售，消费税计入委托加工物资的成本，所以委托加工物资的入账价值 = 8 000 + 2 800 + 1 200 = 12 000（元）。

8. 【答案】C

【解析】该债券2×20年度确认的利息费用 = (296.5 − 1) × 7% = 20.685（万元）；2×21年度确认的利息费用 = [(296.5 − 1) + 20.685 − 300 × 6%] × 7% = 20.87295（万元）。会计分录如下：

2×20年1月1日：

借：银行存款 295.5

　应付债券——利息调整 4.5

　贷：应付债券——面值 300

2×20年12月31日：

借：财务费用等 20.685

　贷：应付利息 18

　　应付债券——利息调整 2.685

2×21年1月1日：

借：应付利息 18

　贷：银行存款 18

2×21年12月31日：

借：财务费用等 20.87295

　贷：应付利息 18

　　应付债券——利息调整 2.87295

（二）多项选择题

1. 【答案】AB

【解析】选项C，委托加工应税消费品收回后以不高于受托方计税价格的金额直接对外销售的，委托方应将代收代缴的消费税计入委托加工的应税消费品的成本；选项D，一般纳税人购入进口商品交纳的关税应当计入所购商品的成本。

2. 【答案】AB

【解析】选项A，购入作为非货币性福利发放给生产工人的商品支付的增值税计入生产成本，最终计入存货成本；选项B，委托加工物资收回后用于直接出售，由受托方代收代缴的消费税计入委托加工物资的成本；选项C，车船税应计入企业当期税金及附加，不计入相关资产成本；选项D，购置用于不动产扩建的工程材料支付的增值税进项税额允许抵扣，不应计入相应的资本成本中。

3. 【答案】AC

【解析】发行费用应该按可转换公司债券的权益成分和负债成分公允价值比例进行分摊，负债成分应承担的发行费用 = 20 × 600/1 000 = 12（万元），因此应确认的应付债券金额 = 600 − 12 = 588（万元）。会计处理为：

借：银行存款 980

　应付债券——利息调整 412

　贷：应付债券——面值 1 000

　　其他权益工具 392

4. 【答案】BD

【解析】小规模纳税人将自产的产品分配给股东，视同销售货物，计算缴纳的增值税记入“应交税费——应交增值税”科目，选项A错误；发行可转换公司债券发生的交易费用，应当在负债成分和权益成分之间按照相对公允价值进行分摊，分别计入其入账价值，选项 C 错误。

5.【答案】BC

【解析】2×20 年 1 月 1 日发行该可转换公司债券负债成分的公允价值 = 10 000 × 0.8396 + 10 000 × 4% × 2.6730 = 9 465.2（万元），权益成分的公允价值 = 10 000 − 9 465.2 = 534.8（万元），选项 A 错误。

2×20 年 12 月 31 日，负债成分的摊余成本 = 9 465.2 ×（1 + 6%）− 10 000 × 4% = 9 633.11（万元），利息调整明细科目的余额 = 10 000 − 9 633.11 = 366.89（万元）（借方），选项 B 正确。

该债券持有人行使转换权时，会计分录如下：

借：应付债券——可转换公司债券（面值） 5 000
　　其他权益工具 267.4
　贷：应付债券——可转换公司债券（利息调整） 183.44
　　　股本 100
　　　资本公积 4 983.96

对所有者权益的影响金额 = 100 + 4 983.96 − 267.4 = 4 816.56（万元），选项 C 正确。

转换时的摊余成本 = 9 633.11 × 5 000/10 000 = 4 816.56（万元）；2×21 年应确认利息费用金额 = 4 816.56 × 6% = 288.99（万元），选项 D 错误。

6.【答案】CD

【解析】该债券属于分期付息债券。2×21 年 1 月 1 日（发行日），应付债券的摊余成本 = 债券实际发行价格 = 未来现金流出的现值 = 1 000 × 0.7835 + 1 000 × 6% × 4.3295 = 1 043.27（万元），2×21 年 12 月 31 日，该应付债券的摊余成本 = 期初摊余成本 ×（1 + 实际利率）− 应付未付利息 = 1 043.27 ×（1 + 5%）− 1 000 × 6% = 1035.43（万元），选项 A 错误；

2×22 年 12 月 31 日，该应付债券的摊余成本 = 1 035.43 ×（1 + 5%）− 1 000 × 6% = 1 027.20（万元），应付债券利息调整明细科目余额 = 期末摊余成本 − 面值 = 1 027.20 − 1 000 = 27.20（万元），选项 B 错误。

2×22 年度该应付债券应确认利息费用 = 期初摊余成本 × 实际利率 = 1 035.43 × 5% = 51.77（万元），选项 C 正确；

2×21 年 12 月 31 日，利息调整的摊销额 = 应付未付利息 1 000 × 6% − 利息费用 1 043.27 × 5% = 7.84（万元），选项 D 正确；

7.【答案】BC

【解析】选项 A 错误，发行公司债券时支付的手续费应计入应付债券的初始入账金额，而非冲减资本公积或计入当期损益；选项 B 正确，应付债券初始确认金额 = 200 × 100 − 70 = 19 930（万元）；选项 C 正确，2×19 年应确认应付利息 500 万元（20 000 × 5% × 1/2）；选项 D 错误，存在手续费的情况下，不应按面值总额确认为负债，应将手续费计入债券成本，应付债券初始确认金额为 19 930 万元。

第九章　职工薪酬

2023年教材内容主要变化

本章教材完善了部分例题和内容的表述，无实质性变化。

本章近五年考试高频考点分布

高频考点内容	年度及题型分布
短期薪酬的确认与计量	2021年单选题、2019年多选题
离职后福利的确认与计量	2019年多选题、2018年单选题
辞退福利的确认与计量	2020年多选题、2019年多选题

高频考点精讲

本章的主要内容是短期职工薪酬、离职后福利、辞退福利及其他长期职工福利的确认与计量。

高频考点1：短期薪酬的确认与计量★★★

（一）货币性短期薪酬

按受益对象原则，不同人员的薪酬计入不同的账户，具体的账务处理模式如下：

借：生产成本（生产工人）
　　制造费用（车间管理人员）
　　管理费用（行政管理人员）
　　销售费用（销售人员）
　　在建工程（基建人员）
　　研发支出——资本化支出（研发人员）
　贷：应付职工薪酬——工资
　　　　　　　　　——职工福利
　　　　　　　　　——社会保险费
　　　　　　　　　——住房公积金
　　　　　　　　　——工会经费
　　　　　　　　　——职工教育经费等

（二）带薪缺勤

带薪缺勤应当分为累积带薪缺勤和非累积带薪缺勤两类。

1. 累积带薪缺勤

累积带薪缺勤是指带薪权利可以结转下期的带薪缺勤，本期尚未用完的带薪缺勤权利可以在未来期间使用。企业应当在职工提供服务从而增加了其未来享有的带薪缺勤权利时，确认与累积带薪缺勤相关的职工薪酬，并以累积未行使权利而增加的预期支付金额计量。

2. 非累积带薪缺勤

非累积带薪缺勤是指带薪权利不能结转下期的带薪缺勤，本期尚未用完的带薪缺勤权利将予以取消，并且职工离开企业时也无权获得现金支付。

（三）短期利润分享计划

短期利润分享计划同时满足下列条件的，企业应当确认相关的应付职工薪酬，并计入当期损益或相关资产成本。

（1）企业因过去事项导致现在具有支付职工薪酬的法定义务或推定义务；

（2）因利润分享计划所产生的应付职工薪酬义务能够可靠估计。

如果企业预期在职工为其提供相关服务的年度报告期间结束后12个月内，不需要全部支付利润分享计划产生的应付职工薪酬，该利润分享计划应当适用其他长期职工福利的有关规定。

（四）非货币性福利

企业向职工提供非货币性福利的，按照**公允价值计量**。公允价值不能可靠取得的，可以采用成本计量。

1. 企业以其自产产品或外购商品发放给职工作为福利的

（1）以自产产品发放给职工作为福利的**（视同销售）**。

①决定发放时：

借：管理费用

　　生产成本

　　制造费用等

　　贷：应付职工薪酬——非货币性福利

②实际发放时：

借：应付职工薪酬

　　贷：主营业务收入［按售价计算］

　　　　应交税费——应交增值税（销项税额）

同时：

借：主营业务成本

　　贷：库存商品

（2）以外购商品发放给职工作为福利。

①购入时：

借：库存商品等

　　应交税费——应交增值税（进项税额）

　　贷：银行存款

②决定发放非货币性福利时：

借：生产成本

　　管理费用等

　　贷：应付职工薪酬——非货币性福利

③发放时：

借：应付职工薪酬——非货币性福利

　　贷：库存商品等

　　　　应交税费——应交增值税（进项税额转出）

小贴士 如果在产品购进之前有明确的目的是作为非货币性福利发放给职工，进项税额不作抵扣，直接计入产品成本，发放时则不用作进项税额抵销处理。

2. 将拥有的房屋等资产无偿提供给职工使用或租赁住房等资产供职工无偿使用

借：管理费用

　　生产成本

　　制造费用等

　　贷：应付职工薪酬——非货币性福利

同时：

借：应付职工薪酬——非货币性福利

　　贷：累计折旧

租赁住房等资产供职工无偿使用的，按每期应支付的租金。

借：管理费用

　　生产成本

　　制造费用等

　　贷：应付职工薪酬——非货币性福利

同时：

借：应付职工薪酬——非货币性福利

　　贷：其他应付款

小贴士 非货币性福利账务处理主要有两个时点：一是决定发放非货币性福利时，此时计入应付职工薪酬账户的贷方；二是实际发放时，此时计入应付职工薪酬账户的借方。

3. 向职工提供企业支付了补贴的商品或服务

（1）如果合同规定职工在取得住房等商品或服务后至少应提供服务的年限，企业应将出售商品或服务的价格与其成本间的差额，作为长期待摊费用处理。

（2）如果合同没有规定职工在取得住房等商品或服务后至少应提供服务的年限，企业应将出售商品或服务的价格与其成本间的差额，作为对职工过去提供服务的一种补偿，直接计入向职工出售商品或服务当期的损益。

小贴士 本考点在历年考题中既以单选、多选形式出现，又结合本章考点3辞退福利的确认与计量以计算分析题的形式出现。

经典例题

【真题·单选题】（2021）2×20年，甲公司发生的有关交易或事项如下：（1）甲公司以其生产的产品作为奖品，奖励给20名当年度被评为优秀的生产工人。上述产品的销售价格总额为500万元，销售成本为420万元。（2）根据甲公司确定的利润分享计划，以当年度实现的利润总额为基础，计算的应支付给管理人员利润分享金额为280万元。（3）甲公司于当年起对150名管理人员实施累积带薪年休假制度，每名管理人员每年可享受7个工作日的带薪年休假，未使用的年休假只能向后结转一个日历年度，超过1年未使用的权利作废，也不能得到任何现金补偿。2×20年，有10名管理人员每人未使用带薪年休假2天，预计2×21年该10名管理人员将每人休假9天。甲公司平均每名管理人员每个工作日的工资为300元。不考虑相关税费及其他因素，下列各项关于甲公司上述职工薪酬会计处理的表述中，正确的是（　　）。

A. 将自产的产品作为奖品发放应按420万元确认应付职工薪酬

B. 2×20年应确认10名管理人员未使用带薪年休假费用0.6万元并计入管理费用

C. 根据利润分享计划计算的2×20年应支付给管理人员的280万元款项应作为利润分配处理

D. 2×20年应从工资费用中扣除已享受带薪年休假权利的140名管理人员的工资费用29.4万元

【答案】B

【解析】选项A，企业以自己生产的产品作为福利发放给职工，应计入成本费用的职工薪酬金额以公允价值计量，计入主营业务收入，产品按照成本结转，并根据相关税收规定，视同销售计算增值税销项税额。本题中，将自产的产品作为奖品发放，应按500万元确认应付职工薪酬。选项C，利润分享计划计算的2×20年应支付给管理人员的280万元款项应作为“应付职工薪酬——利润分享计划”处理。选项D，140名管理人员已享受带薪年休假权利，工资计入当期费用。

【真题·计算分析题】（2017）甲股份有限公司（以下简称“甲公司”）2×16年发生的与职工薪酬相关的事项如下：

（1）4月10日，甲公司董事会通过决议，以本公司自产产品作为奖品，对乙车间全体员工超额完成一季度生产任务进行奖励，每名员工奖励一件产品。该车间员工总数为200人，其中车间管理人员30人，一线生产工人170人，发放给员工的本公司产品市场售价为3 000元/件，成本为1 800元/件。4月20日，200件产品发放完毕。

（2）甲公司共有2 000名员工，从2×16年1月1日起，该公司实行累积带薪休假制度，规定每名职工每年可享受7个工作日带薪休假，未使用的年休假可向后结转1个年度，超过期限未使用的作废，员工离职时也不能取得现金支付。2×16年12月31日，每名职工当年平均未使用带薪休假为2天。根据过去的经验并预期该经验将继续适用，甲公司预计2×17年有1 800名员工将享受不超过7天带薪休假，剩余200名员工每人将平均享受8.5天休假，该200名员工中150名为销售部门人员，50名为总部管理人员。甲公司平均每名员工每个工作日工资为400元。甲公司职工年休假以后进先出为基础，即有关休假首先从当年可享受的权利中扣除。

（3）甲公司正在开发丙研发项目，2×16

年共发生项目研发人员工资200万元，其中自2×16年1月1日研发开始至6月30日期间发生的研发人员工资120万元属于费用化支出，7月1日至11月30日研发项目达到预定用途前发生的研发人员工资80万元属于资本化支出，有关工资以银行存款支付。

（4）2×16年12月20日，甲公司董事会做出决议，拟关闭设在某地区的一分公司，并对该分公司员工进行补偿，方案为：对因尚未达到法定退休年龄提前离开公司的员工给予一次性离职补偿30万元，另外自其达到法定退休年龄后，按照每月1 000元的标准给予退休后补偿。涉及员工80人、每人30万元的一次性补偿2 400万元已于12月26日支付。每月1 000元的退休后补偿将于2×17年1月1日起陆续发放，根据精算结果，甲公司估计该补偿义务的现值为1 200万元。

其他有关资料：

甲公司为增值税一般纳税人，适用的增值税税率为13%。本题不考虑其他因素。

要求：就甲公司2×16年发生的与职工薪酬有关的事项，逐项说明其应进行的会计处理并编制相关会计分录。

【答案及解析】

事项（1）：

甲公司应将发放给员工的本企业产品视同销售，并作为对员工的薪酬处理。

会计分录：

借：生产成本　59.67
　　制造费用　10.53
　贷：应付职工薪酬　70.2

借：应付职工薪酬　67.8
　贷：主营业务收入　（200×0.3）60
　　　应交税费——应交增值税（销项税额）　（200×0.3×13%）7.8

借：主营业务成本　36
　贷：库存商品　36

事项（2）：

甲公司应将由于职工累积未使用的带薪年休假权利而导致预期将支付的工资在2×16年确认。

借：销售费用　9
　　管理费用　3
　贷：应付职工薪酬　［(8.5－7)×200×400］12

事项（3）：

甲公司为进行研发项目发生的研发人员工资应当按照内部研究开发无形资产的有关条件判断其中应予资本化或费用化的部分，并确认为应付职工薪酬。

借：研发支出——费用化支出　120
　　　　——资本化支出　80
　贷：应付职工薪酬　200

借：管理费用　120
　贷：研发支出——费用化支出　120

借：无形资产　80
　贷：研发支出——资本化支出　80

借：应付职工薪酬　200
　贷：银行存款　200

事项（4）：

甲公司向员工支付每人30万元的补偿款为辞退福利，应于发生时计入当期损益。对于员工在达到退休年龄后所支付的补偿款，虽然其于退休后支付，但由于该补偿与部分员工因分公司关闭离开公司有关，因此该退休后补偿也应于发生时计入当期损益。

借：管理费用　3 600
　贷：银行存款　2 400
　　　应付职工薪酬　1 200

说明：本题结合自行研发的无形资产有关内容，考核非货币性职工薪酬、累积带薪缺勤及辞退福利的会计处理。

【例题·单选题】A司共有300名职工，其中，60名为总部管理人员，240名为直接生产工人。从2×20年1月1日起，该公司实行累积带薪缺勤制度。该制度规定，每名职工每年可享受5个工作日带薪年休假，未使用的年休假只能向后结转一个日历年度，超过1年未行使的权利作废；职工休年休假时，首先使用当年享受的权利，不足部分再从上年结转的带薪年休假余额中扣除；职工离开公司时，对未使用的累积带薪年休假无权获得现金支付。2×20年12月31日，每名职工当年平均未使用带薪年休假为2天。根据过去的经验并预期该经验将继续适用，甲公司预计2×21年有240名职工将享受不超过5天的带薪年休假，剩余60名总部管理人员每人将平均享受7天带薪年休假，该公司平均每名职工每个工作日工资为450元。甲公司2×20年末因累积带薪缺勤计入管理费用的金额为（　　）元。

A. 0　　B. 120 000

C. 54 000　　D. 270 000

【答案】C

【解析】甲公司2×20年末应当预计由于累积未使用的带薪年休假而导致预期将支付的职工工资，根据甲公司预计2×21年职工的年休假情况，只有60名总部管理人员会使用2×20年的未使用带薪年休假2天（7－5），而其他2×21年累积未使用的带薪年休假都将失效，所以应计入管理费用的金额＝60×(7－5)×450＝54 000（元）。

高频考点2：离职后福利的确认与计量★★

离职后福利计划是指企业与职工就离职后福利达成的协议或者企业为向职工提供离职后福利制定的规章或办法等。企业按照承担的风险和义务情况，将离职后福利计划分类为设定提存计划和设定受益计划两种类型。

（一）设定提存计划

企业应在资产负债表日确认为换取职工在会计期间内为企业提供的服务而应付给设定提存计划的提存金，并作为一项费用计入当期损益或相关资产成本。

（二）设定受益计划的确认和计量

步骤一：确定设定受益义务现值和当期服务成本。

步骤二：确定设定受益计划净资产或净负债。

步骤三：确定应当计入当期损益的金额。

步骤四：确定应当计入其他综合收益的金额。

小贴士　本考点中的设定受益计划涉及的内容比较难，近五年主要以单选题、多选题题型出现。

注意区分应当计入当期损益的金额和应当计入其他综合收益的金额：

（1）计入当期损益金额包括：①当期服务成本；②过去服务成本；③设定受益计划净负债或净资产的利息净额；④结算利得和损失。

（2）计入其他综合收益的金额包括：①精算利得和损失；②资产上限影响的变动，扣除包括在设定受益计划净负债或净资产的利息净额中的金额；③计划资产回报，扣除包括在设定受益净负债或净资产的利息净额中的金额。

经典例题

【真题·单选题】（2018）下列各项因设定受益计划产生的职工薪酬成本中，应当计入其他综合收益的是（　　）。

A. 精算利得或损失

B. 结算利得或损失

C. 计划资产的利息收益

D. 资产上限影响的利息

【答案】A

【解析】本题中只有选项A计入其他综合收益，其余三个选项均计入当期损益。

【例题·多选题】下列各项中，设定受益计划应计入当期损益的有（　　）。

A. 因职工当期服务导致的设定受益义务现值的增加额

B. 计划资产的利息收益

C. 设定受益计划义务的利息费用

D. 资产上限影响的利息

【答案】ABCD

【解析】本题主要考核对设定受益计划的理解，选项全部计入当期损益。

高频考点3：辞退福利的确认与计量★★

项目	内容
确认	企业向职工提供辞退福利的，应当在以下两者孰早日确认辞退福利产生的职工薪酬负债，并计入当期损益： （1）企业不能单方面撤回解除劳动关系计划或裁减建议所提供的辞退福利时； （2）企业确认涉及支付辞退福利的重组相关的成本或费用时
计量	（1）对于职工没有选择权的辞退计划，辞退福利是确定数额，根据计划条款规定拟解除劳动关系的职工数量、每一职位的辞退补偿等计提应付职工薪酬。 （2）对于自愿接受裁减的建议，因接受裁减的职工数量不确定，企业应当根据《企业会计准则第13号——或有事项》规定，预计将会接受裁减建议的职工数量，根据预计的职工数量和每一职位的辞退补偿等计提应付职工薪酬。 （3）企业应当按照辞退计划条款的规定，合理预计并确认辞退福利产生的应付职工薪酬。辞退福利预期在其确认的年度报告期间期末后12个月内完全支付的，应当适用短期薪酬的相关规定。 （4）对于辞退福利预期在年度报告期间期末后12个月内不能完全支付的，应当适用关于其他长期职工福利的有关规定。即实质性辞退工作在一年内实施完毕但补偿款项超过一年支付的辞退计划，企业应当选择恰当的折现率，以折现后的金额计量应计入当期损益的辞退福利金额

经典例题

【真题·多选题】（2020）2×18年，甲公司发生的相关交易或事项如下：（1）为给境外派到境内的10名高管人员提供临时住所，租入10套住房，每年租金共120万元；（2）因业务调整，拟解除150名员工的劳动关系，经与被辞退员工协商一致，向每位被辞退员工支付20万元补偿；（3）实施员工带薪休假制度，发生员工休假期间的工资80万元；（4）为40名中层干部团购商品房，2 500万元购房款由甲公司垫付。下列各项中，甲公司应当作为职工薪酬进行会计处理的有（　　）。

A. 向被辞退员工支付补偿

B. 为高管人员租房并支付租金

C. 支付员工带薪休假期间的工资

D. 为中层干部团购商品房垫付款项

【答案】ABC

【解析】选项A，向被辞退员工支付补偿属于辞退福利。选项B，为高管人员租房并支付租金属于向职工提供非货币性福利。选项C，支付员工带薪休假期间的工资属于带薪缺勤。选项D，为中层干部团购商品房垫付款项不属于职工薪酬范畴。

【例题·多选题】甲公司是一家加工制造企业，2×19年制订了一项辞退计划，该项计划职工没有选择权，并已与职工工会达成一致，且经董事会正式批准，将于下一年度正式实施，但根据协议，补偿款300万元全部在计划实施两年后支付，假定当时折现率为7%，则下列表述中正确的有（　　）。

A. 2×19年应计入管理费用300万元

B. 2×19年应计入管理费用262.02万元

C. 2×21年应确认财务费用37.98万元

D. 2×21年应确认财务费用19.64万元

【答案】BD

【解析】本题中补偿款项的辞退福利计划超过一年，因此应该选择恰当的折现率对补偿款折现，经计算折现系数 $=1\div(1+7\%)^2=0.8734$，因此300万元折现后的金额 $=300\times0.8734=262.02$（万元），会计处理如下：

借：管理费用　　262.02
　　未确认融资费用　　37.98
　　贷：应付职工薪酬——辞退福利　　300

2×20年会计处理如下：

借：财务费用　（262.02×7%）18.34
　　贷：未确认融资费用　　18.34

2×21年实际支付款项时，会计处理

如下：

借：应付职工薪酬——辞退福利 300

贷：银行存款 300

借：财务费用 19.64

贷：未确认融资费用 19.64

进阶练习

（一）单项选择题

1. 甲公司发生的下列交易或事项中，相关会计处理将影响发生当年净利润的是（　　）。

A. 因重新计算设定受益计划净负债产生的精算收益

B. 为发行权益性工具支付给有关证券承销机构的手续费、佣金

C. 根据确定的利润分享计划，基于当年度实现利润计算确定应支付给管理人员的利润分享款

D. 将自用房屋转为采用公允价值进行后续计量的投资性房地产时，公允价值大于账面价值的差额

2. 下列各项有关职工薪酬的会计处理中，正确的是（　　）。

A. 与设定受益计划相关的当期服务成本应计入当期损益

B. 与设定受益计划负债相关的利息费用应计入其他综合收益

C. 因利润分享计划应支付给员工的薪酬支出应当作为利润分配处理

D. 因重新计量设定受益计划净负债产生的精算损失应计入当期损益

3. 20×8 年 1 月，乙公司购买了 100 套全新的公寓拟以优惠价格向职工出售，该公司共有 100 名职工，其中 80 名为直接生产人员，20 名为公司总部管理人员。乙公司拟向直接生产人员出售的住房平均每套购买价为 100 万元，向职工出售的价格为每套 80 万元；拟向管理人员出售的住房平均每套购买价为 180 万元，向职工出售的价格为每套 140 万元。假定该 100 名职工均在 20×8 年度中陆续购买了公司出售的住房，售房协议规定，职工在取得住房后必须在公司服务 10 年（含 20×8 年 1 月）。不考虑相关税费。20×8 年 12 月 31 日，乙公司长期待摊费用的余额为（　　）万元。

A. 2 400　　B. 2 240

C. 2 320　　D. 2 160

4. 下列各项中，应当计入其他综合收益的是（　　）。

A. 企业因在职工劳动合同到期之前解除与职工的劳动关系给予职工补偿而发生的职工薪酬

B. 因重新计算设定受益计划净负债产生的保险精算收益

C. 在可行权日之后，以现金结算的股份支付有关的应付职工薪酬公允价值变动

D. 企业将成本模式计量的投资性房地产变为公允价值模式计量，变更日的公允价值与账面价值的差额

5. 2×21 年 12 月 20 日，甲公司董事会作出决议，拟关闭设在某地区的一家分公司，并对该分公司员工进行补偿，方案为：对因尚未达到法定退休年龄提前离开公司的员工给予一次性离职补偿 30 万元，另外自其达到法定退休年龄后，按照每月 0.2 万元的标准给予退休后补偿。涉及员工 100 人、每人 30 万元的一次性补偿 3 000 万元已于 12 月 26 日支付。每月 0.2 万元的退休后补偿将于 2×22 年 1 月 1 日起陆续发放，根据精算结果，甲公司估计该补偿义务的现值为 2 000 万元。不考虑其他因素，对甲公司 2×21 年下列会计处理表述中，正确的是（　　）。

A. 对已支付的补偿款 3 000 万元计入管理费用，尚未支付的补偿款不作会计处理

B. 对已支付的补偿款 3 000 万元和尚未支付的补偿款的现值 2 000 万元均计入管理费

用，同时确认应付职工薪酬

C. 尚未支付的补偿款按现值 2 000 万元计入长期待摊费用，同时确认其他应付款

D. 尚未支付的补偿款按现值 2 000 万元计入其他综合收益，同时确认应付职工薪酬

6. 下列有关非货币性福利计量的说法中，正确的是（　　）。

A. 将拥有的房屋无偿提供给职工使用的，应当将折旧额计入其他业务成本

B. 将外购产品发放给职工作为福利的，计入应付职工薪酬账户的金额为外购商品的买价

C. 向职工提供企业支付补贴的商品，如果合同规定了服务年限的，应当将补贴计入长期待摊费用

D. 企业以自产产品向职工提供非货币性福利的，计入应付职工薪酬账户的金额为产品的售价总额

7. 甲公司共有 3 000 名员工，从 2×17 年 1 月 1 日起，该公司实行累积带薪缺勤制度。该制度规定，每个职工每年可享受 8 个工作日的带薪休假，未使用的年休假可向后结转1 个年度，超过期限未使用的作废，员工离职时也不能取得现金支付。2×17 年 12 月 31 日，每名职工当年平均未使用带薪休假 3 天。根据过去的经验并预期该经验将继续适用，甲公司预计 2×18 年度有 2 600 名员工将享受不超过 8 天带薪休假，剩余 200 名员工将享受 10 天休假，其中，120 名为生产人员，80 名为总部管理人员。甲公司平均每名员工每个工作日工资为 500 元。甲公司职工年休假以后进先出为基础，即有关休假首先从当年可享受权利中扣除。假定至 2×18 年 12 月 31 日，上述部门 200 名人员中，尚有 20% 的总部管理人员未使用该累计带薪休假，剩余人员全部使用。不考虑其他因素，下列说法中正确的是（　　）。

A. 甲公司 2×17 年末因累积带薪缺勤计入管理费用的金额为 200 000 万元

B. 2×18 年已享受的累积带薪缺勤休假的相关费用应在本年度确认工资费用时扣除

C. 2×18 年末将 20% 的总部管理人员尚未使用的累积带薪缺勤休假继续结转下年

D. 2×18 年末，由于 20% 的总部管理人员未享受累积带薪缺勤休假而原多预计的负债应作为会计差错追溯重述上年财务报表相关项目的金额

8. 乙公司为一家空调制造企业，2×18 年 6 月为精简机构，降低人工成本，拟辞退部分空调生产车间员工，具体辞退计划如下：自 2×19 年 1 月 1 日起，企业将以职工自愿方式进行其柜式空调生产车间的人员削减。辞退计划的详细内容均已和员工进行沟通，并达成一致，辞退计划于 2×18 年 12 月 1 日经董事会正式批准，并将于 2×19 年度实施完毕。至 2×18 年 12 月 31 日，按照《企业会计准则第 13 号——或有事项》的相关办法，预计愿意接受辞退职工的最佳估计数为 150 名，预计补偿总额为 2 300 万元。不考虑其他因素，则下列说法中正确的是（　　）。

A. 将空调生产车间员工的预计补偿总额 2 300 万元一次性计入 2×18 年度制造费用

B. 空调生产车间员工的预计补偿金额应一次性计入 2×19 年度管理费用，并确认应付职工薪酬

C. 2×18 年度因该事项确认的应付职工薪酬为 2 300 万元

D. 空调生产车间员工的预计补偿总额应于职工离职后各期分期确认

（二）多项选择题

1. 2×19 年 7 月 1 日 A 公司（房地产开发企业）将 100 套全新的公寓以优惠价格向职工出售，出售房屋增值税税率为 9%，购买房产的职工共计 100 名，其中 20 名为销售业务骨干，80 名为公司总部管理人员。该公司向管理人员出售的住房平均每套市场价为 100 万元，出售的价格为每套 80 万元，每套成本为 40 万元；向销售业务骨干出售的住房平均每套市场价为 180 万元，向职工出售的价格为每套 150 万元，每套成本为 60 万元。假定该 100 名职工均在 2×19 年 7 月 1 日购买了公司

出售的住房，售房协议规定，职工在取得住房后必须在公司服务 10 年。下列有关 100 套全新公寓向职工出售的会计处理，正确的有（　　）。

A. 出售住房时计入长期待摊费用的金额为 3 244 万元

B. 出售住房时计入长期待摊费用的金额为 2 200 万元

C. 本年摊销时，借记“管理费用”科目，贷记“应付职工薪酬”科目 87.2 万元

D. 本年摊销时，借记“销售费用”科目，贷记“应付职工薪酬”科目 32.7 万元

2. 2×19 年，甲公司发生与职工薪酬有关的交易或事项如下：（1）以甲公司生产的产品作为福利发放给职工，该产品的生产成本为 1 000 万元，市场价格为 1 500 万元；（2）为职工交纳 300 万元的“五险一金”；（3）根据职工入职期限，分别可以享受 5 至 15 天的年休假，当年未用完的带薪休假权利予以取消，甲公司职工平均日工资为 200 元/人；（4）对管理人员实施 2×19 年度的利润分享计划，按当年度利润实现情况，相关管理人员可分享利润 600 万元。不考虑其他因素，下列各项关于甲公司 2×19 年与职工薪酬有关会计处理的表述中，正确的有（　　）。

A. 对于职工未享受的休假权利无须进行会计处理

B. 管理人员应分享的利润确认为当期费用并计入损益

C. 以产品作为福利发放给职工按产品的生产成本计入相关成本费用

D. 为职工交纳的“五险一金”计入管理费用

3. 下列关于职工薪酬的表述中正确的有（　　）。

A. 与设定受益计划相关的当期服务成本，应计入当期损益

B. 公司在重新计量受益计划的净负债时，发现由于一些调整导致该受益计划的现值增加，形成精算损失 10 万元，产生的精算损失应计入其他综合收益

C. 企业发生的职工福利费，应当采用计提的方式计入当期损益或相关资产成本

D. 企业应当在职工实际发生缺勤的会计期间确认与累积带薪缺勤相关的职工薪酬

4. 下列说法中，正确的有（　　）。

A. 将租赁的汽车无偿提供给高级管理人员使用的，按照每期估计的租金计量应付职工薪酬

B. 商誉应当与资产组内的其他资产一样，按账面价值比例分摊减值损失

C. 为提取职工在会计期间为企业提供的服务而应付的设定提存计划提存金，作为一项费用计入当期损益或相关资产成本

D. 在设定受益计划下，企业的义务是为现在及以前的职工提供约定的福利，并且精算风险和投资风险实质上由职工本身来承担

5. 2×18 年 12 月 10 日，甲公司董事会作出决议，拟遣散某销售部门员工，并对该部门员工进行补偿，辞退计划为：对尚未达到法定退休年龄提前离开公司的员工给予一次性离职补偿 80 万元。涉及员工 60 人，经与相关离职人员协商后签订补偿协议，实质性辞退工作于 2×18 年 12 月 31 日完成，但规定离职补偿款分两年支付，于 2×19 年和 2×20 年各支付 2 400 万元，确认的实际利率为 4%，（P/A，4%，2）= 1.886。不考虑其他因素，结果保留两位小数，下列说法中正确的有（　　）。

A. 2×18 年度因该事项增加管理费用 4 800 万元

B. 2×19 年第一次支付款项时应确认财务费用 181.06 万元

C. 该销售部门员工的离职补偿款应按现值计入销售费用

D. 2×18 年因该事项确认应付职工薪酬 4 800 万元

（三）计算分析题

1. 甲股份有限公司（以下简称“甲公司”）20×8 年发生的与职工薪酬相关的事项如下：

（1）甲公司自20×8年1月1日起实行累积带薪缺勤制度，规定：每名员工每年可享受7天带薪休假，未使用的休假可向后结转一个年度，超过一个年度的未使用休假作废，员工在离开甲公司时对未使用的休假不能获得现金支付。员工带薪年休假以后进先出为基础，即先从当年可享受的休假权利中扣除，再从上一年结转的带薪年休假余额中扣除。20×8年12月31日，甲公司800名员工中每名员工当年平均未使用带薪年休假为3天。根据同行业公司的经验，甲公司预计20×9年度有700名员工将享受不超过7天的带薪年休假，其余100名员工每人将平均享受10天带薪年休假，假设其全部为甲公司的管理人员。甲公司每名员工平均工资为320元。

（2）4月10日，甲公司董事会通过决议，以本公司自产产品作为奖品，对乙车间全体员工超额完成一季度生产任务进行奖励，每名员工奖励一件产品，该车间员工总数为200人，其中车间管理人员30人，一线生产工人170人，发放给员工的本公司产品市场售价为3 000元/件，成本为1 800元/件。4月20日，200件产品发放完毕。

（3）当年末新任注册会计师在对财务报表进行审计时，对该事项的会计处理存在质疑：自20×7年开始，甲公司每年年末均按照职工工资总额的10%计提相应资金计入应付职工薪酬，计提该资金的目的在于解决后续拟实施员工持股计划的资金来源，但有关计提金额并不对应于每一在职员工。甲公司计划于20×8年实施员工持股计划，以20×7年至2×10年四年间计提的资金在二级市场购买本公司股票，授予员工持股计划范围内的管理人员，员工持股计划范围内的员工与原计提时在职员工的范围很可能不同。如员工持股计划未能实施，员工无权取得该部分计入职工薪酬的提取金额。该计划下，甲公司20×7年计提了3 000万元。20×8年末，甲公司就当年度应予计提的金额进行了以下会计处理：

借：管理费用　　3 600

　贷：应付职工薪酬　　3 600

其他相关资料：甲公司为增值税一般纳税人，适用的增值税税率为13%。本题不考虑其他因素。

要求：编制事项（1）至事项（2）相关会计分录，并判断甲公司事项（3）的会计处理是否正确并说明理由；对于不正确的会计处理，编制更正会计分录（无须通过“以前年度损益调整”科目）。

2. 甲公司是一家生产笔记本电脑的企业，适用的增值税税率为13%，共有职工1 200人，其中直接参加生产的员工800人；行政管理人员100人；销售人员300人。2×19年12月发生如下经济业务：

（1）本月应支付的应付职工薪酬总额为1 200万元，根据甲公司所在当地政府规定，甲公司应当按照职工工资的10%和8%计提并缴存医疗保险费和住房公积金，按12.5%计提养老保险和失业保险，按照职工工资总额的2%和8%计提工会经费和职工教育经费。

（2）甲公司将其生产的成本为0.8万元的高级笔记本电脑作为年末福利发放给100名行政管理人员，该型号笔记本电脑的售价为1.2万元，同时外购1 200件不含税价格为800元的智能音箱同样作为年终福利发放给全体职工，企业以银行存款支付智能音箱相关费用，取得增值税专用发票。

（3）2×19年12月1日作出决议，外购了100套公寓拟以优惠价格出售给职工，其中60名生产人员，10名管理人员，30名销售人员。公司拟向直接生产人员和销售人员出售的住房购买价80万元，向职工出售价格为60万元；拟向管理人员出售的住房每套买价120万元，向职工出售的价格为每套100万元，假定2×19年12月15日收到售房款并办理完成产权过户手续，售房协议规定，生产人员和销售人员在取得住房后必须在公司服务10年，未对管理人员规定服务期限。

（4）甲公司有一项利润分享计划，要求甲公司将其至2×19年12月31日止会计年度的税前利润的指定比率支付给在 2×19 年 10 月 1 日至 2×20 年 9 月 30 日为甲公司提供服务的职工，该奖励于 2×20 年 9 月 30 日支付，2×19 年度实现的税前利润为 2 000 万元人民币。如果甲公司当年销售额达 70%，则当年的利润分享计划支付总额为税前利润的 4%（其中，直接参加生产人员享有 1.5%，行政管理人员享有 1%，销售人员享有 1.5%），2×19 年的销售额为 71%，不考虑个人所得税影响。

其他相关资料：不考虑其他因素。

要求：

（1）就甲公司 2×19 年发生的与职工薪酬有关的事项，逐项说明其应进行的会计处理并编制相关会计分录。

（2）根据事项（1）计算本月应确认的短期薪酬。

（3）计算由于事项（2）确认的管理费用金额。

（4）如果企业将事项（3）中低价买房给职工产生的款项差额全部计入管理费用，评价企业的做法是否正确。

（5）事项（4）中，如果企业于 2×19 年 12 月 31 日确认“应付职工薪酬——利润分享计划”金额 80 万元（2 000×4%），评价这种会计处理方式是否恰当。

进阶练习答案及解析

（一）单项选择题

1.【答案】C

【解析】选项 A，计入其他综合收益，不影响净利润；选项 B，应自所发行证券的溢价发行收入中扣除，溢价收入不足冲减的应依次冲减盈余公积和未分配利润，不影响净利润；选项 C，计入管理费用，影响净利润；选项 D，计入其他综合收益，不影响净利润。

2.【答案】A

【解析】选项 B，应计入当期损益；选项 C，应在确认相关的应付职工薪酬时直接计入当期损益或相关资产成本，与利润分配无关；选项 D，应计入其他综合收益。

3.【答案】D

【解析】本题中的非货币性福利是对职工未来提供服务的补偿，所以应将企业承担的非货币性福利计入长期待摊费用，在职工未来提供服务的会计期间进行摊销，计入相关成本费用。乙公司为职工住房时形成的长期待摊费用＝（100×80＋180×20）－（80×80＋140×20）＝2 400（万元），20×8 年长期待摊费用摊销＝2 400÷10＝240（万元），20×8 年 12 月 31 日乙公司长期待摊费用的余额＝2 400－240＝2 160（万元）。

4.【答案】B

【解析】选项 A，借记“管理费用”科目，贷记“应付职工薪酬”科目；设定受益计划应计入其他综合收益的部分包括：（1）精算利得和损失；（2）计划资产回报，扣除包括在设定受益计划净负债或净资产的利息净额中的金额；（3）资产上限影响的变动，扣除包括在设定受益计划净负债或净资产的利息净额中的金额。选项 B 正确；以现金结算的股份支付，可行权日之后负债的公允价值变动应计入当期损益，选项 C 错误；投资性房地产后续计量模式的变更属于会计政策变更，追溯调整期初留存收益，即盈余公积和未分配利润，选项 D 错误。

5.【答案】B

【解析】甲公司向 100 名员工支付每人 30 万元的补偿款为辞退福利，应于发生时计入当期损益。对于员工在达到退休年龄后所支付的补偿款，虽然其于退休后支付，但由于该补偿与部分员工因分公司关闭离开公司有关，因此该退休后补偿也应于发生时计入当期损益，但超过一年支付的辞退福利，以折现后的金额计量，选项 B 正确。

6.【答案】C

【解析】选项 A，将拥有的房屋无偿提供

给职工使用的，应当将折旧额计入有关成本费用和应付职工薪酬；选项B，将外购产品发放给职工作为福利的，计入应付职工薪酬账户的金额为外购商品的价税合计；选项D，企业以自产产品向职工提供非货币性福利的，计入应付职工薪酬账户的金额为产品的价税合计。

7. 【答案】B

【解析】选项A错误，2×17年末因累积带薪缺勤计入管理费用的金额=80×(10－8)×500=80 000（万元）；选项B正确，2×18年已享受的累积未使用的带薪年休假，应在2×18年末确认工资费用时扣除上年度该部分已确认的累积带薪费用；选项C错误，甲公司规定未使用的年休假只可向后结转1个年度，2×18年已经到期，不能继续结转；选项D错误，甲公司规定未使用的年休假只能结转1个年度，因此原2×17年末预计的将于2×18年使用的带薪休假在2×18年未使用的部分应当冲回，冲减当期管理费用，而非追溯重述上年财务报表相关项目金额。

8. 【答案】C

【解析】选项A错误，由于被辞退的职工不再为企业带来未来经济利益，因此，对于所有的辞退福利，均应当于辞退计划满足负债确认条件的当期一次计入费用，不计入资产成本，本题中应一次性计入2×18年度管理费用；选项B错误，对于分期实施的自愿裁减建议，企业应当将整个计划看作是由各单项自愿裁减建议组成，在每期计划符合预计负债确认条件时，将该期计划中由于提供辞退福利产生的预计负债予以确认，计入当期管理费用，不能等全部计划都符合确认条件时再予以确认，将空调生产车间员工的预计补偿金额应一次性计入2×18年度管理费用，并确认应付职工薪酬；选项C正确，因该事项确认的2×18年度应付职工薪酬为2 300万元；选项D错误，因辞退福利产生的应付职工薪酬应一次性计入当期损益，不能分期确认。

（二）多项选择题

1. 【答案】CD

【解析】公司出售住房时应对该房屋视同销售处理，作如下会计分录：

借：银行存款
　　[(80×80+20×150)×1.09] 10 246
　　长期待摊费用
　　[(80×20+20×30)×1.09] 2 398
　　贷：主营业务收入
　　　　(80×100+20×180) 11 600
　　　　应交税费——应交增值税（销项税额） 1 044

同时结转主营业务成本4 400万元（80×40+20×60）。

公司应当按照直线法在未来10年内摊销长期待摊费用，本年应作如下会计分录：

借：销售费用
　　(30×20×1.09/10/2) 32.7
　　管理费用
　　(20×80×1.09/10/2) 87.2
　　贷：应付职工薪酬 119.9
借：应付职工薪酬 119.9
　　贷：长期待摊费用 119.9

2. 【答案】AB

【解析】非累积带薪缺勤，对于职工未享受的休假权利无须进行会计处理，选项A正确；管理人员应分享的利润确认为管理费用并计入损益，选项B正确。以产品作为福利发放给职工，应当按照产品的公允价值和相关税费计入相关成本费用，选项C错误。为职工交纳的“五险一金”按照职工所在岗位分别确认为相关成本费用，选项D错误。

3. 【答案】AB

【解析】选项C，企业发生的职工福利费，应当在实际发生时根据实际发生额计入当期损益或相关资产成本；选项D，企业应当在职工提供服务从而增加了其未来享有的带薪缺勤权利时，确认与累积带薪缺勤相关的职工薪酬。

4. 【答案】AC

【解析】选项B，资产组减值，如果资产

组中有商誉，应先抵减分摊至资产组中商誉的账面价值，然后根据资产组中除商誉之外的其他各项资产的账面价值所占比重，按比例抵减其他各项资产的账面价值。选项D，在设定受益计划下，企业的义务是为现在及以前的职工提供约定的福利，并且精算风险和投资风险实质上由企业来承担。

5. 【答案】BD

【解析】选项A错误，实质性辞退工作在一年内实施完毕但补偿款项超过一年支付的辞退计划，企业应当选择恰当的折现率，以折现后的金额计量应计入当期损益的辞退福利金额，2×18年度因该事项确认的管理费用 = 2 400 ×（P/A，4%，2）= 2 400 × 1.886 = 4 526.4（万元）；选项B正确，实际计入管理费用的辞退福利金额与实际支付的辞退福利之间的差额，应计入未确认融资费用，在实际支付时确认的财务费用 = 4 526.4 × 4% = 181.06（万元）；选项C错误，该销售部门员工的离职补偿款应按现值计入管理费用；选项D正确，应于2×18年确认应付职工薪酬4 800万元。

（三）计算分析题

1. 【答案及解析】

事项（1）：

累积带薪缺勤，应根据本期剩余预计下期将会被使用的天数相应的确认成本费用。20×8年剩余带薪年休假预计20×9年会被使用，所以20×8年因该累积带薪缺勤应确认管理费用 =（10 − 7）× 100 × 320/10 000 = 9.6（万元）。

借：管理费用　　9.6

　贷：应付职工薪酬　　9.6

事项（2）：

甲公司应将发放给员工的本企业产品视同销售，并确认对员工的应付薪酬。会计分录为：

借：生产成本

　[170 × 0.3 ×（1 + 13%）] 57.63

　制造费用

　[30 × 0.3 ×（1 + 13%）] 10.17

　贷：应付职工薪酬　　67.8

借：应付职工薪酬　　67.8

　贷：主营业务收入

　　（0.3 × 200）60

　　应交税费——应交增值税（销项税额）　7.8

借：主营业务成本

　（0.18 × 200）36

　贷：库存商品　　36

事项（3）：

甲公司该项会计处理不正确。

理由：该部分金额不是针对特定员工需要对象化支付的费用，即不是当期为了获取员工服务实际发生的费用，准则规定不能予以计提。涉及员工持股计划拟授予员工的股份，应当根据其授予条件等分析是获取的哪些期间的职工服务，并将与股份支付相关的费用计入相应期间。更正分录为：

借：应付职工薪酬　　6 600

　贷：盈余公积　　300

　　未分配利润　　2 700

　　管理费用　　3 600

2. 【答案及解析】

（1）事项（1）：

应计入生产成本的职工薪酬金额 = 1 200 ×（800/1 200）+ 1 200 ×（800/1 200）×（10% + 8% + 2% + 8%）= 1 024（万元）

应计入管理费用的职工薪酬金额 = 1 200 ×（100/1 200）+ 1 200 ×（100/1 200）×（10% + 8% + 2% + 8%）= 128（万元）

应计入销售费用的职工薪酬金额 = 1 200 ×（300/1 200）+ 1 200 ×（300/1 200）×（10% + 8% + 2% + 8%）= 384（万元）

公司应根据上述业务，作如下账务处理：

借：生产成本　　1 024

　管理费用　　128

　销售费用　　384

　贷：应付职工薪酬——工资

　　1 200

　　——医疗保险费

　　120

——住房公积金 96
——工会经费 24
——职工教育经费 96

计提养老保险和失业保险：

借：生产成本 [1 200×(800/1 200)×12.5%] 100
管理费用 [1 200×(100/1 200)×12.5%] 12.5
销售费用 [1 200×(300/1 200)×12.5%] 37.5
贷：应付职工薪酬——设定提存计划 (1 200×12.5%) 150

事项（2）：

企业以自产产品作为非货币性福利提供给职工的，应当按照该产品的公允价值和相关税费，计量计入成本费用的职工薪酬金额，相关收入的确认、销售成本的结转和相关税费的处理，与正常销售商品相同。

笔记本电脑的售价总额 = 1.2×100×(1 + 13%) = 135.6（万元）

公司决定发放非货币性福利时：

借：管理费用 135.6
贷：应付职工薪酬——非货币性福利 135.6

实际发放笔记本电脑时：

借：应付职工薪酬——非货币性福利 135.6
贷：主营业务收入 120
应交税费——应交增值税（销项税额） 15.6

借：主营业务成本 80
贷：库存商品 80

智能音箱的售价总额 = 1 200×0.08×(1 + 13%) = 108.48（万元）

借：生产成本 (108.48×800/1 200) 72.32
管理费用 (108.48×300/1 200) 27.12
销售费用 (108.48×100/1 200) 9.04
贷：应付职工薪酬——非货币性福利 108.48

购买智能音箱时：

借：库存商品 96
应交税费——应付职工薪酬（进项税额） 12.48
贷：银行存款 108.48

实际发放智能音箱时：

借：应付职工薪酬——非货币性福利 108.48
贷：库存商品 96
应交税费——应付职工薪酬（进项税额） 12.48

事项（3）：

公司向生产人员和销售人员出售住房时，协议约定服务期限 10 年，应作如下账务处理：

借：银行存款 (60×90) 5 400
长期待摊费用 1 800
贷：固定资产 (80×90) 7 200

出售住房后的每年，甲公司应当按照直线法在 10 年服务期内摊销长期待摊费用：

借：生产成本 (1 800/10×2/3) 120
销售费用 (1 800/10×1/3) 60
贷：应付职工薪酬——非货币性福利 (1 800/10) 180

借：应付职工薪酬——非货币性福利 180
贷：长期待摊费用 180

如果出售住房的协议中未规定职工在购得住房后必须服务年限，企业应当将该项差额直接计入出售住房当期相关资产成本或当期损益。

公司向管理人员出售房子，未规定服务期限，应作如下账务处理：

借：银行存款　（100×10）1 000

　　管理费用　　（20×10）200

　　贷：固定资产　（120×10）1 200

事项（4）：

2×19年的销售额为71%，达到利润分享计划条件。

甲公司2×19年12月31日的账务处理如下：

借：生产成本

　　（2 000×1.5%×1/4）7.5

　　管理费用

　　　（2 000×1%×1/4）5

　　销售费用

　　（2 000×1.5%×1/4）7.5

　　贷：应付职工薪酬——利润分享计划

　　　　（2 000×4%×1/4）20

（2）根据事项（1），本月应确认的短期薪酬=1 200+120+96+24+96=1 536（万元），养老保险和失业保险不包括在短期薪酬中。

（3）根据事项（2），应确认的管理费用金额=135.6+27.12=162.72（万元）。

（4）企业将事项（3）中低价买房给职工产生的款项差额全部计入管理费用，这种做法不正确。对于出售住房的协议中规定了职工在购得住房后应该至少提供服务的年限的，应将该项差额作为“长期待摊费用”处理，并在协议规定的服务期限内平均摊销，根据受益对象分别计入相关资产成本或当期损益；如果出售住房的协议中未规定职工在购得住房后必须服务的年限，企业应当将该项差额直接计入出售住房当期相关资产成本或当期损益。因此，应将出售住房给生产人员和销售人员产生的差额计入长期待摊费用，并于规定服务期内进行摊销，而非计入管理费用。

（5）根据事项（4），企业的这种行为不恰当，企业于2×19年12月31日确认“应付职工薪酬——利润分享计划”金额=2 000×4%×1/4=20（万元），因为该项利润分享计划的期间是2×19年10月1日至2×20年9月30日，至2×19年12月31日，只占其中3个月，应确认利润分享计划金额的25%。

第十章　股份支付

2023 年教材内容主要变化

本章内容增加了企业将以现金结算的股份支付修改为以权益结算的股份支付的会计处理，并新增了 1 道对应的例题，同时新增了 2 道集团股份支付的例题。

本章近五年考试高频考点分布

高频考点内容	年度及题型分布
集团股份支付	2022 年单选题、2019 年单选题、2019 年多选题、2018 年多选题
权益结算股份支付的计量	2022 年多选题、2019 年单选题、2019 年多选题、2019 年综合题
限制性股票	2021 年单选题、2020 年计算题、2019 年综合题

高频考点精讲

本章介绍《企业会计准则第 11 号——股份支付》以及《企业会计准则解释第 7 号》的部分内容，主要内容包括一般性的权益结算股份支付和现金结算股份支付业务的会计处理，限制性股票股权激励的会计处理，集团股份支付的会计处理等。本章内容较为抽象，对初学者有一定难度。

高频考点 1：一般股份支付业务的处理★★★

（一）授予日

除了立即可行权的股份支付外，企业在授予日不作会计处理。

（二）等待期内每个资产负债表日

股份支付在等待期的会计处理如下表所示。

股份支付在等待期的会计处理

项目	计量	会计处理
权益结算的股份支付	授予日权益工具的公允价值（一次计量），不确认其后续公允价值变动	借：管理费用等 　贷：资本公积——其他资本公积
现金结算的股份支付	每个资产负债表日金融工具的公允价值（重新计量）	借：管理费用等 　贷：应付职工薪酬

各期成本费用的计算思路：

当期确认的成本费用 = 截至当期累计成本费用 - 以前期间累计已确认的成本费用

累计成本费用（权益结算股份支付）= 预计可行权权益工具数量 × 授予日权益工具公允价值 × 已过等待期/等待期

累计成本费用（现金结算股份支付）= 预计可行权权益工具数量 × 每个资产负债表日金融工具公允价值 × 已过等待期/等待期

小贴士 现金结算股份支付在可行权日至行权日期间每期计入损益的金额 = 应付职工薪酬期末余额 + 当期支付的职工薪酬 - 应付职工薪酬期初余额

（三）可行权日之后

1. 权益结算股份支付

不再调整已确认的成本费用和资本公积。

2. 现金结算股份支付

负债公允价值的变动：

借：公允价值变动损益

　贷：应付职工薪酬

或作相反会计分录。

（四）行权日

行权日的会计处理如下表所示。

可行权后的会计处理

权益结算股份支付	现金结算股份支付
1. 发行新股授予激励对象 借：银行存款［收到的股票价款］ 　资本公积——其他资本公积［等待期内资本公积的余额］ 　贷：股本［付给职工的股份面值］ 　　资本公积——股本溢价 2. 回购股份授予激励对象 （1）回购股份： 借：库存股 　贷：银行存款［实际支付的回购款］ （2）职工行权： 借：银行存款［收到的股票价款］ 　资本公积——其他资本公积［等待期内资本公积的余额］ 　贷：库存股［支付给职工的库存股成本］ 　　资本公积——股本溢价［倒挤差额］	借：应付职工薪酬 　贷：银行存款

经典例题

【真题·多选题】（2018）乙公司、丙公司和丁公司均为甲公司的子公司。甲公司及其相关子公司经各自董事会批准，于 2×17 年 1 月 1 日对甲公司以及相关子公司管理人员或员工进行激励；（1）甲公司以自身普通股授予乙公司管理人员；（2）丙公司按照上年实现净利润的 5% 分配给在职员工；（3）丁公司以自身普通股授予其管理人员；（4）甲公司以其生产的产品分配给在职员工。下列各项关于甲公司及其相关子公司对其管理人员或员工进行激励的安排中，应按股份支付会计准则进行会计处理的有（　　）。

A. 甲公司以其生产的产品分配给员工

B. 丙公司按上年净利润的5%分配给员工

C. 甲公司以自身普通股授予乙公司管理人员

D. 丁公司以自身普通股授予其管理人员

【答案】CD

【解析】丙公司按上年净利润的5%分配给员工属于利润分享计划，甲公司以其生产的产品分配给员工属于非货币性职工福利，选项A和B应按照职工薪酬准则进行会计处理。

【真题·单选题】（2014）下列各项中，应当作为以现金结算的股份支付进行会计处理的是（　　）。

A. 以低于市价向员工出售限制性股票的计划

B. 授予高管人员低于市价购买公司股票的期权计划

C. 公司承诺达到业绩条件时向员工无对价定向发行股票的计划

D. 授予研发人员以预期股价相对于基准日股价的上涨幅度为基础支付奖励款的计划

【答案】D

【解析】选项A、B、C向激励对象授予的是权益工具，均应当作为以权益结算的股份支付进行处理。

【例题·单选题】20×6年1月1日，经股东大会批准，甲公司向50名高管人员每人授予1万份股票期权。根据股份支付协议规定，这些高管人员自20×6年1月1日起在甲公司连续服务3年，即可以每股5元的价格购买10 000股甲公司普通股。20×6年1月1日，每份股票期权的公允价值为15元。20×6年没有高管人员离开公司，甲公司预计在未来两年将有5名高管离开公司。20×6年12月31日，甲公司授予高管的股票期权每份公允价值为13元。甲公司因该股份支付协议在20×6年应确认的职工薪酬费用金额是（　　）万元。

A. 195　　B. 216.67

C. 225　　D. 250

【答案】C

【解析】甲公司因该股份支付协议在20×6年应确认的职工薪酬费用金额 = （50 − 5）×1×15×1/3 = 225（万元）。

【例题·单选题】2×17年1月1日，甲公司向其80名中层以上管理人员每人授予1 000份股票期权，可行权日为2×19年12月31日，该期权应在2×21年末之前行使完毕。甲公司授予日股票期权的公允价值为9元，2×17年末、2×18年末、2×19年末该股票期权的公允价值分别为11元、13元和15元。2×17年有4人离职，2×18年有5人离职，2×19年有1人离职，本年末职工全部未行权。该项股份支付累计确认的管理费用金额是（　　）元。

A. 800 000　　B. 630 000

C. 840 000　　D. 650 000

【答案】B

【解析】该股份支付累计确认的管理费用 = 9×(80 − 4 − 5 − 1)×1 000×3/3 = 630 000（元）。

高频考点2：限制性股票股权激励的会计处理★★★

（一）授予日的会计处理

1. 收到认股款

借：银行存款（履行了增资手续）

　　贷：股本

　　　　资本公积——股本溢价

2. 就回购义务确认负债

借：库存股（限制性股票的数量×回购价格）

　　贷：其他应付款——限制性股票回购义务

（二）等待期内的会计处理

1. 股权激励成本费用的确认与计量

参照权益结算股份支付确认与计量原则处理。

2. 分配现金股利的会计处理

（1）现金股利可撤销。

①预计未来可解锁的部分。

分配现金股利时：

借：利润分配——应付现金股利
　　贷：应付股利——限制性股票股利
同时，按分配的现金股利金额：
借：其他应付款——限制性股票回购义务
　　贷：库存股
实际支付时：
借：应付股利——限制性股票股利
　　贷：银行存款
②预计未来不可解锁的部分。
分配现金股利时：
借：其他应付款——限制性股票回购义务
　　贷：应付股利——限制性股票股利
实际支付时：
借：应付股利——限制性股票股利
　　贷：银行存款
（2）现金股利不可撤销。
①预计未来可解锁的部分。
分配现金股利时：
借：利润分配——应付现金股利
　　贷：应付股利——限制性股票股利
实际支付时：
借：应付股利——限制性股票股利
　　贷：银行存款
②预计未来不可解锁的部分。
分配现金股利时：
借：管理费用等
　　贷：应付股利——限制性股票股利
实际支付时：
借：应付股利——限制性股票股利
　　贷：银行存款

（三）解锁日的会计处理

1. 对未达到限制性股票解锁条件而需回购的股票

借：其他应付款——限制性股票回购义务（应支付的金额）
　　贷：银行存款
同时：
借：股本
　　资本公积——股本溢价（差额）
　　贷：库存股（注销的限制性股票数量对应的库存股的账面余额）

2. 对达到限制性股票解锁条件而无须回购的股票

借：其他应付款——限制性股票回购义务
　　贷：库存股（解锁的股票对应的账面余额）

经典例题

【真题·单选题】（2021）2×20年1月1日，甲公司的母公司（乙公司）将其持有的800万股甲公司普通股，以每股8元的价格转让给甲公司的8名高管人员；当日，甲公司的该8名高管人员向乙公司支付了6 400万元，办理完成股权过户登记手续，甲公司当日股票的市场价格为每股10元。根据股份转让协议约定，甲公司的该8名高管人员自2×20年1月1日起需在甲公司服务满3年，否则乙公司将以每股8元的价格向该8名高管人员回购其股票。2×20年12月31日，甲公司股票的市场价格为每股12元。截至2×20年12月31日，甲公司该8名高管人员均未离职，预计未来3年内也不会有人离职。不考虑其他因素，下列各项关于甲公司2×20年度对上述交易或事项会计处理的表述中，正确的是（　　）。

A. 因甲公司不承担结算义务，无须进行会计处理

B. 甲公司对乙公司转让股份给予其高管人员，应按权益结算的股份支付进行会计处理

C. 甲公司应按2×20年12月31日的股票市场价格确认相关股份支付费用和应付职工薪酬

D. 甲公司应于2×20年1月1日一次性确认全部的股权激励费用，无须在等待期内分期确认

【答案】B

【解析】本题中，“根据股份转让协议约定，甲公司的该8名高管人员自2×20年1月1日起需在甲公司服务满3年，否则乙公司将以每股8元的价格向该8名高管人员回购其股票，”符合以权益结算的股份支付（限制性股

票），以股份支付所授予的权益工具的公允价值计量；在等待期内的每个资产负债表日，以对可行权权益工具数量的最佳估计为基础，按照权益工具在授予日的公允价值，将当期取得的服务计入相关资产成本或当期费用，同时计入资本公积中的其他资本公积。

【真题·综合题】（2019）甲公司是一家上市公司，为建立长效激励机制，吸引和留住优秀人才，制订和实施了限制性股票激励计划，甲公司发生的与该计划相关的交易或事项如下：

（1）20×6年1月1日，甲公司实施经批准的限制性股票激励计划，通过定向发行股票的方式向20名管理人员每人授予50万股限制性股票，每股面值1元，发行所得款项8 000万元已存入银行。限制性股票的登记手续已办理完成。甲公司以限制性股票授予日公司股票的市价减去授予价格后的金额确定限制性股票在授予日的公允价值为12元/股。

上述限制性股票激励计划于20×6年1月1日经甲公司股东大会批准，根据该计划，限制股票的授予价格为8元/股。限制性股票的限售期为授予的限制性股票登记完成之日起36个月，激励对象获授的限制性股票在解除限售前，不得转让、用于担保或偿还债务。限制性股票的解锁期为12个月，解锁期内，同时满足下列条件的，激励对象获授的限制性股票方可解除限售：激励对象自授予的限制性股票登记完成之日起工作满3年；以上年度营业收入为基数，甲公司20×6年度、20×7年度、20×8年度3年营业收入增长率的算术平均值不低于30%。限售期满后，甲公司为满足解除限售条件的激励对象办理解除限售事宜，未满足解除限售条件的激励对象持有的限制性股票由甲公司按照授予价格回购并注销。

（2）20×6年度，甲公司实际有1名管理人员离开，营业收入增长率为35%，甲公司预计，20×7年度及20×8年度还有2名管理人员离开，每年营业收入增长率均能够达到30%。

（3）20×7年度5月3日，甲公司股东大会批准董事会制订的利润分配方案，即以20×6年12月31日包括上述限制性股票在内的股份45 000万股为基数，每股分配现金股利1元，共计分配现金股利45 000万元。根据限制性股票激励计划，甲公司支付给限制性股票持有者的现金股利可撤销。20×7年5月25日，甲公司以银行存款支付股利45 000万元。

（4）20×7年度，甲公司实际有1名管理人离开，营业收入增长率为33%。甲公司预计20×8年度还有1名管理人员离开，营业收入增长率能够达到30%。

（5）20×8年度，甲公司没有管理人员离开，营业收入增长率为31%。

（6）20×9年1月10日，甲公司对于符合解锁条件的900万股限制性股票解除限售，并办理完成相关手续。20×9年1月20日，甲公司对不符合解锁的100万股限制性股票，按照授予价格回购，并办理完成相关注销手续。在扣除已支付给相关管理人员股利100万元之后，回购限制性股票的款项700万元，以银行存款支付给相关管理人员。

本题不考虑相关税费及其他因素。

要求：

（1）根据资料（1），编制甲公司与定向发行限制性股票相关的会计分录；

（2）根据上述资料，计算甲公司20×6年度、20×7年度及20×8年度因限制性股票激励计划分别应予确认的损益，并编制甲公司20×6年度相关的会计分录；

（3）根据上述资料，编制甲公司20×7年度及20×8年度与利润分配相关的会计分录；

（4）根据资料（6），编制甲公司解除限售和回购并注销限制性股票的会计分录。

【答案及解析】

（1）20×6年1月1日：

借：银行存款　　　　　　　　8 000

　　贷：股本　　（20×50×1）1 000

资本公积——股本溢价 7 000

同时，就回购义务确认负债：

借：库存股 （20×50×8）8 000

贷：其他应付款——限制性股票回购义务 8 000

（2）20×6年12月31日应确认损益的金额＝12×(20－1－2)×50×1/3＝3 400（万元）

20×7年12月31日应确认损益的金额＝12×(20－1－1－1)×50×2/3－3 400＝3 400（万元）

20×8年12月31日应确认损益的金额＝12×(20－1－1)×50×3/3－3 400－3 400＝4 000（万元）

20×6年12月31日确认损益的分录：

借：管理费用 3 400

贷：资本公积——其他资本公积 3 400

（3）20×7年5月3日，预计未来可解锁限制性股票股利持有者的现金股利（以20×6年预计行权人数为基础）＝(20－1－2)×50×1＝850（万元），预计未来不可解锁限制性股票股利持有者的现金股利＝3×50×1＝150（万元）。

①对于预计未来可解锁限制性股票持有者：

借：利润分配 850

贷：应付股利 850

同时：

借：其他应付款 850

贷：库存股 850

②对于预计未来不可解锁限制性股票持有者：

借：其他应付款 150

贷：应付股利 150

③其他普通股股份发放的现金股利：

借：利润分配 44 000

贷：应付股利 44 000

20×7年5月25日，实际发放现金股利：

借：应付股利 45 000

贷：银行存款 45 000

20×8年末，按照实际离职情况（实际离职2人），上年度分配现金股利少算了1名管理人员的股利，本年进行调整：

①对于预计未来可解锁限制性股票持有者：

借：利润分配 （1×50×1）50

贷：应付股利 50

同时：

借：其他应付款 50

贷：库存股 50

②对于预计未来不可解锁限制性股票持有者：

借：应付股利 50

贷：其他应付款 50

（4）20×9年1月1日，达到限制性股票解锁条件而无须回购的股票：

借：其他应付款——限制性股票回购义务 （900×8－850－50）6 300

贷：库存股 6 300

借：资本公积——其他资本公积 （3 400＋3 400＋4 000）10 800

贷：资本公积——股本溢价 10 800

20×9年1月20日，未达到限制性股票解锁条件而需回购的股票：

借：其他应付款——限制性股票回购义务 ［100×(8－1)］700

贷：银行存款 700

同时：

借：股本 100

资本公积——股本溢价 700

贷：库存股 （100×8）800

名师解惑

问：一次授予分次行权、分批解锁的股权激励计划，如何计算等待期内各期的成本费用？

答：可以把每个批次看成是若干独立的股权激励计划，按照股份支付计量原则计算各自在等待期内应当确认的成本费用，然后加总即可计算出来整个激励计划的成本费用。

高频考点3：企业将以现金结算的股份支付修改为以权益结算的股份支付的会计处理★★★

企业修改以现金结算的股份支付协议中的条款和条件，使其成为以权益结算的股份支付的，在修改日，企业应当按照所授予权益工具当日的公允价值计量以权益结算的股份支付，将已取得的服务计入资本公积，同时终止确认以现金结算的股份支付在修改日已确认的负债，两者之间的差额计入当期损益。上述规定同样适用于修改发生在等待期结束后的情形。如果由于修改延长或缩短了等待期，企业应当按照修改后的等待期进行上述会计处理（无须考虑不利修改的有关会计处理规定）。如果企业取消一项以现金结算的股份支付，授予一项以权益结算的股份支付，并在授予权益工具日认定其是用来替代已取消的以现金结算的股份支付（因未满足可行权条件而被取消的除外）的，按上述同样原则处理。

账务处理如下：

借：管理费用等（倒挤差额）

　　应付职工薪酬——股份支付

　　贷：资本公积——其他资本公积

经典例题

【例题·多选题】2×21年初，甲公司向其500名中层以上管理人员每人授予100份现金股票增值权，这些职工从2×21年1月1日起在该公司连续服务4年即可按照股价的增长幅度获得现金。甲公司估计，该增值权在2×21年末和2×22年末的公允价值分别为10元和12元。2×22年12月31日，甲公司将向职工授予100份现金股票增值权修改为授予100份股票期权，这些职工从2×23年1月1日起在该公司连续服务3年，即可以每股5元购买100股甲公司股票。每份期权在2×22年12月31日的公允价值为16元。甲公司预计所有的职工都将在服务期限内提供服务。假设甲公司500名职工都在2×25年12月31日行权，股份面值为每股1元。关于甲公司上述股权激励计划的会计处理，下列选项中正确的有（　　）。

A. 2×21年12月31日确认当年的管理费用金额为125 000元

B. 2×22年12月31日确认当年的管理费用金额为195 000元

C. 2×23年12月31日确认当年的管理费用金额为160 000元

D. 该股权激励计划将等待期由4年延长至5年，属于不利修改，甲公司继续按照4年的等待期为基础计算成本费用

【答案】ABC

【解析】企业将以现金结算的股份支付修改为以权益结算的股份支付，修改日为2×22年12月31日。2×21年12月31日，甲公司按照承担负债的公允价值，将当期取得的服务计入管理费用和相应的负债＝100×500×10×1/4＝125 000（元）。选项A正确。2×22年12月31日，甲公司将以现金结算的股份支付修改为以权益结算的股份支持，等待期由4年延长至5年，无须考虑不利修改的有关会计处理规定，选项D错误。甲公司应当按照权益工具在修改日的公允价值，将当期取得的服务计入资本公积＝100×500×16×2/5＝320 000（元），同时终止确认已确认的负债，两者的差额计入当期损益（管理费用）＝320 000－125 000＝195 000（元）。选项B正确。2×23年12月31日，按照权益工具在修改日的公允价值将当期取得的服务计入管理费用和资本公积＝100×500×16×3/5－320 000＝160 000（元）。选项C正确。

高频考点4：集团股份支付的处理★★★

（一）结算企业（如母公司）以其本身权益工具结算，接受服务企业（如子公司）没有结算义务

1. 结算企业

借：长期股权投资

贷：资本公积（按权益结算股份支付计量原则计量）

2. 接受服务企业

借：管理费用等

贷：资本公积（按权益结算股份支付计量原则计量）

3. 合并财务报表中应编制如下抵销分录（合并报表层面为权益结算的股份支付）

借：资本公积

贷：长期股权投资

（二）结算企业（如母公司）以现金或其他企业股份结算，接受服务企业（如子公司）没有结算义务

1. 结算企业

借：长期股权投资

贷：应付职工薪酬（按现金结算股份支付计量原则计量）

2. 接受服务企业

借：管理费用等

贷：资本公积（按权益结算股份支付计量原则计量）

3. 合并财务报表中应编制如下抵销分录（合并报表层面通常为现金结算的股份支付）

借：资本公积

管理费用等（差额，也可能在贷方）

贷：长期股权投资

命题点拨

命题角度：集团股份支付，结算企业与接受服务企业以及合并报表角度的股份支付类型。

结算企业（如母公司）如果用自身权益工具结算，属于权益结算股份支付，否则属于现金结算股份支付；接受服务企业（如子公司）如果没有结算义务，属于权益性交易，按照权益结算股份支付处理；合并报表角度，如果结算企业用集团内（含母公司和子公司）的权益工具结算，属于权益结算股份支付，否则属于现金结算股份支付。

经典例题

【例题·多选题】甲公司为W公司的子公司，2×22年1月1日，W公司授予甲公司一名高管人员100万份股票期权，如果该高管人员在本集团内服务满3年，即可以5元每股的价格购买W公司股票100万股，每份股票期权在授予日的公允价值为3元，2×22年7月1日，该高管从甲公司离职，同时入职W公司，年末该高管人员仍在W公司任职，假设该高管人员未来不会从集团内离职，不考虑其他因素，针对该业务下列表述正确的有（　　）。

A. 2×22年W公司应确认资本公积100万元

B. 2×22年W公司应确认长期股权投资100万元

C. 2×22年甲公司应确认管理费用50万元

D. 2×22年W公司应确认管理费用50万元

【答案】ACD

【解析】W公司应作为权益结算的股份支付，确认资本公积 = 100 × 3 × 1/3 = 100（万元），由于后半年高管人员为W公司提供服务，所以W公司后半年应确认管理费用50万元，前半年确认长期股权投资50万元，选项A正确，选项B错误。如果受到激励的高管在集团内调动导致接受服务的企业变更，但高管人员应取得的股权激励并未发生实质性变化，则应根据受益情况，在等待期内按照合理的标准（例如按服务时间）在原接受服务的企业与新接受服务的企业间分摊该高管的股权激励费用，即谁受益、谁确认费用，所以，甲公司和W公司均应确认管理费用 = 100 × 3 × 1/3 × 6/12 = 50（万元），选项C、D正确。

【例题·多选题】甲公司为一家上市公司，乙公司是甲公司的子公司。2×20年1月1日，甲公司向10名乙公司高管员工授予其自身股票期权，3年后未离职的每名员工可以优惠购买1万股甲公司股票。授予日，甲公司股票期权的公允价值为每份6元。2×20年7月1日起，2名员工转至甲公司任职高管人员，甲公司预计3年内没有员工离职。不考虑其他因素，下列有关股份支付会计处理的表述中正确的有（　　）。

A. 2×20年度，甲公司个别财务报表确认与股份支付相关的费用为0

B. 2×20年度，乙公司个别财务报表确认与股份支付相关的费用为18万元

C. 甲公司个别财务报表作为权益结算的股份支付处理

D. 乙公司个别财务报表作为现金结算的股份支付处理

【答案】BC

【解析】2×20年度，甲公司个别报表中应确认长期股权投资和资本公积，金额 $=10\times1\times6\times1/3-2\times1\times6\times1/3\times6/12=18$（万元），确认股份支付相关费用 $=2\times1\times6\times1/3\times6/12=2$（万元），选项A错误；2×20年度，乙公司个别报表中确认与股份支付相关的费用 $=10\times1\times6\times1/3-2\times1\times6\times1/3\times6/12=18$（万元），选项B正确。甲公司和乙公司个别报表均应作为权益结算股份支付处理，选项C正确，选项D不正确。

甲公司账务处理：

借：长期股权投资　18

　贷：资本公积——其他资本公积　18

借：管理费用　2

　贷：资本公积——其他资本公积　2

乙公司账务处理：

借：管理费用　18

　贷：资本公积——其他资本公积　18

【例题·计算分析题】2×22年7月1日，甲公司实施一项向乙公司（甲公司的子公司）20名高管人员每人授予20 000份乙公司股票期权的股权激励计划。甲公司与相关高管人员签订的协议约定：每位高管人员自期权授予之日起在乙公司连续服务4年，即可以从甲公司购买20 000股乙公司股票，购买价格为8元/股。该股票期权在授予日（2×22年7月1日）的公允价值为14元/份。2×22年12月31日的公允价值为16元/份。

截至2×15年末，20名高管人员中没有人离开乙公司，估计未来3.5年内将有2名高管人员离开乙公司。甲公司的会计处理如下：

借：管理费用　63

　贷：资本公积——其他资本公积　63

要求：判断甲公司的会计处理是否正确，并说明理由；如果甲公司的会计处理不正确，编制更正的会计分录（无须通过“以前年度损益调整”科目）。

【答案及解析】

甲公司的会计处理不正确。

理由：母公司授予子公司员工的股份支付，母公司应确认为长期股权投资。甲公司支付的股票为乙公司的股票，站在甲公司的角度，需先以现金购入其他方的股权，然后再进行股份支付，应作为现金结算的股份支付进行处理。2×15年应确认的成本费用 $=(20-2)\times2\times16\times1/4\times6/12=72$（万元）。更正分录为：

借：资本公积——其他资本公积　63

　贷：管理费用　63

借：长期股权投资　72

　贷：应付职工薪酬　72

高频考点5：股份支付条件和条款的修改★

情况	会计处理
1. 条款和条件的有利修改（针对职工而言） （1）增加了所授予的权益工具的公允价值； （2）增加了所授予的权益工具的数量； （3）企业按照有利于职工的方式修改可行权条件，如缩短等待期、变更或取消业绩条件（非市场条件）	应考虑修改后的可行权条件，将增加的权益工具的公允价值相应地确认为取得服务的增加（增加成本费用）

续表

情况	会计处理
2. 条款和条件的不利修改（针对职工而言） （1）减少了授予的权益工具的公允价值； （2）减少了授予的权益工具的数量，企业应当将减少部分作为已授予的权益工具的取消来进行处理； （3）企业以不利于职工的方式修改了可行权条件，如延长等待期、增加或变更业绩条件（非市场条件）	如同该变更从未发生，不考虑条件的修改，除非企业取消了部分或全部已授予的权益工具
3. 取消或结算（主动取消）	将取消或结算作为加速可行权处理，立即确认原本应在剩余等待期内确认的金额。取消或结算时支付给职工的款项作为权益的回购处理，支付的金额高于权益工具在回购日公允价值的部分，计入当期费用
4. 未满足可行权条件作废（被动取消）	（1）如果未满足服务期限或非市场业绩条件，则实际可行权的权益工具数量为零，不应该确认股权激励成本费用，需要把以前期间确认的成本费用冲回。 （2）如果未满足市场条件或非可行权条件，但是满足服务期限条件和非市场条件，应确认股权激励成本费用，不可以冲回以前确认的成本费用

经典例题

【真题·单选题】（2022）2×20 年 9 月 30 日，甲公司授予员工股票期权，期权的公允价值为每份 10 元，员工需在甲公司服务至 2×23 年 9 月 30 日，且甲公司盈利目标达标，方可按规定价格行权。2×21 年 12 月 31 日，期权的公允价值为每份 10.5 元；同日，甲公司批准通过了对该股权激励计划的修改方案，降低了行权价格，期权的公允价值变为每份 11 元。对于甲公司实施的上述股权激励计划，下列各项会计处理的表述中，正确的是（　　）。

A. 确定该股权激励计划授予的期权的公允价值时，应考虑甲公司盈利目标达标的可能性

B. 股权激励方案修改日，应根据权益工具公允价值的增加额（即每份 0.5 元），计算增加的股权激励费用

C. 该股权激励属于权益结算的股份支付，应以等待期内的每个资产负债表日期权的公允价值重新计算股权激励费用

D. 该股权激励属于权益结算的股份支付，应以授予日期权的公允价值计算股权激励费用，不考虑方案修改产生的公允价值变化

【答案】B

【解析】确定股票期权的公允价值时，应考虑股份支付协议中规定的市场条件和非可行权条件的影响，不考虑盈利目标达标的可能性等非市场条件的影响，选项 A 错误；权益结算的股份支付，应以授予日期权的公允价值计量股权激励费用，选项 C 错误；该股权激励计划调增了股票期权的公允价值，属于有利修改，企业应当按照权益工具公允价值的增加相应地确认取得服务的增加，选项 D 错误。

进阶练习

（一）单项选择题

1. 2×17 年 1 月 1 日，A 公司为其 12 名管理人员每人授予 2 000 份股票期权：第一年年末的可行权条件为净资产收益率增长达到 20%；第二年年末的可行权条件为净资产收益率两年平均增长 16%；第三年年末的可行权条件为净资产收益率三年平均增长 10%。该期权在 2×17 年 1 月 1 日的公允价值为 30 元。

2×17 年 12 月 31 日，企业销售业绩增长了 18%，同时有 2 名管理人员离开，企业预计 2×18 年将以同样速度增长，因此预计将于 2×18 年 12 月 31 日可行权。另外，企业预计 2×18 年 12 月 31 日又将有 3 名管理人员离开企业。2×18 年 12 月 31 日，企业净资产收益率仅增长了 12%，因此无法达到可行权状态，但企业预计 2×19 年 12 月 31 日可达到行权状态。另外，2×18 年实际有 2 名管理人员离开，预计第三年将有 1 名管理人员离开企业。2×19 年 12 月 31 日，企业净利润增长了 12%，因此达到可行权状态。当年有 3 名管理人员离开。2×19 年 A 公司因该股份支付应该确认的费用为（　　）元。

A. 20 000　　B. 300 000

C. 70 000　　D. 90 000

2. 甲公司 2×19 年 1 月 1 日，公司向其 100 名管理人员每人授予 100 份股票期权，这些员工从 2×19 年 1 月 1 日起在该公司连续服务 3 年，即可以每股 5 元的价格购买 100 股甲公司股票，从而获益。该期权需要在 2×23 年 12 月 31 日之前行使完毕。公司估计该期权在授予日的公允价值为 30 元。至 2×21 年 12 月 31 日，有 10 名管理人员离开企业。假设剩余 90 名职员在 2×22 年 12 月 31 日全部行权，甲公司股票面值为 1 元。因职工行权甲公司应确认的资本公积（股本溢价）金额为（　　）元。

A. 36 000　　B. 300 000

C. 306 000　　D. 291 000

3. 2×22 年 1 月 1 日，甲公司经股东大会批准与其高管人员签订股份支付协议，协议约定：等待期为 2×22 年 1 月 1 日起两年，两年期满有关高管人员仍在甲公司工作且每年净资产收益率不低于 15% 的，高管人员每人可无偿取得 10 万股甲公司股票。甲公司普通股按董事会批准该股份支付协议前 20 天平均市场价格计算的公允价值为 20 元/股，授予日甲公司普通股的公允价值为 18 元/股。2×22 年 12 月 31 日，甲公司普通股的公允价值为 15 元/股。根据甲公司生产经营情况及市场价格波动等因素综合考虑，甲公司预计该股份支付行权日其普通股的公允价值为 24 元/股。不考虑其他因素，下列各项中，属于甲公司在计算 2×22年因该股份支付确认费用时应使用的普通股的公允价值是（　　）。

A. 预计行权日甲公司普通股的公允价值

B. 2×22 年 1 月 1 日甲公司普通股的公允价值

C. 2×22 年 12 月 31 日甲公司普通股的公允价值

D. 董事会批准该股份支付协议前 20 天按甲公司普通股平均市场价格计算的公允价值

4. 下列关于企业授予职工限制性股票的相关会计处理，表述不正确的是（　　）。

A. 上市公司在锁定期内发放现金股利的，现金股利可撤销，对于预计未来可解锁限制性股票持有者，上市公司应分配给限制性股票持有者的现金股利应当作为利润分配进行会计处理，借记“利润分配——应付现金股利或利润”科目，贷记“应付股利——限制性股票股利”科目；同时，按分配的现金股利金额，借记“其他应付款——限制性股票回购义务”等科目，贷记“库存股”科目

B. 上市公司在锁定期内发放现金股利的，现金股利可撤销，对于预计未来不可解锁限制性股票持有者，上市公司应分配给限制性股票持有者的现金股利应当冲减相关的负债，借记“其他应付款——限制性股票回购义务”等科目，贷记“应付股利——限制性股票股利”科目

C. 上市公司在锁定期内按照权益结算股份支付原则确认成本费用

D. 向职工发行的限制性股票按有关规定履行了注册登记等增资手续的，上市公司应当按照职工缴纳的认股款，借记“银行存款”等科目，按照股本金额，贷记“股本”科目，按照其差额，贷记“资本公积——股本溢价”科目；同时，针对回购义务，借记“股本”科目，贷记“其他应付款”科目

（二）多项选择题

1. 下列各项关于附等待期的股份支付会

计处理的表述中，正确的有（ ）。

A. 以权益结算的股份支付，相关权益性工具的公允价值在授予日后不再调整

B. 现金结算的股份支付在授予日不作会计处理，但权益结算的股份支付应予处理

C. 附市场条件的股份支付，应在所有市场及非市场条件均满足时确认相关成本费用

D. 业绩条件为非市场条件的股份支付，等待期内应根据后续信息调整对可行权情况的估计

2. 甲公司是一家上市公司，经股东大会批准，向其子公司（乙公司）的高级管理人员授予其自身的股票期权。对于上述股份支付，在甲公司和乙公司的个别报表中，不正确的会计处理方法有（ ）。

A. 均作为以现金结算的股份支付处理

B. 甲公司作为以权益结算的股份支付处理，乙公司作为以现金结算的股份支付处理

C. 甲公司作为以现金结算的股份支付处理，乙公司作为以权益结算的股份支付处理

D. 均作为以权益结算的股份支付处理

3. 下列各项附等待期的股份支付，属于现金结算的股份支付的有（ ）。

A. 授予研发人员虚拟股票的计划

B. 以低于市价向员工出售限制性股票的计划

C. 授予高管人员以股票的市场价格支付价款的计划

D. 公司承诺达到生产要求，授予销售人员按照股票市价涨幅无条件支付奖励款的计划

4. 下列有关股份支付条款和条件修改的处理中，表述正确的有（ ）。

A. 如果修改增加了所授予的权益工具的公允价值，企业应按照权益工具公允价值的增加相应地确认取得服务的增加

B. 如果修改减少了所授予权益工具的公允价值，企业应按照权益工具公允价值的减少相应地冲减已确认的成本费用

C. 如果修改增加了所授予的权益工具的数量，企业应将增加的权益工具的公允价值相应地确认为取得服务的增加

D. 如果企业按照有利于职工的方式修改可行权条件，如缩短等待期、变更或取消业绩条件（非市场条件），企业在处理可行权条件时，应当考虑修改后的可行权条件

5. M公司为N公司的母公司，2×21年发生的如下业务中，会计处理正确的有（ ）。

A. M公司授予N公司管理人员以N公司股票结算的股份支付，M公司个别报表中作为权益结算的股份支付处理

B. M公司授予N公司管理人员以N公司股票结算的股份支付，N公司个别报表中作为权益结算的股份支付处理

C. M公司授予N公司销售人员以母公司股价上涨幅度获得现金的权利，M公司个别报表应作为现金结算的股份支付处理

D. M公司授予N公司销售人员以母公司股价上涨幅度获得现金的权利，M公司合并报表应作为权益结算的股份支付处理

6. 股份支付中，企业在确定授予员工的限制性股票在授予日的公允价值时，应考虑的因素有（ ）。

A. 市场条件

B. 非市场业绩条件

C. 服务期限条件

D. 非可行权条件

（三）计算分析题

1. 甲股份有限公司（以下简称“甲公司”）于20×3年开始对高管人员进行股权激励。具体情况如下：

（1）20×3年1月2日，甲公司与50名高管人员签订股权激励协议并经股东大会批准。协议约定：甲公司向每名高管授予12万份股票期权，每份期权于到期日可以8元/股的价格购买甲公司1股普通股。该股票期权自股权激励协议签订之日起3年内分三期平均行权，即该股份支付协议包括等待期分别为1年、2年和3年的三项股份支付安排：

20×3年末甲公司实现的净利润较上一年度增长8%（含8%）以上，在职的高管人员

持有的股票期权中每人可行权 4 万份；20×4 年末，如果甲公司 20×3 年、20×4 年连续两年实现的净利润增长率达到 8%（含 8%）以上，在职的高管人员持有的股票期权中每人可行权 4 万份；20×5 年末，如果甲公司连续三年实现的净利润增长率达到 8%（含 8%）以上，则高管人员持有的剩余股票期权可以行权。当日甲公司估计授予高管人员的股票期权公允价值为 5 元/份。

（2）20×3 年，甲公司实现净利润 12 000 万元，较 20×2 年增长 9%，预计股份支付剩余等待期内净利润仍能够以同等速度增长。20×3 年甲公司普通股平均市场价格为 12 元/股。20×3 年 12 月 31 日，甲公司的授予股票期权的公允价值为 4.5 元/份。20×3 年，与甲公司签订了股权激励协议的高管人员没有离职，预计后续期间也不会离职。

（3）20×4 年，甲公司 50 名高管人员将至 20×3 年末到期可行权的股票期权全部行权。20×4 年，甲公司实现净利润 13 200 万元，较 20×3 年增长 10%。20×4 年没有高管人员离职，预计后续期间也不会离职。

20×4 年 12 月 31 日，甲公司所授予股票期权的公允价值为 3.5 元/份。

其他有关资料：甲公司 20×3 年 1 月 1 日发行在外普通股为 5 000 万股，假定各报告期未发生其他影响发行在外普通股股数变动的事项，且公司不存在除普通股外其他权益工具。不考虑相关税费及其他因素。

要求：

（1）确定甲公司该项股份支付的授予日。计算甲公司 20×3 年、20×4 年就该股份支付应确认的费用金额，并编制相关会计分录。

（2）编制甲公司高管人员 20×4 年就该股份支付行权的会计分录。

（3）计算甲公司 20×3 年基本每股收益。

2. 20×6 年 1 月 1 日，经股东大会批准，甲上市公司（以下简称“甲公司”）与 50 名高级管理人员签署股份支付协议。协议规定：①甲公司向 50 名高级管理人员每人授予 10 万份股票期权，行权条件为这些高级管理人员从授予股票期权之日起连续服务满 3 年，公司 3 年平均净利润增长率达到 12%；②符合行权条件后，每持有 1 份股票期权可以自 20×9 年 1 月 1 日起 1 年内，以每股 5 元的价格购买甲公司 1 股普通股股票，在行权期间内未行权的股票期权将失效。甲公司估计授予日每份股票期权的公允价值为 15 元。20×6 年至 20×9 年，甲公司与股票期权有关的资料如下：

（1）20×6 年 5 月，甲公司自市场回购本公司股票 500 万股，共支付款项 4 025 万元，作为库存股待行权时使用。

（2）20×6 年，甲公司有 1 名高级管理人员离开公司，本年净利润增长率为 10%。该年末，甲公司预计未来两年将有 1 名高级管理人员离开公司，预计 3 年平均净利润增长率将达到 12%；每份股票期权的公允价值为 16 元。

（3）20×7 年，甲公司没有高级管理人员离开公司，本年净利润增长率为 14%。该年末，甲公司预计未来 1 年将有 2 名高级管理人员离开公司，预计 3 年平均净利润增长率将达到 12.5%；每份股票期权的公允价值为 18 元。

（4）20×8 年，甲公司有 1 名高级管理人员离开公司，本年净利润增长率为 15%。该年末，每份股票期权的公允价值为 20 元。

（5）20×9 年 3 月，48 名高级管理人员全部行权，甲公司共收到款项 2 400 万元，相关股票的变更登记手续已办理完成。

要求：

（1）编制甲公司回购本公司股票时的相关会计分录。

（2）计算甲公司 20×6 年、20×7 年、20×8 年因股份支付应确认的费用，并编制相关会计分录。

（3）编制甲公司高级管理人员行权时的相关会计分录。

（四）综合题

经董事会批准，甲公司 20×7 年 1 月 1 日实施股权激励计划，其主要内容为：甲公司向其子公司乙公司 50 名管理人员每人授予 1 万份现金股票增值权，行权条件为乙公司 20×7 年度实现的净利润较前一年增长 6%，截至 20×8 年 12 月 31 日 2 个会计年度平均净利润增长率为 7%，截至 20×9 年 12 月 31 日 3 个会计年度平均净利润增长率为 8%；从达到上述业绩条件的当年末起，每持有 1 份现金股票增值权可以从甲公司获得相当于行权当日甲公司股票每股市场价格的现金，行权期为 3 年。本题不考虑税费和其他因素。

（1）乙公司 20×7 年度实现的净利润较前一年增长 5%，本年度没有管理人员离职。该年末，甲公司预计乙公司截至 20×8 年 12 月 31 日 2 个会计年度平均净利润增长率将达到 7%，未来一年将有 2 名管理人员离职。每份现金股票增值权公允价值如下：20×7 年 1 月 1 日为 9 元；20×7 年 12 月 31 日为 10 元。

（2）20×8 年度，乙公司有 3 名管理人员离职，实现的净利润较前一年增长 7%。该年末，甲公司预计乙公司截至 20×9 年 12 月 31 日 3 个会计年度平均净利润增长率将达到 10%，未来一年将有 4 名管理人员离职。20×8 年 12 月 31 日现金股票增值权为 12 元。

（3）20×9 年 10 月 20 日，甲公司经董事会批准取消原授予乙公司管理人员的股权激励计划，同时以现金补偿原授予现金股票增值权且尚未离职的乙公司管理人员 600 万元。20×9 年初至取消股权激励计划前，乙公司有 1 名管理人员离职。20×9 年 10 月 20 日该现金股票增值权的公允价值为 11 元。

要求：

（1）根据上述资料，计算股权激励计划的实施对甲公司 20×7 年度合并财务报表的影响，并简述相应的会计处理。

（2）根据上述资料，计算股权激励计划的实施对甲公司 20×8 年度合并财务报表的影响，并简述相应的会计处理。

（3）根据上述资料，计算股权激励计划的取消对甲公司 20×9 年度合并财务报表的影响，并简述相应的会计处理。

进阶练习答案及解析

（一）单项选择题

1.【答案】A

【解析】2×17 年应该确认的费用 =（12 - 2 - 3）× 2 000 × 30 × 1/2 = 210 000（元）；2×18 年应该确认的费用 =（12 - 2 - 2 - 1）× 2 000 × 30 × 2/3 - 210 000 = 70 000（元）；2×19 年应该确认的费用 =（12 - 2 - 2 - 3）× 2 000 × 30 - 210 000 - 70 000 = 20 000（元）。

2.【答案】C

【解析】在等待期内确认的管理费用，即“资本公积——其他资本公积”的金额 = 100 × 90 × 100 × 30 = 270 000（元），所以记入“资本公积——股本溢价”科目的金额 = 90 × 5 × 100 + 270 000 - 90 × 100 × 1 = 306 000（元）。相关的账务处理：

借：银行存款　　45 000
　　资本公积——其他资本公积　　270 000
　贷：股本　　9 000
　　　资本公积——股本溢价　　306 000

3.【答案】B

【解析】权益结算的股份支付，企业应在等待期内的每个资产负债表日，以对可行权权益工具数量的最佳估计数为基础，按照权益工具在授予日的公允价值，将当期取得的服务计入相关资产成本或当期费用，同时计入资本公积——其他资本公积，选项 B 正确。

4.【答案】D

【解析】向职工发行的限制性股票按有关规定履行了注册登记等增资手续的，上市公司应当按照职工缴纳的认股款，借记“银行存款”等科目，按照股本金额，贷记“股本”科目，按照其差额，贷记“资本公积——股本溢价”科目；同时，针对回购义务，借记“库存股”科目，贷记“其他应付款”科目。

（二）多项选择题

1. 【答案】AD

【解析】选项 B，除非是立即可行权的处理，否则不论是现金结算的股份支付还是权益结算的股份支付，在授予日均不作处理；选项 C，员工没有满足市场条件时，只要满足了其他非市场条件，企业也应当确认相关成本费用。

2. 【答案】ABC

【解析】本题属于集团股份支付，甲公司在职工行权时，最终付出的是自身股票，所以属于权益结算的股份支付；乙公司没有结算义务，所以也是权益结算的股份支付。

3. 【答案】ACD

【解析】以权益结算的股份支付最常用的工具有两类：限制性股票和股票期权，选项 B 为权益结算的股份支付；以现金结算的股份支付最常用的工具有两类：虚拟股票和现金股票增值权，选项 A、C、D 最终支付的是现金，属于现金结算的股份支付。

4. 【答案】ACD

【解析】对于不利修改（对职工不利，对企业有利），进行会计处理时不考虑可行权条件的修改，选项 B 错误。

5. 【答案】BC

【解析】选项 A、B，此时相当于 M 公司先从 N 公司购入股票，然后授予 N 公司职工，M 公司个别报表应作为现金结算的股份支付；N 公司个别报表应作为权益结算股份支付处理。选项 C、D，M 公司个别报表和合并报表均应作为现金结算的股份支付处理。

6. 【答案】AD

【解析】企业在确定权益工具在授予日的公允价值时，应考虑股份支付协议中规定的市场条件和非可行权条件的影响。非市场条件是指除市场条件之外的其他业绩条件，如股份支付协议中关于达到最低盈利目标或销售目标才可行权的规定。对于可行权条件为业绩条件的股份支付，在确定权益工具的公允价值时，应考虑市场条件的影响。

（三）计算分析题

1. 【答案及解析】

（1）授予日为20×3 年 1 月 2 日。因为甲公司与高管人员在当日签订了股权激励协议并经股东大会批准。

20×3 年，甲公司应确认的管理费用 = 50 × 4 × 5 × 1/1 + 50 × 4 × 5 × 1/2 + 50 × 4 × 5 × 1/3 = 1 833.33（万元）

相关会计分录为：

借：管理费用　　1 833.33
　贷：资本公积——其他资本公积　　1 833.33

20×4 年，甲公司应确认的管理费用 = 50 × 4 × 5 × 1/1 + 50 × 4 × 5 × 2/2 + 50 × 4 × 5 × 2/3 − 1 833.33 = 833.34（万元）

相关会计分录为：

借：管理费用　　833.34
　贷：资本公积——其他资本公积　　833.34

（2）因职工行权增加的股本 = 50 × 4 × 1 = 200（万元）

确认的“资本公积——股本溢价”金额 = (50 × 4 × 8 + 50 × 4 × 5) − 200 = 2 400（万元）

借：银行存款　　1 600
　　资本公积——其他资本公积（50 × 4 × 5）　　1 000
　贷：股本　　200
　　　资本公积——股本溢价　　2 400

（3）甲公司 20×3 年的基本每股收益 = 12 000/5 000 = 2.4（元/股）

2. 【答案及解析】

（1）回购库存股：

借：库存股　　4 025
　贷：银行存款　　4 025

（2）20×6 年应确认的费用 = (50 − 1 − 1) × 10 × 15 × 1/3 = 2 400（万元）

借：管理费用　　2 400
　贷：资本公积——其他资本公积　　2 400

20×7 年应确认的费用 = (50 − 1 − 2) × 10 × 15 × 2/3 − 2 400 = 2 300（万元）

借：管理费用　　2 300

贷：资本公积——其他资本公积　　2 300

20×8 年应确认的费用 =（50 - 1 - 1）×10×15 - 2 400 - 2 300 = 2 500（万元）

借：管理费用　　2 500

贷：资本公积——其他资本公积　　2 500

（3）行权时相关的会计分录为：

借：银行存款　　2 400

资本公积——其他资本公积　　7 200

贷：库存股

［4 025/500×（48×10）］　3 864

资本公积——股本溢价　　5 736

（四）综合题

【答案及解析】

（1）20×7 年度行权条件为乙公司 20×7 年度实现的净利润较前一年增长 6%，实际上乙公司 20×7 年度实现的净利润较前一年增长 5%，没有达到可行权条件，但是预计第二年有望达到可行权条件。所以等待期为 2 年。

股权激励计划的实施对甲公司 20×7 年度合并财务报表的影响 =（50 - 0 - 2）×1×10×1/2 = 240（万元）。

相应的会计处理：甲公司在其 20×7 年度合并财务报表中，确认应付职工薪酬和管理费用 240 万元。

（2）20×8 年度行权条件为截至 20×8 年 12 月 31 日 2 个会计年度平均净利润增长率为 7%，实际上乙公司平均净利润增长率为（5% +7%）/2 = 6%，没有达到可行权条件，但是预计第 3 年有望达到可行权条件。所以等待期为 3 年。

20×8 年度合并财务报表的影响 =（50 - 0 - 3 - 4）×1×12×2/3 - 240 = 104（万元）。

相应的会计处理：甲公司在其 20×8 年度合并财务报表中，确认应付职工薪酬和管理费用 104 万元。

（3）20×9 年 10 月 20 日因为股权激励计划取消合并报表应确认的应付职工薪酬余额 =（50 - 0 - 3 - 1）×1×11×3/3 = 506（万元），同时确认当期的应付职工薪酬和管理费用为 162 万元（506 - 240 - 104）。

以现金补偿 600 万元高于该金融工具在回购日公允价值 506 万元的差额部分，即 94 万元，应该计入当期损益（管理费用）。

因此，股权激励计划的取消对甲公司 20×9 年度合并财务报表的影响金额 = 162 + 94 = 256（万元）。

相应的会计处理：

①甲公司在其 20×9 年度合并财务报表中应作为加速行权处理，原应在剩余期间内确认的相关费用应在 20×9 年度全部确认。

②补偿的现金与因股权激励计划确认的应付职工薪酬之间的差额计入当期损益。

第十一章　借款费用

2023 年教材内容主要变化

本章教材内容无实质变化。

本章近五年考试高频考点分布

高频考点内容	年度及题型分布
借款费用的范围	2018 年单选题
借款费用资本化金额计算	2022 年单选题、2020 年单选题、2020 年综合题、2019 年单选题、2019 年综合题、2018 年单选题
借款费用资本化的条件	2022 年单选题、2021 年单选题、2020 年单选题、2019 年多选题

高频考点精讲

本章主要介绍借款费用的会计处理方法，主要内容包括借款费用的构成内容；借款费用的承担对象；借款费用资本化的条件及借款费用资本化金额的计算方法。其中，借款费用资本化金额的计算方法是重点内容。

高频考点 1：借款费用的范围★★

借款费用是企业因借入资金所付出的代价，它的构成范围包括：

（1）因借款而发生的利息，包括从金融机构借款、发行债券以及为购建或者生产符合资本化条件的资产而发生的带息债务所承担的利息；

（2）因借款而发生的折价或溢价的摊销，主要指企业发行债券产生的溢价额和折价额摊销对利息的影响；

（3）因外币借款而发生的汇兑差额，主要是因汇率变动对外币借款本金及利息的记账本位币调整形成的差额；

（4）因借款而发生的辅助费用，主要是指企业在借款过程中发生的手续费、佣金、印刷费等；

（5）承租人按照固定的周期性利率计算租赁负债在租赁期内各期间的利息费用。

小贴士 企业发生的权益性融资费用不包含在借款费用中。

经典例题

【真题·单选题】（2018 改编）下列各项中，不属于借款费用的是（ ）。

A. 外币借款发生的汇兑收益

B. 承租人租赁发生的融资费用

C. 发行股票支付的承销商佣金及手续费

D. 以咨询费的名义向银行支付的借款利息

【答案】C

【解析】发生股票支付的承销商佣金及手续费属于权益性融资费用，不属于借款费用。

高频考点 2：借款费用的确认★★

（一）符合资本化条件的资产

符合资本化条件的资产是指需要经过相当长时间的购建或者生产活动才能达到预定可使用可销售状态的固定资产、投资性房地产和存货等，也包括租入资产和自行开发形成的无形资产。

这里的相当长时间是指建造期或生产期应当在 1 年及以上，不包括人为或故意因素。企业的借款只有用于建造符合资本化条件的资产，其借款费用才能资本化，这实质上是对借款费用资本化的对象限制。

（二）借款费用资本化时间的界定

借款费用能够资本化，需符合两个条件：一是对象；二是时间。对象条件就是借款必须用于符合资本化条件资产的建造或生产，借款费用才能资本化；时间条件就是借款必须在资本化区间内产生的借款费用才能资本化。资本化区间的规定如下：

1. 资本化开始

同时满足下列条件的，资本化开始：

（1）资产支出已经发生（支付现金；转移非现金资产；承担带息债务）；

（2）借款费用已经发生；

（3）为使资产达到预定可使用或者可销售状态所必要的购建活动或者生产活动已经开始。

2. 资本化停止

购建或者生产符合资本化条件的资产达到预定可使用或者可销售状态时，借款费用停止资本化。其判断迹象包括：

（1）符合资产化条件资产的实体建造或者生产活动已经全部完成。

（2）所建造资产符合设计要求或者合同要求。

（3）继续发生在所购建或者生产的符合资本化条件的资产上的支出金额很少或者几乎不再发生。

如果所购建或者生产的资产是分别建造、分别完工的，则应根据其独立性判断资本化停止的时点。

3. 资本化暂停

在资本化区间内，符合资本化条件的资产在购建或者生产过程中发生非正常中断，且中断时间连续超过 3 个月的，应当暂停借款费用资本化。

正常中断与非正常中断的区分

项目	概念	实例
正常中断	中断是资产达到预定可使用或者可销售状态必要的程序、可预见的不可抗力导致的中断	（1）质量、安全检查停工； （2）北方因冰冻季节停工； （3）南方因梅雨季节停工
非正常中断	非正常中断是指企业管理决策上的原因或者其他不可预见的原因等所导致的中断	（1）企业与施工方发生了质量纠纷； （2）工程、生产用料没有及时供应； （3）资金周转发生了困难； （4）施工、生产发生了安全事故； （5）发生了劳动纠纷等

经典例题

【真题·单选题】（2020）20×8年5月1日，甲公司正式动工兴建一栋厂房。为解决厂房建设需要的资金，20×8年6月1日，甲公司从乙银行专门借款4 000万元，期限为1年，20×9年3月30日，厂房工程全部完工。

20×9年4月10日，厂房经验收达到预定可使用状态。20×9年5月20日，厂房投入使用。20×9年5月31日，甲公司偿还乙银行上述借款。不考虑其他因素。甲公司厂房工程借款费用停止资本化的时点是（　　）。

A. 20×9年3月30日

B. 20×9年5月31日

C. 20×9年4月10日

D. 20×9年5月20日

【答案】C

【解析】20×9年4月10日，厂房达到了预定可使用状态，所以借款费用应该停止资本化，选项C正确。

高频考点3：借款利息资本化金额的确定★★★

由于会计准则要求对利息费用的计算采用实际利率法，因此，因借款所发生的折溢价以及辅助费用对利息的影响都包含在利率中了，不必对其进行专门的核算。

对于借款利息资本化金额的计算，须分别专门借款和一般借款，采用不同的计算方法。

（一）专门借款利息资本化金额的计算方法

由于专门借款就是用来建造符合资本化条件的资产的，因此，其在资本化区间的全部借款利息都需资本化。如果闲置资金用于投资或者有利息收入，可将其冲减资本化金额。

专门借款的利息资本化金额＝本期借款的实际利息支出－存款收益

本期借款的实际利息支出＝借款期初的摊余成本×实际利率

经典例题

【真题·单选题】（2020）为建造某大型设备，甲公司2×18年1月1日从银行借入期限为2年的专门借款2 000万元，年利率为4%（等于实际利率）。2×18年4月1日，甲公司开始建造该大型设备。当日，甲公司按合同约定预付工程款500万元。2×18年7月1日和10月1日，甲公司分别支付工程物资款和工程进度款700万元、400万元。该大型设备2×18年12月31日完工并达到预定可使用状态。不考虑其他因素，甲公司2×18年度为建造该大型设备应予以资本化的借款利息金额是（　　）万元。

A. 33　　　　B. 48

C. 60　　　　D. 80

【答案】C

【解析】该专门借款的资本化开始时间点为2×18年4月1日，停止时间点为2×18年12月31日，当年资本化时间为4～12月，共9个月，不考虑其他因素情境下，资本化利息金额＝2 000×4%÷12×9＝60（万元）。

【真题·单选题】（2018）20×6年3月5日，甲公司开工建设一栋办公大楼，工期预计为1.5年。为筹集办公大楼后续建设所需要的资金，甲公司于20×7年1月1日向银行专门借款5 000万元，借款期限为2年，年利率为7%（与实际利率相同），借款利息按年支付。20×7年4月1日、20×7年6月1日、20×7年9月1日，甲公司使用专门借款分别支付工程进度款2 000万元、1 500万元、1 500万元。借款资金闲置期间专门用于短期理财，共获得理财收益60万元。办公大楼于20×7年10月1日完工，达到预定可使用状态。不考虑其他因素，甲公司20×7年度应予资本化的利息金额是（　　）万元。

A. 202.50　　　　B. 262.50

C. 290.00　　　　D. 350.00

【答案】A

【解析】专门借款的利息资本化金额应是借款的全部利息减去存款收益，即5 000×7%×9/12－60＝202.50（万元）。

【例题·多选题】甲公司为房地产开发企

业。2×21 年度发生的有关交易或事项如下：(1) 1月1日，向国行借款5亿元，专门用于房地产开发项目，项目建设期一年半。(2) 2月1日，用银行贷款2亿元购入土地使用权，并开始开发建设。(3) 4月1日，因安全事故停工，10月1日恢复建设。(4) 每月按实际利率计算的利息支出为200万元，资本化期间利用暂时闲置的银行贷款资金获得理财收益400万元。不考虑其他因素，下列关于甲公司2×21年度会计处理的表述中，正确的有（　　）。

A. 闲置的国行借款资本化期间获得的理财收益计入当期损益

B. 因安全事故导致的停工期间的借款费用应当资本化

C. 借款费用开始资本化的时间为2×21年2月1日

D. 专门借款利息支出1 000万元计入建设项目成本

【答案】CD

【解析】闲置的国行借款资本化期间获得的理财收益应当冲减建设项目成本，选项A错误；连续停工超过3个月，符合暂停资本化的条件，借款费用应当费用化，选项B错误。

（二）一般借款利息资本化金额的计算方法

一般借款不是用来建造符合资本化条件资产的，其利息原本和资本化无关。但如果在建造符合资本化条件的资产时，占用了一般借款，则占用的这部分借款利息应该资本化。注意的问题是，**一般借款的存款收益与资本化无关，也就是说其存款收益都冲减费用。**

一般借款的利息资本化金额 = 一般借款的累计占用数 × 资本化率

一般借款的累计占用数 = $\sum$ 每笔占用的一般借款 × 占用时间权重

资本化率 = 所占用一般借款至期末利息之和 / $\sum$ 所占用一般借款的本金 × 占用的时间权重

名师解惑

问：既有专门借款也有一般借款情况下如何计算借款费用资本化的金额？

答：默认先占用的是专门借款，用资本化期间内专门借款的实际利率费用减去闲置的专门借款投资产生的收益后的金额计算资本化金额；当累计资产支出超过了专门借款的金额，开始占用一般借款，此时需要计算累计资产支出超过了专门借款部分的资产支出加权平均数，再乘以资本化率计算资本化金额。

经典例题

【真题·单选题】（2019）20×8年1月1日，甲公司为购建生产线借入3年期专门借款3 000万元，年利率为6%，当年度发生与购建生产线相关的支出包括：1月1日支付材料款1 800万元，3月1日支付工程进度款1 600万元，9月1日支付工程进度款2 000万元。甲公司将暂时未使用的专门借款用于货币市场投资，月利率为0.5%，除专门借款外，甲公司尚有两笔流动资金借款：一笔是20×7年10月借入的2年期借款2 000万元，年利率为5.5%；另一笔为20×8年1月1日借入的1年期借款3 000万元，年利率为4.5%。假定上述借款的实际利率与名义利率相同，不考虑其他因素，甲公司20×8年度应予资本化的一般借款利息金额是（　　）万元。

A. 49　　B. 45

C. 60　　D. 55

【答案】A

【解析】20×8年度一般借款资本化率 =（2 000 × 5.5% + 3 000 × 4.5%）/（2 000 + 3 000）×100% = 4.9%，累计资产支出超过专门借款部分的资产支出加权平均数 =（1 800 + 1 600 − 3 000）× 10/12 + 2 000 × 4/12 = 1 000（万元），因此甲公司20×8年度应予资本化的一般借款利息金额 = 1 000 × 4.9% = 49（万元）。

【真题·多选题】（2017）甲公司为境内上市公司，2×16年3月10日为筹集生产线建设资金，通过定向增发本公司股票，募集资金30 000万元。生产线建造工程于2×16年4月

第十一章

1 日开工，至 2×16 年 10 月 31 日募集资金已全部投入。为补充资金缺口，11 月 1 日甲公司以一般借款（甲公司仅有一笔年利率为 6% 的一般借款）补充生产线建设资金 3 000 万元，建造过程中甲公司领用本公司原材料一批，成本为 1 000 万元。至 2×16 年 12 月 31 日，该生产线建造工程仍在进行当中，不考虑税费及其他因素。下列各项甲公司 2×16 年所发生的支出中，应当资本化并计入所建造生产线成本的有（　　）。

A. 领用本公司原材料 1 000 万元

B. 2×16 年 11 月 1 日至年底占用一般借款所发生的利息

C. 使用募集资金支出 30 000 万元

D. 使用一般借款资金支出 3 000 万元

【答案】ABCD

【解析】选项 A、C、D 属于为建造生产线的资产支出，应该计入生产线的成本；选项 B 属于资本化的借款费用，也应当计入生产线的成本。

【例题·单选题】乙公司在建造符合资本化条件的仓库过程中占用了一般借款，其占用时间分别为 2×19 年 6 月 1 日 200 万元和 9 月 1 日 300 万元。该笔一般借款为 2×19 年 1 月 1 日从银行借入的，金额为 800 万元，借款的利率为 7%，存款的利率为 2%。该笔借款除用于建造仓库发生支出外，其余款项尚未支出。该公司按年计息，2×19 年该笔借款的利息资本化金额为（　　）万元。

A. 56　　B. 40

C. 15.17　　D. 10.17

【答案】C

【解析】一般借款的利息资本化金额只考虑占用部分的，而且不需要将其存款的利息收益扣除，因此，该公司 2×19 年一般借款的利息资本化金额 = 200 × 7% × 7/12 + 300 × 7% × 4/12 = 15.17（万元）。

高频考点 4：外币专门借款汇兑差额资本化金额的确定★★

外币借款汇兑差额	资本化期间	费用化期间
外币专门借款	资本化	费用化
外币一般借款	费用化	费用化

经典例题

【例题·多选题】在资本化期间内，下列各项有关借款费用会计处理的表述中，正确的有（　　）。

A. 所购建的符合资本化条件的资产各部分分别完工，且每个部分可供单独使用的，应当停止与该部分资产相关的借款费用资本化

B. 专门借款当期实际发生的利息费用，减去尚未动用的专门借款进行暂时性投资取得的投资收益后的金额，计入在建工程成本

C. 由于市场行情不景气，企业暂停了房地产开发建设 2 个月，该 2 个月的借款费用应当资本化

D. 外币借款本金及其利息所产生的汇兑差额，应当予以资本化

【答案】ABC

【解析】选项 D，在资本化期间内，外币专门借款的本金及利息的汇兑差额，应当予以资本化，但是外币一般借款的本金及利息的汇兑差额，均应费用化。

进阶练习

（一）单项选择题

1. 甲公司建造生产线，该工程预计工期为 2 年，建造活动自 2×22 年 7 月 1 日开始，当日预付承包商建设工程款 3 000 万元。9 月 30

日，追加支付工程进度款2 000万元。甲公司生产线建造工程占用借款包括：（1）2×22年6月1日借入的三年期专门借款4 000万元，年利率为6%；（2）2×22年1月1日借入的两年期一般借款3 000万元，年利率为7%。甲公司将闲置部分专门借款投资于货币市场基金，月收益率为0.6%。不考虑其他因素，2×22年甲公司建造该建设工程应予以资本化的利息费用是（　　）万元。

A. 119.50　　B. 122.50

C. 137.50　　D. 139.50

2. 甲公司2×22年1月1日发行面值总额为10 000万元的债券，取得的款项专门用于建造厂房。该债券系分期付息、到期还本债券，期限为4年，票面年利率为10%，每年12月31日支付当年利息。该债券年实际利率为8%。债券发行价格总额为10 662.10万元，款项已存入银行。厂房于2×22年1月1日开工建造，当日将一部分借款资金投入工程建设，2×22年度累计发生建造工程支出4 600万元。经批准，当年甲公司将尚未使用的债券资金投资于国债，取得投资收益760万元。2×22年12月31日工程尚未完工，该在建工程的账面余额为（　　）万元。

A. 4 692.97　　B. 4 906.21

C. 5 452.97　　D. 5 600

3. 下列说法中，正确的是（　　）。

A. 符合资本化条件的资产在建造期内停工达3个月的，借款费用暂停资本化

B. 事先可预计的不可抗力因素引起的中断属于非正常中断

C. 事先可预计的不可抗力因素引起的中断属于正常中断

D. 暂停资本化后又恢复施工的，暂停期间的借款费用应该转入资本化

4. 关于借款利息资本化金额确定问题上，下列说法正确的是（　　）。

A. 计算专门借款利息资本化金额不必考虑未动用存款的利息收入

B. 一般借款的利息资本化金额需考虑未动用存款的利息收入

C. 专门借款的利息资本化金额是指其合同利息或票面利息

D. 计算专门借款的利息资本化金额是指其实际利息支出减去存款收益

5. 2×19年7月1日，甲公司向银行借入3 000万元，借款期限2年，年利率4%（类似贷款的市场年利率为5%），该贷款专门用于甲公司办公楼的建造，2×19年10月1日，办公楼开始实体建造，甲公司支付工程款600万元。2×20年1月1日、2×20年7月1日又分别支付工程款1 500万元、800万元。2×20年10月31日，经甲公司验收，办公楼达到预定可使用状态。2×20年12月31日，甲公司开始使用该办公楼。不考虑其他因素，下列各项关于甲公司建造办公楼会计处理的表述中正确的是（　　）。

A. 按借款本金3 000万元、年利率4%计算的利息金额作为应付银行的利息金额

B. 借款费用开始资本化的时间为2×19年7月1日

C. 按借款本金3 000万元、年利率4%计算的利息金额在资本化期间内计入建造办公楼的成本

D. 借款费用应予资本化的期间为2×19年7月1日至2×20年12月31日止

6. 2×19年4月1日，甲公司为购建厂房借入专门借款6 000万元，借款期限3年，年利率8%。2×19年4月1日，甲公司购建活动开始并向施工方支付了第一笔款项2 000万元。在施工过程中，甲公司与施工方发生了质量纠纷，施工活动从2×19年8月1日起发生中断。至年末尚未开工。假定甲公司闲置借款资金均用于固定收益债券短期投资，月收益率为0.5%。不考虑其他因素，甲公司该在建厂房2×19年度资本化的利息费用为（　　）万元。

A. 360　　B. 180

C. 240　　D. 80

7. 甲企业于2×19年1月1日从银行取得

一笔5年期专门借款2 000万元用于固定资产的建造，年利率为7%。2×19年1月1日该固定资产建造发生资产支出1 900万元。该企业还于2×18年7月1日从银行取得3年期一般借款700万元，年利率为6%，借入款项已存入银行。工程预计于2×20年底达到预定可使用状态。2×19年3月1日用银行存款支付工程价款300万元，2×19年10月1日用银行存款支付工程价款100万元。工程建造期间企业没有发生新的一般借款，银行存款的月收益率为0.2%，2×19年借款费用的资本化金额为（　　）万元。

A. 140　　B. 139.6

C. 182　　D. 151.1

8. 2×19年1月1日，甲公司开工建造一栋厂房，工期预计为2年。该工程没有专门借款，该公司目前有两笔一般借款，借款的情况为：向当地工商银行借入长期借款2 000万元，期限为2×18年7月1日至2×20年7月1日，年利率为7%，按年支付利息；按面值发行公司债券5 000万元，于2×19年1月1日发行，期限为5年，年利率为8%，按年支付利息。工程的支出情况为：2×19年1月1日支付工程款800万元；2×19年8月1日支付工程款1 200万元。不考虑其他因素，则甲公司2×19年为建造厂房所发生的一般借款利息资本化金额为（　　）万元。

A. 140　　B. 540

C. 400　　D. 100.23

9. 甲公司于2×19年1月1日正式动工兴建一栋办公楼，工期预计为2年，工程采用出包方式，甲公司于2×19年1月1日和10月1日分别支付工程进度款3 000万元和2 000万元。建造办公楼在2×19年1月1日专门借款2 500万元，期限3年，利率为6%。甲公司为建造办公楼占用了一般借款500万元，该笔借款为2×18年1月1日借入，金额5 000万元，期限为3年，年利率为7%，按年支付利息，到期还本；一般借款全年利息收入20万元。甲公司上述借款2×19年计入财务费用的金额是（　　）万元。

A. 350　　B. 35

C. 70　　D. 260

（二）多项选择题

1. W公司为房地产开发企业，2×21年为建造某房地产项目筹集建造资金，下列发生的业务中，属于借款费用的有（　　）。

A. 发行一般公司债券筹集资金2 000万元

B. 发行普通股票筹集资金3 000万元

C. 所占用的某项外币专门借款期末确认的本金和利息的汇兑差额700万元

D. 因占用的一笔一般借款而确认的利息费用600万元

2. 下列资产中，属于符合资本化条件的包括（　　）。

A. 建设期为8个月的房屋

B. 生产周期为14个月的产品

C. 开发时间为2年的某药品

D. 租赁期为3年而建设期为1年的租入资产

3. 借款费用资本化可能记入的会计科目包括（　　）。

A. 在建工程

B. 研发支出

C. 制造费用

D. 合同履约成本

4. 借款费用开始资本化需满足的条件包括（　　）。

A. 借款费用已发生

B. 转移了非现金资产

C. 施工准备已完成

D. 工程开始动工

5. 有关利息资本化金额计算，下列说法正确的有（　　）。

A. 外币专门借款的汇兑差额一律资本化

B. 一般外币借款的汇兑差额在资本化区间内应当资本化

C. 一般外币借款的汇兑差额全部应计入财务费用

D. 外币专门借款的汇兑差额在资本化区

间应当资本化

6. 甲公司于2×19年1月1日动工兴建一栋自用办公楼，在该办公楼建造过程中发生的下列支出或者费用中，属于规定的资产支出已发生的情况包括（　　）。

A. 以承担带息票据购入工程用料

B. 用银行存款支付外包工程费用

C. 月末计算建筑工人的工资尚未发放

D. 赊购钢板50 000元，款未付

7. 下列各项中，属于资产购建或生产非正常中断的有（　　）。

A. 因劳资纠纷导致工程停工

B. 因发生安全事故被相关部门责令停工

C. 因资金周转困难导致工程停工

D. 因工程用料未能及时供应导致工程停工

（三）计算分析题

甲公司自建厂房，该厂房的建造期间为2年，符合资本化条件。与该厂房建造相关的资料如下：

（1）2×19年1月1日，甲公司发行债券，专门筹集厂房建设资金。该债券为3年期分期付息、到期还本债券，面值为5 000万元，票面年利率为5%，发行价格为5 400万元，发行过程中支付中介机构佣金300万元，实际募集资金净额为5 100万元，实际利率为4%。企业每年末计息，下年1月5日付息。

（2）甲公司还存在一笔一般借款：该项借款为2×18年10月1日借入，本金为8 000万元，年利率为6%，期限2年。每年末计息，下年初付息。

（3）厂房建造工程于2×19年4月1日开工，采用外包方式进行，2×19年有关建造支出情况如下：2×19年1月1日，支付建造商2 000万元；2×19年5月1日，支付建造商4 000万元；2×19年8月1日，支付建造商3 000万元。

（4）2×19年9月1日，因资金周转发生了困难厂房建造工程发生中断，至2×20年1月1日恢复建造，当日向建造商支付工程款2 000万元。建造工程于2×20年4月30日完成。

假定不考虑专门借款的收益情况，不考虑所得税等相关税费以及其他因素。

要求：

（1）确定甲公司厂房建造借款费用的资本化期间，并说明理由。

（2）编制甲公司发行债券的会计分录。

（3）编制2×19年支付工程款及计息的会计分录。

（4）编制2×20年支付工程款、2×20年4月末计息及厂房完工的会计分录。

（四）综合题

甲股份有限公司（以下简称"甲公司"）拟自建一条生产线，与该生产线建造相关的情况如下：

（1）20×2年1月2日，甲公司发行公司债券，专门筹集生产线建设资金。该公司债券为3年期分期付息、到期还本债券，面值为3 000万元，票面年利率为5%，发行价格为3 069.75万元，另在发行过程中支付中介机构佣金150万元，实际募集资金净额为2 919.75万元。

（2）甲公司除上述所发行公司债券外，还存在两笔流动资金借款：一笔于20×1年10月1日借入，本金为2 000万元，年利率为6%，期限2年【注：到期日为20×3年9月30日】；另一笔于20×1年12月1日借入，本金为3 000万元，年利率为7%，期限18个月【注：到期日为20×3年5月31日】。

（3）生产线建造工程于20×2年1月2日开工，采用外包方式进行，预计工期1年。有关建造支出情况如下：20×2年1月2日，支付建造商1 000万元；20×2年5月1日，支付建造商1 600万元；20×2年8月1日，支付建造商1 400万元。

（4）20×2年9月1日，生产线建造工程出现人员伤亡事故，被当地安监部门责令停工整改，至20×2年12月底整改完毕。工程于20×3年1月1日恢复建造，当日向建造商支付工程款 1 200 万元。建造工程于 20×3 年 3 月 31 日完成，并经有关部门验收，试生产出合格产品。为帮助职工正确操作使用新建生产线，甲公司自 20×3 年 3 月 31 日起对一线员工进行培训，至 4 月 30 日结束，共发生培训费用 120 万元。该生产线自 20×3 年 5 月 1 日起实际投入使用。

(5) 甲公司将闲置专门借款资金投资固定收益理财产品，月收益率为 0.5%。

其他资料：本题中不考虑所得税等相关税费以及其他因素。

(P/A，5%，3) = 2.7232，(P/A，6%，3) = 2.6730，(P/A，7%，3) = 2.6243

(P/F，5%，3) = 0.8638，(P/F，6%，3) = 0.8396，(P/F，7%，3) = 0.8163

要求：

(1) 确定甲公司生产线建造工程借款费用的资本化期间，并说明理由。

(2) 计算甲公司发行公司债券的实际利率，并对发行债券进行会计处理。

(3) 分别计算甲公司 20×2 年专门借款、一般借款利息应予资本化、费用化的金额，并对生产线建造工程进行会计处理。

(4) 分别计算甲公司 20×3 年专门借款、一般借款利息应予资本化、费用化的金额，并对生产线建造工程进行会计处理，编制结转固定资产的会计分录。

进阶练习答案及解析

(一) 单项选择题

1. 【答案】A

【解析】专门借款资本化金额 = 4 000 × 6% × 6/12 − 1 000 × 0.6% × 3 = 102 (万元)，一般借款资本化金额 = 1 000 × 3/12 × 7% = 17.5 (万元)。因此，2×22 年甲公司建造该生产线应予以资本化的利息费用 = 102 + 17.5 = 119.5 (万元)。

2. 【答案】A

【解析】在资本化期间，专门借款发生的利息，扣除尚未动用的专门借款取得的收益应当资本化。2×22 年 12 月 31 日该在建工程的账面余额 = 4 600 + (10 662.10 × 8% − 760) = 4 692.97 (万元)。

3. 【答案】C

【解析】符合资本化条件的资产在建造期间停工需**超过 3 个月**的才符合借款费用暂停资本化条件，选项 A 错误；事先可预计不可抗力因素导致的中断是正常中断，选项 B 错误，选项 C 正确；借款费用暂停资本化后又恢复施工的，原计入财务费用中的那部分不需要转出，继续费用化即可，选项 D 错误。

4. 【答案】D

【解析】专门借款的资本化利息指的是计算期的实际利息费用，如果有存款收益还需要减掉，因此选项 D 正确。专门借款利息资本化金额是用资本化期间内的实际利息总额减去闲置的专门借款投资产生的收益，选项 A、C 错误；一般借款利息资本化金额是用累计资产支出超过专门借款部分的资产支出加权平均数乘以一般借款资本化率计算，不需要考虑未动用存款的利息收入，选项 B 错误。

5. 【答案】A

【解析】选项 B，2×19 年 10 月 1 日同时满足资产支出已经发生、借款费用已经发生、为使资产达到预定可使用或者可销售状态所必要的购建或者生产活动已经开始，故开始资本化的时点为 10 月 1 日。选项 C，资本化金额应按借款本金乘以实际利率减去闲置资金的投资收益的金额确定。选项 D，资本化时间为 2×19年 10 月 1 日至 2×20 年 10 月 31 日。

6. 【答案】D

【解析】8 月 1 日到 12 月 31 日因与施工方发生质量纠纷暂停资本化，资本化区间为 4 ~ 7 月，共 4 个月。在建厂房 2×19 年度资本化的利息费用 = 6 000 × 8% × 4/12 − 4 000 ×

0.5% ×4 = 80（万元）。

7.【答案】D

【解析】固定资产的建造首先使用专门借款，之后，如果占用了一般借款的，按照占用额的加权平均数乘以资本化率计算其资本化金额。因此，2×19年资本化金额 = [2 000 × 7% -（2 000 - 1 900）× 0.2% × 2] +（200 × 10/12 + 100 × 3/12）× 6% = 151.1（万元）。

8.【答案】D

【解析】符合资本化条件的资产占用了一般借款的，按照占用的加权平均数乘以资本化率，本题包括两笔一般借款，因此，需要先计算一般借款加权平均资本化率（2 000 × 7% + 5 000 × 8%）/（2 000 + 5 000）× 100% = 7.71%。建造厂房所发生的一般借款利息资本化金额 =（800 × 12/12 + 1 200 × 5/12）× 7.71% = 100.23（万元）。

9.【答案】D

【解析】一般借款的全年利息 = 5 000 × 7% = 350（万元），资本化部分 =（500 + 2 000 × 3/12）× 7% = 70（万元），2×19年计入财务费用的金额 = 350 - 70 - 20 = 260（万元）。选项D正确。

（二）多项选择题

1.【答案】CD

【解析】选项A，属于取得的借款本金，不属于借款费用；选项B，属于权益性资金，不属于借款费用。借款费用是企业借入资金所付出的代价，包括借款利息费用以及因外币借款发生的汇兑差额等，还包括因借款而发生的辅助费用，因此，选项C、D正确。

2.【答案】BCD

【解析】建设期为8个月的房屋没有超过1年，不符合资本化条件，选项A错误。

3.【答案】ABCD

【解析】如果借款用于建造固定资产，其资本化金额计入在建工程；如果用于从事无形资产开发业务，资本化金额计入研发支出；如果用于产品生产，资本化金额计入制造费用；如果用于建筑施工，资本化金额计入合同履约成本。

4.【答案】ABD

【解析】施工准备已完成，不符合资本化条件，选项C错误。

5.【答案】CD

【解析】外币专门借款汇兑差额如果资本化也必须在资本化区间内，选项A错误；一般外币借款的汇兑差额根本就不能资本化，即使在资本化区间内也不能资本化，选项B错误。

6.【答案】AB

【解析】建筑工人工资应计入建筑成本，但尚未发放，不属于资产支出已发生，选项C错误；赊购钢板款未付，又没承担利息，不属于资产支出已发生，选项D错误。

7.【答案】ABCD

【解析】非正常中断，通常是由于企业管理决策上的原因或其他不可预见的原因等导致的中断。比如，企业因与施工方发生了质量纠纷，或者工程、生产用料没有及时供应，或者资金周转发生了困难，或者施工、生产发生了安全事故，或者发生了与资产购建、生产有关的劳动纠纷等原因，导致资产购建或者生产活动发生中断，均属于非正常中断。

（三）计算分析题

【答案及解析】

（1）厂房建造借款费用资本化的区间为2×19年4月1日至8月31日，2×20年1月1日至4月30日，理由是在2×19年4月1日，资产支出已经发生、借款费用已经发生、工程已开工，借款费用资本化开始的条件都具备，2×20年4月30日完工，借款费用资本化停止，2×19年9月1日至2×19年12月31日为借款费用暂停资本化期间。

（2）甲公司发行债券时：

借：银行存款　　　　5 100

　贷：应付债券——面值　　5 000

　　　　　　——利息调整　100

（3）2×19年1月1日，支付建造商2 000万元：

借：在建工程　　　　2 000

　贷：银行存款　　　　2 000

2×19年5月1日，支付建造商4 000

万元：

借：在建工程　　4 000

　贷：银行存款　　4 000

2×19 年 8 月 1 日，支付建造商 3 000 万元：

借：在建工程　　3 000

　贷：银行存款　　3 000

专门借款实际利息 = 5 100 × 4% = 204（万元）。其中，资本化部分 = 5 100 × 4% × 5/12 = 85（万元）；费用化部分 = 204 − 85 = 119（万元）；专门借款的票面利息 = 5 000 × 5% = 250（万元）；专门借款的利息摊销额 = 250 − 204 = 46（万元）。

借：在建工程　　85

　财务费用　　119

　应付债券——利息调整　　46

　贷：应付利息　　250

一般借款的利息总数 = 8 000 × 6% = 480（万元）。其中，资本化部分 = (900 × 4/12 + 3 000 × 1/12) × 6% = 33（万元）；费用化部分 = 480 − 33 = 447（万元）。

借：在建工程　　33

　财务费用　　447

　贷：应付利息　　480

（4）2×20 年 1 月 1 日，支付工程款：

借：在建工程　　2 000

　贷：银行存款　　2 000

专门借款的资本化利息金额 = 5 100 × 4% × 4/12 = 68（万元）

一般借款的利息资本化金额 = (900 + 3 000 + 2 000) × 6% × 4/12 = 118（万元）

借：在建工程　　186

　贷：应付利息　　186

厂房完工，其总成本 = 2 000 + 4 000 + 3 000 + 85 + 33 + 2 000 + 186 = 11 304（万元）

借：固定资产　　11 304

　贷：在建工程　　11 304

（四）综合题

【答案及解析】

（1）甲公司生产线建造工程借款费用的资本化期间为：20×2 年 1 月 2 日至 20×2 年 8 月 31 日（9 月 1 日至 12 月 31 日期间暂停）、20×3 年 1 月 1 日至 20×3 年 3 月 31 日。

理由：20×2 年 1 月 2 日资产支出发生、借款费用发生、有关建造活动开始，符合借款费用开始资本化的条件；9 月 1 日至 12 月 31 日期间（4 个月）因事故停工且超过 3 个月，应暂停资本化；20×3 年 3 月 31 日试生产出合格产品，已达到预定可使用状态，应停止借款费用资本化。

（2）3 000 × 5% × (P/A, r, 3) + 3 000 × (P/F, r, 3) = 2 919.75（万元）

当 r = 6% 时：

3 000 × 5% × (P/A, 6%, 3) + 3 000 × (P/F, 6%, 3) = 3 000 × 5% × 2.673 0 + 3 000 × 0.839 6 = 2 919.75（万元）

计算得出实际利率 r = 6%。

借：银行存款　　2 919.75

　应付债券——利息调整　　80.25

　贷：应付债券——面值　　3 000

（3）

单位：万元

日　期	每期资产支出金额	资产支出累计金额	闲置专门借款利息收入	占用一般借款的资产支出
20×2 年 1 月 2 日（借款 2 919.75）	1 000	1 000	(2 919.75 − 1 000) × 0.5% × 4 = 38.395	—
20×2 年 5 月 1 日	1 600	2 600	(2 919.75 − 2 600) × 0.5% × 3 = 4.796 25	—
20×2 年 8 月 1 日	1 400	4 000		4 000 − 2 919.75 = 1 080.25
20×3 年 1 月 1 日	1 200			1 200（一般借款 5 000）

①20×2年专门借款利息资本化金额 = 2 919.75×6%×8/12 -（2 919.75 - 1 000）×0.5%×4 -（2 919.75 - 1 000 - 1 600）×0.5%×3 = 73.60（万元）

②20×2年专门借款利息费用化金额 = 2 919.75×6%×4/12 = 58.39（万元）

③20×2年一般借款资本化率 =（2 000×6% + 3 000×7%）/（2 000 + 3 000）×100% = 6.6%

④20×2年累计资产支出加权平均数 =（1 000 + 1 600 + 1 400 - 2 919.75）×（5 - 4）/12 = 90.02（万元）

【提示】非正常停工，在计算一般借款资产支出加权平均数时，应扣除4个月；而在计算一般借款资本化率时，不应扣除4个月。

⑤20×2年一般借款利息资本化金额 = 90.02×6.6% = 5.94（万元）

⑥20×2年一般借款利息总额 = 2 000×6% + 3 000×7% = 330（万元）

⑦20×2年一般借款利息费用化金额 = 330 - 5.94 = 324.06（万元）

账务处理如下：

①生产线资产支出：

借：在建工程 4 000
　　贷：银行存款 4 000

②专门借款利息资本化：

借：在建工程 73.60
　　财务费用 58.39
　　应收利息 43.19
　　贷：应付利息（3 000×5%） 150
　　　　应付债券——利息调整 25.18

注意：20×2年末摊余成本 = 2 919.75 + 25.18 = 2 944.93

③一般借款利息资本化：

借：在建工程 5.94
　　财务费用 324.06
　　贷：应付利息（或银行存款） 330

（4）

①20×3年专门借款利息资本化金额 = 2 944.93×6%×3/12 = 44.17（万元）

②20×3年专门借款利息费用化金额 = 2 944.93×6%×9/12 = 132.52（万元）

③20×3年一般借款利息资本化率 =（2 000×6%×3/12 + 3 000×7%×3/12）/（2 000×3/12 + 3 000×3/12）×100% = 6.6%

④20×3年一般借款资产支出加权平均数 =（1 080.25 + 1 200）×3/12 = 570.06（万元）

⑤20×3年一般借款利息资本化金额 = 570.06×6.6% = 37.62（万元）

⑥20×3年一般借款利息总额 = 2 000×6%×9/12 + 3 000×7%×5/12 = 177.5（万元）

⑦20×3年一般借款利息费用化金额 = 177.5 - 37.62 = 139.88（万元）

账务处理如下：

①发生资产支出：

借：在建工程 1 200
　　贷：银行存款 1 200

②专门借款利息资本化：

借：在建工程 44.17
　　财务费用 132.52
　　贷：应付利息（3 000×5%） 150
　　　　应付债券——利息调整 26.69

③一般借款利息资本化：

借：在建工程 37.62
　　财务费用 139.88
　　贷：应付利息 177.5

④结转在建工程、确认固定资产：

借：固定资产 5 361.33
　　贷：在建工程 5 361.33

固定资产 = 4 000 + 73.60 + 5.94 + 1 200 + 44.17 + 37.62 = 5 361.33（万元）

第十一章

第十二章　或有事项

2023 年教材内容主要变化

本章教材删除了或有事项中的债务担保的会计处理及其例题，亏损合同部分新增了 1 道例题。

本章近五年考试高频考点分布

高频考点内容	年度及题型分布
或有事项概述	2021 年单选题、2020 年单选题
未决诉讼	2020 年单选题、2020 年计算分析题、2019 年单选题、2019 年计算分析题
产品质量保证	2022 年单选题、2019 年计算分析题、2019 年综合题
待执行合同	2020 年单选题
重组义务	2018 年多选题、2018 年计算分析题

高频考点精讲

本章考点主要包括：或有事项的特征、或有事项的确认、预计负债的计量、对预计负债账面价值的复核方法，未决诉讼或未决仲裁、产品质量保证、亏损合同和重组义务等或有事项的会计处理，或有事项的列报。

高频考点 1：或有事项的特征★

项目	内容
定义	或有事项，是指过去的交易或者事项形成的，其结果须由某些未来事项的发生或不发生才能决定的不确定事项
特征	或有事项具有以下特征： （1）或有事项是由过去的交易或者事项形成的。 （2）或有事项的结果具有不确定性： ①或有事项的结果是否发生具有不确定性； ②或有事项的结果即使预计会发生，但发生的具体时间或金额具有不确定性。 （3）或有事项的结果须由未来事项决定

续表

项目	内容
注意	（1）未来可能发生的自然灾害、交通事故、经营亏损等事项不属于或有事项。 （2）或有事项与不确定性联系在一起，在会计处理过程中存在不确定性的事项并不都是或有事项，企业应当按照或有事项的定义和特征进行判断。例如固定资产计提折旧不是或有事项，坏账准备的计提也不是或有事项。 （3）或有事项的结果只能由未来不确定事项的发生或不发生才能决定

命题点拨

命题角度：或有事项的特征

本知识点在命题时，一般会以客观题（单选题或多选题）的形式出现，主要考核或有事项的三个特征。

经典例题

【真题·多选题】（2019）或有事项是一种不确定事项，其结果具有不确定性。下列各项中，属于或有事项直接形成的结果有（　　）。

A. 预计负债

B. 或有负债

C. 或有资产

D. 因预期获得补偿而确认的资产

【答案】ABC

【解析】或有事项，是指过去的交易或者事项形成的，其结果须由某些未来事件的发生或不发生才能决定的不确定事项。或有事项满足一定条件的情况下，需要确认预计负债或相关资产。

高频考点2：或有事项的确认★★

项目	内容
或有资产的确认	或有事项形成的或有资产只有在企业基本确定能够收到的情况下，才转变为真正的资产，从而予以确认。 或有资产是潜在的资产，不符合资产确认条件，因而不能确认；只有在很可能导致经济利益流入企业时才能在附注中披露；只有在企业基本确定能够收到的情况下，才转变为真正的资产，从而予以确认
预计负债的确认	根据企业会计准则的规定，与或有事项相关的义务（或有负债）同时满足下列条件时，作为预计负债进行确认和计量。 （1）该义务是企业承担的现时义务。 （2）履行该义务很可能导致经济利益流出企业。 即履行与或有事项相关的现时义务时，导致经济利益流出企业的可能性超过50%，但小于或等于95%。 0＜极小可能≤5%　5%＜可能≤50%　50%＜很可能≤95%　95%＜基本确定＜100% 0　5%　50%　95%　100% （3）该义务的金额能够可靠地计量

小贴士　预计负债应当与应付账款、应计项目等其他负债进行严格区分，预计负债应单独进行列报。

命题点拨

命题角度：或有事项的确认

本考点在命题时，一般会以客观题（单选题或多选题）的形式出现，主要考核或有事项的确认，尤其是或有资产的确认。

经典例题

【真题·单选题】（2020）下列各项关于或有事项会计处理的表述中，正确的是（　　）。

A. 因或有事项预期可获得补偿在很可能

收到时确认为资产

B. 基于谨慎性原则将具有不确定性的潜在义务确认为负债

C. 或有资产在预期可能给企业带来经济利益时确认为资产

D. 在确定最佳估计数计量预计负债时考虑与或有事项有关的风险、不确定性、货币时间价值和未来事项

【答案】D

【解析】或有事项形成的或有资产只有在企业基本确定能够收到的情况下，才转变为真正的资产，从而予以确认。与或有事项有关的义务应当在同时符合以下三个条件时确认为负债，作为预计负债进行确认和计量：（1）该义务是企业承担的现时义务；（2）履行该义务很可能导致经济利益流出企业；（3）该义务的金额能够可靠地计量。企业在确定最佳估计数时，应当综合考虑与或有事项有关的风险、不确定性、货币时间价值和未来事项等因素。

高频考点3：预计负债的计量★★★

当与或有事项有关的义务符合确认为负债的条件时应当将其确认为预计负债，预计负债应当按照履行相关现时义务所需支出的最佳估计数进行初始计量。此外，企业清偿预计负债所需支出还可能从第三方或其他方获得补偿。因此，或有事项的计量主要涉及两个问题：一是最佳估计数的确定；二是预期可获得补偿的处理。

（一）最佳估计数的确定

预计负债应当按照履行相关现时义务所需支出的最佳估计数进行初始计量。最佳估计数的确定应当分别两种情况处理，见下表。

条件		方法	关键词
所需支出存在一个连续范围（或区间，下同），且该范围内各种结果发生的可能性相同		最佳估计数应当按照该范围内的中间值，即上下限金额的平均数确定	上下限平均
所需支出不存在一个连续范围，或者虽然存在一个连续范围，但该范围内各种结果发生的可能性不相同	涉及单个项目	最佳估计数按照最可能发生金额确定；如一项未决诉讼、一项未决仲裁或一项债务担保等	最可能金额
	涉及多个项目	最佳估计数按照各种可能结果及相关概率计算确定，即“加权平均数”；如产品质量保证。在产品质量保证中，提出产品保修要求的可能有许多客户，相应地，企业对这些客户负有保修义务	加权平均

命题点拨

命题角度：预计负债的计量

本考点在命题时，一般会以客观题（单选题或多选题）的形式出现，主要考核最佳估计数的确定，尤其是所需支出不存在一个连续范围的情况，更要重点把握。

经典例题

【例题·单选题】庆华公司于2×23年8月收到法院通知，被告知大华公司状告庆华公司侵犯专利权，要求庆华公司赔偿600万元。2×23年12月31日根据法律诉讼的进展情况以及专业人士的意见，估计败诉的可能性为90%。公司赔偿金额为420万~580万元之间（假定诉讼费20万元）。庆华公司2×23年12月31日确定预计负债金额为（　）万元。

A. 420　　B. 580

C. 500　　D. 0

【答案】C

【解析】如果或有事项涉所需支出存在一个连续范围（或区间，下同），且该范围内各种结果发生的可能性相同，则最佳估计数应当

按照该范围内的中间值，即上下限金额的平均数确定。庆华公司的预计负债 =（420 + 580）÷ 2 = 500（万元）。

【例题·单选题】众诚公司是生产并销售某产品的企业，2×22 年第一季度，共销售某产品 5 000 件，销售收入为 4 000 万元。根据公司的产品质量保证条款，该产品售出后一年内，如发生正常质量问题，公司将负责免费维修。根据以前年度的维修记录，如果发生较小的质量问题，发生的维修费用为销售收入的 5%；如果发生较大的质量问题，发生的维修费用为销售收入的 8%。根据公司技术部门的预测，本季度销售的产品中，70% 不会发生质量问题；20% 可能发生较小质量问题；10% 可能发生较大质量问题。据此，2×22 年第一季度末，众诚公司应在资产负债表中确认的预计负债金额为（　　）万元。

A. 16　　B. 160

C. 80　　D. 72

【答案】D

【解析】众诚公司应在资产负债表中确认的预计负债金额 = 4 000 ×（0 × 70% + 5% × 20% + 8% × 10%）= 72（万元）。

（二）预期可获得补偿的处理

如果企业清偿因或有事项而确认的负债所需支出全部或部分预期由第三方或其他方补偿，则此补偿金额只有在基本确定能收到时，才能作为资产单独确认，且确认的补偿金额不能超过所确认负债的账面价值。是否从第三方得到补偿不影响预计负债的计量；预期可获得补偿会计核算时通过“其他应收款”科目核算。

经典例题

【真题·单选题】（2022）甲公司因其出售的设备存在质量问题于 2×20 年 11 月 30 日被乙公司起诉，要求甲公司赔偿损失 300 万元。甲公司律师认为，设备质量问题客观存在，甲公司很可能败诉，其赔偿金额很可能介于 100 万～150 万元之间，该区间内各种结果发生的可能性相同。此外，甲公司认为该设备的质量问题源于其向供应商丙公司采购的主要部件存在质量缺陷，甲公司已向法院提起诉讼，要求丙公司赔偿 100 万元的损失，甲公司律师认为该追偿有 80% 的可能性得到支持。2×20 年度甲公司财务报告经批准报出时，上述诉讼尚未经法院判决。不考虑其他因素，甲公司在 2×20 年度财务报表中的会计处理正确的是（　　）。

A. 确认预计负债 25 万元

B. 因法院尚未判决，故无须进行会计处理

C. 确认预计负债 150 万元，同时确认其他应收款 100 万元

D. 确认预计负债 125 万元，并在财务报表附注中披露可能取得的补偿

【答案】D

【解析】该或有事项满足预计负债确认条件，应确认的预计负债 =（100 + 150）/2 = 125（万元），预期从丙公司获得的补偿没有达到基本确定，不满足确认资产条件，应进行表外披露，选项 A、B、C 错误。

【真题·单选题】（2019）20×8 年 7 月，甲公司因生产产品使用的非专利技术涉嫌侵权，被乙公司起诉。20×8 年 12 月 31 日，案件仍在审理过程中。律师认为甲公司很可能败诉。预计赔偿金额在 200 万～300 万元之间，如果败诉，甲公司需要支付诉讼费 20 万元，甲公司认为，其对非专利技术及其生产的产品已经购买了保险，如果败诉，保险公司按照保险合同的约定很可能对其进行赔偿。预计赔偿金额为 150 万元。不考虑其他因素，甲公司在其 20×8 年度财务报表中对上述诉讼事项应当确认的负债金额是（　　）万元。

A. 200　　B. 250

C. 150　　D. 270

【答案】D

【解析】因未决诉讼确认预计负债的金额 =（200 + 300）/2 + 20 = 270（万元）。很可能收到的补偿，尚未达到基本确定，无须处理。

（三）预计负债计量需要考虑的其他因素

企业在预计负债的计量确定最佳估计数时，应当综合考虑与或有事项有关的风险、不确定性、货币时间价值和未来事项等因素。

经典例题

【真题·单选题】（2021）下列关于或有事项的说法正确的是（　　）。

A. 或有事项符合负债确认条件时，应按最佳估计数进行初始计量

B. 或有事项涉及的潜在义务应按最可能发生的金额确认相关负债

C. 企业无须对资产负债表日存在并已确认负债的或有事项的账面价值进行复核

D. 因或有事项符合确认条件而确认的资产和负债应在资产负债表中按净额列报

【答案】A

【解析】选项A、B，预计负债应当按照履行相关现时义务所需支出的最佳估计数进行初始计量。选项C，企业应当在资产负债表日对预计负债的账面价值进行复核，有确凿证据表明该账面价值不能真实反映当前最佳估计数的，应当按照当前最佳估计数对该账面价值进行调整。选项D，在资产负债表中，因或有事项而确认的负债（预计负债）应与其他负债项目区别开来，单独反映。

【真题·单选题】（2020）下列各项关于或有事项会计处理的表述中，正确的是（　　）。

A. 基于谨慎性原则将具有不确定性的潜在义务确认为负债

B. 或有资产在预期可能给企业带来经济利益时确认为资产

C. 在确定最佳估计数计量预计负债时考虑与或有事项有关的风险、不确定性、货币时间价值和未来事项

D. 因或有事项预期可获得补偿在很可能收到时确认为资产

【答案】C

【解析】选项A中潜在义务不满足负债定义，负债应是由过去的交易或者事项形成的、预期会导致经济利益流出企业的现时义务，因此选项A不正确；选项B或有资产应当在基本确定（而非可能）可以给企业带来经济利益时才能确认为资产，因此选项B不正确；选项C企业在确定最佳估计数时应当综合考虑与或有事项有关的风险、不确定性、货币时间价值和未来事项，是正确表述；选项D中因或有事项预期可获得补偿应在基本确定（而非很可能）能收到时确认为资产，因此选项D不正确。

高频考点4：或有事项会计处理的应用★★★

（一）未决诉讼

项目	会计处理
原告	或有资产： 不应该确认或有资产；但或有资产很可能给企业带来经济利益的，应该在报表附注中披露或有资产
被告	或有负债或预计负债： 因未决诉讼或未决仲裁形成的现实义务，符合确认条件应该确认为预计负债。 诉讼费计入“管理费用”；承担的诉讼损失计入“营业外支出”： 借：管理费用（属于诉讼费部分） 　　营业外支出 　　贷：预计负债

名师解惑

问：老师，对于被告来说，未决诉讼一定会确认预计负债吗？

答：这个问题问得很好，对于被告来说，未决诉讼不一定会确认预计负债。只有在因未

决诉讼形成的现实义务，符合确认条件时才能确认为预计负债。

问：老师，未决诉讼实际发生的诉讼损失金额与已计提的相关预计负债金额如果不一致如何处理？

答：应当注意，未决诉讼实际发生的诉讼损失金额与已计提的相关预计负债金额不一致时，二者之间的差额应该分别情况处理：

（1）企业在前期资产负债表日，依据当时实际情况和所掌握的证据合理预计了预计负债，应当将当期实际发生的诉讼损失金额与已计提的相关预计负债之间的差额，直接计入或冲减当期营业外支出。

（2）企业在前期资产负债表日，依据当时实际情况和所掌握的证据，原本应当能够合理估计诉讼损失，但企业所作的估计却与当时的事实严重不符（如未合理预计损失或不恰当地多计或少计损失），应当按照重大会计差错更正的方法进行处理。

（3）企业在前期资产负债表日，依据当时实际情况和所掌握的证据，确实无法合理预计诉讼损失，因而未确认预计负债，则在该项损失实际发生的当期，直接计入当期营业外支出。

（4）资产负债表日后至财务报告批准报出日之间发生的需要调整或说明的未决诉讼，按照资产负债表日后事项的有关规定进行会计处理。

经典例题

【例题·计算分析题】众诚公司于2×22年8月收到法院通知，被告知大华公司状告众诚公司侵犯专利权，要求众诚公司赔偿200万元。众诚公司根据法律诉讼的进展情况以及专业人士的意见，估计败诉的可能性为90%，赔偿金额估计为200万元。公司实际确认预计负债为40万元（诉讼费用20万元）。

①众诚公司2×22年8月会计处理：

借：管理费用　　20

　　营业外支出　　20

　贷：预计负债　　40

②2×22年12月31日发现8月份（本年）的会计差错。按照重大会计差错更正，众诚公司更正会计分录如下：

借：营业外支出　　160

　贷：预计负债　　160

③2×23年2月28日（2×22年财务报告尚未报出前）发现2022年8月份（上年）的会计差错。众诚公司更正会计分录如下（不考虑所得税）：

借：以前年度损益调整　　160

　贷：预计负债　　160

注意：调整2×22年资产负债表年末数。

④2×23年5月20日（2×20年财务报告已经报出后）发现上年的会计差错。按照重大会计差错更正，众诚公司更正会计分录如下（不考虑所得税）：

借：以前年度损益调整　　160

　贷：预计负债　　160

注意：调整2×23年资产负债表年初数。

【例题·计算分析题】庆华公司是一家造纸企业，其产生的化工废料严重影响了当地环境。由于其治污不力，被当地居民起诉，要求其赔偿损失共计500万元。庆华公司经咨询，预计很可能赔偿金额为400万元。至2×22年年末，该诉讼尚未判决。2×23年2月1日，法院开庭审理，判决庆华公司应向当地居民支付赔偿款480万元，庆华公司与当地居民均服从判决，并于2月底结算赔偿款。税法规定，该赔偿金额在实际发生时允许税前扣除。庆华公司2×22年的财务报告于2×23年4月30日批准对外报出。庆华公司适用的所得税税率为25%。

要求：不考虑其他因素，庆华公司根据上述资料，确定对2×22年净利润的影响，并对此事项进行相应会计处理。

【答案及解析】

此事项对2×22年净利润总额的影响＝400×（1－25%）＝300（万元）

2×22年末，庆华公司应对该未决诉讼确

认预计负债，并确认相关的递延所得税影响，会计分录为：

借：营业外支出　400

　贷：预计负债　400

借：递延所得税资产

（400×25%）100

　贷：所得税费用　100

2×23 年 2 月 1 日，作为资产负债表日后调整事项：

借：以前年度损益调整——调整营业外支出　80

预计负债　400

　贷：其他应付款　480

借：以前年度损益调整——调整所得税费用　100

　贷：递延所得税资产　100

借：应交税费——应交所得税

（480×25%）120

　贷：以前年度损益调整——调整所得税费用　120

（二）产品质量保证★★

项目	内容
确认条件	存在产品质量保证的现实义务、经济利益很可能流出，且金额能够可靠计量，企业应当对产品质量保证义务，确认预计负债
确认时点	销售成立时确认预计负债
会计处理	确认与产品质量有关的预计负债： 借：销售费用——产品质量保证 　贷：预计负债——产品质量保证 发生产品质量保证费用时： 借：预计负债——产品质量保证 　贷：银行存款等

名师解惑

问：老师，企业销售成立确认时按照估计的最佳数确认预计负债，发生产品质量保证费用时按实际发生额冲销预计负债，二者一般不相同。“预计负债——产品质量保证”账户一般会有余额，对吗？

答：“预计负债——产品质量保证”账户一般会有余额，且对这个余额不需要进行处理。但下列情况需要注意对“预计负债——产品质量保证”账户余额进行调整或冲销：

（1）如果产品质量保证费用的实际发生额与预计数差额较大，应该及时对估计比例进行调整；

（2）如果针对特定批次产品确认预计负债，则在保修期结束时，应将“预计负债”余额冲销为零；

（3）已对其确认预计负债的产品，如果不再生产了，那么应该在相应产品质量保证期满后，将相应“预计负债”余额冲销为零。

命题点拨

命题角度：或有事项会计处理的应用

本考点在命题时，一般会以计算分析题的形式出现，主要考核各种或有事项的会计处理，尤其是未决诉讼、产品质量保证。考生应重点掌握。

经典例题

【例题·多选题】庆华公司 2×23 年“预计负债——产品质量保证”科目年初余额为 60 万元。对购买其产品的消费者，庆华公司作出如下承诺：产品售出后 3 年内如出现质量问题，庆华公司免费负责保修。根据以往的经验，发生的保修费一般为销售额的 1%～3%之间。庆华公司 2×23 年实际发生的维修费为 20 万元（假定全部为职工薪酬）。2×23 年销售产品 800 台，每台售价为 5 万元。不考虑所得税因素，庆华公司 2×23 年相关会计处理阐述，正确的有（　　）。

A. 庆华公司 2×23 年实际发生修理费用冲减“预计负债——产品质量保证”20 万元

B. 庆华公司 2×23 年实际发生修理费用增加当期销售费用 20 万元

C. 庆华公司 2×23 年末销售产品业务增加“预计负债——产品质量保证”80 万元

D. 庆华公司 2×23 年末销售产品业务增加“预计负债——产品质量保证”120 万元

【答案】AC

【解析】庆华公司 2×23 年实际发生修理费用 20 万元（假定全部支付银行存款）：

借：预计负债　　20

　贷：银行存款　　20

选项 A 正确，选项 B 错误。

2×23 年销售产品 800 台，每台售价为 5 万元。确认与产品质量保证有关的预计负债。产品质量保证金额 =800×5×（1% +3%）÷2 =80（万元）。

借：销售费用　　80

　贷：预计负债　　80

选项 C 正确，选项 D 错误。

（三）亏损合同★★

项目	内容
定义	亏损合同，是指履行合同义务不可避免发生的成本超过预期经济利益的合同
计量	预计负债的计量应当反映退出该合同的最低净成本，即履行该合同的成本与未能履行该合同而发生的补偿或处罚两者之中的较低者
会计处理	（1）如果与亏损合同相关的义务不需支付任何补偿即可撤销，企业通常就不存在现时义务，不应确认预计负债；如果与亏损合同相关的义务不可撤销，企业就存在了现时义务，同时满足该义务很可能导致经济利益流出企业且金额能够可靠地计量的，应当确认预计负债。 （2）待执行合同变为亏损合同时，合同存在标的资产的，应当对标的资产进行减值测试并按规定确认减值损失，在这种情况下，企业通常不需确认预计负债，如果预计亏损超过该减值损失，应将超过部分确认为预计负债；合同不存在标的资产的，亏损合同相关义务满足预计负债确认条件时，应当确认预计负债

经典例题

【真题·单选题】（2020）2×19年 12 月 5 日，甲公司与乙公司签订一项不可撤销的销售合同，合同约定，甲公司于 6 个月后交付乙公司一批产品，合同价格（不含增值税额）为1 500万元，如甲公司违约，将支付违约金 750 万元，因生产该产品的原材料价格上涨，甲公司预计生产该批产品的总成本为 2 000 万元，截至 2×19 年 12 月 31 日，甲公司生产该产品已发生成本 300 万元。不考虑其他因素，2×19 年 12 月 31 日甲公司因该合同应当确认的预计负债是（　　）万元。

A. 425　　B. 500

C. 200　　D. 750

【答案】C

【解析】不执行合同损失 =750 万元，执行合同损失 =2 000 －1 500 =500（万元）。综合考虑，应选择执行合同。执行合同的损失为 500 万元，而生产产品已发生成本 300 万元，因此应计提存货跌价准备 300 万元，同时确认预计负债 200 万元。

【例题·多选题】下列有关亏损合同的会计处理表述中，正确的有（　　）。

A. 亏损合同是指履行合同义务不可避免会发生的成本超过预期经济利益的合同

B. 亏损合同存在标的资产的，应当先对标的资产进行减值测试；预计亏损超过标的资产减值损失的，应该确认为预计负债

C. 待执行合同不属于或有事项

D. 履行合同义务不可避免会发生的成本，包括履行合同的增量成本，但不包括用于履行合同的固定资产的折旧费用分摊额

【答案】ABC

【解析】企业履行合同的成本包括履行合同的增量成本和与履行合同直接相关的其他成本的分摊金额。其中，履行合同的增量成本包括直接人工、直接材料等；与履行合同直接相关的其他成本分摊金额包括用于履行合同的固定资产折旧费用分摊金额等。选项D不正确。

（四）重组义务★★

项目	内容
定义	重组是指企业制定和控制的，将显著改变企业组织形式、经营范围或经营方式的计划实施行为
重组事项	（1）出售或终止企业的部分业务； （2）对企业的组织结构进行较大调整； （3）关闭企业的部分营业场所，或将营业活动由一个国家或地区迁移到其他国家或地区
支出范围	自愿遣散、强制遣散支出和不再使用的厂房的租赁撤销费； 不包括"与继续进行的活动相关的支出"

经典例题

【真题·多选题】（2018）根据《企业会计准则第13号——或有事项》的规定，重组是指企业制定和控制的，将显著改变企业组织形式、经营范围或经营方式的计划实施行为，下列各项中，符合上述重组定义的交易或事项有（　　）。

A. 对组织结构进行较大的调整

B. 为扩大业务链条购买数家子公司

C. 出售企业的部分业务

D. 营业活动从一个国家迁移到其他国家

【答案】ACD

【解析】属于重组的事项主要包括：（1）出售或终止企业的部分业务；（2）对企业的组织结构进行较大调整；（3）关闭企业的部分营业场所，或将营业活动由一个国家或地区迁移到其他国家或地区。选项B，属于企业合并。

【例题·单选题】2×23年12月，经董事会批准，庆华公司自2×24年1月1日起撤销某营销网点，该业务重组计划已对外公告。为实施该业务重组计划，庆华公司预计发生以下支出或损失：因辞退职工将支付补偿款200万元，因撤销门店租赁合同将支付违约金50万元，因处置门店内设备将发生损失80万元，因将门店内库存存货运回公司本部将发生运输费10万元。该业务重组计划对庆华公司2×23年度利润总额的影响金额为（　　）万元。

A. －200　　B. －250

C. －330　　D. －340

【答案】C

【解析】将门店内存货运回公司本部将发生运输费10万元，该支出与存货继续进行的活动相关，不属于与重组有关的支出，不应予以确认。该业务重组计划对庆华公司2×23年度利润总额的影响金额＝－200－50－80＝－330（万元）。

进阶练习

（一）单项选择题

1. 下列经济业务中，属于或有事项的是（　　）。

A. 固定资产折旧

B. 无形资产摊销

C. 为已经销售的商品实行售后“三包”

D. 公司以自己的房屋作抵押向银行借款

2. 下列关于或有事项的表述中，正确的是（　　）。

A. 或有事项形成的预计负债是企业承担的潜在义务

B. 预计负债应当与其相关的或有资产相抵后在资产负债表中以净额列报

C. 或有事项形成的或有资产应当在基本确定收到时予以确认

D. 或有事项与不确定性联系在一起，在会计处理过程中存在不确定性的事项都是或有事项

3. 下列各项关于或有事项会计处理的表述中，正确的是（　　）。

A. 基于谨慎性要求将具有不确定性的潜在义务确认为负债

B. 或有资产在预期可能给企业带来经济利益时确认为资产

C. 在确定最佳估计数计量预计负债时考虑与或有事项有关的风险、不确定性、货币时间价值和未来事项

D. 因或有事项预期可获得补偿在很可能收到时确认为资产

4. 企业在预计负债的计量确定最佳估计数时，不需要考虑的因素是（　　）。

A. 或有事项有关的风险、不确定性

B. 或有事项有关的货币时间价值

C. 或有事项有关的未来事项

D. 或有事项预期处置相关资产形成的利得

5. 庆华公司由于生产过程中产生的废料污染了环境，2×23 年末有关环保部门进行调查，估计很可能支付赔偿金额 500 万元；同时庆华公司检查发现废料污染是由于购买的环保设备不达标造成的，预计大约 70% 能从第三方得到补偿金额，补偿金额 350 万元。假定不考虑其他因素，庆华公司 2×23 年末应确认的资产和预计负债的金额分别为（　　）。

A. 350 万元；500 万元

B. 150 万元；500 万元

C. 0；500 万元

D. 0；350 万元

6. 庆华公司为商业企业，主要业务是从境外购入甲商品，并在国内出售。2×22 年 10 月，庆华公司与海通公司签订合同，合同规定庆华公司应于 2×23 年 1 月销售甲商品给海通公司，合同价款为 780 万元。按照商业合同惯例，如果庆华公司违约，若合同价款为 650 万元以上（含 650 万元），需支付违约金 100 万元；若合同价款高于 650 万元，在支付 100 万元的基础上，还需按照合同价款与 650 万元的差额全额进行赔偿。至 2×22 年 12 月 31 日，庆华公司尚未购入该商品，但是该商品的市场价格已经大幅上升，庆华公司预计购买该批商品的价款总额将升至 950 万元。不考虑其他因素，下列关于庆华公司 2×22 年末的会计处理中，正确的是（　　）

A. 应根据执行合同损失 170 万元与违约金 230 万元两者中的较低者，确认预计负债 170 万元

B. 应根据执行合同损失 170 万元与违约金 230 万元两者中的较低者，确认资产减值损失 170 万元

C. 应根据执行合同损失 170 万元与违约金 230 万元两者中的较高者，确认预计负债 230 万元

D. 应根据执行合同损失 170 万元与违约金 230 万元两者中的较高者，确认资产减值损失 230 万元

7. 庆华公司 2×22 年实现销售收入 1 900 万元，2×23 年实现销售收入 2 100 万元，该公司按照销售收入的 4% 确认保修费用。2×23 年实际发生保修费 54 万元。不考虑其他因素，庆华公司 2×23 年“预计负债”科目本期发生额净额是（　　）万元。

A. −54　　B. 30

C. 84　　D. 54

8. 2×23 年 12 月 1 日，庆华公司与华阳

公司签订一项不可撤销的产品销售合同，合同规定：庆华公司于3个月后为华阳公司提交一批产品，合同价格（不含增值税税额）为600万元，如庆华公司违约，将支付违约金150万元。至2×23年末，庆华公司为生产该产品已发生成本20万元，因原材料价格上涨，庆华公司预计生产该产品的总成本为630万元。不考虑其他因素，2×23年12月31日，庆华公司因该合同确认的预计负债为（　　）万元。

A. 20　　B. 10

C. 30　　D. 150

9. 2×22年11月，庆华公司与大华公司签订一份甲产品销售合同，约定在2×23年2月末以每件3万元的价格向大华公司销售8 000件甲产品。若违约需支付违约金，为违约部分合同价款的40%。至2×22年12月31日，庆华公司只生产了甲产品5 000件，每件成本3.6万元，其余3 000件产品因原材料原因停产，由于生产甲产品所用原材料需要从某国进口，而该国社会动荡，所需3 000件原材料预计2×23年3月末以后才能进口，恢复生产的日期很可能是2×23年4月份以后。不考虑其他因素，该销售合同2×22年影响庆华公司净利润的金额是（　　）万元。

A. 6 000　　B. 3 000

C. 3 600　　D. 6 600

（二）多项选择题

1. 下列有关或有事项的表述中，不正确的有（　　）。

A. 根据谨慎性要求，只有对本单位产生不利影响的事项，才能作为或有事项

B. 或有负债和或有资产本身就不符合负债和资产的定义，均不能确认

C. 债务重组中涉及的或有应付金额，不符合或有事项的定义

D. 或有负债与或有资产是同一事项的两个方面，同一企业的或有负债与或有资产应该同时存在

2. 下列关于或有事项的表述中正确的有（　　）。

A. 或有事项形成的预计负债是企业承担的现实义务

B. 与重组义务有关的直接支出不包括留用职工的岗前培训费

C. 企业通常应当披露或有资产，除非该或有资产极小可能导致经济利益流入企业

D. 最佳估计数存在一个连续范围的，应当以最可能发生的金额确定

3. 下列关于或有事项计量的说法中，正确的有（　　）。

A. 所需支出存在一个连续范围，且该范围内各种结果发生的可能性相同，则最佳估计数应当按照该范围内的中间值确定

B. 所需支出存在一个连续范围，最佳估计数按照基本确定收到的金额确定

C. 如果或有事项涉及单个项目，最佳估计数按照最可能发生金额确定

D. 如果或有事项涉及多个项目，最佳估计数按照各种可能结果及相关概率计算确定，即“加权平均数”

4. 庆华公司和大华公司有关诉讼资料如下：（1）庆华公司2×23年8月2日起诉大华公司违约，根据大华公司法律顾问的职业判断，认为大华公司败诉的可能性为70%，如果败诉，需要赔偿的金额在400万~500万元之间。（2）庆华公司根据其掌握的信息判断，认为胜诉的可能性为80%，如果胜诉，预计可获赔偿500万元。（3）该诉讼案至2×23年12月31日尚未判决。大华公司2×23年有关未决诉讼的处理，正确的有（　　）。

A. 确认营业外支出450万元

B. 确认管理费用450万元

C. 确认预计负债450万元

D. 2×23年会计报表需要披露该未决诉讼

5. 企业因重组发生下列支出中，属于重组义务的直接支出的有（　　）。

A. 处置固定资产将发生的处置损失

B. 将产成品转移到其他网点的运输费

C. 强制遣散生产工人支付的补偿金额

D. 将不再使用的租赁厂房撤销支出的违约金

6. 下列各项中符合或有事项准则中重组定义的交易或事项的有（　　）。

A. 对组织结构进行较大的调整

B. 为扩大业务链条购买数家子公司

C. 出售企业的部分业务

D. 营业活动从一个国家迁移到其他国家

7. 下列有关或有事项披露的内容表述正确的有（　　）。

A. 因或有事项而确认的负债应在资产负债表中单列项目反映

B. 因或有事项很可能获得的补偿，应在资产负债表中的“其他应收款”项目中反映

C. 极小可能导致经济利益流出企业的或有负债一般不需要披露

D. 在确认负债的同时，应确认的费用和支出，在利润表中与其他费用和支出项目合并反映

（三）计算分析题

1. 2×23 年 5 月 4 日，庆华公司的客户海运公司因产品质量问题向法院提起诉讼，请求法院裁定庆华公司赔偿损失 400 万元。截至 2×23年 6 月 30 日，法院尚未对上述案件作出判决。在向法院了解情况并向法律顾问咨询后，庆华公司判断该产品质量诉讼案件发生赔偿损失的可能性小于 50%。

2×23 年 12 月 31 日，庆华公司对海运公司产品质量诉讼案件进行了评估，认定该诉讼案件状况与 2×23 年 6 月 30 日相同，2×24 年 6 月 15 日，法院对海运公司产品质量诉讼案件作出判决，驳回海运公司诉讼请求。

要求：不考虑增值税等相关税费及其他因素，根据海运公司产品质量诉讼案件，判断庆华公司在其 2×23 年 12 月 31 日资产负债表中是否应当确认预计负债，并说明判断依据。

2. 庆华公司于 2×22 年 8 月收到法院通知，被告知大华公司状告庆华公司侵犯专利权，要求庆华公司赔偿 200 万元。12 月 31 日，根据法律诉讼的进展情况以及专业人士的意见，庆华公司认为对原告进行赔偿的可能性在 90% 以上，预计公司赔偿金额为 180 万元（假定诉讼费 20 万元）。2×23 年 3 月 10 日（2×22 年财务报告未报出），法院作出判决，庆华公司向大华公司赔偿 150 万元（包含诉讼费 20 万元）。庆华公司表示服从法院判决，于当日支付全部赔款。

要求：

（1）编制庆华公司 2×22 年 12 月 31 日的会计分录；

（2）编制 2×23 年 3 月 10 日的会计分录。

3. 华阳公司 2×22 年 10 月与凯丽公司签订商品购销合同，合同规定华阳公司在 2×23 年 3 月以每件 8 000 元的价格向凯丽公司销售 2 000 件产品，若不能按时交货，将对华阳公司处以总价款 20% 的违约金，签订合同时产品尚未开始生产，华阳公司准备生产产品时，原材料价格突然上涨，预计生产产品的成本将超过合同单价。

要求：

（1）如果产品预计单位成本为 8 500 元，如何进行会计处理；

（2）如果产品预计单位成本为 9 700 元，如何进行会计处理。

进阶练习答案及解析

（一）单项选择题

1. 【答案】C

【解析】本题主要考核对或有事项特征的理解。固定资产折旧是已经发生的损耗，固定资产原值是确定的，其价值最终会转移到成本或费用中也是确定的，该事项的结果是确定的，固定资产折旧不属于或有事项，选项 A、B 不属于或有事项；选项 D 属于正常事项。

2. 【答案】C

【解析】或有事项形成的预计负债是企业

承担的现时义务，选项A错误；预计负债与或有资产不能相互抵销，选项B错误；或有资产基本确定收到时才能确认为资产，选项C正确；或有事项与不确定性联系在一起，在会计处理过程中存在不确定性的事项并不都是或有事项，如固定资产折旧不是或有事项，选项D错误。

3. 【答案】C

【解析】选项A，潜在义务不满足负债定义，负债应是由过去的交易或者事项形成的、预期会导致经济利益流出企业的现时义务；选项B，或有资产应当在基本确定（而非可能）可以给企业带来经济利益时才能确认为资产；选项D，因或有事项预期可获得补偿应在基本确定（而非很可能）能收到时确认为资产。

4. 【答案】D

【解析】企业在预计负债的计量确定最佳估计数时，应当综合考虑与或有事项有关的风险、不确定性、货币时间价值和未来事项等因素。但不应考虑预期处置相关资产形成的利得。故选项D不正确。

5. 【答案】C

【解析】或有资产在基本确定能够收到时才能确认为一项资产，材料中获得的补偿是很可能（70%）发生而不是基本可以确定，不满足资产确认条件，资产确认金额为0；庆华公司很可能支付的赔偿金额为500万元，应确认为预计负债。

6. 【答案】A

【解析】由于不存在标的资产，所以庆华公司应根据执行合同损失170万元（950－780）与违约金230万元[（780－650）＋100]，两者中的较低者，确认预计负债170万元，即选择执行合同。

7. 【答案】B

【解析】庆华公司2×23年实现销售收入2 100万元，该公司按照销售收入的4%确认预计负债＝2 100×4%＝84（万元）。冲销“预计负债54万元”，2×23年“预计负债”科目本期发生额净额＝84－54＝30（万元）。

8. 【答案】B

【解析】执行合同的损失＝630－600＝30（万元），不执行合同的损失＝按照市场销售价格计算在产品减值损失＋违约金损失＝0＋150＝150（万元），故选择执行合同。2×23年12月31日，庆华公司因该合同确认的预计负债＝30－20＝10（万元）。

9. 【答案】D

【解析】与大华公司合同，一部分存在标的资产，另一部分不存在标的资产。

（1）存在标的资产的部分：可变现净值＝5 000×3＝15 000（万元）；成本＝5 000×3.6＝18 000（万元）；执行合同损失＝18 000－15 000＝3 000（万元）。不执行合同违约金损失＝8 000×3×40%×5/8＝6 000（万元），因此应选择执行合同方案。计提减值准备3 000万元。

借：资产减值损失　　　　3 000

　　贷：存货跌价准备　　　　3 000

（2）不存在标的资产的部分：其余3 000件产品因原材料原因停产，恢复生产的日期很可能于2×23年4月以后，故很可能违约。不执行合同违约金损失＝8 000×3×40%×3/8＝3 600（万元），2×22年12月31日应确认预计负债3 600万元。

借：营业外支出　　　　3 600

　　贷：预计负债　　　　3 600

因此，销售合同2×22年影响庆华公司净利润的金额＝3 000＋3 600＝6 600（万元）。

（二）多项选择题

1. 【答案】ACD

【解析】或有事项指的是过去的交易或事项形成的一种状况，其结果须通过未来不确定事项的发生或不发生予以证实。对企业产生的影响可能是有利影响也可能是不利影响，选项A错误；债务重组中涉及的或有应付金额，需要通过未来不确定事项的发生或不发生证实，所以符合或有事项的定义，选项C错误；或有资产和或有负债不一定同时存在，选项D错误。

2. 【答案】AB

【解析】企业通常不应当披露或有资产，除非该或有资产很可能会给企业带来经济利益，选项C错误；最佳估计数存在一个连续范围，且该范围内各种结果发生的可能性相同的，应当以中间值确定，选项D错误。

3. 【答案】ACD

【解析】所需支出存在一个连续范围，且该范围内各种结果发生的可能性相同，则最佳估计数应当按照该范围内的中间值确定；所需支出不存在一个连续范围，且或有事项涉及单个项目的，按照最可能发生金额确定；或有事项涉及多个项目的，按照各种可能结果及相关概率计算确定，选项B不正确。

4. 【答案】ACD

【解析】应披露该未决诉讼；确认的预计负债=(400+500)/2=450（万元）。会计处理如下：

借：营业外支出　　450

　贷：预计负债　　450

5. 【答案】CD

【解析】选项A，记入“资产减值损失”科目，不属于重组义务的直接支出；选项B，应在将来实际发生时才确认，不属于重组义务的直接支出。

6. 【答案】ACD

【解析】属于重组的事项主要包括：出售或终止企业的部分业务；对企业的组织结构进行较大调整；关闭企业的部分营业场所或将营业活动由一个国家或地区迁移到其他国家或地区。选项B属于企业合并。

7. 【答案】ACD

【解析】选项B，因或有事项而得到的补偿，只有基本确定能够收到时，才能作为资产单独确认。

（三）计算分析题

1. 【答案及解析】

对于海运公司产品质量诉讼案件，庆华公司在其2×23年12月31日资产负债表中不应当确认预计负债。

判断依据：庆华公司判断发生赔偿损失的可能性小于50%，不是很可能导致经济利益流出企业，不符合预计负债确认条件。

2. 【答案及解析】

（1）庆华公司2×22年12月31日会计处理：

借：管理费用　　20

　　营业外支出　　160

　贷：预计负债　　180

借：递延所得税资产

　　（180×25%）45

　贷：所得税费用　　45

（2）2×23年3月10日（2×22年财务报告未报出后），按照资产负债表日后调整事项处理，庆华公司更正会计分录如下：

借：预计负债　　180

　贷：其他应付款　　150

　　以前年度损益调整——调整所得税费用　　30

借：以前年度损益调整——调整所得税费用　　45

　贷：递延所得税资产　　45

借：应交税费——应交所得税

　　（150×25%）37.5

　贷：以前年度损益调整——调整所得税费用　　37.5

3. 【答案及解析】

（1）如果产品预计单位成本为8 500元。

分析：华阳公司每件预计成本8 500元，每件售价8 000元，待执行合同变为亏损合同。合同因其不存在标的资产，故应确认预计负债。

执行合同发生损失=2 000×(8500－8 000)=1 000 000（元）

不执行合同的违约金损失=2 000×8 000×20%=3 200 000（元）

3 200 000>1 000 000，因此，选择执行合同，确认预计负债为1 000 000元。

借：营业外支出　　1 000 000

　贷：预计负债　　1 000 000

产品完工后（实际单位成本为 8 600 元）：

借：库存商品

（2 000 ×8 600） 17 200 000

　贷：生产成本　　17 200 000

借：预计负债　　1 000 000

　贷：库存商品　　1 000 000

销售商品时：

确认收入 =2 000 ×8 000 =16 000 000（元）

结转销售成本 =17 200 000 -1 000 000 =16 200 000（元）

（2）如果产品预计单位成本为 9 700 元。

分析：华阳公司每件预计成本 9 700 元，每件售价 8 000 元，待执行合同变为亏损合同。合同因其不存在标的资产，故应确认预计负债。

执行合同发生损失 =2 000 ×（9 700 -8 000） =34 00 000（元）

不执行合同的违约金损失 =2 000 ×8 000 ×20% =3 200 000（元）

3 400 000 >3 200 000，因此，选择不执行合同，确认预计负债为 3 200 000 元。

借：营业外支出　　3 200 000

　贷：预计负债　　3 200 000

支付时：

借：预计负债　　3 200 000

　贷：银行存款　　3 200 000

第十三章　金融工具

2023 年教材内容主要变化

本章教材在以收取合同现金流量和出售金融资产为目标的业务模式部分，新增了 1 道票据贴现的例题；金融负债和权益工具区分的基本原则部分新增了 1 道发行中期票据的例题，同时修改了部分题目的表述方式；金融负债和权益工具的区分中或有结算条款部分，新增了 2 道关于附回售权的增资款如何确认的例题；金融工具的披露部分新增了气候变化对市场风险的敏感性分析影响的表述。

本章近五年考试高频考点分布

高频考点内容	年度及题型分布
金融资产的计量	2022 年计算题、2020 年单选题、2019 年计算题、2018 年计算题
金融负债和权益工具的概念与区分	2022 年单选题、2021 年计算分析题、2020 年单选题、2019 年多选题、2019 年计算分析题
金融资产的分类	2021 年单选题、2020 年单选题、2018 年多选题
金融资产转移	2021 年综合题、2020 年综合题
套期会计	2020 年多选题、2018 年多选题

高频考点精讲

本章是按照修订后的 22 号、23 号、24 号和 37 号会计准则进行编写的，主要讲解金融资产和金融负债的分类与重分类、金融负债和权益工具的区分、金融工具的计量、金融资产转移和套期会计等。

高频考点 1：金融资产和金融负债的分类★★★

（一）金融资产的分类

1. 金融资产的具体分类

金融资产的分类

类别	合同现金流量特征	金融工具类型	业务模式	核算科目	处理原则
第一类：以摊余成本计量的金融资产	仅为对本金和以未偿付本金金额为基础的利息的支付（本金＋利息）	债务工具	收取合同现金流量	债权投资、贷款、应收账款等	实际利率法＋摊余成本＋减值
第二类：以公允价值计量且其变动计入其他综合收益的金融资产	一般情形：本金＋利息	债务工具	收取合同现金流量以及出售	其他债权投资等	实际利率法＋公允价值＋减值
	直接指定：不属于以上情形	权益工具	非交易性	其他权益工具投资	公允价值
第三类：以公允价值计量且其变动计入当期损益的金融资产	不属于以上两类	债务工具、权益工具	不属于以上两类	交易性金融资产	公允价值

命题点拨

命题角度： 考试时经常给出比较特殊的、设计相对复杂的金融工具，让我们判断其分类，在分析时主要基于其能否通过合同现金流量测试，是否仅为对本金和以未偿付本金金额为基础的利息的支付，如果通过了，就可以分为第一类或第二类，否则只能分类为第三类。对于基金，所产生的现金流量不仅包括基础资产所产生的现金流，还包括处置基础资产产生的现金流，无法通过合同现金流量测试，只能分类为第三类；对于银行理财产品，如果基础资产无法通过合同现金流量测试，那么只能将其分类为第三类；对于资产证券化的分级产品，如果穿透基础资产，无法通过合同现金流量测试，那么分级的各层级产品都只能分类为第三类；对于结构性存款和双重货币债券，由于挂钩其他变量，无法通过合同现金流量测试，只能分类为第三类。

2. 公允价值选择权

在初始确认时，为了提供更相关的会计信息，企业可以将一项金融资产、一项金融负债或者一组金融工具（金融资产、金融负债或者金融资产及负债）指定为以公允价值计量且其变动计入当期损益的金融资产或金融负债，该指定一经作出，不得撤销。但该指定应当满足下列条件之一：

（1）金融资产或金融负债能够消除或显著减少会计错配。

（2）根据正式书面文件载明的企业风险管理或投资策略，以公允价值为基础对金融负债组合或金融资产和金融负债组合进行管理和业绩评价，并在企业内部以此为基础向关键管理人员报告。

3. 金融资产分类的特殊规定（直接指定）

初始确认时，企业可以将非交易性权益工具投资指定为以公允价值计量且其变动计入其他综合收益的金融资产，不需计提减值准备。除了获得的股利（明确代表投资成本部分收回的股利除外）计入当期损益外，其他相关的利得和损失（包括汇兑损益）均应当计入其他综合收益，且后续不得转入当期损益。当金融资产终止确认时，之前计入其他综合收益的累计利得或损失应当从其他综合收益中转出，计入留存收益。该指定一经作出，不得撤销。

小贴士 企业在非同一控制下的企业合并中确认的或有对价构成金融资产的，该金融资产应当分类为以公允价值计量且其变动计入当期损益的金融资产，不得指定为以公允价值计量且其变动计入其他综合收益的金融资产。

4. 金融资产分类决策树

在对金融资产进行分类时，可以按照金融资产的分类决策树图进行。

（二）金融负债的分类

除下列各项外，企业应当将金融负债分类为以摊余成本计量的金融负债：

（1）以公允价值计量且其变动计入当期损益的金融负债，包括交易性金融负债（含属于金融负债的衍生工具）和指定为以公允价值计量且其变动计入当期损益的金融负债。

（2）金融资产转移不符合终止确认条件或继续涉入被转移金融资产所形成的金融负债。

（3）部分财务担保合同，以及不属于以公允价值计量且其变动计入当期损益的金融负债的以低于市场利率贷款的贷款承诺。

小贴士 在非同一控制下的企业合并中，企业作为购买方确认的或有对价形成金融负债的，该金融负债应当按照以公允价值计量且其变动计入当期损益进行会计处理。

（三）金融工具的重分类

1. 金融工具重分类的原则

企业改变其管理金融资产的业务模式时，应当按照规定对所有受影响的相关金融资产进行重分类。企业对所有金融负债均不得进行重分类。企业管理金融资产业务模式的变更是一种极其少见的情形。

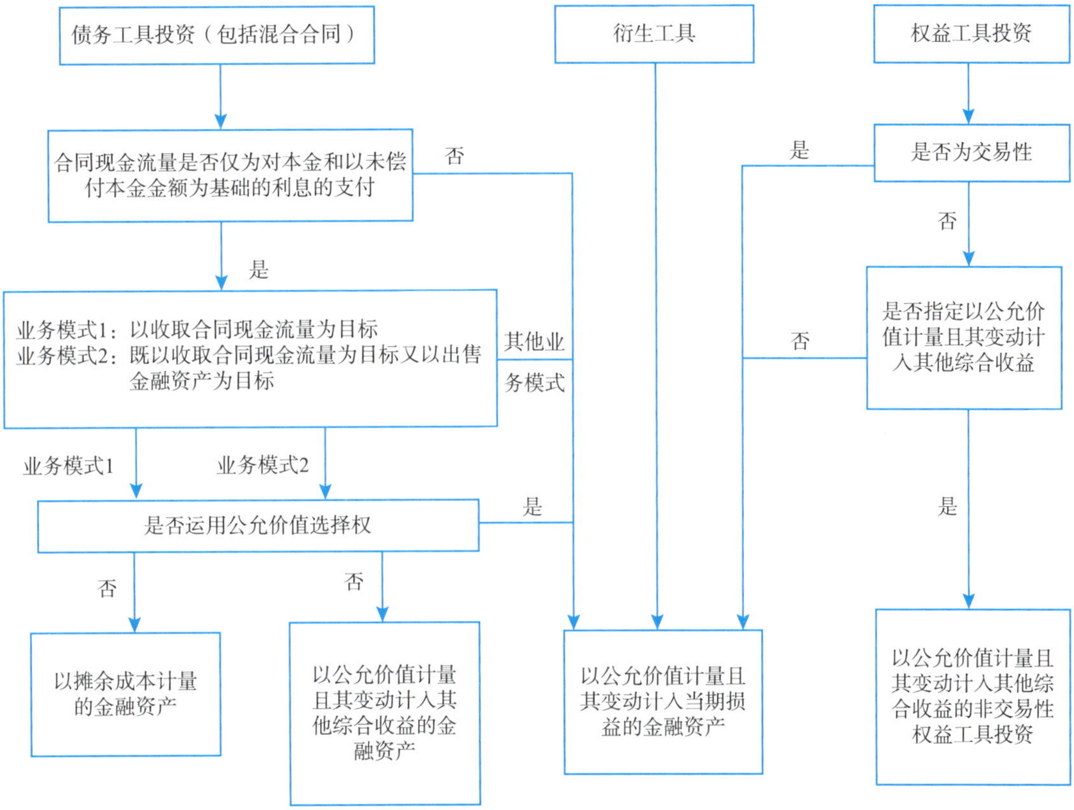

金融资产的分类决策树

企业对金融资产进行重分类，应当自重分类日起采用未来适用法进行相关会计处理，不得对以前已经确认的利得、损失（包括减值损失或利得）或利息进行追溯调整。

重分类日，是指导致企业对金融资产进行重分类的业务模式发生变更后的首个报告期间的第一天。企业业务模式的变更必须在重分类日之前生效。

2. 金融资产重分类的计量

金融资产重分类的会计处理，如下表所示。

金融资产重分类的处理

类型	账务处理
以摊余成本计量的金融资产重分类为以公允价值计量且其变动计入当期损益的金融资产	按该资产在重分类日的公允价值进行计量，原账面价值与公允价值之间的差额计入当期损益。一般会计分录为： 借：交易性金融资产——成本［重分类日公允价值］ 债权投资减值准备［余额结平］ 贷：债权投资——成本/利息调整等［余额结平］ 公允价值变动损益［差额，或借记］
以公允价值计量且其变动计入当期损益的金融资产重分类为以摊余成本计量的金融资产	应以其在重分类日的公允价值作为新的账面余额。一般会计分录为： 借：债权投资——成本［面值］ ——利息调整［重分类日的公允价值－面值］ 贷：交易性金融资产 公允价值变动损益［重分类日公允价值－原账面价值，或借］
以摊余成本计量的金融资产重分类为以公允价值计量且其变动计入其他综合收益的金融资产	按该金融资产在重分类日的公允价值进行计量，原账面价值与公允价值之间的差额计入其他综合收益。一般会计分录为： 借：其他债权投资——成本［面值］ ——利息调整 ——公允价值变动［重分类日公允价值－面值－利息调整］ 贷：债权投资［余额结平］ 其他综合收益［差额，或借记］ 借：债权投资减值准备 贷：其他综合收益——信用减值准备
以公允价值计量且其变动计入其他综合收益的金融资产重分类为以摊余成本计量的金融资产	应将之前计入其他综合收益的累计利得或损失转出，调整该金融资产在重分类日的公允价值，并以调整后的金额作为新的账面价值，即视同该金融资产一直以摊余成本计量。该金融资产重分类不影响其实际利率和预期信用损失的计量。一般会计分录为： （1）成本、利息调整、应计利息明细科目对应结转： 借：债权投资——成本 ——利息调整 贷：其他债权投资——成本 ——利息调整 （2）将重分类前确认的公允价值变动冲回： 借：其他综合收益——其他债权投资公允价值变动 贷：其他债权投资——公允价值变动 或编制相反分录。 （3）如果重分类前该金融资产存在预期信用损失而计提了损失准备，则结转其减值准备： 借：其他综合收益——信用减值准备 贷：债权投资减值准备
以公允价值计量且其变动计入其他综合收益的金融资产重分类为以公允价值计量且其变动计入当期损益的金融资产	应继续以公允价值计量该金融资产，同时应将之前计入其他综合收益的累计利得或损失从其他综合收益转入当期损益。一般会计分录为： 借：交易性金融资产 贷：其他债权投资 将持有期间确认的其他综合收益转入当期损益： 借：其他综合收益——其他债权投资公允价值变动 贷：公允价值变动损益 或编制相反分录。 借：其他综合收益——信用减值准备 贷：公允价值变动损益
以公允价值计量且其变动计入当期损益的金融资产重分类为以公允价值计量且其变动计入其他综合收益的金融资产	应继续以公允价值计量该金融资产。一般会计分录为： 借：其他债权投资 贷：交易性金融资产

经典例题

【真题·单选题】（2021）下列各项金融资产中，不能以摊余成本计量的是（　　）。

A. 现金

B. 与黄金挂钩的结构性存款

C. 保本固定收益的银行理财产品

D. 随时可以支取的银行定期存款

【答案】B

【解析】分类为以摊余成本计量的金融资产需要满足该金融资产的合同条款规定，在特定日期产生的现金流量，仅为对本金和以未偿付本金金额为基础的利息的支付，选项A、D都符合；选项C，由于保本固定收益，故现金流量特征也满足仅为对本金和以未偿付本金金额为基础的利息的支付。

【真题·单选题】（2020）2×16年12月30日，甲公司以发行新股作为对价，购买乙公司所持丙公司60%股份。乙公司在股权转让协议中承诺，在本次交易完成后的3年内（2×17年至2×19年）丙公司每年净利润不低于5 000万元，若丙公司实际利润低于承诺利润，乙公司将按照两者之间的差额及甲公司作为对价发行时的股票价格计算应返还给甲公司的股份数量，并在承诺期满后一次性予以返还。2×17年，丙公司实际利润低于承诺利润，经双方确认，乙公司应返还甲公司相应的股份数量。不考虑其他因素，下列各项关于甲公司应收取乙公司返还的股份在2×17年12月31日合并资产负债表中列示的项目名称是（　　）。

A. 债权投资

B. 其他债权投资

C. 交易性金融资产

D. 其他权益工具投资

【答案】C

【解析】若丙公司实际利润低于承诺利润，乙公司将按照两者之间的差额及甲公司作为对价发行时的股票价格计算应返还给甲公司的股份数量，并在承诺期满后一次性予以返还，由此可知，甲公司将收到可变数量的自身权益工具，应当将该或有对价确认为以公允价值计量且其变动计入当期损益的金融资产，体现在交易性金融资产项目中。

【真题·多选题】（2020）2×18年，甲公司及其子公司发生的相关交易或事项如下：（1）因乙公司的信用等级下降，甲公司将持有并分类为以摊余成本计量的乙公司债券全部出售，同时将该类别的债权投资全部重分类为以公允价值计量且其变动计入其他综合收益的金融资产；（2）因考虑公允价值变动对净利润的影响，甲公司将持有丙公司8%的股权投资从以公允价值计量且其变动计入当期损益的金融资产，重分类为以公允价值计量且其变动计入其他综合收益的金融资产；（3）甲公司的子公司（风险投资机构）新取得丁公司30%股权并对其具有重大影响，对其投资采用公允价值计量；（4）甲公司对戊公司增资，所持戊公司股权由30%增加至60%，并能够对戊公司实施控制，甲公司将对戊公司的股权投资核算方法由权益法改为成本法。下列各项关于甲公司及其子公司上述交易或事项会计处理的表述中，正确的有（　　）。

A. 甲公司对所持丙公司股权投资予以重分类

B. 风险投资机构对所持丁公司股权投资以公允价值计量

C. 甲公司对戊公司股权投资核算方法由权益法改为成本法

D. 甲公司出售所持乙公司债券后对该类别的债权投资予以重分类

【答案】BC

【解析】选项A，甲公司并未改变其持有丙公司金融资产的业务模式，不应对该金融资产进行重分类。选项B，风险投资机构持有丁公司30%股权并具有重大影响，属于对联营企业投资，采用公允价值计量。选项C，甲公司所持戊公司股权由30%增加至60%，并实施控制，该股权投资核算方法应由权益法改为成本法。选项D，甲公司因乙公司的信用等级下降将以摊余成本计量的乙公司债券出售，并未改变管理该类别债权投资的业务模式，不应重分类。

【真题·多选题】（2018）下列各项中，应当计入发生当期损益的有（　　）。

A. 以现金结算的股份支付形成的负债在结算前资产负债表日的公允价值变动

B. 将分类为权益工具的金融工具重分类为金融负债时公允价值与账面价值的差额

C. 以摊余成本计量的金融资产重分类为以公允价值计量且其变动计入当期损益的金融资产时公允价值与原账面价值的差额

D. 自用房地产转换为采用公允价值模式计量的投资性房地产时公允价值小于原账面价值的差额

【答案】ACD

【解析】选项A，以现金结算的股份支付形成的负债在结算前资产负债表日的公允价值变动计入公允价值变动损益；选项B，将分类为权益工具的金融工具重分类为金融负债时公允价值与账面价值的差额记入“资本公积——股本溢价”科目，不影响损益；选项C，以摊余成本计量的金融资产重分类为以公允价值计量且其变动计入当期损益的金融资产时公允价值与原账面价值的差额计入公允价值变动损益；选项D，自用房地产转换为采用公允价值模式计量的投资性房地产时公允价值小于原账面价值的差额计入公允价值变动损益。

高频考点2：金融负债和权益工具的区分★★

（一）金融负债和权益工具区分的基本原则

条件		类型	
（1）不能无条件避免以交付现金或其他金融资产来履行合同义务，包括不能无条件避免的赎回和强制付息		金融负债（如普通公司债券、强制付息的优先股和永续债等）	
（2）能够无条件地避免交付现金或其他金融资产（无到期日且无回售权、无限期递延、自主决定是否支付股利）		权益工具（如普通股、符合条件的永续债等）	
（3）用自身权益工具结算	①非衍生工具（如：优先股）	固定数量	权益工具
		非固定数量	金融负债
	②衍生工具（如：认股权证）	固定换固定	权益工具
		其他	金融负债

名师解惑

问：为什么发行方发行的用自身权益工具结算的衍生工具满足固定换固定时要确认为权益工具？

答：如果发行方将来发行的自身权益工具（普通股）是固定的，说明投资者在发行方股本中享有的份额是固定的，其相当于所有者身份，发行方按照行权价格收取固定金额的现金和衍生金融该工具的发行价款相当于投资者的入股款，因此，满足双固定情况下，发行方应该将发行的衍生工具确认为权益工具，通过“其他权益工具”核算。

（二）永续债等类似金融工具的会计处理

1. 永续债等类似金融工具发行方会计分类应当考虑的因素

永续债等类似金融工具（以下简称“永续债”）发行方在确定永续债的会计分类是权益工具还是金融负债（以下简称“会计分类”）时，应当根据相关规定并同时考虑下列因素：

（1）关于到期日。

永续债发行方在确定永续债会计分类时，应当以合同到期日等条款内含的经济实质为基础，谨慎判断是否能无条件地避免交付现金或其他金融资产的合同义务。当永续债合同其他条款未导致发行方承担交付现金或其他金融资产的合同义务时，发行方应当区分下列情况处理：

①永续债合同明确规定无固定到期日且持有方在任何情况下均无权要求发行方赎回该永续债或清算的，通常表明发行方没有交付现金或其他金融资产的合同义务。

②永续债合同未规定固定到期日且同时规定了未来赎回时间（即“初始期限”）的：

第一，当该初始期限仅约定为发行方清算日时，通常表明发行方没有交付现金或其他金融资产的合同义务。但清算确定将会发生且不受发行方控制，或者清算发生与否取决于该永续债持有方的，发行方仍具有交付现金或其他金融资产的合同义务。

第二，当该初始期限不是发行方清算日且发行方能自主决定是否赎回永续债时，发行方应当谨慎分析自身是否能无条件地自主决定不行使赎回权。如不能，通常表明发行方有交付现金或其他金融资产的合同义务。

（2）关于清偿顺序。

永续债发行方在确定永续债会计分类时，应当考虑合同中关于清偿顺序的条款。当永续债合同其他条款未导致发行方承担交付现金或其他金融资产的合同义务时，发行方应当区分下列情况处理：

①合同规定发行方清算时永续债劣后于发行方发行的普通债券和其他债务的，通常表明发行方没有交付现金或其他金融资产的合同义务。

②合同规定发行方清算时永续债与发行方发行的普通债券和其他债务处于相同清偿顺序的，应当审慎考虑此清偿顺序是否会导致持有方对发行方承担交付现金或其他金融资产合同义务的预期，并据此确定其会计分类。

（3）关于利率跳升和间接义务。

永续债发行方在确定永续债会计分类时，应当考虑“间接义务”。永续债合同规定没有固定到期日，同时规定了未来赎回时间、发行方有权自主决定未来是否赎回且如果发行方决定不赎回则永续债票息率上浮（即“利率跳升”或“票息递增”）的，发行方应当结合所处实际环境考虑该利率跳升条款是否构成交付现金或其他金融资产的合同义务。

①如果跳升次数有限、有最高票息限制（即“封顶”），且封顶利率未超过同期同行业同类型工具平均的利率水平，或者跳升总幅度较小且封顶利率未超过同期同行业同类型工具平均的利率水平，可能不构成间接义务；

②如果永续债合同条款虽然规定了票息封顶，但该封顶票息水平超过同期同行业同类型工具平均的利率水平，通常构成间接义务。

2. 关于永续债持有方会计分类的要求

除符合长期股权投资规定适用范围外，永续债持有方应当按下列规定对永续债进行会计处理：

（1）对于属于权益工具投资的永续债，持有方应当将其分类为以公允价值计量且其变动计入当期损益的金融资产，或在符合条件时对非交易性权益工具投资初始指定为以公允价值计量且其变动计入其他综合收益的金融资产。

（2）对于不属于权益工具投资的永续债，持有方应当将其分类为以摊余成本计量的金融资产，以公允价值计量且其变动计入其他综合收益的金融资产，或以公允价值计量且其变动计入当期损益的金融资产。在判断永续债的合同现金流量特征时，持有方应当谨慎考虑永续债中包含的选择权。

经典例题

【真题·单选题】（2022）2×20 年 7 月 1 日，甲公司发行了 100 万份优先股，每份面值 100 元，年股息率为 6%。该优先股无期限，无赎回机制，但将在 10 年后强制转换为普通股，该优先股是否发放股息需经甲公司董事会和股东会批准，如果优先股股东不派息，则普通股股东也不能分配股利。甲公司在判断该优先股应划分为权益工具还是金融负债时，下列各项因素中应考虑的是（　　）。

A. 拟订的未来派息计划

B. 以往类似工具的股利分配情况

C. 将优先股转换为普通股的价格、数量条款

D. 不发放股利对发行方普通股价格可能产生的负面影响

【答案】C

【解析】企业发行的优先股属于非衍生金融工具，将来用自身权益工具（普通股）结算，如果普通股数量固定，应当将发行的优先股确认为权益工具，如果普通股数量不固定，本质上相当于现金的替代品，就应当将发行的优先股确认为金融负债，选项 C 正确。

【真题·单选题】（2020）甲公司为制造企业，下列交易或事项形成的现时义务，属于金融负债的是（　　）。

A. 为已销售产品计提质量保证金 5 000 万元

B. 按年度奖金计划计提的应付职工薪酬 30 万元

C. 预收乙公司商品采购款 800 万元

D. 向证券公司借入丙上市公司 100 万股股票对外出售

【答案】D

【解析】选项 A，为销售产品计提的质量保证金应该按照《企业会计准则第 13 号——或有事项》的规定确认为一项预计负债；选项 B，需要按照《企业会计准则第 9 号——职工薪酬》的规定，确认为一项应付职工薪酬；选项 C，预收的商品采购款，是一项向其他单位交付存货的义务，不符合金融负债的定义。

【真题·单选题】（2017）2×17 年 1 月 1 日，甲公司经批准发行 10 亿元优先股，发行合同规定：①期限 5 年，前 5 年票面年利率固定为 6%，从第 6 年起，每 5 年重置一次利率，重置利率为基准利率加上 2%，最高不超过 9%；②如果甲公司连续 3 年不分派优先股股利，投资者有权决定是否回售；③甲公司可根据相应的议事机制决定是否派发优先股股利（非累积），但如果分配普通股股利，则必须先支付优先股股利；④如果因甲公司不能控制的原因导致控股股东发生变更的，甲公司必须按面值赎回该优先股。不考虑其他因素，下列各项关于甲公司上述发行优先股合同设定的条件会导致优先股不能分类为所有者权益的因素是（　　）。

A. 5 年重置利率

B. 股利推动机制

C. 甲公司控股股东变更

D. 投资者有回售优先股的决定权

【答案】C

【解析】选项 C，一旦甲公司控股股东发生变更，就意味着甲公司必须按照面值赎回优先股，而且控股股东变更不在甲公司控制之下，因此甲公司有不可避免支付现金的义务，属于 37 号金融工具列报准则第十二条谈到的或有结算条款，所以应该划分为金融负债。

【真题·多选题】（2016）2×15 年 1 月 3 日，甲公司经批准按面值发行优先股，发行的票面价值总额为 5 000 万元，优先股发行方案规定，该优先股为无期限、浮动利率、非累积、非参与。自发行之日起 5 年期满时，投资者有权要求甲公司按票面价值和基准利率计算的本息合计赎回，优先股的利率确定为：第 1 个 5 年按照发行时基准利率确定，每 5 年调整一次利率，调整的利率为前一次利率的基础上增加 300 个 BP，利率不设上限，优先股股利由董事会批准后按年支付，但如果分配普通股股利，则必须先支付优先股股利，不考虑其他因素，下列关于甲公司发行优先股可以选择的会计处理有（　　）。

A. 确认为所有者权益

B. 指定为以公允价值计量且其变动计入当期损益的金融负债

C. 确认为以摊余成本计量的金融负债

D. 按发行优先股的公允价值确认金融负债，发行价格总额减去金融负债公允价值的差额确认为所有者权益

【答案】CD

【解析】该金融工具涉及发行方和持有方无法控制的或有事项，即投资者有权要求甲公司按票面价值及票面价值和基准利率计算的本息合计金额赎回，将导致甲公司无法避免地使得经济利益流出企业，从而存在支付现金偿还本金的合同义务，应该确认为金融负债，因此选项 C、D 是正确的。

【例题·多选题】下列各项中，不属于金融负债的有（　　）。

A. 合同负债

B. 应当缴纳的所得税税款

C. 递延所得税负债

D. 发行的可转换公司债券

【答案】ABCD

【解析】选项 A，合同负债不是不可避免支付现金的合同义务，需要通过交付商品和提供服务等了结，不是金融负债；选项 B 和选项 C，企业向国家缴税是一种强制性的法定义务，不需要合同约束，不属于金融负债；选项 D，可转换公司债券初始确认要对负债成分和权益成分进行分拆，负债成分确认为应付债券，属于金融负债，而权益成分确认为其他权益工具，属于权益工具，不是金融负债，可转债属于混合金融工具。

【例题·多选题】甲公司为中国境内注册的股份制企业（拟在境内上市），其控股股东为乙公司。2×21 年 1 月 1 日，丙公司作为战略投资人向甲公司增资 3 亿元人民币，甲公司按照相关规定完成了注册资本变更等手续。增资后，丙公司持有甲公司 20% 的股权，乙公司仍然控制甲公司。除普通股外，甲公司无其他权益工具。甲、丙公司签署的增资协议约定，如果甲公司未能在 2×24 年 12 月 31 日前完成首次公开募股（IPO），丙公司有权要求甲公司以现金回购其持有的甲公司股权，回购价格为丙公司增资 3 亿元和按 8% 年化收益率及实际投资期限计算的收益之和。增资协议赋予丙公司的前述回售权属于持有人特征，即仅由丙公司享有，不能随股权转让。按照相关法律规定，甲公司回购股份需要履行必要的减资程序。除上述外，不考虑其他情况。

为推进甲公司的上市进程，甲、乙、丙公司根据相关法律和监管规定，在 IPO 申报前清理所有特殊权益，三方于 2×21 年 6 月 30 日签署补充协议，约定自补充协议签署之日起终止丙公司的上述回售权；如果甲公司在 2×24 年 12 月 31 日前未能完成 IPO，丙公司自 2×25 年 1 月 1 日起有权要求乙公司以现金购买其持有的甲公司股权，但无权向甲公司提出回购要求。除上述外，不考虑其他情况。关于甲公司收到丙公司的增资款的会计处理，下列选项正确的有（　　）。

A. 甲公司收到丙公司的增资款属于权益工具

B. 甲公司收到丙公司的增资款属于金融负债

C. 根据甲、乙、丙公司于 2×21 年 6 月 30 日签署的补充协议，应当将金融负债重分类为权益工具

D. 根据甲、乙、丙公司于 2×21 年 6 月 30 日签署的补充协议，应当将权益工具重分类为金融负债

【答案】BC

【解析】甲公司收到的丙公司增资款，导致其承担了不能无条件地避免以现金回购自身权益工具的合同义务，应当将增资款确认为金融负债，选项 A 错误，选项 B 正确；甲、乙、丙公司于 2×21 年 6 月 30 日签署的补充协议导致甲公司的回购义务终止，即甲公司可以无条件地避免以现金回购自身权益工具的合同义务，因此，甲公司应当将金融负债重分类为权益工具，选项 C 正确，选项 D 错误。

高频考点3：金融资产的计量★★★

（一）债权投资的计量

业务	账务处理
初始计量	借：债权投资——成本［面值］ ——利息调整［倒挤差额，或贷］ 应收利息（已到付息期但尚未领取的债券利息） 贷：银行存款
后续计量（实际利率法）	借：应收利息［分期付息，面值×票面利率］/债权投资——应计利息［到期一次还本付息，面值×票面利率］ 贷：投资收益［期初账面余额×实际利率（减值模型前两个阶段），或期初摊余成本×实际利率或经信用调整的实际利率（减值模型的第三个阶段）］ 债权投资——利息调整［差额，倒挤摊销额］ 借：银行存款 贷：应收利息 【小贴士】对于购入或源生的已发生信用减值的金融资产，企业应当自初始确认起，按照该金融资产的摊余成本（账面余额减去减值准备）和经信用调整的实际利率计算确定其利息收入。其他情况下，用实际利率计算利息收入
到期收回投资	借：银行存款 贷：债权投资——成本［面值］ 应收利息［分期付息，最后一期利息］/债权投资——应计利息［到期一次还本付息，全部利息］

小贴士 期末摊余成本＝期初摊余成本＋实际利息（利息收入或利息费用）－现金流量（分期付息时的票面利息）

（二）其他债权投资的计量

业务	账务处理
初始计量	借：其他债权投资——成本 ——利息调整［倒挤差额，或贷］ 应收利息［已到付息期但尚未领取的债券利息］ 贷：银行存款
后续计量	（1）按照实际利率法确认利息收入。 借：应收利息［分期付息，面值×票面利率］/其他债权投资——应计利息［到期一次还本付息，面值×票面利率］ 贷：投资收益［期初账面余额×实际利率（减值模型前两个阶段），或期初摊余成本×实际利率或经信用调整的实际利率（减值模型的第三个阶段）］ 其他债权投资——利息调整［差额，倒挤摊销额］ 借：银行存款 贷：应收利息 （2）调整公允价值变动。 借：其他债权投资——公允价值变动 贷：其他综合收益 或作相反会计分录

续表

业务	账务处理
处置	借：银行存款 　　贷：其他债权投资——成本 　　　　　　　　　——利息调整［或借］ 　　　　　　　　　——公允价值变动［或借］ 　　　　应收利息［出售时已计提但尚未实际收到的分期付息额］/其他债权投资——应计利息［到期一次还本付息债券计提的利息］ 　　　　投资收益［倒挤差额，或借］ 借：其他综合收益 　　贷：投资收益 或作相反会计分录

（三）交易性金融资产的计量

业务	账务处理
初始计量	借：交易性金融资产——成本 　　应收股利［已宣告但尚未发放的现金股利］/应收利息［已到付息期但尚未领取的利息］ 　　投资收益［交易费用］ 　　贷：银行存款 借：银行存款 　　贷：应收股利/应收利息
后续计量	（1）确认投资收益。 借：应收股利［被投资方宣告发放的现金股利］/应收利息［面值×票面利率］ 　　贷：投资收益 （2）调整公允价值变动。 借：交易性金融资产——公允价值变动 　　贷：公允价值变动损益 或作相反会计分录
处置	借：银行存款 　　贷：交易性金融资产——成本 　　　　　　　　　　——公允价值变动［或借］ 　　　　投资收益［倒挤差额，或借］

（四）其他权益工具投资的计量

业务	账务处理
初始计量	借：其他权益工具投资——成本 　　应收股利［已宣告但尚未发放的现金股利］ 　　贷：银行存款 借：银行存款 　　贷：应收股利
后续计量	（1）确认投资收益。 借：应收股利［被投资方宣告发放现金股利］ 　　贷：投资收益 借：银行存款 　　贷：应收股利 （2）调整公允价值变动。 借：其他权益工具投资——公允价值变动 　　贷：其他综合收益——其他权益工具投资公允价值变动 或作相反会计分录

续表

业务	账务处理
处置	借：银行存款 　　贷：其他权益工具投资——成本 　　　　　　　　　　——公允价值变动［或借］ 　　　　盈余公积［倒挤差额的10%，或借］ 　　　　利润分配——未分配利润［倒挤差额的90%，或借］ 借：其他综合收益 　　贷：盈余公积 　　　　利润分配——未分配利润 或作相反会计分录

经典例题

【真题·计算分析题】（2022）2×19年至2×21年，甲公司发生的有关交易或事项如下：

（1）2×19年6月10日，甲公司以每股10.8元的价格从A股市场购入乙公司500万股普通股股票，持有乙公司5%的股权，甲公司另支付交易费用100万元，甲公司拟长期持有该股权，并将其指定为以公允价值计量且其变动计入其他综合收益的金融资产。

2×19年12月31日，该股票的市场价格为每股12元。

（2）因调整经营战略，2×20年6月8日，甲公司与丁公司签订股权转让协议，约定甲公司以26 000万元购入丁公司持有的乙公司20%股权。甲公司于2×20年7月1日通过银行转账支付了购买乙公司20%股权的款项，同时办理完成股份过户登记手续；当日，乙公司股票的市场价格为每股13元。甲公司拟长期持有对乙公司的股权投资，能够对乙公司施加重大影响，采用权益法核算。

2×20年7月1日，乙公司净资产账面价值为120 000万元，除一项乙公司账面未确认的无形资产外，其他资产、负债的账面价值与公允价值相同。该项无形资产的公允价值为2 000万元，预计使用8年，预计净残值为零，采用直线法摊销。

（3）2×20年度，乙公司实现净利润6 600万元，其中，2×20年7～12月实现净利润4 000万元；拟长期持有的非交易性权益工具投资公允价值变动扣除相关所得税影响后增加其他综合收益500万元，其中，2×20年7～12月增加200万元。

（4）2×21年5月20日，甲公司以每股7.8元的价格从A股市场购入丙公司150万股普通股股票，持有丙公司2%的股权，甲公司另支付交易费用25万元。甲公司并非长期持有对丙公司的股权投资，当甲公司需要补充现金流量或者股价上涨时将随时出售。2×21年12月31日，该股票市场价格为每股10元。

其他资料：①甲公司和乙公司适用的企业所得税税率均为25%。②甲公司按实现净利润的10%计提法定盈余公积，不计提任意盈余公积。③除企业所得税外，本题不考虑其他相关税费及其他因素。

要求：

（1）根据资料（1），编制甲公司对乙公司股权投资相关的会计分录。

（2）根据资料（1）～（3），编制甲公司对乙公司增持股份及增持后相关的会计分录。

（3）根据资料（4），编制甲公司对丙公司股权投资相关的会计分录。

【提示】建议考生结合所得税章节的内容做这道题。

【答案及解析】

（1）根据资料（1），编制甲公司对乙公司股权投资相关的会计分录。

借：其他权益工具投资
　　　　（500×10.8+100）5 500
　　贷：银行存款　　　　5 500

借：其他权益工具投资
　　　　（500×12－5 500）500

贷：其他综合收益　375
递延所得税负债　125

（2）根据资料（1）～（3），编制甲公司对乙公司增持股份及增持后相关的会计分录。

增持股权：

借：长期股权投资——投资成本　32 500
贷：其他权益工具投资　6 000
银行存款　26 000
其他综合收益　[500×(13－12)]500

借：递延所得税负债　125
贷：其他综合收益　125

借：其他综合收益　1 000
贷：盈余公积　100
利润分配——未分配利润　900

增持后：

借：长期股权投资——损益调整　[(4 000－2 000÷8÷2×75%)×25%]976.56
贷：投资收益　976.56

借：长期股权投资——其他综合收益　50
贷：其他综合收益　50

（3）根据资料（4），编制甲公司对丙公司股权投资相关的会计分录。

借：交易性金融资产　(150×7.8)1 170
投资收益　25
贷：银行存款　1 195

借：交易性金融资产　(150×10－1 170)330
贷：公允价值变动损益　330

借：所得税费用　(330×25%)82.5
贷：递延所得税负债　82.5

【真题·多选题】（2020）下列各项金融资产或金融负债中，因汇率变动导致的汇兑差额应当计入当期财务费用的有（　　）。

A. 外币应收账款
B. 外币债权投资产生的应收利息
C. 外币非交易性权益工具投资
D. 外币衍生金融负债

【答案】AB

【解析】选项C，外币非交易性权益工具投资因汇率变动导致的汇兑差额应当计入其他综合收益；选项D，外币衍生金融负债属于交易性金融负债，其汇率变动导致的汇兑差额应当计入公允价值变动损益。

【例题·单选题】2×21年1月1日，甲公司从二级市场购入乙公司分期付息、到期还本的债券12万张，以银行存款支付价款1 050万元，另支付相关交易费用12万元。该债券系乙公司于2×20年1月1日发行，每张债券面值为100元，期限为3年，票面年利率为5%，每年年末支付当年度利息。甲公司将其划分为以摊余成本计量的金融资产。甲公司持有乙公司债券至到期累计应确认的投资收益是（　　）万元。

A. 120　　B. 258
C. 270　　D. 318

【答案】B

【解析】本题账务处理如下：

（1）借：债权投资——成本　1 200
贷：银行存款　(1 050＋12)1 062
债权投资——利息调整　(倒挤)138

（2）确认实际利息收入：

借：应收利息　(1 200×5%×2)120
债权投资——利息调整　(全部摊销掉)138
贷：投资收益　258（倒挤）

【例题·单选题】20×1年1月1日，甲公司购入乙公司当日发行的4年期分期付息（于次年初支付上年度利息）、到期还本债券，面值为1 000万元，票面年利率为5%，实际支付价款为1 050万元，另发生交易费用2万元。甲公司将该债券划分为以摊余成本计量的金融资产，每年年末确认投资收益，20×1年12月31日（第1年年末）确认投资收益35万元。20×1年12月31日，甲公司该债券的账面余额为（　　）万元。

A. 1 035　　B. 1 037

C. 1 065　　D. 1 067

【答案】B

【解析】20×1年12月31日，甲公司该债券的账面余额（摊余成本）= 期初摊余成本（1 050+2）+实际利息35－现金流入（1 000×5%）=1 037（万元）。

【例题·单选题】甲公司2×21年1月1日购入乙公司发行的3年期公司债券作为以摊余成本计量的金融资产核算。该债券公允价值为520万元（不考虑交易费用），面值为500万元，每半年付息一次，到期还本，票面利率6%，实际利率4%，采用实际利率法摊销，则甲公司2×21年6月30日"债权投资——利息调整"科目的余额为（　　）万元。

A. 10.4

B. 15.4

C. 4.6

D. 20.0

【答案】B

【解析】

借：债权投资——成本　500

　　　　　　——利息调整　20

　　贷：银行存款　520

借：应收利息

　　　（500×6%×6/12）15

　　贷：投资收益

　　　　（520×4%×6/12）10.4

　　　　债权投资——利息调整　4.6

甲公司2×21年6月30日"债权投资——利息调整"科目的余额=20－4.6=15.4（万元）。

高频考点4：金融负债的计量★★

（一）交易性金融负债的计量

1. 初始计量

借：银行存款

　　投资收益［交易费用］

　　贷：交易性金融负债——成本

2. 后续计量（期末计提利息、调整公允价值变动）

公允价值下降：

借：交易性金融负债——公允价值变动

　　贷：公允价值变动损益

公允价值上升时作相反会计分录。

确认利息费用时：

借：财务费用

　　贷：应付利息

3. 终止确认

借：交易性金融负债——成本

　　应付利息

　　贷：银行存款

　　　　交易性金融负债——公允价值变动［或借］

　　　　投资收益［倒挤差额，或借］

（二）应付债券的计量

1. 初始计量

借：银行存款

　　贷：应付债券——面值

　　　　　　　　——利息调整［倒挤差额，或借］

2. 后续计量（按照实际利率法确认利息费用）

借：在建工程/财务费用等［期初摊余成本×实际利率］

　　应付债券——利息调整［倒挤差额，或贷］

　　贷：应付利息/应付债券——应计利息［面值×票面利率］

借：应付利息

　　贷：银行存款

3. 到期偿还

借：应付债券——面值

　　贷：银行存款

（三）可转换公司债券的计量

初始确认时将其包含的负债成分和权益成分进行分拆，将负债成分确认为应付债券，将权益成分确认为其他权益工具。

1. 发行可转换公司债券

借：银行存款

　　应付债券——可转换公司债券（利息调整）［倒挤，或贷］

　　贷：应付债券——可转换公司债券（面值）

　　　　其他权益工具［权益成分的公允价值］

2. 转换股份前

可转换公司债券的负债成分，在转换为股份前，其会计处理与一般公司债券相同。

3. 转换股份时

借：应付债券——可转换公司债券（面值、利息调整等）［转股部分冲销的负债成分账面余额］

　　其他权益工具［转股部分冲销的权益成分账面余额］

　　应付利息［若涉及］

　　贷：股本［股票面值×转换的股数］

　　　　资本公积——股本溢价［倒挤差额］

经典例题

【真题·单选题】（2018 改编）企业发生的下列支出，不计入资产成本或负债初始确认金额的是（　　）。

A. 承租人在租赁中发生的初始直接费用

B. 购买方在非同一控制下的企业合并中发生的中介费用

C. 发行以摊余成本计量的公司债券时发生的交易费用

D. 外购无形资产发生的交易费用

【答案】B

【解析】选项 B，企业进行非同一控制下企业合并时支付的中介费用应计入当期损益（管理费用）。

【真题·计算分析题】（2021 节选）2×19年至2×20 年，甲公司发生的有关交易或事项如下：

（1）2×19 年 7 月 1 日，甲公司以每份面值 100 元的价格发行可转换公司债券 10 万份，募集资金 1 000 万元（不考虑发行费用）。该债券存续期为 3 年，票面年利率为 5%，利息按年支付，到期一次还本。该批债券自 2×20 年 7 月 1 日起即可按照 10 元/股的价格转换为普通股。在转换日之前，如果甲公司发生配股、资本公积转增股本等资本结构变化的事项，转股价格将进行相应调整，以确保债券持有人的利益不被稀释。

发行债券时，市场上不含转股权但其他条件与之类似的债券利率为 6%。

（2）2×20 年 7 月 1 日，上述债券全部按原定价格 10 元/股将本金转换为普通股，共计 100 万股。2×20 年 1 月 1 日，甲公司发行在外的普通股股数为 1 000 万股，除上述转股事项外，2×20 年内未发生其他股本变化，也不存在其他稀释性潜在普通股。

（3）2×20 年，甲公司实现归属于普通股股东的净利润 300 万元，该净利润包含 2×20 年 1～6 月计提的与上述可转换公司债券相关的利息费用。

其他资料：（1）（P/F，3，5%）＝0.8638；（P/A，3，5%）＝2.7232；（P/F，3，6%）＝0.8396；（P/A，3，6%）＝2.6730。（2）假定可转换公司债券的利息费用采用负债的初始入账价值乘以年实际利率，按月平均计提，且利息费用于 2×19 年和 2×20 年均不符合资本化条件。（3）甲公司适用的企业所得税税率为 25%。（4）本题不考虑除企业所得税以外的其他相关税费及其他因素。

要求：

（1）判断甲公司发行的可转换公司债券

的会计分类，并说明理由。

（2）根据资料（1），计算甲公司发行的可转换公司债券中负债的初始入账金额，编制甲公司2×19年7月1日发行可转换公司债券，以及2×19年12月31日计提利息费用相关的会计分录。

【答案及解析】

（1）甲公司发行的可转换公司债券同时包含负债和权益成分，应分别分类为金融负债和权益工具。

理由：甲公司附有支付本金和利息的合同义务，应分类为金融负债；转股安排符合“固定换固定”的原则［或：该可转换公司债券（固定金额）可以转换为固定数量的普通股］，其中的反稀释调整条款不妨碍符合该原则，因此转股权应分类为权益工具。

（2）负债的初始入账金额 = 1 000 × 0.8396 + 50 × 2.6730 = 839.6 + 133.65 = 973.25（万元）

借：银行存款　　1 000
　　应付债券——利息调整　　26.75
　贷：应付债券——面值　　1 000
　　　其他权益工具　　26.75

借：财务费用　　29.20
　贷：应付债券——利息调整　4.20
　　　应付利息　　25

【例题·单选题】2×19年10月1日甲公司经批准在全国银行间债券市场按照面值公开发行10万张人民币短期融资券，期限为1年，票面利率为6%，每张面值为58元，分次付息、到期一次还本，不考虑发行费用。甲公司将该短期融资券指定为以公允价值计量且其变动计入当期损益的金融负债。2×19年末，该短期融资券的市场价格为每张55元（不含利息）。所得税税率为25%。该短期融资券2×19年对当期损益的影响金额为（　　）万元。

A. －8.7　　B. 30

C. 13.8　　D. 21.3

【答案】C

【解析】该短期融资券影响当期损益的金额＝30－8.7－7.5＝13.8（万元）。

相关会计分录为：

发行时：

借：银行存款　　580
　贷：交易性金融负债——成本　　580

期末：

借：财务费用　　8.7
　贷：应付利息　（580×6%×3/12）8.7

借：交易性金融负债——公允价值变动　（580－55×10）30
　贷：公允价值变动损益　　30

借：所得税费用　　7.5
　贷：递延所得税负债　　7.5

高频考点5：金融工具减值★★★

（一）金融工具减值的三阶段模型

金融工具减值的预期损失模型（三阶段）

项目	第一阶段	第二阶段	第三阶段
特点	初始确认后信用风险并未显著增加（包括在资产负债表日信用风险较低）	初始确认后信用风险显著增加但不存在表明发生信用损失的客观证据（无减值迹象）	在资产负债表日（含购买或源生）存在已发生信用减值的客观证据（有减值迹象）
损失准备的计量	相当于未来12个月内预期信用损失的金额	相当于整个存续期预期信用损失的金额	整个存续期预期信用损失
利息收入计算	账面余额×实际利率（总额法）	账面余额×实际利率（总额法）	摊余成本×实际利率或经信用调整的实际利率（净额法）

（二）金融工具减值的账务处理

金融工具减值的账务处理

项目	确认减值损失账务处理	是否可以转回
除以公允价值计量且其变动计入其他综合收益的金融资产以外的适用22号金融工具确认和计量准则中减值模型的金融资产	借：信用减值损失 　贷：债权投资减值准备 　　　贷款损失准备 　　　坏账准备 　　　合同资产减值准备 　　　租赁应收款减值准备 　　　预计负债（用于贷款承诺及财务担保合同）	是，编制相反分录
以公允价值计量且其变动计入其他综合收益的金融资产	借：信用减值损失 　贷：其他综合收益——信用减值准备	是，编制相反分录

经典例题

【真题·单选题】（2020）按照企业会计准则的规定，确定企业金融资产预期信用损失的方法是（　　）。

A. 金融资产的公允价值与其账面价值之间的差额

B. 金融资产的预计未来现金流量与其账面价值之间的差额

C. 应收取金融资产的合同现金流量与预期收取的现金流量之间差额的现值

D. 金融资产的公允价值减去处置费用后的净额与其账面价值之间的差额的现值

【答案】C

【解析】对于金融资产，信用损失应为企业应收取的合同现金流量与预期收取的现金流量之间差额的现值。

【例题·多选题】下列有关金融资产减值损失计量的处理方法中，正确的有（　　）。

A. 对于购入或源生已发生信用减值的金融资产，企业应当在资产负债表日仅将自初始确认后整个存续期内预期信用损失的累计变动确认为损失准备

B. 对于金融资产，信用损失应为企业应收取的合同现金流量与预期收取的现金流量之间差额的现值

C. 企业在前一会计期间已经按照相当于金融工具整个存续期内预期信用损失的金额计量了损失准备，但在当期资产负债表日，该金融工具已不再属于自初始确认后信用风险显著增加的情形的，企业应当在当期资产负债表日按照相当于未来12个月内预期信用损失的金额计量该金融工具的损失准备，由此形成的损失准备的转回金额应当作为减值利得计入当期损益

D. 对于分类为以公允价值计量且其变动计入其他综合收益的金融资产，企业应当在其他综合收益中确认其损失准备，并将减值损失或利得调整金融资产的账面价值

【答案】ABC

【解析】选项D，对于分类为以公允价值计量且其变动计入其他综合收益的金融资产，企业应当在其他综合收益中确认其损失准备，并将减值损失或利得计入当期损益，且不应减少该金融资产在资产负债表中列示的账面价值。

【例题·单选题】A公司于2×19年1月1日购入面值为2 000万元的3年期债券，实际支付的价款为2 000万元。该债券票面利率和实际利率均为8%，每年1月1日付息。A公司

将其划分为以公允价值计量且其变动计入其他综合收益的金融资产。2×19年末，该项金融资产的公允价值为1 900万元。A公司经评估认定该项金融工具的信用风险自初始确认后已显著增加，按照预期损失模型计提损失准备400万元。不考虑其他因素，则该项金融资产对A公司2×19年损益的影响金额为（　　）万元。

A. 160　　B. －340

C. －100　　D. －240

【答案】D

【解析】本题的相关会计分录为：

2×19年1月1日购入时：

借：其他债权投资——成本　2 000

　贷：银行存款　2 000

2×19年末计提利息：

借：应收利息（2 000×8%）160

　贷：投资收益　160

2×19年末确认公允价值变动：

借：其他综合收益——其他债权投资公允价值变动　100

　贷：其他债权投资——公允价值变动　100

2×19年末确认损失准备：

借：信用减值损失　400

　贷：其他综合收益——信用减值准备　400

对A公司2×19年损益的影响金额＝160－400＝－240（万元）。

高频考点6：金融资产转移★★

（一）金融资产转移终止确认的判断

1. 判断流程（见下图）

2. 风险报酬转移情况分析

（1）企业转移了金融资产所有权上几乎所有风险和报酬的，应当终止确认该金融资产，并将转移中产生或保留的权利和义务单独确认为资产或负债。

以下情形表明企业已将金融资产所有权上几乎所有的风险和报酬转移给了转入方：

①企业无条件出售金融资产。

②企业出售金融资产，同时约定按回购日该金融资产的公允价值回购。

③企业出售金融资产，同时与转入方签订看跌或看涨期权合约，且该看跌或看涨期权为深度价外期权（即到期日之前不大可能变为价内期权），此时可以认定企业已经转移了该项金融资产所有权上几乎所有的风险和报酬，应当终止确认该金融资产。

（2）企业保留了金融资产所有权上几乎所有风险和报酬的，应当继续确认该金融资产。

以下情形通常表明企业保留了金融资产所有权上几乎所有的风险和报酬：

①企业出售金融资产并与转入方签订回购协议，协议规定企业将按照固定回购价格或是按照原售价加上合理的资金成本向转入方回购原被转移金融资产，或者与售出的金融资产相同或实质上相同的金融资产。

②企业融出证券或进行证券出借。

③企业出售金融资产并附有将市场风险敞口转回给企业的总回报互换。例如，甲将8%的贷款转让给乙银行，担心利率上涨，双方签订协议：甲未来按照利率上升幅度向乙支付利息。

④企业出售短期应收款项或信贷资产，并且全额补偿转入方可能因被转移金融资产发生的信用损失。

⑤企业出售金融资产，同时向转入方签订看跌或看涨期权合约，且该看跌期权或看涨期权为一项深度价内期权。

⑥采用附追索权方式出售金融资产。

依据风险报酬转移情况，金融资产转移确认的三种情形如下表所示。

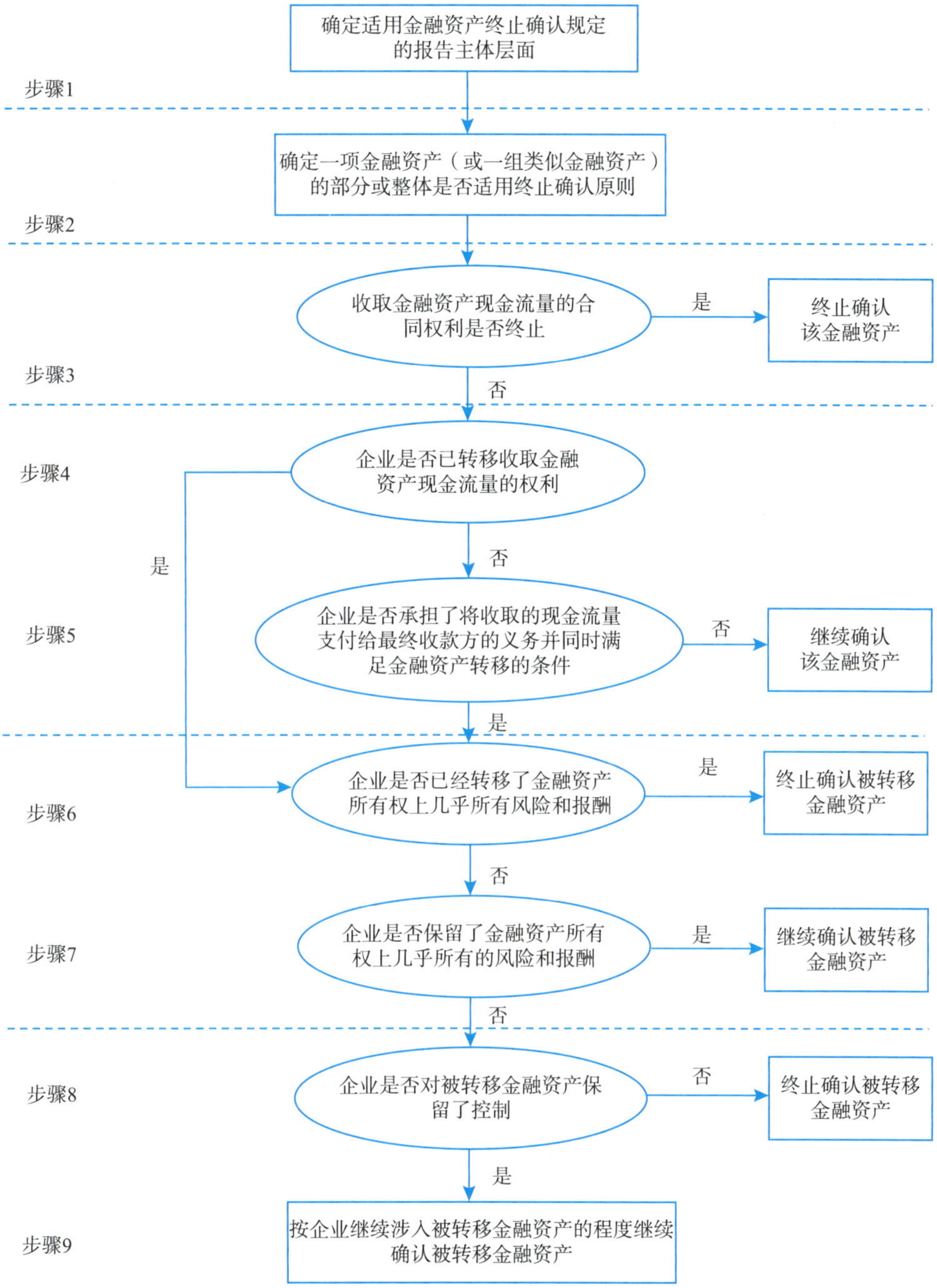

金融资产终止确认判断流程

情形		确认结果
已转移金融资产所有权上几乎所有的风险和报酬		终止确认该金融资产（确认新资产/新负债）
既没有转移也没有保留金融资产所有权上几乎所有的风险和报酬	未保留对金融资产的控制	终止确认该金融资产（确认新资产/新负债）
既没有转移也没有保留金融资产所有权上几乎所有的风险和报酬	保留对金融资产的控制	按照继续涉入所转移金融资产的程度确认有关金融资产和负债
保留了金融资产所有权上几乎所有的风险和报酬		继续确认该金融资产，并将收到的对价确认为负债

（二）金融资产转移的会计处理

1. 满足终止确认条件的金融资产转移的会计处理

企业应当按照被转移的金融资产是金融资产的整体还是金融资产的一部分，分别按照以下方式进行会计处理：

（1）金融资产整体转移的会计处理。

金融资产整体转移满足终止确认条件的，应当将下列两项金额的差额计入当期损益：

①被转移金融资产在终止确认日的账面价值。

②因转移金融资产而收到的对价，与原直接计入其他综合收益的公允价值变动累计额（涉及转移的金融资产为分类为以公允价值计量且其变动计入其他综合收益的金融资产的情形）之和。

具体计算公式如下：

金融资产整体转移形成的损益 = 因转移收到的对价 - 所转移金融资产账面价值 +（-）原直接计入其他综合收益的公允价值变动累计利得（或损失）

（2）金融资产部分转移的会计处理。

企业转移了金融资产的一部分，且该被转移部分满足终止确认条件的，应当将转移前金融资产整体的账面价值，在终止确认部分和继续确认部分之间，按照转移日各自的相对公允价值进行分摊，并将下列两项金额的差额计入当期损益：

①终止确认部分在终止确认日的账面价值。

②终止确认部分收到的对价（包括获得的所有新资产减去承担的所有新负债），与原计入其他综合收益的公允价值变动累计额中对应终止确认部分的金额（涉及部分转移的金融资产分类为以公允价值计量且其变动计入其他综合收益的金融资产的情形）之和。

2. 继续确认被转移金融资产的会计处理

企业应当继续确认所转移的金融资产整体，因资产转移而收到的对价，应当在收到时确认为一项金融负债。

需要注意的是，该金融负债与被转移金融资产应当分别确认和计量，不得相互抵销。在后续会计期间，企业应当继续确认该金融资产产生的收入或利得以及该金融负债产生的费用或损失。

3. 继续涉入被转移金融资产的会计处理

企业既没有转移也没有保留金融资产所有权上几乎所有风险和报酬，且保留了对该金融资产控制的，应当按照其继续涉入被转移金融资产的程度继续确认该被转移金融资产，并相应确认相关负债。

通过对被转移金融资产提供担保方式继续涉入，按下列原则计量资产、负债的价值：

继续涉入资产 = 所转移金融资产的账面价值和担保金额两者之中的较低者

继续涉入负债 = 担保金额 + 担保合同的公允价值（提供担保收取的对价）

这里的担保金额，是指企业所收到的对价中，将可能被要求偿还的最高金额。担保合同的公允价值，通常是指提供担保而收取的费用。

经典例题

【真题·单选题】（2020）2×18年3月20日，甲公司将所持账面价值为7 800万元的5年期国债以8 000万元的价格出售给乙公司。按照出售协议的约定，甲公司出售该国债后，与该国债相关的损失或收益均归乙公司承担或享有。该国债出售前，甲公司将其分类为以公允价值计量且其变动计入其他综合收益的金融资产。不考虑其他因素，下列各项关于甲公司出售国债会计处理的表述中，正确的是（　　）。

A. 终止确认所持国债的账面价值

B. 将出售国债取得的价款确认为负债

C. 出售国债取得的价款与其账面价值的差额计入所有者权益

D. 国债持有期间因公允价值变动计入其

他综合收益的金额转为留存收益

【答案】A

【解析】根据出售协议约定，甲公司出售该国债后，与该国债相关的损失或收益均归乙公司承担或享有，意味着企业转移了该金融资产所有权上几乎所有风险和报酬，应当终止确认该金融资产。

【例题·计算分析题】甲上市公司控制乙公司和丙公司两家子公司，乙公司为了处置 2×21 年末账龄在 5 年以上、账面余额为 5 500 万元、账面价值为 3 000 万元的应收账款，公司管理层在 2×21 年 12 月 31 日制定了以下两个可供选择的方案，供董事会决策。

方案 1：将上述应收账款按照公允价值 3 100 万元卖给丙公司，并由丙公司享有或承担该应收账款的收益或风险。

方案 2：将上述应收账款委托某信托公司设立信托，由信托公司以该应收账款的未来现金流量为基础向社会公众发行年利率为 3%、3 年期的资产支持证券 2 800 万元，乙公司享有或承担该应收账款的收益或风险。

要求：根据上述资料，分别方案 1 和方案 2，简述应收账款处置在乙公司个别财务报表和甲公司合并财务报表中的会计处理，并说明理由。

【答案及解析】

方案一：

①乙公司个别财务报表：由于乙公司已经转移与该应收账款所有权相关的风险和报酬，满足金融资产终止确认条件，所以乙公司应终止确认该项应收账款；会计处理为公允价值 3 100 万元与账面价值 3 000 万元的差额 100 万元应计入投资收益。

乙公司会计分录：

借：银行存款　　3 100
　　坏账准备　　2 500
　　贷：应收账款　　5 500
　　　　投资收益　　100

②甲公司合并财务报表：由于乙公司和丙公司均为甲公司的子公司，所以乙公司转移金融资产给丙公司的行为属于集团内部的转移行为，应当抵销乙公司与丙公司个别财务报表中的处理。

借：应收账款
　　　　（5 500－3 100）2 400
　　投资收益　　100
　　贷：应收账款——坏账准备
　　　　　　2 500

方案二：

①乙公司个别财务报表：由于乙公司享有或承担该应收账款的收益或风险，所以乙公司不应终止确认该项应收账款，收到的委托信托公司发行资产支持证券的价款 2 800 万元应计入应付债券，并按照 3 年期、3% 的年利率确认利息费用。

借：银行存款　　2 800
　　贷：应付债券　　2 800

②甲公司合并财务报表：由于乙公司委托信托公司转移该金融资产的行为不构成集团内部交易，所以不需要抵销。

【例题·多选题】2×22 年 12 月 1 日，甲公司将某项账面余额为 1 000 万元的应收账款（已计提坏账准备 200 万元）转让给丁投资银行，转让价格为当日公允价值 750 万元；同时与丁投资银行签订了应收账款的回购协议。同日，丁投资银行按协议支付了 750 万元。该应收账款 2×22 年 12 月 31 日的预计未来现金流量现值为 720 万元。假定甲公司按以下不同的回购价格向丁投资银行回购应收账款，则甲公司在转让应收账款时不应终止确认的有（　　）。

A. 以转让日该应收账款的市场价格回购

B. 以高于回购日该应收账款市场价格 20 万元的价格回购

C. 回购日该应收账款的市场价格低于 700 万元的，按照 700 万元回购

D. 以转让价格加上转让日至回购日期间按照市场利率计算的利息回购

【答案】ABCD

【解析】只有以回购日该应收账款的市场价格回购，才能终止确认。

【例题·多选题】下列各项金融资产中，企业应终止确认的有（　　）。

A. 收取该金融资产现金流量的合同权利终止

B. 金融资产已经转移，且其转移满足关于终止确认的规定

C. 金融资产已发生大额预期信用损失

D. 企业改变管理金融资产的业务模式

【答案】AB

【解析】选项C，应计提信用损失准备，并不是金融资产终止确认的条件；选项D，应对金融资产进行重分类。

高频考点7：套期会计★★

（一）套期的分类

关于套期的分类和具体实例如下表所示。

套期的分类

分类	举例
1. 公允价值套期，是指对已确认资产或负债、尚未确认的确定承诺，或上述项目组成部分的公允价值变动风险敞口进行的套期。该公允价值变动源于特定风险，且将影响企业的损益或其他综合收益。 其中，影响其他综合收益的情形，仅限于企业对指定为以公允价值计量且其变动计入其他综合收益的非交易性权益工具投资的公允价值变动风险敞口进行的套期	（1）某企业签订一项以固定利率换浮动利率的利率互换合约，对其承担的固定利率负债的利率风险引起的公允价值变动风险敞口进行套期。 （2）某石油公司签订一项6个月后以固定价格购买原油的合同（尚未确认的确定承诺），为规避原油价格风险，该公司签订一项商品（原油）期货合约，对该确定承诺的价格风险引起的公允价值变动风险敞口进行套期。 （3）某企业购买一项期权合同，对持有的指定为以公允价值计量且其变动计入其他综合收益的非交易性权益工具投资的证券价格风险引起的公允价值变动风险敞口进行套期
2. 现金流量套期，是指对现金流量变动风险敞口进行的套期。该现金流量变动源于与已确认资产或负债、极可能发生的预期交易，或与上述项目组成部分有关的特定风险，且将影响企业的损益	（1）某企业签订一项以浮动利率换固定利率的利率互换合约，对其承担的浮动利率债务的利率风险引起的现金流量变动风险敞口进行套期。 （2）某橡胶制品公司签订一项期货合约，对3个月后预期极可能发生的与购买橡胶相关的价格风险引起的现金流量变动风险敞口进行套期。 （3）某企业签订一项外汇远期合同，对以固定外币价格买入原材料的尚未确认的确定承诺的外汇风险引起的现金流量变动风险敞口进行套期
3. 境外经营净投资套期，是指对境外经营净投资外汇风险敞口进行的套期	境外经营净投资，是指企业在境外经营净资产中的权益份额

（二）套期工具和被套期项目

1. 套期工具

套期工具，是指企业为进行套期而指定的、其公允价值或现金流量变动预期可抵销被套期项目的公允价值或现金流量变动的金融工具。下列金融工具可以作为套期工具：

（1）以公允价值计量且其变动计入当期损益的衍生工具，但签出期权除外。

企业只有在对购入期权（包括嵌入在混合合同中的购入期权）进行套期时，签出期权才可以作为套期工具。嵌入在混合合同中但未分拆的衍生工具不能作为单独的套期工具。

（2）以公允价值计量且其变动计入当期损益的非衍生金融资产或非衍生金融负债。

（3）对于外汇风险套期，企业可以将非衍生金融资产（选择以公允价值计量且其变动计入其他综合收益的非交易性权益工具投资除外）或非衍生金融负债的外汇风险成分指定为套期工具。

2. 被套期项目

被套期项目，是指使企业面临公允价值或现金流量变动风险，且被指定为被套期对象的、能够可靠计量的项目。企业可以将下列单个项目、项目组合或其组成部分指定为被套期

项目：

（1）已确认资产或负债。

（2）尚未确认的确定承诺。

（3）极可能发生的预期交易。

（4）境外经营净投资。

（5）项目组成部分。

（三）套期关系评估

1. 运用套期会计的条件

公允价值套期、现金流量套期或境外经营净投资套期同时满足下列条件的，才能运用套期会计方法进行处理：

（1）套期关系仅由符合条件的套期工具和被套期项目组成。

（2）在套期开始时，企业正式指定了套期工具和被套期项目，并准备了关于套期关系和企业从事套期的风险管理策略和风险管理目标的书面文件。

（3）套期关系符合套期有效性要求。

套期有效性，是指套期工具的公允价值或现金流量变动能够抵销被套期风险引起的被套期项目公允价值或现金流量变动的程度。

套期工具的公允价值或现金流量变动大于或小于被套期项目的公允价值或现金流量变动的部分为套期无效部分。

套期同时满足下列条件的，企业应当认定套期关系符合套期有效性要求：

①被套期项目和套期工具之间存在经济关系。该经济关系使得套期工具和被套期项目的价值因面临相同的被套期风险而发生方向相反的变动。

②被套期项目和套期工具经济关系产生的价值变动中，信用风险的影响不占主导地位。

③套期关系的套期比率，应当等于企业实际套期的被套期项目数量与对其进行套期的套期工具实际数量之比，但不应当反映被套期项目和套期工具相对权重的失衡，这种失衡会导致套期无效，并可能产生与套期会计目标不一致的会计结果。

2. 套期关系再平衡

套期关系由于套期比率的原因而不再符合套期有效性要求，但指定该套期关系的风险管理目标没有改变的，企业应当进行套期关系再平衡。

套期关系再平衡，是指对已经在套期关系中的被套期项目或套期工具的数量进行调整，以使套期比率重新符合套期有效性要求。

3. 套期关系的终止

终止运用套期会计的情形（下列情形之一）：

（1）因风险管理目标发生变化，导致套期关系不再满足风险管理目标。

（2）套期工具已到期、被出售、合同终止或已行使。

（3）被套期项目与套期工具之间不再存在经济关系，或者被套期项目和套期工具经济关系产生的价值变动中，信用风险的影响开始占主导地位。

（4）套期关系不再满足运用套期会计方法的其他条件。

（四）套期会计的确认和计量

1. 公允价值套期

（1）被套期项目为已确认的资产的账务处理：

①指定套期关系：

借：被套期项目

　　贷：库存商品、其他权益工具投资等

②调整公允价值：

借：套期损益或其他综合收益

　　贷：被套期项目

借：套期工具

　　贷：套期损益或其他综合收益

（2）被套期项目为尚未确认的确定承诺（或其组成部分）的账务处理：

①反映被套期项目公允价值变动：

借：套期损益

　　贷：被套期项目

②反映套期工具公允价值变动：

借：套期工具

　　贷：套期损益

③购买存货：

借：原材料等

　　贷：银行存款

④调整该项存货的初始确认金额：

借：被套期项目

　　贷：原材料等

2. 现金流量套期

（1）现金流量套期满足运用套期会计方法条件的，应当按照下列规定处理：

①套期工具产生的利得或损失中属于套期有效的部分，作为现金流量套期储备，应当计入其他综合收益。现金流量套期储备的金额，应当按照下列两项的绝对额中较低者确定：

一是套期工具自套期开始的累计利得或损失；

二是被套期项目自套期开始的预计未来现金流量现值的累计变动额。

②套期工具产生的利得或损失中属于套期无效的部分（即扣除计入其他综合收益后的其他利得或损失），应当计入当期损益。

（2）现金流量套期储备的金额，应当按照下列规定处理：

①被套期项目为预期交易，且该预期交易使企业随后确认一项非金融资产或非金融负债的，或者非金融资产或非金融负债的预期交易形成一项适用于公允价值套期会计的确定承诺时，企业应当将原在其他综合收益中确认的现金流量套期储备金额转出，计入该资产或负债的初始确认金额。

②其他现金流量套期，企业应当在被套期的预期现金流量影响损益的相同期间，将原在其他综合收益中确认的现金流量套期储备金额转出，计入当期损益。

③如果在其他综合收益中确认的现金流量套期储备金额是一项损失，且该损失全部或部分预计在未来会计期间不能弥补的，企业应当在预计不能弥补时，将预计不能弥补的部分从其他综合收益中转出，计入当期损益。

会计分录如下：

反映套期工具价值变动：

借：套期工具

　　贷：其他综合收益［有效套期］

　　　　套期损益［无效套期］

套期项目为预期交易，随后确认一项非金融资产：

借：原材料等

　　应交税费——应交增值税（进项税额）

　　贷：银行存款

借：其他综合收益

　　贷：原材料等

其他现金流量套期，被套期项目影响损益的期间将“其他综合收益”转损益。

3. 境外经营净投资套期

对境外经营净投资的套期，包括对作为净投资的一部分进行会计处理的货币性项目的套期，应当按照类似于现金流量套期会计的规定处理：

（1）套期工具形成的利得或损失中属于有效套期的部分，应当计入其他综合收益。

全部或部分处置境外经营时，上述计入其他综合收益的套期工具利得或损失应当相应转出，计入当期损益。

（2）套期工具形成的利得或损失中属于无效套期的部分，应当计入当期损益。

经典例题

【真题·多选题】（2018）下列各项中，能够作为公允价值套期的被套期项目的有（　　）。

A. 已确认负债

B. 已确认资产的组成部分

C. 极有可能发生的预期交易

D. 尚未确认的确定承诺

【答案】 ABD

【解析】 公允价值套期，是指对已确认的资产或负债、尚未确认的确定承诺，或上述项目组成部分的公允价值变动风险敞口进行的套期。极可能发生的预期交易属于现金流量套期的被套期项目。

【例题·单选题】 甲公司为一家大型农业

生产企业。2×19 年 1 月 1 日，甲公司预期其在 2×19 年 6 月 30 日将购买一批绿豆，数量为 2 000 吨。为规避该预期采购有关的现金流量变动风险，甲公司于 2×18 年 1 月 1 日在期货市场买入一项期货合约，且将其指定为对该预期商品采购的套期工具。期货合约的标的资产与被套期预期绿豆采购在数量、质量、价格变动和产地等方面相同，并且期货合约的结算日和预期绿豆采购日均为 2×19 年 6 月 30 日。

2×19 年 1 月 1 日，期货合约的公允价值为零，2 000 吨绿豆的预期市场价格为 2 000 万元。2×19 年 3 月 31 日，2 000 吨绿豆采购市场价格上涨了 200 万元（预期损失），期货合约的公允价值上涨了 200 万元（预期收益）。不考虑其他因素，下列说法中正确的是（　　）。

A. 该项套期属于公允价值套期

B. 甲公司应在 2×19 年 1 月 1 日将确认“被套期项目”2 000 万元

C. 甲公司应在 2×19 年 3 月 31 日确认套期损益 200 万元

D. 甲公司在 2×19 年 3 月 31 日所作的会计处理不影响损益

【答案】D

【解析】选项 A，该项套期属于现金流量套期，因为它属于对源于极可能发生的预期交易的现金流量变动风险敞口的套期；选项 B，甲公司在 2×18 年 1 月 1 日不需要作会计分录；选项 C，甲公司应当在 2×19 年 3 月 31 日确认其他综合收益 200 万元。

【例题·多选题】下列各项金融工具可以作为套期工具的有（　　）。

A. 以公允价值计量且其变动计入当期损益的衍生工具

B. 嵌入在混合合同中但未分拆的衍生工具

C. 以公允价值计量且其变动计入当期损益的非衍生金融资产

D. 发行的优先股，按照 37 号金融工具列报准则被认定为权益工具

【答案】AC

【解析】套期工具通常包括：

（1）以公允价值计量且其变动计入当期损益的衍生工具，但签出期权除外。企业只有在对购入期权（包括嵌入在混合合同中的购入期权）进行套期时，签出期权才可以作为套期工具。嵌入在混合合同中但未分拆的衍生工具不能作为单独的套期工具。

（2）以公允价值计量且其变动计入当期损益的非衍生金融资产或非衍生金融负债，但指定为以公允价值计量且其变动计入当期损益，且其自身信用风险变动引起的公允价值变动计入其他综合收益的金融负债除外。

选项 B，嵌入在混合合同中但未分拆的衍生工具，由于无法单独反映公允价值变动，因此不能作为单独的套期工具；选项 D，企业发行的优先股被认定为权益工具，不反映后续公允价值变动，不能作为套期工具。

【例题·多选题】2×19 年 1 月 1 日，某公司为规避所持有的铜存货的公允价值变动风险，决定在期货市场上建立套期保值头寸，并指定某期货合约为 2×19 年上半年铜存货价格变化引起的公允价值变动风险的套期。该期货合约的标的资产与被套期项目（铜存货）在数量、质次、价格变动和产地方面相同。2×19 年 1 月 1 日，该期货合约的公允价值为零，被套期项目（铜存货）的账面价值和成本均为 3 000 万元，公允价值也是 3 000 万元。

2×19 年 4 月 30 日，该期货合约的公允价值上涨了 300 万元，铜存货的公允价值下降了 300 万元。当日，该公司按公允价值将铜存货出售，并将该期货合约结算。假定该公司经评估认定该套期完全有效。不考虑其他因素，则下列说法中正确的有（　　）。

A. 该公司应在 2×19 年 1 月 1 日将被套期项目自“库存商品”科目转入“被套期项目”科目

B. 该公司应在 2×19 年 4 月 30 日根据套期工具的公允价值变动额贷记“其他综合收

第十三章

益”科目300万元

C. 该公司应在2×19年4月30日根据被套期项目公允价值的变动额借记“套期损益”科目300万元

D. 该公司应在2×19年4月30日结转主营业务成本3 000万元

【答案】AC

【解析】选项B，应当记入“套期损益”科目的贷方。选项D，应当确认主营业务成本2 700万元。会计分录如下：

借：被套期项目 3 000
　贷：库存商品 3 000
借：套期损益 300
　贷：被套期项目 300
借：套期工具 300
　贷：套期损益 300
借：银行存款 2 700
　贷：主营业务收入 2 700
借：主营业务成本 2 700
　贷：被套期项目 2 700
借：银行存款 300
　贷：套期工具 300

进阶练习

（一）单项选择题

1. 2×19年4月1日，A公司支付5 500万元购入B公司当日发行的一项一般公司债券，期限为5年，面值为5 000万元，票面年利率为6%，每年年末付息、到期一次还本。A公司购入该项债券投资后，拟长期持有，按期收取利息、到期收回本金，但如果未来市场利率大幅变动时，甲公司不排除将该项债券投资出售以实现收益最大化。不考虑其他因素，A公司应将该项金融资产划分为（　　）。

A. 以摊余成本计量的金融资产

B. 以公允价值计量且其变动计入其他综合收益的金融资产

C. 以公允价值计量且其变动计入当期损益的金融资产

D. 以公允价值计量且其变动计入其他综合收益的非交易性权益工具投资

2. 关于金融负债和权益工具区分的基本原则表述中，不正确的是（　　）。

A. 企业发行的优先股，能够根据相应的议事机制自主决定是否支付股息，同时所发行的优先股没有到期日且持有方没有回售权，或虽有固定期限但发行方有权无限期递延，则该优先股属于权益工具

B. 如果发放股利由发行方根据相应的议事机制自主决定，则股利是累积股利还是非累积股利本身均不会影响该金融工具被分类为权益工具

C. 对于非衍生工具，如果发行方未来有义务交付可变数量的自身权益工具进行结算，则该非衍生工具是金融负债

D. 如果企业不能无条件地避免以交付现金或其他金融资产来履行一项合同义务，则该合同应该被认定为权益工具

3. 甲公司利用自有资金购买银行理财产品。该理财产品为非保本非固定收益型，根据合同约定，该理财产品期限为3年，预计年化收益率6%，当年收益于下年1月底前支付；理财产品到期时按资产的实际现金流量情况支付全部或部分本金；银行不保证偿还全部本金和支付按照预计收益率计算的收益。甲公司计划持有该理财产品至到期。不考虑其他因素，甲公司持有该银行理财产品应分类为（　　）。

A. 以公允价值计量且其变动计入其他综合收益的金融资产

B. 以公允价值计量且其变动计入当期损益的金融资产

C. 以摊余成本计量的金融资产

D. 以公允价值计量且其变动计入其他综合收益的非交易性权益工具投资

4. 下列关于金融工具和权益工具的分类和确认，表述正确的是（　　）。

A. 企业对全部现有同类别非衍生自身权益工具的持有方同比例发行配股权、期权或认股权证，使之有权按比例以固定金额的任何货币交换固定数量的该企业自身权益工具的，该类配股权、期权或认股权证应当分类为金融负债

B. 对于附有或有结算条款的金融工具，发行方不能无条件地避免交付现金、其他金融资产或以其他导致该工具成为金融负债的方式进行结算的，应当分类为金融负债

C. 对于存在结算选择权的衍生工具，发行方通常应当将其确认权益工具

D. 发行方原分类为金融负债的金融工具，自不再被分类为金融负债之日起，发行方应将其重分类为权益工具，以重分类日该金融工具的公允价值计量，后续不再确认该工具公允价值变动

5. 甲公司2×19年1月1日按照面值购入一批债券，购买价款为1 000万元，票面年利率为6%（与实际利率相等），期限为3年，甲公司将其作为以摊余成本计量的金融资产核算。截至2×19年12月31日，该债券的信用风险自初始确认后没有显著增加，甲公司按照未来12个月的预期信用损失计量损失准备，其金额为100万元。假定不考虑其他因素，甲公司下列会计处理不正确的是（　　）。

A. 2×19年末应确认信用减值损失100万元

B. 2×19年末该债券投资账面余额为1 000万元

C. 2×19年末该债券投资摊余成本为900万元

D. 2×20年末应确认利息收入54万元

6. 甲公司以人民币为记账本位币，2×18年3月10日以每股5美元的价格购入乙公司在境外上市交易的股票20万股，发生相关交易费用1万美元，甲公司将其指定为以公允价值计量且其变动计入其他综合收益的金融资产，当日汇率为1美元=6.6元人民币。2×18年12月31日，乙公司股票的市场价格为每股6美元，当日汇率为1美元=6.9元人民币。2×19年2月5日，甲公司以每股8美元的价格将持有的乙公司股票全部出售，当日汇率为1美元=6.8元人民币。不考虑相关税费及其他因素，下列关于甲公司上述交易或事项会计处理的表述中，正确的是（　　）。

A. 购入乙公司股票的初始入账金额为660万元

B. 2×18年12月31日确认其他综合收益161.4万元

C. 2×18年12月31日确认财务费用36万元

D. 2×19年2月5日确认投资收益260万元

7. 下列各项中，不应计入相关金融资产或金融负债初始入账价值的是（　　）。

A. 取得以摊余成本计量的金融资产时发生的交易费用

B. 取得以公允价值计量且其变动计入当期损益的金融资产时发生的交易费用

C. 取得以公允价值计量且其变动计入其他综合收益的金融资产时发生的交易费用

D. 发行长期债券发生的交易费用

8. 下列各项中，属于金融负债的是（　　）。

A. 按照销售合同的约定预收的销售款

B. 按照劳动合同约定应支付职工的工资

C. 按照产品质量保证承诺预计的保修费

D. 按照采购合同的约定应支付的设备款

9. 甲公司采用商业汇票结算方式结算已售产品货款，常持有大量的应收票据。甲公司对应收票据进行管理的目标是，将商业汇票持有至到期以收取合同现金流量，同时兼顾流动性需求贴现商业汇票。不考虑其他因素，甲公司上述应收票据在资产负债表中列示的项目是（　　）。

A. 应收票据

B. 应收款项融资

C. 其他债权投资

D. 其他流动资产

10. 20×4年2月5日，甲公司以7元/股的价格购入乙公司股票100万股，支付手续费为1.4万元。甲公司将该股票投资分类为以公允价值计量且其变动计入当期损益的金融资产。20×4年12月31日，乙公司股票价格为9元/股。20×5年2月20日，乙公司分配现金股利，甲公司获得现金股利8万元；20×5年3月20日，甲公司以11.6元/股的价格将其持有的乙公司股票全部出售。

不考虑其他因素，甲公司因持有乙公司股票在20×5年确认的投资收益是（　　）万元。

A. 260　　B. 468

C. 268　　D. 466.6

（二）多项选择题

1. 下列各项关于企业发生的与金融工具相关交易费用会计处理的表述中，正确的有（　　）。

A. 发行股票发生的相关交易费用计入所有者权益

B. 购入股票并将其指定为以公允价值计量且其变动计入其他综合收益的金融资产发生的相关交易费用计入资产成本

C. 购入债券并按摊余成本进行后续计量的，发生的相关交易费用计入当期损益

D. 发行可转换公司债券发生的相关交易费用分摊计入权益和负债

2. 下列企业出售金融资产的情形中，企业管理金融资产的业务模式仍然可能是“以收取合同现金流量为目标”的有（　　）。

A. 在信用风险增加时出售金融资产

B. 在金融资产到期前将其出售，但该出售只是偶然发生

C. 在金融资产到期前将其出售，但出售的价值非常小

D. 在金融资产临近到期时将其出售，但出售所得价款接近收取的剩余合同现金流量

3. 下列各项资产、负债中，应当采用公允价值进行后续计量的有（　　）。

A. 持有以备出售的商品

B. 为交易目的持有的5年期债券

C. 远期外汇合同形成的衍生金融负债

D. 实施以现金结算的股份支付计划形成的应付职工薪酬

4. 2×19年4月1日，A公司经批准按面值发行优先股，以5年为一个股息率调整期，即股息率每5年调整一次，每个股息率调整期内每年以约定的相同票面股息率支付股息。首个股息率调整期的股息率，由股东大会授权董事会通过询价方式确定为4%。优先股的股息发放条件为：有可分配税后利润的情况下，可以向优先股股东分配股息。A公司有权全部或部分取消优先股股息的宣派和支付，且不构成违约事件。A公司可以自由支配取消的优先股股息用于偿付其他到期债务，本次发行的优先股采取非累积股息支付方式，本次优先股股东不参与剩余利润分配。不考虑其他因素，下列关于A公司发行优先股可以选择的会计处理不正确的有（　　）。

A. 确认为其他权益工具

B. 指定为以公允价值计量且其变动计入当期损益的金融负债

C. 确认为以摊余成本计量的金融负债

D. 确认为复合金融工具

5. 下列金融工具的重分类的表述中正确的有（　　）。

A. 企业改变其管理金融资产的业务模式时，应当按照规定对所有受影响的相关金融资产进行重分类

B. 企业对所有金融负债均不得进行重分类

C. 符合条件的债务工具投资可以在以摊余成本计量、以公允价值计量且其变动计入其他综合收益和以公允价值计量且其变动计入当期损益之间进行重分类

D. 符合条件的权益工具投资可以在以公允价值计量且其变动计入其他综合收益和以公允价值计量且其变动计入当期损益之间进行重

分类

6. 2×20 年甲公司发生的有关交易或事项如下：(1) 以 200 万元购买结构性存款，该结构性存款与黄金价格挂钩，预计收益率为 6%；(2) 买入大豆期货合约，拟在到期前进行平仓；(3) 以 600 万元购买乙上市公司发行的可转换公司债券；(4) 以 500 万元认购合伙企业 10% 的份额，担任有限合伙人，合伙协议约定合同期限 5 年。不考虑其他因素，下列各项关于甲公司持有的金融资产，会计处理的表述中正确的有（　　）。

A. 将持有的结构性存款分类为以摊余成本计量的金融资产

B. 将持有的期货合约分类为以公允价值计量且其变动计入当期损益的金融资产

C. 将持有的可转换公司债券分类为以公允价值计量且其变动计入当期损益的金融资产

D. 将持有的丙合伙企业份额指定为以公允价值计量且其变动计入其他综合收益的金融资产

7. 下列项目中，不属于权益工具的有（　　）。

A. 按采购合同约定应支付的设备款

B. 企业发行的普通股

C. 企业发行的、使持有者有权以固定价格购入固定数量该企业普通股的认股权证

D. 企业发行的一般公司债券

8. 下列各项中，能够作为甲公司套期交易中被套期项目的有（　　）。

A. 甲公司在境外子公司净资产中的权益份额

B. 甲公司一笔期限为 10 年，年利率为 6%，按年付息的长期借款产生的 5 年应支付的利息

C. 甲公司签订的一份法律上具有约束力的采购协议，约定 6 个月后以固定的价格采购固定数量的原油

D. 甲公司出口销售收到的 2 000 万美元外币存款

9. 下列以公允价值计量且其变动计入其他综合收益的金融资产相关的价值变动中，不会影响发生当期损益的有（　　）。

A. 其他债权投资公允价值的增加

B. 购买金融资产时发生的交易费用

C. 转回以前期间确认的其他债权投资的减值损失

D. 以外币计价的其他权益工具投资公允价值由于汇率变动引起的价值上升

10. 不考虑其他因素，下列各项关于金融资产减值会计处理的表述中，正确的有（　　）。

A. 按照收入准则确认的包含重大融资成分的合同资产可以选择始终按照整个存续期内的预期信用损失的金额计量其损失准备

B. 企业支付的保证金形成的其他应收款可以选择始终按照整个存续期内的预期信用损失的金额计量其损失准备

C. 租赁准则规范的租赁应收款可以选择始终按照整个存续期内的预期信用损失的金额计量其损失准备

D. 按照收入准则确认的不含重大融资成分的应收票据应当始终按照整个存续期内的预期信用损失的金额计量其损失准备

（三）计算分析题

1. 甲公司有关年度发生的有关交易或事项如下：

(1) 2×19 年 1 月 1 日，甲公司、甲公司的控股股东与乙公司签订增资协议，乙公司以银行存款 5 000 万元对甲公司进行增资，增资后乙公司持有甲公司 20% 的股权，其中 500 万元计入实收资本，增资后甲公司实收资本为 2 500 万元。协议同时约定：若甲公司未来 3 年内不能实现 A 股发行上市，则甲公司或者甲公司的控股股东需要回购乙公司持有的甲公司 20% 的股权，回购价格以回购当日甲公司 20% 股权的公允价值和 5 000 万元出资额按年化利率 8%（单利）自出资到账日起实际占用时长计算的本利和两者孰高确定。

2×19 年 12 月 31 日，甲公司 100% 股权的

公允价值为26 000万元；2×20年12月31日，甲公司100%股权的公允价值为30 000万元。

（2）2×21年1月15日，甲公司、甲公司的控股股东与乙公司签订补充协议，解除了回购条款的约定。当日甲公司100%股权的公允价值仍为30 000万元。

其他资料：甲公司2×20年度财务报告于2×21年3月15日经批准报出；本题不考虑相关税费及其他因素。

要求：

（1）根据资料（1），判断甲公司2×19年对乙公司的增资5 000万元，在甲公司个别财务报表和甲公司控股股东的合并财务报表中应当分类为权益工具还是金融负债，说明理由；若属于金融负债，判断其后续计量原则，分期计算2×19年12月31日，2×20年12月31日金融负债的账面余额；若属于权益工具，判断其后续计量原则，分别计算2×19年12月31日、2×20年12月31日权益工具的账面余额。

（2）根据资料（2），判断甲公司、甲公司控股股东与乙公司签订补充协议约定的事项，是否属于资产负债表日后调整事项，说明理由。

（3）编制甲公司2×19年度、2×20年度、2×21年度与乙公司增资相关的会计分录。

2. 甲公司为一家上市公司，相关年度发生与金融工具有关的交易或事项如下：

（1）20×8年7月1日，甲公司购入乙公司同日按面值发行的债券50万张，该债券每张面值为100元，面值总额为5 000万元，款项已以银行存款支付，根据乙公司债券的募集说明书，该债券的年利率为6%（与实际利率相同），自发行之日起开始计息，债券利息每年支付一次，于每年6月30日支付；期限为5年，本金在债券到期日一次性偿还。甲公司管理乙公司债券的目标是在保证日常流动性需求的同时，维持固定的收益率。

20×8年12月31日，甲公司所持乙公司债券的公允价值为5 200万元（含利息）。

20×9年1月1日，甲公司基于流动性需求将所持乙公司债券全部出售，取得价款5 202万元。

（2）20×9年7月1日，甲公司从二级市场购入丙公司发行的5年期可转换债券10万张，以银行存款支付价款1 050万元，另支付交易费用15万元，根据丙公司可转换债券的募集说明书，该可转换债券每张面值为100元，票面年利率为1.5%，利息每年支付一次，于可转换债券发行之日起每满1年的当日支付。

可转换债券持有人可于可转换债券发行之日满3年后第一个交易日起至到期日止，按照20元/股的转股价格将持有的可转换债券转换为丙公司的普通股。

20×9年12月31日，甲公司所持上述丙公司可转债的公允价值为1 090万元（不含利息）。

（3）20×9年9月1日，甲公司向特定的合格投资者按面值发行优先股100万份，每股面值100元，扣除发行费用3 000万元后的发行收入净额已存入银行。根据甲公司发行优先股的募集说明书，本次发行优先股的票面股息率为5%，甲公司在有可分配利润的情况下，可向优先股股东派发股息。

在派发约定的优先股当期股息前，甲公司不得向普通股股东分配股利；除非股息支付日前12个月发生甲公司向普通股股东支付股利强制付息事件，甲公司有权取消支付优先股当期股息，且不构成违约，优先股股息不累积；优先股股东按照约定的票面股息率分配股息后，不再同普通股股东一起参加剩余利润分配；甲公司有权按照优先股票面金额加上当期已决议但尚未支付的优先股股息之和赎回并注销本次发行的优先股；本次发行的优先股不设置投资者回售条款，也不设置强制转换为普通股的条款；甲公司清算时，优先股股东的清偿顺序劣后于普通债务的债权人，但在普通股股东之前，甲公司根据相应的议事机制，能够自主决定普通股股利的支付。

本题不考虑相关税费及其他因素。

要求：

（1）根据资料（1），判断甲公司所持乙公司债券应予以确认的金融资产类别，从业务模式和合同现金流量两方面说明理由，并编制与购入、持有及出售乙公司债券相关的分录。

（2）根据资料（2），判断甲公司所持丙公司可转换债券应予以确认的金融资产类别，说明理由，并编制与购入和持有丙公司可转换债券相关的分录。

（3）根据资料（3），判断甲公司发行的优先股是负债还是权益工具，说明理由，并编制发行优先股的分录。

3. 甲公司以人民币为记账本位币。其发生的相关外币交易或事项如下：

（1）20×7年7月1日，甲公司支付价款500万美元（含交易费用）购入乙公司同日发行的债券5万张，该债券单位面值为100美元，票面年利率为6%（等于实际利率），按年支付利息，于每年6月30日支付。债券期限为5年，本金在债券到期时一次性偿还。甲公司管理该债券的业务模式是持有该债券以保证收益率，同时考虑流动性需求。当日，美元对人民币的即期汇率为1美元＝7.3元人民币。

（2）20×7年12月31日，美元对人民币的即期汇率为1美元＝7.5元人民币；甲公司所持乙公司债券的公允价值为520万美元（含利息）。

（3）20×8年6月30日，甲公司收到乙公司支付的债券利息30万美元，当日，美元对人民币的即期汇率为1美元＝7.4元人民币。

（4）20×8年12月31日，美元对人民币的即期汇率为1美元＝7.2元人民币；甲公司所持乙公司债券的公允价值为505万美元（含利息）。

（5）20×9年1月1日，甲公司将所持乙公司债券的50%予以出售，取得款项250万美元。当日，美元对人民币的即期汇率为1美元＝7.2元人民币。

本题不考虑税费及其他因素。

要求：

（1）根据资料（1），判断甲公司所购入乙公司债券应予确认的金融资产类别，并说明理由。

（2）根据上述资料，分别计算甲公司所持乙公司债券计入20×7年度和20×8年度损益的汇兑差额。

（3）根据上述资料，编制甲公司与购入、持有及出售乙公司债券相关的会计分录。

（四）综合题

1. 20×1年度和20×2年度，甲公司发生的部分交易或事项以及相关的会计处理如下：

本题不考虑所得税及其他因素。

（1）20×1年1月1日，甲公司按面值购入乙公司当日发行的债权10万张，每张面值100元，票面年利率5%，甲公司将上述债券分类为以公允价值计量且其变动计入其他综合收益的金融资产。

20×1年12月31日，甲公司按照预期损失法对上述金融资产计提了50万元的信用减值准备，并作如下会计处理：

借：信用减值损失　　50

　　贷：其他债权投资——公允价值变动　　50

（2）20×2年5月1日，甲公司与丙公司达成协议，将收取一组住房抵押贷款90%的权利，以9 100万元的价格转移给丙公司，甲公司继续保留收取该组贷款10%的权利。

根据双方签订的协议，如果该组贷款发生违约，则违约金额首先从甲公司拥有的10%的权利中扣除，直至扣完为止。20×2年5月1日，甲公司持有的该组住房抵押贷款本金和摊余成本均为10 000万元（等于公允价值）。该组贷款期望可收回金额为9 700万元，过去的经验表明类似贷款可收回金额至少不会低于9 300万元，甲公司在该项金融资产转移交易中提供的信用增级的公允价值为100万元。甲公司将该项交易作为以继续涉入的方式转移金融资产，并作如下会计处理：

借：银行存款　　9 100
　　继续涉入资产——次级权益　　1 000
　贷：贷款　　9 000
　　　继续涉入负债　　1 100

（3）20×2 年 12 月 31 日，甲公司按面值 100 元发行了 100 万份可转换债券，取得发行收入总额 10 000 万元，该债券的期限为 3 年，票面年利率为 5%，按年支付利息；每份债券均可在到期前的任何时间转换为甲公司 10 股普通股；在债券到期前，持有者有权利在任何时候要求甲公司按面值赎回该债券。甲公司发行该债券时，二级市场上与之类似但没有转股权的债券市场年利率为 6%。

假定在债券发行日，以市场利率计算的可转换债券本金和利息的现值为 9 400 万元，市场上类似可转换债券持有者提前要求赎回债券权利（提前赎回权）的公允价值为 60 万元。甲公司将嵌入可转换债券的转股权和提前赎回权作为衍生工具予以分拆，并作如下会计处理：

借：银行存款　　10 000
　　应付债券——利息调整　600
　贷：应付债券——面值　　10 000
　　　衍生工具——提前赎回权 60
　　　其他权益工具（股份转换权）　　540

要求：

（1）根据资料（1），判断甲公司 20×1 年 12 月 31 日计提减值的会计处理是否正确，并说明理由；如果甲公司的会计处理不正确，请编制更正的会计分录。

（2）根据资料（2），判断甲公司 20×2 年 5 月 1 日将部分住房抵押贷款转移的会计处理是否正确，并说明理由；如果甲公司的会计处理不正确，请编制更正的会计分录。

（3）根据资料（3），判断甲公司 20×2 年 12 月 31 日发行可转换债券的会计处理是否正确，并说明理由；如果甲公司的会计处理不正确，请编制更正的会计分录。

2. 2×18 年，甲公司发生的相关交易或事项如下：

（1）1 月 1 日，甲公司以 2 500 万元从乙公司购入其发行的 3 年期资产管理计划的优先级 A 类资产支持证券，该证券的年收益率为 5.5%。

该资产管理计划系乙公司将其所有的股权投资和应收款项作为基础资产发行的资产支持证券，该证券分为优先级 A 类、优先级 B 类和次级类三种。按照发行协议的约定，优先级 A 类和优先级 B 类按固定收益率每年初支付上一年的收益，到期偿还本金和最后一年的收益；基础资产中每年产生的现金流量，按优先级和次级顺序依次支付优先级 A 类、优先级 B 类和次级类持有者的收益。该资产管理计划到期时，基础资产所产生的现金流量按上述顺序依次偿付持有者的本金及最后一年的收益，如果基础资产产生的现金流量不足以支付所有持有者的本金及收益的，按上述顺序依次偿付。

甲公司对资产支持证券管理的目标是收取合同现金流量。

（2）8 月 7 日，甲公司以 2 000 万元购入由某银行发行的两年期理财产品，预计年收益率为 6%。根据该银行理财产品合同的约定，将客户投资理财产品募集的资金投资于 3A 级公司债券、申购新股和购买国债。

甲公司对理财产品管理的目标是收取合同现金流量。

（3）9 月 30 日，甲公司与其开户银行签订保理协议，将一年后到期的 5 000 万元不带息应收账款，按照 4 800 万元的价格出售给其开户银行。按照保理协议的约定，如果应收账款到期后债务人不能按期支付款项，甲公司有义务向其开户银行偿付。当日，甲公司收到其开户银行支付的 4 800 万元款项。

甲公司对应收账款进行管理的目标是，将应收账款持有到期后收取款项，同时兼顾流动性要求转让应收账款。

（4）10 月 1 日，甲公司向特定的合格机构投资者按面值发行永续债 3 000 万元。根据募集说明书的约定，本次发行的永续债无期限，票面年利率为 4.8%，按年支付利息，5 年后甲公司可以赎回，如果不赎回，票面年利率将根据当时的基准利率上浮 1%；除非利息支付日前 12 个月发生甲公司向普通股股东支付股利等强制付息事件，甲公司有权取消支付永续债当期的利息，且不构成违约，在支付约定的永续债当期利息前，甲公司不得向普通股股东分配股利，甲公司有权按照永续债票面金额加上当期已决议支付但尚未支付的永续债利息之和赎回本次发行的永续债，本次发行的永续债不设置投资者回售条款，也不设置强制转换为普通股的条款；甲公司清算时，永续债持有者的清偿顺序劣后于普通债务的债权人，但在普通股股东之前。甲公司根据相应的议事机制，能够自主决定普通股股利的支付。

（5）12 月 31 日，经董事会批准，甲公司与丙公司签订出售其所持丁公司 20% 股权的协议。协议约定，出售价格为 3 500 万元，甲公司应于 2×19 年 4 月末前协理完成丁公司股权的产权转移手续。甲公司预计能够按照协议约定完成丁公司股权的出售，预计出售该股权发生的税费为 400 万元。

甲公司持有丁公司 30% 股权并对其具有重大影响。截至 2×18 年 12 月 31 日，甲公司对丁公司股权投资的账面价值为 3 600 万元，其中投资成本为 2 400 万元，损益调整为 900 万元，其他综合收益为 300 万元。

本题不考虑税费及其他因素。

要求：

（1）根据资料（1），判断甲公司购入的优先级 A 类资产支持证券在初始确认时应当如何分类，并说明理由。

（2）根据资料（2），判断甲公司购入的银行理财产品在初始确认时应当如何分类，并说明理由。

（3）根据资料（3），判断甲公司保理的应收账款在初始确认时应当如何分类，并说明理由，判断甲公司保理的应收账款能否终止确认，说明理由，并编制与应收账款保理相关的会计分录，说明该保理应收账款在甲公司 2×18 年 12 月 31 日资产负债表中列示的项目名称。

（4）根据资料（4），判断甲公司发行的永续债在初始确认时应当如何分类，说明理由，并编制相关会计分录。

（5）根据资料（5），判断甲公司对拟出售的丁公司股权应当如何分类及计量，编制相关会计分录；说明甲公司保留所持丁公司 10% 股权投资在完成出售 20% 股权前的会计处理原则。

进阶练习答案及解析

（一）单项选择题

1.【答案】B

【解析】该项金融资产的合同现金流量为本金及利息，甲公司管理该项金融资产的业务模式既以收取合同现金流量为目标，又有出售的动机，因此应将该项金融资产划分为以公允价值计量且其变动计入其他综合收益的金融资产。

2.【答案】D

【解析】如果企业不能无条件地避免以交付现金或其他金融资产来履行一项合同义务，则该合同应该被认定为金融负债。

3.【答案】B

【解析】该理财产品的合同现金流量并非为本金和利息，且企业管理该理财产品的业务模式也不是收取利息、收回本金，所以甲公司应将该理财产品划分为以公允价值计量且其变动计入当期损益的金融资产。

4.【答案】B

【解析】选项 A，应分类为权益工具；选

项C，发行方通常应当将其确认衍生金融负债；选项D，重分类日，应以金融负债的账面价值计量。

5. 【答案】D

【解析】由于2×19年末信用风险自初始确认后未显著增加，属于减值模型第一个阶段，因此应按其账面余额（即未扣除减值准备）和实际利率计算利息收入，2×19年末利息收入为60万元（1 000×6%），选项D错误。

6. 【答案】B

【解析】购入乙公司股票的初始入账金额=（5×20+1）×6.6=666.6（万元人民币），选项A不正确；2×18年12月31日，应确认其他综合收益=6×20×6.9-666.6=161.4（万元人民币），其他权益工具投资期末公允价值变动与汇率变动一并计入其他综合收益，不影响财务费用，选项B正确，选项C不正确；企业出售其他权益工具投资时，处置价款与其账面价值的差额，以及原确认的其他综合收益，均转入留存收益，不影响投资收益，选项D不正确。

7. 【答案】B

【解析】选项B，相关交易费用应计入投资收益；选项A、C、D，涉及的相关交易费用均计入相关资产或负债的初始入账价值。

8. 【答案】D

【解析】金融负债是一种合同义务，会形成另一方金融资产，需要用现金或者其他金融资产等偿还。预收的销售款产生的负债将来是用存货等偿还，因此不属于金融负债。按照劳动合同约定应支付职工的工资，即应付职工薪酬，以及按照产品质量保证承诺预计的保修费，即预计负债，除了用现金偿还以外，也可以用非现金资产偿还，且未形成另一方的金融资产，故不属于金融负债。按照采购合同的约定应支付的设备款，即应付账款或者长期应付款，属于用现金或其他金融资产偿还的合同义务，故属于金融负债。

9. 【答案】B

【解析】甲公司持有该应收票据的业务模式既以收取合同现金流量又以出售为目标，且该金融资产在特定日期产生的现金流量，仅为对本金和以未偿付本金金额为基础的利息的支付，所以甲公司该应收票据在资产负债表中列示的项目为应收款项融资，选项B正确。

10. 【答案】C

【解析】甲公司持有乙公司股票20×5年应确认投资收益的金额=8+（11.6-9）×100=268（万元）。

（二）多项选择题

1. 【答案】ABD

【解析】发行股票发生的相关交易费用冲减资本公积——股本溢价，选项A正确；债权投资初始确认时相关的交易费用计入债权投资的入账价值，选项C错误。

2. 【答案】ABCD

【解析】如果企业出售金融资产是为了减少信用损失，或者出售只是偶然发生，或者出售的价值非常小，或者几乎收回大部分现金流量，不影响其“以收取合同现金流量为目标”的业务模式。

3. 【答案】BCD

【解析】选项A，持有以备出售的商品按历史成本进行后续计量；选项B，为交易目的持有的5年期债券，分类为以公允价值计量且其变动计入当期损益的金融资产；选项C，远期外汇合同形成的衍生金融负债，分类为以公允价值计量且其变动计入当期损益的金融负债；选项D，实施以现金结算的股份支付计划形成的应付职工薪酬，按照后续每一个资产负债表日的公允价值重新计量。

4. 【答案】BCD

【解析】对于甲公司发行的该项优先股，甲公司有权全部或部分取消优先股股息的宣派和支付，且不构成违约事件，甲公司可以自由支配取消的优先股股息用于偿付其他到期债务，说明甲公司能够无条件地避免以交付现金或其他金融资产来履行相关合同义务，因此应当将该项优先股归类为权益工具（科目为其他权益工具)。

5. 【答案】ABC

【解析】只有债务工具性质的金融资产，满足条件时才可以进行重分类；权益工具由于不符合本金加利息的合同现金流量特征，不能分类为以摊余成本计量的金融资产和以公允价值计量且其变动计入其他综合收益的金融资产，而以公允价值计量且其变动计入其他综合收益的非交易性权益工具投资，只能在初始确认时指定，不得撤销，故权益工具性质的金融资产不得重分类。

6. 【答案】BC

【解析】选项A，应当分类为以公允价值计量且其变动计入当期损益的金融资产；选项D属于不符合权益工具定义的特殊金融工具，不能指定为以公允价值计量且其变动计入其他综合收益的金融资产。

7. 【答案】AD

【解析】选项A、D属于金融负债。

8. 【答案】ABCD

【解析】选项A，境外经营净投资可以被指定为被套期项目，境外经营净投资，是指企业在境外经营净资产中的权益份额；选项B，一项或多项选定的合同现金流量可以指定为被套期项目；选项C，属于尚未确认的确定承诺，可以作为被套期项目；选项D，属于项目名义金额的组成部分，可以作为被套期项目。

9. 【答案】ABD

【解析】选项A，计入其他综合收益；选项B，计入金融资产初始入账金额；选项C，冲减信用减值损失，影响当期损益；选项D，计入其他综合收益。

10. 【答案】ACD

【解析】企业对于《企业会计准则第14号——收入》所规定的、不含重大融资成分(包括根据该准则不考虑不超过一年的合同中融资成分的情况)的应收款项和合同资产，应当始终按照整个存续期内预期信用损失的金额计量其损失准备(企业对这种简化处理没有选择权)。除此之外，准则还允许企业作出会计政策选择，对包含重大融资成分的应收款项、合同资产和《企业会计准则第21号——租赁》规范的租赁应收款(可分别对应收款项、合同资产和应收租赁款作出不同的会计政策选择)，始终按照相当于整个存续期内预期信用损失的金额计量其损失准备。

(三) 计算分析题

1. 【答案】

(1) 甲公司2×19年对乙公司的增资5 000万元，在甲公司个别财务报表和甲公司控股股东的合并财务报表中应当分类为金融负债。理由：如果甲公司未能在三年内实现A股发行上市，甲公司或甲公司的控股股东需以现金回购相关股份，表明甲公司或甲公司的控股股东不能无条件避免以交付现金或其他金融资产方式履行相关合同义务。

对于该项金融负债，甲公司应采用公允价值计量，且其公允价值计入当期损益(公允价值变动损益)。

2×19年12月31日，甲公司20%股权的公允价值 = 26 000 × 20% = 5 200(万元)，5 000万元本金按年化利率8%计算的本利和 = 5 000 × (1 + 8%) = 5 400(万元)，后者高于前者，因此甲公司该项金融负债的账面余额为5 400万元。

2×20年12月31日，甲公司20%股权的公允价值 = 30 000 × 20% = 6 000(万元)，5 000万元本金按年化利率8%计算的本利和 = 5 000 + 5 000 × 8% × 2 = 5 800(万元)，前者高于后者，因此甲公司该项金融负债的账面余额为6 000万元。

(2) 甲公司、甲公司控股股东与乙公司签订补充协议约定的事项属于非调整事项。理由：该事项所表明的状况在报告年度(2×20年)资产负债表日并不存在。

(3) 2×19年度的相关会计分录为：

借：银行存款　　5 000

　　贷：交易性金融负债　　5 000

借：公允价值变动损益

　　(5 400 - 5 000) 400

贷：交易性金融负债　　　400

2×20 年度的相关会计分录为：

借：公允价值变动损益

（6 000－5 400）600

贷：交易性金融负债　　　600

2×21 年度的相关会计分录为：

借：交易性金融负债　　　6 000

贷：实收资本　　　500

资本公积——资本溢价

5 500

2.【答案及解析】

（1）应确认为以公允价值计量且其变动计入其他综合收益的金融资产。

理由：购入乙公司债券的年利率为 6%，故其合同现金流量特征是本金加利息；甲公司管理乙公司债券的目标是在保证日常流动性需求的同时，维持固定的收益率，说明甲公司管理该债券的业务模式既以收取合同现金流量为目标，又以出售为目的。

相关会计分录：

20×8 年 7 月 1 日，购入债券：

借：其他债权投资——成本

5 000

贷：银行存款　　　5 000

20×8 年 12 月 31 日计提利息：

借：应收利息

（5 000×6%×6/12）150

贷：投资收益　　　150

20×8 年 12 月 31 日公允价值调整（期末公允价值含利息）：

借：其他债权投资——公允价值变动

（5 200－150－5 000）50

贷：其他综合收益　　　50

20×9 年 1 月 1 日处置（处置价款含利息）：

借：银行存款　　　5 202

贷：其他债权投资——成本

5 000

——公允价值变动

50

应收利息　　　150

投资收益　　　2

借：其他综合收益　　　50

贷：投资收益　　　50

（2）应确认为以公允价值计量且其变动计入当期损益的金融资产。

理由：可转换债券中嵌入了转股权，作为一个整体进行评估，其不符合本金加利息的合同现金流量特征，所以应当分类为以公允价值计量且其变动计入当期损益的金融资产。

相关会计分录：

20×9 年 7 月 1 日，购入可转债：

借：交易性金融资产——成本

1 050

投资收益　　　15

贷：银行存款　　　1 065

20×9 年 12 月 31 日，计提利息、调整公允价值变动：

借：应收利息

（10×100×1.5%×6/12）7.5

贷：投资收益　　　7.5

借：交易性金融资产——公允价值变动

（1 090－1 050）40

贷：公允价值变动损益　　　40

（3）甲公司发行的优先股是权益工具。

理由：甲公司有权取消支付优先股当期股息，优先股股息不累积；优先股不设置投资者回售条款，也不设置强制转换为普通股的条款；甲公司清算时，优先股股东的清偿顺序劣后于普通债务的债权人，甲公司根据相应的议事机制，能够自主决定普通股股利的支付。这表明甲公司没有交付现金或其他金融资产的合同义务，所以属于权益工具。

相关会计分录：

借：银行存款

（100×100－3 000）7 000

贷：其他权益工具——优先股

7 000

3.【答案及解析】

（1）该金融资产应该归类为以公允价值

计量且其变动计入其他综合收益的金融资产；作为其他债权投资来核算。

理由：①甲公司管理该金融资产的业务模式既以收取合同现金流量为目标又以出售该金融资产为目标；②这个债券产生的现金流量，仅为对本金和以未偿付本金金额为基础的利息的支付。

（2）20×7 年的汇兑损益 = 500 ×（7.5 − 7.3）= 100（万元人民币），为一项汇兑收益；

20×8 年的汇兑损益 = 本金产生的汇兑差额 500 ×（7.2 − 7.5）+ 20×7 年下半年计提的利息在 20×8 年 6 月 30 日产生的汇兑差额 500 × 6% × 1/2 ×（7.4 − 7.5）= −151.5（万元人民币），为一项汇兑损失。

（3）20×7 年 7 月 1 日购入债券：

借：其他债权投资——成本（美元）（500×7.3）3 650

　贷：银行存款——美元 3 650

20×7 年 12 月 31 日：

借：应收利息——美元（500×6%/2×7.5）112.5

　贷：投资收益 112.5

借：其他债权投资——公允价值变动（美元）37.5

　贷：其他综合收益［（520 − 500）×7.5 − 112.5］37.5

借：其他债权投资——成本（美元）［500×（7.5 − 7.3）］100

　贷：财务费用——汇兑收益 100

20×8 年 6 月 30 日收到债券利息：

借：应收利息——美元（500×6%/2×7.4）111

　贷：投资收益 111

借：银行存款——美元（500×6% ×7.4）222

　财务费用 1.5（倒挤差额）

　贷：应收利息（112.5 + 111）223.5

借：财务费用——汇兑损失［500×（7.5 − 7.4）］50

　贷：其他债权投资——成本（美元）50

20×8 年 12 月 31 日：

借：应收利息——美元（500×6%/2×7.2）108

　贷：投资收益 108

借：其他综合收益［（505 − 500）×7.2 − 37.5 − 108］109.5

　贷：其他债权投资——公允价值变动（美元）109.5

借：财务费用——汇兑损失［500×（7.4 − 7.2）］100

　贷：其他债权投资——成本（美元）100

20×9 年 1 月 1 日：

借：银行存款（250×7.2）1 800

　投资收益 18

　其他债权投资——公允价值变动（美元）［（109.5 − 37.5）×50%］36

　贷：其他债权投资——成本（美元）［（3 650 + 100 − 50 − 100）×50%］1 800

　　应收利息（108×50%）54

借：投资收益［（109.5 − 37.5）×50%］36

　贷：其他综合收益 36

（四）综合题

1.【答案及解析】

（1）不正确，以公允价值计量且其变动计入其他综合收益的金融资产计提的信用减值准备通过“其他综合收益——信用减值准备”科目核算。

更正分录如下：

借：其他债权投资——公允价值变动 50

　贷：其他综合收益——信用减值准备 50

（2）甲公司 20×2 年 5 月 1 日对住房抵押贷款组合转移的会计处理不正确。

理由：因为过去的经验表明类似贷款可收回金额至少不会低于 9 300 万元，即该组贷款预计的信用损失不高于 700 万元（10 000 - 9 300），而甲公司提供的担保金额为 1 000 万元（10 000 × 10%），所以甲公司继续保留了该组住房抵押贷款的所有重要风险，不应终止确认该组住房抵押贷款。

更正分录如下：

借：贷款　　　　　　　　9 000
　　继续涉入负债　　　　1 100
　　贷：金融负债　　　　　　9 100
　　　　继续涉入资产　　　　1 000

（3）甲公司 20×2 年 12 月 31 日发行可转换公司债券的会计处理不正确。

理由：甲公司发行的可转换债券中嵌入的转股权在经济特征和风险方面与主合同不存在紧密关系，应予分拆。该转股权应确认为权益工具。

提前行权的赎回价格非常接近于分拆权益成分前可转换债券的摊余成本。

嵌入的提前赎回权在经济特征和风险方面与主合同存在紧密关系，因此，对该衍生工具不予分拆。

更正分录如下：

借：衍生工具——提前赎回权 60
　　贷：其他权益工具　　　　　60

2. 【答案及解析】

（1）甲公司购入的优先级 A 类资产支持证券在初始确认时应当分类为以摊余成本计量的金融资产。

理由：甲公司购入的优先级 A 类资产支持证券属于某一分级的金融资产，该金融资产符合本金加利息的合同现金流量特征。因其同时满足了下列条件：

①分级的合同条款（在未穿透基础资产的情况下），产生的现金流量仅为对本金和以未偿付本金金额为基础的利息的支付（该分级的利率未与商品价格指数挂钩）；

②基础资产包含一个或多个符合本金加利息的合同现金流量特征的工具（即应收账款）；

③该分级所承担的基础资产的信用风险，等于或小于基础资产本身的信用风险。同时，甲公司购入该证券的业务模式是收取合同现金流量。

（2）甲公司购入的银行理财产品在初始确认时应当分类为以公允价值计量且其变动计入当期损益的金融资产。

理由：根据该银行理财产品合同的约定，将客户投资理财产品募集的资金投资于 3A 级公司债券、申购新股和购买国债，由于基础资产中包含股票，不符合本金加利息的合同现金流量特征。

（3）①甲公司保理的应收账款在初始确认时应当分类为以公允价值计量且其变动计入其他综合收益的金融资产。

理由：甲公司对应收账款进行管理的目标是，将应收账款持有到期后收取款项，同时兼顾流动性要求转让应收账款，同时该应收账款没有挂钩其他变量，符合本金加利息的合同现金流量特征。

②甲公司保理的应收账款不能够终止确认。

理由：按照保理协议的约定，如果应收账款到期后债务人不能按期支付款项，甲公司有义务向其开户银行偿付，金融资产所有权上几乎所有的风险和报酬没有转移。会计分录如下：

借：银行存款　　　　　　4 800
　　短期借款——利息调整 200
　　贷：短期借款——本金　　5 000

③该保理应收账款在甲公司 2×18 年 12 月 31 日资产负债表中列示的项目名称为“应收款项融资”。

（4）甲公司发行的永续债在初始确认时应当分类为权益工具。

理由：根据募集说明书的约定，本次发行的永续债无期限，5 年后甲公司可以赎回，如果不赎回，票面年利率将根据当时的基准利率上浮 1%，说明甲公司可以避免赎回，且该利率跳升不构成间接义务；除非利息支付日前 12 个月发生甲公司向普通股股东支付股利等强制付息事件，甲公司有权取消支付永续债当期的利息，且不构成违约，在支付约定的永续债当期利息前，甲公司不得向普通股股东分配股利，甲公司根据相应的议事机制，能够自主决定普通股股利的支付，说明甲公司可以避免利息的支付。本次发行的永续债不设置投资者回售条款，也不设置强制转换为普通股的条款；甲公司清算时，永续债持有者的清偿顺序劣后于普通债务的债权人，但在普通股股东之前，说明其具有权益性质。

综上所述，该永续债不存在强制付息和强制赎回义务，甲公司能够无条件地避免交付现金或其他金融资产，不属于金融负债，应确认为权益工具。

会计分录如下：

借：银行存款　　3 000

　　贷：其他权益工具　　3 000

（5）①甲公司对拟出售的丁公司股权应当分类为持有待售资产。

理由：甲公司拟出售股权后，将丧失重大影响，拟出售的股权满足持有待售类别划分条件。按照账面价值与公允价值减去出售费用后的净额孰低计量。

②会计分录如下：

借：持有待售资产——长期股权投资　　2 400

　　贷：长期股权投资——投资成本　（2 400 × 20%/30%）1 600

　　　　——损益调整　（900 × 20%/30%）600

　　　　——其他综合收益　（300 × 20%/30%）200

拟出售部分股权的公允价值减去出售费用后的净额 = 3 500 − 400 = 3 100（万元），大于其账面价值即 2 400 万元，因此不需要计提减值准备。

③甲公司保留所持丁公司 10% 股权投资在完成出售 20% 股权前继续采用权益法核算，完成出售 20% 股权后，将其转为公允价值计量的金融资产。

第十四章　租赁

2023 年教材内容主要变化

本章教材内容无实质变化。

本章近五年考试高频考点分布

高频考点内容	年度及题型分布
承租人的会计处理	2022 年单选题、2022 年计算题、2021 年单选题、2020 年单选题、2019 年单选题
出租人对融资租赁的会计处理	2019 年单选题
售后租回的处理	2020 年单选题

高频考点精讲

高频考点 1：承租人的会计处理★★★

（一）租赁负债的初始计量

（1）租赁负债应当按照租赁期开始日尚未支付的租赁付款额的现值进行初始计量。

初始计量的账务处理如下：

借：使用权资产［倒挤］

租赁负债——未确认融资费用［未来期间的租赁付款额 - 未来期间的租赁付款额现值］

贷：租赁负债——租赁付款额［未来期间的租赁付款额］

银行存款［租赁期开始日或之前支付的租赁付款额 + 初始直接费用 - 已收的租赁激励］

（2）租赁付款额的五项内容。

①固定付款额及实质固定付款额，存在租赁激励的，扣除租赁激励相关金额；

②取决于指数或比率的可变租赁付款额，该款项在初始计量时根据租赁期开始日的指数或比率确定；

③购买选择权的行权价格，前提是承租人合理确定将行使该选择权；

④行使终止租赁选择权需支付的款项，前提是租赁期反映出承租人将行使终止租赁选择权；

⑤根据承租人提供的担保余值预计应支付

的款项。

（3）租赁内含利率：是指使出租人的租赁收款额的现值与未担保余值的现值之和等于租赁资产公允价值与出租人的初始直接费用之和的利率。

（4）与承租人增量借款利率相关的事项。

（二）使用权资产的初始计量

1. 使用权资产包括的四项内容

（1）租赁负债的初始计量金额；

（2）在租赁期开始日或之前支付的租赁付款额，存在租赁激励的，扣除已享受的租赁激励相关金额；

（3）承租人发生的初始直接费用；

（4）承租人为拆卸及移除租赁资产、复原租赁资产所在场地或将租赁资产恢复至租赁条款约定状态预计将发生的成本。

2. 计算租赁付款额，租赁负债，未确认融资费用

3. 编制会计分录

（三）租赁负债的后续计量

1. 租赁负债利息的一般处理

（1）支付租赁付款额。

（2）确认租赁负债的利息：

借：租赁负债——租赁付款额

　　贷：银行存款

借：财务费用/在建工程等

　　贷：租赁负债——未确认融资费用

（3）实际发生未纳入租赁负债计量的可变租赁付款额。

（4）重新计量租赁负债：

借：营业成本（或销售费用）等

　　贷：银行存款

借：使用权资产

　　贷：租赁负债

或相反会计分录。

2. 租赁负债重新计量的四种情形（见下表）

情形	折现率
（1）实质固定付款额发生变动	原折现率
（2）担保余值预计的应付金额发生变动	原折现率
（3）用于确定租赁付款额的指数或比率发生变动	因浮动利率的变动而导致未来租赁付款额发生变动的：修订后的折现率
	因用于确定租赁付款额的指数或比率（浮动利率除外）的变动而导致未来租赁付款额发生变动的：原折现率
（4）发生承租人可控范围内的重大事件或变化，购买选择权、续租选择权或终止租赁选择权的评估结果或实际行使情况发生变化	修订后的折现率（采用剩余租赁期间的租赁内含利率作为折现率；无法确定剩余租赁期间的租赁内含利率的，应当采用重估日的承租人增量借款利率作为折现率）

（四）使用权资产的后续计量

承租人在确定使用权资产的折旧年限时，应遵循的原则。承租人发生的租赁资产改良支出不属于使用权资产，应当记入“长期待摊费用”科目。对于承租人为拆卸及移除租赁资产、复原租赁资产所在场地或将租赁资产恢复至租赁条款约定状态预计将发生的成本，属于为生产存货而发生的，适用《企业会计准则第1号——存货》，并按《企业会计准则第13号——或有事项》进行确认和计量。否则计入使用权资产的初始计量成本。

（五）租赁变更的会计处理

1. 租赁变更作为一项单独租赁处理

租赁发生变更且同时符合下列条件的，承租人应当将该租赁变更作为一项单独租赁进行会计处理：

（1）该租赁变更通过增加一项或多项租赁资产的使用权而扩大了租赁范围或延长了租赁期限；

（2）增加的对价与租赁范围扩大部分或

租赁期限延长部分的单独价格按该合同情况调整后的金额相当。

2. 租赁变更未作为一项单独租赁处理

租赁变更未作为一项单独租赁进行会计处理的，按照准则有关租赁期的规定确定变更后的租赁期；并采用变更后的折现率对变更后的租赁付款额进行折现，以重新计量租赁负债。

情形	会计处理
租赁变更导致租赁范围缩小或租赁期缩短的	调减使用权资产的账面价值，并将部分终止或完全终止租赁的相关利得或损失计入当期损益，分录如下： 借：租赁负债——租赁付款额 　　使用权资产累计折旧 　　贷：租赁负债——未确认融资费用 　　　　使用权资产 　　　　资产处置损益［倒挤差额，或借］
其他租赁变更（比如延长租赁期等）	调整使用权资产的账面价值，分录如下： 借：使用权资产 　　租赁负债——未确认融资费用 　　贷：租赁负债——租赁付款额

（六）短期租赁和低价值资产租赁

可以简化处理，不确认使用权资产和租赁负债，按照直线法确认租金费用。

经典例题

【真题·单选题】（2022）2×20年12月1日，甲公司与乙公司签订租赁协议。甲公司从乙公司租入某栋写字楼的1至2层作为办公用房。租赁协议约定，起租日为2×21年4月1日，到期日为2×26年12月31日，从起租日开始计算租金，租金每月30万元。甲公司有2年的续租选择权，甲公司于2×21年1月1日进驻该写字楼并开始装修。甲公司不能合理确定将行使续租选择权。不考虑其他因素，甲公司对该租赁业务确定的租赁期是（　　）年。

A. 7.75　　B. 8

C. 5.75　　D. 6

【答案】D

【解析】租赁期是指承租人有权使用租赁资产且不可撤销的期间，自租赁期开始日起计算。如果承租人在租赁协议约定的起租日或租金起付日之前，已获得对租赁资产使用权的控制，则表明租赁期已经开始。承租人有续租选择权且合理确定将行使该选择权的，租赁期还应当包含续租选择权涵盖的期间。甲公司于2×21年1月1日进驻该写字楼并开始装修，当日已拥有对写字楼使用权的控制，因此租赁期开始日为2×21年1月1日。由于甲公司不能合理确定将行使续租选择权，所以租赁期不应包含续租选择权涵盖的期间，因此甲公司确定的租赁期为6年（2×21年1月1日至2×26年12月31日）。

【真题·单选题】（2020）2×19年6月30日，甲公司与乙公司签订租赁合同，从乙公司租入一栋办公楼。根据租赁合同的约定，该办公楼不可撤销的租赁期为5年，租赁期开始日为2×19年7月1日；月租金为25万元，于每月末支付，首3个月免付租金；在不可撤销的租赁期到期后，甲公司拥有3年按市场租金行使的续租选择权。从2×19年7月1日起算，该办公楼剩余使用寿命为30年。假定在不可撤销的租赁期结束时甲公司将行使续租选择权，不考虑其他因素，甲公司对该办公楼使用权资产计提折旧的年限是（　　）年。

A. 4.75　　B. 5

C. 8　　D. 30

【答案】C

【解析】租赁期是指承租人有权使用租赁资产且不可撤销的期间；承租人有续租选择权，即有权选择续租该资产，且合理确定将行使该选择权的，租赁期还应当包含续租选择权涵盖的期间。甲公司取得该办公大楼的租赁期为不可撤销的租赁期5年+3年续租选择权=8年。

承租人在确定使用权资产的折旧年限时，应遵循以下原则：承租人能够合理确定租赁期届满时取得租赁资产所有权的，应当在租赁资产剩余使用寿命内计提折旧；承租人无法合理确定租赁期届满时能够取得租赁资产所有权的，应当在租赁期与租赁资产剩余使用寿命两者孰短的期间内计提折旧。甲公司取得该办公大楼的租赁期为8年，办公大楼使用寿命为30年，按照两者最短确认折旧年限为8年。

【例题·单选题】在租赁期开始日，承租人应当按照成本对使用权资产进行初始计量。该成本不包括（　　）。

A. 在租赁期开始日或之前支付的租赁付款额；存在租赁激励的，应扣除已享受的租赁激励相关金额

B. 承租人发生的初始直接费用

C. 承租人为拆卸及移除租赁资产、复原租赁资产所在场地或将租赁资产恢复至租赁条款约定状态预计将发生的成本

D. 租赁资产的未担保余值

【答案】D

【解析】在租赁期开始日，承租人应当按照成本对使用权资产进行初始计量。该成本包括：一是租赁负债的初始计量金额。二是在租赁期开始日或之前支付的租赁付款额；存在租赁激励的，应扣除已享受的租赁激励相关金额。三是承租人发生的初始直接费用。初始直接费用是指为达成租赁所发生的增量成本，增量成本是指若企业不取得该租赁，则不会发生的成本。四是承租人为拆卸及移除租赁资产、复原租赁资产所在场地或将租赁资产恢复至租赁条款约定状态预计将发生的成本；前述成本属于为生产存货而发生的，适用《企业会计准则第1号——存货》。

【真题·计算分析题】（2022）2×19年至2×22年，甲公司发生的有关交易或事项如下：

（1）2×19年1月1日，甲公司与乙公司签订设备租赁协议，甲公司向乙公司租入一台生产设备，该设备尚可使用10年，租赁期限为2×19年1月1日至2×21年12月31日，年租金以10万元和按照10元/吨乘以甲公司使用该设备的产出量计算的租金两者孰高确定，于每年年末收取。甲公司预计租赁期内每年使用该设备的产出量分别为1万吨、1.2万吨和1.3万吨。设备租赁到期时，甲公司可选择按照当时的市场价格续租，或选择以50万元的价格购买该设备。甲公司租入该设备用于生产，且当年生产的产品于当年全部实现销售。甲公司管理层能够合理确定租赁到期时将行使购买选择权。

2×19年1月1日，乙公司出租设备的内含报酬率为5%。

2×22年1月1日，甲公司行使了购买选择权，以50万元的价格购买该设备。

（2）2×22年12月31日，由于资金需求，甲公司出售并租回该设备，出售价款40万元已收存银行，设备租回3年，租赁期内每年支付租金16万元，租赁期结束后设备归甲公司所有。该交易中设备的转让不满足收入准则中控制权转移的条件。

其他资料：（1）（P/F,5%,3）=0.8638；（P/A,5%,3）=2.7232。（2）本题不考虑租赁资产减值、净残值、相关税费及其他因素。

要求：

（1）根据资料（1），说明甲公司租赁负债应如何计量，计算租赁负债的初始入账金额、2×19年度应计提的折旧金额，编制相关会计分录。

（2）根据资料（1），计算甲公司2×19年12月31日租赁负债的账面价值，计算甲公司租赁设备对2×19年度利润总额的影响金额。

（3）根据资料（2），说明甲公司设备售后租回的会计处理方法，编制甲公司2×22年12月31日与售后租回相关的会计分录。

【答案及解析】

（1）年租金安排中，实质固定的付款额

为10万元/年，应包含在租赁负债中。

根据预计产量计算超过10万元的部分无须计入租赁负债。

合理确定将行使购买选择权的行权价格应包含在租赁负债中。

租赁负债的初始入账金额 $=10\times2.7232+50\times0.8638=70.42$（万元）

2×19 年使用权资产应计提的折旧金额 $=70.42\div10=7.04$（万元）

借：使用权资产　　70.42
　　租赁负债——未确认融资费用　　9.58
　贷：租赁负债——租赁付款额　　80

借：制造费用　　7.04
　贷：使用权资产累计折旧　　7.04

（2）2×19 年12月31日甲公司租赁负债的账面价值 $=70.42+70.42\times5\%-10=63.94$（万元）

对利润总额的影响 $=7.04+70.42\times5\%=7.04+3.52=10.56$（万元）

（3）售后租回作为融资业务，设备不应终止确认，收到的现金应作为金融负债处理。

借：银行存款　　40
　贷：长期应付款　　40

高频考点2：出租人对经营租赁的会计处理★★

（一）租金的处理

在租赁期内各个期间，出租人应采用直线法或者其他系统合理的方法将经营租赁的租赁收款额确认为租金收入。如果其他系统合理的方法能够更好地反映因使用租赁资产所产生经济利益的消耗模式的，则出租人应采用该方法。

（二）出租人对经营租赁提供激励措施

出租人提供免租期的，出租人应将租金总额在不扣除免租期的整个租赁期内，按直线法或其他合理的方法进行分配，免租期内应当确认租金收入。出租人承担了承租人某些费用的，出租人应将该费用自租金收入总额中扣除，按扣除后的租金收入余额在租赁期内进行分配。

（三）初始直接费用

出租人发生的与经营租赁有关的初始直接费用应当资本化至租赁标的资产的成本，在租赁期内按照与租金收入相同的确认基础分期计入当期损益。

（四）折旧和减值

对于经营租赁资产中的固定资产，出租人应当采用类似资产的折旧政策计提折旧；对于其他经营租赁资产，应当根据该资产适用的企业会计准则，采用系统合理的方法进行摊销。

出租人应当按照《企业会计准则第8号——资产减值》的规定，确定经营租赁资产是否发生减值，并对已识别的减值损失进行会计处理。

（五）可变租赁付款额

出租人取得的与经营租赁有关的可变租赁付款额，如果是与指数或比率挂钩的，应在租赁期开始日计入租赁收款额；除此之外的，应当在实际发生时计入当期损益。

（六）经营租赁的变更

本准则规定，经营租赁发生变更的，出租人应自变更生效日开始，将其作为一项新的租赁进行会计处理，与变更前租赁有关的预收或应收租赁收款额视为新租赁的收款额。

经典例题

【真题·单选题】（2019）20×9 年1月1日，甲公司与乙公司签订租赁合同。将其一栋物业租赁给乙公司作为商场使用。根据合同约定，物业的租金为每月50万元，于每季度末支付，租赁期为5年，自合同签订日开始算起，租赁期首3个月为免租期，乙公司免予支付租金，如果乙公司每年的营业收入超过10亿元，乙公司应向甲公司支付经营分享收入100万元。乙公司 20×9 年度实现营业收入12亿元。甲公司认定上述租赁为经营租赁。不考虑增值税及其他因素，上述交易对甲公司 20×9 年度营业利润的影响金额是（　　）万元。

A. 600　　B. 670

C. 570　　D. 700

【答案】B

【解析】甲公司收到的或有租金应计入“租赁收入”中，影响营业利润，出租人提供免租期的，出租人应将租金总额在不扣除免租期的整个租赁期内，按直线法或其他合理的方法进行分配，免租金期间应确认租赁收入。甲公司20×9年度营业利润的影响金额=［50×1×(12－3)+50×12×4］/5+100=670（万元）。

【例题·单选题】下列关于出租人对经营租赁资产处理中错误的是（　　）。

A. 出租人应当将出租资产作为自身拥有的资产在资产负债表中列示

B. 出租人应采用直线法将收到的租金在租赁期内确认为收入，如果其他方法更合理，也可以采用其他方法

C. 出租人应对租赁资产在租赁期间内计提折旧或摊销

D. 在经营租赁下，与资产所有权有关的主要风险和报酬仍然留在出租人一方

【答案】C

【解析】出租人不对租赁资产在租赁期间内计提折旧或摊销

【例题·单选题】甲公司将一闲置设备以经营租赁方式出租给乙公司使用，租赁合同约定，租赁期开始日为2×23年1月1日，租赁期为5年，年租金为180万元，租金于每年1月1日支付，租赁期开始日起前六个月免租金，2×23年1月1日甲公司收到乙公司支付的扣除免租期后的租金90万元，不考虑其他因素，甲公司2×23年确认的租金收入为（　　）万元。

A. 87.5　　B. 150

C. 162　　D. 200

【答案】C

【解析】甲公司2×23年应确认的租金收入=(90+180×4)/5=162（万元）。

高频考点3：出租人对融资租赁的会计处理★★

（一）初始计量

在租赁期开始日，出租人应当对融资租赁确认应收融资租赁款，并终止确认融资租赁资产。出租人对应收融资租赁款进行初始计量时，应当以租赁投资净额作为应收融资租赁款的入账价值。

租赁投资净额为未担保余值和租赁期开始日尚未收到的租赁收款额按照租赁内含利率折现的现值之和。租赁内含利率，是指使出租人的租赁收款额的现值与未担保余值的现值之和（即租赁投资净额）等于租赁资产公允价值与出租人的初始直接费用之和的利率。因此，出租人发生的初始直接费用包括在租赁投资净额中，也即包括在应收融资租赁款的初始入账价值中。租赁收款额，是指出租人因让渡在租赁期内使用租赁资产的权利而应向承租人收取的款项。

（二）融资租赁的后续计量

出租人应当按照固定的周期性利率计算并确认租赁期内各个期间的利息收入。纳入出租人租赁投资净额的可变租赁付款额只包含取决于指数或比率的可变租赁付款额。在初始计量时，应当采用租赁期开始日的指数或比率进行初始计量。出租人应定期复核计算租赁投资总额时所使用的未担保余值。若预计未担保余值降低，出租人应修改租赁期内的收益分配，并立即确认预计的减少额。

出租人取得的未纳入租赁投资净额计量的可变租赁付款额，如与资产的未来绩效或使用情况挂钩的可变租赁付款额，应当在实际发生时计入当期损益。

（三）融资租赁变更的会计处理

融资租赁发生变更且同时符合下列条件的，出租人应当将该变更作为一项单独租赁进行会计处理：

（1）该变更通过增加一项或多项租赁资产的使用权而扩大了租赁范围或延长了租赁期限。

（2）增加的对价与租赁范围扩大部分或租赁期限延长部分的单独价格按该合同情况调整后的金额相当。

如果融资租赁的变更未作为一项单独租赁

进行会计处理，且满足假如变更在租赁开始日生效，该租赁会被分类为融资租赁条件的，出租人应当自租赁变更生效日开始将其作为一项租赁进行会计处理，并以租赁变更生效日前的租赁投资净额作为租赁资产的账面价值。

经典例题

【例题·单选题】甲公司于2×23年1月1日将账面价值为5 000万元、公允价值为6 000万元的生产设备以融资租赁方式租给乙公司。双方签订合同，租赁期为5年，每年年末支付租金1 000万元。双方约定如果该设备在租赁期结束时的公允价值低于2 000万元，则乙公司需支付2 000万元与该设备在租赁期结束时公允价值之间的差额。假定未担保余值为0，加以公司均预计该设备在租赁期结束时的公允价值为500万元。不考虑其他因素，则下列有关出租人在2×23年1月1日的会计处理的表述中，正确的是（　　）。

A. 租赁收款额为6 500万元

B. 应确认的资产处置损益为500万元

C. 应收融资租赁款的账面价值4 500万元

D. 应收融资租赁款——未实现融资收益为2 000万元

【答案】A

【解析】选项A，租赁收款额=1 000×5+(2 000-500)=6 500（万元）；选项B，应确认的资产处置损益为1 000万元；选项C，应收融资租赁款的账面价值5 000万元；选项D，未实现融资收益为6 500-6 000=500（万元）。相关会计分录如下：

借：应收融资租赁款——租赁收款额　6 500

　贷：资产处置损益　1 000

　　融资租赁资产　5 000

　　应收融资租赁款——未实现融资收益　500

【例题·多选题】甲公司为租赁公司，下列发生的经济业务中，不考虑给定以外的条件，通常应将其作为融资租赁进行会计处理的有（　　）。

A. 甲公司将一台专用设备租赁给乙公司，该设备是专门为乙公司定制的，如果不作较大改造，其他承租人将无法使用

B. 甲公司将一条生产线租赁给丙公司，该生产线在租赁开始日的公允价值为500万元，租赁收款额的现值为480万元

C. 甲公司将一台设备租赁给丁公司，在租赁期满时该设备所有权转移给丁公司

D. 甲公司将一部预计可以使用8年，但已使用3年的仪器租赁给戊公司，租赁期为3年

【答案】ABC

【解析】一项租赁存在下列一种或多种情形的，通常分类为融资租赁：租赁资产性质特殊，如果不作较大改造，只有承租人才能使用的，选项A正确；在租赁开始日，租赁收款额的现值几乎相当于租赁资产的公允价值，这里的“几乎相当于”，通常掌握在90%以上，选项B正确；在租赁期届满时，租赁资产的所有权转移给承租人，选项C正确；资产的所有权虽然不转移，但租赁期占租赁资产使用寿命的大部分。实务中，这里的“大部分”一般指租赁期占租赁开始日租赁资产使用寿命的75%以上（含75%）。如果租赁资产是旧资产，在租赁前已使用年限超过资产自全新时起算可使用年限的75%以上的，则这条判断标准不适用，不能使用这条标准确定租赁的分类，选项D错误。

【例题·计算分析题】2×23年1月1日，甲公司出租给乙公司一台生产设备，租赁期为2×23年1月1日至2×26年12月31日，共48个月。租金为每年年末支付租金900万元。租赁期届满时，估计设备余值为300万元，其中乙公司担保200万元，未担保余值为100万元。该设备于2×22年12月31日的账面原值为3 500万元，已计提折旧300万元，公允价值为3 100万元，已经使用3年，预计还可使用6年，期满无残值。租赁合同规定年

利率为6%。2×26年12月31日，甲公司收回该设备。已知年利率为6%、期数为4的年金现值系数为3.4651；年利率为6%、期数为4的复利现值系数为0.7921。

要求：

(1) 从甲公司角度，判断该租赁的类型并说明理由。

(2) 编制甲公司在租赁期开始日的有关会计分录。

(3) 编制甲公司在2×23年至2×24年末与收取租金及其他租赁事项有关的会计分录。

【答案及解析】

(1) 该租赁类型属于融资类型，首先，用最低租赁收款额现值与租赁期开始日生产设备公允价值进行比较：最低租赁收款额现值 = 900 ×（P/A，6%，4）+ 200 ×（P/F，6%，4）= 900 × 3.4651 + 200 × 0.7921 = 3 277.01（万元）。

该生产设备公允价值为3 200万元。

该生产设备最低租赁收款额现值与其公允价值几乎相当，符合企业会计准则关于融资租赁的判断标准。

其次，还可以通过租赁期占租赁资产剩余使用寿命的比例来判断，生产设备的租赁期为4年，预计使用年限为5年。可见，租赁期占生产设备剩余使用寿命的大部分（80%），符合企业会计准则关于融资租赁的判断标准。

(2) 生产设备在2×22年12月31日的账面原值为3 500万元，已计提折旧300万元，账面净值和公允价值都是3 200万元；最低租赁应收款为3 500万元，未担保余值为100万元，因此，会计分录如下：

借：应收融资租赁款 35 000 000
　　未担保余值 1 000 000
　　贷：融资租赁资产 32 000 000
　　　　未实现融资收益 4 000 000

(3) 2×23年12月31日收回租金，计算实际利率，摊销未实现融资收益：

首先计算实际利率，公式如下：

900×(P/A，r，4)+200×(P/F，r，4)+100×(P/F,r,4)=3 100（万元）

当实际利率是9%（合同利率）时，现值为：

900×(P/A，9%，4)+200×(P/F,9%，4)+100×(P/F,9%,4)=3 128.25（万元）> 3 100万元

当实际利率是10%时，现值为：

900×(P/A,10%,4)+200×(P/F，10%，4)+100（P/F，10%，4)=3 057.81（万元）< 3 100万元

可见，实际利率应位于9%～10%之间，现用插入法计算可得r=9.4%。

这样，2×23年应分摊的未实现融资收益 = 3 100×9.4% =291.4（万元）。

2×23年末相关会计分录为：

借：银行存款 9 000 000
　　贷：应收融资租赁款 9 000 000
借：未实现融资收益 2 914 000
　　贷：租赁收入 2 914 000

2×24年12月31日收回租金，并摊销未实现融资收益：

2×24年应分摊的未实现融资收益 = [3 100 −(900 − 291.4)] ×9.1% =226.7174（万元）

2×24年末相关会计分录为：

借：银行存款 9 000 000
　　贷：应收融资租赁款 9 000 000
借：未实现融资收益 2 267 174
　　贷：租赁收入 2 267 174

高频考点4：特殊租赁业务的会计处理★★

（一）转租赁

1. 转租分类为融资租赁

终止确定与原租赁相关且转给转租承租人的使用权资产，并确认转租赁投资净额；将使用权资产与转租赁投资净额之间的差额确认为损益；再转租期间，中间出租人既要确认转租赁的融资收益，也要确定原租赁的利息费用。

转租赁开始日的账务处理如下：

借：应收融资租赁款——租赁收款额
　　使用权资产累计折旧【余额冲销】
　　贷：应收融资租赁款——未实现融资收益
　　　　使用权资产【余额冲销】
　　　　资产处置损益【转租赁投资净额－使用权资产的账面价值】

2. 转租分类为经营租赁

中间出租人在其资产负债表中继续保留与原租赁相关的租赁负债和使用权资产。在转租期间，中间出租人确认使用权资产的折旧费用和租赁负债的利息费用，并确认转租赁的租赁收入。

（二）生产商或经销商出租人的融资租赁会计处理

构成融资租赁的，生产商或经销商出租人在租赁期开始日应当按照租赁资产公允价值与租赁收款额按市场利率折现的现值两者孰低确认收入，并按照租赁资产账面价值扣除未担保余值的现值后的余额结转销售成本，收入和销售成本的差额作为销售损益。

经典例题

【例题·多选题】下列有关被分为经营租赁的转租赁说法中，正确的有（　　）。

A. 转租出租人继续保留与原租赁相关的租赁负债与使用权资产

B. 转租出租人连续确认使用权资产的折旧费用和租赁负债的利息

C. 转租出租人应在转租期间确认转租赁的租赁收入

D. 转租出租人应在转租期内终止确认与原租赁相关且转移给转租赁承租人的使用权资产

【答案】ABC

【解析】选项D，被划分为经营租赁的转租赁中，中间出租人应继续保留与原租赁相关的使用权资产。

【例题·多选题】下列关于生产商或经销商出租人的融资租赁说法中正确的有（　　）。

A. 如果生产商或经销商出租其产品或商品构成融资租赁，则该交易产生的损益应相当于按照考虑适用的交易量或商业折扣后的正常售价直接销售标的资产所产生的损益

B. 构成融资租赁的，生产商或经销商出租人在租赁期开始日应当按照租赁资产公允价值与租赁收款额按市场利率折现的现值两者孰低确认收入

C. 生产商或经销商出租人应当在租赁期开始日将取得融资租赁所发生的成本计入租赁投资净额

D. 在租赁期开始日，应当按照租赁资产公允价值与租赁收款额按市场利率折现值两者孰低确认收入

【答案】ABD

【解析】由于取得融资租赁所发生的成本主要与生产商或经销商赚取的销售利得相关，生产商或经销商出租人取得融资租赁所发生的成本不属于初始直接费用，不计入租赁投资净额。

【例题·单选题】甲公司向乙公司出租所生产的设备，租赁合同主要条款如下：该设备租赁期为7年，每年末支付年租金60万元，年利率为6%，与市场利率相同，该设备租赁期开始日的公允价值为350万元，账面价值为300万元，甲公司发生的相关租赁成本为1万元，该设备剩余使用寿命7年，租赁期内该设备的保险、维修等费用均由乙公司自行承担。则甲公司确定收入的金额为（　　）万元。

A. 300　　B. 334.944

C. 335.944　　D. 350

【答案】B

【解析】甲公司应将该项租赁确认为融资租赁。构成融资租赁的，生产商或经销商出租人在租赁期开始日应当按照租赁资产公允价值与租赁收款额按市场利率折现的现值两者孰低确认收入。租赁收款额的现值＝60×（P/A，6%，7）＝334.944（万元），低于该设备租赁期开始日的公允价值为350万元，因此将该设备现值334.944万元确认为收入。

高频考点5：售后租回交易★★

（一）售后租回交易中的资产转让不属于销售

卖方兼承租人	不终止确认所转让的资产，而应当将收到的现金作为金融负债（抵押融资）
卖方兼出租人	不确认被转让资产，而应当将支付的现金作为金融资产处理

（二）售后租回交易中的资产转让属于销售

卖方承租人	（1）按原资产账面价值中与租回获得的使用权有关的部分，计量售后租回所形成的使用权资产； （2）将销售对价低于市场价格的款项作为预付租金进行会计处理，将高于市场价格的款项作为出租人向承租人提供的额外融资进行会计处理
买方出租人	根据其他适用的企业会计准则对资产购买进行会计处理，并根据租赁准则对资产出租进行会计处理

经典例题

【例题·单选题】2×23年1月1日，甲公司将公允价值为5 000万元的办公楼以4 000万元的价格出售给乙公司，同时签订一份甲公司租回该办公楼的租赁合同，租期为5年，年租金为800万元，于每年年末支付，期满后乙公司收回办公楼。当日，该办公楼账面价值为4 500万元，预计尚可使用年限为30年；市场上租用同等办公楼的年租金为1 000万元。不考虑其他因素，上述业务对甲公司2×23年度利润总额的影响金额为（　　）万元。

A. －800　　B. －900

C. －1 000　　D. －1 100

【答案】B

【解析】此项交易属于售后租回交易形成的经营租赁，售价低于公允价值且售价低于账面价值，但该损失能够得到补偿，所以售价与账面价值之间的差额计入递延收益，并在租赁期内摊销。上述业务对甲公司2×23年度利润总额的影响金额＝－800－(4 500－4 000)/5＝－900（万元）。

进阶练习

（一）单项选择题

1. 某项租赁合同租赁期为10年，承租人每年年末支付租金10万元，承租人的担保余值为40万元，在租赁期满时租赁资产公允价值预计为30万元，假设租赁内含利率为每年5%。(P/A，5%，10)＝7.7217，(P/F，5%，10)＝0.613。承租人应确认的使用权资产的入账价值为（　　）万元。

A. 77.217　　B. 6.13

C. 83.347　　D. 80

2. 对于下列售后租回交易的说法中，表述不正确的是（　　）。

A. 售后租回交易中的资产转让属于销售的，卖方兼承租人应当按原资产账面价值中与租回获得的使用权有关的部分，计量售后租回所形成的使用权资产

B. 售后租回交易中的资产转让属于销售的，如果销售对价的公允价值与资产的公允价值不同，或者出租人未按市场价格收取租金，则销售对价低于市场价格的款项应作为预付租金处理

C. 如果承租人在资产转移给出租人之前已经取得对标的资产的控制，则该交易属于售后租回交易

D. 售后租回交易中的资产转让不属于销售的，卖方兼承租人应终止确认所转让的资产

3. 2×23 年 1 月 1 日，A 公司（原租赁出租人）将一幢办公楼出租给 B 公司（原租赁承租人），合同期限 10 年。2×27 年 1 月 1 日，B 公司将该办公楼转租给 C 公司，合同期限为剩余原租赁期限的 6 年。假定不考虑其他因素，B 公司有关会计处理正确的是（　　）。

A. B 公司应基于原租赁的标的资产对转租赁进行分类

B. 在资产负债表中不再保留原租赁的租赁负债

C. 在转租赁期间，B 公司仍需确认原租赁的利息费用

D. 继续保留与原租赁相关的使用权资产

4. 2×23 年 1 月 2 日，A 公司采用融资租赁方式出租一条生产线。租赁合同规定：（1）租赁期为 20 年，每年收取固定租金 20 万元；（2）除固定租金外，甲公司每年按该生产线所生产的产品销售额的 1% 提成，据测算平均每年提成约为 2 万元；（3）承租人提供的租赁资产担保余值为 20 万元；（4）与承租人和甲公司均无关联关系的第三方提供的租赁资产担保余值为 3 万元。甲公司为该项租赁另支付谈判费、律师费等相关费用 1 万元。甲公司租赁期开始日应确认的应收融资租赁款——租赁收款额为（　　）万元。

A. 400　　B. 414

C. 424　　D. 444

5. 甲公司（卖方兼承租人）以货币资金 30 000 000 元的价格向乙公司（买方兼出租人）出售一栋建筑物，交易前该建筑物的账面原值是 22 000 000 元，累计折旧是 2 000 000 元。与此同时，甲公司与乙公司签订了合同，取得了该建筑物 9 年的使用权（全部剩余使用年限为 20 年），年租金为 1 200 000 元，于每年年末支付。根据交易的条款和条件，甲公司转让建筑物符合《企业会计准则第 14 号——收入》（2017）中关于销售成立的条件。假设不考虑初始直接费用和各项税费的影响。该建筑物在销售当日的公允价值为 28 000 000 元。甲、乙公司均确定租赁内含年利率为 5%。计算在租赁开始日甲公司应确认的使用权资产的金额为（　　）元。

A. 6 529 600　　B. 4 664 000

C. 5 000 000　　D. 5 664 000

6. 下列各项关于出租人会计处理的表述中，正确的是（　　）。

A. 融资租赁下或有租金在租赁期开始日预计并确认为收入

B. 融资租赁下应收融资租赁款按租赁期开始日最低租赁收款额与初始直接费用的差额计量

C. 融资租赁下未担保余值减少的，重新计算租赁内含利率并将由此引起的租赁投资净额的减少确认为其他综合收益

D. 经营租赁下收取的租金在租赁期内的各个期间按直线法确认为收入

7. 承租人甲公司与出租人乙公司就 5 000 平方米的办公场所签订了一项为期 10 年的租赁。年租赁付款额为 100 000 元，在每年年末支付。甲公司无法确定租赁内含利率。甲公司在租赁期开始日的增量借款利率为 6%。在第 7 年年初，甲公司和乙公司同意对原租赁合同进行变更，将租赁期延长 5 年。每年的租赁付款额不变（即在第 7 至 15 年的每年年末支付 100 000 元）。甲公司在第 7 年年初的增量借款利率为 7%，计算租赁变更后的租赁负债为（　　）元。[(P/A，7%，9) =6.515]

A. 651 500　　B. 456 754

C. 894 137　　D. 556 753

8. 承租人甲公司与出租人乙公司签订了为期 8 年的商铺租赁合同。每年的租赁付款额为 50 000 元，在每年年末支付。甲公司无法确定租赁内含利率，其增量借款利率为 5%，第一年末甲公司租赁负债的账面减少金额为（　　）元。

A. 33 842.5　　B. 25 145.5

C. 30 000　　D. 31 530

9. 甲公司和某房屋租赁中心签订了一份为期 10 年的房屋租赁合同，用于生产经营。该房屋的初始账面价值为 2000 000 元，按直线

法在10年内计提折旧，在第5年年末，确认该使用权资产发生的减值损失200 000元，计入当期损益。假设不考虑其他因素，甲公司针对该项使用权资产在第9年计提折旧金额为（　　）元。

A. 10 000　　B. 12 000

C. 16 000　　D. 18 000

（二）多项选择题

1. 下列对于特殊租赁业务的处理说法正确的有（　　）。

A. 承租人在对转租赁进行分类时，转租出租人应基于原租赁中产生的租赁资产进行分类

B. 生产商或经销商出租人构成融资租赁业务的，在租赁期开始日应当按照租赁资产公允价值与租赁收款额按市场利率折现的现值两者孰低确认收入

C. 售后租回交易中的资产转让属于销售的，销售对价低于市场价格的款项作为预付租金进行会计处理

D. 售后租回交易中的资产转让属于销售的，销售对价高于市场价格的款项作为买方兼出租人向卖方兼承租人提供的额外融资进行会计处理

2. 2×23年1月1日，甲公司与乙公司签订商铺租赁合同，甲公司从乙公司租入一间铺子，租期2年，每月固定租金2万元，在此基础上，再按当月商铺销售额的5%支付变动租金。2×23年度，甲公司支付给乙公司31万元，其中租赁保证金2万元，固定租金24万元，基于销售额计算的变动租金5万元。不考虑其他因素，下列各项关于甲公司的表述正确的有（　　）。

A. 支付的租赁保证金2万元应当作为筹资活动现金流出

B. 支付的固定租金24万元应当作为筹资活动现金流出

C. 支付的基于销售额计算的变动租金5万元应当作为经营活动现金流出

D. 支付的31万元应当作为经营活动现金流出

3. 下列关于出租方对经营租赁资产处理中正确的有（　　）。

A. 在经营租赁下，与资产所有权有关的主要风险和报酬已实质上转移给承租方

B. 出租人不应当将出租资产作为自身拥有的资产在资产负债表中列示

C. 出租方应对经营租赁租出的固定资产计提折旧

D. 出租人应采用直线法将收到的租金在租赁期内确认为收入，如果其他方法更合理，也可以采用其他方法

4. 以下关于使用权资产减值的说法正确的有（　　）。

A. 使用权资产发生减值的，按应减记的金额，借记“资产减值损失”科目

B. 使用权资产发生减值的，按应减记的金额，贷记“使用权资产减值准备”科目

C. 使用权资产减值准备一旦计提，不得转回

D. 承租人应当按照扣除减值损失之后的使用权资产的账面价值，进行后续折旧

5. 甲企业（原租赁承租人）与乙企业（原租赁出租人）就2 000平方米办公场所签订了一项为期6年的租赁（原租赁）。在第4年年初，甲企业将该2 000平方米办公场所转租给丙企业，期限为原租赁的剩余3年时间（转租赁）。假设不考虑初始直接费用。下列说法正确的有（　　）。

A. 甲企业将该项转租赁分类为融资租赁

B. 甲企业将该项租赁分类为经营租赁

C. 在转租期间，中间出租人甲企业既要确认转租赁的融资收益，也要确认原租赁的利息费用

D. 甲企业应确认使用权资产的折旧费用和租赁负债的利息

6. 甲公司是一家设备的经销商，与乙公司签订了一份租赁合同，向乙公司出租其经销的设备A机器，租赁期为2×23年1月1日至2×26年12月31日，共4年，自2×23年起

于每年末支付租金 80 万元，合同规定的年利率为 4%，与市场利率相同，该设备 2×26 年 1 月 1 日的公允价值为 300 万元，账面价值为 200 万元，甲公司认为到租赁期满时该设备的余值为 80 万元，乙公司及其关联方未对余值提供担保。已知现值系数（P/A，4%，4）= 3.6299；（P/F，4%，4）= 0.8548。假设不考虑相关税费和其他因素影响，下列说法中正确的有（　　）。

A. 该租赁为经营租赁

B. 租赁收款额的现值为 2 903 920 元

C. 销售成本为 120 万元

D. 甲公司在 2×23 年初确认收入后，无须调整租赁内含利率

7. 出租人甲公司和承租人乙公司于 2×23 年 1 月 1 日签订了一份租赁合同，约定甲将设备 A 出租给乙公司，租赁期为 2×23 年 1 月 1 日至 2×27 年 12 月 31 日，共 5 年，从 2×23 年起每年末支付年租金 1 000 000 元。租赁合同规定的年利率为 8%（与市场利率相同）。该设备于 2×23 年 1 月 1 日的公允价值为 4 000 000元，账面价值为 2 000 000 元，甲公司认为租赁到期时该设备余值为 500 000 元，乙公司及其关联方未对余值提供担保。甲公司为取得该租赁发生的相关成本为 10 000 元。该设备于 2×23 年 1 月 1 日交付乙公司，预计使用寿命为 5 年；租赁期内该设备的保险、维修等费用均由乙公司自行承担。不考虑其他因素和各项税费影响。已知：（P/A，8%，5）= 3.9927；（P/F，8%，5）= 0.6806；假设不考虑其他因素影响，则下列有关甲公司在 2×22 年 1 月 1 日的会计处理的表述中，正确的有（　　）。

A. 甲公司应确认收入为 4 000 000 元

B. 甲公司应确认主营业务成本为 1 669 700元

C. 甲公司应确认销售费用为 10 000 元

D. 甲公司应确认应收租赁投资净额为 4 333 000元

8. 甲公司通过租赁方式取得一项公允价值为 1 950 万元的设备作为管理用固定资产，租赁期开始日为 2×23 年 7 月 1 日，该设备的预计使用年限为 4 年，合同规定的租赁期为 2 年，增量借款利率为 6%，分别在 2×23 年和 2×25 年的 7 月 1 日支付租金 1 000 万元，承租方提供的租赁资产担保余值 100 万元，预计到期资产公允价值为 100 万元，甲公司和出租方分别以银行存款支付律师费等初始直接费用 10 万元，假定该设备已于 2×23 年 6 月 30 日达到可使用状态，已知现值系数（P/A，6%，2）= 1.8334；（P/F，6%，2）= 0.8900。下列处理中正确的有（　　）。

A. 出租方认定该租赁为融资租赁

B. 承租方取得该资产的入账价值是 1 900 万元

C. 出租方应确认租赁收款额是 2 100 万元

D. 出租方未实现融资收益是 140 万元

进阶练习答案及解析

（一）单项选择题

1. 【答案】C

【解析】使用权资产的入账价值 = 10 × 7.7217 + （40 − 30）× 0.61 = 83.347（万元）

2. 【答案】D

【解析】选项 D 售后租回交易中的资产转让不属于销售的，卖方兼承租人不应终止确认所转让的资产，而应当将收到的现金作为金融负债处理。

3. 【答案】C

【解析】转租出租人应当基于原租赁产生的使用权资产，而不是原租赁的标的资产，对转租赁进行分类。

4. 【答案】C

【解析】甲公司租赁期开始日应确认的应收融资租赁款（租赁收款额）= 20 × 20 + 20 +

3 + 1 = 424（万元）。

5.【答案】B

【解析】甲公司租赁开始日确认的使用权资产 = 该建筑物的账面价值 × 使用权资产的租赁付款额现值 ÷ 该建筑物的公允价值。使用权资产的租赁付款额现值 = 1 200 000 ×（P/A，5%，9）− 2 000 000 = 6 529 600（元）；使用权资产 =（22 000 000 − 2 000 000）× 6 529 600 ÷ 28 000 000 = 4 664 000（元）。

6.【答案】D

【解析】或有租金在实际发生时计入当期损益，选项 A 错误；融资租赁下应收融资租赁款按租赁期开始日最低租赁收款额与初始直接费用之和作为应收融资租赁款的入账价值，选项 B 错误；融资租赁下未担保余值减少的，重新计算租赁内含利率并将由此引起的租赁投资净额的减少确认为当期损失，选项 C 错误。

7.【答案】A

【解析】计算得出租赁变更后的租赁负债为 651 500 元，即 651 500 = 100 000 ×（P/A，7%，9）。

8.【答案】A

【解析】在租赁期开始日，甲公司按租赁付款额的现值所确认的租赁负债为 50 000 ×（P/A，5%，8）= 323 150 元。在第 1 年年末，甲公司向乙公司支付第一年的租赁付款额 50 000 元，其中，16 157.5 元（323 150 × 5%）是当年的利息，33 842.5 元（323 150 − 16 157.5）是本金，即租赁负债的账面价值减少 33 842.5 元。会计分录为：

借：租赁负债——租赁付款额　　50 000
　　贷：银行存款　　50 000
借：财务费用　　16 157.5
　　贷：租赁负债——未确认融资费用　　16 157.5

9.【答案】C

【解析】在第 5 年年末，该使用权资产在减值前的账面价值为 1 000 000 元（2 000 000 × 5/10）。计提减值损失之后，该使用权资产的账面价值减至 800 000 元（1 000 000 − 200 000），自第 6 年以后，每年的折旧费也相应减至 16 000 元（80 000/5）

（二）多项选择题

1.【答案】BCD

【解析】选项 A 中，承租人在对转租赁进行分类时，转租出租人应基于原租赁中产生的使用权资产分类，而不是租赁资产进行分类。

2.【答案】ABC

【解析】按照租赁会计准则的规定，企业支付的预付租金和租赁保证金应当计入筹资活动现金流出，选项 A、B 正确；支付的按租赁准则简化处理的短期租赁付款额和低价值资产租赁付款额以及未纳入租赁负债的可变租赁付款额计入经营活动现金流出，选项 C 正确，选项 D 不正确。

3.【答案】CD

【解析】在经营租赁下，与资产所有权有关的主要风险和报酬仍然留在出租方，出租人应当将出租资产列示在资产负债表中。

4.【答案】ABCD

【解析】在租赁期开始日后，承租人应当按照《企业会计准则第 8 号——资产减值》的规定，确定使用权资产是否发生减值，并对已识别的减值损失进行会计处理。使用权资产发生减值的，按应减记的金额，借记“资产减值损失”科目，贷记“使用权资产减值准备”科目。使用权资产减值准备一旦计提，不得转回。承租人应当按照扣除减值损失之后的使用权资产的账面价值，进行后续折旧。

5.【答案】AC

【解析】转租赁的期限覆盖了原租赁的所有剩余期限，综合考虑其他因素，甲企业判断其实质上转移了与该项使用权资产有关的几乎全部风险和报酬，甲企业将该项转租赁分类为融资租赁。选项 D 为经营租赁的会计处理方法。

6.【答案】BD

【解析】租赁收款额的现值 = 800 000 ×（P/A，4%，4）= 2 903 920（元），约为租赁

资产公允价值的97%，综合考虑其他因素，甲公司认为与该项资产所有权有关的几乎所有风险和报酬已实质转移给乙公司，所以将该租赁认定为融资租赁。销售成本 = 账面价值 - 未担保余值的现值 = 2 000 000 - 683 840 = 1 316 160（元）。由于甲公司在确定营业收入和租赁投资净额（即应收融资租赁款）时，是基于租赁收款额按市场利率折现的现值，因此，甲公司无须重新计算租赁内含利率。

7. 【答案】CD

【解析】租赁收款额的现值为1 000 000 ×（P/A，8%，5）= 3 992 700（元），小于租赁资产公允价值4 000 000元，按照租赁资产公允价值与租赁收款额按市场利率折现的现值两者孰低的原则，确认甲公司收入为3 992 700元；未担保余值的现值 = 500 000 ×（P/F，8%，5）= 340 300（元）。销售成本 = 账面价值2 000 000 - 未担保余值的现值340 300 = 1 659 700（元）。

2×21年1月1日（租赁期开始日）：

借：应收融资租赁款——租赁收款额
　　(1 000 000×5)5 000 000
　　贷：主营业务收入　　3 992 700
　　　　应收融资租赁款——未实现融资收益　　1 007 300

借：主营业务成本　　1 659 700
　　应收融资租赁款——未担保余值
　　500 000
　　贷：库存商品　　2 000 000
　　　　应收融资租赁款——未实现融资收益　　159 700

应收租赁投资净额 = 5 000 000 - 1 007 300 + 500 000 - 159 700 = 4 333 000（元）

借：销售费用　　10 000
　　贷：银行存款　　10 000

8. 【答案】ABCD

【解析】租赁投资净额 = 租赁收款额的现值 + 未担保余值的现值 = 租赁资产在租赁期开始日公允价值 + 出租人的初始直接费用，由于无未担保余值，故租赁收款额的现值 = 1 950 + 10 = 1 960（万元），超过了租赁资产在租赁期开始日公允价值，满足几乎相当于的判定条件，选项A正确；使用权资产入账价值 = 租赁负债 + 在租赁期开始日或之前支付的租赁付款额 + 初始直接费用 = 1 000 ×（P/F，6%，2）+ 1 000 + 10 = 1 900（万元），选项B正确；出租方应确认租赁收款额 = 1 000 × 2 + 100 = 2 100（万元），选项C正确；未实现融资收益 = 租赁投资总额 - 租赁投资净额 = 2 100 - 1 960 = 140（万元），选项D正确。

第十五章　持有待售的非流动资产、处置组和终止经营

2023 年教材内容主要变化

本章教材内容无实质变化。

本章近五年考试高频考点分布

高频考点内容	年度及题型分布
持有待售资产和持有待售负债项目的列报	2018 年单选题、2018 年多选题、2018 年计算分析题
终止经营的列报	2019 年多选题、2018 年多选题、2018 年计算分析题
持有待售的长期股权投资	2022 年多选题、2021 年单选题、2020 年多选题、2019 年综合题、2018 年单选题

高频考点精讲

本章介绍《企业会计准则第 42 号——持有待售的非流动资产、处置组和终止经营》的相关内容，主要包括持有待售类别的划分条件，持有待售非流动资产和处置组的初始计量、后续计量、列报和终止确认，终止经营的认定和列报等。

高频考点 1：持有待售的非流动资产的计量★★★

（一）划分为持有待售类别前的计量

企业将非流动资产首次划分为持有待售类别前，应当按照相关会计准则规定计量非流动资产或处置组中各项资产和负债的账面价值（计提折旧、计提减值等），按照该账面价值将其转为持有待售资产。以固定资产为例，会计分录如下：

借：持有待售资产

　　累计折旧

　　固定资产减值准备

　贷：固定资产

（二）划分为持有待售类别时的计量（初始计量）

1. 计量原则

如果持有待售的非流动资产的账面价值高

于其公允价值减去出售费用后的净额，企业应当将账面价值减记至公允价值减去出售费用后的净额，减记的金额确认为资产减值损失，计入当期损益，同时计提持有待售资产减值准备。会计分录如下：

借：资产减值损失

　　贷：持有待售资产减值准备

2. 取得日划分为持有待售类别的非流动资产的计量

应当在初始计量时比较假定其不划分为持有待售类别情况下的初始计量金额和公允价值减去出售费用后的净额，以两者孰低计量，差额计入当期损益（资产减值损失）。会计分录如下：

借：持有待售资产

　　资产减值损失

　　贷：银行存款等

（三）划分为持有待售类别后的计量

1. 补提减值

企业在资产负债表日重新计量持有待售的非流动资产时，如果其账面价值高于公允价值减去出售费用后的净额，应当将账面价值减记至公允价值减去出售费用后的净额，减记的金额确认为资产减值损失，计入当期损益，同时计提持有待售资产减值准备。会计分录如下：

借：资产减值损失

　　贷：持有待售资产减值准备

2. 转回减值

如果后续资产负债表日持有待售的非流动资产公允价值减去出售费用后的净额增加，以前减记的金额应当予以恢复，并在划分为持有待售类别后非流动资产确认的资产减值损失金额内转回，转回金额计入当期损益，划分为持有待售类别前确认的资产减值损失不得转回。会计分录如下：

借：持有待售资产减值准备

　　贷：资产减值损失

3. 折旧和摊销

持有待售的非流动资产不应计提折旧或摊销。

（四）持有待售资产的处置

将处置价款和账面价值之间的差额计入当期损益，会计分录如下：

借：银行存款

　　持有待售资产减值准备

　　贷：持有待售资产

　　　　资产处置损益（倒挤差额，或借）

经典例题

【真题·多选题】（2017）2×16 年 9 月末，甲公司董事会通过一项决议，拟将持有的一项闲置管理用设备对外出售。该设备为甲公司于 2×14 年 7 月购入，原价为 6 000 万元，预计使用 10 年，预计净残值为零，至董事会决议出售时已计提折旧 1 350 万元，未计提减值准备。甲公司 10 月 3 日与独立第三方签订出售协议，拟将该设备以 4 100 万元的价格出售给独立第三方，预计出售过程中将发生的处置费用为 100 万元。至 2×16 年 12 月 31 日，该设备出售尚未完成，但甲公司预计将于 2×17 年第一季度完成。不考虑其他因素，下列各项关于甲公司因设备对其财务报表影响的表述中，正确的有（　　）。

A. 甲公司 2×16 年末因持有该设备应计提 650 万元减值准备

B. 该设备在 2×16 年末资产负债表中应以 4 000 万元的金额列报为流动资产

C. 甲公司 2×16 年对该设备计提的折旧 600 万元计入当期损益

D. 甲公司 2×16 年末资产负债表中因该交易应确认 4 100 万元应收账款

【答案】AB

【解析】企业应将该设备划分为持有待售的非流动资产，其调整后的预计净残值 = 公允价值减去处置费用后的净额 = 4 100 － 100 = 4 000（万元）；账面价值为 4 650 万元（6 000 － 1 350）大于调整后的预计净残值 4 000 万元，因此应该在划分为持有待售当日计提减值准备，应计提的减值准备 = 4 650 － 4 000 = 650（万元），选项 A 正确；甲公司将该设备作为流动资产列报，列示金额 4 000 万元，选项 B 正确；2×16 年度该设备计提折旧的金额 =(6 000÷10)×(9÷12)=450（万元），选项 C 错误；2×16 年末资产负债表中不确认应收款，选项 D 错误。

【真题·多选题】(2016)为整合资产，甲公司 2×14 年 9 月经董事会决议处置部分生产线。2×14 年 12 月 31 日，甲公司与乙公司签订某生产线出售合同。合同约定：该项交易自合同签订之日起 10 个月内完成，原则上不可撤销，但因外部审批及其他不可抗力因素影响的除外。如果取消合同，主动提出取消的一方应向对方赔偿损失 360 万元。生产线出售价格为 2 600 万元，甲公司负责生产线的拆除并运送至乙公司指定地点，经乙公司验收后付款。

甲公司该生产线 2×14 年末账面价值为 3 200 万元，预计拆除、运送等费用为 120 万元。2×15 年 3 月，在合同实际执行过程中，因乙公司所在地方政府出台新的产业政策，乙公司购入资产属于新政策禁止行业，乙公司提出取消合同并支付了赔偿款。不考虑其他因素，下列关于甲公司对于上述事项的会计处理中，正确的有（　　）。

A. 自 2×15 年 1 月起对拟处置生产线停止计提折旧

B. 2×14 年资产负债表中该生产线列报为 3 200 万元

C. 2×15 年将取消合同取得的乙公司赔偿款确认为营业外收入

D. 自 2×15 年 3 月知晓合同将予取消时起，对生产线恢复计提折旧

【答案】AC

【解析】该资产符合持有待售资产的划分条件，应该在签订合同日将其转为“持有待售资产”，自下个月停止计提折旧，因此选项 A 正确；持有待售固定资产按照账面价值与公允价值减去处置费用后的净额孰低计量，列报金额为 2 480 万元（2 600－120），因此选项 B 错误；确定收到的赔偿款属于“营业外收入”，因此选项 C 正确；甲公司应当在停止将其划分为持有待售资产的次月，即 4 月开始计提折旧，因此选项 D 错误。

【例题·单选题】甲公司计划出售一项固定资产，该固定资产于 2×22 年 6 月 30 日被划分为持有待售固定资产，公允价值为 320 万元，预计处置费用为 5 万元。该固定资产购买于 2×15 年 12 月 11 日，原值为 1 000 万元，预计净残值为零，预计使用寿命为 10 年，采用年限平均法计提折旧，取得时已达到预定可使用状态。不考虑其他因素，该固定资产 2×22 年 6 月 30 日应予列报的金额是（　　）万元。

A. 315　　B. 320

C. 345　　D. 350

【答案】A

【解析】2×22 年 6 月 30 日，甲公司该项固定资产的账面价值 =1 000－1 000÷10×6.5 =350（万元），该项固定资产公允价值减去处置费用后的净额 =320－5 =315（万元），应对该项资产计提减值准备 =350－315 =35（万元），故该持有待售资产在资产负债表中列示金额应为 315 万元。

高频考点 2：持有待售的长期股权投资★★★

（一）对子公司投资分类为持有待售类别

分类为持有待售类别时	出售对子公司投资后保留的部分权益性投资
在母公司个别财务报表中将对子公司投资整体划分为持有待售类别；在合并财务报表中将子公司所有资产和负债划分为持有待售类别	（1）如果企业对被投资企业施加共同控制或重大影响，在编制母公司个别财务报表时，应当按照成本法转权益法的规定进行会计处理，在编制合并财务报表时，应当按照合并财务报表准则的有关规定进行会计处理。 （2）如果企业对被投资企业不具有控制、共同控制或重大影响，应当按照 22 号金融工具准则进行会计处理

（二）对联营企业或合营企业投资分类为持有待售类别

分类为持有待售类别时	出售对联营企业或合营企业投资后保留的部分权益性投资
应当将拟出售的部分停止权益法核算，对于未划分为持有待售资产的剩余权益性投资，应当在划分为持有待售的那部分权益性投资出售前继续采用权益法进行会计处理	按照22号金融工具准则进行会计处理

经典例题

【真题·多选题】（2022）甲公司持有乙公司80%的股权，能够控制乙公司。2×20年10月10日，甲公司与丙公司签订的有关出售乙公司50%股权的协议约定，双方应于2×21年3月31日办理完成股权过户登记手续。合同签订日，丙公司预付了购买价款的20%。甲公司出售上述50%股权后，将丧失对乙公司的控制权，但会继续长期持有乙公司剩余30%的股权，并能够对乙公司施加重大影响。上述出售安排满足持有待售的条件，下列各项关于甲公司2×20年度财务报表列报的表述中，正确的有（　　）。

A. 个别资产负债表中将所持乙公司80%的股权在持有待售资产项目列示

B. 个别资产负债表中将拟出售乙公司50%股权对应的长期股权投资在持有待售资产项目列示

C. 合并资产负债表中将乙公司的资产总额在持有待售资产项目列示，负债总额在持有待售负债项目列示

D. 合并资产负债表中将乙公司的资产总额与负债总额相抵后的净额在持有待售资产或持有待售负债项目列示

【答案】AC

【解析】母公司出售部分股权，丧失对子公司控制权，但仍能施加重大影响的，应当在母公司个别报表中将拥有的子公司股权整体划分为持有待售类别，在合并财务报表中将子公司的所有资产和负债划分为持有待售类别分别进行列报。

【真题·多选题】（2020）下列各项甲公司拟出售持有的部分长期股权投资的情形中，拟出售的股权均满足划分为持有待售类别的条件，剩余股权部分权益性投资应当采用权益法进行会计处理的有（　　）。

A. 甲公司持有联营企业40%股权，拟出售30%的股权，出售后对被投资方不再具有重大影响

B. 甲公司持有子公司100%股权，拟出售90%的股权，出售后将丧失对子公司的控制权，对被投资方不具有重大影响

C. 甲公司持有合营企业50%股权，拟出售45%的股权，出售后将丧失对合营企业的共同控制，对被投资方不具有重大影响

D. 甲公司持有子公司100%股权，拟出售60%的股权，出售后将丧失对子公司控制权，对被投资方具有重大影响

【答案】AC

【解析】选项A、C，将拟出售的部分划分为持有待售类别，不再按权益法核算，剩余部分在拟出售部分处置前，应当采用权益法进行会计处理。选项B、D，在甲公司个别报表中应将拥有的子公司的全部股权划分为持有待售类别。

【真题·综合题】（2020节选）2×18年，甲公司发生的相关交易或事项如下：

（5）12月31日，经董事会批准，甲公司与丙公司签订出售其所持丁公司20%股权的协议。协议约定，出售价格为3 500万元，甲公司应于2×19年4月末前协理完成丁公司股权的产权转移手续。甲公司预计能够按照协议约定完成丁公司股权的出售，预计出售该股权发生的税费为400万元。

甲公司持有丁公司30%股权并对其具有重大影响。截至2×18年12月31日，甲公司

对丁公司股权投资的账面价值为 3 600 万元，其中投资成本为 2 400 万元，损益调整为 900 万元，其他综合收益为 300 万元。

本题不考虑税费及其他因素。

要求：根据资料（5），判断甲公司对拟出售的丁公司股权应当如何分类及计量，编制相关会计分录；说明甲公司保留所持丁公司 10% 股权投资在完成出售 20% 股权前的会计处理原则。

【答案及解析】

（1）甲公司对拟出售的丁公司股权应当分类为持有待售资产。理由：甲公司拟出售股权后，将丧失重大影响，拟出售的股权满足持有待售类别划分条件。按照账面价值与公允价值减去出售费用后的净额孰低计量。

（2）会计分录如下：

借：持有待售资产——长期股权投资　2 400

　贷：长期股权投资——投资成本　（2 400 × 20% / 30%）1 600

　　　　——损益调整　（900 × 20% / 30%）600

　　　　——其他综合收益　（300 × 20% / 30%）200

拟出售部分股权的公允价值减去出售费用后的净额 = 3 500 − 400 = 3 100（万元），大于其账面价值即 2 400 万元，因此不需要计提减值准备。

（3）说明甲公司保留所持丁公司 10% 股权投资在完成出售 20% 股权前继续采用权益法核算，完成出售 20% 股权后，将其转为公允价值计量的金融资产。

【真题·综合题】（2019 节选）戊公司是一家制造企业，甲公司持有其 75% 股权，投资成本为 3 000 万元。20×9 年 12 月 2 日，甲公司董事会通过决议，同意出售所持戊公司 55% 股权。20×9 年 12 月 25 日，甲公司与无关联关系的第三方签订不可撤销的股权转让合同，向第三方出售其所持戊公司 55% 股权，转让价格为 7 000 万元。甲公司预计，出售上述股权后将丧失对戊公司的控制，但能够对其具有重大影响。

20×9 年 12 月 31 日，上述股权尚未完成出售。戊公司在 20×9 年 12 月 31 日全部资产的账面价值为 13 500 万元，全部负债的账面价值为 6 800 万元。甲公司预计上述出售将在一年内完成，因出售公司股权将发生的出售费用为 130 万元。

要求：

（1）根据上述资料，判断甲公司对戊公司的长期股权投资是否构成持有待售类别，并说明理由。

（2）根据上述资料，说明甲公司对戊公司的长期股权投资在其 20×9 年度个别财务报表和合并财务报表中分别应当如何列报。

【答案及解析】

（1）甲公司对戊公司的长期股权投资构成持有待售类别。划分为持有待售类别应同时满足：

①在当前状况下即可立即出售；②出售极可能发生，即企业已经就一项出售计划作出决议且获得确定的购买承诺，预计出售将在一年内完成。甲公司 20×9 年 12 月 25 日签订不可撤销的股权转让合同，且预计上述出售将在一年内完成，满足划分为持有待售资产的条件。

（2）甲公司因出售对戊公司投资，相应导致丧失对戊公司的控制权，无论出售后企业是否保留部分权益性投资，应当在拟出售对子公司投资满足持有待售类别划分条件时，在甲公司个别财务报表中将对戊公司的长期股权投资整体划分为持有待售资产列报，拟转让部分长期股权投资账面价值 = 3 000 × 55% ÷ 75% = 2 200（万元），公允价值减去出售费用后的净额 = 7 000 − 130 = 6 870（万元），未发生减值，持有待售资产列报金额为 3 000 万元。在其合并财务报表中，将子公司的所有资产和负债分别作为持有待售资产（13 500 万元）和持有待售负债（6 800 万元）列报。

高频考点3：持有待售的处置组和终止经营★★

（一）持有待售的处置组的计量

1. 划分为持有待售类别前的计量

企业将处置组首次划分为持有待售类别前，应当按照相关会计准则规定计量处置组中各项资产和负债的账面价值。对于拟出售的处置组，企业应当在划分为持有待售类别前考虑进行减值测试。

2. 划分为持有待售类别时的计量（初始计量）

如果持有待售的处置组整体的账面价值高于其公允价值减去出售费用后的净额，企业应当将减值损失在符合42号准则计量规定的非流动资产（固定资产、无形资产、长期股权投资、成本模式计量的投资性房地产等）之间分摊，确认减值损失。

3. 划分为持有待售类别后的计量

（1）企业在资产负债表日重新计量持有待售的处置组时，首先按照相关会计准则规定计量处置组中的流动资产、适用其他准则计量规定的非流动资产和负债的账面价值（先搞定其他）。

（2）在进行上述计量后，比较持有待售的处置组整体账面价值与公允价值减去出售费用后的净额，如果账面价值高于其公允价值减去出售费用后的净额，应当将账面价值减记至公允价值减去出售费用后的净额，减记的金额确认为资产减值损失，计入当期损益，同时计提持有待售资产减值准备（再确认减值）。

（3）对于持有待售的处置组确认的资产减值损失金额，如果该处置组包含商誉，应当先抵减商誉的账面价值，再根据处置组中适用本准则计量规定的各项非流动资产账面价值所占比重，按比例抵减其账面价值（分摊减值）。

（4）如果后续资产负债表日持有待售的处置组公允价值减去出售费用后的净额增加，以前减记的金额应当予以恢复，并在划分为持有待售类别后适用本准则计量规定的非流动资产确认的资产减值损失金额内转回，转回金额应当根据处置组中除商誉外适用本准则计量规定的各项非流动资产账面价值所占比重，按比例增加其账面价值，转回金额计入当期损益，且不应当重复确认适用其他准则计量规定的非流动资产和负债按照相关准则规定已经确认的利得（减值转回）。

命题点拨

命题角度：已抵减的商誉账面价值，以及使用42号准则计量规定的非流动资产在划分为持有待售类别之前确认的减值损失不得转回。考试时需要考生熟练掌握哪些资产的减值损失可以转回，哪些不可以转回。按照8号准则计提减值的非金融长期资产计提的减值不允许转回，商誉不管是否划分为持有待售类别，减值损失均不得转回。

（5）持有待售的处置组中的非流动资产不应计提折旧或摊销，持有待售的处置组中的负债和适用其他准则计量规定的非流动资产的利息或租金收入、支出以及其他费用应当继续予以确认。

（二）终止经营

终止经营的定义。终止经营，是指企业满足下列条件之一的、能够单独区分的组成部分，且该组成部分已经处置或划分为持有待售类别：

（1）该组成部分代表一项独立的主要业务或一个单独的主要经营地区；

（2）该组成部分是拟对一项独立的主要业务或一个单独的主要经营地区进行处置的一项相关联计划的一部分；

（3）该组成部分是专为转售而取得的子公司。

（三）终止经营的列报

1. 持续经营损益

（1）企业初始计量或在资产负债表日重新计量持有待售的非流动资产或处置组时，因账面价值高于其公允价值减去出售费用后的净额而确认的资产减值损失。

（2）后续资产负债表日持有待售的非流动资产或处置组公允价值减去出售费用后的净额增加，因恢复以前减记的金额而转回的资产减值损失。

（3）持有待售的非流动资产或处置组的处置损益。

2. 终止经营损益

（1）终止经营的经营活动损益，如销售商品、提供服务的收入、相关成本和费用等。

（2）企业初始计量或在资产负债表日重新计量符合终止经营定义的持有待售的处置组时，因账面价值高于其公允价值减去出售费用后的净额而确认的资产减值损失。

（3）后续资产负债表日符合终止经营定义的持有待售处置组的公允价值减去出售费用后的净额增加，因恢复以前减记的金额而转回的资产减值损失。

（4）终止经营的处置损益。

（5）终止经营处置损益的调整金额。

（四）特殊事项的列报

1. 企业专为转售而取得的持有待售子公司的列报

在合并资产负债表中，将企业专为转售而取得的持有待售子公司的全部资产和负债分别作为持有待售资产和持有待售负债项目列示。在合并利润表中，企业专为转售而取得的持有待售子公司的列示要求与其他终止经营一致，即将该子公司净利润与其他终止经营净利润合并列示在“终止经营净利润”项目中。

2. 不再继续划分为持有待售类别的列报

持有待售的对联营企业或合营企业的权益性投资不再符合持有待售类别划分条件或从持有待售的处置组中移除的，应当自划分为持有待售类别日起采用权益法进行追溯调整。持有待售的对子公司、共同经营的权益性投资不再符合持有待售类别划分条件的，同样应当自划分为持有待售类别日起追溯调整。上述情况下，划分为持有待售类别期间的财务报表应当做相应调整。

经典例题

【真题·单选题】（2021）2×20年9月10日，甲公司董事会会议决议：（1）拟出售其子公司（乙公司）60%的股权，剩余20%股权仍对乙公司具有重大影响；（2）因甲公司经营战略发生变化，甲公司拟出售其原作为主要经营业务的资产组（包括固定资产和无形资产）。2×20年10月10日，甲公司与丙公司、丁公司分别签订的转让资产协议约定，甲公司应于2×21年5月1日前办理完成转让乙公司60%股权过户登记手续，以及出售主要经营业务的资产组所涉及资产的所有权转让手续。不考虑其他因素，下列各项关于上述交易或事项在甲公司2×20年度财务报表列报的表述中，正确的是（　　）。

A. 乙公司的资产总额和负债总额在合并资产负债表中分别在“持有待售资产”和“持有待售负债”项目列示

B. 拟转让业务所涉及的所有资产在个别资产负债表中应按资产性质在“固定资产”和“无形资产”项目分别列示

C. 拟转让业务所涉及的资产组的公允价值高于账面价值的差额在合并利润表的“公允价值变动收益”项目列示

D. 在个别资产负债表中应将拟出售乙公司60%股权在“持有待售资产”项目列示，剩余20%股权在“长期股权投资”项目列示

【答案】A

【解析】企业因出售对子公司的投资等原因导致其丧失对子公司的控制权，无论是否保留非控制的权益性投资，应当在拟出售的对子公司投资满足持有待售类别划分条件时，在母公司个别财务报表中将对子公司投资整体划分为持有待售类别，选项D错误；在合并财务报表中将子公司所有资产和负债划分为持有待售类别，分别在“持有待售资产”和“持有待售负债”项目列示，选项A正确。拟转让业务所涉及的所有资产在个别资产负债表中应以

“持有待售资产”列示，选项B错误；如果持有待售的非流动资产或处置组整体的账面价值低于其公允价值减去出售费用后的净额，企业不需要对账面价值进行调整，选项C错误。

【真题·多选题】（2019）下列各项关于终止经营列报的表述中，错误的有（　　）。

A. 终止经营的处置损益以及调整金额作为终止经营损益列报

B. 拟结束使用而非出售的处置组满足终止经营定义中有关组成部分条件的，自停止使用日起作为终止经营列报

C. 终止经营的经营损益作为持续经营损益列报

D. 对于当期列报的终止经营，在当期财务报表中将处置日前原来作为持续经营损益列报的信息重新作为终止经营损益列报，但不调整可比会计期间利润表

【答案】CD

【解析】选项C，应作为终止经营损益列报；选项D，对于当期列报的终止经营，企业应当在当期财务报表中，将原来作为持续经营损益列报的信息重新作为可比会计期间终止经营损益列报。这意味着对于可比会计期间的利润表，作为终止经营列报的不仅包括在可比会计期间即符合终止经营定义的处置组，还包括在当期首次符合终止经营定义的处置组。

进阶练习

（一）单项选择题

1. 下列各项交易，应当将固定资产划分为持有待售的是（　　）。

A. 甲公司于2×22年5月1日与A公司签订不可撤销的销售协议，并约定2×23年10月1日将一台生产设备转让给A公司

B. 乙公司管理层2×22年6月1日作出决议，计划将一栋自用办公楼于10月底出售给B公司

C. 丙公司2×22年7月1日与C公司签订一项销售协议，约定于12月1日将一条生产线出售给C公司，双方均已通过管理层决议

D. 丁公司2×22年8月1日与D公司达成协议，计划将于本年12月31日将一台管理用设备转让给D公司，但是此协议为口头协议，尚未签订正式的书面协议

2. A公司2×22年3月31日与乙公司签订一项不可撤销的协议。协议约定，将A公司管理用设备于9月30日处置给B公司，处置价款为800万元，处置费用为20万元。该设备为A公司2×20年9月30日达到预定使用状态的管理设备，入账成本为1 000万元，按照直线法计提折旧，预计净残值为零，预计使用寿命为10年。2×22年9月30日，该设备完成转让，当日，A公司收到处置价款800万元，发生处置费用20万元。假定不考虑其他因素，下列相关表述正确是（　　）。

A. 2×22年3月31日，A公司应确认处置损益20万元

B. 2×22年3月31日，A公司应计提资产减值损失70万元

C. 2×22年9月30日，A公司应确认处置损益20万元

D. 该项管理设备2×22年因计提折旧影响当期损益的金额为16.67万元

3. 下列关于持有待售类别的说法中，正确的是（　　）。

A. 持有待售的非流动资产不计提折旧、摊销和减值

B. 与持有待售类别相关的出售费用包括中介费用、财务费用、所得税等

C. 不再继续划分为持有待售类别的，应当按照划分为持有待售类别前的账面价值减去假定不划分为持有待售类别情况下本应确认的折旧、摊销或减值金额与可收回金额孰高确定账面价值

D. 对于拟出售的非流动资产或处置组，企业应当在划分为持有待售类别前考虑进行减

值测试

4. 甲公司计划出售一项固定资产，该固定资产于20×7年6月30日被划分为持有待售固定资产，公允价值为320万元，预计出售费用为5万元。该固定资产购买于20×0年12月11日，原值为1 000万元，预计净残值为零，预计使用寿命为10年，采用年限平均法计提折旧，取得时已达到预定可使用状态。不考虑其他因素，该固定资产20×7年6月30日应予列报的金额是（　　）万元。

A. 315　　B. 320

C. 345　　D. 350

5. 下列关于企业对划分为持有待售的处置组进行列报时，表述正确的是（　　）。

A. 持有待售资产和持有待售负债以抵销后的净额列报

B. “持有待售资产”应在流动资产中列报

C. 对于当期首次满足持有待售类别划分条件的非流动资产或处置组中的资产和负债，应当调整可比会计期间资产负债表

D. 非流动资产在资产负债表日后期间满足划分为持有待售类别划分条件的，应当作为资产负债表日后调整事项处理

（二）多项选择题

1. 下列关于划分为持有待售的处置组的说法中，正确的有（　　）。

A. 对于持有待售的处置组确认的资产减值损失金额，如果该处置组包含商誉，应当先抵减商誉的账面价值

B. 后续资产负债表日后如果持有待售的处置组公允价值减去出售费用后的净额增加，在划分为持有待售类别后确认的资产减值损失金额内转回以前减记的金额

C. 后续资产负债表日后如果持有待售的处置组公允价值减去出售费用后的净额增加，应当首先恢复商誉的减值金额

D. 后续资产负债表日后如果持有待售的处置组公允价值减去出售费用后的净额增加，划分为持有待售类别前确认的资产减值损失不得转回

2. 某项资产或处置组被划分为持有待售，但后来不再满足持有待售资产的确认条件，企业应当停止将其划分为持有待售，并按照下列两项金额中较低者计量（　　）。

A. 决定不再出售之日的公允价值

B. 决定不再出售之日的预计未来现金流量现值

C. 该资产或处置组被划分为持有待售之前的账面价值，按照其假定在没有被划归为持有待售的情况下原应确认的折旧、摊销或减值进行调整后的金额

D. 决定不再出售之日的可收回金额

3. 2×20年10月1日，甲公司与交易对手方签订股权出售协议，协议约定甲公司出售其全资子公司乙公司80%的股权。2×21年3月15日，办理了股权过户登记手续、董事会改选、支付股权转让款等事项。乙公司的经营地区在华南地区，是甲公司的一个单独的主要经营地区。处置乙公司股权后，甲公司将退出华南地区。甲公司2×20年度财务报告经批准于2×21年4月15日对外报出。甲公司在编制2×20年度对外财务报表时，下列各项会计处理的表述中，不正确的有（　　）。

A. 个别报表中将持有的乙公司长期股权投资的80%重分类为持有待售资产

B. 比较合并报表中将乙公司2×19年度的经营损益列报为终止经营损益

C. 合并财务报表中不再将乙公司纳入2×20年度合并范围

D. 合并财务报表中终止经营损益为乙公司2×20年10月至12月的经营损益

4. 下列各项中，属于终止经营损益的有（　　）。

A. 终止经营的经营活动损益

B. 企业初始量或在资产负债表日重新计量符合终止经营定义的持有待售的处置组时，因账面价值高于其公允价值减去出售费用后的净额而确认的资产减值损失

C. 后续资产负债表日符合终止经营定义

的持有待售处置组的公允价值减去出售费用后的净额增加，因恢复以前减记的金额而转回的资产减值损失

D. 终止经营的处置损益

5. 下列各项中，不需要进行追溯调整会计处理的有（　　）。

A. 分类为权益工具的金融工具因不再满足规定条件重分类为金融负债

B. 划分为持有待售的固定资产不再满足持有待售条件而不再继续划分为持有待售类别

C. 划分为持有待售的对联营企业投资因不再满足持有待售条件而不再继续划分为持有待售类别

D. 以摊余成本计量的金融资产重分类为以公允价值计量且其变动计入其他综合收益的金融资产

（三）计算分析题

1. 2×22 年 1 月 1 日，甲公司持有联营企业（乙公司）30% 股权，账面价值为 3 200 万元，其中投资成本 2 600 万元，损益调整 600 万元。2×22 年 9 月 30 日，甲公司与市场独立第三方签订不可撤销协议，以 4 000 万元的价格出售对乙公司 30% 股权。至 2×22 年 12 月 31 日，上述股权出售尚未完成，甲公司预计将于 2×23 年 6 月底前完成上述股权的出售。

2×22 年度，乙公司实现净利润 1 600 万元，其他综合收益增加 200 万元，其中，1 月 1 日至 9 月 30 日期间实现净利润 1 000 万元，其他综合收益增加 200 万元。税法规定，资产按取得时的成本作为计税基础。

对于上述交易或事项，甲公司进行了以下会计处理：

借：长期股权投资　　　　540
　　贷：投资收益　　　　　　480
　　　　其他综合收益　　　　 60

其他有关资料：甲公司适用的企业所得税税率为 25%，未来年度能够取得足够的应纳税所得额用以抵扣可抵扣暂时性差异。本题不考虑除企业所得税外的其他税费及其他因素。

要求：根据上述资料，判断甲公司对上述交易或事项的会计处理是否正确，并说明理由；如果会计处理不正确，编制更正甲公司 2×22 年度财务报表的会计分录。

2. 甲公司是一家经营日用品超市业务的境内上市公司，在全国拥有 500 多家超市（为非法人分支机构），其中在乙省拥有超市 80 家。2×22 年 11 月 20 日，甲公司董事会决定将其位于乙省某小镇的超市予以出售，有关资料如下：

（1）2×22 年 12 月 25 日，甲公司与丁公司签订转让丙超市的协议，协议规定转让价格为 500 万元；转让时间点为 2×23 年 2 月 10 日，转让日丙超市所有资产负债均由丁公司承接；如果任何一方违约，违约一方需按照转让价格的 20% 支付另一方违约金。该协议满足合同法规定的所有要件。甲公司、丁公司的管理层已经批准该协议。

（2）2×22 年 12 月 31 日，丙超市停止营业。当日，丙超市的资产总额为 800 万元，负债总额为 350 万元（其中，应付 2×22 年度超市房屋租赁费 50 万元，将于 2×23 年 1 月 10 日支付）。甲公司预计因出售丙超市需支付的相关税费为 60 万元。

（3）2×23 年 2 月 10 日，丙超市的资产总额为 750 万元（其中，银行存款 300 万元，库存商品 360 万元，应收账款 90 万元），负债总额为 300 万元（全部为应付账款）。

（4）2×23 年 2 月 10 日，甲公司与丁公司办理了丙超市相关资产和负债的交接手续。当日，丁公司向甲公司支付转让价款 500 万元，甲公司已收存银行。甲公司和丁公司不存在关联方关系，甲公司 2×22 年度财务报表于 2×23 年 3 月 15 日对外提供，除上述所给资料外，不考虑其他因素。

要求：

（1）判断甲公司出售丙超市是否构成终止经营并说明理由；

（2）判断甲公司出售丙超市的交易在2×22年度对外提供的财务报表中应当作为资产负债表日后调整事项处理还是作为非调整事项处理，并说明理由；

（3）说明拟出售丙超市的资产及负债在甲公司2×22年末资产负债表中应列报的项目名称及金额；

（4）计算拟出售丙超市的交易对甲公司2×22年度利润表的影响金额。

进阶练习答案及解析

（一）单项选择题

1.【答案】C

【解析】企业将固定资产划分为持有待售，应同时满足下列条件：一是可立即出售；二是出售极可能发生：即企业已经就一项出售计划作出决议且获得确定的购买承诺，预计出售将在一年内完成。有关规定要求企业相关权力机构或者监管部门批准后方可出售的，应当已经获得批准；上述选项只有选项C同时满足这些条件，因此可以划分为持有待售。

2.【答案】B

【解析】2×22年3月31日，该资产符合持有待售条件，应转为持有待售，当日原账面价值＝1 000－1 000÷10×1.5＝850（万元），公允价值减去处置费用后的净额＝800－20＝780（万元），因此应计提减值＝850－780＝70（万元），不应确认处置损益，选项B正确，选项A不正确；2×22年9月30日，A公司应确认处置损益为0，选项C不正确；该项管理设备2×22年因计提折旧影响当期损益的金额＝1 000/10×3/12＝25（万元），选项D不正确。

3.【答案】D

【解析】持有待售的非流动资产不计提折旧、摊销，发生减值时，需要计提减值准备；与持有待售类别相关的出售费用不包括财务费用和所得税；不再继续划分为持有待售类别的，应当按照假定不划分为持有待售类别情况下进行调整后的金额与可收回金额孰低确定账面价值。

4.【答案】A

【解析】20×7年6月30日，甲公司该项固定资产的账面价值＝1000－1000/10×6.5＝350（万元），该项固定资产公允价值减去出售费用后的净额＝320－5＝315（万元），应对该项资产计提减值准备＝350－315＝35（万元），故该持有待售资产在资产负债表中列示金额应为315万元。

5.【答案】B

【解析】持有待售资产和负债不应当相互抵销，应在“持有待售资产”和“持有待售负债”中作为流动资产和流动负债单独列报，选项A错误；对于当期首次满足持有待售类别划分条件的非流动资产或处置组中的资产和负债，不需要调整可比会计期间资产负债表，选项C错误；非流动资产在资产负债表日后期间满足划分为持有待售类别划分条件的，应当作为资产负债表日后非调整事项处理，选项D错误。

（二）多项选择题

1.【答案】ABD

【解析】后续资产负债表日后如果持有待售的处置组公允价值减去出售费用后的净额增加，以前减记的金额应当予以恢复，并在划分为持有待售类别后相关非流动资产确认的资产减值损失金额内转回，转回金额计入当期损益，但已抵减的商誉账面价值和划分为持有待售类别前确认的减值损失不得转回。

2.【答案】CD

【解析】某项资产或处置组被划分为持有待售，但后来不再满足持有待售的固定资产的确认条件，企业应当停止将其划分为持有待售，并按照下列两项金额中较低者计量：（1）该资产或处置组被划分为持有待售之前的账面价值，按照其假定在没有被划归为持有待售的情况下原应确认的折旧、摊销或减值进行调整后的金额；（2）决定不再出售之日的可收回金额。

3. 【答案】ACD

【解析】由于处置子公司股权后丧失控制权，因此个别报表应将拥有的子公司全部股权划分为持有待售类别；甲公司将子公司股权划分为持有待售类别之后，仍应将其纳入合并范围，编制合并报表；终止经营的相关损益应当作为终止经营损益列报，列报的终止经营损益应当包含整个报告期间，而不仅包含认定为终止经营后的报告期间。

4. 【答案】ABCD

【解析】终止经营的相关损益具体包括：（1）终止经营的经营活动损益；（2）企业初始量或在资产负债表日重新计量符合终止经营定义的持有待售的处置组时，因账面价值高于其公允价值减去出售费用后的净额而确认的资产减值损失；（3）后续资产负债表日符合终止经营定义的持有待售处置组的公允价值减去出售费用后的净额增加，因恢复以前减记的金额而转回的资产减值损失；（4）终止经营的处置损益；（5）终止经营处置损益的调整金额，包括：最终确定处置条款，如与买方商定交易价格调整额和补偿金；消除与处置相关的不确定因素，如确定卖方保留的环保义务或产品质量保证义务；履行与处置相关的职工薪酬支付义务等。

5. 【答案】ABD

【解析】权益工具与金融负债的重分类、金融资产的重分类不需要进行追溯调整，因此选项 A 和选项 D 正确。划分为持有待售的固定资产不再满足持有待售条件而不再继续划分为持有待售类别，应当按照以下两者孰低计量：（1）划分为持有待售类别前的账面价值，按照假定不划分为持有待售类别情况下本应确认的折旧或减值等进行调整后的金额；（2）可收回金额。不需要追溯调整期初留存收益，因此选项 B 正确。划分为持有待售的对联营企业投资因不再满足持有待售条件而不再继续划分为持有待售类别，应当自划分为持有待售类别日起采用权益法进行追溯调整，因此选项 C 错误。

（三）计算分析题

1. 【答案及解析】

会计处理不正确。理由：对联营企业或合营企业的权益性投资全部或部分分类为持有待售资产的应当停止权益法核算。

更正分录：

借：投资收益

［（1 600 − 1 000）× 30%］ 180

贷：长期股权投资 180

借：持有待售资产 3 560

贷：长期股权投资——投资成本 2 600

——损益调整 900

——其他综合收益 60

借：所得税费用 225

其他综合收益（60 × 25%） 15

贷：递延所得税负债

｛［600 +（1 000 + 200）× 30%］× 25%｝ 240

2. 【答案及解析】

（1）不构成终止经营。理由：出售丙超市满足持有待售类别划分条件（已签协议、转让一年内完成、已获批），但由于甲公司在全国拥有 500 多家超市，在乙省拥有 80 家，因此丙超市不代表一项独立的主要业务或一个单独的主要经营地区，也不构成拟对一项独立的主要业务或一个单独的主要经营地区进行处置的一项相关联计划的一部分，又不是专为转售而取得的子公司。不能单独区分，不具有一定规模。

（2）非调整事项。理由：出售丙超市不属于对资产负债表日已经存在的情况提供了新的或进一步证据的事项，是日后期间对持有待售的处置组进行出售的新业务。按照相关会计准则，即使日后期间满足持有待售类别划分条件，依然属于非调整事项。

（3）2×22 年底超市（处置组）账面价值 =800－350 =450（万元），公允价值减去出售费用后的净额 =500－60 =440（万元），应计提减值准备 =450－440 =10（万元），冲减报表上持有待售资产的列报金额。持有待售资产 =800－10 =790（万元），持有待售负债为 350 万元。

（4）对利润表的影响金额即资产减值损失为 10 万元。

第十六章　所有者权益

2023 年教材内容主要变化

本章教材将盈余公积的确认和计量当中的外商投资企业提取储备基金、企业发展基金和职工奖励及福利基金的会计处理删除。

本章近五年考试高频考点分布

高频考点内容	年度及题型分布
资本公积和其他综合收益	2022 年多选题、2021 年单选题、2021 年综合题、2019 年单选题、2018 年多选题

高频考点精讲

本章考点主要包括：实收资本增减变动的会计处理、其他权益工具，资本公积、其他综合收益和留存收益的确认与计量。

高频考点 1：实收资本增减变动的会计处理★★

业务内容		会计处理方法
实收资本增加	1. 将资本公积转为实收资本或者股本	借：资本公积——资本溢价（或股本溢价） 　贷：实收资本（或股本）
	2. 将盈余公积转为实收资本	借：盈余公积 　贷：实收资本（或股本）
	3. 企业接受投资者投入的资本（包括原企业所有者和新投资者）	借：银行存款、固定资产、无形资产、长期股权投资等 　贷：实收资本（或股本）等
	4. 股份有限公司发放股票股利	股东大会批准的利润分配方案中分配的股票股利，应在办理增资手续后 借：利润分配 　贷：股本

续表

业务内容		会计处理方法
实收资本增加	5. 可转换公司债券持有人行使转换权利	可转换公司债券持有人行使转换权利，将其持有的债券转换为股票： 借：应付债券——可转换公司债券（面值、利息调整） 　　其他权益工具 　　贷：股本 　　　　资本公积——股本溢价
	6. 企业将重组债务转为资本	借：应付账款等 　　贷：实收资本（或股本） 　　　　资本公积——资本溢价（股本溢价）（可借可贷） 　　　　投资收益
	7. 以权益结算的股份支付的行权	借：资本公积——其他资本公积 　　贷：实收资本（或股本）
实收资本减少	1. 资本过剩	企业因资本过剩而减资，一般要发还股款： 借：实收资本 　　贷：库存现金/银行存款等
	2. 企业发生重大亏损而需要减少实收资本	（1）回购本公司股份的，应按实际支付的金额： 借：库存股 　　贷：银行存款等
		（2）注销库存股时： 借：股本（应按股票面值和注销股数计算的股票面值） 　　资本公积——股本溢价（按其差额，冲减股票发行时原记入资本公积的溢价部分） 　　贷：库存股（按注销库存股的账面余额） ①回购价格超过“股本”及“资本公积——股本溢价”的和，应依次借记“盈余公积”“利润分配——未分配利润”等科目： 借：股本 　　资本公积——股本溢价 　　盈余公积 　　利润分配——未分配利润 　　贷：库存股（按注销库存股的账面余额） ②如回购价格低于回购股份所对应的股本，所注销库存股的账面余额与所冲减股本的差额作为增加股本溢价处理，按回购股份所对应的股本面值： 借：股本 　　贷：库存股 　　　　资本公积——股本溢价

命题点拨

命题角度：实收资本或股本

本考点在命题时，一般会以客观题（单选题或多选题）的形式出现，主要考核实收资本或股本的增减变动的会计核算方法，尤其是库存股的会计核算。

经典例题

【例题·单选题】下列各项中，关于实收资本或股本增减变动核算正确的是（　　）。

A. 回购本公司股份的，应按实际支付的金额冲减“股本”

B. 可转换公司债券持有人行使转换权利，将其持有的债券转换为股票，按可转换公司债券的权益成分的金额增加“股本”

C. 股东大会批准的利润分配方案中分配的股票股利，应在办理增资手续后增加股本

D. 企业将重组债务转为资本，应按照重组债务的账面余额增加“实收资本”或“股本”

【答案】C

【解析】回购本公司股份的，应按实际支付的金额增加“库存股”，选项A错误；可转换公司债券持有人行使转换权利，将其持有的债券转换为股票，按可转换公司债券的权益成分的金额增加“其他权益工具”，选项B错误；企业将重组债务转为资本，应按照债权人放弃债权而享有本企业股份的面值总额增加“实收资本”或“股本”，选项D错误。

高频考点2：其他权益工具★★

（一）其他权益工具的概念及会计处理原则

其他权益工具的概念	其他权益工具的会计处理原则
企业发行的除普通股以外的归类为权益工具的各种金融工具	（1）企业发行的金融工具应当按照金融工具准则进行初始确认和计量；（2）参照相关的具体准则，于每个资产负债表日计提利息或分派股利；（3）归类为权益工具的金融工具，无论其名称中是否包含“债”，其利息支出或股利分配都应当作为发行企业的利润分配，其回购、注销等作为权益的变动处理；（4）归类为金融负债的金融工具，无论其名称中是否包含“股”，其利息支出或股利分配原则上按照借款费用进行处理，其回购或赎回产生的利得或损失等计入当期损益；（5）企业发行金融工具，其发生的手续费用、佣金等交易费用，债务工具且以摊余成本计量的，其发行费用计入所发行工具的初始计量金额。权益工具的发行费用则从权益（其他权益工具）中扣除

（二）其他权益工具的账务处理

业务内容	会计处理
发行方的账务处理	（1）归类为债务工具并以摊余成本计量的。 ①发行时： 借：银行存款 　　贷：应付债券——优先股、永续债（面值） 　　　　　　　——优先股、永续债（利息调整） ②后续处理： 按摊余成本后续计量的会计原则处理
	（2）归类为权益工具的。 ①发行时： 借：银行存款 　　贷：其他权益工具——优先股、永续债等 ②分派股利（含分类为权益工具的工具所产生的利息）： 借：利润分配——应付优先股股利、应付永续债利息 　　贷：应付股利——优先股股利、永续债利息等
	（3）归类为复合金融工具的。 ①发行时： 借：银行存款 　　贷：应付债券——优先股、永续债（面值） 　　　　　　　——优先股、永续债（利息调整） 　　　　其他权益工具——优先股、永续债等 ②发行费用在负债与权益成分之间按各自占总发行价款的比例进行分摊
	发行的金融工具本身是衍生金融负债或衍生金融资产或者内嵌了衍生金融负债或衍生金融资产的，按照金融工具确认和计量准则中有关衍生工具的规定进行处理

续表

业务内容	会计处理
权益工具与金融负债之间的重分类	（1）权益工具重分类金融负债： 借：其他权益工具——优先股、永续债等（账面价值） 贷：应付债券——优先股、永续债等（面值） ——优先股、永续债等（利息调整） 资本公积——资本溢价（或股本溢价） 如果资本公积不够冲减时，应依次冲减盈余公积和未分配利润
	（2）金融负债重分类为权益工具： 借：应付债券——优先股、永续债等（面值） ——优先股、永续债等（利息调整） 贷：其他权益工具——优先股、永续债等
赎回金融工具	（1）赎回所发行的除普通股以外的分类为权益工具的金融工具： ①按照赎回价格： 借：库存股——其他权益工具 贷：银行存款 ②注销所购回的金融工具： 借：其他权益工具 贷：库存股——其他权益工具 资本公积——资本溢价（或股本溢价） 如果资本公积不足，应依次冲减盈余公积和未分配利润
	（2）赎回所发行的分类为金融负债的金融工具： 借：应付债券 财务费用 贷：银行存款
	（3）普通股以外的金融工具转换为普通股： 借：应付债券或其他权益工具 贷：股本（或实收资本） 资本公积——股本溢价（或资本溢价） 库存现金（不够转1股的以现金支付）

命题点拨

命题角度：其他权益工具

本考点在命题时，一般会以客观题（单选题或多选题）的形式出现，主要考核权益工具的内容和会计处理。

经典例题

【例题·单选题】2×23年，华阳公司发生了如下交易或事项：

（1）1月1日，企业发行优先股股票3 000万元；

（2）持有的其他权益工具投资的公允价值上升600万元；

（3）因持有权益法核算的长期股权投资而确认应享有被投资单位实现其他综合收益的份额400万元；

（4）7月1日，企业增发500万股股票，收取价款总额为2 400万元。

不考虑其他因素，华阳公司2×23年因上述事项确认的其他权益工具金额为（　　）万元。

A. 3 000　　B. 600

C. 1 000　　D. 2 900

【答案】A

【解析】事项（1），记入“其他权益工具”科目；事项（2），记入“其他综合收益”科目；事项（3），记入“其他综合收益”科目；事项（4），股票面值记入“股本”科目，股票发行溢价的金额记入“资本公积”科目。因此，华阳公司确认的“其他权益工具”=3 000（万元）。

【例题·单选题】下列各项中，关于“其他权益工具”核算不正确的是（　　）。

A. 企业发行的除普通股以外的归类为权益工具的各种金融工具为“其他权益工具”

B. 其他权益工具，其利息支出或股利分配都应当作为发行企业的利润分配，其回购、注销等作为权益的变动处理

C. 以权益结算的股份支付在等待期内确认的成本费用

D. 发行方对于归类为金融负债的金融工具在“应付债券”科目核算

【答案】C

【解析】以权益结算的股份支付在等待期内确认的成本费用，应记入“资本公积——其他资本公积”科目，选项 C 错误。

高频考点 3：资本公积★★

项目	内容
资本公积内容	（1）资本溢价（或股本溢价）是企业收到投资者的超出其在企业注册资本（或股本）中所占份额的投资。形成资本溢价（或股本溢价）的原因有溢价发行股票、投资者超额缴入资本等
	（2）其他资本公积。 ①以权益结算的股份支付换取职工或其他方提供服务； ②采用权益法核算的长期股权投资。 被投资单位除净损益、其他综合收益以及利润分配以外的所有者权益的其他变动
资本公积增加的会计处理	（1）资本溢价。 借：银行存款等 　　贷：实收资本（或股本） 　　　　资本公积——资本溢价（或股本溢价）
	（2）其他资本公积。 ①以权益结算的股份支付换取职工或其他方提供服务。 以权益结算的股份支付换取职工或其他方提供服务的，应按照确定的金额： 借：管理费用等 　　贷：资本公积——其他资本公积 在行权日： 借：资本公积——其他资本公积（应按实际行权的权益工具数量计算确定的金额） 　　贷：实收资本（或股本）（按计入实收 资本或股本的金额） 　　　　资本公积——资本溢价（或股本溢价）（差额） ②采用权益法核算的长期股权投资。 被投资单位除净损益、其他综合收益以及利润分配以外的所有者权益的其他变动，投资企业按持股比例计算应享有的份额： 借：长期股权投资 　　贷：资本公积——其他资本公积 或做相反分录。 当处置采用权益法核算的长期股权投资时： 借：资本公积——其他资本公积 　　贷：投资收益（除不能转入损益的项目外）
资本公积转增资本的会计处理	借：资本公积——资本溢价或股本溢价 　　贷：实收资本（或股本）

经典例题

【真题·单选题】（2019）20×8年5月，甲公司以固定资产和无形资产作为对价，自独立第三方购买了丙公司80%股权，由于作为支付对价的固定资产和无形资产发生增值，甲公司产生大额应交企业所得税的义务，考虑到甲公司的母公司（乙公司）承诺为甲公司承担税费，甲公司没有计提因上述企业合并产生的相关税费。20×8年12月，乙公司按照事先承诺为甲公司支付了因企业合并产生的相关税费。不考虑其他因素，对于上述乙公司为甲公司承担相关税费的事项，甲公司应当进行的会计处理的是（　　）。

A. 确认费用，同时确认收入

B. 确认费用，同时确认所有者权益

C. 不作账务处理，但在财务报表中披露

D. 无须进行会计处理

【答案】B

【解析】企业接受控股股东或非控股股东直接或间接代为偿债，经济实质表明属于控股股东或非控股股东对企业的资本性投入，应当将相关利得计入所有者权益（资本公积）。

高频考点4：其他综合收益的确认与计量★★

其他综合收益，是指企业根据其他会计准则规定未在当期损益中确认的各项利得和损失。包括以后会计期间不能重分类进损益的其他综合收益和以后会计期间满足规定条件时将重分类进损益的其他综合收益两类。

其他综合收益分类	具体内容
以后会计期间不能重分类进损益的其他综合收益	重新计量设定受益计划净负债或净资产导致的变动、按照权益法核算因被投资单位重新计量设定受益计划净负债或净资产变动导致的权益变动； 投资企业按持股比例计算确认的该部分其他综合收益项目； 在初始确认时，企业可以将非交易性权益工具指定为以公允价值计量且其变动计入其他综合收益的金融资产，该指定后不得撤销，即当该类非交易性权益工具终止确认时原计入其他综合收益的公允价值变动损益不得重分类进损益
以后会计期间满足规定条件时将重分类进损益的其他综合收益	（1）符合金融工具准则规定，同时符合两个条件的金融资产应当分类为以公允价值计量且其变动计入其他综合收益： ①企业管理该金融资产的业务模式既以收取合同现金流量为目标又以出售该金融资产为目标。 ②该金融资产的合同条款规定，在特定日期产生的现金流量，仅为对本金和以未偿付本金金额为基础的利息的支付。当该类金融资产终止确认时，之前计入其他综合收益的累计利得或损失应当从其他综合收益中转出，计入当期损益。 （2）按照金融工具准则规定，对金融资产重分类按规定可以将原计入其他综合收益的利得或损失转入当期损益的部分。 （3）采用权益法核算的长期股权投资。 （4）存货或自用房地产转换为投资性房地产。 （5）现金流量套期工具产生的利得或损失中属于有效套期的部分。 （6）外币财务报表折算差额

命题点拨

命题角度：其他综合收益

本考点在命题时，一般会以客观题（单选题或多选题）的形式出现，主要考核其他综合收益的内容及分类，尤其是其他综合收益的分类。

经典例题

【真题·多选题】（2022）下列各项企业所有者权益项目中，以后期间能够转入当期损益的有（　　）。

A. 现金流量套期工具产生的利得或损失中的有效套期部分

B. 以权益结算的股份支付于等待期内计入资本公积的金额

C. 其他债权投资公允价值变动额

D. 重新计量设定受益计划变动额

【答案】AC

【解析】选项A、C产生的其他综合收益以后会计期间满足规定条件时将重分类进损益；选项B，以权益结算的股份支付于等待期内计入资本公积（其他资本公积）的金额，行权的时候转入资本公积（股本溢价），后续不涉及转入损益，不能行权的话，需要原路冲回；选项D，属于以后会计期间不能重分类进损益的其他综合收益。

【真题·单选题】（2021）下列各项所有者权益相关项目中，以后期间能够转入当期净利润的是（　　）。

A. 非交易性权益工具投资公允价值变动额

B. 股本溢价

C. 重新计量设定受益计划变动额

D. 现金流量套期工具产生的利得或损失中属于有效套期的部分

【答案】D

【解析】选项A，计入资本公积——股本溢价，以后期间不转入净利润；选项B，计入其他综合收益，以后期间该部分现金量套期准备全额转出时，计入当期损益或相关资产或负债的初始确认金额，属于能够转入当期净利润情形；选项C，计入其他综合收益，以后期间该金融资产终止确认时结转计入留存收益，不转入净利润；选项D，计入其他综合收益，以后期间设定受益计划终止时，转入未分配利润，不转入净利润。所以答案是选项B。

进阶练习

（一）单选题

1. 下列各项中，关于实收资本增减变动核算不正确的是（　　）。

A. 回购本公司股份的，应按实际支付的金额冲减“股本”

B. 回购本公司股份的，应按实际支付的金额增加“库存股”

C. 股东大会批准的利润分配方案中分配的股票股利，应在办理增资手续后增加股本

D. 如回购价格低于回购股份所对应的股本，所注销库存股的账面余额与所冲减股本的差额作为增加股本溢价处理

2. 企业回购库存股用于以权益结算的股份支付，在职工行权时，所有者权益项目产生变化的是（　　）。

A. 股本

B. 库存股

C. 其他综合收益

D. 其他权益工具

3. 下列与所有者权益有关的业务阐述中，错误的是（　　）

A. 企业增资扩股发行普通股，会增加“股本”或“资本公积”

B. 企业发行优先股股票，会增加“其他权益工具”

C. 重新计量设定受益计划净负债或净资产所产生的变动，会影响“其他综合收益”

D. 以权益结算的股份支付在等待期内确认的成本费用，会影响“其他权益工具”

4. 企业发生的下列交易或事项，会引起当期“资本公积——其他资本公积”发生变动的是（　　）。

A. 根据董事会决议，每3股股票缩为1股

B. 同一控制下企业合并中取得被合并方净资产在最终控制方合并报表中账面价值的份额小于所支付的对价账面价值

C. 授予员工股票期权，在等待期内确认

相关费用

D. 以资本公积转增股本

5. 大华公司 2×23 年初未分配利润借方余额 100 万元（已经超过 5 年的税前弥补期限），2×23 年度实现利润总额 1 600 万元，按 10% 提取法定盈余公积，该企业适用的所得税税率是 25%，假定不考虑其他因素，该大华公司 2×23 年提取的法定盈余公积金额为（　　）万元。

A. 150　　B. 110

C. 160　　D. 120

6. 下列各项中，在以后会计期间满足规定条件时将重分类转入所有者权益的为（　　）。

A. 分类为以公允价值计量且其变动计入其他综合收益的金融资产公允价值变动

B. 分类为以公允价值计量且其变动计入其他综合收益的金融资产信用减值准备

C. 外币财务报表折算差额

D. 指定为以公允价值计量且其变动计入当期损益的金融负债因企业自身信用风险变动引起的公允价值变动

7. 下列各项中属于其他综合收益的是（　　）

A. 接受非控股股东无偿捐赠

B. 发行复合金融工具中权益成分的确认

C. 以公允价值计量的投资性房地产转为自用房产时出现的贷方差额

D. 以公允价值计量且其变动计入其他综合收益的金融资产，持有期间公允价值高于入账成本的金额

（二）多项选择题

1. 下列各项中，关于“其他权益工具”核算正确的有（　　）。

A. 企业发行的除普通股以外的归类为权益工具的各种金融工具为“其他权益工具”

B. 其他权益工具，其利息支出或股利分配都应当作为发行企业的利润分配，其回购、注销等作为权益的变动处理

C. 以权益结算的股份支付在等待期内确认的成本费用

D. 发行方对于归类为金融负债的金融工具在“应付债券”科目核算

2. 下列各项中，可能引起资本公积账面余额发生变化的有（　　）。

A. 非投资性房地产转换为采用公允价值模式计量的投资性房地产

B. 注销库存股

C. 同一控制下企业合并中取得被合并方净资产在最终控制方合并报表中账面价值的份额小于所支付的对价账面价值

D. 以权益结算的股份支付换取职工或其他方提供服务

3. 下列交易或事项会影响“未分配利润”总额的有（　　）。

A. 资本公积转增资本

B. 盈余公积补亏

C. 公司宣告分派现金股利

D. 提取法定盈余公积

4. 下列关于所有者权益的阐述中，正确的有（　　）

A. 企业不得在弥补亏损和提取法定盈余公积之前向股东分配利润

B. 企业计算利润分配的金额时，不需要考虑公司已回购但尚未注销的库存股

C. 分配现金股利不会使公司的股本增加

D. 直接进入所有者权益的利得和损失，应该计入资本公积——资本（或股本）溢价

进阶练习答案及解析

（一）单选题

1. 【答案】A

【解析】回购本公司股份的，应按实际支付的金额增加“库存股”，选项 A 错误。

2. 【答案】B

【解析】职工行权时分录为：

借：银行存款

资本公积——其他资本公积

贷：库存股

资本公积——股本溢价

3. 【答案】D

【解析】选项A，应记入“股本”“资本公积”科目；选项B，应记入“其他权益工具”科目；选项C，应记入“其他综合收益”科目；选项D，应记入“资本公积”科目。选项A、B、C正确，选项D错误。

4. 【答案】C

【解析】选项A，B，D应该记入“资本公积——股本溢价”科目；选项C授予员工股票期权，在等待期内确认的成本费用应当记入“资本公积——其他资本公积”科目。

5. 【答案】B

【解析】计提的法定盈余公积金额 = (1 600 - 1 600 × 25% - 100) × 10% = 110（万元）。

6. 【答案】D

【解析】选项A，在该资产处置时转入投资收益；选项B，计提信用减值准备时，借记“信用减值损失”科目、贷记“其他综合收益”科目，处置资产时，其他综合收益转入投资收益；选项C，企业处置境外经营时，应转出对应的外币报表折算差额，计入投资收益；选项D，以后期间应转入留存收益。

7. 【答案】D

【解析】选项A，如果其经济实质表明属于非控股股东对企业的资本性投入则应当将相关利得计入资本公积；选项B，确认为其他权益工具；选项C，记入“公允价值变动损益”科目。

（二）多项选择题

1. 【答案】ABD

【解析】以权益结算的股份支付在等待期内确认的成本费用，应记入“资本公积——其他资本公积”科目，选项C错误。

2. 【答案】BCD

【解析】选项A，非投资性房地产转换为采用公允价值模式计量的投资性房地产，如果公允价值大于账面价值，贷方差额计入其他综合收益，因此不影响资本公积。

3. 【答案】BCD

【解析】选项A，借记“资本公积”科目，贷记“实收资本或股本”科目，不影响未分配利润数额；选项B，借记“盈余公积”科目，贷记“利润分配”科目，未分配利润增加；选项C，借记“利润分配”科目，贷记“应付股利”科目，未分配利润减少；选项D，借记“利润分配”科目，贷记“盈余公积”科目，未分配利润减少。

4. 【答案】ABC

【解析】选项D，应计入其他综合收益。

第十七章　收入、费用和利润

2023 年教材内容主要变化

本章教材内容将收入确认的前提条件改为合同成立的条件；合同履约成本部分增加了运输费用处理原则的表述；附有销售退回条款的销售部分增加了不属于退货的特殊情形；附有客户额外购买选择权的销售部分删除了涉及第三方商品兑换的收入确认的表述；社会资本方对 PPP 项目合同的会计处理部分更正了例题中的错误表述。

本章近五年考试高频考点分布

高频考点内容	年度及题型分布
五步法模型	2022 年综合题、2021 年综合题、2020 年综合题、2019 年综合题、2018 年单选题、2018 年多选题、2018 年计算分析题、2018 年综合题
合同成本的确认与计量	2018 年多选题
特定业务的会计处理	2022 年多选题、2022 年综合题、2020 年单选题、2020 年综合题、2019 年综合题、2018 年计算分析题、2018 年综合题

高频考点精讲

本章主要包含三个问题：一是收入业务处理的五步法；二是收入核算使用的会计科目和一般模式；三是特定交易的会计处理。

学习时请牢记收入处理的五步以及每步的重点内容，将收入业务处理的一般模式掌握好。本章的考点包括收入的计量方法和对单项履约义务的判定及特定交易的会计处理规定。

高频考点 1：识别与客户订立的合同 ★★

（一）收入确认的前提条件

企业与客户之间的合同同时满足下列条件

的，企业应当在客户取得相关商品控制权时确认收入：

（1）合同各方已批准该合同并承诺将履行各自义务；

（2）该合同明确了合同各方与所转让的商品（或提供的服务，以下简称转让的商品）相关的权利和义务；

（3）该合同有明确的与所转让商品相关的支付条款；

（4）该合同具有商业实质，即履行该合同将改变企业未来现金流量的风险、时间分布或金额；

（5）企业因向客户转让商品而有权取得的对价很可能收回。

（二）合同合并与合同变更

1. 合同合并

企业与客户之间合同的会计处理是以单个合同为基础，为了便于实务操作，企业可以将其应用于具有类似特征的合同组合，前提是企业能够合理预计，在该组合层面或者在该组合中的每一个合同层面进行会计处理，将不会对企业的财务报表产生显著不同的影响。

企业与同一客户（或该客户的关联方）同时订立或在相近时间内先后订立的两份或多份合同，在满足下列条件之一时，应当合并为一份合同进行会计处理：

（1）该两份或多份合同基于同一商业目的而订立并构成一揽子交易，如一份合同在不考虑另一份合同的对价的情况下将会发生亏损；

（2）该两份或多份合同中的一份合同的对价金额取决于其他合同的定价或履行情况，如一份合同如果发生违约，将会影响另一份合同的对价金额；

（3）该两份或多份合同中所承诺的商品（或每份合同中所承诺的部分商品）构成后面所述的单项履约义务。

2. 合同变更

合同变更，是指经合同各方同意对原合同范围或价格（或两者）作出的变更。企业应当区分下列三种情形对合同变更分别进行会计处理（见下表）。

条件		处理原则
情形一	将合同变更部分作为单独合同进行会计处理	合同变更增加了可明确区分的商品及合同价款，且新增合同价款反映了新增商品单独售价的
情形二	将合同变更作为原合同终止及新合同订立进行会计处理	合同变更不属于上述第一种情形，且在合同变更日已转让商品与未转让商品之间可明确区分的
情形三	将合同变更部分作为原合同的组成部分进行会计处理	合同变更不属于上述第一种情形，且在合同变更日已转让商品与未转让商品之间不可明确区分的

命题点拨

命题角度：考题往往给定若干份合同，让我们判断合同是否应该合并，或者对合同对价进行调整，让我们判断属于合同变更还是可变对价的后续变动。这就需要考生深入理解准则原文，如果不同的合同满足了合同合并的三个条件之一，就应该进行合并处理。合同最初确定交易价格时如果没有约定交易价格的变动（例如从未承诺提供折扣、折让等），通常属于合同变更，按照合同变更的三种情形之一进行会计处理即可。为了得高分，需要大家熟练地背诵重要的准则条文。

经典例题

【真题·单选题】（2018）20×7 年 2 月 1 日，甲公司与乙公司签订了一项总额为 20 000 万元的固定造价合同，在乙公司自有土地上为乙公司建造一栋办公楼。截至 20×7 年 12 月 20 日止，甲公司累计已发生成本 6 500 万元。

20×7年12月25日，经协商合同双方同意变更合同范围，增加装修办公楼的服务内容，合同价格相应增加3 400万元。假定上述新增合同价款不能反映装修服务的单独售价，不考虑其他因素，下列各项关于上述合同变更会计处理的表述中，正确的是（　　）。

A. 合同变更部分作为单独合同进行会计处理

B. 合同变更部分作为原合同的组成部分进行会计处理

C. 原合同未履约部分与合同变更部分作为新合同进行会计处理

D. 合同变更部分作为单项履约义务于完成装修服务时确认收入

【答案】B

【解析】合同变更部分商品与价格不能与原合同明确划分的，应当将该合同变更部分作为原合同的组成部分，在合同变更日重新计算履约进度，调整当期收入和费用。

高频考点2：识别合同中的单项履约义务★★

企业应当将下列向客户转让商品的承诺作为单项履约义务：

1. 企业向客户转让可明确区分商品（或者商品或服务的组合）的承诺

同时满足如下两个条件，应当作为可明确区分商品：

（1）客户能够从该商品本身或者从该商品与其他易于获得的资源一起使用中受益，即该商品能够明确区分；

（2）企业向客户转让该商品的承诺与合同中其他承诺可单独区分，即转让该商品的承诺在合同中是可明确区分的（合同层面可明确区分）。

下表中的情形通常表明企业向客户转让该商品的承诺与合同中的其他承诺不可明确区分：

举例		情形
情形一	重大服务、整合、组合产出	为客户建写字楼
情形二	重大修改、定制	卖软件并提供安装
情形三	高度关联	设计并生产样品

2. 企业向客户转让一系列实质相同且转让模式相同的、可明确区分商品的承诺

企业应当将其作为单项履约义务，即使这些商品可明确区分。其中，转让模式相同，是指每一项可明确区分商品均满足在某一时段内履行履约义务的条件，且采用相同方法确定其履约进度。

如每天为客户提供保洁服务的长期劳务合同等。

经典例题

【例题·计算分析题】甲公司向乙公司销售设备并提供安装，就是在客户指定的车间将各种零部件组装起来，单独运行。安装过程需根据客户的现场条件对设备进行修改和调整，设备在没有安装的情况下无法运行。

要求：判断销售设备和安装服务是一项义务还是两项义务。

【答案及解析】如果销售和安装均可单独进行，则是两项业务。本题在安装中需对原设备进行修改和调整，不能单独进行销售，也就是说两种商品的承诺无法区分，不能形成两项义务，只能作为一项业务。在确认收入时，按一项义务进行确认，确认收入的时点是设备安装完成，客户取得商品的控制权时。

高频考点3：确定交易价格★★★

交易价格是指企业向客户转让商品而预期有权收取的对价金额。企业代第三方收取的款项以及企业预期将退还给客户的款项，应当作

为负债进行会计处理，不计入交易价格。企业在确定交易价格时，应考虑以下 4 种情况：

（一）交易价格为可变对价

合同中规定的交易价格确定方法如果是可变对价的，企业应当按照期望值或最可能发生的金额确定最佳估计数，还要考虑在相关不确定性消除时，累计已确认的收入极可能发生的重大转回金额，所确认的收入不能超过这个金额。每个资产负债表日，企业应当重新估计应计入交易价格的可变对价金额。

经典例题

【例题·计算分析题】2×22 年 1 月 1 日，甲公司与乙公司签订合同，向其销售 A 产品。合同约定，当乙公司在 2×22 年的采购量不超过 2 000 件时，每件产品的价格为 80 元，当乙公司在 2×22 年的采购量超过 2 000 件时，每件产品的价格为 70 元。乙公司在第一季度的采购量为 150 件，甲公司预计乙公司全年的采购量不会超过 2 000 件。2×22 年 4 月，乙公司因完成产能升级而增加了原材料的采购量，第二季度共向甲公司采购 A 产品 1 000 件，甲公司预计乙公司全年的采购量将超过 2 000 件，因此，全年采购量适用的产品单价均将调整为 70 元。

本例中，2×22 年第一季度，甲公司根据以往经验估计乙公司全年的采购量将不会超过 2 000 件，甲公司按照 80 元的单价确认收入，满足在不确定性消除之后（即乙公司全年的采购量确定之后），累计已确认的收入将极可能不会发生重大转回的要求，因此，甲公司在第一季度确认的收入金额为 12 000 元（80 × 150）。2×22 年第二季度，甲公司对交易价格进行重新估计，由于预计乙公司全年的采购量将超过 2 000 件，按照 70 元的单价确认收入，才满足极可能不会导致累计已确认的收入发生重大转回的要求。因此，甲公司在第二季度确认收入 68 500 元［70 ×（1 000 + 150）− 12 000］。

（二）合同中存在的重大融资成分

1. 交易价格的确定

合同中存在重大融资成分的，企业应当按照假定客户在取得商品控制权时即以现金支付的应付金额（即现销价格）确定交易价格。

2. 会计处理原则

合同中存在重大融资成分的，企业在确定该重大融资成分的金额时，应使用将合同对价的名义金额折现为商品现销价格的折现率。企业确定的交易价格（现销价格）与合同承诺的对价金额之间的差额，应当在合同期间内采用实际利率法摊销，确认融资收益或融资费用。

3. 账务处理

客户后付款	客户先付款
借：长期应收款 　贷：主营业务收入 　　未实现融资收益 借：主营业务成本 　贷：库存商品 借：银行存款 　贷：长期应收款 借：未实现融资收益 　贷：财务费用	借：银行存款 　未确认融资费用 　贷：合同负债 借：财务费用 　贷：未确认融资费用 借：合同负债 　贷：主营业务收入 借：主营业务成本 　贷：库存商品

小贴士 为简化实务操作，如果在合同开始日，企业预计客户取得商品控制权与客户支付价款间隔不超过一年的，可以不考虑合同中存在的重大融资成分。

经典例题

【例题·计算分析题】2×22 年 1 月 1 日，甲公司与乙公司签订合同，向其销售一批产品。合同约定，该批产品将于 2 年之后交货。合同中包含两种可供选择的付款方式，即乙公司可以在 2 年后交付产品时支付 449.44 万元，或者在合同签订时支付 400 万元。乙公司选择在合同签订时支付货款。该批产品的控制权在交货时转移。甲公司于 2×22 年 1 月 1 日收到乙公司支付的货款。上述价格均不包含增值税，且假定不考虑相关税费影响。

本例中，按照上述两种付款方式计算的内含利率为 6%。考虑到乙公司付款时间和产品交付时间之间的间隔以及现行市场利率水平，甲公司认为该合同包含重大融资成分，在确定交易价格时，应当对合同承诺的对价金额进行调整，以反映该重大融资成分的影响。假定该融资费用不符合借款费用资本化的要求。甲公司的账务处理为：

（1）2×22 年 1 月 1 日收到货款。

借：银行存款　　4 000 000

　　未确认融资费用　　494 400

　　贷：合同负债　　4 494 400

（2）2×22 年 12 月 31 日确认融资成分的影响。

借：财务费用

　　（4 000 000×6%）240 000

　　贷：未确认融资费用　　240 000

（3）2×23 年 12 月 31 日交付产品。

借：财务费用

　　（4 240 000×6%）254 400

　　贷：未确认融资费用　　254 400

借：合同负债　　4 494 400

　　贷：主营业务收入　　4 494 400

（三）客户支付的非现金对价

这种情况下，交易价格按照非现金对价在合同开始日的公允价值确定，非现金对价的公允价值不能合理估计的，企业应当参照其承诺向客户转让商品的单独售价间接确定交易价格。合同开始日后，非现金对价的公允价值因对价形式以外的原因发生变动的，应当作为可变对价，因对价形式而发生的变动，该变动金额不应计入交易价格。

经典例题

【真题·单选题】（2022）2×21 年 4 月 1 日，甲公司与乙公司签订买卖合同，约定甲公司向乙公司交付产品，乙公司以面值 600 万元，当日公允价值 580 万元的债券支付。2×21 年 5 月 9 日，乙公司收到甲公司交付的产品并验收入库。当日债券的公允价值为 585 万元。2×21 年 5 月 20 日，乙公司向甲公司交付债券，当日公允价值为 590 万元。不考虑税费，甲公司向乙公司销售商品应确认的收入是（　　）万元。

A. 585　　B. 580

C. 590　　D. 600

【答案】 B

【解析】 客户支付非现金对价的，通常情况下，企业应当按照非现金对价在合同开始日的公允价值确定交易价格。

（四）应付客户对价

企业存在应付客户对价的，应当将该应付对价冲减交易价格。如果是因购买商品而发生的，则应计入商品成本。在将应付客户对价冲减交易价格时，企业应当在确认相关收入与支付客户对价两者孰晚的时点冲减。

高频考点 4：交易价格在各项履约义务间的分摊★★

企业应当在合同开始日，按照各单项履约义务所承诺商品的单独售价的相对比例，将交易价格分摊至各单项履约义务。单独售价无法直接观察的，可以采用市场调整法、成本加成法、余值法等方法估计单独售价。

1. 合同折扣的分摊

对于合同折扣，企业应当在各单项履约义务之间按比例分摊。有确凿证据表明合同折扣仅与合同中一项或多项（而非全部）履约义务相关的，企业应当将该合同折扣分摊至相关一项或多项履约义务。

2. 可变对价的分摊

可变对价的分摊，原则上就是企业将可变对价及可变对价的后续变动额全部分摊至与之相关的某项履约义务，或者构成单项履约义务的一系列可明确区分商品中的某项商品。如果可变对价的指向性不明，则应将其分摊至合同中的各单项履约义务。对于已履行的履约义务，其分摊的可变对价后续变动额应当调整变动当期的收入。

3. 交易价格的后续变动

交易价格发生后续变动的，企业应当按照在合同开始日所采用的基础将该后续变动金额分摊至合同中的履约义务。如果是单独售价的变动不要重新分摊。

对于因合同变更导致的交易价格后续变动，按照有关合同变更的要求进行会计处理。

高频考点5：履行每一单项履约义务时如何确认收入★★

确认原则：首先判断履约义务是否满足在某一时段内履行的条件，如不满足，则该履约义务属于在某一时点履行的履约义务。

满足下列条件之一的，属于在某一时段内履行的履约义务，相关收入应当在该履约义务履行的期间内确认：

序号	条件	举例
1	客户在企业履约的同时即取得并消耗企业履约所带来的利益	培训服务
2	客户能够控制企业履约过程中在建的商品	在客户场地上盖楼
3	企业履约过程中所产出的商品不具有可替代用途（高度定制化），且该企业在整个合同期间内有权就累计至今已完成的履约部分收取款项（合格收款权：成本＋合理利润）	建造只有客户能够使用的专项资产，或按照客户的指示建造资产

经典例题

【真题·综合题】（2021节选）甲公司的产品销售政策规定，对于初次购买其生产的产品的客户，不提供价格折让；对于再次购买其生产的产品的客户，提供1%至5%的价格折让。2×19年至2×20年，甲公司发生的有关交易或事项如下：

（1）2×19年7月10日，甲公司与乙公司签订的商品购销合同约定，甲公司向乙公司销售A产品500件，甲公司应于2×19年12月10日前交付，合同价格为每件25万元。乙公司于合同签订日预付合同价格的20%。

2×19年9月12日，甲公司和乙公司对上述合同签订的补充协议约定，乙公司追加购买A产品200件，追加购买A产品的合同价格为每件24万元，甲公司应于2×19年12月20日前交付。乙公司于补充协议签订日预付合同价格的20%。

甲公司对外销售A产品每件销售价格为25万元。

2×19年12月10日，乙公司收到700件A产品并验收合格入库，剩余款项（包括增值税额）以银行存款支付。乙公司另以银行存款支付发生的运输费用200万元，增值税额18万元；发生运输保险费用20万元，增值税额1.2万元；发生入库前挑选整理费用5万元和入库后整理费用3万元。

（2）按照丙公司经营战略，丙公司拟采购一台大型机械设备。为此，丙公司通过招标，甲公司中标承接了丙公司该项目。

2×19年10月30日，甲公司与丙公司签订的大型机械设备采购合同约定，甲公司为丙公司生产一台大型机械设备并提供安装（假定该设备安装复杂，只能由甲公司提供），合同价格为15 000万元，甲公司应于2×20年9月30日前交货。2×19年11月5日，甲公司与丙公司又签订的另一份合同约定，甲公司为丙公司建造的大型机械设备在交付丙公司后，需对大型机械设备进行重大修改以实现与丙公司现有若干设备的整合，合同价格为3 000万元，甲公司应于2×20年11月30日前完成对该设备的重大修改。上述两份合同的价格均反映了市场价格。

2×19年11月10日，甲公司与丙公司签订的一份服务合同约定，甲公司在未来3年内为丙公司上述设备进行维护，合同价格为每年800万元。甲公司为其他公司提供类似服务的合同价格与该合同确定的价格相同。

设备及安装、修改整合工作按合同约定的时间完成，丙公司检验合格并于2×20年12月1日投入生产使用。

（3）甲公司研究开发一项新型环保技术，该技术用于其生产的产品可以大大减少碳排放量。该新型环保技术于 2×20 年 7 月 1 日达到预定可使用状态，其中形成无形资产的成本为 1 600 万元，2×20 年度直接计入当期损益的研发费用为 600 万元。当地政府为补贴甲公司成功研发形成的无形资产，2×20 年 5 月 20 日向甲公司拨付 200 万元补助。

甲公司预计该新型环保技术形成的无形资产可使用 10 年，预计净残值为零，按直线法摊销。按企业所得税法规定，企业发生的研发费用加计扣除，研发费用直接计入当期损益的，按其实际发生费用加计 100% 在计算应纳税所得额时扣除，形成资产成本的，按实际发生成本加计 100% 的金额分 10 年、按直线法摊销的金额在计算应纳税所得额时扣除（不考虑净残值）。

其他资料：（1）甲公司和乙公司均为增值税一般纳税人。（2）上述各项合同均通过合同各方管理层批准，满足合同成立的条件。（3）甲公司销售商品适用的增值税税率为 13%，适用的企业所得税税率为 25%。（4）上述合同价格或销售价格均不含增值税额。（5）除上述资料（3）外，甲公司发生的其他交易或事项的会计处理与所得税法规定相同。（6）甲公司对政府补助采用总额法进行会计处理，2×20 年初无形资产账面价值为零。（7）本题不考虑除增值税、企业所得税以外的其他相关税费及其他因素。

要求：

（1）根据资料（1），判断甲公司与乙公司在原合同基础上签订的补充协议是否属于合同变更，说明会计处理方法，并阐述理由；判断甲公司确认销售 A 产品收入的方法、时点，并说明理由；编制与出售 A 产品相关的会计分录。

（2）根据资料（1），计算乙公司购入 A 产品的成本总额及单位成本。

（3）根据资料（2），判断甲公司与丙公司分别签订的三份合同是否应当合并，并说明理由；合同合并后，判断每份合同有几项履约义务，并说明理由，如合同不合并，判断每份合同有几项履约义务。

【答案及解析】

（1）甲公司与乙公司在原合同基础上签订的补充协议属于合同变更。

合同变更部分应作为单独合同进行会计处理。

理由：合同变更增加了可明确区分的商品（或者，合同变更增加了 200 件 A 产品与原 500 件 A 产品可明确区分）；且新增合同价款反映了新增商品的单独售价［或者，新增 200 件 A 产品的合同价格（每件 24 万元）反映了新增 200 件 A 产品的单独售价］。

甲公司销售 A 产品应按时点法确认收入。

甲公司销售 A 产品确认收入的时点：2×19 年 12 月 10 日。

理由：乙公司已取得 A 产品的控制权。

借：银行存款　　2 500
　　贷：合同负债　　2 500

借：银行存款　　960
　　贷：合同负债　　960

借：合同负债　　3 460
　　银行存款　　16 089
　　贷：主营业务收入　　17 300
　　　　应交税费——应交增值税（销项税额）　　2 249

（2）乙公司购入 A 产品的成本总额 = 17 300 + 200 + 20 + 5 = 17 525（万元）

乙公司购入 A 产品的单位成本 = 17 525 ÷ 700 = 25.04（万元）

（3）甲公司与丙公司分别签订的采购大型机械设备并安装合同、对大型机械设备的重大修改合同，这两份合同应当合并为一个合同。

理由：甲公司与丙公司虽然分别签订了两份合同，但该两份合同基于同一商业目的而订立，并构成“一揽子交易”（或两份合同形成单项履约义务）。

该合并后的合同包含一项履约义务，即为丙公司提供大型机械设备并进行重大修改。

理由：甲公司向丙公司转让的大型机械设备的承诺，与后续重大修改的承诺之间不可明确区分。甲公司与丙公司签订的服务合同为一份单独的合同。

甲公司与丙公司签订的服务合同包含一项履约义务，即为丙公司提供设备后续维护服务。

【真题·综合题】（2022）甲公司为一家集健身器材生产、销售为一体的企业，2×22年发生相关业务如下：

（1）甲公司向客户A销售100件健身器材，每台5万元。同时向其免费提供一年的维修服务，每台健身器材一年期维修服务的市价为1 000元；另向其赠送50个水杯，该批水杯的价值为2 000元。甲公司与乙公司签订的合同价格总计495万元。

（2）甲公司为客户B设计并生产一批专用的健身器材，该批健身器材按照客户B的要求进行设计和生产，甲公司如果想将该批健身器材销售给其他客户，需要发生重大的改造成本；如果合同终止，已生产完成的部分归乙公司所有。双方约定的合同价款为150万元，甲公司预计总成本为125万元，至2×22年末已投入生产成本100万元。

（3）甲公司2×22年在X地开设一家健身房，2×22年11月该健身房制定了一项会员政策，该政策规定，顾客在2×22年11月在该店办理会员，一次性充值1.25万元的年费，次月开始生效，可享受为期一年的健身服务（为会员提供健身的场地和器械等服务）。活动期间，充值会员的顾客，每人可获得赠送的价值50元的一件印有健身房标志的短袖衫，该短袖衫不能单独购买。截止到11月底，已有20人充值，预计12月不再有人充值。

其他资料：①甲公司采用成本法确认履约进度。②上述市场价值、合同价格等均为不含税金额。③不考虑增值税等其他相关税费的影响。

要求：

（1）根据资料（1），判断该业务中存在几项履约义务，说明理由；分别判断各履约义务属于时点履约义务，还是时段履约义务，并说明理由。

（2）根据资料（2），判断该业务中存在几项履约义务，说明理由；分别判断各履约义务属于时点履约义务，还是时段履约义务，并说明理由；计算该业务在2×22年应确认的收入金额，并编制相关会计分录。

（3）根据资料（3），判断该业务中存在几项履约义务，说明理由；分别判断各履约义务属于时点履约义务，还是时段履约义务，并说明理由；计算该业务2×22年12月应确认的收入金额。

【答案及解析】

（1）存在销售健身器材、提供维修服务和销售水杯三项履约义务。理由：销售器材、提供维修服务和销售水杯是可明确区分的，客户能够从购买健身器材、接受维修服务和购买水杯中分别获益。

销售健身器材、水杯属于时点履约义务。理由：企业销售健身器材和水杯的同时，商品所有权上的主要风险和报酬即转移给了客户；对于所销售的健身器材，虽然仍然保留了与后续维护服务相关的风险，但是，由于维护服务构成单项履约义务，该保留的风险并不影响企业已将产品所有权上的主要风险和报酬转移给客户的判断。

提供维修服务属于时段履约义务。理由：企业在履约过程中是持续地向客户转移企业履约所带来的经济利益的。

（2）设计和生产健身器材是一项履约义务。理由：设计健身器材需要按照客户要求进行，将会对所生产的健身器材作出重大修改和定制，这种情况下设计和生产在合同层面是不可明确区分的。

设计并生产健身器材属于时段履约义务。理由：客户能够控制履约过程中的在建产品；企业履约过程中所产出的商品具有不可替代用途，且该企业在整个合同期间内有权就累计至今已完成的履约部分收取款项。

履约进度＝100/125×100%＝80%

应确认收入＝150×80%＝120（万元）

借：合同履约成本　　100

　贷：银行存款等　　100

借：合同结算——收入结转 120
　　贷：主营业务收入 120
借：主营业务成本 100
　　贷：合同履约成本 100

（3）健身房会员政策存在一项履约义务。理由：赠送的短袖衫印有健身房标志，与健身房提供的健身服务高度相关。

健身房会员政策属于时段履约义务。理由：企业在履行履约义务（即提供健身场所和器材）的同时，客户即取得并消耗了企业履约所带来的经济利益。

应确认收入 $=1.25\times20/12\approx2.08$（万元）

高频考点6：关于合同成本★★

（一）合同履约成本

企业为履行合同发生的成本，除属于存货、固定资产、无形资产外符合下列条件的应当确认为一项资产：该成本与一份当期或预期取得的合同直接相关；该成本增加了企业未来用于履行履约义务的资源；该成本预期能够收回。合同履约成本在资产负债表日按履约进度结转至主营业务成本。

经典例题

【真题·单选题】（2022）甲公司采购的原材料加工成产成品后对外的销售。2×20年甲公司发生的有关交易或事项如下：（1）采购原材料支付购买价款100万元，入库前发生运输费用2万元。（2）加工成本20万元，其中非正常消耗物料1万元。（3）产成品运至客户处，发生运输费用3万元，截至2×20年12月31日，产成品的控制权尚未转移给客户。不考虑其他因素，2×20年12月31日，甲公司资产负债表中存货列示的金额是（　　）万元。

A. 124　　B. 121
C. 120　　D. 122

【答案】A

【解析】事项（1）购买价款和入库前发生的运输均需计入存货成本 $=100+2=102$（万元）；事项（2）非正常消耗不计入存货成本，即计入成本的金额为 $20-1=19$（万元）；事项（3）运输费用计入合同履约成本，如果摊销期在一年或一个营业周期之内，资产负债表上通过存货项目列报，因此2×20年12月31日，甲公司资产负债表中存货列示的金额 $=102+19+3=124$（万元）。

（二）合同取得成本

企业为取得合同发生的增量成本预期能够收回的，应当作为合同取得成本确认为一项资产。增量成本是指企业不取得合同就不会发生的成本，如销售佣金等。合同取得成本应在资产负债表日按履约进度进行摊销，摊销至销售费用。为简化操作，该资产的摊销期不超过一年的，可以在发生时直接计入当期损益。

经典例题

【真题·多选题】（2018）下列各项中，不应作为合同履约成本确认为资产的有（　　）。

A. 为取得合同发生但预期能够收回的增量成本

B. 为组织和管理企业生产经营发生的但非由客户承担的管理费用

C. 为履行合同发生的非正常消耗的直接材料、直接人工和制造费用

D. 无法在尚未履行的与已履行（或已部分履行）的履约义务之间区分的支出

【答案】ABCD

【解析】选项A不计入合同履约成本，应计入合同取得成本；选项B、C、D都应在发生时计入当期损益。

高频考点7：关于特定交易的会计处理★★★

（一）附有销售退回条款的销售

这种销售方式需要先预计退货率，将不退部分的售价确认为收入，可能退货部分的售价先暂记入“预计负债”科目；可能退货部分商品转让时的账面价值，扣除收回该商

品预计发生的成本（包括退回商品的价值减损）后的余额记入“应收退货成本”科目。按照所转让商品转让时的账面价值，扣除上述资产成本的净额记入“主营业务成本”科目。

每一资产负债表日，企业应当重新估计未来销售退回的情况，如有变化，应当作为会计估计变更处理。

经典例题

【真题·计算分析题】（2018）甲公司为影视制片企业，制作了某电影，分别出售给B电视台和C网络影视播放平台。

（1）甲公司于20×6年12月2日与B电视台签订合约，B电视台以9 000万元的价格购买该影片的播放权，电影将于20×7年1月1日开始上映，甲公司向B电视台交付母带后，不再负有其他义务。20×6年12月10日，B电视台向甲公司支付了9 000万元，同时，甲公司向B电视台交付了母带。

（2）同一天，甲公司与C网络影视播放平台签订合约，以1 800万元的价格向C网络影视播放平台销售该电影的播放权，该电影播放权为5年。同时约定，该电影上映时间必须在B电视台上映后的一天才可以播放，即1月2日以后开始播放。同时，合同约定，该电影20×7年在B电视台的播放热度必须达到相应的规模，如果不能达到相应的规模，甲公司需要向C网络播放平台返回40%的销售款。甲公司在销售时，无法合理预计该电影是否能达到合同约定的播放热度。到20×7年底，该电影达到了合同约定的相关播放热度。

其他资料：该电影制作成本为9 000万元，预计向B电视台的销售占全部成本的45%，向C网络影视播放平台的销售占成本的15%，其他占40%。假定不考虑相关税费的影响。

要求：确定上述资料（1）~（2）中，确认收入的时点，并编制相关的会计分录。

【答案及解析】

资料（1）在20×6年12月10日B电视台向甲公司支付了9 000万元、甲公司向B电视台交付母带时确认收入。因为甲公司向B电视台交付母带后，不再负有其他义务，实现控制权转移。

借：银行存款　　9 000
　贷：主营业务收入　　9 000
借：主营业务成本　　4 050
　贷：合同履约成本
　　　（9 000×45%）4 050

资料（2）在销售时按照扣除预计退回40%销售款的金额确认收入，预计退回的销售款确认预计负债。

借：应收账款　　1 800
　贷：主营业务收入　　1 080
　　　预计负债——应付退货款
　　　（1 800×40%）720
借：主营业务成本　　1 350
　贷：合同履约成本
　　　（9 000×15%）1 350

20×7年底电影达到了合同约定的相关播放热度：

借：预计负债——应付退货款
　　720
　贷：主营业务收入　　720

（二）附有质量保证条款的销售

1. 服务类质保

客户能够选择**单独购买**质量保证的，或在向客户保证所销售商品符合**既定标准之外**提供了一项**单独的服务**（额外服务），属于服务类质保，该质保**构成单项履约义务**，需要分配一部分交易价格，在提供质保服务的期间内确认已分配的收入。

2. 保证类质保

如果**仅仅是为保证商品符合既定标准**，并未向客户提供额外的商品或服务，**不构成**单项履约义务，该质保应当按照**或有事项准则**进行会计处理。

经典例题

【真题·综合题】（2019 节选）20×8 年度，甲公司因销售 B 产品共收取合同价款 1 000 万元。在销售 B 产品时，甲公司向客户承诺，在销售 B 产品 2 年内，由于客户使用不当等原因造成 B 产品故障，甲公司免费提供维修服务。甲公司 2 年期维修服务可以单独作价出售，与本年度所售 B 产品相应的 2 年期维修服务售价为 100 万元，预计维修服务成本为 80 万元。甲公司不附加产品免费维修服务情况下出售 B 产品的售价为 920 万元。上述已售 B 产品的成本为 700 万元。至 20×8 年 12 月 31 日，尚未有客户向甲公司提出免费维修服务的要求。

假定税法对上述交易或事项的处理与企业会计准则的规定相同。

对于上述交易或事项，甲公司进行了以下会计处理：

借：银行存款　　　　　　1 000
　　贷：主营业务收入　　　　　1 000
借：主营业务成本　　　　　700
　　贷：库存商品　　　　　　　700
借：销售费用　　　　　　　80
　　贷：预计负债　　　　　　　80

要求：根据上述资料，判断甲公司对上述交易或事项的会计处理是否正确，说明理由；如果会计处理不正确，编制更正甲公司 20×8 年度财务报表的会计分录。

【答案及解析】上述事项会计处理不正确。

理由：甲公司提供的 2 年期维修服务构成单项履约义务，应当按照销售商品与提供服务的单独售价相对比例，对交易价格进行分摊，在履行各项履约义务时分别确认收入。

B 产品单独售价 =920 万元，维修服务售价 =100 万元，合同价款总额 =1 000 万元；

销售 B 产品应分摊的交易价格 =920/(920+100)×1 000=901.96（万元）；

提供维修服务应分摊的交易价格 =100/(920+100)×1 000=98.04（万元）；

甲公司 20×8 年应确认销售相关的收入 901.96 万元。

更正分录如下：

借：主营业务收入
[1 000×100/(920+100)]　98.04
　　贷：合同负债　　　　　98.04
借：预计负债　　　　　80
　　贷：销售费用　　　　　80

（三）主要责任人和代理人

这种情况主要是明确销售企业的身份。企业应当根据其在向客户转让商品前是否拥有对该商品的控制权，来判断其从事交易时的身份是主要责任人还是代理人。企业在向客户转让商品前能够控制该商品的，该企业为主要责任人，应当按照已收或应收对价总额确认收入；否则，该企业为代理人，应当按照预期有权收取的佣金或手续费金额确认收入，该金额应当按照已收或应收对价总额扣除应支付给其他相关方的价款后的净额，或者按照既定的佣金金额或比例等确定。

（四）附有客户额外购买选择权的销售

这种销售方式的主要问题是判断提供给客户的额外购买选择权是否为一项重大权利，如果是重大权利，就将其作为单项履约义务，需将交易价格在销售的商品和此项权利间按公允价值进行分配，分别确认为收入和负债。在客户未来行使购买选择权取得相关商品控制权时，或者该选择权失效时，确认相应的收入。

经典例题

【例题·计算分析题】甲公司以 100 元的价格向客户销售 A 商品，购买该商品的客户可得到一张 40% 的折扣券，客户可以在未来的 30 天内使用该折扣券购买甲公司原价不超过 100 元的任一商品。同时，甲公司计划推出季节性促销活动，在未来 30 天内针对所有产品均提供 10% 的折扣。上述两项优惠不能叠加使用。根据历史经验，甲公司预计有 80% 的客户会使用该折扣券，额外购买的商品的金额平均为 50 元。上述金额均不包含增值税，且假定不考虑相关税费影响。

【答案及解析】本例中，购买 A 商品的客户能够取得 40% 的折扣券，其远高于所有客户均能享有的 10% 的折扣，因此，甲公司认为该折扣券向客户提供了重大权利，应当作为单项履约义务。考虑到客户使用该折扣券的可能性以及额外购买的金额，甲公司估计该折扣券的单独售价为 12 元［50 ×（40% − 10%）× 80%］。甲公司按照 A 产品和折扣券单独售价的相对比例对交易价格进行分摊，A 商品分摊的交易价格为 89 元［100 ÷（100 + 12）× 100］，折扣券选择权分摊的交易价格为 11 元［12 ÷（100 + 12）× 100］。

甲公司在销售 A 商品时的账务处理如下：

借：银行存款　　100

　贷：主营业务收入　　89

　　合同负债　　11

（五）授予知识产权许可

这类销售的主要问题是首先判断该行为是否构成单项履约义务。如果不构成单项履约义务，就不需单独核算；如果构成单项履约义务，就需要判断是在某一时段内履行还是在某一时点上履行。

授予知识产权许可构成单项履约义务的会计处理

项目	条件（同时满足）	举例
时段履行履约义务	①合同要求或客户能够合理预期企业将从事对该项知识产权有重大影响的活动； ②该活动对客户将产生有利或不利影响； ③该活动不会导致向客户转让商品	授予加盟权、连环漫画中的角色形象和名称
时点履行履约义务	知识产权具有重大的独立功能	出售音乐唱片的版权

名师解惑

问：为什么与知识产权许可有关的销售分成按照孰晚原则确认收入？

答：从本质上来讲，上述业务属于可变对价问题，只有在孰晚的时间确认收入，不确定性才消除，已确认的收入才极可能不会发生重大转回。

企业向客户授予知识产权许可，并约定按客户实际销售或使用情况收取特许权使用费的，应当在下列两项孰晚的时点确认收入：一是客户后续销售或使用行为实际发生；二是企业履行相关履约义务。

经典例题

【真题·计算分析题】（2018）甲公司是一家投资控股型的上市公司，拥有从事各种不同业务的子公司。

（1）甲公司的子公司——乙公司是一家建筑承包商，专门从事办公楼设计和建造业务。20×7 年 2 月 1 日，乙公司与戊公司签订办公楼建造合同，按照戊公司的特定要求在戊公司的土地上建造一栋办公楼。根据合同的约定，建造该办公楼的价格为 8 000 万元，乙公司分三次收取款项，分别于合同签订日、完工进度达到 50%、竣工验收日收取合同造价的 20%、30%、50%。

工程于 20×7 年 2 月开工，预计于 20×9 年底完工。乙公司预计建造上述办公楼的总成本为 6 500 万元，截至 20×7 年 12 月 31 日止，乙公司累计实际发生的成本为 3 900 万元。乙公司按照累计实际发生的成本占预计总成本的比例确定履约进度。

（2）甲公司的子公司——丙公司是一家生产通信设备的公司。20×7 年 1 月 1 日，丙公司与己公司签订专利许可合同，许可己公司在 5 年内使用自己的专利技术生产 A 产品。根据合同的约定，丙公司每年向己公司收取由两部分金额组成的专利技术许可费：一是固定金额200万元，于每年末收取；二是按照己公司A产品销售额的2%计算的提成，于第二年初收取。根据以往年度的经验和做法，丙公司可合理预期不会实施对该专利技术产生重大影响的活动。

20×7年12月31日，丙公司收到己公司支付的固定金额专利技术许可费200万元。20×7年度，己公司销售A产品80 000万元。

其他有关资料：

第一，本题涉及的合同均符合企业会计准则关于合同的定义，均经合同各方管理层批准。

第二，乙公司和丙公司估计，因向客户转让商品或提供服务而有权取得的对价很可能收回。

第三，不考虑货币时间价值，不考虑税费及其他因素。

要求：

（1）根据资料（1），判断乙公司的建造办公楼业务是属于在某一时段内履行履约义务还是属于在某一时点履行履约义务，并说明理由。

（2）根据资料（1），计算乙公司20×7年度的合同履约进度，以及应确认的收入和成本。

（3）根据资料（2），判断丙公司授予知识产权许可属于在某一时段内履行履约义务还是属于在某一时点履行履约义务，并说明理由；说明丙公司按照己公司A产品销售额的2%收取的提成应于何时确认收入。

（4）根据资料（2），编制丙公司20×7年度与收入确认相关的会计分录。

【答案及解析】

（1）资料（1）属于在某一时段内履行履约义务。

理由：满足下列条件之一的，属于在某一时段内履行履约义务：客户在企业履约的同时即取得并消耗企业履约所带来的经济利益；客户能够控制企业履约过程中在建的商品；企业履约过程中所产出的商品具有不可替代用途，且该企业在整个合同期间内有权就累计至今已完成的履约部分收取款项。本题中，由于乙公司在戊公司的土地上建造办公楼，戊公司能够控制乙公司在建的办公楼，因此，属于在某一时段内履行履约义务。

（2）20×7年合同履约进度＝3 900/6 500×100%＝60%

20×7年应确认的收入＝8 000×60%＝4 800（万元）

20×7年应确认的成本＝6 500×60%＝3 900（万元）

（3）授予知识产权许可属于在某一时点履行履约义务。

理由：授予知识产权许可同时满足下列条件时，应当作为在某一时段内履行的履约义务确认相关收入；否则，应当作为在某一时点履行的履约义务确认相关收入：合同要求或客户能够合理预期企业将从事对该项知识产权有重大影响的活动；该活动对客户将产生有利或不利影响；该活动不会导致向客户转让商品。本题中，由于丙公司合理预期不会实施对许可己公司使用的专利技术产生重大影响的活动，授予的专利技术属于在某一时点履行履约义务。

企业向客户授予知识产权许可，并约定按客户实际销售或使用情况收取特许权使用费的，应在下列两项孰晚的时点确认收入：一是客户后续销售或使用行为实际发生；二是企业履行相关履约义务。本题中，丙公司按照己公司A产品销售额的2%收取的提成应于每年末确认收入。

（4）丙公司20×7年度的会计分录如下：

20×7年1月1日：

借：应收账款　　1 000

　　贷：其他业务收入　　1 000

20×7年12月31日：

借：银行存款　　200

　　贷：应收账款　　200

借：应收账款

（80 000×2%）1 600

贷：其他业务收入　　　　1 600

（六）售后回购

企业因存在与客户的远期安排而负有回购义务或企业享有回购权利的，不作为销售确认。如果回购价格低于原售价，应当视为租赁交易；如果回购价格不低于原售价的，应当视为融资交易，在收到客户款项时确认金融负债，并将该款项和回购价格的差额在回购期间内确认为利息费用等。企业到期未行使回购权利的，应当在该回购权利到期时终止确认金融负债，同时确认收入。

企业负有应客户要求回购商品义务的，应当在合同开始日评估客户是否具有行使该要求权的重大经济动因，如果有，则按上述原则处理，如果没有，企业应当将其作为附有销售退回条款的销售交易进行会计处理。

经典例题

【真题·多选题】（2022）2×20年1月1日，甲公司与乙公司签订合同，将一批闲置设备出售给乙公司，已办理了设备移交手续。该批设备的账面原价为1 000万元，已计提折旧700万元，出售价格400万元已收存银行，用于补充甲公司流动资金；同时，合同约定，乙公司有权要求甲公司于2×22年1月1日以440万元的价格回购该批设备。甲公司预计回购时点该批设备的市场价格将远低于440万元。不考虑相关税费及其他因素，下列各项关于甲公司会计处理的表述中，正确的有（　　）。

A. 该交易应作为租赁交易进行会计处理

B. 收到的出售设备款项400万元应确认为负债

C. 2×20年1月1日应确认出售设备的资产处置损益

D. 回购价格与出售价格的差额，应在2×20年1月1日至2×22年1月1日期间分期确认利息费用

【答案】BD

【解析】企业因存在与客户的远期安排而负有回购义务的，回购价不低于原售价的，应当视为融资交易进行会计处理，收到的处置价款确认为负债（其他应付款），回购价款与售价之间的差额在回购期内确认为利息费用。

（七）客户未行使的权利

企业向客户预收销售商品款项的，应当首先将该款项确认为负债，待履行了相关履约义务时再转为收入。当企业预收款项无须退回，且客户可能会放弃其全部或部分合同权利时，企业预期将有权获得与客户所放弃的合同权利相关金额的，应当按照客户行使合同权利的模式按比例将上述金额确认为收入；否则企业只有在客户要求其履行剩余履约义务的可能性极低时，才能将上述负债的相关余额转为收入。

经典例题

【例题·计算分析题】甲公司经营连锁面包店。2×22年，甲公司向客户销售了5 000张储值卡，每张卡的面值为200元，总额为1 000 000元。客户可在甲公司经营的任何一家门店使用该储值卡进行消费。根据历史经验，甲公司预期客户购买的储值卡中将有大约相当于储值卡面值金额5%（即50 000元）的部分不会被消费。截至2×22年12月31日，客户使用该储值卡消费的金额为400 000元。甲公司为增值税一般纳税人，在客户使用该储值卡消费时发生增值税纳税义务。

【答案及解析】本例中，甲公司预期将有权获得与客户未行使的合同权利相关的金额为50 000元，该金额应当按照客户行使合同权利的模式按比例确认为收入。因此，甲公司在2×21年销售的储值卡应当确认的收入金额为372 613元［（400 000＋50 000×400 000÷950 000）÷（1＋13%）］。甲公司的账务处理为：

（1）销售储值卡：

借：库存现金　　　　1 000 000

　　贷：合同负债　　　　884 956

　　　　应交税费——待转销项税额

　　　　　　　　　　　　115 044

（2）根据储值卡的消费金额确认收入，

同时将对应的待转销项税额确认为销项税额：

借：合同负债　　　　372 613

　　应交税费——待转销项税额

　　　[400 000 ÷ (1 + 13%)

　　　　× 13%]　46 018

　贷：主营业务收入　　　　372 613

　　　应交税费——应交增值税（销项税额）　46 018

【真题·计算分析题】（2020）

2×17年至2×20年，甲公司及乙公司发生的相关交易或事项如下：

（1）2×17年3月10日，甲公司以6 000万元的价格取得一宗土地使用权，使用期限50年，自2×17年4月1日开始起算。该土地在甲公司所属的A酒店旁边，甲公司拟在新买的土地上建造A酒店2期。与土地使用权相关的产权登记手续于2×17年4月1日办理完成，购买土地使用权相关的款项已通过银行转账支付。

甲公司对该土地使用权按50年采用直线法摊销，预计净残值为零。

（2）2×17年3月20日，甲公司与乙公司签订一份固定造价合同，合同约定：乙公司为甲公司建造A酒店2期项目，合同价款为16 000万元，建造期间为2×17年4月1日至2×19年9月30日；乙公司负责工程的施工建造和管理，甲公司根据第三方工程监理公司确定的已完成工程量，每年末与乙公司结算一次；在A酒店2期项目建造过程中甲公司有权修改其设计方案；如甲公司终止合同，A酒店2期项目已建造的部分归甲公司所有；如果工程发生重大质量问题，乙公司应按实际损失支付赔偿款；双方确定合同价款的10%作为质量保证金，如果工程在完工之日起1年内没有发生重大质量问题，甲公司将支付工程质量保证金。

（3）2×17年4月10日，乙公司开始对A酒店2期项目进行施工，预计合同总成本为12 000万元。2×18年因建筑材料涨价等原因，乙公司将预计合同总成本调整为18 000万元。截至2×19年9月30日，累计实际发生的工程成本为17 500万元。乙公司采用成本法确定履约进度，每年实际发生的成本中60%为建筑材料费用，其余为工资薪金支出。与该项目合同相关的资料如下：

单位：万元

项目	2×17年	2×18年	2×19年	2×20年
至年末累计实际发生成本	3 600	10 800	17 500	—
预计完成合同尚需发生的成本	8 400	7 200	—	—
年末结算合同价款	4 800	5 600	5 600	—
实际收到价款	4 000	5 500	4 900	1 600

（4）甲公司A酒店2期项目2×19年9月30日完工，达到合同约定的可使用状态，并经验收后交付使用。

其他有关资料：第一，甲公司与乙公司无关联方关系。第二，乙公司建造A酒店2期项目整体构成单项履约义务。第三，乙公司单独设置“合同结算”科目对工程项目进行核算，不设置“合同资产”和“合同负债”科目。第四，本题不考虑税费及其他因素。

要求：

（1）指出乙公司确认收入的时点，并说明理由。

（2）计算乙公司2×18年和2×19年分别应确认的收入。

（3）编制乙公司2×18年与履行合同义务相关的会计分录，说明乙公司因履行该合同义务确认的资产和负债在2×18年12月31日资产负债表中列示的项目名称及金额。

（4）计算甲公司A酒店2期项目的实际成本。

【答案及解析】

（1）乙公司为甲公司建造A酒店2期项目属于在某一时段履行的履约义务，应在履约的各个期间确认收入。

理由：由于在甲公司所属土地上建造A酒店2期项目，在建造过程中甲公司能够控制乙公司在履约过程中在建的A酒店2期项目。

（2）2×18年应确认的收入＝[（10 800÷18 000）－（3 600÷12 000）]×16 000＝4 800（万元）

2×19年应确认的收入＝16 000－4 800－4 800＝6 400（万元）

（3）

借：合同履约成本　　7 200
　贷：原材料　　4 320
　　应付职工薪酬　　2 880

借：合同结算——收入结转　　4 800
　贷：主营业务收入　　4 800

借：主营业务成本　　7 200
　贷：合同履约成本　　7 200

借：主营业务成本　　（2 000×40%）800
　贷：预计负债　　800

借：应收账款　　5 600
　贷：合同结算——合同价款　　5 600

借：银行存款　　5 500
　贷：应收账款　　5 500

乙公司2×18年12月31日资产负债表中列示的项目名称为：合同负债。

金额为：800万元（4 800＋5 600－4 800－4 800）。

（4）A酒店2期项目的实际成本＝16 000＋（6 000÷50×2.5）＝16 300（万元）

【真题·综合题】（2018）甲公司为境内上市公司且为增值税一般纳税人，销售货物适用的增值税率为13%。20×6年度及20×7年度，甲公司发生的有关交易或事项如下：

（1）20×6年1月1日，甲公司与乙公司签订合同约定：甲公司按照乙公司设计的图纸为乙公司建造厂房，合同价格为8 000万元，建造期限为2年；厂房建造过程中，乙公司有权修改厂房设计图纸，并与甲公司重新协商设计变更后的合同价格；如果乙公司终止合同，已完成建造的厂房部分归乙公司所有，乙公司应支付已完成合同所发生的成本及合理的毛利；如果合同一方违约，违约的一方按合同价格的25%向另一方支付违约金；乙公司于合同签订日支付合同价格的20%，其余分4次平均支付，每半年支付1次，但最后一次付款于厂房建造完成并办理了竣工决算手续后支付。

20×6年2月1日起，甲公司开始履行合同义务。20×7年12月31日，厂房完成建造并办理了竣工决算手续。

（2）20×6年6月20日，甲公司与丙公司签订合同约定：甲公司向丙公司销售A、B两种商品，A商品于合同签订后的3个月内交付，B商品于A商品交付后6个月内交付；丙公司于A、B商品全部交付并经验收合格后的2个月内支付合同价格为5 000万元的全部款项。甲公司分别于20×6年9月10日和20×7年2月20日向丙公司交付了A商品和B商品，商品控制权也随之转移给丙公司。甲公司交付商品给丙公司的同时，开具了增值税专用发票。丙公司于20×7年4月10日支付了全部合同价款及相关的增值税。

甲公司A商品单独售价为2 240万元；B商品的单独售价为3 360万元。

（3）20×7年3月30日，甲公司销售给丁公司一台C设备。根据销售协议的约定，甲公司于20×7年10月10日前交付C设备，合同价格为15 000万元，甲公司提供该设备的质量保证，即在1年之内，如果该设备发生质量问题，甲公司负责免费维修，但如果因丁公司员工操作不当等非设备本身质量原因导致的故障，甲公司不提供免费维修服务；另外，甲公司为C设备保修期后未来5年提供维修和保养服务，合同价格为600万元。

甲公司销售C设备的单独售价为15 000万元；单独对外提供设备维修服务的销售价格为每年每台100万元，单独对外提供设备保养服务的销售价格为每年每台20万元。

（4）20×7年7月1日，甲公司开始推行一项奖励积分计划。根据该计划，甲公司每销售1台合同价格为10 000万元的D设备，客户可获得625万个积分，每个积分从购买D设备的次年起3年内可在该客户再次购买D设备时抵减5元。20×7年7月1日起至12月31日止期间，甲公司共计销售D设备10台，合同价格总额100 000万元，增值税总额13 000万元（假设税法规定按照全部合同价格计算增值税销项税额）已收存银行；销售D设备产生的积分为6 250万个。该积分是甲公司销售D设备向客户提供的一项重大权利，甲公司预计销售D设备积分的兑换率为80%。甲公司负责提供销售D设备的质量保证服务，如果D设备在1年内出现质量问题，甲公司负责免费维修，但如果因客户员工操作不当等非设备本身质量原因导致的故障，甲公司不负责提供免费维修服务。

根据以往经验，甲公司销售的D设备1年保质期内70%不会发生质量问题；20%可能发生较小质量问题；10%发生较大质量问题。甲公司预计销售的D设备发生较小质量问题的维修费用为销售合同价格总额的1%；发生较大质量问题的维修费用为销售合同价格的2%。

本题所涉及的协议或合同均符合企业会计准则关于合同的定义并经各方管理层批准，因向客户转让商品或提供服务而有权取得的对价很可能收回，涉及的销售价格或合同价格均不含增值税。除上述所给资料外，不考虑货币时间价值，不考虑除增值税以外的税费及其他因素。

要求：

（1）根据事项（1），说明甲公司为乙公司建造厂房应采用何种方法确认收入，并陈述理由。

（2）根据事项（2）说明甲公司于合同开始日将交易价格分摊至各单项履约义务的原则和方法，计算各单项履约义务应分摊的合同价格，并编制与20×6年销售商品相关的会计分录。

（3）根据事项（3），说明甲公司销售C设备合同附有的单项履约义务，并陈述理由；计算每一单项履约义务应分摊的合同价格；分别说明甲公司销售C设备在保质期内提供的维修服务和保质期以后所提供的维修服务和保养服务应当如何进行会计处理。

（4）根据事项（4），说明甲公司销售D设备合同附有的单项履约义务；计算每一单项履约义务应分摊的合同价格；计算甲公司因销售D设备应确认的质量保证费用；编制甲公司与销售D设备及相应的质量保证服务相关的会计分录。

【答案及解析】

事项（1），甲公司应选择投入法计算履约进度，确认收入。

理由：计算履约进度，既可以采用投入法，也可以采用产出法，从本题来看，采用投入法资料更为容易获得，采用投入法更为合适。

事项（2），甲公司于合同开始日应将交易价格按照A商品和B商品的单独售价比例进行分摊。

分摊至A商品的合同价格＝5 000×2 240/(2 240＋3 360)＝2 000（万元）

分摊至B商品的合同价格＝5 000×3 360/(2 240＋3 360)＝3 000（万元）

借：合同资产　　2 260

　贷：主营业务收入　　2 000

　　应交税费——应交增值税（销项税额）　　260

事项（3），甲公司销售C设备合同分为销售C设备、提供未来5年维修服务和提供未来5年保养服务三个单项履约义务。

理由：1年以内的质量保证与销售C设备无法区分，不能成为单项履约义务。而单独提供5年的维修和5年的保养服务与销售C设备可明确区分，可确认为单项履约义务。

甲公司销售C设备在保质期内提供的维修服务应按照或有事项准则确认为预计负债；

C设备应分摊的合同价格＝（15 000＋600）×15 000/（15 000＋100×5＋20×5）＝15 000（万元）；

保质期后5年提供维修服务应分摊合同价格＝（15 000＋600）×500/（15 000＋100×5＋20×5）＝500（万元）；

保质期后5年提供保养服务应分摊合同价格＝（15 000＋600）×100/（15 000＋100×5＋20×5）＝100（万元）；

销售的C设备在销售时确认为收入，而5年的维修和保养服务先确认为合同负债，然后分时段确认收入。

事项（4），甲公司销售D设备和授予客户奖励积分应该确认为两项单项履约义务；

积分的单独售价＝5×6 250×80%＝25 000（万元）；

分摊至商品的合同价格＝100 000×100 000/（100 000＋25 000）＝80 000（万元）；

分摊至积分的合同价格＝100 000×25 000/（100 000＋25 000）＝20 000（万元）；

甲公司因销售D设备应确认的质量保证费用＝100 000×（20%×1%＋10%×2%）＝400（万元）。

借：银行存款　113 000
　　贷：主营业务收入　80 000
　　　　合同负债　20 000
　　　　应交税费——应交增值税（销项税额）　13 000

借：销售费用　400
　　贷：预计负债　400

高频考点8：社会资本方对政府和社会资本合作（PPP）项目合同的会计处理★★★

双特征：（1）社会资本方在合同约定的运营期间内代表政府方使用PPP项目资产提供公共产品和服务；（2）社会资本方在合同约定的期间内就其提供的公共产品和服务获得补偿。

双控制：（1）政府方控制或管制社会资本方使用PPP项目资产必须提供的公共产品和服务的类型、对象和价格；（2）PPP项目合同终止时，政府方通过所有权、收益权或其他形式控制PPP项目资产的重大剩余权益。

（一）会计处理

社会资本方应当确定其身份是主要责任人还是代理人，确认合同资产。提供多项服务时应识别合同中的单项履约义务，将交易价格分摊至各项履约义务。

社会资本方应当按照借款费用的规定在PPP项目资产建造过程中进行会计处理。确认为无形资产的部分，社会资本方在相关借款费用满足资本化条件时，应当将其予以资本化，记入“PPP借款支出”科目，并在PPP项目资产达到预定可使用状态时，结转至无形资产。除此之外，社会资本方均应予以费用化，计入财务费用。

PPP项目资产达到预定可使用状态后，社会资本方应当按照收入的规定确认与运营服务相关的收入。同时，社会资本方不应当将PPP项目资产确认为固定资产。

社会资本方根据PPP项目合同约定，在项目运营期间，有权向获取公共产品和服务的对象收取费用，但收费金额不确定的，该权利不构成一项无条件收取现金的权利，应当在PPP项目资产达到预定可使用状态时，将相关PPP项目资产的对价金额或确认的建造收入金额确认为无形资产，并按照无形资产的有关规定进行处理（“无形资产模式”）。

（二）PPP 会计处理三种模式核算总结

模式	不同之处	相同之处
无形资产模式	①路面翻修计提预计负债： 借：主营业务成本 　　财务费用 　　贷：预计负债 ②确认资本化借款费用： 借：PPP 借款支出 　　贷：应付利息/长期借款等 ③运营期摊销无形资产： 借：主营业务成本 　　贷：累计摊销	建造期确认合同资产和建造服务收入、结转成本，运营期确认运营服务收入和成本： 借：合同资产 　　贷：主营业务收入 借：合同履约成本 　　贷：原材料、应付职工薪酬等 借：主营业务成本 　　贷：合同履约成本
金融资产模式	①针对合同资产确认融资成分（利息收入）： 借：合同资产 　　贷：财务费用等 ②确认路面翻修服务收入、成本： 借：合同资产 　　贷：主营业务收入 借：合同履约成本 　　贷：原材料、应付职工薪酬等 借：主营业务成本 　　贷：合同履约成本	建造期确认合同资产和建造服务收入，运营期确认运营服务收入和成本： 借：合同资产 　　贷：主营业务收入 借：合同履约成本 　　贷：原材料、应付职工薪酬等 借：主营业务成本 　　贷：合同履约成本
混合模式	①针对将来形成金融资产的合同资产确认融资成分（利息收入）： 借：合同资产 　　贷：财务费用等 ②计算金融资产部分在运营期内等额收回的金额，收回时做如下处理： 借：应收账款 　　贷：合同资产 借：银行存款 　　贷：应收账款 ③计算金融资产和无形资产部分分摊的比例，借款费用分摊给无形资产的部分资本化处理： 借：PPP 借款支出 　　贷：应付利息/长期借款等	建造期确认合同资产和建造服务收入，运营期确认运营服务收入和成本： 借：合同资产 　　贷：主营业务收入 借：合同履约成本 　　贷：原材料、应付职工薪酬等 借：主营业务成本 　　贷：合同履约成本

【提示】分拆的金融资产部分参照金融资产模式处理，金融资产部分的收入全部确认在建造期；分拆的无形资产部分参照无形资产模式处理，无形资产部分的收入一部分确认在建造期，一部分确认在运营期。

经典例题

【真题 · 2022 年】甲公司发生的有关交易或事项如下：（1）2×20 年 3 月 1 日向乙公司销售商品。因乙公司未按合同约定付款，甲公司向法院提起诉讼，要求乙公司支付货款 500 万元以及违约金 30 万元。截至 2×20 年 12 月 31 日法院尚未做出判决。（2）以前年度承接的一项建设和运营高速公路的 PPP 项目，自 2×20 年 1 月 1 日进入运营收费期，政府不对甲公司收取的车辆通行费提供保证，甲公司预计 5

年后需要对路面进行翻新发生费用600万元，路面翻新不构成单项履约义务。(3) 2×20年2月1日丙公司的银行借款到期，由于丙公司未按期还款。银行提起诉讼要求甲公司履行其担保责任。甲公司预计需要向银行赔偿1 000万元，2×21年2月18日法院做出终审判决，判定甲公司向银行赔偿1 200万元。甲公司2×20年度财务报告于2×21年3月15日经批准报出。不考虑货币时间价值及其他因素，甲公司2×20年12月31日的资产负债表中，应确认的负债金额是（　　）万元。

A. 1 070　　B. 1 320

C. 1 600　　D. 1 800

【答案】B

【解析】事项（1）不属于负债，属于或有资产，在基本确定的情况下确认为资产；事项（2）由于不构成单项履约义务，应确认预计负债600/5 = 120（万元）；事项（3）确认其他应付款1 200万元，甲公司资产负债表中应确认的负债金额 = 120 + 1 200 = 1 320（万元）。

进阶练习

（一）单项选择题

1. 甲公司为客户建造一栋办公楼，合同总造价为2 000万元，预计合同总成本为1 500万元，属于按时段确认收入的履约义务，2×22年末确认的累计履约进度为60%。2×23年初，客户提出变更原设计，按新设计施工需在原基础上增加成本100万元，收入可以增加300万元，经重新计算的2×22年末的履约进度为55%，下列说法正确的是（　　）。

A. 甲公司应将变更后合同作为新合同单独计算收入

B. 甲公司应将未完工部分的合同与合同变更部分组成新合同重新计算收入

C. 甲公司应将合同变更部分作为原合同组成部分，在变更日重新计算履约进度，调整当期收入与成本

D. 在合同变更日追溯调整2×22年收入65万元

2. A公司为建筑公司，2×22年与客户签订了一项总造价为900万元的办公楼建造合同，预计合同总成本为800万元。A公司负责工程的施工及全面管理，客户按照第三方工程监理公司确认的工程完工量，每年年末与A公司进行结算。2×22年3月1日，该工程开始进行建造，预计工期两年。至年末，共发生材料费用、建筑人员工资等290万元，预计尚需发生成本510万元；客户向甲公司结算工程款400万元，至年末已实际收到330万元。假定该建造工程整体构成单项履约义务，并属于在某一时段内履行的履约义务，该公司采用成本法确定履约进度，不考虑其他相关因素。甲公司2×22年的相关会计处理，表述不正确的是（　　）。

A. A公司发生材料费用、人工工资属于合同履约成本

B. A公司2×22年应确认合同收入330万元

C. A公司2×22年应结转合同成本290万元

D. A公司2×22年末合同结算科目贷方余额73.75万元应列示于合同负债项目

3. 交易价格发生后续变动的，下列做法正确的是（　　）。

A. 按合同开始日所采用的基础将该后续变动金额分摊至合同中的履约义务

B. 合同开始日后单独售价的变动也需重新在各项履约义务间分摊

C. 因合同变更导致的交易价格变动一律重新调整原收入

D. 因合同变更导致的交易变动全部作为新收入

4. 2×22年11月，甲公司与客户签订合

同，为客户装修一栋办公楼并安装电梯，合同总金额200万元，甲公司预计总成本为160万元，其中包括电梯成本60万元。2×22年12月电梯采购完成并交付安装，预计到2×23年3月能安装完成，电梯归客户所有。至2×22年12月末甲公司累计发生成本80万元，其中包括电梯的采购成本60万元以及采购电梯发生的运输成本10万元。假定该装修（包括安装电梯）构成单项履约义务，甲公司为主要责任人，采用成本法计算履约进度。甲公司2×22年12月末，下列履约进度算法正确的是（　　）。

A. 合同的履约进度为80/160＝50%

B. 合同的履约进度为（80－60）/（160－60）＝20%

C. 合同的履约进度为80/（160－60）＝80%

D. 合同的履约进度为（80－60）/160＝12.5%

5. 下列支出中，应记入“合同履约成本”科目是（　　）。

A. 为完成预期合同而耗费的材料

B. 非正常消耗的直接人工

C. 为取得合同而支付的销售佣金

D. 企业发生的管理费用

6. 甲公司为一家排球俱乐部，2×22年1月与乙公司签订合同，约定乙公司有权在未来两年内在其生产的水杯上使用甲公司球队的图标，甲公司收取固定使用费500万元，以及按照乙公司当年销售额的5%计算提成。乙公司预期甲公司会继续参加当地联赛，并取得优异成绩。乙公司2×22年实现销售收入200万元。假定不考虑其他因素，甲公司2×22年应确认收入的金额为（　　）万元。

A. 260　　B. 500

C. 10　　D. 250

7. 甲公司2×22年出售1 000张购物卡，每张面值100元，可在其所有营业网点购物。甲公司基于相关历史经验，预计此次发放的购物卡客户放弃行使权利的金额为总额的3%，即3 000元。2×22年，客户兑换了价值60 000元的购物卡，甲公司为一般纳税人，增值税税率为13%，则甲公司2×22年应确认的收入为（　　）元。

A. 100 000　　B. 61 800

C. 54 690　　D. 54 740

8. 甲建筑公司2×22年4月1日开始为客户建造一栋厂房，合同约定的价款为200万元。双方约定，当甲建筑公司不能在签订合同之日起4个月内完工时，须支付10万元的罚款，该罚款从合同价款中扣除。甲公司对合同结果估计为：工程按时完工的概率为90%，工程延期的概率为10%。假定上述金额不含增值税。该公司按时段确认收入，4月30日的履约进度为20%，甲公司在4月30日确认的收入为（　　）万元。

A. 40　　B. 36

C. 0　　D. 190

9. 甲公司为增值税一般纳税人。2×22年发生的有关交易或事项如下：（1）销售产品确认收入500万元，结转成本300万元；（2）持有的交易性金融资产当期公允价值下降50万元；（3）当期购入的以公允价值计量且其变动计入其他综合收益的金融资产期末公允价值上升100万元；（4）处置一台机器设备产生收益150万元；（5）由于精算假设变动导致之前计量的设定受益计划义务现值增加200万元；（6）长期股权投资因权益法调整取得收益300万元；（7）现金流量套期中有效套期100万元；（8）无形资产报废损失60万元。甲公司2×22年取得的营业利润为（　　）万元。

A. 940　　B. 540

C. 400　　D. 600

（二）多项选择题

1. 企业在客户取得商品控制权时确认收入，他们之间签订合同须满足的条件包括（　　）。

A. 合同各方已批准该合同并承诺履行各自义务

B. 合同明确了合同各方与所转让商品相

关的权利和义务

C. 该合同具有商业实质

D. 企业因向客户转让商品而有权取得的对价可能收回

2. 下列情形表明企业向客户转让商品的承诺与合同中的其他承诺不可明确区分的有（　　）。

A. 企业需提供重大的服务以将该商品与合同中承诺的其他商品进行整合，形成合同约定的某个或某些组合产出转让给客户

B. 该商品将对合同中承诺的其他商品予以重大修改或定制

C. 该商品与合同中承诺的其他商品具有高度关联性

D. 企业向客户转让一系列实质相同且转让模式相同的、可明确区分商品的承诺

3. 在确定交易价格时，有关非现金对价的下列做法正确的有（　　）。

A. 非现金对价按实收时的公允价值确定

B. 非现金对价按合同开始日的公允价值确定

C. 合同开始日后非现金对价的公允价值因对价形式以外的原因发生变动的应当作为可变对价计入交易价格

D. 合同开始日后非现金对价的公允价值因对价形式原因发生变动的应当作为可变对价计入交易价格

4. 企业销售时，如果存在应付客户对价的，其处理方法包括（　　）。

A. 冲减交易价格

B. 计入所购商品的成本

C. 超过所购商品成本的冲减交易价格

D. 在确认相关收入与支付客户对价两者孰早的时点冲减当期收入

5. 下列各项中，属于在某一时段内履行的履约义务的有（　　）。

A. 客户在企业履约的同时即取得并消耗企业履约所带来的经济利益

B. 客户能够控制企业在履约过程中在建的商品

C. 企业在履约过程中所产出的商品具有不可替代用途，且该企业在整个合同期间内有权就累计至今已完成的履约部分收取款项

D. 企业售出商品同时按法规要求附有 2 年的保修期

6. 下列各项有关某企业收入确认的会计处理，表述正确的有（　　）。

A. 销售 A 产品的合同，在本年末进行变更，增加了可明确区分的 B 商品及合同价款，且新增合同价款反映了 B 商品的单独售价，则企业应当分别按照各自售价和交付时间确认 A 商品和 B 商品销售收入

B. 销售 C 产品的同时也向客户提供该产品 1 年的法定质量保修服务，则企业应当分别将销售产品和法定质量保修服务作为单项履约义务，分别确认收入

C. 销售商品的同时向客户授予一项知识产权，该知识产权属于商品不可或缺组成部分的，应将授予知识产权和销售商品作为一项履约义务确认收入

D. 向客户销售储值卡并预计相当于储值卡面值 10% 的部分可能不会被使用，则企业应当在销售储值卡时，按照 90% 的面值金额确认储值卡销售收入

7. “售后代管商品”除具备客户取得商品控制权的判断迹象外，还应该同时满足（　　）条件才能表明客户取得了商品控制权。

A. 该安排具有商业实质

B. 属于客户的商品必须能够单独识别

C. 该商品可以随时交给客户

D. 该商品是通用的、可替换的

8. 企业应当将下列支出计入当期损益的有（　　）。

A. 与履约义务中已履行部分相关的支出

B. 无法在尚未履行的与已履行的履约义务之间区分的相关支出

C. 为履行当前合同所发生的材料费和人工费

D. 短期借款的利息

9. 附有客户额外购买选择权的销售行为，企业下列做法正确的有（　　）。

A. 提供重大权利的，应当作为单项履约义务

B. 提供非重大权利的可以直接将选择权纳入原合同

C. 企业应在客户实际支付价款与到期应支付款项孰晚时点，将该已收或应收的款项列示为合同负债

D. “合同负债”在资产负债表中作为流动负债列示

10. 甲公司与当地政府签订 PPP 项目合同，甲公司作为社会资本方负责污水处理厂的建设、运营和维护。PPP 项目合同期为 30 年，包括 2 年的建设期和 28 年的运营期。政府规定了每年处理污水的单价，政府不对甲公司未来能够收取的污水处理费提供保证。项目建设期自 2×20 年 1 月 1 日开工建造。至 2×21 年 12 月 31 日完工达到预定可使用状态。该项目由甲公司自行建造，为此，甲公司 2×20 年 1 月 15 日向银行借款 2 亿元用于该项目建造。不考虑其他因素，下列关于甲公司 PPP 项目会计处理的表述中，正确的有（　　）。

A. 建设期内借款费用计入当期损益

B. 建设期内按照已发生成本和合理的毛利率确认合同资产

C. PPP 项目资产达到预定可使用状态后按照已发生成本和合理的毛利率确认无形资产

D. 建设期内按照已发生成本和合理的毛利率确认建造服务收入

（三）计算分析题

1. 甲公司是一家啤酒生产企业，乙公司是一家连锁超市。

（1）甲公司与乙公司签订一项协议，协议约定甲公司每月向乙公司销售 1 000 箱啤酒，啤酒每箱 120 元，销售协议期限一年。为了补偿乙超市货架费用支出，于合同签订日支付乙超市 2 000 元。甲公司不取得货架的所有权，且无权决定啤酒放置的位置。

（2）乙公司销售限量版 A 款啤酒，每瓶售价为 10 元。为了推广限量版 A 款啤酒的销售，乙公司于 2×21 年 4 月 1 日至 2×21 年 9 月 30 日开展了如下活动：客户每购买 1 瓶 A 款限量版啤酒，可获得 1 积分。1 万积分可以免费兑换 1 000 瓶 A 款啤酒。自取得积分起，超过 6 个月未使用则自动失效。乙公司预计所有积分都能被兑换，每个积分价值 1 元。

客户 X 于 2×21 年 4 月 30 日通过银行转账方式支付了 6 万元，购买 6 000 瓶 A 款啤酒。2×21 年 5 月 31 日通过银行转账方式支付了 4 万元，购买 4 000 瓶 A 款啤酒，且于当日使用 1 万积分兑换了 1 000 瓶啤酒。

（3）乙公司销售 B 款啤酒，每瓶售价为 10 元。为推广销售 B 款啤酒，于 2×21 年 10 月 1 日到 2×22 年 3 月 31 日开展如下活动：购买 B 款啤酒数量超过 1 万瓶，在原价的基础上享受 9 折优惠。折扣通过银行转账方式支付。

客户 Y 于 2×21 年 10 月 20 日通过银行转账支付了 6 万元，购买了 6 000 瓶 B 款啤酒。乙公司根据历史数据分析，客户 Y 有 95% 的可能性会在活动期间继续购买，且预计其在活动期间的购买量将超过 1 万瓶。

要求：

（1）根据资料（1），请说明甲公司支付给乙超市补偿货架费用支出 2 000 元应如何进行会计处理？

（2）根据资料（2），请说明乙公司赠送的积分应如何确认收入，并编制该业务的会计分录。

（3）根据资料（3），请说明乙公司应如何确认收入，并编制该业务的会计分录。

2. 甲公司为电信服务运营企业。2×22 年度发生的有关交易或事项如下：

（1）2×22 年 11 月 1 日。甲公司与乙公司签订合同。合同约定：从合同签订的次月 1 日起甲公司为乙公司提供网络接入和运营服务；乙公司每月向甲公司支付服务费 200 万元，并同意在其游戏平台的页面上展示甲公司的品牌标识。乙公司在其运营的游戏平台的页面上提供类似品牌广告的收费为每月 50 万元。

（2）2×22 年 11 月 30 日，甲公司董事会批准了管理层提出的客户忠诚度计划，具体内容为：客户在甲公司消费价值满 100 元的通话服务后，甲公司将在下月向其免费提供价值 10 元的通话服务。2×22 年 12 月，客户共消费了价值 10 000 万元的通话服务（假定均符合下月享受免费通话服务的条件）。甲公司已收到全部的款项。

（3）2×22 年 12 月 10 日，甲公司推出预缴话费送手机活动，客户只需预缴话费 3 000 元。即可免费获得市价为 1 600 元，成本为 1 200 元的手机一部，并从参加活动的下月起未来 24 个月内每月享受价值 100 元，成本为 80 元的通话服务。当月共有 5 万名客户参与了此项活动。不考虑货币时间价值、相关税费及其他因素。

要求：根据资料（1）～（3），分别计算甲公司 2×22 年 12 月应确认的收入金额，说明理由，并编制与收入确认相关的会计分录（无须编制本年结转相关的会计分录）。

（四）综合题

1. 甲公司从事高速公路建设及相关设施服务，2×20 年发生的相关资料如下：

（1）2×20 年 1 月 1 日，甲公司与某地政府就当地某段高速公路的建设以及维护签订 PPP 项目合同，该项目的期限为 21 年，其中一年为建设期间，20 年为维护期间。甲公司按照政府标准，收取高速公路通行费用。在协议期满后，甲公司按照约定将高速公路无偿交给政府。

2×20 年项目建设期间，甲公司建造服务成本支出为 8 000 万元。该年年末，甲公司如期完成相关建设并按照标准投入使用。市场类似建造收入的成本加成率为 10%。

（2）甲公司为建设高速公路，占用了一笔一般长期借款，该借款年利率为 6%（等于实际利率），利息于每年末支付。2×20 年 1 月 1 日、7 月 1 日和 12 月 31 日分别支付给工程承包方高速公路的建设费为 2 000 万元、5 000 万元和 1 000 万元。

（3）2×21 年 1 月 1 日，甲公司与乙公司签订协议，约定共同出资设立丙公司，从事高速公路广告服务业务，协议期限为 10 年。协议约定，甲公司和乙公司分别出资 500 万元设立丙公司，丙公司的所有重大事项均需要甲公司和乙公司的共同批准。甲公司出资的 500 万元，用于广告配套设施的建设和维护，享有丙公司经营收入的 50%，建设资产归甲公司所有。乙公司负责丙公司的日常运营，享有丙公司经营收入的 50%，承担丙公司日常运营产生的所有费用、支出和损失。

2×21 年 1 月 1 日，甲公司通过银行转账向丙公司出资 500 万元，其中 400 万元于当年用于建设高速公路广告配套设施，剩余 100 万元用于协议期间的维护费用。2×21 年 6 月 10 日，甲公司完成配套设施建设，达到预计使用标准并投入使用。甲公司预计该设施的使用年限为 10 年，该资产采取年限平均法计提折旧，预计净残值为零。

（4）2×21 年 6 月 20 日，丙公司与客户签订高速公路广告服务协议，为该客户提供高速公路投放广告服务，该协议从 2×21 年 7 月 1 日起生效，服务期限为 5 年，该客户每年向丙公司支付 100 万元的固定服务费，并根据高速公路通行费收入的 1% 支付变动服务费。丙公司为了优惠首批客户，免除了该客户半年的固定服务费。2×21 年 7 月至 12 月期间，丙公司发生并由甲公司承担的高速公路广告设施维护费用为 10 万元。

甲公司 2×21 年取得高速公路通行费收入 9 000 万元，其中上半年 3 000 万元，下半年 6 000 万元，支付高速公路维护费用 5 800 万元。

其他资料：（1）所有收入和费用均通过银行转账进行结算。（2）本题不考虑相关税费和其他相关因素。

要求：

（1）根据资料（1）和资料（2），计算甲公司 2×20 年 PPP 项目建设期间的建造服务收入，编制甲公司与建造服务成本和收入相关的会计分录。

（2）根据资料（1）和资料（2），计算甲公司PPP项目期间的借款费用的资本化金额，编制甲公司与借款费用、PPP项目完工相关的会计分录。

（3）根据资料（3），从甲公司的会计处理角度，判断甲公司投资设立丙公司的性质，并说明理由，编制甲公司的相关会计分录。

（4）根据资料（3）和资料（4），计算2×21年甲公司的高速公路广告费收入，编制甲公司运营高速公路成本和收入的相关会计分录。

2. 甲公司产品销售政策规定，对初次购买其生产的产品的客户不提供价格折让，对于再次购买其生产的产品的客户，提供1%～5%的价格折让。2×22～2×23年甲公司发生的有关交易资料如下。

（1）2×22年7月10日，甲公司与乙公司签订的商品销售合同约定，甲公司向乙公司销售A产品500件。甲公司应于2×22年12月10日前交付，合同价格为每件25万元。乙公司于合同签订日预付合同价格的20%。

2×22年9月12日，甲公司与乙公司对上述合同签订的补充协议约定，乙公司追加购买A产品200件，追加价格为每件24万元。甲公司应于2×22年12月20日前交付。乙公司于补充协议签订日预付合同价格的20%。

甲公司对外销售A产品价格为每件25万元。

2×22年12月10日，乙公司收到700件A产品并验收合格入库，剩余款项（包括增值税）以银行存款支付。乙公司另以银行存款支付发生的运输费200万元，增值税18万元；发生运输保险费20万元，增值税1.2万元；发生入库前挑选整理费5万元和入库后整理费3万元。

（2）按照丙公司经营策略，丙公司拟采购一台大型机械设备，为此丙公司通过招标，甲公司中标，承接了丙公司的项目。

2×22年10月30日，甲公司与丙公司签订的大型机械设备采购合同约定，甲公司为丙公司生产的一台大型机械设备提供安装（假定该设备安装复杂，只能由甲公司提供），合同价格为15 000万元。甲公司应于2×23年9月30日前交货。2×22年11月5日，甲公司与丙公司又签订另一份合同，约定甲公司为丙公司建造的大型机械设备在交付丙公司后，需对大型机械设备进行重大改进，以实现与丙公司现有若干设备的整合，合同价格为3 000万元。甲公司应于2×23年11月30日前完成对该设备的重大修改。上述两份合同的价格均反映了市场价格。

2×22年11月10日，甲公司与丙公司签订的一份服务合同约定，甲公司在未来3年内为丙公司上述设备进行维护，合同价格为每年800万元。甲公司为其他公司提供类似服务的合同价格与该合同确定的价格相同。

设备及安装、修改、整合工作按合同的约定时间完成丙公司检验合格，并于2×23年12月1日投入生产使用。

（3）甲公司研究开发一项新型环保技术。该技术用于其生产的产品可以大大减少碳排放量。该新型环保技术于2×23年7月1日达到预定可使用状态，其中形成无形资产的成本为1 600万元，2×23年直接计入当期损益的研发费用为600万元。当地政府为补贴甲公司成功研发形成的无形资产，2×23年5月20日向甲公司拨付200万元补助。甲公司预计该新型环保技术形成的无形资产可使用10年，预计净残值为零，按直线法摊销。按企业所得税法规定，企业发生的研发费用加计扣除。研发费用直接计入当期损益的，按其实际发生费用加计100%在计算应纳税所得额时扣除；形成资产成本的，按实际发生成本加计100%的金额分10年、按直线法摊销的金额在计算应纳税所得额时扣除（不考虑净残值）。

其他资料：（1）甲公司和乙公司均为增值税一般纳税人；（2）上述合同均通过批准，满足合同成立的条件；（3）甲公司适用的增值税税率为

13%，所得税税率为25%；（4）合同价、售价均为不含税金额；（5）除资料（3）外，其他事项的会计处理与税法处理相同；（6）政府补助采用总额法核算，2×23 年初无形资产账面价值为零；（7）不考虑除增值税、所得税外其他相关税费。

要求：

（1）根据资料（1），判断甲公司与乙公司在原合同基础上签订补充协议，是否属于合同变更，说明处理方法、理由；判断甲公司确认销售A产品收入的方法、时点，说明理由；编制出售A产品的分录。

（2）根据资料（1），计算乙公司购入产品的成本总额和单位成本。

（3）根据资料（2），判断甲公司与丙公司分别签订的三份合同是否应合并，说明理由；合同合并后，判断每份合同有几项履约义务，并说明理由；如合同不合并，判断每份合同有几项履约义务。

（4）根据资料（3），判断无形资产 2×23 年7月1日账面价值与计税基础是否确认递延所得税并说明理由；计算 2×23 年 12 月 31 日账面价值和计税基础；说明政府补助的会计处理方法，并计算计入损益的金额。

进阶练习答案及解析

（一）单项选择题

1.【答案】C

【解析】该项合同变更商品不能单独区分，售价也无法单独区分，因此该项变更既不能作为新合同处理，也不能作为原合同终止及新合同订立，只能是将合同变更部分作为原合同的组成部分，在合并变更日，重新计算履约进度，并调整当期收入和相应成本。因此，只有选项C是正确的。

2.【答案】B

【解析】建造合同履约进度 = 290/800 × 100% = 36.25%，应确认合同收入 = 900 × 36.25% = 326.25（万元），应结转合同成本 = 800 × 36.25% = 290（万元），“合同结算”科目的余额为贷方 73.75 万元（400 − 326.25），应在资产负债表中作为合同负债列示。因此，选项B不正确。相关会计分录为：

借：合同履约成本　290
　贷：原材料、应付职工薪酬等　290

借：合同结算——收入结转　326.25
　贷：主营业务收入　326.25

借：主营业务成本　290
　贷：合同履约成本　290

借：应收账款　400
　贷：合同结算——价款结算　400

借：银行存款　330
　贷：应收账款　330

3.【答案】A

【解析】选项B单独售价的变动就由该项履约义务承担，不必在各项履约义务间分摊；选项D都是因合同变更引起的，要按合同变更要求去做。视合同变更的三种情况，可能需要调整原收入，也可能作为新收入，但不能绝对化。

4.【答案】B

【解析】企业采用成本法计算履约进度时，如果已发生的成本与企业履约义务不成比例，采用成本法时就不应该包括该成本，而是应当按照其成本金额确认收入。因此，在计算履约进度的分子和分母中都应该将该商品的成本扣除，并作为本期收入和本期费用。

5.【答案】A

【解析】选项A增加了合同未来经济利润的流入，应作为资产进行确认，计入合同履约成本；选项B与未来经济利益流入无关，应作为损失确认；选项C应作为合同取得成本；选项 D 作为期间费用处理。

6.【答案】A

【解析】甲公司授予乙公司的该使用权许可，属于在某一时段内履行的履约义务，其收取的 500 万元固定金额的使用费应在 2 年内平均确认收入，按照销售额 5% 计算的提成，应在乙公司销售实际完成时确认收入，则甲公司 2×22 年应确认的收入金额 =500/2+200×5% =260（万元）。

7.【答案】D

【解析】2×22 年甲公司应该确认收入 =（60 000+60 000×3 000/97 000）÷（1+13%）=54 740（元）。

8.【答案】A

【解析】本题的交易价格为可变对价。当合同仅有两个结果时，按照最可能发生金额估计可变对价金额，因此 4 月份的收入额为 200×20% =40（万元）。

9.【答案】D

【解析】根据营业利润的计算公式，甲公司 2×22 年的营业利润 =500－300－50+150+300=600（万元）。

（二）多项选择题

1.【答案】ABC

【解析】选项 D 错误的原因不是可能收回，而是很可能收回。

2.【答案】ABCD

【解析】这 4 种情况因为商品与承诺无法单独区分，不能将它们分拆成两项或多项履约义务，所以只能作为单项履约义务。

3.【答案】BC

【解析】选项 A 的确认时点不对，不是实收时，而是合同开始日；选项 D 因对价形式发生变化的，不计入交易价格，而应由其自身损益承担。

4.【答案】ABC

【解析】选项 D 错误的原因不是孰早，而是孰晚。

5.【答案】ABC

【解析】选项 A、B、C 都符合收入准则的规定；选项 D 属于按时点确认收入的情况，对于保修期来说，由于是按法规要求附带的，不能作为单项履约义务，只能按照或有事项准则处理。

6.【答案】AC

【解析】选项 B，提供法定质量维修服务是为了保证产品达到既定标准，不构成单项履约义务；选项 D，企业向客户预收销售商品款项的，应当首先将该款项确认为负债，待履行了相关履约义务时再转为收入，如果企业收取的预收款项无须退回，但是顾客可能会放弃合同权利的部分，应当按照顾客未来行使合同权利的模式按照比例将放弃部分确认为收入，并不是在销售储值卡时直接按照使用比例确认收入。

7.【答案】ABC

【解析】售后代管商品满足销售条件有一条就是企业不能自行使用该商品或将其提供给其他客户，如果商品是通用的，就很难保证这一条件的存在。因此如果售后代管商品是通用的、可替换的，则不能作为客户取得商品控制权来处理。

8.【答案】ABD

【解析】选项 A 的支出是为已完成义务发生的支出，不能给企业带来未来的经济利益，不形成资产，应确认为费用；选项 B 由于无法划分此项支出是为未来义务发生的还是为过去义务发生的，采用谨慎原则，计入费用；选项 C 是为当期义务发生的，会给企业带来经济利益，应计入成本；选项 D 短期借款利息应计入财务费用。

9.【答案】AB

【解析】选项 A 企业如果提供的是重大权利，要作为单项履约义务加以确认；选项 B 企业如果提供非重大权利，只需视作是原合同的组成部分，不必单独核算；选项 C 应按孰早的时点进行核算；选项 D 也可能作为非流动负债在“其他非流动负债”项目列示。

10.【答案】BD

【解析】本题为无形资产模式，建设期内

借款费用计入 PPP 借款支出，选项 A 错误；PPP 项目资产达到预定可使用状态后，按照已发生成本和合理的毛利率以及资本化的利息确认无形资产，选项 C 错误。

（三）计算分析题

1. 【答案及解析】

（1）该支出属于应付客户对价。因为该支出不取得货架的所有权，且无权决定啤酒放置的位置，所以该支出并非甲公司自客户乙超市取得其他可明确区分的商品，因此该支出应当全额冲减交易价格，后续甲公司履约时，冲减收入。

（2）该积分是在购买限量版 A 款啤酒的前提下取得的，且能够享受到超过该地区或该市场中其他同类客户所能够享有的折扣，属于向客户提供了一项重大权利，应当将积分作为单项履约义务。在这种情况下，客户在该合同下支付的价款实际上购买了两项单独的商品：一是客户在该合同下原本购买的限量版 A 款啤酒；二是奖励积分。企业应当将交易价格在这两项商品之间进行分摊。后续使用积分兑换啤酒时，确认收入。

4 月 30 日：

积分的单独售价为 6 000 元（1 元 × 6 000 个积分 × 兑换率 100%）

啤酒分摊的交易价格 = 60 000 × 60 000/(60 000 + 6 000) = 54 545.45（元）

积分分摊的交易价格 = 60 000 × 6 000/(60 000 + 6 000) = 5 454.55（元）

借：银行存款　　60 000
　贷：主营业务收入　　54 545.45
　　　合同负债　　5 454.55

5 月 31 日：

积分的单独售价为 4 000 元（1 元 × 4 000 个积分 × 兑换率 100%）

啤酒分摊的交易价格 = 40 000 × 40 000/(40 000 + 4 000) = 36 363.64（元）

积分分摊的交易价格 = 40 000 × 4 000/(40 000 + 4 000) = 3 636.36（元）

借：银行存款　　40 000
　贷：主营业务收入　　36 363.64
　　　合同负债　　3 636.36

使用 1 万积分兑换了 1 000 瓶 A 款啤酒：

借：合同负债
（5 454.55 + 3 636.36）9 090.91
　贷：主营业务收入　　9 090.91

（3）乙公司根据历史数据分析，估计客户 Y 在活动期间的采购量极可能超过 1 万瓶，满足在不确定性消除之后，累计已确认的收入将极可能不会发生重大转回的要求，因此，乙公司按照享受 9 折优惠后的金额确认收入 54 000 元（60 000 × 90%），预计将退回的折扣金额应计入预计负债。

借：银行存款　　60 000
　贷：主营业务收入　　54 000
　　　预计负债　　6 000

2. 【答案及解析】

资料（1）：甲公司 2 × 22 年 12 月应确认的收入金额 = 200 + 50 = 250（万元），注意 200 万元为双方按照净额结算的金额。

理由：企业存在应付客户对价的，应当将该应付对价冲减交易价格，但应付客户对价是为了自客户取得其他可明确区分商品的除外。企业应付客户对价是为了向客户取得其他可明确区分商品的，应当采用与企业其他采购相一致的方式确认所购买的商品。甲公司支付的广告费的对价是属于可明确区分的商品，所以这里支付的广告费不能冲减交易价格。

会计分录如下：

借：银行存款等　　250
　贷：主营业务收入　　250

借：销售费用　　50
　贷：银行存款　　50

资料（2）：甲公司估计该免费通话的单独售价为 10 000 × 10/100 = 1 000（万元）。

分摊至客户当月消费的通话服务的交易价格为 = 10 000/（10 000 + 1 000）× 10 000 = 9 090.91（万元）。

提供免费通话服务的交易价格 = 1 000/(10 000 + 1 000) × 10 000 = 909.09（万元）。

所以，甲公司2×22年12月应确认的收入金额＝10 000/（10 000＋1 000）×10 000＝9 090.91（万元）。

理由：企业应将交易价格分摊至免费通话服务履约义务，在客户未来行使购买选择权取得相关商品控制权时，或者该选择权失效时，确认相应的收入。相关的分录如下：

借：银行存款　10 000

　贷：主营业务收入　9 090.91

　　合同负债　909.09

资料（3）：分摊至手机的交易价格＝3 000×5×1 600/（1 600＋100×24）＝6 000（万元）。

分摊至话费的交易价格＝3 000×5×2 400/（1 600＋100×24）＝9 000（万元）。

甲公司2×22年12月应确认的收入金额＝3 000×5×1 600/（1 600＋100×24）＝6 000（万元）。

理由：企业向客户预收销售商品款项的，应当先将该款项确认为合同负债，待履行了相关履约义务时再转为收入，所以在2×22年12月应当确认手机对应的收入，但是话费取得的款项作为合同负债。

相关的分录如下：

借：银行存款(3 000×5)　15 000

　贷：主营业务收入　6 000

　　合同负债　9 000

借：主营业务成本　6 000

　贷：库存商品　6 000

（四）综合题

1.【答案及解析】

（1）甲公司2×20年PPP项目建设期间的建造服务收入＝8 000×（1＋10%）＝8 800（万元）；

相关会计分录如下：

2×20年1月1日

借：合同履约成本　2 000

　贷：银行存款　2 000

2×20年7月1日

借：合同履约成本　5 000

　贷：银行存款　5 000

2×20年12月31日

借：合同履约成本　1 000

　贷：银行存款　1 000

借：合同资产　8 800

　贷：主营业务收入　8 800

借：主营业务成本　8 000

　贷：合同履约成本　8 000

（2）甲公司PPP项目期间的借款费用的资本化金额＝(2 000＋5 000×6/12)×6%＝270（万元）。

借：PPP借款支出　270

　贷：应付利息　270

借：无形资产　9 070

　贷：合同资产　8 800

　　PPP借款支出　270

（3）甲公司投资设立丙公司的性质为共同经营。

理由：丙公司的所有重大事项均需要甲公司和乙公司的共同批准，说明丙公司属于甲公司和乙公司共同控制的合营安排，且按照相关协议，甲公司和乙公司作为投资方，拥有的是该项合营安排所持有资产份额的要求权，并基于其所承担的负债份额承担责任。

甲公司的相关会计分录如下：

借：在建工程　400

　贷：银行存款　400

借：长期待摊费用　100

　贷：银行存款　100

借：固定资产　400

　贷：在建工程　400

（4）2×21年甲公司的高速公路广告服务收入＝[（100×4.5）/5×（6/12）＋6 000×1%]×50%＝52.5（万元）。

相关会计分录为：

借：银行存款　52.5

　贷：主营业务收入　52.5

借：主营业务成本

　（400/10/2）20

　贷：累计折旧　20

借：主营业务成本　　　　10

　　贷：长期待摊费用　　　　10

甲公司运营高速公路成本和收入的相关会计分录：

借：银行存款　　　　9 000

　　贷：主营业务收入　　　　9 000

借：合同履约成本　　　　5 800

　　贷：原材料、应付职工薪酬等　　　　5 800

借：主营业务成本　　　　5 800

　　贷：合同履约成本　　　　5 800

借：主营业务成本　　　　453.3

　　贷：累计摊销（9070/20）453.3

2.（1）①属于合同变更。

处理方法：合同变更作为一项新的合同进行会计处理。

理由：该合同变更增加了200件A产品，售价每件24万元，并且新的售价24万元属于企业按照惯例向客户提供折扣而进行的调整，能够体现新增商品的单独售价。合同变更增加了可明确区分的商品及合同价款，且新增合同价款反映了新增商品单独售价的，合同变更部分作为单独合同进行会计处理。

②确认收入的方法：甲公司应对原合同中的500件产品，每件确认25万元的销售收入；对新合同中的200件产品，每件确认24万元的销售收入。

确认收入的时点：应于交付商品时确认收入。

理由：甲公司销售A商品属于在某一时点履行的履约义务，应于交付商品即商品法定所有者转移给客户时确认收入。

③甲公司会计分录：

2×22年7月10日：

借：银行存款

　　（25×500×20%）2 500

　　贷：合同负债　　　　2 500

2×22年9月12日：

借：银行存款

　　（24×200×20%）960

　　贷：合同负债　　　　960

2×22年12月10日：

借：银行存款

（25×500×80%＋24×200×80%＋17 300×13%）16 089

　　合同负债

　　（2 500＋960）3 460

　　贷：主营业务收入　　　　17 300

　　　　应交税费——应交增值税（销项税额）

　　　　（17 300×13%）2 249

（2）乙公司购入产品的成本总额＝500×25＋200×24＋200＋20＋5＝17 525（万元）。

单位成本＝17 525/（500＋200）＝25.04（万元）。

（3）①甲公司应该将前两份合同合并为一份合同进行会计处理。

理由：销售设备的合同与定制化重大修改的合同基于同一个商业目的签订的一揽子交易合同，应该合并为一份合同处理。维修保养合同作为一个单独的合同处理。

②第一份合同，存在一项单项履约义务。理由：设备的安装复杂，并且只能由甲公司提供，同时需对大型机械设备进行重大修改，以实现与丙公司现有若干设备的整合，因此应将设备、安装与整合服务合并为一个单项履约义务。

第二份合同，存在提供维护服务一项单项履约义务。

（4）①2×23年7月1日，账面价值与计税基础不一致形成的暂时性差异，不需要确认递延所得税。

理由：因该项无形资产并非产生于企业合并，同时在其初始确认时既不影响会计利润也不影响应纳税所得额，因此相关的暂时性差异不确认递延所得税。

2×23年12月31日，账面价值＝1 600－1 600/10/2＝1 520（万元），计税基础＝1 600×（1＋100%）－1 600×（1＋100%）/10/2＝3 040（万元）。

②政府补助属于与资产相关的政府补助，并且甲公司按照总额法核算，因此政府补助应于收到时先计入递延收益，然后在资产达到预定可使用状态后，在资产摊销的期间内分摊计入当期损益。

因政府补助计入当期损益的金额 = 200/10/2 = 10（万元）。

第十八章　政府补助

2023 年教材内容主要变化

本章教材内容新增了1道关于租金扶持补贴属于与收益相关的政府补助的例题，更正了递延收益列报的表述。

本章近五年考试高频考点分布

高频考点内容	年度及题型分布
政府补助的范围	2022 年单选题、2020 年单选题、2019 年综合题、2018 年单选题
两类政府补助的会计处理	2022 年单选题、2021 年单选题、2021 年综合题、2020 年多选题、2018 年单选题
政府补助的退回	2019 年多选题

高频考点精讲

本章的考点有政府补助的范围；政府补助的会计处理方法；与资产相关的政府补助的会计处理；与收益相关的政府补助的会计处理；政府补助的退回；特定业务的会计处理及政府补助的列报。

高频考点1：政府补助的范围★★

（一）政府补助的定义

政府补助是指企业从政府无偿取得货币性资产或非货币性资产。其主要形式包括：政府对企业的无偿拨款、税收返还、财政贴息，以及无偿给予非货币性资产等。

（二）政府补助的特征

政府补助具有如下特征：

（1）政府补助是来源于政府的经济资源。

（2）政府补助是无偿的。

政府如以企业所有者身份向企业投入资本，享有相应的所有权权益，政府与企业之间是投资者与被投资者的关系，属于互惠交易。

小贴士 本考点是政府补助确认和计量的基础，要根据政府补助的定义和特征掌握哪些事项是政府补助，哪些事项不是政府补助。

（1）直接免征、增加计税抵扣额、抵免部分税额等不涉及资产直接转移的经济资源，不适用政府补助准则。增值税出口退税不属于政府补助。

（2）部分减免税款需要按照政府补助准则进行会计处理。

如一般纳税人的加工型企业根据税法规定招用自主就业退役士兵，并按定额扣减的增值税。

企业从政府取得的经济资源，如果与企业销售商品或提供劳务等活动密切相关，且来源于政府的经济资源是企业商品或服务的对价或者是对价的组成部分，应当按照《企业会计准则第14号——收入》的规定进行会计处理，不适用政府补助准则。此知识点通常会出现在计算分析题和综合题中，要注意区分此种情况不属于政府补助，应该按照《企业会计准则第14号——收入》的规定进行会计处理。

经典例题

【真题·单选题】（2022）企业发生的下列各项交易或事项应作为政府补助进行会计处理的是（　　）。

A. 取得即征即退的增值税款

B. 免交当期应交企业所得税的20%

C. 政府为享有企业所有者权益份额，以所有者身份向企业投入资金

D. 企业将其拥有的土地使用权交还给政府而按公允价值取得的补偿款

【答案】A

【解析】直接免征、增加计税抵扣额、抵免部分税额等不涉及资产直接转移的经济资源，不适用政府补助准则，选项B错误；政府为享有企业所有者权益份额，以所有者身份向企业投入资金，不属于无偿的，不是政府补助，选项C错误；企业将其拥有的土地使用权交还给政府而按公允价值取得的补偿款，属于处置非流动资产，不是政府补助，选项D错误。

【真题·单选题】（2021）2×20年，甲公司发生的有关交易或事项如下：（1）2月1日，甲公司所在地政府与其签订的合同约定，甲公司为当地政府开发一套交通管理系统，合同价格500万元。该交通管理系统已于2×20年12月20日经当地政府验收并投入使用，合同价款已收存甲公司银行。（2）经税务部门认定，免征甲公司2×20年度企业所得税150万元。（3）甲公司开发的高新技术设备于2×20年9月30日达到预定可使用状态并投入使用，该设备预计使用10年，预计净残值为零，采用年限平均法计提折旧。为鼓励甲公司开发高新技术设备，当地政府于2×20年7月1日给予甲公司补助100万元。（4）收到税务部门退回的增值税额80万元。甲公司对政府补助采用总额法进行会计处理，不考虑相关税费及其他因素，下列关于甲公司2×20年度对上述交易或事项会计处理的表述中，正确的是（　　）。

A. 退回的增值税额作为政府补助确认为其他收益

B. 为当地政府开发的交通管理系统取得的价款作为政府补助确认为其他收益

C. 当地政府给予的开发高新技术设备补助款作为政府补助于2×20年确认5万元的其他收益

D. 免征企业所得税作为政府补助确认为其他收益

【答案】A

【解析】选项B，该交易是与政府互惠性交易，不属于政府补助。选项C，计入其他收益的金额为100/10×3/12＝2.5（万元）。选项D，通常情况下，直接减征、免征、增加计税抵扣额、抵免部分税额等不涉及资产直接转移的经济资源，不适用政府补助准则。

高频考点2：与资产相关的政府补助 ★★

与资产相关的政府补助，是指企业取得的、用于购建或以其他方式形成长期资产的政府补助。会计上有两种处理方法可供选择：

项目	内容	
总额法	取得时： 借：银行存款 　　贷：递延收益	资产使用期间： 借：递延收益 　　贷：其他收益
净额法	取得时： 借：银行存款 　　贷：递延收益	购入资产时： 借：递延收益 　　贷：固定资产

实务中存在政府无偿给予企业长期非货币性资产的情况，如无偿给予的土地使用权和天然起源的天然林等。对无偿给予的非货币性资产，企业应当按照公允价值或名义金额对此类补助进行计量。企业在收到非货币性资产时，应当借记有关资产科目，贷记“递延收益”科目，在相关资产使用寿命内按合理、系统的方法分期计入损益，借记“递延收益”科目，贷记“其他收益”等科目。对以名义金额（1元）计量的政府补助，在取得时计入当期损益。

小贴士 对于总额法：（1）如果企业先收资金再购建，则应在开始对相关资产计提折旧或摊销时将递延收益分期计入损益；（2）如果企业先购建再收到资金，则应在相关资产剩余使用寿命内按合理、系统的方法将递延收益分期计入损益；（3）相关资产在使用寿命结束时或结束前被处置（出售、转让、报废等），尚未分摊的递延收益余额应当一次性转入资产处置当期损益，不再予以递延。

对于净额法：将补助冲减相关资产账面价值，企业按照扣减了政府补助后的资产价值对相关资产计提折旧或进行摊销。

企业对某项经济业务选择总额法或净额法后，应当对该项业务一贯地运用该方法，不得随意变更。

经典例题

【真题·单选题】（2022）2×16年6月20日，甲公司购置的大型科研设备达到预定可使用状态，实际发生成本900万元，其中300万元以自有资金支付，另外600万元获得政府高新技术研发基金资助。取得该科研设备时，甲公司按其实际成本入账，并将获得的政府补助按总额法进行核算。该设备采用年限平均法计提折旧，预计使用10年，预计净残值为零。2×21年12月31日，甲公司出售该设备，取得价款500万元。不考虑相关税费及其他因素，甲公司2×21年度处置该设备对当期损益的影响金额是（　　）万元。

A. 95　　B. 200

C. 270　　D. 365

【答案】 D

【解析】 固定资产处置利得 $=500-(900-900\div10\times5.5)=95$（万元）；递延收益结转其他收益的金额 $=600-600\div10\times5.5=270$（万元），因此处置该设备对当期损益的影响金额 $=95+270=365$（万元）。

【真题·多选题】（2020）下列各项关于企业取得的政府补助会计处理的表述中，错误的有（　　）。

A. 财政直接拨付受益企业的贴息资金采用总额法进行会计处理

B. 总额法下在相关资产处置时尚未摊销完的与资产相关的政府补助继续按期摊销计入当期损益

C. 同时包含与资产相关部分和与收益相关部分的政府补助难以区分时，全部作为与资产相关的政府补助进行会计处理

D. 同时使用总额法和净额法对不同类别的政府补助进行会计处理

【答案】 ABC

【解析】 财政直接拨付受益企业的贴息资金采用净额法进行会计处理，所以选项A不正确；总额法下相关资产在使用寿命结束时或结束前被处置（出售、转让、报废等），尚未分

摊的递延收益余额应当一次性转入资产处置当期的损益，不再予以递延，所以选项 B 不正确；综合性项目政府补助同时包含与资产相关的政府补助和与收益相关的政府补助，企业需要将其进行分解并分别进行会计处理；难以区分的，企业应当将其整体归类为与收益相关的政府补助进行处理，所以选项 C 不正确。

高频考点 3：与收益相关的政府补助★

与收益相关的政府补助，是指除与资产相关的政府补助之外的政府补助。

项目	内容	
用于补偿企业以后期间的相关成本费用或损失	取得时： 借：银行存款 　　贷：递延收益	确认相关费用或损失期间： 总额法下： 借：递延收益 　　贷：其他收益/营业外收入 净额法下： 借：递延收益 　　贷：管理费用等
用于补偿企业已发生的相关成本费用或损失	取得时： 总额法下： 借：银行存款（其他应收款） 　　贷：其他收益 　　　　营业外收入 净额法下： 借：银行存款（其他应收款） 　　贷：管理费用等	

小贴士 对于与收益相关的政府补助，要区分是补偿以后期间的成本费用或损失还是补偿已发生的相关成本费用或损失。只有补偿以后期间的相关成本费用或损失的才能先计入递延收益，以后再计入当期损益或冲减相关成本。

名师解惑

请问企业对于政府补助都可以自行选择总额法或净额法进行核算吗？

对于增值税的先征后返和经营亏损的补贴必须用总额法进行核算，财政贴息必须用净额法核算。除了上述政府补助以外的其他政府补助企业可以自行选择采用总额法还是净额法进行核算。但是需要注意对于同一个政府补助项目不能同时采用总额法和净额法进行核算。

经典例题

【真题·单选题】（2021）2×20 年，甲公司发生的有关交易或事项如下：（1）2 月 1 日，甲公司所在地政府与其签订的合同约定，甲公司为当地政府开发一套交通管理系统，合同价格 900 万元。该交通管理系统已于 2×20 年 12 月 20 日经当地政府验收并投入使用，合同价款已收存甲公司银行；（2）经税务部门认定，免征甲公司 2×20 年度企业所得税 150 万元；（3）甲公司开发的高新技术设备于 2×20 年 9 月 30 日达到预定可使用状态并投入使用，该设备预计使用 10 年，预计净残值为零，采用年限平均法计提折旧。为鼓励甲公司开发高新技术设备，当地政府于 2×20 年 7 月 1 日给予甲公司补助 100 万元；（4）收到税务部门退回的增值税额 80 万元。甲公司对政府补助采用总额法进行会计处理，不考虑相关税费及其他因素，下列各项关于甲公司 2×20 年度对上述交易或事项会计处理的表述中，正确的是（　　）。

A. 免征企业所得税作为政府补助确认为

其他收益

B. 退回的增值税额作为政府补助确认为其他收益

C. 为当地政府开发的交通管理系统取得的价款作为政府补助确认为其他收益

D. 当地政府给予的开发高新技术设备补助款作为政府补助于2×20年确认5万元的其他收益

【答案】B

【解析】选项A错误，免征企业所得税不涉及资产直接转移的经济资源，不适用政府补助准则；选项B正确，即征即退的增值税，先按规定交纳增值税，然后根据退回的增值税额，借记“银行存款”等科目，贷记“其他收益”科目；选项C错误，企业从政府取得的经济资源，如果与企业销售商品或提供劳务等活动密切相关，且来源于政府的经济资源是企业商品或服务的对价或者是对价的组成部分，应当按照《企业会计准则第14号——收入》的规定进行会计处理，不适用政府补助准则。当地政府开发的交通管理系统取得的价款应按收入准则确认；选项D错误，总额法下，按照补助资金的金额借记有关资产科目，贷记“递延收益”科目；然后在相关资产使用寿命内按合理、系统的方法分期计入损益，设备于2×20年9月30日达到预定可使用状态并投入使用，应确认2.5万元其他收益。

【例题·多选题】下列关于政府补助的表述中，不正确的有（　　）。

A. 采用总额法核算的政府补助，无论是与资产相关的政府补助还是与收益相关的政府补助，只要满足政府补助确认条件，均可以确认递延收益

B. 与收益相关的政府补助，客观情况通常表明企业能够满足政府补助所附条件，企业应当将补助确认为递延收益，并在确认相关费用和损失的期间，计入当期损益或冲减相关成本

C. 难以区分的综合性项目政府补助，企业应当将其整体归类为与收益相关的政府补助进行处理

D. 企业收到政府无偿给予的非货币性资产时，应当按照账面价值借记有关资产科目

【答案】ABD

【解析】选项A，对于与收益相关的政府补助，只有补偿企业以后期间的相关成本费用或损失的，在满足政府补助所附条件时，才可以计入递延收益，所以选项A、B表述均不正确；选项C，难以区分的综合性项目政府补助，企业应当将其整体归类为与收益相关的政府补助进行处理；选项D，企业收到政府无偿给予的非货币性资产时，应当按照公允价值借记有关资产科目。

高频考点4：政府补助的退回★

对于政府补助的退回应当分别下列情况进行会计处理：（1）初始确认时冲减相关资产成本的，应当调整资产账面价值；（2）存在尚未摊销的递延收益的，冲减相关递延收益账面余额，超出部分计入当期损益；（3）属于其他情况的，直接计入当期损益。此外，对于属于前期差错的政府补助退回，应当按照前期差错更正进行追溯调整。

小贴士 发生政府补助退回的，应将原取得政府补助时进行的账务处理进行冲减。因为取得政府补助时，如果当时贷记递延收益账户，所以退回政府补助时，借记递延收益账户，并且把原计入其他收益账户的金额冲减，借记其他收益账户。如果取得时冲减资产账面价值的，应当将原冲减的资产账面价值进行恢复。初始确认时冲减相关成本费用或营业外支出的以及初始确认时计入其他收益或营业外收入的，发生退回时直接计入当期损益。

经典例题

【真题·多选题】（2019）下列各项关于已确认的政府补助需要退回的会计处理的表述中，正确的有（ ）。

A. 初始确认时冲减资产账面价值的，调整资产账面价值

B. 初始确认时冲减相关成本费用或营业外支出的，直接计入当期损益

C. 初始确认时计入其他收益或营业外收入的，直接计入当期损益

D. 初始确认时确认为递延收益的，冲减相关递延收益账面余额，超过部分计入当期损益

【答案】ABCD

【解析】政府补助退回的，应按以下规定进行处理：（1）初始确认时冲减相关资产账面价值的，调整资产账面价值；（2）存在相关递延收益的，冲减相关递延收益账面余额，超出部分计入当期损益；（3）属于其他情况的，直接计入当期损益。选项A、B、C、D均正确。

【例题·多选题】甲公司为增值税一般纳税人，为采用新技术生产更为先进的环保设备，于2×22年4月1日起对某条生产线进行更新改造。甲公司更新改造该生产线属于国家鼓励并给予补助的项目，经甲公司申请，于12月10日得到相关政府部门批准，可获取政府补助3 000万元，并于12月15日收到政府补贴款。该生产线的原值为20 000万元，已计提折旧13 000万元，旧设备的账面价值为600万元（假定无残值），新安装设备的购进成本为15 000万元；在更新改造期间，发生人工费用90万元；领用本公司原材料一批，成本为100万元，购入时的增值税为进项税13万元，该批材料公允价值120万元；相关支出均通过银行转账支付。生产线更新改造项目于2×21年12月20日达到预定可使用状态，新生产线的预计使用寿命为10年，采用直线法计提折旧，无残值。假设2×22年6月30日，有关部门在对甲企业的检查中发现，甲企业不符合申请补助的条件，要求甲企业退回补助款，甲企业当月即退回补助款。甲公司采用净额法对政府补助进行相关会计处理，假定不考虑其他因素，下列说法中正确的有（ ）。

A. 更新改造后的生产线的入账价值为21 590万元

B. 该政府补助属于与收益相关的政府补助

C. 由于政府补助退回导致的固定资产账面价值调整数为3 000万元

D. 实际退回的政府补助金额和固定资产账面价值调整数的差额应计入当期损益

【答案】AD

【解析】选项A正确，更新改造后的生产线的入账价值 =（20 000 − 13 000）− 600 + 15 000 + 90 + 100 = 21 590（万元）；选项B错误，甲公司获取政府补助用于补偿生产线更新改造发生的支出，属于与资产相关的政府补助；选项C错误，固定资产账面价值调整数 = 3 000 −（3 000/10 × 1/2）= 2 850（万元）；选项D正确，实际退回的政府补助金额和固定资产账面价值调整数的差额应计入当期损益，本题中，应计入制造费用150万元。

高频考点5：特定业务的会计处理 ★★

（一）综合性项目政府补助

综合性项目政府补助同时包含与资产相关的政府补助和与收益相关的政府补助，企业需要将其进行分解并分别进行会计处理；难以区分的，企业应当将其整体归类为与收益相关的政府补助进行处理。

（二）政策性优惠贷款贴息

企业取得政策性优惠贷款贴息的，应当区分财政将贴息资金拨付给贷款银行和财政将贴息资金直接拨付给企业两种情况，分别进行会计处理。

项目	财务处理
1. 财政将贴息资金拨付给贷款银行 这种方式下，受益企业按照优惠利率向贷款银行支付利息，没有直接从政府取得利息补助，企业可以选择下列方法之一进行会计处理	（1）以实际收到的金额作为借款的入账价值。 取得借款： 借：银行存款 　　贷：长期借款——本金（实际收到金额） 计息： 借：在建工程 　　贷：应付利息 （2）以借款的公允价值作为借款的入账价值。 取得借款： 借：银行存款 　　长期借款——利息调整 } 借款公允价值 　　　　贷：长期借款——本金 } 　　　　　　递延收益（实际收到的金额与借款公允价值的差额） 计息： 借：在建工程 　　贷：应付利息 　　　　长期借款——利息调整 借：递延收益 　　贷：在建工程（按实际利率法摊销递延收益）
2. 财政将贴息资金直接拨付给受益企业 财政将贴息资金直接拨付给受益企业，企业先按照同类贷款市场利率向银行支付利息，财政部门定期与企业结算贴息。在这种方式下，由于企业先按照同类贷款市场利率向银行支付利息，所以实际收到的借款金额通常就是借款的公允价值，企业应当将对应的贴息冲减相关借款费用	取得借款： 借：银行存款 　　贷：长期借款——本金 计息： 借：在建工程 　　贷：应付利息 借：其他应收款 　　贷：在建工程

小贴士 财政将贴息资金拨付给贷款银行的第二种会计处理方法中，按企业实际支付的现金流量的现值作为长期借款的入账价值，通过“长期借款——本金”和“长期借款——利息调整”两个科目进行核算。合同贷款金额和长期借款入账价值的差额计入递延收益，在贷款存续期间内采用实际利率法摊销，冲减借款费用。

经典例题

【真题·多选题】（2020）下列各项关于企业取得的政府补助会计处理的表述中，错误的有（　　）。

A. 财政直接拨付受益企业的贴息资金采用总额法进行会计处理

B. 总额法下在相关资产处置时尚未摊销完的与资产相关的政府补助继续按期摊销计入当期损益

C. 同时包含与资产相关部分和与收益相关部分的政府补助难以区分时，全部作为与资产相关的政府补助进行会计处理

D. 同时使用总额法和净额法对不同类别的政府补助进行会计处理

【答案】ABC

【解析】财政直接拨付受益企业的贴息资金采用净额法进行会计处理，所以选项A不正确；总额法下相关资产在使用寿命结束时或结束前被处置（出售、转让、报废等），尚未分摊的递延收益余额应当一次性转入资产处置当期的损益，不再予以递延，所以选项B不正确；综合性项目政府补助同时包含与资产相关的政府补助和与收益相关的政府补助，企业需要将其进行分解并分别进行会计处理；难以区分的，企业应当将其整体归类为与收益相关的政府补助进行处理，所以选项C不正确。

【例题·单选题】下列表述中，错误的是

（　　）。

A. 不论是财政将贴息资金拨付给贷款银行还是拨付给企业，最终的受益人都是企业

B. 企业取得政策性优惠贷款贴息时，以实际收到的金额或借款的公允价值两种方法作为借款的入账价值进行会计处理时，长期借款在资产负债表中反映的账面价值相同

C. 财政将贴息资金拨付给受益企业时，实际收到的借款金额通常就是借款的公允价值

D. 财政将贴息资金拨付给贷款银行并且企业以借款的公允价值作为借款的入账价值进行会计处理时，借款费用应按照实际利率计算而非按照优惠利率计算

【答案】B

【解析】选项 B，企业以实际收到的金额或借款的公允价值两种方法作为借款的入账价值进行会计处理时，长期借款在资产负债表中反映的账面价值是不同的，以借款的公允价值作为入账价值进行会计处理时有递延收益的问题存在。

进阶练习

（一）单项选择题

1. 下列关于政府补助说法不正确的是（　　）。

A. 取得与资产相关的政府补助，表现为非货币性资产的，企业应当在实际取得资产并办妥受让手续时按公允价值确认与计量

B. 与资产相关的政府补助会计处理时一定会计入递延收益账户

C. 与收益相关的政府补助会计处理时一定会计入递延收益账户

D. 综合性项目政府补助难以区分的，企业应当将其整体归类为与收益相关的政府补助进行会计处理

2. 甲公司为高新技术产业公司。适用增值税先征后返政策。2×22 年 3 月 31 日，甲公司收到政府即征即退的增值税额 200 万元。2×22 年 3 月 15 日，甲公司收到当地财政部门为支持其购买实验设备拨付的款项 120 万元，2×22 年 6 月 28 日，甲公司购买不需要安装的实验设备一台并投入使用。实际成本为 360 万元，资金来源为财政拨款及其自有资金，该设备采用年限平均法计提折旧，预计使用 10 年。预计无净残值，甲公司采用净额法核算政府补助。不考虑其他因素，甲公司 2×22 年度因政府补助应确认的收益是（　　）万元。

A. 206　　B. 209

C. 200　　D. 218

3. 关于企业与政府发生交易，下列会计处理中正确的是（　　）。

A. 政府通过招标定制开发某软件系统，政府支付交易对价，软件开发公司中标后开发该软件系统，软件开发公司应当按照收入确认的原则进行会计处理

B. 政府向企业债务豁免，企业将其确认为政府补助

C. 政府对企业出口货物增值税出口退税，企业将其确认为政府补助

D. 一般纳税人的加工型企业根据税法规定招用自主就业退役士兵，按定额扣减增值税的，企业不能将其确认为政府补助

4. 大华公司为增值税一般纳税人，2×22 年 7 月 15 日取得财政拨款 400 万元，用于购买专利技术。同日购入专利技术取得增值税专用发票注明的价款 1 000 万元，增值税税额 130 万元，甲公司预计该技术使用年限为 5 年，无净残值，采用直线法摊销。2×24 年 12 月 31 日该专利技术被其他先进技术替代，提前报废。甲公司采用总额法核算政府补助，不考虑其他因素，则 2×24 年 12 月份甲公司因该专利技术提前报废对损益的影响金额为（　　）万元。

A. 200　　B. 700

C. 765　　D. 0

5. 2×20 年 1 月 5 日，政府拨付 A 企业

900万元财政拨款（同日到账），要求用于购买大型科研设备1台用于某科研项目，该项目2×20年处于研究阶段。2×20年1月31日，A企业购入大型设备（假设不需安装）并于当月投入使用，实际成本为960万元，其中60万元以自有资金支付，预计使用寿命为10年，预计净残值为零，采用年限平均法计提折旧。假定不考虑其他因素，企业采用总额法核算政府补助。上述业务影响2×20年度利润总额的金额为（　　）万元。

A. －82.5　　B. －5.5

C. －170.5　　D. －88

6. 甲公司在2×22年6月20日收到政府补助1 500万元，一部分用于为甲公司研究项目购置一台实验设备，一部分用于对该研究项目的人才激励和人才引进奖励。甲公司必须按规定使用该笔资金，并选择总额法进行会计处理。甲公司于2×22年12月、2×23年12月和2×24年12月使用了900万元、200万元、400万元用于购买实验设备和为高管发放奖金。下列会计处理中正确的是（　　）。

A. 2×22年12月应确认固定资产900万元

B. 2×22年12月应借记递延收益900万元，贷记其他收益900万元

C. 2×23年12月花费政府补助资金应借记递延收益200万元，贷记管理费用200万元

D. 对于政府补助的三次使用均应借记递延收益，贷记管理费用

7. 2×22年1月20日，甲房地产开发公司以出让方式取得一宗土地使用权，实际成本为700万元，预计使用年限70年。2×22年3月1日，甲公司在上述地块上开始建造商业设施，建成后作为自营住宿、餐饮的场地。2×22年10月15日，商业设施达到预定可使用状态，建造期间，发生人工费2 000万元，领用本公司原材料成本1 000万元，购进时的进项税130万元。该商业设施预计使用年限20年，采用年限平均法计提折旧，无残值。因建造的商业设施部分具有公益性质，甲公司于2×22年6月1日收到国家拨付的补助资金60万元。但有关部门在2×23年6月30日检查时发现，甲企业并未将原认定为具有公益性质的商业设施部分用于公益，要求甲企业退回补助款，假定甲公司采用总额法对政府补助进行核算，则下列各项中，正确的是（　　）。

A. 甲公司应在2×22年10月15日确认递延收益60万元

B. 甲公司因政府补助退回冲减其他收益2万元

C. 2×22年度因政府补助而确认的其他收益为1.5万元

D. 取得该土地使用权时支付的金额700万元计入房地产开发成本

8. 关于政策性优惠贷款贴息的表述中不正确的是（　　）。

A. 财政将贴息资金拨付给贷款银行时，以借款的公允价值作为借款的入账价值并按照实际利率法计算借款费用，实际收到的金额与贷款入账价值之间的差额确认为财务费用

B. 财政将贴息资金直接拨付给受益企业，企业实际收到的借款金额通常就是借款的公允价值

C. 企业取得政策性优惠贷款贴息用来建造固定资产的，财政将贴息资金直接拨付给受益企业的，企业在建造期间应将对应的贴息冲减在建工程成本

D. 企业应在附注中披露计入递延收益的政府补助的明细表

（二）多项选择题

1. 下列各项关于企业取得的政府补助会计处理的表述中，正确的有（　　）。

A. 企业收到来自政府新能源汽车补助款属于政府补助

B. 政府以投资者身份向企业投入资本属于政府补助

C. 净额法下，收到的人才引进奖励金应冲减管理费用

D. 已确认的政府补助需要退回的，初始确认冲减相关资产账面价值的，调整资产账面价值

2. 甲公司是一家软件开发公司，2×22 年 1 月 6 日，政府拨付 480 万元给甲公司要求用于购买大型设备用于某项科研项目。2×22 年 1 月 28 日甲公司购入不需要安装的大型设备，实际成本 600 万元，其中 120 万元以自有资金支付，预计使用寿命 20 年，无净残值，采用年限平均法计提折旧。不考虑其他因素，根据上述内容，下列表述正确的有（　　）。

A. 采用总额法计算 2×22 年对该设备计提折旧 27.5 万元

B. 采用净额法计算 2×22 年对该设备计提折旧 5.5 万元

C. 采用总额法计算上述业务对 2×22 年利润总额的影响金额是 -5.5 万元

D. 采用净额法计算上述业务对 2×22 年利润总额的影响金额是 -5.5 万元

3. 2×22 年 2 月，甲公司需购置一台环保设备，预计共需资金 6 000 万元，因资金不足，按照相关规定，甲公司向有关部门提出补助 2 160 万元的申请。2×22 年 3 月 1 日，政府相关部门批准了甲公司的申请并拨付了 2 160 万元财政拨款，同日到账，甲公司采用总额法核算政府补助。2×22 年 4 月 30 日，甲公司购入环保设备并投入使用，实际成本为 3 600 万元，使用寿命为 5 年，预计净残值为零，采用年限平均法计提折旧。2×24 年 4 月 30 日，甲公司将该设备出售，取得价款 2 400 万元，支付相关费用 30 万元，不考虑相关税费等因素，则下列说法中正确的有（　　）。

A. 甲公司收到政府补助时应确认当期递延收益 2 160 万元

B. 收到的政府补助自 2×22 年 4 月 30 日起开始摊销并计入损益

C. 处置环保设备时，尚未分摊的递延收益余额为 1 296 万元

D. 甲公司因处置该环保设备影响营业外收入的金额为 210 万元

4. 下列各项关于政府补助的说法中，正确的有（　　）。

A. 在总额法下，收到政府补助款最终全额确认为收益

B. 在总额法下，如果对应的长期资产在持有期间发生减值损失，递延收益的摊销仍保持不变，不受减值因素的影响

C. 在总额法下，如果企业先收资金再购建，则应在相关资产剩余使用寿命内按合理、系统的方法将递延收益分期计入损益

D. 与企业日常活动无关的政府补助，计入营业外收入

5. 下列有关与资产相关的政府补助，采用总额法核算的说法中，正确的有（　　）。

A. 与资产有关的政府补助，从资产达到预定可使用状态时起，在资产使用寿命内分期平均计入各期损益

B. 与资产相关的政府补助，收到时确认为递延收益，并从当月起分期平均计入各期损益

C. 与资产相关的政府补助，企业应当在实际取得资产并办妥相关受让手续时按照其公允价值确认和计量，公允价值不能可靠取得的，按照名义金额 1 元计量

D. 企业收到与资产相关的政府补助，一定会影响收到补助当期的损益

6. 下列各项与资产相关的政府补助会计处理的表述中，正确的有（　　）。

A. 总额法下企业提前处置使用无须退回的政府补助购建的固定资产，尚未摊销完毕的递延收益应当转入当期损益

B. 总额法下企业收到政府补助时确认递延收益，在相关资产使用寿命内按合理、系统的方法分期转入损益

C. 净额法下企业在购入相关资产时，应将原已收到并确认递延收益的政府补助冲减所购资产账面价值

D. 净额法下企业已确认的政府补助退回时，应当调整相关资产的账面价值

7. 2×21 年度，甲公司及其子公司发生的交易或事项如下：（1）子公司乙是上市公司，甲公司是乙公司的控股股东。3 月 1 日，乙公司与甲公司及其所在地人民政府达成三方协议，由甲公司先支付给政府 3 000 万元，再由政府以政府补助的形式支付给乙公司。4 月 1 日，乙公司收到了政府拨付资金 3 000 万元。（2）甲公司 2×21 年 11 月份遭受重大自然灾害，并于 2×21 年 12 月 20 日收到了政府补助资金 200 万元。甲公司采用净额法核算政府补助。不考虑其他因素，下列各项关于上述交易或事项会计处理的表述中，正确的有（　　）。

A. 乙公司将收到政府拨付的 3 000 万元计入递延收益

B. 甲公司因自然灾害损失收到的政府补助资金属于与收益相关的政府补助

C. 2×21 年甲公司确认营业外收入 200 万元

D. 上述业务对甲公司 2×21 年度损益的影响金额为 200 万元

8. 下列关于政府补助的表述中，错误的有（　　）。

A. 对于购建综合性项目而取得的政府补助，应按照政府的拨款方式和要求进行核算

B. 采用总额法进行会计处理的政府补助，如果对应的固定资产在持有期间发生减值损失，只要减值后固定资产剩余使用年限不变，递延收益就不需要相应进行调整

C. 一般纳税人增值税即征即退可以用净额法和总额法两种方法进行会计处理

D. 关于企业取得针对综合性项目的政府补助，难以区分为与资产相关和与收益相关的，应将政府补助整体归类为与资产相关的政府补助

9. 下列各项关于政策性优惠贷款贴息的表述中，正确的有（　　）。

A. 企业取得政策性优惠贷款贴息且财政将贴息资金拨付给贷款银行的，受益企业是没有直接从政府处取得利息补助的

B. 财政将贴息资金拨付给贷款银行时可以以实际收到的金额或借款的公允价值两种方法作为借款的入账价值进行会计处理，这两种方法下计入在建工程的利息支出是不一致的

C. 企业取得政策性优惠贷款贴息时，贷款期间利息费用若满足资本化条件，应计入相关在建工程的成本

D. 企业取得政策性优惠贷款贴息且财政将贴息资金拨付给企业的，应采用净额法核算

（三）计算分析题

甲企业为生产企业，2×22～2×27 年发生的有关交易和事项如下：

（1）2×22 年 4 月，甲公司购置一台环保设备，支付价款 6 000 万元，增值税为 780 万元，设备购入后立即投入使用，该设备使用年限为 10 年，采用直线法计提折旧，预计净残值率为 2%。2×24 年 5 月，政府补助政策进行调整，甲企业满足申请政府补助条件，就购买环保设备事宜向政府申请补助资金 3 000 万元，当月政府补助资金到账，企业采用总额法核算政府补助。2×25 年 12 月 31 日，该设备的可收回金额为 3 800 万元，企业重新估计该固定资产的剩余使用寿命为 5 年，折旧方法与预计净残值不变。

（2）2×26 年 12 月甲企业将设备出售，取得价款 3 100 万元（不含税），增值税额为 13%。

（3）政府于 2×23 年 5 月向甲企业提供 1 000 万元奖励资金，用于企业人才引进，同时规定，甲企业自获得奖励起 10 年内注册地址不得迁离本区，否则政府有权收回奖励资金。甲企业分别于 2×23 年 12 月、2×24 年 12 月使用了 600 万元、400 万元用于奖励引进的高管人才。

（4）2×27 年有关部门对甲企业的检查中发现，甲企业不符合申请补助的条件，要求甲企业退回资料（1）中的补助款。

要求：

（1）根据资料（1）计算该设备减值金额

并做出相应的账务处理；做出取得政府补助及2×26年和政府补助有关的会计处理。

（2）根据资料（2）计算固定资产处置损益，并做出和政府补助有关的会计处理。

（3）说明资料（1）和资料（3）涉及的政府补助类型。说明资料（3）的会计处理原则。

（4）作出资料（3）~（4）的会计处理。

进阶练习答案及解析

（一）单项选择题

1.【答案】C

【解析】选项C，与收益相关的政府补助，用于补偿以后期间相关成本费用或损失的，能够满足政府补助所附条件，会计处理时计入递延收益账户，用于补偿已发生的相关成本费用或损失的，直接计入当期损益或冲减相关成本，不需要计入递延收益账户。

2.【答案】C

【解析】净额法下，与资产相关的政府补助冲减资产的价值，不确认为收益。甲公司2×22年度因政府补助应确认的收益为增值税返还款200万元，选项C正确。

3.【答案】A

【解析】政府通过招标定制开发某软件系统，政府支付交易对价，获得软件产权，是互惠交易，应根据收入准则确认收入和成本，选项A正确；选项B属于债务重组；选项C不属于政府补助；选项D属于政府补助。

4.【答案】B

【解析】无形资产报废时，使用两年半，摊销了500万元，还有500万元没有摊销，计入营业外支出。同时，递延收益中有200万元没有转入其他收益，无形资产报废时，一次性转入其他收益200万元，所以对损益的影响为200+500=700（万元），选项B正确。

5.【答案】B

【解析】2×20年该设备计提折旧计入管理费用的金额=960/10/12×11 = 88（万元），递延收益摊销计入其他收益的金额 = 900/10/12×11 = 82.5（万元），上述业务影响2×20年度利润总额的金额 = 82.5 − 88 = −5.5（万元）。

6.【答案】B

【解析】本题政府补助的1 500万元，由于难以区分与资产相关和与收益相关的具体金额，因此全部作为与收益相关的政府补助进行会计处理。甲公司选择用总额法进行会计处理，本例中与收益相关的政府补助属于用于补偿企业以后期间的相关成本费用或损失，因此三次使用政府补助资金的会计处理均为借记递延收益，贷记其他收益。

7.【答案】B

【解析】选项A错误，甲公司在取得与资产相关的政府补助时应计入递延收益，即2×22年6月1日；选项B正确，甲公司因政府补助退回冲减其他收益=60/20/12×2+60/20/2=2（万元）；选项C错误，2×22年10月15日商业设施达到预定可使用状态，因而从2×22年11月开始确认其他收益，2×22年度因政府补助而确认的其他收益=60/20/12×2=0.5（万元）；选项D错误，为建造自用商业设施取得的土地使用权应确认为无形资产。

8.【答案】A

【解析】选项A，实际收到的金额与贷款入账价值之间的差额应当确认为递延收益。

（二）多项选择题

1.【答案】CD

【解析】选项A，企业收到来自政府新能源汽车补助款，应按收入准则进行会计处理；选项B，政府如以企业所有者身份向企业投入资本，将拥有企业相应的所有权，分享企业利润，政府与企业是互惠交易，不符合政府补助的特征。

2.【答案】ABCD

【解析】总额法：

1 月 6 日收到政府补助款：

借：银行存款　480

　贷：递延收益　480

1 月 28 日购入设备：

借：固定资产　600

　贷：银行存款　600

2×22 年 2 月起每月计提折旧：

借：管理费用（600/20/12）2.5

　贷：累计折旧　2.5

借：递延收益　（480/20/12）2

　贷：其他收益　2

2×22 年递延收益摊销计入其他收益的金额 =480/20/12×11 =22（万元）

影响利润总额的金额 =22 -2.5×11 = -5.5（万元）

净额法：

1 月 6 日收到政府补助款：

借：银行存款　480

　贷：递延收益　480

1 月 28 日购入设备：

借：固定资产　600

　贷：银行存款　600

借：递延收益　480

　贷：固定资产　480

2×22 年 2 月起每月计提折旧：

借：管理费用（120/20/12）0.5

　贷：累计折旧　0.5

影响利润总额的金额 = -0.5×11 = -5.5（万元）

3. 【答案】AC

【解析】选项 A，取得与资产相关的政府补助应当计入递延收益；选项 B，递延收益应于资产开始计提折旧时开始摊销，即 2×22 年 5 月开始摊销；选项 C，处置环保设备时，尚未分摊的递延收益余额 =2 160 -2 160÷5×2 =1 296（万元）；选项 D，固定资产处置收益 =2 400 -（3 600 -3 600÷5×2）-30 =210（万元），此收益计入资产处置损益，不计入营业外收入。

4. 【答案】AB

【解析】选项 C，在总额法下，如果企业先收资金再购建，则应在开始对相关资产计提折旧或摊销时将递延收益分期计入损益；选项 D，与企业日常活动无关的政府补助，计入营业外收支。

5. 【答案】AC

【解析】选项 B，与资产相关的政府补助，其摊销时点与资产计提折旧或摊销的时点相同；选项 D，若资产在当期未达到预定可使用状态，未计提折旧或摊销，则递延收益也不摊销，因此不一定影响当期损益。

6. 【答案】ABCD

【解析】选项 A，总额法下，相关资产在使用寿命结束时或结束前被处置（出售、报废等），尚未分摊的递延收益余额应当一次性转入资产处置当期的损益，不再予以递延；选项 B，总额法下，收到与资产相关的政府补助，应该在收到当期确认递延收益，然后在相关资产使用寿命内按合理、系统的方法分期计入损益；选项 C，净额法下，企业先收到补助资金，再按照政府要求将补助资金用于购建固定资产或无形资产等长期资产，应将补助冲减相关资产账面价值；选项 D，净额法下，因为与资产相关的政府补助初始确认时冲减相关资产账面价值，所以退回时调整相关资产账面价值。

7. 【答案】BD

【解析】乙公司获得的 3 000 万元“政府补贴”最终由其控股股东甲公司承担，地方政府将甲公司提供的款项，以“政府补贴”名义转交给乙公司，政府只是形式上履行了政府补贴程序，实质上并不是政府无偿给予，此款项不符合政府补助定义中的“从政府无偿取得”的特征，不能够作为政府补助进行会计处理，选项 A 不正确；甲公司收到政府补助 200 万元用于弥补遭受自然灾害的损失，未形成长期资产，属于与收益相关的政府补助，净额法下应当冲减营业外支出，选项 B 正确，选项 C 不正确；上述业务对甲公司 2×21 年度损益的影响金额为 200 万元，选项 D 正确。

8.【答案】CD

【解析】选项C，按照规定，一般纳税人增值税即征即退是属于与日常活动相关，只能采用总额法进行会计处理。选项D，关于企业取得针对综合性项目的政府补助，难以区分为与资产相关和与收益相关的，应将政府补助整体归类为与收益相关的政府补助。

9.【答案】ACD

【解析】选项B，财政将贴息资金拨付给贷款银行时两种会计处理方法下计入在建工程的利息支出是一致的，都是按照优惠利率计算的利息支出。

（三）计算分析题

【答案及解析】

（1）2×25年12月31日计提减值准备前该设备的账面价值＝6 000－（6 000－120）÷10÷12×（8＋36）＝3 844（万元），可收回金额（2×25年12月31日）为3 800万元，所以该固定资产减值44万元。

借：资产减值损失　　44

　　贷：固定资产减值准备　　44

2×24年5月取得政府补助时：

借：银行存款　　3 000

　　贷：递延收益　　3 000

2×24年5月，甲企业取得政府补助时，固定资产的剩余使用寿命为8年。所以递延收益按8年进行摊销，转入其他收益。

每月摊销递延收益＝3 000÷8÷12＝31.25（万元）

至2×25年12月31日，递延收益摊销金额＝31.25×20＝625（万元）。尚未摊销金额＝3 000－625＝2 375（万元）。

2×26年摊销金额＝2 375÷5＝475（万元）。

借：递延收益　　475

　　贷：其他收益　　475

（2）截至2×26年12月固定资产的账面价值＝3 800－（3 800－120）÷5＝3 064（万元）

固定资产处置收益＝3 100－3 064＝36（万元）

2×26年12月尚未摊销的递延收益＝2 375－475＝1 900（万元），全部转入资产处置损益。

借：递延收益　　1 900

　　贷：资产处置损益　　1 900

（3）资料（1）为与资产相关的政府补助；资料（3）为与收益相关的政府补助；资料（3）属于用于补偿企业以后期间的相关成本费用或损失的，企业应当将政府补助确认为递延收益，并在确认相关费用或损失的期间，计入当期损益。

（4）资料（3）的会计分录如下：

2×23年5月，收到补贴款时：

借：银行存款　　1 000

　　贷：递延收益　　1 000

2×23年12月奖励高管人才时：

借：递延收益　　600

　　贷：管理费用　　600

2×24年12月奖励高管人才时：

借：递延收益　　400

　　贷：管理费用　　400

资料（4）的会计分录如下：

借：其他收益　　1 100

　　资产处置损益　　1 900

　　贷：银行存款　　3 000

第十九章　所得税

2023 年教材内容主要变化

本章教材新增了 1 道与股份支付相关的递延所得税的例题；新增了与单项交易相关的递延所得税的内容；新增了发行方分类为权益工具的金融工具相关股利的所得税影响的内容。

本章近五年考试高频考点分布

高频考点内容	年度及题型分布
递延所得税负债和递延所得税资产的确认与计量	2022 年单选题、2022 年计算题、2021 年多选题、2021 年综合题、2020 年单选题、2019 年综合题、2018 年计算题
所得税费用的确认与计量	2020 年综合题、2019 年单选题、2019 年综合题、2018 年综合题

高频考点精讲

本章介绍所得税的确认与计量，主要关注资产负债的计税基础、应纳税暂时性差异与可抵扣暂时性差异、递延所得税负债和递延所得税资产以及所得税费用的确认与计量等。

高频考点 1：计税基础和暂时性差异★★

（一）资产的计税基础

资产的计税基础，指企业收回资产账面价值的过程中，计算应纳税所得额时按照税法可以自应税经济利益中抵扣的金额。

一般情况下，资产初始确认时的计税基础 = 取得成本

后续计量时的计税基础 = 资产的取得成本 − 以前期间已税前扣除的金额

1. 固定资产

账面价值 = 实际成本 − 会计累计折旧 − 固定资产减值准备

计税基础 = 实际成本 − 税法累计折旧

2. 以公允价值计量的金融资产

账面价值：期末按公允价值计量

计税基础：按取得时的成本确定

3. 投资性房地产

（1）成本模式计量的投资性房地产。

账面价值 = 历史成本 − 会计累计折旧（累计摊销）− 投资性房地产减值准备

计税基础 = 历史成本 − 税法累计折旧（累计摊销）

（2）公允价值计量的投资性房地产。

账面价值：期末按公允价值计量

计税基础 = 历史成本 − 税法累计折旧（累计摊销）

4. 其他各种计提减值准备的资产

账面价值 = 资产账面价值 − 减值准备账户余额

计税基础：按资产账面余额确定

5. 无形资产

（1）初始计量产生的税会差异。

主要来自于加计扣除。税法规定，企业为开发新技术、新产品、新工艺发生的研究开发费用，未形成无形资产计入当期损益的，在按照规定据实扣除的基础上，按照研究开发费用的 75% 或 100% 加计扣除；形成无形资产的，按照无形资产成本的 175% 或 200% 摊销。

①费用化部分形成永久性差异；

②资本化部分（形成无形资产）：

账面价值 = 资本化支出

计税基础 = 账面价值 ×175%（或 200%）

（2）后续计量产生的差异。

主要产生于对无形资产是否需要摊销、无形资产摊销方法、摊销年限、预计净残值的不同以及无形资产减值准备的计提。

①使用寿命确定的无形资产：

账面价值 = 实际成本 − 会计累计摊销 − 无形资产减值准备

计税基础 = 实际成本 − 税法累计摊销

②使用寿命不确定的无形资产：

账面价值 = 实际成本 − 无形资产减值准备

计税基础 = 实际成本 − 税法累计摊销

（二）负债的计税基础

负债的计税基础，是指负债的账面价值减去未来期间计算应纳税所得额时按照税法规定可予抵扣的金额。

负债的计税基础 = 账面价值 − 未来期间按照税法规定可予税前扣除的金额

1. 企业因销售商品提供售后服务等原因确认的预计负债

账面价值 = 预计负债账面余额

计税基础 = 0

2. 合同负债

账面价值 = 合同负债账面余额

计税基础：

（1）合同负债计入当期应纳税所得额，计税基础为 0。

（2）合同负债未计入当期应纳税所得额，计税基础与账面价值相等。

3. 应付职工薪酬

应付职工薪酬的计税基础如下表所示。

项目	计税基础
职工教育经费	超过 8% 的部分在发生当期不允许税前扣除，以后期间可税前扣除；8% 以内的部分账面价值等于计税基础，超过 8% 的部分计税基础为 0
现金结算的股份支付	在确认当期不允许税前扣除，未来支付时可税前扣除；计税基础为 0

4. 递延收益

（1）对于确认为递延收益的政府补助，如果按税法规定，该政府补助为免税收入，则不计入收到当期的应纳税所得额，未来期间会计上确认为收益时，也同样不计入应纳税所得额，因此，不会产生递延所得税影响（永久性差异）。

（2）对于确认为递延收益的政府补助，

如果按税法规定，应在收到当期计入应纳税所得额，则该递延收益的计税基础为零。递延收益的账面价值与其计税基础零之间将产生可抵扣暂时性差异。

5. 交易性金融负债

账面价值 = 最新的公允价值

计税基础 = 初始确认金额

6. 其他负债

如企业应交的罚款和滞纳金等，在尚未支付之前按照会计规定确认为费用，同时作为负债反映。税法规定，行政性的罚款和滞纳金不得税前扣除。

计税基础 = 账面价值 - 未来期间计税时可予税前扣除的金额 = 账面价值

（三）特殊交易或事项中产生的资产、负债计税基础的确定

企业合并中产生的资产、负债的账面价值与计税基础可能不同，会形成暂时性差异。

1. 非同一控制下控股合并会产生暂时性差异

（1）合并工作底稿上确认递延所得税的调整分录。

假定被购买方（子公司）可辨认资产在购买日发生评估增值，需要在合并工作底稿中将该资产由账面价值调整为公允价值，调整分录如下（以固定资产为例）：

借：固定资产

　　贷：资本公积

由于上述调整使合并报表层面该资产账面价值大于计税基础（公允价值调整不影响计税基础），形成应纳税暂时性差异，相应确认递延所得税负债，分录如下：

借：资本公积

　　贷：递延所得税负债

如果是子公司可辨认资产在购买日发生评估减值，则恰好相反，形成递延所得税资产。

类似地，如果是子公司可辨认负债在购买日发生评估增值，则形成递延所得税资产，若发生评估减值，则形成递延所得税负债。

（2）抵销分录。（母公司长期股权投资与子公司所有者权益抵销）

借：子公司所有者权益［含资本公积］

　　商誉

　　贷：长期股权投资

　　　　少数股东权益

小贴士 确认递延所得税资产或递延所得税负债影响了被合并方的可辨认净资产，因此最终会影响商誉金额。

2. 非同一控制下免税吸收合并会产生暂时性差异

确认递延所得税的会计处理如下：

借：商誉

　　贷：递延所得税负债

或：

借：递延所得税资产

　　贷：商誉

3. 同一控制下应税吸收合并会产生暂时性差异

确认递延所得税的会计处理如下：

借：资本公积

　　贷：递延所得税负债

或：

借：递延所得税资产

　　贷：资本公积

（四）应纳税暂时性差异与可抵扣暂时性差异

项目	定义	情形
应纳税暂时性差异	在确定未来收回资产或清偿负债期间的应纳税所得额时，将导致产生应税金额的暂时性差异	（1）资产的账面价值大于其计税基础； （2）负债的账面价值小于其计税基础
可抵扣暂时性差异	在确定未来收回资产或清偿负债期间的应纳税所得额时，将导致产生可抵扣金额的暂时性差异	（1）资产的账面价值小于其计税基础； （2）负债的账面价值大于其计税基础

（五）特殊项目产生的暂时性差异

1. 未作为资产、负债确认的项目产生的暂时性差异

如企业发生的符合条件的广告费和业务宣传费支出，会计上计入当期损益。除另有规定外，税法上不超过当期销售收入15%的部分准予扣除，超过部分准予在以后纳税年度结转扣除。

账面价值＝0（可以将支出理解为账面价值为0的资产）

计税基础＝结转以后纳税年度扣除的金额（超过当期销售收入15%的部分）

两者之间的差额形成可抵扣暂时性差异。

2. 可抵扣亏损及税款抵减产生的暂时性差异

按照税法规定可以结转以后年度的未弥补亏损及税款抵减（未来5年税前利润补亏），虽不是因资产、负债的账面价值与计税基础不同产生的，但与可抵扣暂时性差异具有同样的作用，均能减少未来期间的应纳税所得额和应交所得税，会计处理上视同可抵扣暂时性差异，在符合确认条件的情况下，应确认与其相关的递延所得税资产。

经典例题

【真题·单选题】（2019）甲公司适用的企业所得税税率为25%，20×6年6月30日，甲公司以3 000万元（不含增值税）的价格购入一套环境保护专用设备，并于当月投入使用。按照企业所得税法的相关规定，甲公司对上述环境保护专用设备投资额的10%可以在当年应纳税额中抵免，当年不足抵免的，可以在以后5个纳税年度中抵免，20×9年度，甲公司实现利润总额1 000万元。假定甲公司未来5年很可能获得足够的应纳税所得额用来抵扣可抵扣亏损和税款抵减，不考虑其他因素，甲公司20×9年度利润表中应当列报的所得税费用金额是（　　）万元。

A. 0　　B. 190

C. 250　　D. －50

【答案】D

【解析】抵免前20×9年应交所得税金额＝1 000×25%＝250（万元），环境保护专用设备投资额的10%可以从当年应纳税额中抵免，即当年可以抵免的所得税为3 000×10%＝300（万元），当年不足抵免的，可以在以后5个纳税年度抵免，即当年应交所得税金额为0，并同时确认递延所得税资产50万元（300－250）（以后少交的税），综上，甲公司在20×9年度利润表中应当列报的所得税费用金额为－50万元。

【例题·多选题】下列关于负债的计税基础说法正确的有（　　）。

A. 企业因产品质量保证费用确认预计负债200万元，税法规定相关支出在实际发生时允许税前扣除，则该项负债的计税基础为200万元

B. 企业收到客户预付的款项100万元，税法规定该款项应计入当期应纳税所得额，企业确认合同负债100万元，则该项合同负债的计税基础为0

C. 企业确定本月的应付职工薪酬80万元，税法规定本月能够扣除70万元，剩余10万元不允许税前扣除，则该项应付职工薪酬的计税基础为60万元

D. 企业本月支付违规罚款50万元，税法规定违规罚款不得税前扣除，则该项负债的计税基础为50万元

【答案】BD

【解析】选项A，预计负债的计税基础＝账面价值200－未来期间可以税前扣除的金额200＝0（万元）；选项B，合同负债的计税基础＝账面价值100－未来期间可以税前扣除的金额100＝0（万元）；选项C，应付职工薪酬的计税基础＝账面价值80－未来期间可以税前扣除的金额0＝80（万元），不允许税前扣除的10万元属于永久性差异；选项D，违约罚款不允许税前扣除，属于非暂时性差异，账面价值等于计税基础。

【例题·多选题】甲公司2×22年1月1

日按照面值发行50万份短期融资券，每份面值为100元，年利率为6%。甲公司将该短期融资券指定为以公允价值计量且其变动计入当期损益的金融负债。2×22年12月31日，该项短期融资券公允价值为4 500万元。不考虑其他因素，下列表述正确的有（　　）。

A. 该项交易性金融负债的初始成本为5 000万元

B. 该项交易性金融负债期末的账面价值为4 500万元

C. 该项交易性金融负债期末的计税基础为5 000万元

D. 该项交易性金融负债期末产生的可抵扣暂时性差异为500万元

【答案】ABC

【解析】该项交易性金融负债的初始成本为5 000万元，选项A正确；期末账面价值等于其期末公允价值，即为4 500万元，选项B正确；计税基础等于其初始成本，即5 000万元，选项C正确；交易性金融负债的账面价值小于计税基础，形成应纳税暂时性差异，选项D错误。

【例题·单选题】下列各项业务和交易中，会形成应纳税暂时性差异的是（　　）。

A. 甲公司为其子公司进行债务担保，确认预计负债300万元；税法规定，企业为其他单位提供债务担保发生的损失不允许在税前扣除

B. 乙公司持有的其他权益工具投资，初始成本为100万元，期末按照公允价值计量确认其账面价值为120万元；税法规定，公允价值变动不计入应纳税所得额

C. 丙公司年初购入的一项无形资产，成本为800万元，使用寿命不确定，年末发生减值，计提减值准备100万元；税法规定，该无形资产按照直线法计提摊销，摊销年限为10年

D. 丁公司上年末购入一项固定资产，成本为1 000万元，预计使用寿命为10年，采用双倍余额递减法计提折旧；税法规定，该项固定资产按照年限平均法计提的折旧允许税前扣除

【答案】B

【解析】选项A，形成的是永久性差异；选项B，其他权益工具投资期末账面价值120万元，计税基础100万元，形成应纳税暂时性差异；选项C，无形资产期末账面价值＝800－100＝700（万元），计税基础＝800－800/10＝720（万元），形成可抵扣暂时性差异；选项D，固定资产期末账面价值＝1 000－1 000×2/10＝800（万元），计税基础＝1 000－1 000/10＝900（万元），形成可抵扣暂时性差异。

【例题·多选题】A公司为上市公司，2×22年1月1日支付5 500万元购入B公司100%的净资产，对B公司进行吸收合并，合并前A公司与B公司不存在任何关联方关系。假定该项合并符合税法规定的免税合并条件，购买日B公司可辨认净资产的公允价值为5 000万元，等于其账面价值，合并前B公司资产负债的账面价值与计税基础相等。A公司无其他子公司。下列会计处理中，正确的有（　　）。

A. A公司吸收合并B公司产生的商誉为500万元，应在个别报表中进行确认

B. A公司吸收合并B公司产生的商誉为500万元，应在合并报表中进行确认

C. A公司吸收合并B公司产生的商誉的计税基础为零

D. A公司吸收合并B公司所取得的净资产应按照公允价值入账

【答案】ACD

【解析】A公司无其他子公司，吸收合并后不需要编制合并财务报表，吸收合并产生的商誉＝5 500－5 000＝500（万元），应在A公司个别报表中确认，选项A正确，选项B错误；由于是免税吸收合并，因此商誉的计税基础为零，选项C正确；由于是非同一控制下的企业合并，因此并进来的资产负债按照公允价值计量，选项D正确。

高频考点 2：递延所得税负债和递延所得税资产的确认与计量★★★

（一）递延所得税负债的确认和计量

1. 递延所得税负债的确认

（1）遵循原则。

除所得税准则中明确规定可不确认递延所得税负债的情况以外，企业对于所有的应纳税暂时性差异均应确认相关的递延所得税负债。

除与直接计入所有者权益的交易或事项以及企业合并中取得资产、负债相关的以外，在确认递延所得税负债的同时，一般应增加利润表中的所得税费用。

账务处理如下：

借：所得税费用（差异产生时影响会计利润或应纳税所得额）

　　其他综合收益（差异产生时影响其他综合收益）

　　资本公积（差异产生时影响资本公积，如权益法调整）

　　留存收益（政策变更追溯调整等）

　　商誉（非同一控制下企业合并等）

　　贷：递延所得税负债

转回作相反分录。

（2）不确认递延所得税负债的情况。

①商誉的初始确认。因该项合并符合税法规定的免税合并条件，当事各方选择进行免税处理的情况下，购买方在免税合并中取得的被购买方有关资产、负债应维持其原计税基础不变。被购买方原账面上未确认商誉，即商誉的计税基础为零。该项合并中所确认的商誉账面价值与其计税基础零之间产生的应纳税暂时性差异，如果确认递延所得税负债，则减少被购买方可辨认净资产公允价值，而合并成本不变，会进一步增加商誉，由此出现无限循环。因此准则中规定，不再进一步确认相关的所得税影响。

需要注意的是，非同一控制下吸收合并形成的商誉，在应税合并情况下，按照所得税法规定商誉在初始确认时计税基础等于账面价值，不产生暂时性差异；该商誉在后续计量过程中因计提减值准备，使得商誉的账面价值小于计税基础，会产生可抵扣暂时性差异，应确认相关的所得税影响。账务处理如下：

借：资产减值损失

　　贷：商誉减值准备

借：递延所得税资产

　　贷：所得税费用

②除企业合并以外的其他交易或事项中，如果该项交易或事项发生时既不影响会计利润，也不影响应纳税所得额，则所产生的资产、负债的初始确认金额与其计税基础不同，形成应纳税暂时性差异的，交易或事项发生时不确认相应的递延所得税负债。

③与子公司、联营企业、合营企业投资等相关的应纳税暂时性差异，一般应确认相应的递延所得税负债，但同时满足以下两个条件的除外：

一是投资企业能够控制暂时性差异转回的时间；

二是该暂时性差异在可预见的未来很可能不会转回。

对于采用权益法核算的长期股权投资，其计税基础与账面价值产生的有关暂时性差异是否应确认相关的所得税影响，应当考虑该项投资的持有意图：

①在准备长期持有的情况下，对于采用权益法核算的长期股权投资账面价值与计税基础之间的差异，投资企业一般不确认相关的所得税影响；

②在持有意图由长期持有转变为拟近期出售的情况下，因长期股权投资的账面价值与计税基础不同产生的有关暂时性差异，均应确认相关的所得税影响。

名师解惑

问：为什么长期持有的长期股权投资由于权益法调整产生的暂时性差异不确认递延所

得税?

答: 确认投资收益产生的差异额将来虽然可以通过确认现金股利转回一部分，但是在投资方和被投资方都是境内居民企业的情况下，分回现金股利时是免税的，不会产生未来期间的所得税影响；初始成本调整、其他综合收益和其他权益变动产生的暂时性差异在长期持有情况下不会转回，对未来期间的所得税没有影响，因此长期持有的长期股权投资由于权益法调整产生的暂时性差异不确认递延所得税。

2. 递延所得税负债的计量

递延所得税负债应以相关应纳税暂时性差异转回期间适用的所得税税率计量。无论应纳税暂时性差异的转回期间如何，递延所得税负债的确认不要求折现。

（二）递延所得税资产的确认和计量

1. 递延所得税资产的确认

（1）确认的一般原则。

资产、负债的账面价值与其计税基础不同产生可抵扣暂时性差异的，在估计未来期间能够取得足够的应纳税所得额用以利用该可抵扣暂时性差异时，应当以很可能取得用来抵扣可抵扣暂时性差异的应纳税所得额乘以所得税税率为限，确认相关的递延所得税资产。

①对与子公司、联营企业、合营企业投资相关的可抵扣暂时性差异，同时满足下列条件的，应当确认相关的递延所得税资产：

一是暂时性差异在可预见的未来很可能转回；

二是未来很可能获得用来抵扣可抵扣暂时性差异的应纳税所得额。

②对于按照税法规定可以结转以后年度的未弥补亏损和税款抵减，得到税务部门认可的前提下，形成的可抵扣暂时性差异，要以未来5年能够取得的应纳税所得额乘以所得税税率为限确认递延所得税资产。

账务处理如下：

借：递延所得税资产

　　贷：所得税费用（差异产生时影响会计利润或应纳税所得额）

　　　　其他综合收益（差异产生时影响其他综合收益）

　　　　资本公积（差异产生时影响资本公积，如权益法调整）

　　　　留存收益（政策变更追溯调整等）

　　　　商誉（非同一控制下企业合并）

转回作相反分录。

（2）不确认递延所得税资产的特殊情况。

如果企业发生的某项交易或事项不是企业合并，并且交易发生时既不影响会计利润也不影响应纳税所得额，且该项交易中产生的资产、负债的初始确认金额与其计税基础不同，产生可抵扣暂时性差异的，所得税准则中规定在交易或事项发生时不确认相应的递延所得税资产。如内部研发无形资产加计扣除产生的可抵扣暂时性差异不确认递延所得税资产。

2. 递延所得税资产的计量

（1）适用税率的确定。

采用转回期间适用的所得税税率为基础计算确定。无论相关的可抵扣暂时性差异转回期间如何，递延所得税资产均不予折现。

（2）递延所得税资产的减值。

资产负债表日，企业应当对递延所得税资产的账面价值进行复核。如果未来期间很可能无法取得足够的应纳税所得额用以利用可抵扣暂时性差异带来的利益，应当减记递延所得税资产的账面价值。

借：所得税费用等

　　贷：递延所得税资产

递延所得税资产的账面价值减记以后，以后期间根据新的环境和情况判断能够产生足够的应纳税所得额用以利用可抵扣暂时性差异，使得递延所得税资产包含的经济利益能够实现的，应相应恢复递延所得税资产的账面价值。

借：递延所得税资产

　　贷：所得税费用等

（三）特殊交易或事项中涉及递延所得税的确认和计量

1. 与直接计入所有者权益的交易或事项相关的所得税

与当期及以前期间直接计入所有者权益的交易或事项相关的当期所得税及递延所得税应当计入所有者权益。直接计入所有者权益的交易或事项主要有：

（1）会计政策变更采用追溯调整法或对前期差错更正采用追溯重述法调整期初留存收益；

（2）以公允价值计量且其变动计入其他综合收益的金融资产公允价值的变动金额；

（3）同时包含负债及权益成分的金融工具在初始确认时计入所有者权益的金额；

（4）自用房地产转换为采用公允价值模式计量的投资性房地产时公允价值大于原账面价值的差额计入其他综合收益等。

经典例题

【真题·单选题】（2022）下列各项关于企业所得税会计处理的表述中，正确的是（　　）。

A. 发行可转换公司债券，负债初始确认时产生的暂时性差异的所得税影响应计入当期损益

B. 其他权益工具投资的公允价值变动产生的暂时性差异的所得税影响应计入当期损益

C. 自用房产转为公允价值模式计量的投资性房地产时，公允价值大于计税基础产生的暂时性差异的所得税影响应计入当期损益

D. 处置子公司部分股权但未丧失控制权的，合并财务报表中因处置部分股权应缴纳的企业所得税应调整计入所有者权益

【答案】D

【解析】选项 A，同时包含负债及权益成分的金融工具在初始确认时产生的所得税计入所有者权益；选项 B，其他权益工具投资因公允价值变动产生的暂时性差异，其所得税的影响应计入所有者权益；选项 C，自用房产转为公允价值模式计量的投资性房地产时，公允价值大于账面价值的差额计入其他综合收益，如果账面价值与计税基础相等，那么公允价值大于计税基础产生暂时性差异的所得税影响也应计入所有者权益。

2. 与企业合并相关的递延所得税

与企业合并相关的递延所得税处理，如下表所示。

<table>
<tr><th>项目</th><th>内容</th></tr>
<tr><td rowspan="2">购买方取得的可抵扣暂时性差异不符合递延所得税资产确认条件未确认递延所得税资产</td><td>购买日后 12 个月内，如取得新的或进一步信息表明购买日的相关情况已经存在，预期被购买方在购买日可抵扣暂时性差异带来的经济利益能够实现的，应当确认相关的递延所得税资产，同时减少商誉，商誉不足冲减的，差额部分确认为当期损益</td></tr>
<tr><td>除上述情况以外，确认与企业合并相关的递延所得税资产，应当计入当期损益</td></tr>
</table>

经典例题

【真题·单选题】（2022）2×20 年 5 月 1 日，甲公司从独立第三方收购了乙公司 60% 的股权并取得控制权，确认商誉 800 万元。购买日，乙公司存在历史期间尚可在税前抵扣的未弥补亏损 500 万元，因不符合确认条件而未确认递延所得税资产。2×21 年 2 月 1 日，在甲公司的支持下，乙公司开展了新的业务，乙公司基于调整后的新业务预计未来期间能够产生足够的应纳税所得额用以抵减可抵扣暂时性差异，因此，乙公司于 2×21 年 2 月末确认了递延所得税资产，同时冲减所得税费用。甲公司在 2×21 年度合并乙公司财务报表时，下列各项有关所得税的抵销或调整的表述中，正确的是（　　）。

A. 无须抵销或调整

B. 调整所得税费用和商誉

C. 调整所得税费用和资本公积

D. 调整所得税费用和年初未分配利润

【答案】A

【解析】乙公司确认递延所得税资产的时间虽然没有超过 12 个月，但是符合递延所得税资产的确认条件是购买日后新发生的情况导致的，与购买日的存在状况无关，应当冲减所得税费用，选项 A 正确。

3. 与股份支付相关的当期及递延所得税

（1）如果税法规定与股份支付相关的支出不允许税前扣除，则不形成暂时性差异；

（2）如果税法规定与股份支付相关的支出允许税前扣除，在按照会计准则规定确认成本费用的期间内，企业应当根据会计期末取得的信息估计可税前扣除的金额计算确定其计税基础及由此产生的暂时性差异，符合确认条件的情况下，应当确认相关递延所得税。账务处理如下：

借：递延所得税资产

　　贷：所得税费用

（3）根据相关税法规定，对于附有业绩条件或服务条件的股权激励计划，企业按照会计准则的相关规定确认的成本费用在等待期内不得税前抵扣，待股权激励计划可行权时方可抵扣，可抵扣的金额为实际行权时的股票公允价值与激励对象支付的行权金额之间的差额。因此，企业未来可以在税前抵扣的金额与等待期内确认的成本费用金额很可能存在差异。企业应根据期末的股票价格估计未来可以税前抵扣的金额，以未来期间很可能取得的应纳税所得额为限确认递延所得税资产。此外，如果预计未来期间可抵扣的金额超过等待期内确认的成本费用，超出部分形成的递延所得税资产应直接计入所有者权益，而不是计入当期损益。

会计分录如下：

借：递延所得税资产

　　贷：所得税费用

　　　　资本公积——其他资本公积

4. 与单项交易相关的递延所得税

对于不是企业合并、交易发生时既不影响会计利润也不影响应纳税所得额（或可抵扣亏损），且初始确认的资产和负债导致产生等额应纳税暂时性差异和可抵扣暂时性差异的单项交易（包括承租人在租赁期开始日初始确认租赁负债并计入使用权资产的租赁交易，以及因固定资产等存在弃置义务而确认预计负债并计入相关资产成本的交易等，简称单项交易），不适用豁免初始确认递延所得税负债和递延所得税资产的规定。企业对该单项交易因资产和负债的初始确认所产生的应纳税暂时性差异和可抵扣暂时性差异，应当在交易发生时分别确认相应的递延所得税负债和递延所得税资产。以租赁业务为例，账务处理如下：

借：递延所得税资产（租赁负债产生的）

　　贷：递延所得税负债（使用权资产产生的）

5. 发行方分类为权益工具的金融工具相关股利的所得税影响

对于企业（指发行方）分类为权益工具的金融工具（如分类为权益工具的永续债等），相关股利支出按照税收政策相关规定在企业所得税税前扣除的，企业应当在确认应付股利时，确认与股利相关的所得税影响。该股利的所得税影响通常与过去产生可供分配利润的交易或事项更为直接相关，企业应当按照与过去产生可供分配利润的交易或事项时所采用的会计处理相一致的方式，将股利的所得税影响计入当期损益或所有者权益项目（含其他综合收益项目）。对于所分配的利润来源于以前产生损益的交易或事项，该股利的所得税影响应当计入当期损益；对于所分配的利润来源于以前确认在所有者权益中的交易或事项，该股利的所得税影响应当计入所有者权益项目。账务处理如下：

借：递延所得税资产

　　贷：所得税费用/留存收益

（四）适用税率变化对已确认递延所得税资产和递延所得税负债的影响

因税收法规的变化，导致企业在某一会计期间适用的所得税税率发生变化的，企业应对已确认的递延所得税资产和递延所得税负债按照新的税率重新计量。

经典例题

【真题·多选题】（2021）2×19 年 11 月 20 日，甲公司以 5 100 万元购入一台大型机械设备，经安装调试后，于 2×19 年 12 月 31 日投入使用。该设备的设计年限为 25 年，甲公司预计使用 20 年，预计净残值 100 万元，按双倍余额递减法计提折旧。企业所得税法允许该设备按 20 年、预计净残值 100 万元、以年限平均法计提的折旧可在计算应纳税所得额时扣除。甲公司 2×20 年实现利润总额 3 000 万元，适用的企业所得税税率为 25%，甲公司预计未来期间能够产生足够的应纳税所得额用以抵减可抵扣暂时性差异。甲公司用该设备生产的产品全部对外出售。除本题所给资料外，无其他纳税调整事项，不考虑除企业所得税以外的其他相关税费及其他因素，下列各项关于甲公司 2×20 年度对上述设备相关会计处理的表述中，正确的有（　　）。

A. 2×20 年末该设备的账面价值为 4 850 万元

B. 确认当期所得税 815 万元

C. 设备的账面价值小于其计税基础的差异 260 万元应确认递延所得税资产 65 万元

D. 计提折旧 510 万元

【答案】BCD

【解析】选项 A、D，2×20 年甲公司该设备计提折旧 = 5 100 × 2/20 = 510（万元），2×20 年末该设备账面价值 = 5 100 − 510 = 4 590（万元）。选项 B、C，2×20 年末该设备计税基础 = 5 100 −（5 100 − 100）/20 = 4 850（万元），账面价值小于计税基础，形成可抵扣暂时性差异 =（4 850 − 4 590）= 260（万元），确认递延所得税资产 = 260 × 25% = 65（万元），甲公司确认当期应交所得税 =（3 000 + 260）× 25% = 815（万元）。

【真题·综合题】（2021 节选）甲公司研究开发一项新型环保技术，用该技术生产的产品可以大大减少碳排放量。该新型环保技术于 2×20 年 7 月 1 日达到预定可使用状态，其中形成无形资产的成本为 1 600 万元，2×20 年度直接计入当期损益的研发费用为600 万元。当地政府为补贴甲公司成功研发形成的无形资产，2×20 年 5 月 20 日向甲公司拨付 200 万元补助。

甲公司预计该新型环保技术形成的无形资产可使用 10 年，预计净残值为零，按直线法摊销。按企业所得税法规定，企业发生的研发费用加计扣除，研发费用直接计入当期损益的，按其实际发生费用加计 100% 在计算应纳税所得额时扣除，形成资产成本的，按实际发生成本加计 100% 的金额于 10 年、按直线法摊销的金额在计算应纳税所得额时扣除（不考虑净残值）。

其他资料：（1）甲公司为增值税一般纳税人。（2）适用的增值税税率为 13%，适用的企业所得税税率为 25%。（3）甲公司对政府补助采用总额法进行会计处理，2×20 年初无形资产账面价值为零。（4）本题不考虑除增值税、企业所得税以外的其他相关税费及其他因素。

要求：根据资料，判断甲公司研发新型环保技术形成的无形资产于 2×20 年 7 月 1 日的账面价值与计税基础的差异是否应确认递延所得税资产或递延所得税负债，并说明理由；计算该无形资产于 2×20 年 12 月 31 日的账面价值和计税基础；说明当地政府拨付甲公司的补助款的会计处理方法，并计算应计入 2×20 年度利润总额的金额。

【答案及解析】2×20 年 7 月 1 日无形资产的账面价值与计税基础的差异不应确认递延所得税资产。

理由：按照会计准则规定，初始确认时既不影响会计利润也不影响应纳税所得额，且不属于企业合并的情况下，资产的账面价值小于计税基础的差异不确认递延所得税资产。

2×20 年 12 月 31 日无形资产的账面价值 = 1 600 − 1 600 ÷ 10 ÷ 2 = 1 520（万元）。

2×20 年 12 月 31 日无形资产的计税基础 = 1 600×(1+100%)-[1 600×(1+100%)÷10÷2] = 3 200-160 = 3 040（万元）。

当地政府拨付甲公司的补助款应作为政府补助，先计入递延收益，按无形资产的预计使用年限分期计入其他收益。

当地政府拨付甲公司补助款应计入 2×20 年度利润总额的金额 = 200÷10÷2 = 10（万元）。

【真题·单选题】（2017）乙公司为丙公司和丁公司共同投资设立。2×17 年 1 月 1 日，乙公司增资扩股，甲公司出资 450 万元取得乙公司 30% 股权并能够对其施加重大影响。甲公司投资日，乙公司可辨认净资产的公允价值和账面价值均为 1 600 万元。2×17 年，乙公司实现净利润 900 万元，其他综合收益增加 120 万元。甲公司拟长期持有对乙公司的投资。甲公司适用的所得税税率为 25%。不考虑其他因素，下列各项关于甲公司 2×17 年对乙公司投资相关会计处理的表述中，正确的是（　　）。

A. 按照实际出资金额确定对乙公司投资的入账价值

B. 将按持股比例计算应享有乙公司其他综合收益变动的份额确认为投资收益

C. 投资时将实际出资金额与享有乙公司可辨认净资产份额之间的差额确认为其他综合收益

D. 对乙公司投资年末账面价值与计税基础不同产生的应纳税暂时性差异，不应确认递延所得税负债

【答案】D

【解析】长期股权投资的初始投资成本为付出对价 450 万元，初始投资成本小于乙公司可辨认净资产公允价值份额 480 万元（1 600×30%）的差额，调整初始投资成本记入“长期股权投资——投资成本”科目，同时计入营业外收入，即甲公司该项长期股权投资初始投资成本为 450 万元，入账价值为 480 万元，选项 A 不正确；按持股比例计算其应享有乙公司其他综合收益的份额，应该确认为其他综合收益，选项 B 不正确；投资时，实际出资额和应享有乙公司的可辨认净资产公允价值的份额之间的差额，计入营业外收入，选项 C 不正确；因该长期股权投资拟长期持有，故不确认递延所得税，选项 D 正确。

【例题·多选题】A 公司为上市公司，2×22 年 1 月 1 日支付 6 000 万元购入 B 公司 100% 的净资产，对 B 公司进行吸收合并，合并前 A 公司与 B 公司不存在任何关联方关系。假定该项合并符合税法规定的免税合并条件，购买日 B 公司可辨认净资产的公允价值为 5 000 万元，账面价值为 4 000 万元，合并前 B 公司资产负债的账面价值与计税基础相等。A 公司无其他子公司。适用的企业所得税税率为 25%。下列会计处理中，正确的有（　　）。

A. A 公司吸收合并 B 公司产生的商誉为 1 250 万元，应在个别报表中进行确认

B. A 公司吸收合并 B 公司产生的商誉账面价值与计税基础的差额应确认递延所得税负债为 312.5 万元

C. A 公司吸收合并 B 公司产生的商誉的计税基础为零

D. A 公司吸收合并 B 公司应确认的递延所得税负债为 250 万元

【答案】ACD

【解析】A 公司无其他子公司，吸收合并后不需要编制合并财务报表，吸收合并产生的商誉 = 6 000-[5 000-(5 000-4 000)×25%] = 1 250（万元），应在 A 公司个别报表中确认，选项 A 正确；商誉的初始确认产生的应纳税暂时性差异，为了防止出现无限循环，不进一步确认递延所得税负债，选项 B 错误；由于是免税吸收合并，因此商誉的计税基础为零，选项 C 正确；由于是非同一控制下的免税吸收合并，并进来的资产负债按照公允价值计量，而计税基础不发生改变，形成的暂时性差异应确认递延所得税负债 = (5 000-4 000)×25% = 250（万元），选项 D 正确。本题会计分录如下：

借：净资产 5 000

商誉 1 250

贷：银行存款 6 000

递延所得税负债 250

【例题·多选题】甲公司适用所得税税率为25%，其2×22年发生的交易或事项中，会计与税收处理存在差异的事项如下：①当期购入股票投资指定为以公允价值计量且其变动计入其他综合收益的金融资产，期末公允价值大于取得成本160万元；②收到与资产相关的政府补助1 600万元，相关资产至年末尚未开始计提折旧，采用总额法核算政府补助。甲公司2×22年利润总额为5 200万元，假定递延所得税资产/负债年初余额为零，未来期间能够取得足够的应纳税所得额利用可抵扣暂时性差异。下列关于甲公司2×22年所得税的处理中，正确的有（　　）。

A. 所得税费用为900万元

B. 应交所得税为1 300万元

C. 递延所得税负债为40万元

D. 递延所得税资产为400万元

【答案】CD

【解析】2×22年末金融资产的账面价值大于取得成本160万元，形成应纳税暂时性差异，应确认递延所得税负债的金额=160×25%=40（万元），选项C正确；与资产相关的政府补助，税法规定在取得的当年全部计入应纳税所得额，会计处理按照总额法分期确认收入（其他收益），所以在收到当期应确认递延所得税资产，确认递延所得税资产的金额=1 600×25%=400（万元），选项D正确；甲公司2×22年应交所得税=（5 200+1 600）×25%=1 700（万元），选项B错误；所得税费用的金额=1 700－400=1 300（万元），选项A错误。

高频考点3：所得税费用的确认和计量★★★

（一）当期所得税

当期所得税，即应交所得税，应以适用的税收法规为基础计算确定。

应交所得税＝应纳税所得额×所得税税率

应纳税所得额＝税前会计利润＋纳税调整增加额－纳税调整减少额

上述纳税调整既包括永久性差异的调整、也包括影响损益的暂时性差异的调整，暂时性差异对应纳税所得额的调整如下：

应纳税所得额＝税前会计利润＋本期发生的影响损益的可抵扣暂时性差异－本期转回的影响损益的可抵扣暂时性差异－本期发生的影响损益的应纳税暂时性差异＋本期转回的影响损益的应纳税暂时性差异

（二）递延所得税

递延所得税，是指当期确认（含转回）的递延所得税资产和递延所得税负债发生额的综合结果，即递延所得税资产和递延所得税负债在期末应有的金额相对于原已确认金额之间的差额，但不包括计入所得税费用以外的交易或事项的影响。

递延所得税（大于零为费用，小于零为收益）＝当期递延所得税负债的增加额＋当期递延所得税资产的减少额－当期递延所得税负债的减少额－当期递延所得税资产的增加额

或递延所得税（大于零为费用，小于零为收益）＝（递延所得税负债的期末余额－递延所得税负债的期初余额）－（递延所得税资产的期末余额－递延所得税资产的期初余额）

（三）所得税费用

计算确定了当期所得税及递延所得税以后，利润表中应予确认的所得税费用为两者之和，即：

所得税费用＝当期所得税＋递延所得税（费用加、收益减）

命题点拨

命题角度：所得税费用金额的计算，如果税率不发生变化，没有不确认递延所得税的特殊暂时性差异，由于暂时性差异对当期所得税和递延所得税的影响金额相等、方向相反，可以运用速算技巧，不考虑暂时性差异，用调完永久性差异的应纳税所得额乘以所得税税率计

算所得税费用。

经典例题

【真题·单选题】（2022）甲公司2×21年实现利润总额1 900万元，其中因权益法核算的长期股权投资确认盈利1 200万元，税法规定当期不计入应纳税所得额，甲公司拟长期持有该项投资；年末预收货款1 600万元，税法规定计入应纳税所得额。除上述差异外没有其他纳税调整事项和差异。甲公司适用所得税税率为25%。假定该公司预计未来期间能够产生足够的应纳税所得额用以利用可抵扣暂时性差异。不考虑其他因素，下列选项中表述不正确的是（　　）。

A. 甲公司2×21年应交所得税为575万元

B. 甲公司2×21年递延所得税资产为400万元

C. 甲公司2×21年递延所得税负债为300万元

D. 甲公司2×21年所得税费用为175万元

【答案】C

【解析】甲公司拟长期持有采用权益法核算的股权投资，因此长期股权投资形成的应纳税暂时性差异不确认递延所得税负债，选项C错误。本题的分录为：

借：所得税费用　　175

　　递延所得税资产

　　　　（1 600×25%）400

　贷：应交税费

　　［（1 900－1 200＋1 600）×25%］575

【真题·单选题】（2014）20×3年，甲公司实现利润总额210万元，包括：20×3年收到的国债利息收入10万元，因违反环保法规被环保部门处以罚款20万元。甲公司20×3年初递延所得税负债余额为20万元，年末余额为25万元，上述递延所得税负债均产生于固定资产账面价值与计税基础的差异。甲公司适用的所得税税率为25%。不考虑其他因素，甲公司20×3年的所得税费用是（　　）万元。

A. 52.5　　B. 55

C. 57.5　　D. 60

【答案】B

【解析】本期因固定资产账面价值和计税基础不一致确认递延所得税负债5万元（25－20），即产生应纳税暂时性差异＝5/25%＝20（万元），所以本期计算应交所得税时纳税调减20万元，即甲公司20×3年应交所得税＝（210－10＋20－20）×25%＝50（万元），确认递延所得税费用＝25－20＝5（万元），甲公司20×3年确认的所得税费用＝应交所得税＋递延所得税＝50＋5＝55（万元）。

速算技巧：甲公司20×3年的所得税费用＝（210－10＋20）×25%＝55（万元）。

进阶练习

（一）单项选择题

1. 关于内部研究开发形成的无形资产加计摊销额的会计处理，下列表述正确的是（　　）。

A. 属于暂时性差异，不确认递延所得税资产

B. 属于非暂时性差异，应确认递延所得税负债

C. 属于非暂时性差异，不确认递延所得税资产

D. 属于暂时性差异，应确认递延所得税资产

2. 2×22年1月1日，甲公司购入股票作为以公允价值计量且其变动计入其他综合收益的金融资产核算，购买价款为1 000万元，另支付手续费及相关税费4万元，2×22年12月31日该项股票公允价值为1 100万元，若甲公司适用的企业所得税税率为25%，则甲公司

下列表述中正确的是（　　）。

A. 金融资产计税基础为996万元

B. 应确认递延所得税资产24万元

C. 应确认递延所得税负债24万元

D. 金融资产入账价值为1 000万元

3. 甲公司适用的企业所得税税率为25%，2×22年12月20日购入一项不需要安装的固定资产，成本为500万元，该项固定资产的使用年限为10年，采用年限平均法计提折旧，预计净残值为零。税法规定，该项固定资产采用双倍余额递减法计提折旧，预计折旧年限为8年，预计净残值为零。则下列表述中，正确的是（　　）。

A. 因该项固定资产2×24年末的递延所得税负债余额为29.69万元

B. 因该项固定资产2×24年末应确认的递延所得税负债为18.75万元

C. 因该项固定资产2×23年末的递延所得税负债余额为10.94万元

D. 因该项固定资产2×23年末应确认的递延所得税资产为18.75万元

4. 甲公司2×22年会计核算与税法计量存在如下差异：（1）因存货减值计提存货跌价准备300万元；（2）因产品质量保证计提预计负债200万元；（3）因自行研发无形资产发生研发费用1 000万元，税法规定可以按照175%的比例进行加计扣除。甲公司采用资产负债表债务法核算所得税，适用的所得税税率为25%，假定未来存在足够的应纳税所得额抵减可抵扣暂时性差异。甲公司2×22年应确认递延所得税资产的金额是（　　）万元。

A. 125　　B. 375

C. 312.5　　D. 75

5. 甲公司适用的所得税税率为25%，2×22年发生有关交易或事项如下：（1）期末因针对管理人员而确认的现金结算的股份支付形成负债500万元。假定按税法规定股份支付形成的职工薪酬在实际支付时才可以在税前扣除。（2）因债务担保于当期确认了200万元的预计负债。税法规定，因债务担保发生的支出不得税前列支。（3）有一项投资性房地产，期末账面价值为3 000万元（其中成本2 800万元，公允价值变动200万元），期末计税基础为2 700万元。（4）期末确认因辞退福利计划将一次性支付补偿款800万元。假定税法规定，与该项辞退福利有关的补偿款于实际支付时可税前抵扣。下列关于甲公司2×20年递延所得税的处理中，不正确的是（　　）。

A. 股份支付业务形成可抵扣暂时性差异，应确认递延所得税资产

B. 债务担保业务不形成暂时性差异，不确认递延所得税

C. 投资性房地产业务形成可抵扣暂时性差异300万元，应确认递延所得税资产75万元

D. 辞退福利业务形成可抵扣暂时性差异800万元，应确认递延所得税资产200万元

（二）多项选择题

1. 下列关于递延所得税资产的表述中，正确的有（　　）。

A. 递延所得税资产产生于可抵扣暂时性差异

B. 当期递延所得税资产的确认应当考虑当期是否能够产生足够的应纳税所得额

C. 按照税法规定可以结转以后年度的可弥补亏损应视为可抵扣暂时性差异，不确认递延所得税资产

D. 递延所得税资产的计量应以预期收回该资产期间的适用企业所得税税率确定

2. 下列关于所得税会计处理的表述中，正确的有（　　）。

A. 所得税费用包括当期所得税费用和递延所得税费用

B. 当期应纳所得税额应以当期企业适用的企业所得税税率进行计算

C. 当企业所得税税率变动时，“递延所得税资产”的账面余额应及时进行相应调整

D. 当期所得税费用等于当期应纳企业所得税税额

3. 下列项目中，会产生可抵扣暂时性差

异的有（　　）。

A. 企业发生的可用于抵减以后年度应纳税所得额的亏损额

B. 当期发生的广告费和业务宣传费超过营业收入15%的部分

C. 会计计提的折旧小于税法规定的折旧

D. 其他权益工具投资的公允价值上升

4. 甲公司对出租的投资性房地产采用公允价值模式进行后续计量，适用的企业所得税税率为25%。2×21年12月20日甲公司以2亿元购入一栋写字楼，并于2×21年12月31日以年租金1 000万元的合同价格出租给乙公司。甲公司2×22年1月1日起开始收取租金。2×21年12月31日和2×22年12月31日，该写字楼的公允价值分别为2.2亿元和2.22亿元。企业所得税法规定，企业取得的该写字楼按50年、以年限平均法计提的折旧（不考虑净残值）可在计算应纳税所得额时扣除。甲公司2×22年初递延所得税资产和递延所得税负债的账面价值均为零。除上述交易或事项外，甲公司没有其他纳税调整事项。不考虑除企业所得税以外的其他相关税费及其他因素。下列各项关于甲公司对上述交易或事项会计处理的表述中，正确的有（　　）。

A. 2×21年末应确认其他综合收益2 000万元

B. 2×21年实现利润总额3 000万元

C. 2×22年实现利润总额1 200万元

D. 2×22年末递延所得税负债账面余额650万元

5. 在未来期间能够产生足够的应纳税所得额用以抵减可抵扣暂时性差异，并且不考虑其他因素的情况下，下列各项交易或事项涉及所得税会计处理的表述中，正确的有（　　）。

A. 内部研发形成的无形资产初始入账金额与计税基础之间的差异，应确认递延所得税，并计入当期损益

B. 企业发行可转换公司债券初始入账金额与计税基础之间的差异，应确认递延所得税，并计入当期损益

C. 股份支付产生的暂时性差异，如果预计未来期间可抵扣的金额超过等待期内确认的成本费用，超出部分形成的递延所得税应计入所有者权益

D. 以公允价值计量且其变动计入其他综合收益的非交易性权益工具投资的公允价值变动产生的暂时性差异，应确认递延所得税并计入其他综合收益

（三）计算分析题

1. 甲公司为房地产开发企业，对投资性房地产采用公允价值模式进行后续计量。

（1）2×22年1月1日，甲公司以20 000万元总价款购买了一栋已达到预定可使用状态的公寓。该公寓总面积为1万平方米，每平方米单价为2万元，预计使用寿命为50年，预计净残值为零。甲公司计划将该公寓对外出租。

（2）2×22年，甲公司出租上述公寓实现租金收入500万元，发生费用支出（不含折旧）100万元。由于市场发生变化，甲公司出售了公寓总面积的20%，取得收入4 200万元，所出售公寓于2×22年12月31日办理了房产过户手续。2×22年12月31日，该公寓每平方米的公允价值为2.1万元。

其他资料：甲公司所有收入与支出均以银行存款结算。

根据税法规定，在计算当期应纳所得税时，持有的投资性房地产可以按照其购买成本、根据预计使用寿命50年按照年限平均法自购买日起至处置时止计算的折旧额在税前扣除，持有期间公允价值的变动不计入应纳税所得额；在实际处置时，处置取得的价款扣除其历史成本减去按照税法规定计提折旧后的差额计入处置或结算期间的应纳税所得额，甲公司适用的所得税税率为25%。

甲公司当期不存在其他收入或成本费用，当期所发生的100万元费用支出可以全部在税前扣除，不存在未弥补亏损或其他暂时性差异。

不考虑除所得税外的其他相关税费。

要求：

（1）编制甲公司2×22年1月1日、12月31日与投资性房地产的购买、公允价值变动、出租、出售相关的会计分录。

（2）计算投资性房地产2×22年12月31日的账面价值、计税基础及暂时性差异。

（3）计算甲公司2×22年当期所得税，并编制与确认所得税费用相关的会计分录。

2. 2×22年1月1日，甲公司递延所得税资产的账面价值为100万元，递延所得税负债的账面价值为零。2×22年12月31日，甲公司有关资产、负债的账面价值和计税基础如下：

项目名称	账面价值（万元）	计税基础（万元）
固定资产	12 000	15 000
无形资产	900	1 350
其他债权投资	5 000	3 000
预计负债	600	0

上表中，固定资产在初始计量时，入账价值与计税基础相同，无形资产的账面价值是当季末新增的符合资本化条件的开发支出形成的，按照税法规定对于研究开发费用形成无形资产的，按照形成无形资产成本的150%作为计税基础。假定在确定无形资产账面价值及计税基础时均不考虑当季度摊销因素。

2×22年度，甲公司实现净利润8 000万元，发生广告费用1 500万元，按照税法规定准予从当年应纳税所得额中扣除的金额为1 000万元，其余可结转以后年度扣除。

甲公司适用的所得税税率为25%，预计能够取得足够的应纳税所得额用于抵扣可抵扣暂时性差异的所得税影响，除所得税外，不考虑其他税费及其他因素影响。

要求：

（1）对上述事项或项目产生的暂时性差异影响，分别说明是否应计入递延所得税负债或递延所得税资产，并分别说明理由。

（2）说明哪些暂时性差异的所得税影响应计入所有者权益。

（3）计算甲公司2×22年度应确认的递延所得税费用。

（四）综合题

1. 甲公司适用的企业所得税税率为25%，经当地税务机关批准，甲公司自2×16年2月取得第一笔生产经营收入所属纳税年度起，享受“三免三减半”的税收优惠政策，即2×16年至2×18年免交企业所得税，2×19年至2×21年减半，按照12.5%的税率交纳企业所得税。甲公司2×18年至2×22年有关会计处理与税收处理不一致的交易资料如下：

（1）2×17年12月10日，甲公司购入一台不需要安装即可投入使用的行政管理用A设备，成本6 000万元，该设备采用年数总和法计提折旧，预计使用5年，预计无净残值。税法规定，固定资产按照年限平均法计提的折旧准予在税前扣除。假定税法规定的A设备预计使用年限及净残值与会计规定相同。

（2）甲公司拥有一栋五层高的B楼房，用于本公司行政管理部门办公。迁往新建的办公楼后，甲公司2×22年1月1日与乙公司签订租赁协议，将B楼房租赁给乙公司使用。租赁合同约定，租赁期为3年，租赁期开始日为2×22年1月1日，年租金为240万元，于每月末分期支付。B楼房转换为投资性房地产前采用年限平均法计提折旧，预计使用50年，预计无净残值；转换为投资性房地产后采用公允价值模式进行后续计量。转换日，B楼房原价为800万元，已计提折旧为400万元，公允价值为1 300万元。2×22年12月31日，B楼房的公允价值为1 500万元。税法规定，企业的各项资产以历史成本为基础计量；固定资产按照年限平均法计提的折旧准予在税前扣除。假定税法规定的B楼房使用年限及净残值与其转换为投资性房地产前的会计规定相同。

（3）2×22年7月1日，甲公司以1 000万元的价格购入同日发行的国债，款项已用银行存款支付。该债券的面值为1 000万元，期限为3年，年利率为5%（与实际利率相同），利息于每年6月30日支付，本金到期一次付清。甲公司根据其管理该国债的业务模式和该国债的合同现金流量特征，将购入的国债分类为以摊余成本计量的金融资产。税法规定，国债利息收入免交企业所得税。

（4）2×22年9月3日，甲公司向符合税法规定条件的公益性社团捐献现金600万元。税法规定，企业发生的公益性捐赠支出不超过年度利润总额12%的部分准许扣除。

其他资料如下：

第一，2×22年度，甲公司实现利润总额4 500万元。第二，2×18年初，甲公司递延所得税资产和递延所得税负债无余额，无未确认递延所得税资产的可抵扣暂时性差异和可抵扣亏损，除上面所述外，甲公司2×18年至2×22年无其他会计处理与税收处理不一致的交易或事项。第三，2×18年至2×22年各年末，甲公司均有确凿证据表明未来期间很可能获得足够的应纳税所得额用来抵扣可抵扣暂时性差异。第四，不考虑除所得税以外的其他税费及其他因素。

要求：

（1）根据资料（1），分别计算，甲公司2×18年至2×22年各年A设备应计提的折旧，并填写完成下列表格。

单位：万元

项目	2×18年 12月31日	2×19年 12月31日	2×20年 12月31日	2×21年 12月31日	2×22年 12月31日
账面价值					
计税基础					
暂时性差异					

（2）根据资料（2），编制甲公司2×22年与B楼房转换为投资性房地产及其后续公允价值变动相关的会计分录。

（3）根据资料（3），编制甲公司2×22年与购入国债及确认利息相关的会计分录。

（4）根据上述资料，计算甲公司2×18年至2×21年各年末的递延所得税资产或负债余额。

（5）根据上述资料，计算甲公司2×22年的应交所得税和所得税费用，以及2×22年末递延所得税资产或负债余额，并编制相关会计分录。

2. 甲有限公司（以下简称“甲公司”）为上市公司，该公司2×22年发生的有关交易或事项如下：

（1）1月2日，甲公司在天猫开设的专营店上线运行，推出一项新的销售政策，凡在1月10日之前登录甲公司专营店并注册为会员的消费者，只需支付500元会员费，即可享受在未来两年内在该公司专营店购物全部7折的优惠，该会员费不退且会员资格不可转让。1月2日至10日，该政策共吸引30万名消费者成为甲公司天猫专营店会员，这些消费者在申请加入成为会员时已全额支付会员费。

由于甲公司在天猫开设的专营店刚刚开始运营，甲公司无法预计消费者的消费习惯及未来两年可能的消费金额。税法规定，计算所得税时按会计准则规定确认收入的时点作为计税时点。

（2）2 月 20 日，甲公司将闲置资金 3 000 万美元用于购买某银行发售的外汇理财产品。理财产品合同规定：该理财产品存续期为 364 天，预期年化收益率为 3%，不保证本金及收益，持有期间内每月 1 日可开放赎回。甲公司计划将该投资持有至到期。当日美元对人民币的汇率为 1 美元 =6.5 元人民币。

2×22 年 12 月 31 日，根据银行发布的理财产品价值信息，甲公司持有的美元理财产品价值为 3 100 万美元，当日美元对人民币的汇率为 1 美元 =6.70 元人民币。

税法规定对于外币交易的折算采用交易发生时的即期汇率，但对于以公允价值计量的金融资产，持有期间内的公允价值变动不计入应纳税所得额。

（3）甲公司生产的乙产品中标参与国家专项扶持计划，该产品正常市场价格为 1.2 万元/台，甲公司的生产成本为 0.8 万元/台。按照规定，甲公司参与该国家专项扶持计划后，将乙产品销售给目标消费者的价格为 1 万元/台，国家财政另外给予甲公司补助款 0.2 万元/台。

2×22 年，甲公司按照该计划共销售乙产品 2 000 台，销售价款及国家财政补助款均已收到。

税法规定，有关政府补助收入在取得时计入应纳税所得额。

（4）9 月 30 日，甲公司自外部购入一项正在进行中的研发项目，支付价款 900 万元，甲公司预计该项目前期研发已经形成一定的技术雏形，预计能够带来的经济利益流入足以补偿外购成本，甲公司组织自身研发团队在该项目基础上进一步研发，当年度共发生研发支出 400 万元，通过银行存款支付。甲公司发生的有关支出均符合资本化条件，至 2×22 年末，该项目仍处于研发过程中。

税法规定，企业自行研发的项目，按照会计准则规定资本化的部分，其计税基础为资本化金额的 175%；按照会计准则规定费用化的部分，当期可予税前扣除的金额为费用化金额的 75%。

其他有关资料：

第一，本题中不考虑除所得税外其他相关税费的影响，甲公司适用的所得税税率为 25%，假定甲公司在未来期间能够产生足够的应纳税所得额用以抵扣可抵扣暂时性差异。

第二，甲公司以人民币为记账本位币，外币业务采用业务发生时的即期汇率折算。

要求：就甲公司 2×22 年发生的有关交易或事项，分别说明其应当进行的会计处理并说明理由；分别说明有关交易或事项是否产生资产、负债的账面价值与计税基础的暂时性差异，是否应确认相关递延所得税，并分别编制与有关交易或事项相关的会计分录。

3. 甲公司采用成本模式对投资性房地产进行后续计量，适用的所得税税率为 25%，每年均按净利润的 10% 计提盈余公积。

（1）2×18 年 12 月 31 日，甲公司将一栋自用办公楼出租给乙公司，租赁期开始日为 12 月 31 日，租期 3 年，年租金 240 万元，于每年年初支付。该办公楼原值 3 000 万元，预计使用年限为 50 年，预计净残值为零，采用直线法计提折旧，至出租时已累计使用 10 年，累计计提折旧 600 万元，未计提减值，转为投资性房地产后折旧方法、净残值等与转换前一致。税法与会计规定的折旧年限、折旧方法以及净残值相同。

（2）2×19 年，由于道路修整，该出租办公楼出现减值迹象，当年末甲公司预计此办公楼未来现金流量的现值为 2 000 万元，公允价值减去处置费用后的净额为 2 150 万元。

（3）2×20 年 1 月 1 日，甲公司经调查确定，此办公楼所在地的房产交易市场已经比较成熟，办公楼满足了以公允价值模式计量的条件，决定对该房产由成本模式转为公允价值模式计量，当日该办公楼的公允价值为 2 700 万元。2×20 年 12 月 31 日的公允价值为 2 800 万元，2×21 年 12 月 31 日的公允价值为 3 100 万元。

（4）2×22 年 1 月 1 日甲公司收回租赁期满的办公楼，同日以 3 200 万元的价格出售给丙公司，取得价款并存入银行。

假定不考虑其他因素。预计未来能够取得足够的应纳税所得额用以抵扣可抵扣暂时性差异。

要求：

（1）根据资料（1），判断投资性房地产的转换日并说明理由，并做出自用房地产转为投资性房地产的分录。

（2）根据资料（2），确定该办公楼 2×19 年末的可收回金额，并说明此办公楼是否应该确认减值，如果需要确认，计算减值金额并编制相关分录。

（3）根据上述资料，编制甲公司 2×19 年收取租金、确认租金收入以及结转成本的相关分录；计算甲公司因该项投资性房地产对 2×19 年营业利润的影响金额。

（4）根据资料（3），编制 2×20 年甲公司将投资性房地产由成本模式变为公允价值模式以及期末调整公允价值变动的会计分录。

（5）根据资料（4），编制甲公司出售投资性房地产的分录。

4. 甲公司为境内上市公司，2×17 年度及以前年度适用的企业所得税税率为 15%，2×18 年度起适用的企业所得税税率为 25%。2×16 年度至 2×18 年度，甲公司发生的有关交易资料如下：

（1）2×16 年 1 月 1 日，以 5 000 万元从二级市场购入乙公司当日发行的 2 年期公司债券，该债券票面价值为 5 000 万元，票面年利率为 4%（等于实际利率），每年 12 月 31 日付息，到期还本；以 1 200 万元购入丙公司（非上市公司）10% 股权，对丙公司不具有控制、共同控制和重大影响；以 500 万元从二级市场购入一组股票组合。

甲公司对金融资产在组合层次上确定业务模式并进行分类：对于持有的 2 000 万元乙公司债券的管理是以收取合同现金流量为目标的业务模式，对于持有的 3 000 万元乙公司债券，其业务模式是为收取合同现金流量并满足流动性需求，即甲公司对该部分债券以收取合同现金流量进行日常管理，但当甲公司资金发生紧缺时，将出售该债券，以保证经营所需的流动资金；对持有的丙公司股权进行指定，除了持有该股份分得的现金股利外，该投资价值的任何变动以及处置均不影响净利润；对于股票组合，以公允价值进行管理，并与投资人员的业绩挂钩。

2×16 年 12 月 31 日，2 000 万元乙公司债券的公允价值为 2 100 万元；3 000 万元乙公司债券的公允价值为 3 150 万元；对丙公司股权投资的公允价值为 1 300 万元，预计下一年末仍会持有该投资，且其公允价值会继续上升；股票组合的公允价值为 450 万元，预计下一年末仍会持有该股票组合，且其公允价值会上升至 500 万元以上。

（2）2×16 年 6 月 20 日，甲公司购入一台研发设备并投入使用，设备价款为 480 万元。该设备预计使用 5 年，预计净残值为零，采用年限平均法计提折旧。税法规定企业购入研发设备价格小于 500 万元，可一次性税前扣除。

（3）2×17 年 4 月 1 日，甲公司购买了丁公司 55% 股权，能够对丁公司实施控制。甲公司购入丁公司相关资产中某项新技术研发项目已开始资本化，购买日的公允价值为 800 万元，经评估该研发项目是否能够最终完成并形成无形资产在技术方面尚不确定，故甲公司于购买日未将该项目作为资产予以确认，并在此基础上确认商誉 3 500 万元。2×17 年 12 月 10 日，甲公司的技术人员经研究后发现，继续研发该项目从技术角度分析是完全可以实现的，且预计该研发项目完成后能给甲公司未来的经营带来较大的利益。为此，甲公司董事会决定继续投入足够的资金和技术力量对该项目进行开发。

（4）2×17 年 12 月 31 日，甲公司收回了 5 000 万元乙公司债券本金及最后 1 年利息；对丙公司股权投资的公允价值为 1 500 万元；

股票组合的公允价值为550万元。

（5）2×18年12月30日，甲公司出售对上述丙公司的股权投资，取得价款1 800万元。

其他相关资料：

第一，2×16年初，甲公司可抵扣暂时性差异为1 200万元，其中，2×17年度转回的金额为200万元，其余金额于2×18年以后年度转回；应纳税暂时性差异为2 500万元，于2×18年以后年度转回。对于上述暂时性差异，甲公司已于2×16年以前全部确认递延所得税，并计入当年度损益。

第二，根据税法规定，甲公司购买丁公司55%股权的合并为应税合并。

要求：

（1）根据资料（1），说明甲公司购入的各项金融资产在初始确认时应当如何分类，并陈述理由。

（2）计算甲公司2×16年末递延所得税资产、递延所得税负债的账面余额，以及2×16年度应确认的递延所得税资产、递延所得税负债，并编制与递延所得税相关的会计分录。

（3）根据资料（3），说明甲公司在其2×17年度合并财务报表中对于丁公司的新技术研发项目应如何进行会计处理；计算甲公司在2×17年末合并资产负债表中商誉的列报金额。

（4）计算甲公司2×17年末递延所得税资产、递延所得税负债的账面余额。

（5）根据资料（5），计算甲公司2×18年度因出售对丙公司股权投资应确认的投资收益金额，并编制相关的会计分录。

进阶练习答案及解析

（一）单项选择题

1.【答案】A

【解析】形成无形资产的，按照无形资产成本的175%计算每期摊销额。导致税法比会计上摊销的多，也就是账面价值小于计税基础，所以加计摊销额造成的差异属于暂时性差异，但是因为这个暂时性差异既不影响会计利润，也不影响应纳税所得额，所以不确认递延所得税资产。

2.【答案】C

【解析】金融资产的入账价值＝1 000＋4＝1 004（万元），选项D错误。年末，账面价值为1 100万元，计税基础不变，为1 004万元，形成应纳税暂时性差异额＝1 100－1 004＝96（万元），确认递延所得税负债＝96×25%＝24（万元）。

3.【答案】A

【解析】本题考查递延所得税资产和递延所得税负债的确认和计量知识点。

2×23年末该固定资产的账面价值＝500－500/10＝450（万元）；

计税基础＝500－500×2/8＝375（万元）；

产生应纳税暂时性差异＝450－375＝75（万元）；

确认递延所得税负债＝75×25%＝18.75（万元），选项C、D错误。

2×24年末该固定资产的账面价值＝500－500/10×2＝400（万元）；

计税基础＝500－500×2/8－（500－500×2/8）×2/8＝281.25（万元）；

应纳税暂时性差异的余额＝400－281.25＝118.75（万元）；

递延所得税负债余额＝118.75×25%＝29.69（万元），选项A正确。

2×24年产生的递延所得税负债＝29.69－18.75＝10.94（万元），选项B错误。

4.【答案】A

【解析】甲公司应确认递延所得税资产＝（300＋200）×25%＝125（万元），自行研发无形资产的研究费用加计扣除不属于可抵扣暂时性差异，不需要确认递延所得税资产。

5.【答案】C

【解析】选项C，形成应纳税暂时性差异，应确认递延所得税负债75（300×25%）万元。

（二）多项选择题

1.【答案】AD

【解析】选项B，当期递延所得税资产的确认应当考虑将来是否能够产生足够的应纳税所得额；选项C，可以结转到以后年度的可弥补亏损应视为可抵扣暂时性差异，满足条件应确认递延所得税资产。

2.【答案】ABCD

【解析】四个选项均正确。

3.【答案】AB

【解析】选项A、B，因其能够减少未来期间的应纳税所得额，进而减少未来期间的应交所得税，会计处理上视同可抵扣暂时性差异；选项C、D，会使资产账面价值大于其计税基础，从而产生应纳税暂时性差异。

4.【答案】CD

【解析】甲公司2×21年12月20日购入写字楼应作为固定资产确认，入账成本20 000万元；2×21年12月31日转为投资性房地产，公允价值与账面价值的差额计入其他综合收益，同时应确认递延所得税的影响，因此2×21年末应确认其他综合收益＝（22 000－20 000）×（1－25%）＝1 500（万元），选项A不正确；甲公司应自2×22年开始确认租金收入，2×21年不确认收入以及利润影响，选项B不正确；2×22年，甲公司确认租金收入1 000万元，确认公允价值变动收益＝22 200－22 000＝200（万元），因此2×22年实现利润总额＝1 000＋200＝1 200（万元），选项C正确；2×22年末，投资性房地产账面价值22 200万元，计税基础＝20 000－20 000/50＝19 600（万元），年末递延所得税负债账面余额＝（22 200－19 600）×25%＝650（万元），选项D正确。

5.【答案】CD

【解析】资产或负债初始入账金额与计税基础之间的差额，不是形成于企业合并，也不影响损益或应纳税所得额，因此，不应确认递延所得税，选项A、B不正确。

（三）计算分析题

1.【答案及解析】

（1）①2×22年1月1日，甲公司以20 000万元购买公寓：

借：投资性房地产——成本　　20 000

　　贷：银行存款　　20 000

②2×22年12月31日，公寓的公允价值增加至21 000万元（2.1万元/平方米×1万平方米），增值1 000万元。

借：投资性房地产——公允价值变动　　1 000

　　贷：公允价值变动损益　　1 000

或（剩余80%部分）：

借：投资性房地产——公允价值变动（1 000×80%）800

　　贷：公允价值变动损益　　800

③甲公司实现租金收入和成本：

借：银行存款　　500

　　贷：其他业务收入（或主营业务收入）　　500

借：其他业务成本（或主营业务成本）　　100

　　贷：银行存款　　100

④甲公司于2×22年12月31日出售投资性房地产的会计分录如下：

借：银行存款　　4 200

　　贷：其他业务收入（或主营业务收入）　　4 200

借：其他业务成本（或主营业务成本）（20 000×20%）4 000

　　公允价值变动损益（1 000×20%）200

贷：投资性房地产——成本

(20 000×20%) 4 000

——公允价值变动

(1 000×20%) 200

或（期末时未确认出售部分公允价值变动损益，则出售时也不涉及转出）：

借：其他业务成本（或主营业务成本）

(20 000×20%) 4 000

贷：投资性房地产——成本

(20 000×20%) 4 000

（2）公寓剩余部分的账面价值 = 21 000 × 80% = 16 800（万元）。

公寓剩余部分的计税基础 = (20 000 − 20 000/50) × 80% = 15 680（万元）。

暂时性差异 = 16 800 − 15 680 = 1 120（万元）。

（3）甲公司的当期所得税计算如下：

甲公司 2×22 年实现的会计利润 = 1 000 + 500 − 100 + 4 200 − 4 000 − 200 = 1 400（万元）；应纳税所得额 = 1 400 − 400（税法上允许抵扣的折旧额 20 000/50）+ 80 [出售部分甲公司账面上结转的成本 20 000 × 20% − 税法上允许结转的成本 (20 000 − 20 000/50) × 20%] − (1 000 − 200)（税法规定持有期间公允价值的变动不计入应纳税所得额）= 280（万元）。则甲公司的当期所得税 = 应纳税所得额 × 适用税率 = 280 × 25% = 70（万元）。所得税相关分录如下：

借：所得税费用 350

贷：应交税费——应交所得税

70

递延所得税负债

(1 120×25%) 280

2. 【答案及解析】

（1）①固定资产：因为该固定资产的账面价值小于计税基础，形成可抵扣暂时性差异，所以需要确认递延所得税资产。

②无形资产：因为该无形资产是由于开发支出形成的，其不属于企业合并，且初始确认时既不影响会计利润也不影响应纳税所得额，所以不需要确认递延所得税。

③其他债权投资：因为该资产的账面价值大于计税基础，且由于是公允价值变动造成的，形成应纳税暂时性差异，所以，需要确认递延所得税负债。

④预计负债：因为该负债的账面价值大于计税基础，形成可抵扣暂时性差异，所以，需要确认递延所得税资产。

⑤发生的广告费：因为该广告费的金额为 1 500 万元，其可以税前扣除的金额为 1 000 万元，允许未来税前扣除的金额为 500 万元，形成可抵扣暂时性差异，所以，需要确认递延所得税资产。

（2）因为只有其他债权投资的暂时性差异是因为计入所有者权益产生的，其所得税影响也应该计入所有者权益。

（3）固定资产形成可抵扣暂时性差异期末余额 = 15 000 − 12 000 = 3 000（万元）；

递延所得税资产的期末余额 = 3 000 × 25% = 750（万元）；

预计负债形成的递延所得税资产期末余额 = 600 × 25% = 150（万元）；

广告费形成的递延所得税资产的本期发生额 = 500 × 25% = 125（万元）；

递延所得税资产的本期发生额 = (750 + 150) − 100 + 125 = 925（万元）；

综上所述，甲公司 2×22 年度应确认的递延所得税费用 = 0 − 925 = −925（万元）。

（四）综合题

1. 【思路点拨】本题最大的难点在于针对税率变化，各期递延所得税资产的计算。2×18 年产生的 800 万元暂时性差异分两年转回，2×21 年转回 400 万元（1 200 − 800），2×22 年转回另外 400 万元。由于 2×21 年依然享受“三减半”政策，税率为 12.5%，而 2×22 年开始税率为 25%，因此，计算 2×18 年递延所得税资产时，2×21 年转回的 400 万元按 12.5% 税率计算，2×22 年转回的 400 万元按 25% 税率计算。

【答案及解析】

（1）2×18 年 A 设备应计提的折旧 = 6 000×5/（1+2+3+4+5）=2 000（万元）；

2×19 年 A 设备应计提的折旧 = 6 000×4/（1+2+3+4+5）=1 600（万元）；

2×20 年 A 设备应计提的折旧 = 6 000×3/（1+2+3+4+5）=1 200（万元）；

2×21 年 A 设备应计提的折旧 = 6 000×2/（1+2+3+4+5）=800（万元）；

2×22 年 A 设备应计提的折旧 = 6 000×1/（1+2+3+4+5）=400（万元）。

项目	2×18 年 12 月 31 日	2×19 年 12 月 31 日	2×20 年 12 月 31 日	2×21 年 12 月 31 日	2×22 年 12 月 31 日
账面价值	4 000	2 400	1 200	400	0
计税基础	4 800	3 600	2 400	1 200	0
暂时性差异	800	1 200	1 200	800	0

（2）

借：投资性房地产——成本　1 300

　　累计折旧　400

　　贷：固定资产　800

　　　　其他综合收益　900

借：投资性房地产——公允价值变动　（1 500－1 300）200

　　贷：公允价值变动损益　200

（3）

借：债权投资　1 000

　　贷：银行存款　1 000

借：应收利息　（1 000×5%/2）25

　　贷：投资收益　25

（4）2×18 年末的递延所得税资产余额 = 400×12.5% +400×25% =150（万元）；

2×19 年末的递延所得税资产余额 =150 + 400×25% =250（万元）；

2×20 年末的递延所得税资产余额 =2×19 年余额 =250（万元）；

2×21 年末的递延所得税资产余额 =800×25% =200（万元），或 =250－400×12.5% = 200（万元）。

（5）甲公司 2×22 年的应交所得税 = [4 500－转回固定资产的可抵扣暂时性差异 800－投资性房地产应纳税暂时性差异（200 + 800/50）－国债利息免税 25 + 公益性捐赠支出超过限额部分（600－4 500×12%）]×25% = 879.75（万元）；

甲公司 2×22 年的递延所得税费用 = 投资性房地产确认的递延所得税负债（200 + 800/50）×25% + 固定资产转回的递延所得税资产 800×25% =254（万元）；

甲公司 2×22 年的所得税费用 =879.75 + 254 =1 133.75（万元）；

2×22 年末递延所得税负债余额 = 900×25% +（200 + 800/50）×25% =279（万元），其中 225 万元（900×25%）计入其他综合收益；递延所得税资产余额为 0。

借：所得税费用　1 133.75

　　贷：应交税费——应交所得税　879.75

　　　　递延所得税负债　54

　　　　递延所得税资产　200

借：其他综合收益　225

　　贷：递延所得税负债　225

2.【答案及解析】

事项（1）会计处理：甲公司应将收到的会员费作为合同负债处理；理由：甲公司无法预计消费者的消费习惯及未来两年可能的消费金额，收到的会员费作为无须退回的初始费，应作为未来转让商品的预收款，在未来转让商品时确认收入。

会计分录：

借：银行存款（30×500）15 000

　贷：合同负债　　15 000

由于税法规定计算所得税时按照会计准则规定确认收入的时点作为计税时点，所以税法和会计确认收入的时点一致，不确认递延所得税。

事项（2）会计处理：该外汇理财产品应当作为以公允价值计量且其变动计入当期损益的金融资产核算，期末确认公允价值变动和期末汇兑差额，均计入公允价值变动损益。

理由：该理财产品不保证本金及收益，持有期间内每月1日可开放赎回，其合同现金流量并非仅为对本金和以未偿付本金金额为基础的利息的支付。

会计分录：

借：交易性金融资产

　（3 000×6.5）19 500

　贷：银行存款　　19 500

借：交易性金融资产

（3 100×6.7－3 000×6.5）1 270

　贷：公允价值变动损益　　1 270

借：所得税费用

　（1 270×25%）317.5

　贷：递延所得税负债　　317.5

交易性金融资产的账面价值大于计税基础，产生暂时性差异，需要确认递延所得税负债。

事项（3）会计处理：甲公司收到的国家财政补助款按照收入准则处理。理由：因为该项补助的受益者并不是企业，而是该项产品的消费者，因此甲公司正常确认收入。

会计分录：

借：银行存款　　2 400

　贷：主营业务收入　　2 400

借：主营业务成本　　1 600

　贷：库存商品　　1 600

收到的国家财政补助款账面价值与计税基础相同，不产生暂时性差异，不需要确认递延所得税。

事项（4）会计处理：甲公司购入的研发项目作为研发支出（资本化支出）核算，发生的研发支出计入研发支出（资本化支出）；理由：该研发项目预计能够带来的经济利益流入足以补偿外购的成本，且后续支出符合资本化条件。

购买时：

借：研发支出——资本化支出

　900

　贷：银行存款　　900

进一步发生研发支出时：

借：研发支出——资本化支出

　400

　贷：银行存款　　400

研发支出账面价值＝900＋400＝1 300（万元），计税基础＝900＋400×175%＝1 600（万元），账面价值小于计税基础，产生暂时性差异，但是不需要确认递延所得税。

3.【答案及解析】

（1）投资性房地产的转换日为2×18年12月31日；理由：自用房地产改为出租，则转换日通常为租赁期开始日，也就是本题中的2×18年12月31日。

自用房地产转换为投资性房地产的分录为：

借：投资性房地产　　3 000

　累计折旧　　600

　贷：固定资产　　3 000

　　投资性房地产累计折旧　600

（2）办公楼2×19年末的可收回金额为预计未来现金流量的现值与公允价值减去处置费用后的净额中的较高者，所以可收回金额为2 150万元；办公楼计提减值前的账面价值＝3 000－600－（3 000－600）/（50－10）＝3 000－600－60＝2 340（万元），账面价值＞可收回金额，应该计提减值，减值金额＝2 340－2 150＝190（万元）。

会计分录：

借：资产减值损失　　190
　贷：投资性房地产减值准备　190
借：递延所得税资产　　47.5
　贷：所得税费用　　47.5

（3）甲公司2×19年收取租金、确认租金收入以及结转成本的分录为：

借：银行存款　　240
　贷：预收账款　　240
借：预收账款　　240
　贷：其他业务收入　　240
借：其他业务成本　　60
　贷：投资性房地产累计折旧　60

此业务对甲公司2×19年营业利润的影响金额＝240－60－190＝－10（万元）。

（4）

①2×20年1月1日成本模式变更为公允价值模式的分录为：

借：投资性房地产——成本　　3 000
　投资性房地产累计折旧　（600＋60）660
　投资性房地产减值准备　190
　贷：投资性房地产　　3 000
　　投资性房地产——公允价值变动　　300
　　递延所得税资产　　47.5（转回）
　　递延所得税负债　［（2 700－2 340）×25%］90（确认）
　　盈余公积　　41.25
　　利润分配——未分配利润　　371.25

②2×20年12月31日调整公允价值变动：

借：投资性房地产——公允价值变动　（2 800－2 700）100
　贷：公允价值变动损益　　100

产生的应纳税暂时性差异＝100＋税法折旧（3 000/50）＝160（万元），确认递延所得税负债＝160×25%＝40（万元），会计分录如下：

借：所得税费用　　40
　贷：递延所得税负债　　40

③2×21年12月31日调整公允价值变动：

借：投资性房地产——公允价值变动　（3 100－2 800）300
　贷：公允价值变动损益　　300

产生的应纳税暂时性差异＝300＋税法折旧3 000/50＝360（万元），确认递延所得税负债＝360×25%＝90（万元），会计分录如下：

借：所得税费用　　90
　贷：递延所得税负债　　90

（5）2×22年甲公司出售投资性房地产的分录为：

借：银行存款　　3 200
　贷：其他业务收入　　3 200
借：其他业务成本　　2 700
　公允价值变动损益（转为投资性房地产后累计公允价值变动）　　400
　贷：投资性房地产——成本　　3 000
　　　——公允价值变动　　100

注：［转为投资性房地产后累计公允价值变动（100＋300）－转换时点公允价值变动明细账贷方300］

转回递延所得税负债：

借：递延所得税负债　（90＋40＋90）220
　贷：所得税费用　　220

4. **【答案及解析】**

（1）①将持有的乙公司2 000万元的债券应划分为以摊余成本计量的金融资产核算。

理由：对于持有的2 000万元乙公司债券的管理是以收取合同现金流量为目标的业务模式，且相关金融资产在特定日期产生的合同现金流量仅为对本金和以未偿付本金金额为基础的利息的支付，应划分为以摊余成本计量的金融资产核算。

②将持有的乙公司3 000万元的债券相应

地划分为以公允价值计量且其变动计入其他综合收益的金融资产核算。

理由：因甲公司持有该债券业务模式是为收取合同现金流量并满足流动性需求，即公司资金发生紧缺时，将出售该债券，且相关金融资产在特定日期产生的合同现金流量仅为对本金和以未偿付本金金额为基础的利息的支付。应划分为以公允价值计量且其变动计入其他综合收益的金融资产核算。

③甲公司将持有的丙公司股权相应地作为以公允价值计量且其变动计入其他综合收益的金融资产核算。

理由：因甲公司对持有的丙公司股权进行指定，除了持有该股份分得的现金股利外，该投资价值的任何变动以及处置均不影响净利润，所以应将该项投资指定为以公允价值计量且其变动计入其他综合收益的金融资产核算。

④甲公司将持有的股票组合相应地作为以公允价值计量且其变动计入当期损益的金融资产核算。

理由：该金融资产在特定日期产生的合同现金流量不是对本金和以未偿付本金金额为基础的利息的支付。甲公司持有该股票组合是以公允价值进行管理，并与投资人员的业绩挂钩，应划分为以公允价值计量且其变动计入当期损益的金融资产核算。

（2）2×16 年末可抵扣暂时性差异余额 = 期初 1 200 + 因持有股票组合确认 50（500 − 450）= 1 250（万元），2×17 年度转回金额 250 万元，其余在 2×18 年以后年度转回，因此，2×16 年末递延所得税资产余额 = 200 × 15% + 1 000 × 25% + 50 × 15% = 287.5（万元）。

2×16 年末递延所得税负债余额 = 期初 2 500 ×25% + 研发设备产生 96 ×15% + 336 × 25%（购入研发设备 480 万元，税法规定研发设备购入价格小于 500 万元，可一次性税前扣除，形成应纳税暂时性差异）+ 本期持有 3 000 万元乙公司债券确认 150（3 150 − 3 000）× 15% + 本期因持有丙公司股权投资确认 100（1 300 − 1 200）×25% = 770.9（万元）。

2×16 年应确认的递延所得税资产 = 期末余额 287.5 − 期初余额（200 × 15% + 1 000 × 25%）= 7.5（万元）。

2×16 年应确认的递延所得税负债 = 期末余额 770.9 − 期初余额 2 500 × 25% = 145.9（万元）。

借：递延所得税资产　　　7.5
　贷：所得税费用　　　　　7.5
借：其他综合收益
　　［（3 150 − 3 000）×15% +
　（1 300 − 1 200）×25%］47.5
　所得税费用　　　　　98.4
　贷：递延所得税负债　　145.9

（3）甲公司在其 2×17 年度合并财务报表中对于丁公司的新技术研发项目应作为无形资产核算。

理由：因甲公司的技术人员经研究后发现，继续研发该项目从技术角度分析是完全可以实现的，且预计该研发项目完成后能给甲公司未来的经营带来较大的利益，所以在合并报表中应确认尚未确认的开发支出 800 万元。

甲公司在 2×17 年末合并资产负债表中商誉的列报金额 = 3 500 − 800 × 55% = 3 060（万元）。

（4）2×17 年末可抵扣暂时性差异余额 = 2×16 年期初 1 200 万元 − 2×17 年度转回的金额 200 万元 = 1 000（万元），2×17 年末递延所得税资产余额 = 1 000 × 25% = 250（万元）。

2×17 年末应纳税暂时性差异余额 = 2×16 年期初 2 500 + 研发设备产生 336（480 − 480/5 ×1.5）+ 本期因持有丙公司股权投资确认 300（1 500 − 1 200）+ 股票组合确认 50（550 − 500）= 3 186（万元），2×17 年末递延所得税负债余额 = 3 186 ×25% = 796.5（万元）。

（5）出售丙公司股票不确认投资收益，投资收益金额为零。

借：银行存款　　　　　1 800

贷：其他权益工具投资——成本　1 200

——公允价值变动　300

盈余公积　30

利润分配——未分配利润　270

借：其他综合收益　300

贷：盈余公积　30

利润分配——未分配利润　270

第二十章　非货币性资产交换

2023 年教材内容主要变化

本章教材新增了换入资产与换出资产确认与终止确认时点不一致时会计处理原则的进一步说明。

本章近五年考试高频考点分布

高频考点内容	年度及题型分布
非货币性资产交换的判定	2021 年多选题、2020 年单选题、2020 年多选题、2019 年单选题、2019 年多选题、2018 年单选题、2018 年多选题
非货币性资产交换的会计处理	2022 年多选题、2019 年多选题

高频考点精讲

本章主要内容包括：非货币性资产交换的认定，非货币性资产交换的确认和计量和非货币性资产交换的会计处理。

高频考点 1：非货币性资产交换的认定★★

（一）非货币性资产交换的概念及特征

项目	定义及特征
货币性资产	是指企业持有的货币资金和收取固定或可确定金额的货币资金的权利。包括现金、银行存款、应收账款和应收票据等。 特征是将来为企业带来的经济利益（即货币金额）是固定或可确定的
非货币性资产	是指货币资产以外的资产。 特征是将来为企业带来的经济利益（即货币金额）是不固定或不可确定的
非货币性资产交换	是指企业主要以固定资产、无形资产、投资性房地产和长期股权投资等非货币性资产进行的交换。 特征： （1）非货币性资产交换的交易对象主要是非货币性资产。 （2）非货币性资产交换是以非货币性资产进行交换的行为。 （3）非货币性资产交换一般不涉及货币性资产，但有时也可能涉及少量的货币性资产

经典例题

【真题·多选题】（2018）下列各项资产中，属于货币性资产的有（　　）。

A. 银行存款

B. 预付款项

C. 应收票据

D. 以公允价值计量且其变动计入当期损益的金融资产

【答案】AC

【解析】选项 B、D 为非货币性资产。

【例题·多选题】下列有关非货币性资产交换的表述正确的有（　　）。

A. 通常情况下，交易双方对于某项交易是否为非货币性资产交换的判断是不一致的

B. 投资方以一项固定资产出资取得对被投资方的权益性投资，对投资方来说，不属于非货币性资产交换；对于被投资方来说，属于非货币性资产交换

C. 非货币性资产交换是一个企业和另一个企业的互惠转让

D. 通常情况下，交易双方对于某项交易是否为非货币性资产交换的判断是一致的

【答案】CD

【解析】通常情况下，交易双方对于某项交易是否为非货币性资产交换的判断是一致的，选项 A 错误；投资方以一项固定资产出资取得对被投资方的权益性投资，对投资方来说，属于非货币性资产交换；对于被投资方来说，不属于非货币性资产交换；选项 B 错误。

（二）非货币性资产交换的认定

项目	内容
认定	非货币性资产交换一般不涉及货币性资产，或只涉及少量货币性资产即补价。非货币性资产交换准则规定，认定涉及少量货币性资产的交换为非货币性资产交换，通常以补价占整个资产交换金额的比例是否低于 25% 作为参考比例。 具体来说： 从收到补价的企业来看，收到的补价的公允价值占换出资产公允价值（或占换入资产公允价值和收到的货币性资产之和）的比例低于 25% 的，视为非货币性资产交换； 从支付补价的企业来看，支付的货币性资产占换出资产公允价值与支付的补价的公允价值之和（或占换入资产公允价值）的比例低于 25% 的，视为非货币性资产交换；如果上述比例高于 25%（含 25%）的，则视为货币性资产交换，适用《企业会计准则第 14 号——收入》等相关准则的规定
不涉及的交易和事项	本章所指非货币性资产交换不涉及以下交易和事项： （1）换出资产为存货的非货币性资产交换。 （2）非货币性资产交换中涉及的企业合并。 （3）非货币性资产中涉及的金融资产。 （4）非货币性资产交换中涉及使用权资产或应收融资租赁款。 （5）非货币性资产交换构成权益性交易。 （6）其他不适用非货币性资产交换准则的交易和事项。 ①企业从政府无偿取得非货币性资产，适用《企业会计准则第 16 号——政府补助》。 ②企业将非流动资产或处置组分配给所有者的，适用《企业会计准则第 42 号——持有待售的非流动资产、处置组和终止经营》。 ③企业以非货币性资产向职工发放非货币性福利的，适用《企业会计准则第 9 号——职工薪酬》。 ④企业以发行股票形式取得的非货币性资产，相当于以权益工具换入非货币性资产，其成本确定适用相关资产准则。 ⑤企业用于非货币性资产交换的非货币性资产应当符合资产的定义并满足资产的确认条件，且作为资产列报于企业的资产负债表上。因此，企业用于交换的资产目前尚未列报于资产负债表上，或不存在或尚不属于本企业的，适用其他相关会计准则

命题点拨

命题角度：非货币性资产交换的认定

本考点在命题时，一般会以客观题（单选题或多选题）的形式出现，主要考核货币性资产、非货币性资产的内容，非货币性资产交换

的认定，尤其是本章所指非货币性资产交换不涉及的交易和事项。

经典例题

【真题·多选题】（2020）下列各项关于甲公司发生的交易或事项中，不适用非货币性资产交换准则进行会计处理的有（　　）。

A. 甲公司以生产用设备向股东分配利润

B. 甲公司以专利权作价对其合营企业进行增资

C. 甲公司以出租的厂房换取乙公司所持联营企业的投资

D. 甲公司以持有的 5 年期债券投资换取丙公司的专有技术

【答案】ABD

【解析】选项 A 和 B，非货币性资产交换构成权益性交易，不适用非货币性资产交换准则。选项 C，属于非货币性资产交换。选项 D，5 年期债券投资属于货币性资产，该交易不适用非货币性资产交换准则。

【例题·单选题】下列关于非货币性资产交换的阐述中，正确的是（　　）。

A. 非货币性资产交换不涉及货币性资产

B. 非货币性资产交换涉及少量的货币性资产

C. 非货币性资产交换，从收到补价的企业看，收到的补价的公允价值占换出资产公允价值（或占换入资产公允价值和收到的货币性资产之和）的比例低于 25% 的，视为非货币性资产交换

D. 非货币性资产交换，从支付补价的企业看，支付的补价占换出资产公允价值与支付的补价的公允价值之和（或占换入资产公允价值）的比例高于 25%（不含 25%）的，视为货币性资产交换

【答案】C

【解析】非货币性资产交换一般不涉及货币性资产，或只涉及少量的货币性资产即补价。选项 A、B 错误；非货币性资产交换，从收到补价的企业看，收到的补价的公允价值占换出资产公允价值（或占换入资产公允价值和收到的货币性资产之和）的比例低于 25% 的，视为非货币性资产交换；从支付补价的企业看，支付的补价占换出资产公允价值与支付的补价的公允价值之和（或占换入资产公允价值）的比例低于 25% 的，视为非货币性资产交换；比例高于 25%（含 25%）的，视为货币性资产交换。选项 C 正确，选项 D 错误。

高频考点 2：非货币性资产交换的确认与计量★★

（一）非货币性资产交换的确认原则★★

<table>
<tr><th>项目</th><th colspan="2">内容</th></tr>
<tr><td>总体原则</td><td colspan="2">企业应当分别按照下列原则对非货币性资产交换中的换入资产进行确认，对换出资产终止确认：对于换入资产，应当在其符合资产定义并满足资产确认条件时予以确认；对于换出资产，应当在其满足资产终止确认条件时终止确认。
非货币性资产交换中的资产应当符合资产的定义并满足资产的确认条件，且作为资产列报于企业的资产负债表上</td></tr>
<tr><td rowspan="3">具体表现</td><td colspan="2">换入资产的确认时点与换出资产的终止确认时点应当相同或相近</td></tr>
<tr><td rowspan="2">当换入资产的确认时点与换出资产的终止确认时点存在不一致时，在资产负债表日，企业应当按照下列原则进行会计处理</td><td>换入资产满足资产确认条件，换出资产尚未满足终止确认条件的，在确认换入资产的同时将交付换出资产的义务确认为一项负债</td></tr>
<tr><td>换入资产尚未满足资产确认条件，换出资产满足终止确认条件的，在终止确认换出资产的同时将取得换入资产的权利确认为一项资产</td></tr>
</table>

命题点拨

命题角度：非货币性资产交换的确认

本考点在命题时，一般会以客观题（单选题或多选题）的形式出现，主要考核非货币性资产交换的总体确认原则。

经典例题

【例题·多选题】依据《企业会计准则第7号——非货币性资产交换》，下列各项中，关于非货币性资产交换确认表述正确的有（　　）。

A. 对于换入资产，应当在其符合资产定义并满足资产确认条件时予以确认

B. 对于换出资产，应当在其满足资产终止确认条件时终止确认

C. 非货币性资产交换中的资产应当符合资产的定义并满足资产的确认条件，且作为资产列报于企业的资产负债表上

D. 换入资产的确认时点与换出资产的终止确认时点应当相同

【答案】ABC

【解析】通常情况下，换入资产的确认时点与换出资产的终止确认时点应当相同或相近；换入资产的确认时点与换出资产的终止确认时点可以存在不一致的情形，选项D错误。

（二）非货币性资产交换的计量原则★★

项目	适用条件	计量原则
以公允价值为基础计量	非货币性资产交换同时满足下列两个条件的，应当以公允价值和应支付的相关税费作为换入资产的成本，公允价值与换出资产账面价值的差额计入当期损益： （1）该项交换具有商业实质； （2）换入资产或换出资产的公允价值能够可靠地计量	换入资产和换出资产公允价值均能够可靠计量的，应当以换出资产公允价值作为确定换入资产成本的基础，一般来说，取得资产的成本应当按照所放弃资产的对价来确定，在非货币性资产交换中，换出资产就是放弃的对价，如果其公允价值能够可靠确定，应当优先考虑按照换出资产的公允价值作为确定换入资产成本的基础；如果有确凿证据表明换入资产的公允价值更加可靠的，应当以换入资产公允价值为基础确定换入资产的成本。 公允价值更加可靠的判定：第一层次输入值为公允价值提供了最可靠的证据，第二层次直接或间接可观察的输入值比第三层次不可观察输入值为公允价值提供了更确凿的证据。 实务中，在考虑了补价因素的调整后，正常交易中换入资产的公允价值和换出资产的公允价值通常是一致的
以账面价值为基础计量	不具有商业实质或交换涉及资产的公允价值均不能可靠计量的非货币性资产交换	按照换出资产的账面价值和应支付的相关税费，作为换入资产的成本； 无论是否支付补价，均不确认损益； 收到或支付的补价作为确定换入资产成本的调整因素

名师解惑

问：老师如何理解关联方交易与商业实质的关系？

答：关联方之间资产交换与商业实质的关系是指，在确定非货币性资产交换是否具有商业实质时，企业应当关注交易各方之间是否存在关联方关系。关联方关系的存在可能导致发生的非货币性资产交换不具有商业实质。关联方交易是否具有商业实质，也必须通过商业实质的条件判断。

命题点拨

命题角度：非货币性资产交换的计量

本考点在命题时，一般会以客观题（单选题或多选题）的形式出现，主要考核非货币性

资产交换的计量。

经典例题

【例题·多选题】关于非货币性资产交换的确认和计量原则，下列表述正确的有（　　）。

A. 以账面价值计量的非货币性资产交换，无论是否涉及补价均不确认损益

B. 收到或支付的补价是确定换入资产成本的调整因素

C. 不具有商业实质或交换涉及资产的公允价值均不能可靠计量的非货币性资产交换，应当按照换出资产的账面价值作为换入资产的成本的基础

D. 具有商业实质的非货币性资产交换，换入资产和换出资产公允价值均能够可靠计量的，应当以换入资产公允价值作为确定换入资产成本的基础

【答案】AB

【解析】不具有商业实质或交换涉及资产的公允价值均不能可靠计量的非货币性资产交换，应当按照换出资产的账面价值作为换入资产成本的计量基础，选项C错误；具有商业实质的非货币性资产交换，换入资产和换出资产公允价值均能够可靠计量的，应当以换出资产公允价值作为确定换入资产成本的基础，选项D错误。

（三）商业实质的判断★

项目	内容	
判断条件	满足下列条件之一的，视为具有商业实质	（1）换入资产的未来现金流量在风险、时间分布或金额方面与换出资产显著不同。 （2）使用换入资产所产生的预计未来现金流量现值与继续使用换出资产所产生的预计未来现金流量现值不同，且其差额与换入资产和换出资产的公允价值相比是重大的
交换涉及的资产类别与商业实质的关系	企业在判断非货币性资产交换是否具有商业实质时，还可以从资产是否属于同一类别进行分析，因为不同类别非货币性资产因其产生经济利益的方式不同，一般来说其产生的未来现金流量风险、时间和金额也不相同，因而不同类别非货币性资产之间的交换是否具有商业实质，通常较易判断	

名师解惑

问：老师，如何判断交换涉及资产的类别与商业实质的关系？

答：不同类非货币性资产因其产生经济利益方式不同，一般来说会产生未来现金流量风险、时间分布或金额的不同，因而不同类非货币性资产之间的交换具有商业实质；而同类非货币性资产之间的交换是否具有商业实质，要根据商业实质判断的两项判断条件综合分析判断。

命题点拨

命题角度：商业实质的判断

本考点在命题时，一般会以客观题（单选题或多选题）的形式出现，主要考核商业实质的判断条件，尤其是同类非货币性资产之间的交换。

经典例题

【真题·多选题】（2022）不考虑其他因素，下列各项关于企业非货币性资产交换的交易中，具有商业实质的有（　　）。

A. 甲公司将其用于出租的公寓楼与乙公司的一栋办公楼进行交换

B. 甲公司将其拥有的专利权作价投入丙公司，取得丙公司25%的股权

C. 甲公司将其拥有的一辆运输货物的卡车与丁公司的两辆小轿车进行交换

D. 甲公司将其用于出租的公寓楼与戊公司用于出租的公寓楼进行交换，两栋楼的租金总额相同，但租户的财务及信用状况存在明显差异

【答案】ABCD

【解析】上述四个选项中，换入资产与换出资产未来现金流量的风险、金额、时间等方面有显著不同，均具有商业实质。

高频考点 3：以公允价值计量的会计处理★★★

（一）涉及一项资产的交换★★

项目		换入资产	换出资产
公允价值计量	不涉及补价	以换出资产的公允价值和应支付的相关税费作为换入资产的成本，除非有确凿证据表明换入资产的公允价值比换出资产的公允价值更加可靠。其中，计入换入资产的应支付的相关税费应当符合相关会计准则对资产初始计量成本的规定	不论是否涉及补价，只要换出资产的公允价值与其账面价值不相同，就涉及损益的确认
	涉及补价	对于支付补价方而言，作为补价的货币性资产构成换入资产所放弃对价的一部分；对于收到补价方而言，作为补价的货币性资产构成资产的一部分	
账面价值计量	不涉及补价	以换出资产的账面价值为基础确定换入资产成本	换出资产按账面价值计量，无论是否支付补价，均不确认损益
	涉及补价	发生的补价，应当将补价作为换入资产初始计量金额的调整因素： 支付补价方：以换出资产的账面价值，加上支付补价的账面价值，加上应支付的相关税费，作为换入资产的初始计量金额； 收到补价方：以换出资产的账面价值，减去收到补价的账面价值，加上应支付的相关税费，作为换入资产的初始计量金额	

名师解惑

问：非货币性资产交换以公允价值为基础计量，为什么非货币性资产交换的会计处理，视换出资产的类别不同而有所区别？

答：非货币性资产交换以公允价值为基础计量，不论是否涉及补价，只要换出资产的公允价值与其账面价值不相同，就应该确认损益。

换出资产按公允价值计量，视换出资产的类别不同而有所区别：

（1）换出资产为固定资产、在建工程、生产性生物资产、无形资产的，换出资产公允价值和换出资产账面价值的差额，计入资产处置损益。

（2）换出资产为长期股权投资的，换出资产公允价值和换出资产账面价值的差额，计入投资收益。

（3）换出资产为投资性房地产的，按换出资产公允价值或换入资产公允价值确认其他业务收入，按换出资产账面价值结转其他业务成本，二者之间的差额计入当期损益。

命题点拨

命题角度：非货币性资产交换的会计处理

本考点在命题时，一般会以客观题（单选题或多选题）和计算分析题的形式出现，主要考核非货币性资产交换的会计处理。

经典例题

【真题·多选题】（2021）2×20 年甲公司发生的有关交易或事项如下：（1）甲公司与丙公司签订的资产交换协议约定，甲公司以其拥有 50 年使用权的一宗土地换取丙公司持有的乙公司 40% 的股权。（2）丙公司以发行普通股换取甲公司一条生产线。假定上述资产交换具有商业实质，换出资产与换入资产的公允价值均能可靠计量。不考虑相关税费及其他因素，下列各项与上述交易或事项相关的会计处理表述中，正确的有（　　）。

A. 甲公司以土地换取的对乙公司 40% 股

权应按非货币性资产交换原则进行会计处理

B. 甲公司换出土地公允价值与账面价值的差额应确认为资产处置损益

C. 丙公司应按照换出股权的公允价值计量换入土地的成本

D. 丙公司以发行普通股换取甲公司一条生产线应按非货币性资产交换原则进行会计处理

【答案】ABC

【解析】甲公司以土地使用权交换乙公司40%股权的交易，应适用非货币性资产交换准则，甲公司应以换出土地使用权的公允价值为基础计量换入股权投资，换出土地使用权应按照公允价值与账面价值的差额确认资产处置损益，选项A、B正确；丙公司应以换出股权投资的公允价值为基础计量换入土地使用权成本，换出股权投资视为处置长期股权投资，确认相关损益影响，选项C正确；丙公司以发行普通股方式换取生产线，属于权益性交易，不能按照非货币性资产交换准则处理，选项D不正确。

【真题·单选题】（2019改编）经与乙公司协商，甲公司以一台设备换入乙公司的一项专利技术，交换日，甲公司换出设备的账面原始价值为650万元，累计折旧90万元，公允价值为700万元（等于计税价格），甲公司将设备运抵乙公司并向乙公司开具了增值税专用发票，当日双方办妥了专利技术所有权转让手续。经评估确认，该专利技术的公允价值为900万元，甲公司另以银行存款支付乙公司81万元，甲、乙公司均为增值税一般纳税人，适用的增值税税率均为13%，不考虑其他因素，甲公司换入专利技术的入账价值是（　　）万元。

A. 641　　B. 872

C. 781　　D. 819

【答案】B

【解析】换入资产的入账价值＝换出设备公允价值700＋增值税销项税额700×13%＋支付的银行存款81＝872（万元）。

（二）涉及多项非货币性资产交换的会计处理★★★

企业以一项非货币性资产同时换入另一企业的多项非货币性资产，或同时以多项非货币性资产换入另一企业的一项非货币性资产，或以多项非货币性资产同时换入多项非货币性资产，也可能涉及补价。涉及多项资产的非货币性资产交换，企业无法将换出的某一资产与换入的某一特定资产相对应。与单项非货币性资产交换一样，涉及多项资产的非货币性资产交换的计量，企业也应当首先判断是否符合公允价值计量的两个条件，再分别情况确定各项换入资产的成本。

<table>
<tr><th colspan="2">项目</th><th>内容</th></tr>
<tr><td rowspan="2">公允价值为基础计量的</td><td>以换出资产的公允价值为基础计量的</td><td>（1）对于同时换入的多项资产，由于通常无法将换出资产与换入的某项特定资产相对应，应当按照各项换入资产的公允价值的相对比例（换入资产的公允价值不能够可靠计量的，可以按照换入的金融资产以外的各项资产的原账面值的相对比例或其他合理的比例），将换出资产公允价值总额（涉及补价的，加上支付补价的公允价值或减去收到补价的公允价值）分摊至各项换入资产，以分摊额和应支付的相关税费作为各项换入资产的成本进行初始计量。
（2）对于同时换出的多项资产，应当将各项换出资产的公允价值与其账面价值之间的差额，在各项换出资产终止确认时计入当期损益</td></tr>
<tr><td>以换入资产的公允价值为基础计量的</td><td>（1）对于同时换入的多项资产，应当以各项换入资产的公允价值和应支付的相关税费作为各项换入资产的初始计量金额。
（2）对于同时换出的多项资产，由于通常无法将换出资产与换入的某项特定资产相对应，应当按照各项换出资产的公允价值的相对比例（换出资产的公允价值不能够可靠计量的，可以按照各项换出资产的账面价值的相对比例），将换入资产的公允价值总额（涉及补价的，减去支付补价的公允价值或加上收到补价的公允价值）分摊至各项换出资产，分摊额与各项换出资产账面价值之间的差额，在各项换出资产终止确认时计入当期损益</td></tr>
</table>

续表

项目	内容
账面价值为基础计量的	（1）对于换入的多项资产，由于通常无法将换出资产与换入的某项特定资产相对应，应当按照各项换入资产的公允价值的相对比例（换入资产的公允价值不能够可靠计量的，也可以按照各项换入资产的原始账面价值的相对比例或其他合理比例），将换出资产的账面价值总额（涉及补价的，加上支付补价的账面价值或减去收到补价的公允价值）分摊至各项换入资产，加上应支付的相关税费，作为各项换入资产的初始计量金额。 （2）对于同时换出的多项资产，各项换出资产终止确认时均不确认损益

名师解惑

问：非货币性资产交换，同时换入多项资产时，无论以公允价值为基础还是以账面价值为基础计量，都是将换入资产入账价值总额，分摊至各项换入资产。这样理解对吗？

答：这样理解有些片面。如果同时换入的多项非货币性资产中包含由《企业会计准则第22号——金融工具确认和计量》规范的金融资产，应当按照《企业会计准则第22号——金融工具确认和计量》的规定进行会计处理，在确定换入的其他多项资产的初始计量金额时，应当将金融资产公允价值从换出资产公允价值（或账面价值）总额中扣除。将扣除金融资产后的余额分摊计入其他多项换入资产的初始计量金额。

命题点拨

命题角度：涉及多项非货币性资产交换的会计处理

本考点在命题时，一般会以客观题（单选题或多选题）和计算分析题的形式出现，主要考核非货币性资产交换的会计处理。

经典例题

1. 以换出资产的公允价值为基础计量

【例题·计算分析题】甲公司和乙公司均为增值税一般纳税人。2×22年3月1日，甲公司与乙公司进行资产交换，甲公司将其持有的汽车、交易性金融资产、专利权同乙公司的机器设备和采用成本法核算的长期股权投资进行交换，甲公司持有的汽车的账面原始价值为180万元，累计折旧40万元，公允价值为150万元（不含增值税）；交易性金融资产的账面价值为180万元（成本170万元，公允价值变动收益10万元），公允价值为200万元；专利权的账面原价为400万元，已计提累计摊销100万元，已计提减值准备为20万元，公允价值为260万元。乙公司机器设备的账面原始价值为350万元，累计折旧50万元，公允价值为350万元（不含增值税）；长期股权投资的账面价值为210万元，未计提减值准备，公允价值为230万元。同时，甲公司收到乙公司银行存款4万元（其中包括收取补价30万元，支付增值税进项税额和销项税额的差额26万元）。甲公司为换入资产用银行存款支付各种费用2.9万元，乙公司为换入资产用银行存款支付各种费用4.1万元。

假定该交换具有商业实质，甲公司换入机器设备仍作为固定资产核算，乙公司换入的汽车、交易性金融资产和专利权仍作为固定资产、交易性金融资产和无形资产核算。

假定上述专利权符合税法规定的免征增值税条件，汽车和机器设备增值税税率为13%，不考虑增值税以外的其他税费。

要求：

（1）计算甲公司换入资产的总成本。

（2）计算甲公司各项换入资产的入账价值。

（3）计算甲公司此项交换影响利润总额的金额。

（4）编制甲公司的会计分录。

【答案及解析】

（1）甲公司换入资产的总成本 =（150 + 200 + 260）- 30 + 2.9 = 582.9（万元）

或：（150+200+260）+150×13%－350×13%－4+2.9=582.9（万元）

（2）设备的入账价值=582.9×350/（350+230）=351.75（万元）

长期股权投资的入账价值=582.9×230/（350+230）=231.15（万元）

（3）甲公司此项交换影响利润总额的金额=[150－（180－40）]+[200－（170+10）]+[260－（400－100－20）]=10（万元）

（4）甲公司的会计分录：

借：固定资产清理　140
　　累计折旧　40
　　贷：固定资产——汽车　180

借：固定资产——机器设备　351.75
　　应交税费——应交增值税（进项税额）　45.5
　　长期股权投资　231.15
　　银行存款　4
　　累计摊销　100
　　无形资产减值准备　20
　　资产处置损益　10
　　贷：交易性金融资产——成本　170
　　　　交易性金融资产——公允价值变动　10
　　　　投资收益　20
　　　　无形资产——专利权　400
　　　　固定资产清理　140
　　　　应交税费——应交增值税（销项税额）　19.5
　　　　银行存款　2.9

2. 以换入资产的公允价值为基础计量

【例题·计算分析题】A公司和B公司均为增值税一般纳税人，A公司以一辆高档汽车换入B公司一台生产设备、一批商品和一项交易性金融资产。A公司换出汽车的账面原价为200万元，已计提折旧为40万元，未计提减值准备，公允价值为150万元。换入生产设备、商品和交易性金融资产的账面价值分别为75万元、20万元和40万元，公允价值分别为80万元、25万元和45万元。A公司收到B公司支付进项税额与销项税额的差额5.85万元，A公司为换入资产支付相关费用1.05万元。该交换具有商业实质。

A公司换入的生产设备、商品和交易性金融资产仍然以固定资产、商品和交易性金融资产进行管理。

要求：作出A公司换入资产的会计处理。

【答案及解析】

该交换具有商业实质，且换入、换出资产公允价值能够可靠计量。采用公允价值进行计量。

换入资产入账价值总额=150+1.05=151.05（万元）

换入交易性金融资产入账价值=45万元

生产设备的入账价值=（151.05－45）×80÷（80+25）=80.8（万元）

换入商品的入账价值=（151.05－45）×25÷（80+25）=25.25（万元）

换出汽车的转让损益=150－（200－40）=－10（万元）

会计处理：

借：固定资产清理　160
　　累计折旧　40
　　贷：固定资产——汽车　200

借：交易性金融资产　45
　　固定资产——生产设备　80.8
　　库存商品　25.25
　　应交税费——应交增值税（进项税额）　13.65
　　银行存款　5.85
　　资产处置损益　10
　　贷：固定资产清理　160
　　　　应交税费——应交增值税（销项税额）　19.5
　　　　银行存款　1.05

3. 以账面价值为基础计量的情况

【例题·单选题】2×22年3月2日，甲公司以账面价值为400万元的厂房和200万元的专利权，换入乙公司账面价值为360万元的在建房屋和120万元的长期股权投资，不涉及补价。上述资产的公允价值均无法获得。不考虑其他因素，甲公司换入在建房屋和长期股权投资的入账价值为（　　）万元。

A. 380和220　　B. 400和200

C. 360和120　　D. 450和150

【答案】D

【解析】因为换入资产和换出资产的公允价值不能够可靠计量，所以换入资产的入账价值为换出资产的账面价值。所以甲公司换入资产的入账价值＝400＋200＝600（万元），甲公司换入在建房屋的入账价值＝（400＋200）×360/（120＋360）＝450（万元）；长期股权投资的入账价值＝（400＋200）×120/（120＋360）＝150（万元）。

【例题·多选题】依据《企业会计准则第7号——非货币性资产交换》，在换入资产的确认时点与换出资产的终止确认时点不一致的情形下，下列各项中表述正确的有（　　）。

A. 资产负债表日，换入资产满足资产确认条件，换出资产尚未满足终止确认条件的，在确认换入资产的同时将交付换出资产的义务确认为一项负债

B. 资产负债表日，换入资产满足资产确认条件，换出资产尚未满足终止确认条件的，只确认换入资产

C. 资产负债表日，换入资产尚未满足资产确认条件，换出资产满足终止确认条件的，在终止确认换出资产的同时将取得换入资产的权利确认为一项资产

D. 资产负债表日，换入资产尚未满足资产确认条件，换出资产满足终止确认条件的，只终止确认换出资产

【答案】AC

【解析】在换入资产的确认时点与换出资产的终止确认时点存在不一致的情形下，在资产负债表日，企业当按照下列原则进行会计处理：换入资产满足资产确认条件，换出资产尚未满足终止确认条件的，在确认换入资产的同时将交付换出资产的义务确认为一项负债；换入资产尚未满足资产确认条件，换出资产满足终止确认条件的，在终止确认换出资产的同时将取得换入资产的权利确认为一项资产。选项A、C表述正确。

进阶练习

（一）单项选择题

1. 在不涉及补价的情况下，下列各项交易事项中，会计处理适用于《企业会计准则第7号——非货币性资产交换》准则的是（　　）。

A. 以持有的商业承兑汇票购买原材料

B. 以拥有的长期股权投资换入专利技术

C. 以自制产成品换入对联营企业投资

D. 以交易性金融资产换入机器设备

2. 庆华公司发生的下列非关联交易中，属于非货币性资产交换的是（　　）。

A. 以账面价值为260万元的固定资产换入海华公司公允价值为200万元的一项专利权，并收到补价80万元

B. 以公允价值为330万元的长期股权投资换入大华公司账面价值为450万元的交易性金融资产（股票），并支付补价150万元

C. 以账面价值为450万元的债权投资换入鸿燕公司公允价值为420万元的一台设备，并收到补价30万元

D. 以公允价值为150万元的写字楼换入蓝天公司账面价值为160万元的设备，并支付补价10万元

3. 下列事项可能会造成非货币性资产交换，不具有商业实质的是（　　）。

A. 未来现金流量的风险、金额、时间相同以及换入资产和换出资产的预计未来现金流量现值均相同

B. 换入资产与换出资产的预计未来现金流量现值不同，且其差额与换入资产和换出资产的公允价值相比是重大的

C. 未来现金流量的时间、金额相同，风险不同

D. 非货币性资产交换双方具有关联方关系可能会导致该非货币性资产交换不具有商业实质

4. 庆华公司以一项无形资产换入蓝天公司公允价值为640万元的长期股权投资（未对被投资方形成控制），庆华公司收到的补价的公允价值为200万元。该项无形资产的原价为900万元，累计摊销为100万元，公允价值无法可靠计量。庆华公司将换入的股权投资作为长期股权投资核算。假设该项交易不具有商业实质，庆华公司换入该项长期股权投资的初始投资成本为（　　）万元。

A. 600　　B. 800

C. 700　　D. 640

5. 2×22年5月，庆华公司为适应经营业务发展的需要，经与蓝天公司协商，将其一栋厂房和一项土地使用权与蓝天公司的一项在建工程和一项对合营企业的长期股权投资进行交换。庆华公司厂房原价为1 200万元，已计提折旧750万元；土地使用权账面原价为450万元，已摊销金额270万元。蓝天公司在建工程截止到交换日的成本为600万元；长期股权投资的账面价值为200万元。假设以上各项资产的公允价值均不能可靠计量，不考虑相关税费等其他因素，庆华公司换入长期股权投资的成本为（　　）万元。

A. 157.5　　B. 200

C. 472.5　　D. 630

6. 庆华公司以一辆汽车换入蓝天公司的一台设备。庆华公司汽车的账面价值为30万元，已提折旧11万元，蓝天公司的设备账面价值为25万元，庆华公司另向蓝天公司支付补价2万元。假设不考虑其他因素，庆华公司应确认的损益为（　　）万元。

A. 19　　B. 0

C. 6　　D. 25

7. 对于甲公司而言，下列各项交易中，应当认定为非货币性资产交换进行会计处理的是（　　）。

A. 甲公司以一批产成品交换乙公司一台汽车

B. 甲公司以所持丙公司20%股权交换乙公司一批原材料

C. 甲公司以应收丁公司的2 200万元银行承兑汇票交换乙公司一栋办公用房

D. 甲公司以一项专利权交换乙公司一项非专利技术，并以银行存款收取补价，所收取补价占换出专利权公允价值的30%

（二）多项选择题

1. 下列交易或事项而确认的资产中，属于非货币性资产的有（　　）。

A. 预付给客户的购货款

B. 企业持有的长期股权投资

C. 企业持有的债权投资

D. 外埠存款

2. 下列关于非货币性资产交换的表述中，正确的有（　　）。

A. 非货币性资产交换可以涉及少量的货币性资产，即货币性资产占整个资产交换金额的比例低于25%

B. 在交易不具有商业实质的情况下，支付补价的企业，应按换出资产账面价值加上支付的补价、为换出资产支付的相关税费和为换入资产支付的相关税费，作为换入资产的成本

C. 在交易具有商业实质、公允价值能够可靠计量的情况下，收到补价的企业，一般应按换出资产公允价值减去补价，加上为换入资产支付的相关税费，作为换入资产的入账价值

D. 在同时换入多项资产的情况下，均应按换入各项资产的公允价值占换入资产公允价值总额的比例分配换入资产的成本总额

3. 下列关于非货币性资产交换计量方法的说法中，正确的有（　　）。

A. 交换双方的非货币性资产公允价值均

能够可靠计量的情况下，应采用公允价值计量

B. 以账面价值计量的非货币性资产交换，无论是否涉及补价，均不确认损益

C. 交换具有商业实质且换入或换出资产公允价值能够可靠计量的情况下，应采用公允价值计量

D. 交换不具有商业实质或交换资产公允价值不能可靠计量的情况下，应采用账面价值计量

4. 庆华公司以一台生产设备换入一专利技术，换出设备的账面原价为300万元，已计提折旧为120万元，已计提减值准备10万元，公允价值为160万元。换入专利技术公允价值为160万元，庆华公司为换出设备支付运费1万元。该交换具有商业实质，假定不考虑相关税费。庆华公司关于此交换会计处理表述正确的有（　　）。

A. 换入专利技术的入账价值为160万元

B. 换出生产设备确认资产处置损益为-11万元

C. 换出设备确认营业外支出为11万元

D. 此交换以公允价值计量进行会计处理

5. 庆华公司、海华公司均为增值税一般纳税人，其存货适用的增值税税率均为13%，不动产适用的增值税率为9%。庆华公司以一项投资性房地产换入海华公司一批A产品。庆华公司该项投资性房地产采用成本模式计量，原价为400万元，累计折旧为100万元，公允价值为360万元；海华公司该批产品的成本为280万元，公允价值为300万元。海华公司向庆华公司支付银行存款53.4万元（包含海华公司应支付的补价公允价值60万元和海华公司应收取的增值税进项税差额6.6万元）。庆华公司将该批产品作为库存商品核算，庆华公司为该批产品发生运杂费1万元。假设该项交易具有商业实质，下列有关庆华公司的会计处理中，正确的有（　　）。

A. 庆华公司换出投资性房地产影响损益金额为60万元

B. 庆华公司换出投资性房地产发生的增值税应该计入处置损益

C. 庆华公司换入存货的入账价值为370万元

D. 庆华公司换入A产品发生的运杂费应该计入库存商品成本

6. 庆华公司、蓝天公司均为增值税一般纳税人。2×22年5月，庆华公司用一项账面余额为250万元、累计摊销为110万元、公允价值为200万元的无形资产，与蓝天公司交换一台生产设备。该生产设备账面原值为200万元，已使用1年，累计折旧为60万元，公允价值为160万元。庆华公司发生设备运输费为5万元、设备安装费10万元，收到蓝天公司支付的银行存款19.2万元（包括庆华公司应收取的补价公允价值40万元和庆华公司应该支付的增值税税额20.8万元）。生产设备适用的增值税税率均为13%，不考虑运输费抵扣增值税的问题以及无形资产的相关税费等其他因素。该项资产交换具有商业实质，庆华公司此项交换换入该设备的入账价值和此项交换影响利润的金额分别为（　　）万元。

A. 175　　B. 187.2

C. 60　　D. 45

（三）计算分析题

庆华公司和蓝天公司均为增值税一般纳税人。2×22年3月1日，庆华公司与蓝天公司进行资产交换，庆华公司将其持有的汽车、交易性金融资产、专利权同蓝天公司的机器设备和采用成本法核算的长期股权投资进行交换，庆华公司持有的汽车的账面原始价值为180万元，累计折旧40万元，公允价值为150万元（不含增值税）；交易性金融资产的账面价值为180万元（成本170万元，公允价值变动收益10万元），公允价值为200万元；专利权的账面原价为400万元，已计提累计摊销100万元，已计提减值准备为20万元，公允价值为260万元。蓝天公司机器设备的账面原始价值为350万元，累计折旧50万元，公允价值为350万元（不含增值税）；长期股权投资的账面价值为210万元，未计提减值准备，公允价

值为230万元。同时，庆华公司收到蓝天公司银行存款4万元（其中包括收取补价30万元，支付增值税进项税额和销项税额的差额26万元）。庆华公司为换入资产用银行存款支付各种费用2.9万元，蓝天公司为换入资产用银行存款支付各种费用4.1万元。

假定该交换具有商业实质，庆华公司换入机器设备仍作为固定资产核算，蓝天公司换入的汽车、交易性金融资产和专利权仍作为固定资产、交易性金融资产和无形资产核算。

假定上述专利权符合税法规定的免征增值税条件，汽车和机器设备增值税税率为13%，不考虑增值税以外的其他税费。

要求：

（1）计算蓝天公司换入资产的总成本。

（2）计算蓝天公司各项换入资产的入账价值。

（3）计算蓝天公司此项交换影响利润总额的金额。

（4）编制蓝天公司的会计分录。

进阶练习答案及解析

（一）单项选择题

1.【答案】B

【解析】企业持有的商业承兑汇票即应收票据，属于货币性资产，选项A不属于货币资产交换。长期股权投资、自制产成品、交易性金融资产均属于非货币资产，选项B、C、D属于非货币性资产交换；选项B适用于《企业会计准则第7号——非货币性资产交换》准则；选项C换出资产属于存货，适用于《企业会计准则第14号——收入》准则；选项D适用于《企业会计准则第23号——金融资产转移》准则。

2.【答案】D

【解析】选项A，80/（200+80）=28.57%>25%，不属于非货币性资产交换；选项B，150/（150+330）=31.25%>25%，不属于非货币性资产交换；选项C，以账面价值为450万元的债权投资属于货币性资产，因此，此交易也不属于非货币性资产交换；选项D，10/（150+10）=6.25%，小于25%，属于非货币性资产交换。

3.【答案】A

【解析】满足下列条件之一的，说明该非货币性资产交换具有商业实质：

（1）换入资产的未来现金流量在风险、时间和金额方面与换出资产显著不同。

（2）换入资产与换出资产的预计未来现金流量现值不同，且其差额与换入资产和换出资产的公允价值相比是重大的。

4.【答案】A

【解析】由于该项交易不具有商业实质，故换入该项长期股权投资的初始投资成本=（900－100）－200=600（万元）。

5.【答案】A

【解析】换入资产账面价值总额=600+200=800（万元），换出资产账面价值总额=（1 200－750）+（450－270）=630（万元），换入资产总成本=换出资产账面价值总额=630万元，长期股权投资占换入资产账面价值总额的比例=200/800×100%=25%，长期股权投资成本=630×25%=157.5（万元）

6.【答案】B

【解析】以账面价值为基础计量非货币性资产交换的，换出资产不确认处置损益。

7.【答案】B

【解析】选项A，“产成品”属于甲公司的存货，换出资产为存货，不适用非货币性资产交换准则；选项B，“20%具有重大影响的股权”属于长期股权投资，以非货币性的长期股权投资换入非货币性的原材料（存货），甲公司适用非货币性资产交换准则；选项C，“应收丁公司银行承兑汇票”为应收票据，属于货币性资产，不适用非货币性资产交换准则；选项D，专利权与非专利技术均属于非货币性资产，但涉及补价（货币性资产）的比例为30%，超过25%，因此不满足非货币性资产交换的定义，不适用非货币性资产交换准则。

（二）多项选择题

1.【答案】AB

【解析】选项A，预付账款通常是预付的货款或设备款，最终收到的并非是货币而是实物资产，给企业带来的经济利益（即货币金额）是不固定的，所以属于非货币性资产；选项B，长期股权投资给企业带来的经济利益（即货币金额）是不固定的，所以属于非货币性资产；选项C、D，给企业带来的经济利益（即货币金额）是可确定或固定的，属于货币性资产。

2.【答案】ABC

【解析】选项B，是不具有商业实质的情况，这种情况是要按账面价值来处理，不确认换出资产的损益，所以相应地为换出资产而支付的相关税费就不能计入处置损益中，而要计入换入资产的成本中。选项D，需要区分两种情况，非货币性质交换具有商业实质且换入资产的公允价值能够可靠计量的，应当按照换入各项资产的公允价值占换入资产公允价值总额的比例对换入资产的成本总额进行分配，确定换入资产的成本；非货币性质交换不具有商业实质或交换资产的公允价值不能够可靠计量的，应当按照换入各项资产的原账面价值占换入资产原账面价值总额的比例对换入资产的成本总额进行分配，确定换入资产的成本。

3.【答案】BCD

【解析】交换具有商业实质且换入或换出资产公允价值能够可靠计量的情况下，非货币性资产交换应采用公允价值计量，交换不具有商业实质或交换资产公允价值不能可靠计量的情况下，应采用账面价值计量。选项A错误。

4.【答案】ABD

【解析】该交换具有商业实质，且换入、换出资产公允价值能够可靠计量，采用公允价值进行计量，选项D正确；换入专利技术入账价值总额为160万元，选项A正确；换出生产设备的转让损益金额为：160－（300－120－10）－1＝－11（万元），应该做资产处置损益核算，选项B正确，选项C错误。

5.【答案】AD

【解析】庆华公司换出投资性房地产影响损益金额为：360－（400－100）＝60（万元），选项A正确；增值税属于价外税，不影响处置损益，选项B错误；庆华公司换入存货的入账价值＝360＋360×9%－300×13%－53.4＋1＝301（万元），选项C错误；为换入A产品发生的运杂费用应该计入A产品的成本，选项D正确。

6.【答案】AC

【解析】因该项非货币性交换具有商业实质且公允价值能够可靠计量，该非货币性资产交换以公允价值计量，庆华公司换入设备的入账价值＝200－19.2－160×13%＋5＋10＝175（万元）。

庆华公司会计分录为：

借：银行存款　19.2
　　固定资产　175
　　应交税费——应交增值税（进项税额）　20.8
　　累计摊销　110
　　贷：无形资产　250
　　　　资产处置损益　60
　　　　银行存款　15

（三）计算分析题

【答案及解析】

（1）蓝天公司换入资产的总成本＝（350＋230）＋30＋4.1＝614.1（万元）

或：（350＋230）＋350×13%－150×13%＋4＋4.1＝614.1（万元）

（2）交易性金融资产的入账价值＝200万元

汽车的入账价值＝（614.1－200）×150/（150＋260）＝151.5（万元）

专利权的入账价值＝（614.1－200）×260/（150＋260）＝262.6（万元）

（3）蓝天公司此项交换影响利润总额的金额＝[350－（350－50）]＋（230－210）＝70（万元）

（4）蓝天公司会计分录：

借：固定资产清理　　300

　　累计折旧　　50

　　贷：固定资产——机器设备　350

借：固定资产——汽车　　151.5

　　应交税费——应交增值税（进项税额）　　19.5

　　交易性金融资产——成本　　200

　　无形资产——专利权　262.6

　　贷：长期股权投资　　210

　　　　投资收益　　20

　　　　固定资产清理　　300

　　　　应交税费——应交增值税（销项税额）　　45.5

　　　　资产处置损益　　50

　　　　银行存款　　8.1

第二十一章　债务重组

2023年教材内容主要变化

本章教材新增放弃债权公允价值与受让资产公允价值之间的关系的表述，删除不属于债务转权益工具的重组方式的内容。

本章近五年考试高频考点分布

高频考点内容	年度及题型分布
资产清偿债务的会计处理	2022年单选题、2021年计算分析题
股东豁免债务的会计处理	2020年单选题
债务重组损益的计算	2018年单选题

高频考点精讲

本章内容按照新的《企业会计准则第12号——债务重组》重新编写。介绍了债务重组准则的定义、适用范围和重组方式、债权和债务的终止确认、债权人的会计处理、债务人的会计处理等。

高频考点1：债务重组准则适用范围★

（一）债务重组的定义

在不改变交易对手方的情况下，经债权人和债务人协定或法院裁定，就清偿债务的时间、金额或方式等重新达成协议的交易。

（二）债务重组方式

（1）债务人以资产清偿债务；

（2）债务人将债务转为权益工具；

（3）采用调整债务本金、改变债务利息、变更还款期限等方式修改债权和债务的其他条款。

（三）债务重组过程中不适用债务重组准则的项目或情形

（1）债务重组中涉及的债权、重组债权、债务、重组债务和其他金融工具的确认、计量和列报——适用金融工具系列准则；

（2）债务重组中形成的企业合并——适用企业合并准则；

（3）债权人或债务人中的一方直接或间接对另一方持股且以股东身份进行债务重组的，或者债权人与债务人在债务重组前后均受同一方或相同的多方最终控制，且该债务重组的交易实质是债权人或债务人进行了权益性分配或接受了权益性投入的——适用权益性交易的有关会计处理规定。

名师解惑

问：如果股东和该企业其他债权人共同对债务人进行债务豁免，股东豁免的部分如何进行会计处理？

答：对于等比例豁免的部分，按照债务重组准则，计入投资收益；而对于多豁免的部分，按照权益性交易的原则处理，计入资本公积。

经典例题

【真题·多选题】（2016）甲公司2×15年发生下列交易或事项：（1）以账面价值为18 200万元的土地使用权作为对价，取得同一集团内乙公司100%股权，合并日乙公司净资产在最终控制方合并报表中的账面价值为12 000万元；（2）为解决现金困难，控股股东代甲公司缴纳税款4 000万元；（3）为补助甲公司当期研发投入，取得与收益相关的政府补助6 000万元；（4）控股股东将自身持有的甲公司2%股权赠与甲公司10名管理人员并立即行权。不考虑其他因素，与甲公司有关的交易或事项中，会引起甲公司2×15年所有者权益中资本性项目发生变动的有（　　）。

A. 大股东代为缴纳税款

B. 取得与收益相关的政府补助

C. 控股股东对管理人员的股份赠与

D. 同一控制下企业合并取得乙公司股权

【答案】ACD

【解析】选项A，大股东代为缴纳税款视为资本性投入计入资本公积；选项B，取得与收益相关的政府补助，总额法下应当计入其他收益，净额法下冲减研发支出，不影响所有者权益中资本性项目的金额；选项C，控股股东对管理人员的股份赠与视为资本性投入，计入资本公积；选项D，同一控制下企业合并取得乙公司股权产生的合并价差应计入资本公积。

【真题·单选题】（2020年）甲公司是乙公司的股东。20×9年7月31日，甲公司应收乙公司账款4 000万元，采用摊余成本进行后续计量。为解决乙公司的资金周转困难，甲公司、乙公司的其他债权人共同决定对乙公司的债务进行重组，并于20×9年8月1日与乙公司签订了债务重组合同。根据债务重组合同的约定，甲公司免除80%应收乙公司账款的还款义务，乙公司其他债权人免除40%应收乙公司账款的还款义务，豁免的债务在合同签订当日解除，对于其余未豁免的债务，乙公司应于20×9年8月底前偿还。

20×9年8月23日，甲公司收到乙公司支付的账款800万元。不考虑其他因素，甲公司20×9年度因上述交易或事项应当确认的损失金额是（　　）万元。

A. 0　　B. 800

C. 3 200　　D. 1 600

【答案】D

【解析】甲公司应将其豁免债务人的1 600万元（4 000×40%）确认为损失，即甲公司20×9年度因上述交易或事项应当确认的损失金额为1 600万元。

高频考点2：债务重组的会计处理

★★★

（一）以资产清偿债务的会计处理

1. 债务人的会计处理

（1）债务人以金融资产清偿债务。

债务的账面价值与偿债金融资产账面价值的差额，记入“投资收益”科目。原“其他综合收益”结转记入“投资收益”或“留存收益”科目（仅限于其他权益工具投资）。

（2）债务人以非金融资产清偿债务。

债务人以单项或多项非金融资产清偿债务，或者以包括金融资产和非金融资产在内的多项资产清偿债务的，不需要区分资产处置损益和债务重组损益，也不需要区分不同资产的处置损益，而应将所清偿债务账面价值与转让资产账面价值之间的差额，记入“其他收益——债务重组收益”科目。

2. 债权人的会计处理

（1）债权人受让金融资产（按照22号金融工具准则确认和计量）。

金融资产初始确认时应当以其公允价值计量，金融资产确认金额与债权终止确认日账面价值之间的差额，记入“投资收益”科目。

（2）债权人受让非金融资产。

非金融资产的成本，包括放弃债权的公允价值和使该资产达到当前位置和状态所发生的可直接归属于该资产相关税费等其他成本。

放弃债权的公允价值与账面价值之间的差额，记入“投资收益”科目。

（3）债权人受让多项资产。

应当按照22号金融工具准则的规定确认和计量受让的金融资产，按照受让的金融资产以外的各项资产在债务重组合同生效日的公允价值比例，对放弃债权在合同生效日的公允价值扣除受让金融资产当日（生效日）公允价值后的净额进行分配，并以此为基础分别确定各项资产的成本。

放弃债权的公允价值与账面价值之间的差额，记入“投资收益”科目。

命题点拨

命题角度： 考题中涉及多项资产抵债，考生一定要注意区分金融资产与非金融资产，金融资产入账时按照交易日的公允价值来计量，但是计算分摊标准时，一律按照生效日的公允价值，最终金融资产在交易日的公允价值与生效日的公允价值的差额也计入了投资收益。

（二）债务转为权益工具的会计处理

1. 债务人的会计处理

将债务转为权益工具方式进行债务重组的，债务人应当在所清偿债务符合终止确认条件时予以终止确认。债务人初始确认权益工具时应当按照权益工具的公允价值计量，权益工具的公允价值不能可靠计量的，应当按照所清偿债务的公允价值计量。所清偿债务账面价值与权益工具确认金额之间的差额，应当计入当期损益。

2. 债权人的会计处理

将债务转为权益工具方式进行债务重组导致债权人将债权转为对联营企业或合营企业的权益性投资的，债权人应当按照所放弃债权的公允价值和可直接归属于该资产的税金等其他成本计量其初始投资成本。

小贴士 如果形成对子公司的长期股权投资，则按照企业合并准则的有关规定处理；如果形成金融资产，则按照金融工具准则的有关规定处理。

放弃债权的公允价值与账面价值之间的差额，应当计入当期损益。

（三）以修改其他条款方式进行债务重组的会计处理

1. 债务人的会计处理

（1）导致债务终止确认（构成实质性修改）。

债务人应当按照公允价值计量重组债务，终止确认的债务账面价值（旧债）与重组债务确认金额（新债）之间的差额，记入“投资收益”科目。

（2）未导致债务终止确认（不构成实质性修改）。

债务人应当根据其分类，继续计量原金融负债。对于以摊余成本计量的债务，债务人应当根据重新议定合同的现金流量变化情况，重新计算（折现）该重组债务的账面价值，并将相关利得或损失记入“投资收益”科目。

2. 债权人的会计处理

（1）导致全部债权终止确认。

债权人应当按照修改后的条款以公允价值初始计量新的金融资产，新金融资产的确认金额与债权终止确认日账面价值之间的差额，记入“投资收益”科目。

（2）未导致债权终止确认。

债权人应当根据其分类，继续计量原金融

资产。对于以摊余成本计量的债权，债权人应当根据重新议定合同的现金流量变化情况，重新计算（折现）该重组债权的账面余额，并将相关利得或损失记入“投资收益”科目。

经典例题

【真题·单选题】（2022）下列各项有关企业债务重组会计处理的表述中，正确的是（　　）。

A. 债务人以自产产品清偿负债的，应根据收入准则确认收入

B. 以修改合同条款进行债务重组的，债权人应当按照修改后的条款以公允价值计量新的金融资产

C. 债权人同时受让交易性金融资产和固定资产，相关资产应基于各项资产公允价值占放弃债权公允价值的比例进行分配的金额计量

D. 采用债务转为权益工具方式进行债务重组的，债务人在对权益工具进行初始计量时，应当采用权益工具的公允价值，权益工具公允价值不能可靠计量的，则采用清偿债务的公允价值

【答案】D

【解析】债务人以自产产品清偿负债的，不属于日常活动，不按照收入准则确认收入，选项 A 错误；以修改合同条款进行债务重组的，应区分是否构成实质性修改进行会计处理，选项 B 错误；债权人同时受让交易性金融资产和固定资产，金融资产按照债务重组日的公允价值计量，不参与分摊，选项 C 错误。

【真题·单选题】（2018 改编）甲公司与乙公司均为增值税一般纳税人。经协商，双方进行债务重组，甲公司同意乙公司以库存商品偿还其所欠全部债务。债务重组日，甲公司应收乙公司债权的账面余额为 2 000 万元，已计提坏账准备 1 500 万元，公允价值为 600 万元。乙公司用于偿债商品的账面价值为 480 万元，公允价值为 600 万元，增值税税额为 96 万元。不考虑其他因素，甲公司因上述交易应确认的债务重组损益金额是（　　）万元。

A. 100　　　　B. －196

C. 196　　　　D. 1 304

【答案】A

【解析】确认债务重组损益＝放弃债权的公允价值 600－放弃债权的账面价值（2 000－1 500）＝100（万元），选项 A 正确。

【例题·单选题】2×22 年 3 月 1 日，甲公司就所欠乙公司 800 万元款项与乙公司进行债务重组，乙公司未对该债权计提坏账准备，债务重组日该债权的公允价值为 750 万元。经双方协商同意，甲公司以自有的一栋办公楼和一批存货抵偿所欠债务。甲公司用于抵债的办公楼原值为 700 万元，已提折旧为 200 万元，公允价值为 600 万元；用于抵债的存货账面价值为 90 万元，公允价值为 120 万元。不考虑税费等其他因素，下列关于该项债务重组的会计处理中，正确的是（　　）。

A. 甲公司确认债务重组损益 80 万元

B. 甲公司确认商品销售收入 90 万元

C. 乙公司确认债务重组损益－80 万元

D. 乙公司取得抵债资产的入账价值为 750 万元

【答案】D

【解析】甲公司确认债务重组损益＝800－（700－200）－90＝210（万元），选项 A 错误；债务人以存货抵偿债务，所欠债务的账面价值与存货的账面价值之间的差额计入其他收益，选项 B 错误；乙公司确认的债务重组损益＝放弃债权的公允价值 750－账面价值 800＝－50（万元），选项 C 错误；乙公司取得抵债资产的入账价值＝放弃债权的公允价值 750＋相关税费 0＝750（万元），选项 D 正确。

【例题·单选题】2×22 年 4 月 1 日，M 公司就欠 N 公司的 1 000 万元货款进行债务重组。按债务重组协议规定，M 公司用普通股 400 万股偿还债务。假设普通股每股面值 1 元，该股份的公允价值为 900 万元（不考虑相关税费）。N 公司对应收账款计提了 80 万元的坏账准备，公允价值为 900 万元，取得股权后对 M 公司经营和财务决策能产生重大影响。M 公司

于8月1日办妥了增资批准手续。对于上述债权债务，M公司和N公司均以摊余成本进行后续计量。不考虑其他因素，下列表述正确的是（　　）。

A. M公司应确认营业外收入100万元

B. N公司因放弃债权而享有股份的入账价值为900万元

C. M公司计入资本公积——股本溢价为900万元

D. N公司应确认营业外支出80万元

【答案】B

【解析】选项A，M公司应确认投资收益，不确认营业外收入；选项D，应收账款终止确认时，其对应的坏账准备也要一并转销。

债权人（N公司）的会计处理：

借：长期股权投资　　900

　　坏账准备　　80

　　投资收益　　20

　贷：应收账款——甲公司　　1 000

债务人（M公司）的会计处理：

借：应付账款——N公司　　1 000

　贷：股本　　（400×1）400

　　　资本公积——股本溢价　　（900－400）500

　　　投资收益（1 000－900）100

进阶练习

（一）单项选择题

1. 下列关于债务人以资产清偿债务的会计处理表述中，正确的是（　　）。

A. 债务人以存货抵偿债务，视同销售，按照收入准则确认收入、结转成本

B. 债务人以固定资产、无形资产等抵偿债务，视同处置，将所偿债务的账面价值与抵债资产的公允价值之间的差额计入当期损益

C. 债务人以非现金资产抵偿债务，需要区分债务重组收益和资产处置损益分别进行处理

D. 债务人将债务转为权益工具，应当按照权益工具的公允价值来计量，公允价值不能可靠计量的，按照所偿债务的公允价值来计量

2. 下列有关债务重组会计处理的表述中，不正确的是（　　）。

A. 以非现金资产偿债，债权人应当以放弃债权的公允价值为基础计量受让的金融资产以外的资产

B. 债务人以其持有的其他公司的股权抵偿债务的，债权人取得股权后，对被投资单位施加重大影响的，应确认为长期股权投资，并按照债务重组日的公允价值进行计量

C. 以资产清偿债务方式进行债务重组的，债务人应当在相关资产和所清偿债务符合终止确认条件时予以终止确认，所清偿债务账面价值与转让资产账面价值之间的差额计入当期损益

D. 债务人初始确认权益工具时，应当按照权益工具的公允价值计量，权益工具的公允价值不能可靠计量的，应当按照所清偿债务的公允价值计量

3. 甲公司有一项应付乙公司的账款3 000万元，该应付账款系甲公司2×22年7月1日从乙公司购入原材料时形成的。至2×22年10月30日，经协商，甲公司与乙公司达成了协议：甲公司以现金50万元、一批成本为1 500万元（未计提减值），公允价值为2 000万元（等于计税价格）的存货以及一项账面价值为200万元（其中成本为100万元，公允价值变动为50万元）的其他权益工具投资偿还该债务，该其他权益工具投资的公允价值为300万元。乙公司对该应收账款计提了100万元的坏账准备。不考虑其他因素，计算甲公司应确认的债务重组收益金额为（　　）万元。

A. 650　　B. 750

C. 1 250　　D. 700

4. 甲公司与乙公司均为增值税一般纳税

人，增值税税率为13%。因乙公司无法偿还到期债务，经协商，甲公司同意乙公司以库存商品偿还其所欠全部债务。债务重组日，甲公司应收乙公司债权的账面余额为2 000万元，已计提坏账准备1 500万元，公允价值为600万元；乙公司用于偿债商品的账面价值为480万元，公允价值为600万元（等于计税价格），不考虑其他因素，甲公司因上述交易应确认的债务重组损益金额是（　　）万元。

A. 100　　B. －196

C. 196　　D. 1 304

5. 2×22年甲公司发生以下交易：（1）以存货清偿债务，实现债务重组收益20万元；（2）固定资产盘盈100万元；（3）存货盘盈10万元；（4）固定资产报废利得1万元，不考虑其他因素。甲公司2×22年度应计入营业外收入的金额是（　　）万元。

A. 11　　B. 131

C. 101　　D. 1

6. 2×21年度，甲公司发生的有关交易或事项如下：（1）3月1日，因现金短缺，将账面价值8万元的自产产品用于发放职工工资，当日该批产品的市场价格为10万元。（2）5月1日，以账面价值400万元的自产产品抵债，用以偿还乙公司欠款500万元，当日该批产品的市场价格为450万元。（3）9月30日，购入3万元食品作为国庆节福利发放给职工。不考虑其他因素，甲公司在编制2×21年度财务报表时应确认的收入是（　　）万元。

A. 10　　B. 13

C. 450　　D. 463

（二）多项选择题

1. 下列业务不按照债务重组准则进行会计处理的有（　　）。

A. 债权人接受债务人以发行本公司股票方式抵债，行使对原债务人的控制权

B. 债权人直接或间接对债务人持股，或者债务人直接或间接对债权人持股，且持股方以股东身份进行债务重组

C. 债务重组中涉及的债权、重组债权、债务、重组债务和其他金融工具的确认、计量和列报

D. 债权人与债务人在债务重组前后均受同一方或相同的多方最终控制，且该债务重组的交易实质是债权人或债务人进行了权益性分配或接受了权益性投入

2. 下列债权债务关系的结清，属于债务重组方式的有（　　）。

A. 债务人以资产清偿债务

B. 债务人将债务转为权益工具

C. 调整债务本金、改变债务利息、变更还款期限

D. 债务人以资产清偿债务、债务人将债务转为权益工具、修改其他条款三种方式中一种以上方式的组合清偿债务

3. 关于债权人和债务人进行债务重组，在报表附注中应当披露的重要信息，下列说法正确的有（　　）。

A. 债权人根据债务重组方式，分组披露债权账面价值和债务重组相关损益

B. 债权人由于债务重组导致的对联营企业或合营企业的权益性投资增加额，以及该投资占联营企业或合营企业股份总额的比例

C. 债务人根据债务重组方式，分组披露债务账面价值和债务重组相关损益

D. 债务人由于债务重组导致的股本等所有者权益的增加额

4. 20×4年3月1日，甲公司因发生财务困难，无力偿还所欠乙公司800万元款项。经双方协商同意，甲公司以一台自有的生产设备和一批存货抵偿所欠债务。甲公司用于抵债的设备原值为700万元，已提折旧为200万元，公允价值为600万元；用于抵债的存货账面价值为90万元，公允价值为120万元。乙公司对该应收账款计提100万元坏账准备，该应收账款的公允价值为720万元。乙公司为取得抵债资产发生运杂费80万元，不考虑税费等其他因素，下列有关该项债务重组的会计处理中，正确的有（　　）。

A. 甲公司确认债务重组损益210万元

B. 乙公司确认债务重组损益 20 万元

C. 乙公司取得的设备的入账价值为 600 万元

D. 乙公司取得的存货的入账价值为 120 万元

5. 甲公司应收乙公司货款 1 000 万元，已计提坏账准备 50 万元。2×22 年 3 月 1 日，甲乙双方签订的债务重组协议约定：（1）乙公司以账面价值 480 万元商品抵偿债务 500 万元；（2）乙公司向甲公司增发股票 200 万股，用于抵偿债务 500 万元；（3）前述两项偿债事项互为条件，若其中一项没有完成，则甲公司保留向乙公司收取 1 000 万元现金的权利。2×22 年 3 月 1 日，甲公司债权的公允价值为 940 万元，乙公司股票的公允价值为 2.5 元/股。2×22 年 3 月 15 日，甲公司将收到的商品作为存货管理。2×22 年 5 月 1 日，乙公司办理完成股权增发手续，甲公司将其指定为以公允价值计量且其变动计入其他综合收益的金融资产，当日乙公司股票的公允价值为 2.4 元/股。不考虑其他因素，下列各项关于甲公司债务重组相关处理的表述中，正确的有（　　）。

A. 2×22 年 3 月 15 日确认存货 440 万元

B. 2×22 年 3 月 15 日确认投资收益 -35 万元

C. 2×22 年 5 月 1 日确认其他权益工具投资 480 万元

D. 2×22 年 5 月 1 日确认投资收益 -30 万元

（三）计算分析题

1. 长江公司与振兴公司均为增值税一般纳税人，2×19 -2×20 年发生的经济业务如下：

（1）2×19 年 9 月 1 日，长江公司向振兴公司赊销销售一批商品，总价款为 60.9 万元。

（2）2×19 年 12 月 1 日，振兴公司发生资金周转困难，不能按期向长江公司偿还货款。2×19 年 12 月 31 日，长江公司对该应收款项计提坏账准备 5 万元。

（3）2×20 年 1 月 1 日，经双方协商，进行债务重组。长江公司同意将债务本金减至 50 万元，免除 2×19 年 12 月 31 日前所欠的全部利息，并将债务到期日延长到 2×20 年 6 月 30 日，年利率提高到 8%，按季度支付利息、到期还本。假定构成实质性修改。2×20 年 4 月 1 日，振兴公司向长江公司支付债务利息 1 万元。

（4）2×20 年 7 月 1 日，振兴公司仍不能按期向长江公司支付所欠款项，双方再次达成债务重组协议，振兴公司以一项无形资产偿还欠款。该无形资产账面余额为 70 万元、累计摊销额为 20 万元、已计提减值准备 5 万元。

（5）2×20 年 7 月 1 日，双方办理完成无形资产转让手续，长江公司以银行存款支付评估费 3 万元。当日，长江公司应收款项的公允价值为 42 万元，已计提坏账准备 2 万元。

不考虑增值税等相关税费。

要求：

（1）计算 2×20 年 1 月 1 日长江公司和振兴公司进行债务重组时各自应确认的债务重组损益，并进行账务处理。

（2）计算 2×20 年 7 月 1 日长江公司和振兴公司进行债务重组时各自应确认的债务重组损益，并进行账务处理。

2. 2×21 年 12 月乙公司赊销给甲公司一批商品，含税价款是 1 500 万元。2×22 年 7 月 10 日，现因甲企业财务困难，无法支付货款，乙公司与甲公司协商进行债务重组。债务重组协议约定：甲企业以一项金融资产和一批存货抵偿所欠债务，用于抵债的存货账面价值 400 万元，已计提存货跌价准备 50 万元，公允价值 360 万元；用于抵债的金额资产，甲公司将其分类为以公允价值计量且其变动计入其他综合收益的金融资产，账面价值是 1 000 万元（初始取得时成本是 920 万元，公允价值变动金额是 80 万元），公允价值 950 万元。当日办理完毕资产转移手续。

乙公司将该债权分类为以摊余成本计量的

金融资产，债务重组前已计提减值准备498.6万元，2×22年7月10日该债权的公允价值是1 398.6万元。乙公司取得用于抵债的商品后作为存货处理，取得金融资产后，根据管理该投资的业务模式以及其现金流量特征，将其划分为以摊余成本计量的金融资产。

甲公司将该应付账款分类为以摊余成本计量的金融负债。甲公司用于抵债的库存商品适用的增值税税率是13%，金融资产的增值税税率是6%（依据金融资产公允价值与取得时成本的差额计税）。

丙公司是甲公司的母公司，丙公司应收甲公司货款1 100万元。2×22年12月1日，甲公司与丙公司签订债务重组协议，协议约定丙公司豁免甲公司所欠1 000万元货款，剩余货款于12月31日前支付。2×22年12月31日，甲公司支付了剩余债务100万元。

要求：

（1）判断乙公司取得抵债资产的入账时间；计算甲、乙公司确认债务重组损益的金额并编制甲、乙公司的会计分录。

（2）说明丙公司对甲公司豁免债务的会计处理方法，编制甲公司的会计分录。

进阶练习答案及解析

（一）单项选择题

1.【答案】D

【解析】债务人以存货抵偿债务，所偿债务的账面价值与存货的账面价值之间的差额，计入其他收益，选项A错误；债务人以固定资产、无形资产等抵偿债务，将所偿债务的账面价值与抵债资产的账面价值之间的差额应计入其他收益，选项B错误；债务人以非现金资产抵偿债务，不需要区分债务重组收益和资产处置损益，选项C错误。

2.【答案】B

【解析】选项B，债务人以长期股权投资（权益法）抵偿债务的，债权人应该以放弃债权的公允价值加上相关税费，作为长期股权投资的入账价值。

3.【答案】C

【解析】甲公司应确认的债务重组收益＝3 000－50－1 500－200＝1 250（万元）。

4.【答案】A

【解析】甲公司因上述交易确认的债务重组损益金额＝600－（2 000－1 500）＝100（万元）。

5.【答案】D

【解析】事项（1），以存货清偿债务，计入其他收益20万元。事项（2），盘盈存货，作为差错更正通过以前年度损益调整核算。事项（3），存货盘盈，冲减管理费用10万元。事项（4），固定资产报废利得应当计入营业外收入1万元。

6.【答案】A

【解析】事项（1），以自产产品作为职工薪酬，应视同销售，按照产品的市场价格确认收入金额10万元；事项（2），以自产产品抵债，属于非日常活动，不确认收入，应按照存货的账面价值进行结转；事项（3）外购产品作为职工福利，应该按照该产品的公允价值和相关税费结转计入应付职工薪酬，不确认收入。

（二）多项选择题

1.【答案】ABCD

【解析】通过债务重组形成企业合并的，适用《企业会计准则第20号——企业合并》，选项A正确；债务重组构成权益性交易的，应当适用权益性交易的有关会计处理规定，债权人和债务人不确认构成权益性交易的债务重组相关损益，选项B和选项D正确；债务重组中涉及的债权、重组债权、债务、重组债务和其他金融工具的确认、计量和列报，适用《企业会计准则第22号——金融工具确认和计量》和《企业会计准则第37号——金融工具列报》

等金融工具相关准则，选项 C 正确。

2. 【答案】ABCD

【解析】债务重组的方式主要包括：债务人以资产清偿债务、将债务转为权益工具、修改其他条款，以及前述一种以上方式的组合。四个选项均正确。

3. 【答案】ABCD

【解析】债务重组中涉及的债权、重组债权、债务、重组债务和其他金融工具的披露，应当按照《企业会计准则第 37 号——金融工具列报》的规定处理。此外，债权人和债务人还应当在附注中披露与债务重组有关的额外信息。上述四个选项均正确。

4. 【答案】AB

【解析】甲公司确认债务重组损益 = 800 − (700 − 200) − 90 = 210（万元）；乙公司确认债务重组损益 = 720 − (800 − 100) = 20（万元）；乙公司取得的设备的入账价值 = (720 + 80) × 600/（600 + 120）= 666.67（万元）；乙公司取得的存货的入账价值 = (720 + 80) × 120/（600 + 120）= 133.33（万元）。

5. 【答案】ACD

【解析】3 月 15 日，存货的入账成本 = 940 − 2.5 × 200 = 440（万元），选项 A 正确；5 月 1 日，其他权益工具投资的入账成本 = 2.4 × 200 = 480（万元），选项 C 正确；债权人在收取债权现金流量的合同权利终止时应当终止确认全部债权，即在 2×22 年 5 月 1 日该债务重组协议的执行过程和结果不确定性消除时，可以确认全部债务重组相关损益，即确认投资收益 = 440 + 480 − (1 000 − 50) = −30（万元），选项 B 不正确、选项 D 正确。

3 月 15 日：

借：库存商品　　440
　　贷：应收账款　　440

5 月 1 日：

借：其他权益工具投资　　480
　　坏账准备　　50
　　投资收益　　30
　　贷：应收账款（1 000 − 440）　560

（三）计算分析题

1. 【答案及解析】

（1）2×20 年 1 月 1 日长江公司应确认的投资收益 = 50 − (60.9 − 5) = −5.9（万元），账务处理如下：

借：应收账款　　50
　　坏账准备　　5
　　投资收益　　5.9
　　贷：应收账款　　60.9

2×20 年 1 月 1 日振兴公司应确认的投资收益 = 60.9 − 50 = 10.9（万元）。

借：应付账款　　60.9
　　贷：应付账款　　50
　　　　投资收益　　10.9

（2）2×20 年 7 月 1 日，长江公司应确认的投资收益 = 42 − (50 + 50 × 8% × 3/12 − 2) = −7（万元）。账务处理如下：

借：无形资产　　(42 + 3) 45
　　坏账准备　　2
　　投资收益　　7
　　贷：应收账款
　　　　(50 + 50 × 8% × 3/12) 51
　　　　银行存款　　3

2×20 年 7 月 1 日，振兴公司应确认的其他收益 = (50 + 50 × 8% × 3/12) − (70 − 20 − 5) = 6（万元）。账务处理如下：

借：应付账款
　　(50 + 50 × 8% × 3/12) 51
　　累计摊销　　20
　　无形资产减值准备　　5
　　贷：无形资产　　70
　　　　其他收益　　6

2. 【答案及解析】

（1）乙公司取得抵债资产的入账时间为 2×22 年 7 月 10 日，理由：当日双方办理完成了资产转移手续，乙公司可以控制取得的抵债资产。

甲公司确认的重组损益 = 应付账款的账面价值 − 抵债资产的账面价值 − 抵债资产的销项税额 = 1 500 − [400 + 1 000 + 360 × 13% + (960 −

920）×6%］=50.8（万元）

乙公司确认的债务重组损益 = 放弃债权的公允价值 - 放弃债权的账面价值 = 1 398.6 - (1 500 - 498.6) = 397.2（万元）

甲公司的会计处理如下：

借：应付账款　　1 500
　　存货跌价准备　　50
　　贷：库存商品　　450
　　　　其他债权投资　　1 000
　　　　应交税费——应交增值税（销项税额）［360×13% + (960 - 920)×6%］　　49.2
　　　　投资收益　　50.8

借：其他综合收益　　80
　　贷：投资收益　　80

乙公司的会计处理如下：

借：存货　　399.4
　　债权投资　　950
　　应交税费——应交增值税（进项税额）　　49.2
　　坏账准备　　498.6
　　贷：应收账款　　1 500
　　　　投资收益　　397.2

（2）母公司豁免的部分实质上构成了对甲公司的资本性投入，母公司（丙公司）层面应将所豁免的债权转为对子公司追加的投资成本，计入长期股权投资成本；子公司（甲公司）应将所豁免的债务转入资本公积。

2×22 年 12 月 1 日：

借：应付账款　　1 000
　　贷：资本公积　　1 000

2×22 年 12 月 31 日：

借：应付账款　　100
　　贷：银行存款　　100

第二十二章　外币折算

2023 年教材内容主要变化

本章教材内容无实质变化。

本章近五年考试高频考点分布

高频考点内容	年度及题型分布
外币交易的会计处理	2022 年单选题、2020 年多选题、2019 年单选题
对外币报表的折算方法	2022 年单选题、2019 年多选题
特殊项目的处理	2021 年单选题、2018 年单选题

高频考点精讲

本章阐述了外币交易的会计处理和外币财务报表折算的方法，本章主要内容包括：记账本位币的确定，外币交易的会计处理、记账方法，境外经营财务报表的折算。应关注外币交易的会计处理；资产负债表日外币货币性项目的折算；外币财务报表折算特殊项目的处理；注意区分外币交易和外币财务报表折算的处理原则，选择正确的汇率。

高频考点 1：记账本位币的确定★

业务收支以人民币以外的货币为主的单位，可以选定其中一种货币作为记账本位币，但是编报的财务会计报告应当折算为人民币。

企业记账本位币的选定考虑以下因素：

（1）选择货币能够对企业商品和劳务销售价格起主要作用；

（2）选择货币能够对商品和劳务所需人工、材料和其他费用产生主要影响；

（3）融资活动中获得的资金以及保存从经营活动中收取款项所使用的货币。

经典例题

【例题·单选题】国内乙公司为外贸自营出口企业，该企业超过 70% 的营业收入来自向国外的出口，其商品销售价格一般以美元结算，销售价格主要受美元的影响。因此，从影响商品和劳务销售价格的角度看，乙公司应选择（　　）作为记账本位币。如果乙公司的厂房设施和30%的人工成本在国内以人民币支付，而生产所需原材料、机器设备及70%以上的人工成本以美元计价、结算，则从影响商品和劳务所需人工、材料和其他费用角度，也应选择（　　）作为记账本位币。

A. 人民币，美元

B. 人民币，人民币

C. 美元，美元

D. 美元，人民币

【答案】C

【解析】选择货币能够对企业商品和劳务销售价格起主要作用；选择货币能够对商品和劳务所需人工、材料和其他费用产生主要影响。根据这两条规定可以确定本题都应该选择美元作为记账本位币，选项C正确。

高频考点2：境外经营记账本位币的确定★★

境外经营通常是指企业在境外的子公司、合营企业、联营企业、分支机构。当企业在境内的子公司、联营企业、合营企业或者分支机构选定的记账本位币不同于企业的记账本位币时，也应当视同境外企业。

境外经营记账本位币选定考虑以下因素：

（1）境外经营对其所从事的活动是否拥有很强的自主性；

（2）境外经营活动中与企业的交易是否在境外经营中占有较大比重；

（3）境外经营活动产生的现金流量是否直接影响企业的现金流量、是否可以随时汇回；

（4）境外经营活动产生的现金流量是否足以偿还其现有债务和可预期债务。

经典例题

【例题·多选题】在确定境外经营记账本位币时需要考虑的因素有（　　）。

A. 所从事的活动是否拥有很强自主性

B. 与企业的交易是否在境外经营中占有较大比重

C. 活动产生的现金流量是否直接影响企业的现金流量

D. 活动产生的现金流量是否足以偿还债务

【答案】ABCD

【解析】境外经营记账本位币选定考虑以下因素：境外经营对其所从事的活动是否拥有很强自主性；境外经营活动中与企业的交易是否在境外经营中占有较大比重；境外经营活动产生的现金流量是否直接影响企业的现金流量、是否可以随时汇回；境外经营活动产生的现金流量是否足以偿还其现有债务和可预期债务。

高频考点3：记账本位币变更★

企业选择的记账本位币一经确定，不得随意变更，除非与确定记账本位币相关的企业经营所处的主要环境发生了重大变化。

企业变更记账本位币时，采用变更当日即期汇率将所有项目折算为变更后的记账本位币，折算后的金额作为新的记账本位币的历史成本，不产生汇兑差额。

经典例题

【例题·单选题】下列各项关于记账本位币变更会计处理的表述中，正确的是（　　）。

A. 记账本位币变更日所有者权益项目按照历史汇率折算为变更后的记账本位币

B. 记账本位币变更日资产负债项目按照当日的即期汇率折算为变更后的记账本位币

C. 记账本位币变更当年年初至变更日的利润表项目按照交易发生日的即期汇率折算为变更后的记账本位币

D. 记账本位币变更当年年初至变更日的现金流量表项目按照与交易发生日即期汇率近似的汇率折算为变更后的记账本位币

【答案】B

【解析】企业变更记账本位币，应当采用变更当日的即期汇率将所有项目折算为变更后的记账本位币，折算后的金额作为新的记账本位币的历史成本，选项 B 正确。

【例题·多选题】对外币财务报表进行折算时，下列项目中，应当采用期末资产负债表日的即期汇率进行折算的是（　　），采用发生时的即期汇率折算的是（　　）。

A. 长期股权投资；盈余公积

B. 未分配利、长期股权投资；实收资本

C. 交易性金融资产；股本、未分配利润

D. 交易性金融资产；实收资本

【答案】AD

【解析】资产负债表中的资产和负债项目，采用资产负债表日的即期汇率折算，所有者权益项目除“未分配利润”项目外，其他项目采用发生时的即期汇率折算。

【例题·单选题】下列各项关于记账本位币的表述，正确的是（　　）。

A. 企业因经营所处的主要经济环境发生重大变化，确需变更记账本位币的，应当采用变更当日的即期汇率将所有项目折算为变更后的记账本位币，折算后的金额作为新的记账本位币计量的历史成本

B. 企业的记账本位币发生变更的，应当将变更所产生的汇兑差额计入当期损益

C. 企业变更记账本位币时不需要在附注中进行披露

D. 企业记账本位币发生变更的，其比较财务报表应当以可比当日的即期汇率或即期汇率的近似的汇率折算所有资产负债表和利润表项目

【答案】A

【解析】企业记账本位币确需变更的，由于所有项目均采用变更当日的即期汇率进行折算，不会产生汇兑差额，选项 B 错误。企业变更记账本位币时需要在附注中进行披露，选项 C 错误。企业记账本位币发生变更的，其比较财务报表应当以可比当日的即期汇率折算所有资产负债表和利润表项目，选项 D 错误。

高频考点 4：外币交易的会计处理

★★★

（1）初始确认：企业发生外币交易，采用交易日即期汇率或即期汇率的近似汇率将外币金额折算为记账本位币金额。

（2）期末调整与结算。

①货币性项目。

货币性资产：现金、银行存款、应收账款、其他应收款、长期应收款等。

货币性负债：应付账款、其他应付款、短期借款、应付债券、长期借款、长期应付款等。

②非货币性项目。预付账款、预收账款、存货、长期股权投资、交易性金融资产、固定资产、无形资产等。

货币性项目和非货币性项目的期末调整原理如下表所示：

货币性项目	非货币性项目			
应收账款、债权投资、其他债权投资等：采用资产负债表即期汇率折算，产生的汇兑差额，计入当期损益	以历史成本计量的固定资产、无形资产等	以成本与可变现净值孰低计量的存货	以公允价值计量且其变动计入当期损益的股票、基金等非货币性项目（交易性金融资产）	以公允价值计量且其变动计入其他综合收益的非交易性权益工具投资（其他权益工具投资）
	仍采用交易发生日的即期汇率折算，不改变其记账本位币金额	将以外币反映的可变现净值折算为记账本位币金额，再与以记账本位币反映的存货成本进行比较，成本高于可变现净值的差额确认为资产减值损失	用期末外币公允价值乘以期末即期汇率折算出记账本位币反映的公允价值，与原记账本位币反映的账面价值的差额，计入公允价值变动损益	用期末外币公允价值乘以期末即期汇率折算出记账本位币反映的公允价值，与原记账本位币反映的账面价值的差额，计入其他综合收益

外币货币性项目的结算：

结算外币货币性项目时，因汇率波动而形成的汇兑差额也应当计入当期损益。

经典例题

【真题·多选题】（2020）甲公司以人民币为记账本位币，下列各项关于甲公司外币折算会计处理的表述中，错误的有（　　）。

A. 为构建符合资本化条件的资产而借入的外币专门借款本金及利息发生的汇兑损益在资本化期间内计入所购建资产的成本

B. 资产负债表日外币预付账款按即期汇率折算的人民币金额与当期账面人民币金额之间的差额计入当期损益

C. 对境外经营财务报表进行折算产生的外币财务报表折算差额在合并资产负债表所有者权益项目中单设项目列示

D. 收到投资者投入的外币资本按合同约定汇率折算

【答案】BD

【解析】预付账款属于非货币性项目，且以成本进行计量，所以资产负债表日不产生汇兑差额，选项 B 错误；企业收到投资者以外币投入的资本，无论是否有合同约定汇率，均不采用合同约定汇率和即期汇率的近似汇率折算，而是采用交易日的即期汇率折算，选项 D 错误。

【真题·单选题】（2019）下列各项关于外币折算会计处理的表述中，正确的是（　　）。

A. 以公允价值计量且其变动计入其他综合收益的外币货币性金融资产形成的汇兑差额计入其他综合收益

B. 以公允价值计量且其变动计入其他综合收益的外币非交易性权益工具投资形成的汇兑差额计入其他综合收益

C. 期末外币预收账款以当日即期汇率折算并将由此产生的汇兑差额计入当期损益

D. 收到投资者以外币投入的资本时，外币投入资本与相应的货币性项目均按合同约定汇率折算，不产生外币资本折算差额

【答案】B

【解析】以公允价值计量且其变动计入其他综合收益的外币货币性金融资产形成的汇兑差额计入财务费用，选项 A 错误；预收账款属于非货币性资产，期末不调整汇兑损益，选项 C 错误；企业收到投资者以外币投入的资本，无论是否有合同约定汇率，均不采用合同约定汇率和即期汇率的近似汇率折算，而是采用交易日即期汇率折算，选项 D 错误。

【真题·单选题】（2022）甲公司以人民币作为记账本位币，下列各项关于甲公司期末外币账户折算为人民币的表述中，正确的是（　　）。

A. 外币合同资产按照资产负债表日的即期汇率进行折算

B. 以公允价值计量且其变动计入其他综合收益的外币债券投资汇兑差额计入其他综合收益

C. 持有的以摊余成本计量的外币债券投资按照资产负债表日的即期汇率进行折算

D. 外币预收账款按照资产负债表日的即期汇率进行折算

【答案】C

【解析】选项 A、D，外币合同资产、预收账款，属于以历史成本计量的外币非货币性项目，资产负债表日不改变其原记账本位币金额，不需要按照资产负债表日的即期汇率折算；选项 B，其他债权投资期末的汇兑差额计入财务费用。

高频考点 5：对外币报表的折算方法 ★★

我国会计准则采用的折算方法是现时汇率法：

资产负债表中的资产和负债项目，采用资产负债表日的即期汇率折算，所有者权益项目除“未分配利润”项目外，其他项目采用发生时的即期汇率折算。

利润表中的收入和费用项目，采用交易发

生日的即期汇率折算；也可以采用按照系统合理的方法确定的、与交易发生日即期汇率近似的汇率折算。

按照上述规定折算产生的外币财务报表折算差额，在合并资产负债表中所有者权益项目下的“其他综合收益”单独列示。

外币预收账款和预付账款，合同资产和合同负债均不满足货币性项目的定义，属于以历史成本计量的外币非货币性项目，企业在资产负债表日应当采用交易发生日的即期汇率折算，不产生汇兑损益

经典例题

【真题·单选题】（2022）乙公司和丙公司均为甲公司的境外子公司。甲公司的记账本位币和列报货币均为人民币，乙公司的记账本位币和列报货币均为美元，丙公司的记账本位币和列报货币均为港币。下列各项有关外币折算会计处理的表述中，正确的是（　　）。

A. 乙公司个别财务报表中，以美元计价的购销、投资和借款交易均应以美元计量和列报

B. 丙公司个别财务报表中，以港币购入的某香港公司的股票应折算为人民币进行计量和列报

C. 甲公司个别财务报表中，收到境外投资者的英镑投资款，应将按合同约定汇率与按交易日汇率折算的差额计入当期损益

D. 甲公司在编制合并财务报表时，应将乙公司和丙公司的财务报表各项目折算为人民币，产生的折算差额计入当期损益

【答案】A

【解析】境外经营的个别财务报表按照记账本位币计量和列报，母公司编制合并财务报表时需要将境外子公司以外币反映的财务报表折算为记账本位币，资产负债表产生的折算差额计入其他综合收益，选项 A 正确，选项 B、D 错误；收到外币投资，按照交易发生日的即期汇率折算，不产生折算差额，选项 C 错误。

【真题·多选题】（2019）甲公司发生的外币交易及相应的会计处理如下：（1）为建造固定资产借入外币专门借款，资本化期间将该外币专门借款的利息和汇兑损益计入在建工程成本；（2）自境外市场购入的存货，期末按外币可变现净值与即期汇率计算的结果确定其可变现净值，并以此为基础计提存货跌价准备；（3）以外币计价的交易性金融资产，期末按外币市价与即期汇率计算的结果确定其公允价值，并以此为基础计算确认公允价值变动损益；（4）收到投资者投入的外币资本，按照合同约定汇率折算实收资本。不考虑其他因素，甲公司对上述外币交易进行的会计处理中正确的有（　　）。

A. 以外币计价的存货跌价准备的计提

B. 外币专门借款利息及汇兑损益的处理

C. 以外币计价的交易性金融资产公允价值变动损益的确认

D. 股东作为出资投入的外币资本的折算

【答案】ABC

【解析】企业收到投资者以外币投入的资本，无论是否有合同约定汇率，均不采用合同约定汇率和即期汇率的近似汇率折算，而是采用交易日即期汇率折算，不产生外币资本折算差额，选项 D 错误。

高频考点 6：特殊项目的处理★

（1）少数股东应分担的外币报表折算差额：按少数股东在境外经营所有者权益中享有的份额计算少数股东应分担的外币报表折算差额，并入少数股东权益列示于合并资产负债表。

借：其他综合收益

　　贷：少数股东权益

或作相反会计分录。

（2）实质上构成对境外经营净投资的外币货币性项目产生的汇兑差额的处理。

①实质上构成对子公司净投资的外币货币性项目以母公司或子公司的记账本位币反映，则应在抵销长期应收应付项目的同时，将其产生的汇兑差额转入“其他综合收益”科目。

借：其他综合收益

　　贷：财务费用

或作相反会计分录。

②实质上构成对子公司净投资的外币货币性项目以母、子公司的记账本位币以外的货币反映，则应将母、子公司此项外币货币性项目产生的汇兑差额相互抵销，差额转入“其他综合收益”科目。

经典例题

【真题·单选题】（2018）下列各项关于年度外币财务报表折算会计处理的表述中，正确的是（　　）。

A. 外币财务报表折算差额在合并资产负债表的负债中单列项目列示

B. 资产负债表中未分配利润项目的年末余额按年末资产负债表日的即期汇率折算

C. 少数股东应分担的外币财务报表折算差额在合并资产负债表少数股东权益项目列示

D. 利润表中营业收入项目的本年金额按年末资产负债表日的即期汇率折算

【答案】C

【解析】外币报表折算差额归属于母公司的部分应在合并资产负债表中“其他综合收益”项目列示，少数股东分担的外币报表折算差额在“少数股东权益”项目列示，选项A错误，选项C正确；资产负债表所有者权益项目中除“未分配利润”项目外，其他项目采用发生时的即期汇率折算，选项B错误；利润表中的收入和费用项目，采用交易发生日的即期汇率或即期汇率的近似汇率折算，选项D错误。

【真题·单选题】（2021）甲公司以人民币为记账本位币，2×18年3月10日以每股5美元的价格购入乙公司在境外上市交易的股票20万股，发生相关交易费用1万美元，甲公司将其指定为以公允价值计量且其变动计入其他综合收益的金融资产，当日汇率为1美元=6.6元人民币。2×18年12月31日，乙公司股票的市场价格为每股6美元，当日汇率为1美元=6.9元人民币。2×19年2月5日，甲公司以每股8美元的价格将持有的乙公司股票全部出售，当日汇率为1美元=6.8元人民币。不考虑相关税费及其他因素，下列关于甲公司上述交易或事项会计处理的表述中，正确的是（　　）。

A. 购入乙公司股票的初始入账金额为660万元

B. 2×18年12月31日确认其他综合收益161.4万元

C. 2×18年12月31日确认财务费用36万元

D. 2×19年2月5日确认投资收益260万元

【答案】B

【解析】购入乙公司股票的初始入账金额=(5×20+1)×6.6=666.6（万元人民币），选项A不正确；2×18年12月31日，应确认其他综合收益=6×20×6.9－666.6=161.4（万元人民币），其他权益工具投资期末公允价值变动与汇率变动一并计入其他综合收益，不影响财务费用，选项B正确，选项C不正确；企业出售其他权益工具投资时，处置价款与其账面价值的差额，以及原确认的其他综合收益，均转入留存收益，不影响投资收益，选项D不正确。

【真题·单选题】（2021）在母公司含有实质上构成对子公司（境外经营）净投资的外币长期应收款项目的情况下，不考虑其他因素，下列各项关于甲公司合并财务报表有关外币报表折算会计处理的表述中，正确的是（　　）。

A. 外币货币性项目以母公司记账本位币反映的，在抵销母子公司长期应收应付项目的同时，应将产生的汇兑差额在财务费用项目列示

B. 外币货币性项目以母公司或子公司以外的货币反映的，在抵销母子公司长期应收应付项目的同时，应将产生的汇兑差额在财务费用项目列示

C. 归属于少数股东的外币报表折算差额应在少数股东权益项目列示

D. 外币货币性项目以子公司记账本位币反映的，在抵销母子公司长期应收应付项目的同时，应将产生的汇兑差额在财务费用项目列示

【答案】C

【解析】外币货币性项目以母公司或子公司的记账本位币反映，则应在抵销长期应收应付项目的同时，将其产生的汇兑差额转入“其他综合收益”项目，选项A、D错误；外币货币性项目以母、子公司的记账本位币以外的货币反映，则应将母、子公司此项外币货币性项目产生的汇兑差额相互抵销，差额转入“其他综合收益”项目，选项B错误。

进阶练习

（一）单项选择题

1. 外币会计报表折算时，子公司外币会计报表中的“管理费用”项目的金额应按（　　）折算为母公司记账本位币。

A. 当年年初的市场汇率

B. 当年年末市场汇率

C. 交易发生日的即期汇率

D. 资产负债表日的即期汇率

2. 在进行资产负债表折算时，所有者权益项目除（　　）项目外，均按发生时的（　　）汇率折算为母公司记账本位币。

A. 实收资本；即期

B. 资本公积；历史

C. 盈余公积；历史

D. 未分配利润；即期

3. 在企业期末调整与结算时，不属于货币性项目的为（　　）。

A. 应收账款　　B. 银行存款

C. 预付账款　　D. 长期应付款

4. 下列有关外币交易的记账方法中错误的是（　　）。

A. 外币交易的记账方法有外币统账制和外币分账制两种

B. 外币交易频繁，涉及外币币种较多更适合外币统账制

C. 外币分账制中非货币性项目按交易日即期汇率折算

D. 采用外币统账制和外币分账制得出的结果相同

5. 下列关于记账本位币的说法中错误的是（　　）。

A. 记账本位币是指企业经营所处的主要经济环境中的货币

B. 我国境内企业的记账本位币只能是人民币

C. 无论企业采用哪种货币作为记账本位币，编报的财务会计报告均应当折算为人民币

D. 企业的记账本位币一经确定，不得随意变更

6. 下列各项外币交易在期末发生的汇兑损益，不计入当期损益的是（　　）。

A. 非交易性权益工具投资

B. 银行存款

C. 债权投资

D. 交易性金融资产

7. 甲公司以人民币作为记账本位币，对期末存货按成本与可变现净值孰低计量。2×21年10月1日，甲公司进口一批商品，价款为200万美元，当日即期利率为1美元＝6.45元人民币。2×21年12月31日，甲公司该批商品中仍有40%尚未出售，可变现净值为70万美元，当日即期利率为1美元＝6.37元人民币。不考虑其他因素，2×21年12月31日，该批商品期末计量对甲公司利润总额影响金额为（　　）万元人民币。

A. 增加70.1　　B. 增加68

C. 减少70.1　　D. 减少68

8. 甲公司记账本位币为人民币，2×21年10月1日以每股3美元的价格购入A公司10 000股股票作为以公允价值计量且其变动计入当期损益的金融资产核算，当日即期利率为1美元＝6.45元人民币，款项已经支付。

2×21 年12 月 31 日，当月购入 A 公司股票市价变为每股 3.2 美元。当日即期汇率为 1 美元 = 6.37 元人民币，假定不考虑相关税费的影响，则甲公司期末因该交易性金融资产应计入公允价值变动损益的金额为（　　）元人民币。

A. 3 000　　B. 10 340

C. 12 400　　D. 12 600

（二）多项选择题

1. 我国某企业记账本位币为欧元，下列说法中错误的有（　　）。

A. 该企业以人民币计价和结算的交易不属于外币交易

B. 该企业以美元计价和结算的交易属于外币交易

C. 该企业以欧元计价和结算的交易属于外币交易

D. 该企业的编报货币为美元

2. 在确定境外经营记账本位币时需要考虑的因素有（　　）。

A. 所从事的活动是否拥有很强自主性

B. 与企业的交易是否在境外经营中占有较大比重

C. 活动产生的现金流量是否直接影响企业的现金流量

D. 活动产生的现金流量是否足以偿还债务

3. 以下记账本位币变更中正确的有（　　）。

A. 采用变更当日的即期汇率将所有项目折算为变更后的记账本位币

B. 变更后产生的汇兑损益计入当期损益

C. 企业需提供确凿的证据证明其所处环境发生重大变化

D. 记账本位币变更后之前财务报表各项关系将不能作为参考

4. 下列各项金融资产或金融负债中，因汇率变动导致的汇兑差额应计入当期财务费用的有（　　）。

A. 外币应收账款

B. 外币债权投资产生的应收利息

C. 外币非交易性权益工具投资

D. 外币衍生金融负债

5. 甲公司以人民币为记账本位币，下列各项关于甲公司外币折算会计处理的表述中，正确的有（　　）。

A. 在借款费用资本化期间，外币专门借款本金及其利息的汇兑差额，应当予以资本化，计入符合资本化条件的资产的成本

B. 企业收到投资者以外币投入的资本，不得采用合同约定汇率折算，而是采用交易日即期汇率或即期汇率的近似汇率折算

C. 以公允计量且其变动计入其他综合收益的外币非交易性权益工具投资形成的汇兑差额计入其他综合收益

D. 收到投资者以外币投入的资本时，应采用交易发生日的即期汇率折算

6. 甲公司以人民币为记账本位币，发生外币交易时采用交易日即期汇率折算。2×21 年 7 月 1 日，甲公司支付价款 500 万美元（假定不考虑交易费用）购入乙公司同日发行的债券 5 万张。该债券单位面值为 100 美元；票面利率 8%（等于实际年利率），按年支付利息，于每年 6 月 30 日支付；债券期限为 5 年，本金在债券到期时一次性偿还。甲公司将该债券投资分类为以公允价值计量，且其变动计入其他综合收益的金融资产。2×21 年 12 月 31 日，甲公司所持乙公司债券的公允价值为 520 万美元。相关汇率为：2×21 年 7 月 1 日即期汇率为 1 美元 = 6.45 元人民币；2×21 年 12 月 31 日的即期汇率为 1 美元 = 6.37 元人民币。不考虑其他因素，下列各项关于 2×21 年甲公司上述交易或事项会计处理的表述中，正确的有（　　）。

A. 2×21 年确认投资收益 129 万元人民币

B. 2×21 年确认损益影响金额 89 万元人民币

C. 资产负债表日，债券投资公允价值的变动额计入其他综合收益 127.4 万元人民币

D. 资产负债表日，汇率变动的影响金额计入财务费用

进阶练习答案及解析

（一）单项选择题

1.【答案】C

【解析】利润表中的收入和费用项目，采用交易发生日的即期汇率或即期汇率的近似汇率折算。

2.【答案】D

【解析】所有者权益项目除“未分配利润”项目外，其他项目采用发生时的即期汇率折算。

3.【答案】C

【解析】应收账款属于货币性资产，应付账款和长期应付款属于货币性负债，只有预付账款属于非货币性项目。

4.【答案】B

【解析】银行等少数金融企业由于外币交易频繁，涉及外币币种较多，可以采用分账式记账方法进行日常核算。

5.【答案】B

【解析】业务收支以人民币以外的货币为主的单位，可以选定其中一种货币作为记账本位币，但是编报的财务会计报告应当折算为人民币。

6.【答案】A

【解析】银行存款和债权投资，计入财务费用；交易性金融资产，计入公允价值变动损益；非交易性权益工具投资，计入其他综合收益，不影响当期损益。

7.【答案】C

【解析】期末结存商品可变现净值 = 70 × 6.37 = 445.9（万元人民币）

期末存货成本 = 200 × 6.45 × 40% = 516（万元人民币）

期末存货确认资产减值损失 = 516 − 445.9 = 70.1（万元人民币）

8.【答案】B

【解析】甲公司期末因该交易性金融资产应计入公允价值变动损益的金额 = 3.2 × 10 000 × 6.37 − 3 × 10 000 × 6.45 = 10 340（元人民币）

（二）多项选择题

1.【答案】ACD

【解析】该企业记账本位币为欧元，即欧元交易为本币交易，人民币交易为外币交易，虽然记账本位币为欧元，但是我国企业编报货币必须为人民币。

2.【答案】ABCD

【解析】境外经营记账本位币选定考虑以下因素：境外经营对其所从事的活动是否拥有很强自主性；境外经营活动中与企业的交易是否在境外经营中占有较大比重；境外经营活动产生的现金流量是否直接影响企业的现金流量、是否可以随时汇回；境外经营活动产生的现金流量是否足以偿其现有债务和可预期债务。

3.【答案】AC

【解析】记账本位币变更采用变更当日的即期汇率将所有项目折算为变更后的记账本位币，折算后的金额作为新的记账本位币的历史成本，由于采用同一即期汇率进行折算，不会产生汇兑差额，各项目比率也不会发生变化。

4.【答案】AB

【解析】选项 A 中的“应收账款”和选项 B 中的“应收利息”属于货币性项目，因汇率变动产生的汇兑差额，计入财务费用，选项 A 和选项 B 正确；衍生金融负债计入交易性金融负债，外币性质的交易性金融负债产生的汇兑差额和其公允价值变动一并计入公允价值变动损益，选项 C 不正确；外币非交易性权益工具投资，因汇率变动产生的汇兑差额，应计入其他综合收益，选项 D 不正确。

5.【答案】ACD

【解析】企业收到投资者以外币投入的资本，无论是否有合同约定汇率，均不得采用合同约定汇率和即期汇率的近似汇率折算，而是采用交易日即期汇率折算。

6. 【答案】ABCD

【解析】2×21 年确认的投资收益 = 500 × 8% ×6/12 ×6.45 = 129（万元人民币），选项 A 正确。2×21 年确认损益的影响金额 = 500 ×（6.37 - 6.45）+ 129 = 89（万元人民币），选项 B 正确。资产负债表日，债券投资公允价值的变动额计入其他综合收益 =（520 - 500）× 6.37 = 127.4（万元人民币），选项 C 正确。以公允价值计量且变动计入其他综合收益的外币货币性金融资产形成的汇兑差额，应当计入当期损益（财务费用），选项 D 正确。

第二十三章　财务报告

2023 年教材内容主要变化

本章教材无变化。

本章近五年考试高频考点分布

高频考点内容	年度及题型分布
资产负债表的填列	2022 年单选题、2019 年多选题
现金流量表项目的填列	2022 年单选题、2022 年多选题、2021 年多选题、2020 年单选题
所有者权益变动表	2018 年多选题
分部信息披露	2022 年多选题
关联方的披露、关联方关系	2022 年多选题、2021 年多选题、2020 年多选题、2018 年多选题
中期财务报告	2021 年多选题

高频考点精讲

本章内容是财务报告，是综合性较强的一章，知识点较多，容易与其他章节灵活地结合，可考性强，各年考核频繁。考点主要包括：财务报告列报的基本要求，资产负债表的填列方法，现金流量表的编制方法，财务报表附注披露主要内容、分部报告、关联方披露，中期财务报告和中期财务报告附注等内容。

高频考点 1：资产负债表的填列★★★

资产负债表“期末余额”栏填列方法

方法	项目
根据总账科目的余额填列	“其他权益工具投资”“递延所得税资产”“长期待摊费用”“应付票据”“短期借款”“持有待售负债”“交易性金融负债”“租赁负债”“递延收益”“递延所得税负债”“实收资本（或股本）”“其他权益工具”“库存股”“资本公积”“其他综合收益”“专项储备”“盈余公积”

续表

方法	项目
根据几个总账科目的余额计算填列	“货币资金”“其他应付款”
根据明细账科目的余额分析计算填列	“开发支出”“应付账款”“预收款项”“交易性金融资产”“其他债权投资”“应收款项融资”“应交税费”“一年内到期的非流动资产”“应付职工薪酬”“预计负债”“未分配利润”
根据总账科目和明细账科目的余额分析计算填列	“长期借款”“应付债券”“其他流动资产”“其他流动负债”“其他非流动负债”
根据有关科目余额减去其备抵科目余额后的净额填列	“持有待售资产”“长期股权投资”“商誉”“在建工程”“固定资产”“无形资产”“投资性房地产”“生产性生物资产”“油气资产”“长期应收款”“长期应付款”
综合运用上述方法分析填列	“应收票据”“应收账款”“其他应收款”“预付款项”“债权投资”“合同资产”“合同负债”“存货”“其他非流动资产”

名师解惑

问：老师，资产负债表的编制，有哪些项目需要特殊注意吗？

答：资产负债表编制时，下列项目需要特殊注意：

特殊事项

项目	填列方法
长期待摊费用摊销	长期待摊费用摊销年限（或期限）只剩一年或不足一年的，或者预计在一年内（含一年）进行摊销的部分，仍在“长期待摊费用”项目中列示，不转入“一年内到期的非流动资产”项目
流动与非流动负债划分中特殊问题	负债在其对手方选择的情况下可通过发行权益进行清偿的条款与在资产负债表日负债的流动性划分无关
资产负债表日起一年内到期的负债	对于在资产负债表日起一年内到期的负债，企业有意图且有能力自主地将清偿义务展期至资产负债表日后一年以上的，应当归类为非流动负债；不能自主地将清偿义务展期的，即使在资产负债表日后、财务报告批准报出日前签订了重新安排清偿计划协议，该项负债在资产负债表日仍应当归类为流动负债
在资产负债表日或之前企业违反长期借款协议	企业在资产负债表日或之前违反了长期借款协议，导致贷款人可随时要求清偿的负债，应当归类为流动负债。这是因为，在这种情况下，债务清偿的主动权并不在企业，企业只能被动地无条件归还贷款，而且该事实在资产负债表日即已存在，所以该负债应当作为流动负债列报。 但是，如果贷款人在资产负债表日或之前同意提供在资产负债表日后一年以上的宽限期，在此期限内企业能够改正违约行为，且贷款人不能要求随时清偿的，在资产负债表日的此项负债并不符合流动负债的判断标准，应当归类为非流动负债。企业其他长期负债存在类似情况的，应当比照上述有关规定进行处理

命题点拨

命题角度：资产负债表的编制

本考点在命题时，一般会以客观题（单选题或多选题）的形式出现，主要考核资产负债表中一些特殊项目的编制。

经典例题

【真题·单选题】（2022）下列有关企业财务报表列报的表述中，正确的是（　　）。

A. 受托代销商品和受托代销商品款应在资产负债表的资产和负债分别列示

B. 摊销期不足1年的长期待摊费用，应

在资产负债表的一年内到期的非流动资产项目列示

C. 同一客户的多个合同产生的合同资产和合同负债应以净额在资产负债表中列示

D. 预期持有超过 1 年的以公允价值计量且其变动计入当期损益的股票投资，应在资产负债表的其他非流动金融资产项目列示

【答案】D

【解析】受托代销商品在资产负债表“存货”项目列示，“受托代销商品款”在资产负债表作为“存货”的减项列示，选项 A 不正确；长期待摊费用摊销年限（或期限）只剩一年或不足一年的，或者预计在一年内（含一年）进行摊销的部分，仍在“长期待摊费用”项目中列示，不转入“一年内到期的非流动资产”项目，选项 B 不正确；同一合同下的合同资产和合同负债应以净额（合同资产 - 合同负债）列示，不同合同下的应分别列示，不能相互抵销以净额列示，选项 C 不正确。

【真题·单选题】（2022）甲公司采购的原材料加工成产成品后对外的销售。2×20 年甲公司发生的有关交易或事项如下：（1）采购原材料支付购买价款 100 万元，入库前发生运输费用 2 万元。（2）加工成本 20 万元，其中非正常消耗物料 1 万元。（3）产成品运至客户处，发生运输费用 3 万元，截至 2×20 年 12 月 31 日，产成品的控制权尚未转移给客户。不考虑其他因素，2×20 年 12 月 31 日，甲公司资产负债表中存货列示的金额是（　　）万元。

A. 124　　B. 121

C. 120　　D. 122

【答案】A

【解析】事项（1）购买价款和入库前发生的运输均需计入存货成本 = 100 + 2 = 102（万元）；事项（2）非正常消耗不计入存货成本，即计入成本的金额为 20 - 1 = 19（万元）；事项（3）运输费用计入合同履约成本，如果摊销期在一年或一个营业周期之内，资产负债表上通过存货项目列报，因此 2×20 年 12 月 31 日，甲公司资产负债表中存货列示的金额 = 102 + 19 + 3 = 124（万元）。

【真题·单选题】（2022）甲公司发生的有关交易或事项如下：（1）2×20 年 3 月 1 日向乙公司销售商品。因乙公司未按合同约定付款，甲公司向法院提起诉讼，要求乙公司支付货款 500 万元以及违约金 30 万元。截至 2×20 年 12 月 31 日法院尚未做出判决。（2）以前年度承接的一项建设和运营高速公路的 PPP 项目，自 2×20 年 1 月 1 日进入运营收费期，政府不对甲公司收取的车辆通行费提供保证，甲公司预计 5 年后需要对路面进行翻新发生费用 600 万元，路面翻新不构成单项履约义务。（3）2×20 年 2 月 1 日丙公司的银行借款到期，由于丙公司未按期还款。银行提起诉讼要求甲公司履行其担保责任。甲公司预计需要向银行赔偿 1 000 万元，2×21 年 2 月 18 日法院做出终审判决，判定甲公司向银行赔偿 1 200 万元。甲公司 2×20 年度财务报告于 2×21 年 3 月 15 日经批准报出。不考虑货币时间价值及其他因素，甲公司 2×20 年 12 月 31 日的资产负债表中，应确认的负债金额是（　　）万元。

A. 1 070　　B. 1 320

C. 1 600　　D. 1 800

【答案】B

【解析】事项（1）不属于负债，属于或有资产，在基本确定的情况下确认为资产；事项（2）由于不构成单项履约义务，应确认预计负债 600/5 = 120（万元）；事项（3）确认其他应付款 1 200 万元；甲公司资产负债表中应确认的负债金额 = 120 + 1 200 = 1 320（万元）。

高频考点 2：现金流量表★★★

现金流量表以现金及现金等价物为基础编制。现金形式的转换不会产生现金的流入和流出。例如，企业从银行提取现金，是企业现金存放形式的转换，并未流出企业，不构成现金流量。同样，现金与现金等价物之间的转换也

不属于现金流量，例如，企业用现金购买三个月到期的国库券。

划分为经营活动、投资活动和筹资活动的现金流量，按照收付实现制原则编制，将权责发生制下的盈利信息调整为收付实现制下的现金流量信息。

（一）现金流量表的主要项目

项目	内容
经营活动产生现金流量	经营活动是指企业投资活动和筹资活动以外的所有交易和事项
投资活动产生的现金流量	投资活动是指企业长期资产的购建和不包括在现金等价物范围内的投资及其处置活动
筹资活动产生的现金流量	筹资活动是指导致企业资本及债务规模和构成发生变化的活动。这里所说的资本，既包括实收资本（股本），也包括资本溢价（股本溢价）；这里所说的债务，指对外举债，包括向银行借款、发行债券以及偿还债务等
汇率变动对现金及现金等价物的影响	编制现金流量表时，应当将企业外币现金流量以及境外子公司的现金流量折算成记账本位币。 汇率变动对现金的影响应当作为调节项目，在现金流量表中单独列报。在编制现金流量表时，对当期发生的外币业务，也可不必逐笔计算汇率变动对现金的影响，可以通过现金流量表补充资料中“现金及现金等价物净增加额”与现金流量表中“经营活动产生的现金流量净额”“投资活动产生的现金流量净额”“筹资活动产生的现金流量净额”三项之和比较，其差额即为“汇率变动对现金的影响”
现金流量表补充资料	除现金流量表反映的信息外，企业还应在附注中披露将净利润调节为经营活动现金流量、不涉及现金收支的重大投资和筹资活动、现金及现金等价物净变动情况等信息。 1. 将净利润调节为经营活动现金流量 现金流量表采用直接法反映经营活动产生的现金流量； 现金流量表补充资料采用间接法反映经营活动产生的现金流量。 2. 不涉及现金收支的重大投资和筹资活动 企业应当在附注中披露不涉及当期现金收支，但影响企业财务状况或在未来可能影响企业现金流量的重大投资和筹资活动，主要包括： （1）债务转为资本，反映企业本期转为资本的债务金额； （2）一年内到期的可转换公司债券，反映企业一年内到期的可转换公司债券的本息； （3）融资租入固定资产，反映企业本期融资租入的固定资产

名师解惑

问：老师，在判断企业经济业务活动产生现金流量分类时，应该考虑哪些特殊活动？

答：（1）企业应当结合行业特点判断相关业务活动产生的现金流量的分类。不同形式现金之间的转换以及现金等价物之间的转换均不产生现金流量。

（2）通常情况下，应付票据及应付账款等商业应付款属于经营活动，不属于筹资活动。

（3）对于企业日常活动之外的、不经常发生的特殊项目，如自然灾害损失、保险赔款、捐赠等，应当归并到相关类别中，并单独反映。比如，对于自然灾害损失和保险赔款，如果能够确指属于流动资产损失，应当列入经营活动产生的现金流量；属于固定资产损失，应当列入投资活动产生的现金流量。

（4）与政府补助有关的现金流量表的列示：企业实际收到的政府补助，无论是与资产相关还是与收益相关，在编制现金流量表时均作为经营活动产生的现金流量列报。

（5）支付的按租赁准则简化处理的短期租赁付款额、低价值资产租赁付款额、未纳入租赁负债的可变租赁付款额，以及支付的短期租赁和低价值资产租赁相关的预付租金和租赁保证金应当计入经营活动现金流出。

命题点拨

命题角度：现金流量表的编制基础

本考点在命题时，一般会以客观题（单选题或多选题）的形式出现，主要考查现金流量表的编制基础，尤其是对现金等价物的理解。

经典例题

【真题·单选题】（2022）2×20年12月31日，甲公司合并资产负债表中货币资金9 800万元，其中：(1) 银行承兑汇票保证金存款500万元，该保证金存款在银行承兑汇票到期兑付之前不得支现。(2) 客户预付款600万元，客户要求存入甲公司单独开立的银行账户中，并且款项只能用于为客户建造仓库。(3) 境外子公司因外汇管制不能由母公司正常使用的银行存款800万元。不考虑其他因素，甲公司合并现金流量表中，2×20年12月31日现金及现金等价物的金额是（　　）万元。

A. 9 300　　B. 8 700

C. 7 900　　D. 8 400

【答案】B

【解析】现金及现金等价物的金额 = 9 800 - 500 - 600 = 8 700（万元）。

【真题·单选题】（2020）2×18年12月31日，甲公司持有的投资包括：(1) 持有联营企业（乙公司）30%股份；(2) 持有子公司（丙公司）60%股份；(3) 持有的5年期国债；(4) 持有丁公司发行的期限为2个月的短期债券。不考虑其他因素，甲公司在编制2×18年度个别现金流量表时，应当作为现金等价物列示的是（　　）。

A. 对乙公司的投资

B. 对丙公司的投资

C. 所持的5年期国债

D. 所持丁公司发行的期限为2个月的短期债券

【答案】D

【解析】根据现金及现金等价物的概念，选项A、B不涉及现金；选项C，5年期国债期限较长（超过三个月），不属于现金等价物。

（二）现金流量表的编制方法及程序

1. 现金流量表主表——直接法

(1) 经营活动的现金流量。

项目	编制方法
销售商品、提供劳务收到的现金（企业因销售商品、提供劳务而实际收现的价款及销项税额）	本项目 = 本期销售商品、提供劳务本期收现 + 前期销售商品、提供劳务本期收现 + 本期预收的账款 - 因商品退货造成的本期付现额 + 收回以前的坏账
收到的税费返还（企业收到现金的各种税费返还）	本项目反映企业收到返还的各种税费，如收到的增值税、所得税、消费税、关税和教育费附加返还款等。本项目可以根据有关科目的记录分析填列
收到其他与经营活动有关的现金	本项目反映企业除上述各项目外，收到的其他与经营活动有关的现金，如罚款收入、经营租赁固定资产收到的现金、投资性房地产收到的租金收入、流动资产损失中由个人赔偿的现金收入、除税费返还外的其他政府补助收入及捐赠现金收入等
购买商品、接受劳务支付的现金（企业因购买商品、接受劳务而在本期兑现的价款及进项税额）	本项目 = 本期购入商品、接受劳务本期兑现额 + 前期购入商品、接受劳务本期的付现额 + 本期预付款项 - 本期发生的因购货退回收到的现金
支付的各项税费	该项目反映企业按规定支付的各种税费，包括企业本期发生并支付的税费，以及本期支付以前各期发生的税费和本期预交的税费，包括所得税、增值税、消费税、印花税、房产税、土地增值税、车船税、教育费附加、矿产资源补偿费等，但不包括计入固定资产价值、实际支付的耕地占用税，也不包括本期退回的增值税、所得税。本期退回的增值税、所得税在“收到的税费返还”项目反映
支付其他与经营活动有关的现金	所有属于经营活动范畴但不属于上述内容的现金支付均在此列示。如：罚款支出、支付的差旅费、业务招待费、保险费、经营租赁支付的现金以及捐赠现金支出等

名师解惑

问：老师，“因商品退货造成的本期付现额”是现金流出，为什么在“销售商品、提供劳务收到的现金”项目中列示？

答：商品退货属于经营活动的销售业务内容，销售退货造成的现金流量流出形式上属于现金流出，实质属于销售商品现金流入的抵减，即冲减了销售商品现金流入。所以该现金流出，应该在“销售商品、提供劳务收到现金”项目下，以“-”反映。

类似的还有“本期发生的因购货退回收到的现金”形式上是现金流入，实质上属于购货业务现金流出的冲减，应该在“购买商品、接受劳务支付的现金”项目下，以“-”反映。

经典例题

【真题·多选题】（2019）下列各项关于财务报表列报的表述中，正确的有（　　）。

A. 收到的扣缴个人所得税款手续费在利润表“其他收益”项目列报

B. 出售子公司产生的利得或损失在利润表“资产处置收益”项目列报

C. 收到与资产相关的政府补助在现金流量表中作为经营活动产生的现金流量列报

D. 自资产负债表日起超过 1 年到期且预期持有超过 1 年的以公允价值计量且其变动计入当期损益的金融资产在资产负债表中作为流动资产列报

【答案】AC

【解析】选项 B 错误，出售子公司产生的利得或损失在利润表“投资收益”项目列报，并非所有交易性金融资产均为流动资产；选项 D 错误，对于自资产负债表日起超过 1 年到期且预期持有超过 1 年的以公允价值计量且其变动计入当期损益的金融资产在资产负债表中应作为非流动资产列报。

（2）投资活动的现金流量。

项目	编制方法
收回投资所收到的现金	收回投资所收到的现金 = 处置长期股权投资收到的现金 + 出售转让或到期收回金融资产本金而收到的现金。不包括持有债权投资或其他债权投资等收回的利息
取得投资收益所收到的现金	企业因股权性投资及债权性投资而取得的现金股利、利息，以及从子公司、联营企业和合营企业分回利润而收到的现金
处置固定资产、无形资产和其他长期资产而收到的现金净额	反映企业处置固定资产、无形资产和其他长期资产所取得的现金，扣除为处置这些资产而支付的有关费用后的净额。如处置固定资产、无形资产和其他长期资产所收回的现金净额为负数，应作为投资活动产生的现金流量，在“支付其他与投资活动有关的现金”项目中反映
处置子公司及其他营业单位收到的现金净额	该项目反映企业处置子公司及其他营业单位所取得的现金，减去相关处置费用以及子公司及其他营业单位持有的现金和现金等价物后的净额
购建固定资产、无形资产和其他长期资产所支付的现金	反映企业购建固定资产、取得无形资产和其他长期资产所支付的现金
投资所支付的现金	反映企业进行权益性投资和债权投资支付的现金。包括企业取得的除现金等价物以外的短期股票投资、短期债券投资、长期股权投资（不包括子公司投资）、债权投资支付的现金，以及支付的佣金、手续费等附加费用
取得子公司及其他营业单位支付的现金净额	该项目反映企业购买子公司及其他营业单位购买出价中以现金支付的部分，减去子公司及其他营业单位持有的现金和现金等价物后的净额。本项目可以根据“长期股权投资”“银行存款”等科目的记录分析填列

经典例题

【例题·单选题】甲公司为生产制造企业，2×21年发生现金流量：(1) 安装设备达到可使用状态，工程总支出1 200万元；(2) 购入作为交易性金融资产核算的股票支付现金200万元；(3) 收到保险公司对厂房损毁的赔偿款120万元；(4) 收到所得税返还款260万元；(5) 收到现金股利100万元。不考虑其他因素。甲公司2×21年投资活动产生的现金流量净额是（　　）万元。

A. －80　　B. 20

C. 100　　D. 220

【答案】B

【解析】事项(1)属于投资活动，但不涉及现金流量变化；事项(4)属于经营活动；其余事项属于投资活动。投资活动产生的现金流量净额＝－200＋120＋100＝20（万元）。

(3) 筹资活动的现金流量。

项目	编制方法
吸收投资收到的现金	反映企业收到的投资者投入的现金，包括以发行股票筹集的资金实际收到款项净额（发行收入减去支付的佣金等发行费用后的净额）
取得借款收到的现金	发行公司债券收到的现金＋银行借款收到的现金
偿还债务支付的现金	该项目反映企业偿还债务本金所支付的现金，包括偿还金融企业的借款本金、偿还债券本金等。本项目可以根据“短期借款”“长期借款”“应付债券”等科目的记录分析填列
分配股利、利润或偿付利息支付的现金	该项目反映企业实际支付的现金股利、支付给其他投资单位的利润或用现金支付的借款利息、债券利息等。本项目可以根据“应付股利”“应付利息”“在建工程”“制造费用”“研发支出”“财务费用”等科目的记录分析填列
支付其他与筹资活动有关的现金	该项目反映企业除上述各项目外所支付的其他与筹资活动有关的现金流出。本项目可以根据“长期应付款”等科目的记录分析填列

小贴士 (1) 发行股票筹集由企业直接支付的审计咨询等费用，在“支付其他与筹资活动有关的现金”项目中反映，不能从“吸收投资收到的现金”项目扣除。

(2) 在编制现金流量表时，对于因销售商品或提供劳务从客户取得商业承兑汇票进行贴现的情况：①如果票据（银行承兑汇票）在贴现时终止确认，贴现取得的现金应作为经营活动现金流入；②如果票据（商业承兑汇票）在贴现时不满足终止确认条件，贴现取得的现金应作为筹资活动现金流入。

(3) 偿还租赁负债本金和利息所支付的现金，以及支付的预付租金和租赁保证金计入筹资活动现金流出。

命题点拨

命题角度：现金流量表的编制

本考点在命题时，一般会以客观题（单选题或多选题）的形式出现，主要考核现金流量表的编制。

经典例题

【例题·单选题】众诚公司2×19年度对外公开发行股票1.2亿股，发行价为每股12元，代理发行的A证券公司为众诚公司支付的各种发行费用100万元。按协议发行款已划至众诚公司银行账户上。另外众诚公司支付咨询费20万元。众诚公司编制2×19年度现金流量表时，“吸收投资收到的现金”项目的金额为（ ）万元。

A. 144 000　　B. 143 980

C. 143 900　　D. 143 880

【答案】C

【解析】反映企业收到的投资者投入的现金，包括以发行股票筹集的资金实际收到款项净额，发行收入减去支付的佣金等发行费用后的净额，应列示在“吸收投资收到的现金”项目；发行股票筹集由企业直接支付的审计咨询等费用，在“支付其他与筹资活动有关的现金”项目中反映。“吸收投资收到的现金”项目的金额 = 12 000 × 12 − 100 = 143 900（万元）。

2. 补充资料的编制——间接法

将净利润调节为经营活动现金流量。

间接法，是指以本期净利润为起点，通过调整不涉及现金的收入、费用、营业外收支以及经营性应收应付等项目的增减变动，调整不属于经营活动的现金收支项目，据此计算并列报经营活动产生的现金流量的方法。

采用间接法列报经营活动产生的现金流量时，需要对四大类项目进行调整：

（1）实际没有支付现金的费用；

（2）实际没有收到现金的收益；

（3）不属于经营活动的损益；

（4）经营性应收应付项目的增减变动。

经营活动产生的现金流量净额 = 净利润 + 不影响经营活动现金流量但减少净利润的项目 − 不影响经营活动现金流量但增加净利润的项目 + 与净利润无关但增加经营活动现金流量的项目 − 与净利润无关但减少经营活动现金流量的项目

具体项目的填写

项目	填列方法
资产减值准备	本项目可根据“资产（信用）减值损失”科目的记录分析填列
固定资产折旧	本项目可根据“累计折旧”科目的贷方发生额分析填列
无形资产摊销	本项目可根据“累计摊销”科目的贷方发生额分析填列
长期待摊费用摊销	本项目可根据“长期待摊费用”科目的贷方发生额分析填列
处置固定资产、无形资产和其他长期资产的损失（减：收益）	本项目可根据“资产处置损益”等科目所属有关明细科目的记录分析填列，净收益以“－”号填列
固定资产报废损失	本项目可根据“营业外支出”等科目所属有关明细科目的记录分析填列
公允价值变动损失	本项目可根据“公允价值变动损益”科目的发生额分析填列。如为持有损失，在将净利润调节为经营活动现金流量时，应当加回；如为持有利得，在将净利润调节为经营活动现金流量时，应当扣除
财务费用	本项目可根据“财务费用”科目的本期借方发生额分析填列；如为收益，以“－”号填列
投资损失（减：收益）	本项目可根据利润表中“投资收益”项目的数字填列；如为投资收益，以“－”号填列
存货的减少（减：增加）	如果存货的增减变化过程属于投资活动，如在建工程领用存货，应当将这一因素剔除
经营性应收项目的减少（减：增加）	本项目应当根据有关科目的期初、期末余额分析填列；如为增加，以“－”号填列
经营性应付项目的增加（减：减少）	本项目应当根据有关科目的期初、期末余额分析填列；如为减少，以“－”号填列

名师解惑

问：老师，如何理解现金流量表补充资料中，“财务费用”项目的填写？

答：首先我们要明确该项目是“将净利润调整为经营活动现金流量净额”，我们可以将其分解为两个程序：首先剔除筹资活动或投资活动对净利润的影响，这个环节不必考虑权责发生制与收付实现制的区别，即按账簿记录的权责发生制进行调整；另一个程序是将经营活动中权责发生制与收付实现制不同的内容进行调整，也就是对经营活动中影响净利润但不影响经营活动现金流量的部分进行调整。

对于“财务费用”项目，要剔除筹资活动中财务费用对净利润的影响，即加上筹资活动的财务费用；要将经营活动中财务费用没有支付的部分（影响经营活动净利润但不影响经营活动现金流量）进行调整，即加上经营活动中没有支付的财务费用。

所以，填写“财务费用”项目，即要分析财务费用属于筹资活动还是经营活动，还要考虑经营活动的财务费用是否已经支付。

经典例题

【真题·多选题】（2022）企业在采用间接法反映经营活动产生的现金流量时，下列各调节项目中，应在净利润基础上作为调整增加的项目有（　　）。

A. 公允价值变动损失

B. 递延所得税资产减少

C. 经营性应付项目的减少

D. 计入财务费用的利息支出

【答案】ABD

【解析】选项 C 应作调减处理。

【真题·多选题】（2021）2×20 年 1 月 1 日，甲公司与乙公司签订的商铺租赁合同约定，甲公司从乙公司租入一间商铺，租赁期为 2 年，每月固定租金 2 万元，在此基础上再按照当月商铺销售额的 5% 支付变动租金。2×20 年度，甲公司支付乙公司 31 万元，其中租赁保证金 2 万元，固定租金 24 万元，基于销售额计算的变动租金 5 万元。不考虑其他因素，下列各项关于甲公司 2×20 年度支付的租金在现金流量表列示的表述中，正确的有（　　）。

A. 支付的 31 万元应当作为经营活动现金流出

B. 支付的固定租金 24 万元应当作为筹资活动现金流出

C. 支付的租赁保证金 2 万元应当作为筹资活动现金流出

D. 支付的基于销售额计算的变动租金 5 万元应当作为经营活动现金流出

【答案】BCD

【解析】企业应当将偿还租赁负债本金和利息所支付的现金，以及支付的预付租金和租赁保证金计入筹资活动现金流出。支付的按租赁准则简化处理的短期租赁付款额、低价值资产租赁付款额、未纳入租赁负债的可变租赁付款额，以及支付的短期租赁和低价值资产租赁相关的预付租金和租赁保证金应当计入经营活动现金流出。

【真题·多选题】（2020）对非金融企业而言，下列各项交易和事项产生的现金流量中，属于现金流量表中投资活动产生的现金流量的有（　　）。

A. 收到贴现银行承兑汇票的款项

B. 收到保险公司因固定资产火灾损失款项

C. 支付购买可随时出售的交易性金融资产的价款

D. 支付购建固定资产专门借款的利息

【答案】BC

【解析】选项 A，如果是不附追索权的贴现现金，属于经营活动产生的现金流量，如果是附追索权的贴现现金，属于筹资活动产生的现金流量；选项 D 属于筹资活动产生的现金流量。

高频考点 3：分部报告★

企业（或企业集团，下同）在披露分部

信息时，应当确定经营分部和报告分部。

分部报告是企业的财务会计报告中，按照确定的企业内部组成部分（经营分部）提供的有关各组成部分收入、资产和负债等信息的报告。

（一）经营分部的认定

项目	内容
认定条件	企业内同时满足下列条件的组成部分： （1）该组成部分能够在日常活动中产生收入、发生费用； （2）企业管理层能够定期评价该组成部分的经营成果，以决定向其配置资源、评价其业绩； （3）企业能够取得该组成部分的财务状况、经营成果和现金流量等有关会计信息
认定依据	经营分部确定的依据： 企业应当以内部的组织结构、管理要求、内部报告制度为依据确定经营分部
经营分部认定	经济特征不相似的经营分部，应当分别确定为不同的经营分部。企业存在相似经济特征的两个或多个经营分部，同时满足下列条件，可以合并为一个经营分部： （1）各单项产品或劳务的性质相同或相似，包括产品或劳务的规格、型号、最终用途等； （2）生产过程的性质相同或相似，包括采用劳动密集或资本密集方式组织生产、使用相同或相似设备和原材料、采用委托生产或加工方式等； （3）购买产品或接受劳务的客户的类型相同或相似，包括大宗客户、零散客户等； （4）销售产品或提供劳务的方式相同或相似，包括批发、零售、自产自销、委托销售、承包等； （5）生产产品或提供劳务受法律、行政法规的影响相同或相似，包括经营范围或交易定价机制等

经典例题

【例题·多选题】下列关于经营分部认定，表述正确的有（　　）。

A. 企业应当以内部的组织结构、管理要求、内部报告制度为依据确定经营分部

B. 经济特征不相似的经营分部，应当分别确定为不同的经营分部

C. 各单项产品或劳务的性质相同或相似的两个或多个经营分部，可以合并为一个经营分部

D. 只有生产过程的性质相同或相似的两个或多个经营分部，不能合并为一个经营分部

【答案】ABD

【解析】企业存在相似经济特征的两个或多个经营分部，同时满足下列条件可以合并为一个经营分部：（1）各单项产品或劳务的性质相同或相似；（2）生产过程的性质相同或相似；（3）购买产品或接受劳务的客户的类型相同或相似；（4）销售产品或提供劳务的方式相同或相似；（5）生产产品或提供劳务受法律、行政法规的影响相同或相似。选项C错误。

（二）报告分部的确定

报告分部是指符合经营分部定义，按要求应当予以报告的分部。企业应该以经营分部为基础确定报告分部。

报告分部的确定

项目	内容
重要性标准的判断	经营分部满足下列条件之一的，应当确定为报告分部： （1）该分部的分部收入达到企业所有分部收入总额的10%或者以上。 （2）该分部的分部利润（亏损）的绝对额，占所有盈利分部利润合计额或者所有亏损分部亏损合计额的绝对额两者中较大者的10%或者以上。 （3）该分部的分部资产占所有分部资产合计额的10%或者以上

续表

项目	内容
低于10%重要性标准的选择	经营分部未满足上述10%重要性标准的，可按照下列规定确定报告分部： （1）企业管理层认为披露该经营分部信息对会计信息使用者有用的，可以将其确定为报告分部。 （2）将该经营分部与一个或一个以上的具有相似经济特征、满足经营分部合并条件的其他经营分部合并，作为一个报告分部。 （3）不将该经营分部直接指定为报告分部，也不将该经营分部与其他未作为报告分部的经营分部合并为一个报告分部的，企业在披露分部信息时，应当将该经营分部的信息与其他组成部分的信息合并，作为其他项目单独披露
报告分部75%的标准	企业的经营分部达到规定的10%重要性标准认定为报告分部后，确定为报告分部的经营分部的对外交易收入合计额占合并总收入或企业总收入的比重应当达到75%的比例。如果未达到75%的标准，企业应增加报告分部的数量，将其他未作为报告分部的经营分部纳入报告分部的范围，直到该比重达到75%。此时，其他未作为报告分部的经营分部很可能未满足前述规定的10%重要性标准，但为了使报告分部的对外交易收入合计额占合并总收入或企业总收入的总体比重能够达到75%的比例要求，也应当将其确定为报告分部
报告分部的数量	报告分部的数量通常不应当超过10个
为提供可比信息确定报告分部	企业在确定报告分部时，除应当遵循相应的确定标准以外，还应当考虑不同会计期间分部信息的可比性和一致性

经典例题

【例题·多选题】众诚公司2×19年的下列各项收入中，不属于分部收入的有（　　）。

A. 接受现金捐赠收入10万元

B. 成本法核算长期股权投资，取得股利收入26万元

C. 处置闲置房屋取得净收益135万元

D. 提供修理服务取得收入186万元

【答案】ABC

【解析】按照现行会计准则规定，分部收入通常为营业收入，不包括下列项目：（1）利息收入和股利收入；（2）资产处置净收益；（3）营业外收入；（4）处置投资产生的净收益等。选项D属于营业收入。

（三）分部信息的披露

企业披露的分部信息，应该有助于会计信息使用者评价企业所从事经营活动的性质和财务影响以及经营所处的经济环境。企业应当以对外提供的财务报表为基础披露分部信息；对外提供合并报表的企业，应当以合并财务报表为基础披露分部信息。

经典例题

【真题·多选题】（2022）不考虑其他因素，下列各项关于企业分部报告应披露的信息中，正确的有（　　）。

A. 将相关资产和负债分配给报告分部的基础

B. 与分部信息相关的前期比较数据

C. 确定报告分部考虑的因素

D. 对主要客户的依赖程度

【答案】ABCD

【解析】企业报告分部确定后，应当披露下列信息：

（1）确定报告分部考虑的因素、报告分部的产品和劳务的类型；

（2）每一报告分部的利润（亏损）总额相关信息，包括利润（亏损）总额组成项目及计量的相关会计政策信息；

（3）每一报告分部的资产总额、负债总额相关信息，包括资产总额组成项目的信息，以及有关资产、负债计量的相关会计政策；

（4）除上述已经作为报告分部信息组成部分披露的外，企业还应当披露下列信息：

①每一产品和劳务或每一类似产品和劳务

组合的对外交易收入；

②企业取得的来自于本国的对外交易收入总额以及位于本国的非流动资产（不包括金融资产、独立账户资产、递延所得税资产，下同）总额，企业从其他国家取得的对外交易收入总额以及位于其他国家的非流动资产总额；

③企业对主要客户的依赖程度。

（5）报告分部信息总额与企业信息总额的衔接。

（6）比较信息。

高频考点 4：关联方披露★★★

关联方定义	关联方一般指有关联的各方，关联方关系是指有关联的各方之间存在的内在联系。 一方控制、共同控制另一方或对另一方施加重大影响，以及两方或两方以上同受一方控制、共同控制或重大影响的，构成关联方
关联方关系种类	1. 该企业的母公司，不仅包括直接或间接地控制该企业的其他企业，也包括能够对该企业实施直接或间接控制的单位等 （1）某一个企业直接控制一个或多个企业； （2）某一个企业通过一个或若干个中间企业间接控制一个或多个企业； （3）某一个企业直接地和通过一个或若干中间企业间接地控制一个或个多个企业
	2. 该企业的子公司。包括直接或间接地被该企业控制的其他企业，也包括直接或间接地被该企业控制的企业、单位、基金等特殊目的实体
	3. 与该企业受同一母公司控制的其他企业
	4. 与对该企业实施共同控制的投资方
	5. 对该企业施加重大影响的投资方。这里的重大影响包括直接的重大影响和间接的重大影响
	6. 该企业的合营。企业两方或多方共同控制某一企业时，该企业则为投资者的合营企业
	7. 该企业的联营企业。联营企业和重大影响是相联系的，如果投资者能对被投资企业施加重大影响，则该被投资企业视为投资者的联营企业
	8. 该企业的主要投资者个人及与其关系密切的家庭成员。主要投资者个人，是指能够控制、共同控制一个企业或者对一个企业施加重大影响的个人投资者
	9. 该企业或其母公司的关键管理人员及与其关系密切的家庭成员
	10. 该企业主要投资者个人、关键管理人员或与其关系密切的家庭成员控制、共同控制的其他企业 （1）某一企业与受该企业主要投资者个人控制、共同控制的其他企业之间的关系； （2）某一企业与受该企业主要投资者个人关系密切的家庭成员控制、共同控制的其他企业之间的关系； （3）某一企业与受该企业关键管理人员控制、共同控制的其他企业之间的关系； （4）某一企业与受该企业关键管理人员关系密切的家庭成员控制、共同控制的其他企业之间的关系
	11. 该企业关键管理人员提供服务的提供方与服务接受方 （1）服务接受方在编制财务报表时，应当将服务提供方作为关联方进行披露； （2）服务提供方在编制财务报表时，不仅仅因为向接受方提供了关键管理人员服务就将其认定为关联方，而应当按照《企业会计准则第 36 号——关联方披露》判断双方是否构成关联方并进行相应的会计处理
	12. 企业与其所属企业集团的其他成员单位（包括母公司与子公司）的合营企业或联营企业
	13. 企业的合营企业与企业的其他合营企业或联营企业

续表

不构成关联方关系	1. 与该企业发生日常往来的资金提供者、公用事业部门、政府部门和机构，以及与该企业发生大量交易而存在经济依存关系的单个客户、供应商、特许商、经销商和代理商之间，不构成关联方关系	
	2. 与该企业共同控制合营企业的合营者之间，通常不构成关联方关系	
	3. 仅仅同受国家控制而不存在其他关联方关系的企业，不构成关联方关系	
	4. 两方或两方以上受同一方重大影响的企业之间不构成关联方。例如，同一投资者的两家联营企业之间不构成关联方关系	
关联方交易	概念	指在关联方之间转移资源或义务的事项，而不论是否收取价款。 （1）通常，只有关联方之间才会构成关联方交易。 （2）资源和义务的转移是关联方交易的主要特征。 （3）关联方之间资源和义务的转移价格是了解关联方交易的关键
	类型	（1）购买或销售商品；（2）购买或销售除商品外的其他资产；（3）提供或接受劳务；（4）担保；（5）提供资金；（6）租赁；（7）代理；（8）研究与开发项目的转移；（9）许可协议；（10）代表企业或由企业代表另一方进行债务结算；（11）关键管理人员薪酬
关联方的披露	1. 企业无论是否发生关联方交易，均应当在附注中披露与该企业之间存在直接控制关系的母公司及所有子公司有关信息。母公司不是该企业最终控制方的，还应当披露企业集团内对该企业享有最终控制权的企业（或主体）的名称。母公司和最终控制方均不对外提供财务报表的，还应当披露母公司之上与其最相近的对外提供财务报表的母公司名称。 2. 企业与关联方发生关联方交易的，应当在附注中披露该关联方关系的性质、交易类型及交易要素。 3. 对外提供合并财务报表的，对于已经包含在合并范围内各企业之间的交易不予披露	

命题点拨

命题角度：关联方披露

本考点在命题时，一般会以客观题（单选题或多选题）的形式出现，主要考核关联方关系、关联方交易和关联方披露。近两年尤其是关联方关系的认定考核的比较多。

经典例题

【真题·多选题】（2022）乙公司为甲公司的子公司，丙公司是甲公司的合营企业，丁公司是甲公司的联营企业，不考虑其他因素，下列两方之间构成关联方关系的有（　　）。

A. 甲公司与乙公司

B. 乙公司与丁公司

C. 丙公司与丁公司

D. 乙公司与丙公司

【答案】ABCD

【解析】企业的合营企业与企业的其他合营企业或者联营企业构成关联方关系。所以本题选项A、B、C、D均正确。

【真题·多选题】（2021）下列各项中，构成甲公司关联方的有（　　）。

A. 与甲公司同受一方重大影响的乙公司

B. 与甲公司共同经营辛公司的丙公司

C. 甲公司受托管理且能主导相关投资活动的受托管理机构

D. 甲公司财务总监的妻子投资设立并控制的丁公司

【答案】CD

【解析】选项A，受同一方重大影响的企业之间不构成关联方关系；两方或两方以上同受一方控制、共同控制的，则构成关联方关系；选项B，与该企业共同控制合营企业的合营者之间不构成关联方关系。

【真题·多选题】（2020）2×18年，甲公司发生的相关交易或事项如下：（1）购入乙公司2%股份，对乙公司不具有重大影响；

（2）根据与丙公司签订的战略合作协议，开始就某项高新技术项目进行十年期的合作研究；（3）与母公司（M公司）的子公司（丁公司）共同投资戊公司，甲公司持有戊公司10%股权，对戊公司不具有控制、共同控制或重大影响，丁公司持有戊公司30%股权并对戊公司具有重大影响；（4）投资己公司，持有己公司25%股份并对其具有重大影响。除上述情形外，各公司间不存在其他任何关系。下列各项中，构成甲公司关联方的有（　　）。

A. 乙公司　　B. 丙公司

C. 戊公司　　D. 己公司

【答案】CD

【解析】根据关联方关系认定的13类情形，戊公司（子公司的联营企业，第12类情形）、己公司（甲公司联营企业，第7类情形）与甲公司构成关联方。

高频考点5：中期财务报告★★

（一）中期财务报告的编制要求

要求	内容
中期财务报告编制应遵循的原则	（1）与年度财务报告相一致的会计政策；（2）重要性原则；（3）及时性原则
中期合并财务报表和母公司财务报表编报要求	企业上年度编制合并财务报表的，中期期末应当编制合并财务报表。上年度财务报告除了合并财务报表，还包括母公司财务报表的，中期财务报告也应当包括母公司财务报表
比较财务报表编制要求	为了提高财务报表信息的可比性、相关性和有用性，企业在中期末除了编制中期末资产负债表、中期利润表和现金流量表之外，还应当提供前期比较财务报表

（二）中期财务报告的确认与计量

项目	内容
中期财务报告的确认与计量的基本原则	（1）中期财务报告中各会计要素的确认和计量原则应当与年度财务报表所采用的原则相一致。 （2）在编制中期财务报告时，中期会计计量应当以年初至本中期末为基础，财务报告的频率不应当影响年度结果的计量。 （3）企业在中期不得随意变更会计政策，应当采用与年度财务报表相一致的会计政策。 对于会计估计变更，在同一会计年度内，以前中期财务报表项目在以后中期发生了会计估计变更的，以后中期财务报表应当反映该会计估计变更后的金额，但对以前中期财务报表项目金额不作调整
季节性、周期性或者偶然性取得的收入的确认和计量	企业取得季节性、周期性或者偶然性收入，应当在发生时予以确认和计量，不应当在中期财务报表中预计或者递延，但会计年度末允许预计或者递延的除外
会计年度中不均匀发生的费用的确认与计量	企业在会计年度中不均匀发生的费用，应当在发生时予以确认和计量，不应在中期财务报表中预提或者待摊，但会计年度末允许预提或者待摊的除外

命题点拨

命题角度：中期财务报告

本考点在命题时，一般会以客观题（单选题或多选题）的形式出现，主要考核中期财务报告的编制、中期财务报告的确认与计量。

经典例题

【真题·多选题】（2021）下列各项关于中期财务报告会计处理的表述中，正确的有（　　）。

A. 中期财务报告附注相对于年度财务报告中的附注而言，可以适当简化

B. 编制中期财务报告时对于重要性的判

断应以预计的年度财务报告数据为基础

C. 中期财务报告计量相对于年度财务数据的计量而言，在很大程度上依赖于估计

D. 编制中期财务报告时应将中期视为一个独立的会计期间，所采用的会计政策应与年度财务报表所采用的会计政策相一致

【答案】ACD

【解析】重要性程度的判断应当以中期财务数据为基础，而不得以预计的年度财务数据为基础，选项 B 错误。

【例题·多选题】下列各项有关中期财务报告的表述中，正确的有（　　）。

A. 中期财务报告的会计计量应当以年初至本中期末为基础

B. 中期资产负债表应当提供本中期末和上年度末的资产负债表

C. 中期财务报告重要性程度的判断应当以中期财务数据为基础

D. 企业上年度编制合并财务报表的，中期期末除应当编制合并财务报表还应当包括母公司财务报表

【答案】ABC

【解析】企业上年度编制合并财务报表的，中期期末应当编制合并财务报表；上年度财务报告除了合并财务报表，还包括母公司财务报表的，中期财务报告也应当包括母公司财务报表。选项 D 错误。

进阶练习

（一）单项选择题

1. 华阳公司 2×23 年 12 月 31 日有关资产、负债如下：

（1）作为其他债权投资核算的一项信托投资，期末公允价值 1 500 万元，合同到期日为 2×25 年 2 月 5 日，在此之前不能变现；

（2）因 2×23 年销售产品形成到期日为 2×24 年 8 月 20 日的长期应收款账面价值 4 300万元；

（3）应付供应商货款 3 000 万元，该货款已超过信用期，但尚未支付；

（4）因被其他方提起诉讼计提的预计负债 5 000 万元，该诉讼预计 2×24 年 3 月结案，如华阳公司败诉，按惯例有关赔偿款需在法院做出判决之日起 60 日内支付。

不考虑其他因素，华阳公司 2×23 年 12 月 31 日的资产负债表中，上述交易或事项产生的相关资产、负债应当作为非流动性项目列报的是（　　）万元。

A. 应付账款 3 000

B. 预计负债 5 000

C. 其他债权投资 1 500

D. 长期应收款 4 300

2. 2×23 年 12 月 31 日，华阳公司持有的作为交易性金融资产核算的股票投资以公允价值计量，截至年末该股票投资公允价值上升了 85 万元；计提存货跌价准备 800 万元；应收账款计提坏账准备 200 万元；对债权投资计提减值 1 800 万元。在年末计提相关资产减值准备之前，当年已发生存货跌价准备转回 130 万元，债权投资减值转回 360 万元。假定不考虑其他因素。华阳公司在 2×23 年度利润表中，对相关项目列示方法表述正确的是（　　）。

A. 管理费用列示 670 万元、信用减值损失列示 1 440 万元、公允价值变动收益列示 85 万元

B. 管理费用列示 1 970 万元、公允价值变动收益列示 85 万元

C. 资产减值损失列示 670 万元、信用减值损失列示 1 640 万元、公允价值变动收益列示 85 万元

D. 资产减值损失列示 670 万元、信用减值损失列示 1 800 万元、公允价值变动收益列示 85 万元

3. 关于现金流量的分类，下列说法中正确的是（　　）。

A. 用现金购买子公司少数股权在母公司个别财务报表和合并报表中均属于投资活动现金流量

B. 用现金购买子公司少数股权在合并报表中均属于筹资活动现金流量

C. 不丧失控制权情况下出售子公司部分股权收到的现金在母公司个别财务报表中属于经营活动现金流量

D. 不丧失控制权情况下出售子公司部分股权收到的现金在合并财务报表中属于投资活动现金流量

4. 下列各项目中会引起投资活动现金流量发生变化的是（　　）。

A. 接受投资者以一项固定资产进行的投资

B. 出售交易性金额资产收到的现金

C. 取得长期借款现金

D. 支付按租赁准则简化处理的短期租赁付款额

5. 华阳公司为制造业企业，2×23 年发生了如下现金流量：（1）将销售产生的应收款申请保理，取得现金 1 200 万元，银行对标的的债权具有追索权；（2）为购入作为交易性金融资产核算的股票支付现金 200 万元；（3）收到保险公司对存货损毁的赔偿款 120 万元；（4）收到所得税返还款 260 万元；（5）向其他方提供劳务收取现金 400 万元。不考虑其他因素。华阳公司 2×23 年经营活动产生的现金净额是（　　）万元。

A. 780　　B. 2 180

C. 980　　D. 1 980

6. 下列各项中，不属于经营分部确定需考虑的条件的是（　　）。

A. 各单项产品或劳务的性质相同或相似，如产品的规格、型号、最终用途

B. 生产过程的性质相同或相似

C. 购买产品或接受劳务的客户的类型相同或相似

D. 企业获利水平相同或相似

7. 甲公司持有乙公司 80% 的股份，持有丙公司 10% 的股份，乙公司持有丙公司 15% 的股份。甲公司和丁公司各出资 50% 设立了戊公司。假设投资方对被投资方的持股比例在 20% 以下则不具有控制、共同控制和重大影响，不考虑其他因素，以下各项中不属于关联方的是（　　）。

A. 甲公司和乙公司

B. 甲公司和丙公司

C. 甲公司和戊公司

D. 甲公司和丁公司

（二）多项选择题

1. 下列项目中，在编制资产负债表时应当作为非流动资产或非流动负债列报的有（　　）。

A. 航空飞机的高价周转件

B. 企业自用的厂房

C. 甲公司违反借款协议被要求当年偿付的长期借款

D. 丙公司在资产负债表日前决定将具有自主展期清偿权利的已到期长期借款展期两年偿还

2. 下列各项中，关于会计年度中不均匀发生的收入、费用的确认与计量表述正确的有（　　）。

A. 企业在会计年度中不均匀发生的费用，应当在发生时予以确认和计量，一般不应在中期财务报表中预提或者待摊

B. 员工培训费应当在中期财务报表中予以预提或者待摊

C. 企业取得季节性、周期性或者偶然性收入，应当在发生时予以确认和计量，一般不应当在中期财务报表中预计或者递延

D. 企业取得季节性、周期性或者偶然性收入，应当在会计年度末预计或者递延

3. 下列交易或事项中，应当在利润表的“其他综合收益的税后净额”项目反映的有（　　）。

A. 其他债权投资公允价值变动形成的利得

B. 权益法下因被投资单位其他综合收益

变动形成的损失

C. 以权益结算的股份支付，在确认成本费用时相应增加的“资本公积——其他资本公积”科目金额

D. 接受控股股东的现金捐赠

4. 下列各项中，不会引起现金流量净额发生变动的有（　　）。

A. 收回购货方以银行存款方式偿付的上期的销售货款

B. 以银行存款购买3个月内到期的债券投资

C. 以一项土地使用权抵偿债务

D. 支取银行活期存款作为库存现金

5. 华阳公司是A公司和B公司的母公司，C公司和D公司分别是A公司的合营企业和联营企业，E公司和F公司分别是B公司的合营企业和联营企业。下列各种关系中，构成关联方关系的有（　　）。

A. D公司和F公司

B. 华阳公司和C公司

C. A公司和E公司

D. B公司和D公司

6. 甲公司为集团母公司，其所控制的企业集团内部公司发生的下列交易事项中，应当作为合并财务报表附注中关联方关系及其交易披露的有（　　）。

A. 甲公司的子公司（乙、丙）的有关信息

B. 甲公司为其子公司（丁）银行借款提供的连带责任担保

C. 甲公司支付给其总经理的薪酬

D. 甲公司将其生产的产品出售给丙公司作为固定资产，出售中产生高于成本20%的毛利

7. 下列各项关于中期财务报告编制的表述中，正确的有（　　）。

A. 对于会计年度中不均匀发生的费用，在报告中如尚未发生，应当基于年度水平预计中期金额确认

B. 报告中期处置了合并报表范围内子公司的，中期财务报告中应当包括被处置公司当期期初至处置日的相关信息

C. 中期财务报告编制时采用的会计政策、会计估计应当与年度报告相同

D. 编制中期财务报告时的重要性应当以中期期末财务数据为依据，在估计年度财务数据的基础上确定

进阶练习答案及解析

（一）单项选择题

1. 【答案】C

【解析】选项A，应付账款，资料（3）应付供应商货款3 000万元，属于流动性项目；选项B，预计负债，资料（4）因被其他方提起诉讼计提的预计负债5 000万元，该诉讼预计2×24年3月结案，如甲公司败诉，按惯例有关赔偿款需在法院做出判决之日起60日内支付，所以不再属于非流动性项目，而属于流动性项目；选项C，其他债权投资，资料（1）作为其他债权投资核算的一项信托投资，期末公允价值1 500万元，合同到期日为2×25年2月5日，在此之前不能变现，仍然属于非流动性项目。选项D，长期应收款，资料（2）因2×23年销售产品形成到期日为2×24年8月20日的长期应收款账面价值4 300万元，属于流动性项目。

2. 【答案】C

【解析】计提的存货跌价准备列入资产减值损失，应收账款坏账准备、债权投资减值均列入信用减值损失，交易性金融资产的公允价值变动损益单独列示在公允价值变动收益中。“资产减值损失”项目的列示金额＝存货跌价准备800万元－当年已发生存货跌价准备转回130万元＝670（万元）；“信用减值损失”项目列示金额＝应收账款坏账准备200万元＋债

权投资计提的减值 1 800 万元 - 债权投资减值转回 360 万元 = 1 640（万元）；“公允价值变动收益”项目列示金额 = 持有的短期交易股票的公允价值变动 = 85（万元）。

3. 【答案】B

【解析】购买子公司少数股权，在个别报表中属于投资活动现金流出，在合并报表中减少少数股东权益，即减少所有者权益，属于筹资活动现金流出，选项 A 错误，选项 B 正确；不丧失控制权情况下出售子公司部分股权收到现金在母公司个别财务报表中属于投资活动现金流入，在合并报表中属于筹资活动现金流入，选项 C、D 错误。

4. 【答案】B

【解析】选项 A，接受固定资产投资，不产生现金流量；选项 B，出售交易性金融资产收到的现金，属于投资活动现金流量；选项 C，取得长期借款现金属于筹资活动现金流量；选项 D，支付短期租赁付款额属于经营活动现金流量。

5. 【答案】A

【解析】事项（1）属于筹资活动；事项（2）属于投资活动；其余事项属于经营活动，产生经营活动现金流量净额 = 120 + 260 + 400 = 780（万元）。

6. 【答案】D

【解析】企业存在相似经济特征的两个或多个经营分部，同时满足下列条件可以合并为一个经营分部：（1）各单项产品或劳务的性质相同或相似；（2）生产过程的性质相同或相似；（3）购买产品或接受劳务的客户的类型相同或相似；（4）销售产品或提供劳务的方式相同或相似；（5）生产产品或提供劳务受法律、行政法规的影响相同或相似。选项 D 不属于经营分部确定需考虑的条件。

7. 【答案】D

【解析】选项 A，甲公司对乙公司形成控制，因此构成关联方；选项 B，甲公司直接持有丙公司 10% 的股份，通过乙公司间接持有丙公司 15% 的股份，能够对丙公司施加重大影响，因此构成关联方；选项 C，甲公司对戊公司形成共同控制，因此构成关联方；选项 D，甲公司和丁公司对戊公司共同控制，合营方之间不是关联方。所以甲公司与丁公司不是关联方。

（二）多项选择题

1. 【答案】ABD

【解析】选项 A、B 应确认为固定资产，属于非流动资产；选项 D，可以自主展期的长期借款在资产负债表日前决定展期的，应当作为非流动负债项目列示。

2. 【答案】AC

【解析】企业在会计年度中不均匀发生的费用，应当在发生时予以确认和计量，不应在中期财务报表中预提或者待摊，但会计年度末允许预提或者待摊的除外；企业取得季节性、周期性或者偶然性收入，应当在发生时予以确认和计量，不应当在中期财务报表中预计或者递延，但会计年度末允许预计或者递延的除外。故，选项 A、C 正确，选项 B、D 错误。

3. 【答案】AB

【解析】选项 C 所确认的“资本公积——其他资本公积”，将在行权时转入“资本公积——股本溢价”，是权益性交易的结果，不属于“其他综合收益的税后净额”的列报内容；选项 D，接受控股股东的现金捐赠应记入“资本公积——股本/资本溢价”科目，不属于“其他综合收益的税后净额”的列报内容。

4. 【答案】BCD

【解析】选项 A，收回购货方以银行存款方式偿付的上期的销售货款，属于经营活动，会使经营活动现金流量增加、现金流量净额增加；选项 B，3 个月到期的债券投资属于现金等价物，不涉及现金流量净额的变动；选项 C，不涉及现金流量；选项 D，银行活期存款和库存现金均属于现金，现金内部变动不影响现金流量净额。

5. 【答案】BCD

【解析】受同一关联方重大影响的企业之间不构成关联方关系，即 D 公司和 F 公司不构成关联方关系。

6. 【答案】AC

【解析】选项A，企业无论是否发生关联方交易，均应当在附注中披露与该企业之间存在直接控制关系的母公司和子公司有关的信息；选项C，企业与关联方发生关联交易的，应当在附注中披露该关联方关系的性质、交易类型及交易要素。关联方交易的类型主要有购买或销售商品、提供或接受劳务、担保、提供租金、租赁、代理、关键管理人员薪酬等；选项B、D，对外提供合并财务报表的，对于已经包括在合并范围内各企业之间的交易不予披露。

7. 【答案】BC

【解析】选项A，企业在会计年度中不均匀发生的费用，应当在发生时予以确认和计量，不应在中期财务报表中预提或者待摊，但会计年度末允许预提或者待摊的除外。选项D，重要性的判断应当以中期财务数据为基础，而不得以预计的年度财务数据为基础。

第二十四章　会计政策、会计估计及其变更和差错更正

2023年教材内容主要变化

本章教材内容无实质性变化。

本章近五年考试高频考点分布

高频考点内容	年度及题型分布
会计政策及其变更与会计估计变更的区分	2022年单选题、2019年单选题、2018年单选题
会计政策变更追溯调整	2021年综合题
前期差错更正	2020年综合题、2019年综合题、2018年综合题

高频考点精讲

本章主要包含三个问题：什么是会计政策，会计政策包含哪些内容，会计政策变更如何处理；什么是会计估计，会计估计包含哪些内容，会计估计变更如何处理；什么是前期差错，前期差错的形成原因，前期差错如何处理。

学习时注意掌握区分政策变更与估计变更的标准，追溯调整法与未来适用法的适用范围，会计处理的一般流程和会计科目的应用方法。

高频考点1：会计政策的认定★★

会计政策包含三个层次：

（1）具体的会计原则（比如预计负债的确认原则，借款费用化的处理原则，研发费用的处理原则，收入的确认原则等）；

（2）会计的确认计量基础（如会计确认采用的权责发生制和收付实现制，会计计量采用的历史成本、重置成本、可变现净值、现值、公允价值等计量属性）；

（3）会计处理的具体方法（如长期股权投资的成本法和权益法等）。

名师解惑

问：为什么固定资产折旧方法、年限、残值等属于会计估计，而存货发出的计价方法属

于会计政策？

答：固定资产原值确定以后，通过固定资产折旧方法、年限、残值等计提每期的折旧金额，是根据会计确认、计量基础和列报项目所选择的、为取得与资产负债表项目有关的金额或数值所采用的处理方法，不是会计政策，属于会计估计。存货发出相当于存货的终止确认，因此存货发出的计价方法是终止确认环节的计量问题，属于确认原则，是会计政策。

高频考点 2：会计政策变更的认定 ★★

会计政策变更强调对相同的交易或事项由原来的一项会计政策改为另一项会计政策。这里特别强调是对“相同的交易或事项”的政策改变，如果因条件或者性质变化而采用新的会计处理方法，不能认定为会计政策变更。(如随着持股比例的不断增加，对股权投资的核算方法由按公允价值计量变成按权益法计量，或者随着持股比例的下降对长期股权投资的核算由成本法变成权益法都不属于会计政策变更)。

会计政策变更的认定条件是：国家政策改变带来的强制性变更或者企业根据信息有用性的需要所形成的自愿变更，其他情况引起的变更不能加以认定。

小贴士 对于初次发生的或不重要的交易或者事项采用新的会计政策不属于会计政策变更。

经典例题

【真题·单选题】(2019) 甲公司 20×8 年 6 月购入境外乙公司 60% 股权，并能够控制乙公司。甲公司在编制 20×8 年度合并财务报表时，为使乙公司的会计政策与甲公司保持一致，对乙公司的会计政策进行了调整。下列各项中，不属于会计政策调整的是（　　）。

A. 将固定资产折旧方法由年限平均法调整为双倍余额递减法

B. 按照公历年度统一会计年度

C. 将发出存货成本的计量方法由先进先出法调整为移动加权平均法

D. 将投资性房地产的后续计量由成本模式调整为公允价值模式

【答案】A

【解析】选项 A，属于会计估计调整，后三项都属于会计政策调整。

【真题·单选题】(2018) 2×17 年 1 月 1 日，甲公司发生的事项如下：(1) 因业务模式改变，将某项债券投资由以摊余成本计量的金融资产重分类为以公允价值计量且其变动计入当期损益的金融资产；(2) 因不再出租，将某块土地由以公允价值进行后续计量的投资性房地产转换为以成本计量的无形资产；(3) 执行新的收入准则，收入确认时点的判断标准则由以风险报酬转移变更为以控制权转移；(4) 因增资甲公司对乙公司股权投资的后续计量由以公允价值计量且其变动计入当期损益改为按权益法核算。下列各项中，甲公司应当作为会计政策变更进行会计处理的是（　　）。

A. 收入确认时点的判断标准由以风险报酬转移变更为以控制权转移

B. 对乙公司股权投资的后续计量由以公允价值计量且其变动计入当期损益改为按权益法核算

C. 债券投资由以摊余成本计量的金融资产重分类为以公允价值计量且其变动计入当期损益的金融资产

D. 以公允价值进行后续计量的投资性房地产转换为以成本计量的无形资产

【答案】A

【解析】选项 A，属于会计确认标准的变更，应按会计政策变更处理。其余选项都是因为本期发生的交易或事项与以前相比有本质差别而采用的新政策，不能作为会计政策变更处理。

【真题·单选题】(2016) 甲公司 2×15 年 2 月购置了一栋办公楼，预计使用寿命 40 年，因此，该公司 2×15 年 4 月 30 日发布公告称：

经公司董事会审议通过《关于公司固定资产折旧年限会计估计变更的议案》，决定调整公司房屋建筑物的预计使用寿命，从原定的20~30年调整为20~40年。不考虑其他因素，下列关于甲公司对该公告所述折旧年限调整会计处理的表述中，正确的是（　　）。

A. 对房屋建筑物折旧年限的变更应当作为会计政策变更并进行追溯调整

B. 对房屋建筑物折旧年限变更作为会计估计变更并应当从2×15年1月1日起开始未来适用

C. 对2×15年2月新购置的办公楼按照新的会计估计40年折旧不属于会计估计变更

D. 对因2×15年2月新购置办公楼折旧年限的确定导致对原有房屋建筑物折旧年限的变更应当作为重大会计差错进行追溯重述

【答案】C

【解析】选项A，固定资产折旧年限的改变属于会计估计变更；选项B，会计估计变更按照未来适用法处理，应在变更当期及以后期间确认；选项D，固定资产折旧年限的改变不作为前期差错更正处理。

【真题·多选题】（2022）企业发生的下列事项中，属于会计政策变更的有（　　）。

A. 首次执行金融工具准则调整资产负债表的报表项目

B. 投资性房地产的后续计量方法由成本模式改为公允价值模式

C. 处置部分子公司股权但仍能对被投资单位施加重大影响，个别财务报表对长期股权投资的核算方法由成本法转为权益法

D. 金融资产公允价值的确定由收益法改为市场法

【答案】AB

【解析】选项C，属于正常事项，不属于会计政策变更；选项D，属于会计估计变更。

高频考点3：会计估计的认定★

会计估计是指财务报表中具有计量不确定性的货币金额。其中的计量不确定性，是指当财务报表中的货币金额不能直接观察取得而必须进行估计时，所产生的不确定性。由于会计估计不能直接观察取得，进行会计估计时，涉及到以最近可利用的信息为基础所作的判断和假设，并可能会使用某些计量技术。如资产减值损失或者信用减值损失的判定方法、固定资产使用寿命的确定以及折旧额的计算方法等。会计估计不会削弱会计确认与计量的可靠性。如果赖以进行估计的基础发生了变化或者取得了新的信息和经验，可以对原估计进行变更。

高频考点4：会计政策变更与会计估计变更的划分★★

凡属会计确认、计量基础和报表列报项目发生变更的都属于会计政策变更（如无形资产的开发费用由原记入“管理费用”科目改为记入“无形资产”科目、对投资性房地产后续计量由成本模式改为公允模式、将商业企业的采购费用由记入当期“销售费用”改为记入“存货”项目都属于会计政策变更）。

凡属为了完成会计确认、计量和列报项目需要的数据而采用的与原估算方法不同的都属于会计估计变更（如固定资产折旧计算方法的变更、公允价值计算方法的变更）。

经典例题

【真题·多选题】（2021）下列属于会计估计变更的有（　　）。

A. 将产品质量保证计提比例由5%变为2%

B. 发出存货成本计量由先进先出法改为移动加权平均法

C. 企业持有非上市股权后被投资方上市，公允价值计量估值方法由成本法变为市场法

D. 固定资产折旧由年限平均法变为年数总和法

【答案】ACD

【解析】选项B，属于会计政策变更。

高频考点5：会计政策变更和会计估计变更的会计处理原则★

会计政策变更的会计处理原则是：

（1）国家政策调整使得会计政策强制变更的，按国家发布的相关规定处理；没有规定则采用追溯调整法；（2）企业自愿变更会计政策的，采用追溯调整法；（3）无法采用追溯调整法的，则采用未来适用法。

追溯调整法就是把该项业务从发生时至比较报表最早期初这一期间的新旧政策下的净利润额差额计算出来，然后，将该项差额调整列报前期最早期初财务报表的留存收益项目，同时调整受影响的资产负债项目，会计科目使用时，先将该项差额记入“利润分配——未分配利润”科目，然后再按照盈余公积的提取比例调整“盈余公积”科目。

未来适用法就是将变更后的会计政策应用于变更日及以后发生的交易或者事项，或者在会计估计变更当期和未来期间确认会计估计变更影响数的方法。

会计估计变更的会计处理原则是：采用未来适用法处理。不改变以前期间的会计估计，也不调整以前期间的报告结果。难以区分会计政策变更还是会计估计变更的，将其作为会计估计变更处理。

经典例题

【真题·多选题】（2018）下列各项中，可能调整年度所有者权益变动表中“本年年初余额”的交易或事项有（　　）。

A. 会计政策变更

B. 前期差错更正

C. 因处置股权导致对被投资单位的后续计量由成本法转为权益法

D. 同一控制下企业合并

【答案】ABCD

【解析】选项A、B进行追溯调整或追溯重述都涉及调整期初留存收益；选项C也要进行追溯调整，也会影响期初留存收益；选项D在合并报表中按规定应将子公司的资产负债追溯调整到合并方和被合并方同受最终控制方开始控制的时点，也涉及调整期初留存收益问题。

高频考点6：前期差错及其更正★★★

（一）基本处理原则

不重要的前期差错	重要的前期差错
采用未来适用法更正，调整发现当期与前期相同的相关项目。 注意：对于发现当期的差错，直接调整当期相关项目	采用追溯重述法更正，涉及前期损益类的，通过“以前年度损益调整”科目进行调整，调整结束转入本期期初留存收益。涉及所得税的，按照所得税准则和税法规定进行处理。 注意：确定前期差错影响数不切实可行的，可以从可追溯重述的最早期间开始调整留存收益的期初余额，财务报表其他相关项目的期初余额也应当一并调整，也可以采用未来适用法

（二）差错更正题目的具体处理方法

（1）当期发现的当年度的会计差错（无论重大还是非重大），应当调整当期相关项目。

（2）当期发现的以前年度非重大会计差错，其更正方法也是直接调整当期相关项目。

（3）当期发现的以前年度的重大会计差错，涉及损益的，应通过“以前年度损益调整”科目过渡，调整发现年度的期初留存收益，会计报表其他相关项目的期初数或上年数也应一并调整。如不影响损益，则调整发现年度会计报表相关项目的期初数。

（4）日后期间发现的当年度的会计差错（无论重大还是非重大），应当视同当期发现的当年度的会计差错，因此更正方法同（1）。

（5）日后期间发现的报告年度的会计差错（重大或是非重大），应当按照资产负债表日后事项中的调整事项进行处理。

（6）日后期间发现的报告年度以前的非重大会计差错，作为报告年度的会计差错进行处理，其处理方法同（5）。

（7）日后期间发现的报告年度以前的重大会计差错，将差错的累积影响数调整报告年度的年初留存收益以及调整相关项目的年初数，处理方法同（3）。

（三）更正分录的编制规则

一冲一补。

（四）涉及所得税的会计处理

会计政策变更的所得税问题	会计差错更正的所得税问题	资产负债表日后事项的所得税问题
一般不影响应交所得税，如果政策变更产生或转回暂时性差异，需要确认递延所得税	（1）如果该差错影响到了应税所得口径，则应调整“应交税费——应交所得税”； （2）如果该差错影响到了暂时性差异，则应调整“递延所得税资产或负债”	（1）如果调整事项影响到了应税所得口径（依据题目中的税法规定），则调整报告年度的“应交税费——应交所得税”； （2）如果调整事项影响到了暂时性差异，则调整“递延所得税资产或负债”

命题点拨

命题角度：差错更正的题目是几乎每年必考的，应试时一定要审好题，有的题目让考生编制更正错误的分录，有的题目要求考生编制正确的分录，如果题目明确说明无须通过“以前年度损益调整”编制分录，那就使用原科目或项目，千万不要犯低级错误。

经典例题

【真题·计算分析题】（2016）甲公司为境内上市公司，其2×15年度财务报告于2×16年3月20日经董事会批准对外报出。2×15年，甲公司发生的部分交易或事项以及相关的会计处理如下：

（1）甲公司计划实施一项股权激励计划，拟从2×14年至2×17年间按照工资总额10%计提资金，用于在2×18年从二级市场购买本公司股票奖励给员工，授予的员工具有不确定性，即在2×14年到2×17年间在职的员工在2×18年不一定在职。2×14年甲公司按照当年工资总额的10%计提了3 000万元。会计分录为：

借：管理费用 3 000

　贷：应付职工薪酬 3 000

（2）为加快公司转型，实现产品升级换代，公司鼓励快要退休的员工提前退休，提前退休的给予每人30万元的补偿。该计划已经公告并获得工会同意，该计划中涉及1 000名员工，截至2×14年底有800人表示愿意提前退休。2×14年底该计划还在持续进行。甲公司会计处理如下：

借：长期待摊费用 24 000

　贷：预计负债 24 000

借：营业外支出 4 800

　贷：长期待摊费用 4 800

（3）根据公司利润分享计划的规定，根据公司利润情况，销售部门的员工享有公司净利润的3%的奖励，奖励总额为620万元，甲公司2×15年2月18日确认了2×14年度销售人员的奖励。甲公司的会计处理为：

借：利润分配——未分配利润 620

　贷：应付职工薪酬 620

其他资料，甲公司按照净利润的10%提取法定盈余公积，不计提任意盈余公积。

要求：根据资料（1）~（3），分别说明甲公司的会计处理是否正确，说明理由，并编制相关的更正分录（涉及损益的不通过“以前年度损益调整”科目核算）。

【答案及解析】

（1）该事项的处理不正确。理由：职工行权时，甲公司将回购本公司股票给职工，属于权益结算的股份支付。更正分录为：

借：应付职工薪酬 3 000

　贷：资本公积 3 000

（2）该事项的处理不正确。理由：对于自愿接受裁减建议的辞退福利，甲公司应当根据预计将会接受裁减建议的职工数量和每一位的辞退补偿确认应付职工薪酬，并计入当期损益。更正分录为：

借：管理费用　　24 000

　贷：应付职工薪酬　　24 000

借：预计负债　　24 000

　贷：长期待摊费用　　24 000

借：长期待摊费用　　4 800

　贷：营业外支出　　4 800

（3）该事项的处理不正确。因为对于企业的短期利润分享计划，企业应当在满足相关条件时，确认应付职工薪酬并计入当期损益或相关的资产成本。更正分录为：

借：销售费用　　620

　贷：利润分配——未分配利润　　620

【真题·综合题】（2017）甲公司为境内上市公司，2×16 年度，甲公司经注册会计师审计前的净利润为 35 000 万元。其 2×16 年度财务报告于 2×17 年 4 月 25 日经董事会批准对外报出。注册会计师在对甲公司 2×16 年度财务报表审计时，对下列有关交易或事项的会计处理提出质疑：

（1）2×16 年 1 月 1 日，甲公司以 1 000 万元购买了乙公司资产支持计划项目发行的收益凭证，根据合同约定，该收益凭证期限为 3 年，预计年收益率 6%，当年收益于下年 1 月底前支付；收益凭证到期时按资产支持计划所涉及的资产的实际现金流量情况支付全部或部分本金；发行方不保证偿还全部本金和支付按照预计收益率计算的收益。甲公司将该收益凭证划分为以摊余成本计量的金融资产，该收益凭证于 2×16 年 12 月 31 日的公允价值为 980 万元，2×16 年度，甲公司的会计处理如下：

借：债权投资　　1 000

　贷：银行存款　　1 000

借：应收账款　　60

　贷：投资收益　　60

（2）甲公司自 2×16 年 1 月 1 日起将一项尚可用 40 年的出租土地使用权转为自用并计划在该土地使用权上建造厂房。转换日，该土地使用权的公允价值为 2 000 万元，账面价值为 1 800 万元，截至 2×16 年 12 月 31 日，甲公司为建造厂房实际发生除土地使用权外的支出 1 800 万元，均以银行存款支付。该土地使用权于 2×06 年 1 月 1 日取得，成本为 950 万元，预计可用 50 年，取得后立即出租给其他单位。甲公司对该出租土地使用权采用公允模式进行后续计量。2×16 年，甲公司的会计处理如下：

借：在建工程　　3 800

　贷：投资性房地产——成本　　950

　　　　　　　　——公允价值变动　　850

　　银行存款　　1 800

　　公允价值变动损益　　200

（3）2×16 年 10 月 8 日，经甲公司董事会批准，将以成本模式进行后续计量的出租房产的预计使用年限由 50 年变更为 60 年，并从 2×16 年 1 月 1 日开始按新的预计使用年限计提折旧。该出租房产的原价为 50 000 万元，甲公司对该出租房产采用年限平均法计提折旧，预计净残值为零，截至 2×15 年 12 月 31 日已计提 10 年折旧。2×16 年，甲公司的会计处理如下：

借：其他业务成本　　800

　贷：投资性房地产累计折旧　　800

其他相关资料：第一，假定注册会计师对质疑事项提出的调整建议得到甲公司接受。第二，本题不考虑所得税等相关税费以及其他因素。

要求：

（1）对注册会计师质疑的交易或事项，分别判断甲公司的会计处理是否正确，并说明理由；对不正确的会计处理，编制更正的会计分录（无须通过“以前年度损益调整”或“利润分配——未分配利润”科目，直接使用相关会计科目，也无须编制提取盈余公积、结转利润分配的会计分录）。

（2）计算甲公司 2×16 年度经审计后的净

利润。

【答案及解析】

（1）事项（1）：

甲公司的会计处理不正确。

理由：发行方不保证偿还全部本金和支付按照预计收益率计算的收益，该金融资产在特定日期产生的合同流量不是仅为对本金和以未偿付本金为基础的利息支付，不能通过合同现金流量测试，应分类为以公允价值计量且其变动计入当期损益的金融资产。

更正分录如下：

借：交易性金融资产　1 000

　贷：债权投资　1 000

借：公允价值变动损益　20

　贷：交易性金融资产　20

借：投资收益　60

　贷：应收账款　60

事项（2）：

甲公司会计处理不正确。

理由：出租土地使用权转为自用，应确认为无形资产，而不是在建工程；同时在土地使用权上建造厂房，建造期间土地使用权的摊销额应计入工程成本。

更正分录：

借：无形资产　2 000

　贷：累计摊销　50

　　在建工程　1 950

事项（3）：

甲公司的会计处理不正确。

理由：甲公司将预计使用年限由50年变更为60年，属于会计估计变更，采用未来适用法，不需要进行追溯，甲公司2×16年少确认了折旧149.24万元。

2×16年前9个月计提折旧的金额＝50 000÷50÷12×9＝750（万元）

2×16年后3个月计提折旧的金额＝（50 000－50 000÷50×10－50 000÷50÷12×9）÷（60×12－10×12－9）×3＝199.24（万元）

2×16年一共需要计提折旧的金额＝750＋199.24＝949.24（万元）

甲公司少确认了折旧149.24万元（949.24－800）。

更正分录如下：

借：其他业务成本　149.24

　贷：投资性房地产累计折旧　149.24

（2）甲公司2×16年度经审计后的净利润＝35 000－60－20－149.24＝34 770.76（万元）。

进阶练习

（一）单项选择题

1. A公司2×21年1月1日起开始执行新会计准则体系，将所得税核算方法由应付税款法改为资产负债表债务法核算，适用的所得税税率为25%。考虑到技术进步因素，自2×21年1月1日起将一栋办公楼的折旧方法由直线法改成双倍余额递减法；按税法规定，该办公楼的使用年限为50年，按年限平均法计提折旧，净残值为零。2×21年1月1日，该办公楼原价为5 000万元，使用年限为40年，已使用20年，净残值为零。A公司盈余公积的计提比例为10%，A公司下列会计处理中，正确的是（　　）。

A. 将固定资产折旧方法的变更作为会计政策变更，进行追溯调整

B. 将所得税核算方法的变更作为会计政策变更，并采用未来适用法，不进行追溯调整

C. 将固定资产计提折旧的差额作为重大会计差错，进行追溯重述

D. 将所得税核算方法的变更作为会计政策变更，进行追溯调整

2. 下列不需要调整报告年度财务报表的项目是（　　）。

A. 本年度发现报告年度有重大会计差错

第二十四章

B. 本年度发现报告年度有非重大会计差错

C. 本年度在资产负债表日后事项期间发现报告年度有非重大会计差错

D. 本年度在资产负债表日后事项期间发现报告年度有重大会计差错

3. 甲公司 2×20 年 5 月份发现 2×19 年少提存货跌价准备 200 万元，该公司所得税税率为 25%，按净利润的 30% 发放现金股利，下列说法正确的是（　　）。

A. 调减应交所得税 50 万元

B. 调增递延所得税资产 50 万元

C. 调减递延所得税资产 50 万元

D. 调减留存收益 105 万元

4. 下列事项中，属于会计政策变更的是（　　）。

A. 出售股份后持股比例下降到 12%，长期股权投资重分类为交易性金融资产

B. 成本模式后续计量的投资性房地产将其寿命提高 5 年

C. 金融资产改变业务模式，将一项以摊余成本计量的金融资产重分类为公允价值计量且其变动计入当期损益的金融资产

D. 将研发费用全部费用化改为只将研究费用费用化

5. 甲公司 2×16 年 12 月 5 日购入固定资产，原价 105 万元，预计使用年限 10 年，预计净残值 5 万元，采用年限平均法折旧。2020 年初根据需要，公司将折旧方法改为双倍余额递减法，净残值改为 3 万元，使用寿命不变。据此，甲公司 2×20 年的年折旧额为（　　）万元。

A. 21.43　　B. 20

C. 30　　D. 10

6. 甲公司 2×19 年度利润总额 3 000 万元，广告费支出 2 000 万元，税法认可的广告费为 1 800 万元。该公司按 3 200 万元计算交纳所得税，所得税税率为 25%，没有确认可抵扣差异。2×20 年 5 月上年报表报出后，内部审计人员发现了这个问题并要求会计人员加以调整，下列说法正确的是（　　）。

A. 此项调整属于会计估计变更

B. 这是一项非重要的会计差错

C. 应当调减 2×19 年度的应交所得税 50 万元

D. 应调增 2×20 年年报期初留存收益 50 万元

7. 甲公司为某集团母公司，其与控股子公司（乙公司）会计处理存在差异的下列事项中，在编制合并财务报表时，应当作为会计政策予以统一的是（　　）。

A. 甲公司产品保修费用的计提比例为售价的 3%，乙公司为售价的 1%

B. 甲公司对机器设备的折旧年限按不少于 10 年确定，乙公司为不少于 15 年

C. 甲公司对投资性房地产采用成本模式进行后续计量，乙公司采用公允价值模式

D. 甲公司对 1 年以内应收款项计提坏账准备的比例为期末余额的 5%，乙公司为期末余额的 10%

8. 甲公司 2×19 年 6 月发现公司 2×17 年和 2×18 年无形资产摊销分别漏记了 100 万元，采用追溯重述法进行调整。所得税税率为 25%，按净利润的 10% 计提盈余公积，甲公司此次调整对 2×19 年期初资产负债表中“盈余公积”项目的影响数为（　　）万元。

A. 15　　B. 20

C. 135　　D. 130

9. 甲公司注册在乙市，在该市有大量的投资性房地产，由于地处偏僻，乙市没有活跃的房地产交易市场，无法取得同类或类似房地产的市场价格。以前年度，甲公司对乙市投资性房地产采用公允价值模式进行后续计量。经董事会批准，甲公司从 2×19 年 1 月 1 日起将投资性房地产的后续计量由公允价值模式改变为成本模式。假定投资性房地产后续计量模式的改变对财务报表的影响重大，甲公司正确的会计处理方法是（　　）。

A. 作为会计政策变更采用未来适用法进行会计处理

B. 作为会计估计变更采用未来适用法进行会计处理

C. 作为会计政策变更采用追溯调整法进行会计处理，并相应调整可比期间信息

D. 作为前期差错更正采用追溯重述法进行会计处理，并相应调整可比期间信息

（二）多项选择题

1. 甲公司 2×15 年 3 月 20 日披露 2×14 年财务报告。2×15 年 3 月 3 日，甲公司收到所在地政府于 3 月 1 日发布的通知，规定自 2×13年 6 月 1 日起，对装机容量在 25 万千瓦及以上有发电收入的水库和水电站，按照上网电量 8 厘/千瓦时征收库区基金。按照该通知界定的征收范围，甲公司所属已投产水电站均需缴纳库区基金。不考虑其他因素，下列关于甲公司对上述事项会计处理的表述中，不正确的有（　　）。

A. 作为 2×15 年发生的事项在 2×15 年财务报表中进行会计处理

B. 作为会计政策变更追溯调整 2×14 年财务报表的数据并调整相关的比较信息

C. 作为重大会计差错追溯重述 2×14 年财务报表的数据并重述相关的比较信息

D. 作为资产负债表日后调整事项调整 2×14年财务报表的当年发生数及年末数

2. 关于会计政策变更，下列说法正确的有（　　）。

A. 变更后如果国家有统一的会计处理要求，按国家要求处理

B. 会计政策变更必须调整期初留存收益

C. 会计政策变更必须采用追溯调整法

D. 会计政策变更在某些情况下可以采用未来适用法

3. 2×22 年 4 月 1 日，甲公司发布会计估计变更公告，将船舶预计净残值从 1 350 元/轻吨变更为 2 860 元/轻吨（金额具有重要性）。

根据公开市场的价格信息，从 2×20 年初至 2×22 年初，国内重型废钢价格由于铁矿石原料价格持续升高等原因基本维持在 2 900 元/轻吨左右。与甲公司相同行业的两家上市公司根据重型废钢价格变动的事实，均在 2×21 年 1 月 1 日发布会计估计变更公告，变更船舶预计净残值，并自变更日起采用未来适用法进行会计处理。

不考虑其他因素，关于甲公司变更船舶净残值的会计处理不正确的有（　　）。

A. 甲公司认为船舶净残值的变更属于会计估计变更，因此采用未来适用法进行会计处理，变更后船舶的净残值自 2×22 年 1 月 1 日起执行

B. 甲公司认为船舶净残值的变更属于会计估计变更，因此采用未来适用法进行会计处理，变更后船舶的净残值自 2×22 年 4 月 1 日起执行

C. 甲公司认为船舶净残值的变更属于会计政策变更，应该从初始确认时进行追溯调整

D. 甲公司认为船舶净残值的变更属于前期差错，应该追溯重述 2×21 年财务报表

4. A 公司 2×20 年以前按销售额的 1% 预提产品质量保证费用。董事会决定该公司自 2×20 年度开始改按销售额的 10% 预提产品质量保证费用。假定以上事项均具有重大影响，且每年按销售额的 1% 预提的产品质量保证费用与实际发生的产品质量保证费用大致相符。A 公司在 2×21 年年度财务报告中对上述事项不正确的会计处理方法有（　　）。

A. 作为会计估计变更予以调整，并在会计报表附注中披露

B. 作为会计政策变更予以调整，并在会计报表附注中披露

C. 作为前期差错更正，采用追溯重述法进行调整，并在会计报表附注中披露

D. 不作为会计政策变更、会计估计变更或前期差错更正调整，不在会计报表附注中披露

5. 关于会计估计下列说法正确的有（　　）。

A. 会计估计的存在是由于经济活动中内在的不确定性因素的影响

B. 进行会计估计时应以最近可利用的信息或资料为基础

C. 会计估计变更意味着以前期间会计估计是错误的

D. 会计估计变更应调整变更当期期初留存收益

6. 甲公司20×4年经董事会决议作出的下列变更中，属于会计估计变更的有（　　）。

A. 将发出存货的计价方法由移动加权平均法改为先进先出法

B. 因车流量不均衡，将高速公路收费权的摊销方法由年限平均法改为车流量法

C. 改变离职后福利核算方法，按照新的会计准则有关设定受益计划的规定进行追溯

D. 因市场条件变化，将某项采用公允价值计量的金融资产的公允价值确定方法由第一层级转变为第二层级

7. 关于前期差错说法正确的有（　　）。

A. 对重要的前期差错要采用追溯重述法

B. 确定前期差错影响数不切实可行，应从可追溯重述的最早期间开始调整留存收益的期初余额

C. 不重要的前期差错不需调整期初留存收益

D. 前期差错的重要性与资产负债表日后事项无关

8. 甲公司2×20年6月发现，2×19年公司漏记一项无形资产的摊销，金额为200 000元，所得税申报时也未扣除该项费用。公司2×19年适用的所得税税率为25%，按净利润的10%提取法定盈余公积，假定税法允许调整应交所得税。根据上述情况，下列说法正确的有（　　）。

A. 调减应交税金50 000元

B. 调增无形资产累计摊销200 000元

C. 调减未分配利润135 000元

D. 调减盈余公积15 000元

9. 下列选项中，应采用未来适用法的会计变更情况有（　　）。

A. 坏账准备的提取比例由3%改为5%

B. 固定资产的折旧方法由年限平均法改为双倍余额递减法

C. 无形资产的摊销年限从8年改为6年

D. 收入的确认标准从“风险报酬转移”改为“控制权转移”

10. 企业会计报表附注中披露的与会计估计变更相关的信息包括（　　）。

A. 会计估计变更的内容和原因

B. 会计估计变更对当期和未来期间的影响数

C. 会计估计变更影响数不能确定的事实和原因

D. 会计估计变更累计影响数对期初留存收益的影响

（三）计算分析题

2×20年6月注册会计师对甲公司2×19年年报审计过程中，发现下列问题：

（1）管理部门使用的固定资产在使用寿命的确定上存在问题，正常情况下该资产的寿命应为10年，但公司按5年计算折旧，导致固定资产折旧多提30万元；

（2）工资结算表存在异常。比较2×18年和2×17年的工资结算表发现2×19年的工人人数多出了50人，多计工资200万元。调阅人事部门的用工记录及用工审批手续，均未发现这50人的名单。查阅银行存款发放工资的转账情况，也未发现这些人的转账款项，关于这些人的工资情况，会计处理归纳为：

根据工资费用分配表：

借：生产成本　　　　　　1 200

　　贷：应付职工薪酬　　　　　1 200

根据工资结算汇总表：

借：应付职工薪酬　　　　1 200

　　贷：银行存款　　　　　　　1 000

　　　　其他应付款　　　　　　　200

后经与财务负责人反复沟通发现，这50人属虚列人员，公司为了降低成本。经进一步审查发现，虚增生产成本的这些产品，有一半已经出售，另一半还在仓库中待售。

（3）甲公司对应收账款减值采用预期信

用损失法，2×19 年末，该公司应收账款余额为 5 000 万元，公司认为该应收款减值情况处于第一阶段，按照未来 12 个月的预期信用损失计提坏账准备。注册会计师认为该应收款已属于第二阶段，即信用风险自初始确认后已显著增加，但未发生减值，应当按整个存续期的预期信用损失计量坏账准备。坏账准备的期初数为 300 万元，公司本期计提了 200 万元，注册会计师计算的减值损失为 580 万元，公司的会计处理为：

借：信用减值损失　　　　200

　　贷：坏账准备　　　　　　200

其他资料：甲公司的所得税税率为 25%，按 10% 计提法定盈余公积，题目中的计量单位用万元表示。

要求：根据资料，判断上述相关事项的会计差错性质，说明原因；编制更正的会计分录。调整 2×20 年财务报表的期初留存收益，假定上述调整项目涉及的所得税问题税务部门都认可。

（四）综合题

甲公司为上市公司，2×19 年至 2×21 年发生的相关业务如下：

（1）2×19 年 9 月 20 日，甲公司与乙公司签订一项资产置换协议，约定甲公司以一批市价为 500 万元的商品和银行存款 100 万元与乙公司的一项生产用设备进行交换，该批商品为甲公司自产以备出售的商品，成本为 400 万元；当日设备的公允价值（等于收入准则确认的交易价格）为 600 万元。甲公司换入设备后将其投入安装，9 月 29 日该项设备安装完成并达到预定可使用状态。甲公司将其作为固定资产的核算，预计使用年限为 10 年、采用年限平均法计提折旧，预计净残值率为 5%。

（2）2×20 年 6 月 30 日，甲公司财务人员发现上述设备在计提折旧时，将其预计使用年限错误地记录为了 12 年，并在会计信息记录系统中按照 12 年的预计使用年限记录折旧至 2×20 年 6 月 30 日。

（3）2×20 年 9 月 30 日，甲公司与丙公司签订一项资产置换协议，约定甲公司以一项公允价值为 16 000 万元（等于当日的账面价值）的其他权益工具投资和银行存款 500 万元，换取丙公司公允价值为 17 000 万元的投资性房地产。甲公司该项其他权益工具投资的初始成本为 6 000 万元。双方交换后资产的用途不改变。甲公司对投资性房地产采用成本模式计量。甲公司预计该项投资性房地产使用寿命为 50 年，按照年限平均法计提折旧，预计净残值为零。12 月 31 日，该项投资性房地产的公允价值为 17 500 万元。

（4）2×21 年 1 月 1 日，甲公司考虑到所在城市存在活跃的房地产市场，并且能够合理估计该投资性房地产的公允价值，为提供更相关的会计信息，甲公司将该项投资性房地产的后续计量模式由成本模式变更为公允价值模式。当日该项投资性房地产的公允价值为 17 500 万元。

其他资料：①假定不考虑增值税等其他相关税费的影响；②上述非货币性资产交换均具有商业实质；③甲公司按照净利润的 10% 提取法定盈余公积，不计提任意盈余公积。

要求：

（1）根据资料（1），判断该项交易是否应按照非货币性资产交换准则处理，并说明理由；并编制 2×19 年 9 月 20 日的相关分录；

（2）根据资料（2），说明甲公司对该事项的会计处理方法，并计算甲公司该项设备应调整折旧的金额；

（3）根据资料（3），编制该项非货币性资产交换的会计分录；

（4）根据资料（4），说明甲公司投资性房地产后续计量模式变更属于会计政策变更还是会计估计变更，编制该项变更的会计分录，并说明该事项应当予以披露的内容（具体包括披露的性质、内容、原因、受影响的项目名称和调整金额）。

进阶练习答案及解析

（一）单项选择题

1. 【答案】D

【解析】A公司2×21年1月1日由于执行新会计准则体系，将所得税核算方法进行的变更，属于会计政策变更，需要进行追溯调整，选项B不正确；A公司由于考虑到技术进步因素，2×21年1月1日对固定资产折旧方法的变更属于会计估计变更，选项A、C不正确。

2. 【答案】B

【解析】非重大的前期会计差错不需要调整本年财务报表相关项目的期初数，也不必调整报告年度财务报表，选项B正确；选项A为重大会计差错，需要追溯调整；选项C、D同属资产负债表日后事项，都需对上期财务报表进行调整。

3. 【答案】B

【解析】计提存货跌价准备税法不承认，不影响应纳税所得额，不影响应交所得税，选项A不正确；由于跌价准备补提，使资产的账面价值小于计税基础，形成可抵扣差异，增加递延所得税资产，选项B正确，选项C不正确；另外追溯调整时不考虑股利分配问题，直接调整净利润即可，选项D不正确。

4. 【答案】D

【解析】选项A的重分类是因为发生了出售股权的情况使现在的持投比例不符合长期股权投资的条件，不能作为会计政策变更；选项B属于会计估计变更；选项C是因为改变了金融资产的业务模式，发生了新情况也不属于会计政策变更；将研发费用中的研究费用费用化，改变了无形资产的确认标准，属于会计政策变更。

5. 【答案】A

【解析】2×20年折旧额＝(105－30)×2/7＝21.43（万元）。

6. 【答案】D

【解析】这是一项会计差错，而且金额较大，是一项重大差错，选项A、B都不正确；广告费是一项暂时性差异，对应交所得税没有影响，此次调整确认了递延所得税资产，冲减所得税费用，导致2×19年末和2×20年初的留存收益增加，选项D正确。

7. 【答案】C

【解析】选项A、B、D均属于会计估计方面的差异，只有选项C属于会计政策上差异，在编制合并报表时要将子公司的会计政策调整至母公司的会计政策。

8. 【答案】A

【解析】甲公司2×19年初调整的盈余公积项目＝200×(1－25%)×10%＝15（万元）。

9. 【答案】D

【解析】由于乙市没有活跃的房地产交易市场，所以甲公司不能对在乙市的投资性房地产采用公允价值后续计量，应该采用成本模式，所以要作为前期差错更正进行处理，并调整可比期间的信息。

（二）多项选择题

1. 【答案】BCD

【解析】甲公司于2×14年度报告日后期间收到政府文件，这不属于会计准则中规定的“编报前期财务报表时能够合理预计取得并应当加以考虑的可靠信息”，也不属于“前期财务报表批准报出时能够取得的可靠信息”，甲公司在编制2×14年度财务报表时无法取得或预计这一事项，所以该事项不属于前期差错也不属于资产负债表日后调整事项；根据会计准则规定，不属于会计政策变更，甲公司不需要进行追溯调整，但应对此事项进行专项信息披露。同时，应将计提的库区基金计入2×15年第一季度财务报告。

2. 【答案】AD

【解析】会计政策变更如果计算累计影响

数不切实可行，则可以采用未来适用法，因而也不必调整期初留存收益，所以选项 B 和选项 C 是错误的。

3.【答案】ABC

【解析】甲公司 2×20 年度终了在复核船舶预计净残值时应当能够获得上述重型废钢价格变动以及同行业上市公司变更船舶预计净残值的信息，并根据这些信息对船舶预计净残值进行变更。但甲公司 2×20 年度终了在复核船舶预计净残值时忽略了相关信息，由此导致甲公司 2×21 年对船舶净残值的估计发生错误，因此应该按照前期差错更正的原则追溯 2×21 年的财务报表。

4.【答案】ABD

【解析】A 公司按照 1% 的比例预提质量保证费的处理符合实际情况，因此改按 10% 的比例预提属于滥用会计估计变更，应作为前期差错更正处理，同时由于相关事项具有重大影响，故应采用追溯重述法予以调整，并在会计报表附注中披露。

5.【答案】AB

【解析】会计估计变更不能说原估计不正确，可能是取得新信息、积累了更多的经验需要对原估计重新估算，因此选项 C 不正确；会计估计变更采用未来适用法，不需要调整期初留存收益，选项 D 是错误的。

6.【答案】BD

【解析】选项 A、C 属于会计政策变更。

7.【答案】ABC

【解析】选项 D 错误的原因是混淆了资产负债表日后事项的含义，在日后事项期间内，不分重要程度，一律进行追溯调整。而在日后事项之外，只对重要的前期差错进行更正。

8.【答案】ABCD

【解析】由于上年无形资产少摊销属于前期差错，因此应追溯重述。无形资产补上摊销额 200 000 元，又因为上年在计算所得税时没有扣除该笔摊销额，导致上年的所得税多交，应在今年扣减，所以要调减应交所得税。税后净利润在留存收益间分配，其中的未分配利润调减 90%，盈余公积调减 10%。

9.【答案】ABC

【解析】选项 D 属于会计政策变更，应采用追溯调整法将累计影响数调整变更当期期初留存收益。其他选项都属会计估计变更，应采用未来适用法进行处理。

10.【答案】ABC

【解析】选项 D 错误的原因在于会计估计变更不进行追溯调整，不需调整期初留存收益。

（三）计算分析题

【答案及解析】

（1）固定资产的寿命超出正常情况，属会计估计错误，由于金额较大，属重要的前期差错，应进行追溯调整。

调整分录为：

借：累计折旧　　30

　贷：以前年度损益调整　　30

（2）虚列人数增大费用，是典型的会计舞弊行为，属前期重要会计差错，应当进行追溯调整。因为一部分产品尚未销售，因此这部分费用应调整资产价值，已销部分的费用调整损益。

调整分录为：

借：其他应付款　　200

　贷：库存商品　　100

　　以前年度损益调整　　100

（3）坏账准备的提取金额采用预期信用损失法，属于会计估计。根据注册会计师对未来可能发生的违约事件造成的损失进行估算的期望值为 580 万元，说明坏账准备应提取 580 万元，由于坏账准备的期初为 300 万元，应补提 280 万元。由于已确认 200 万元，因此再补提 80 万元即可。这一业务属会计估计错误形成的差错，但发生在上期财务报告中，因此应追溯重述。

借：以前年度损益调整　　80

　贷：坏账准备　　80

以前年度损益调整的累计发生额 = 30 +

100 - 80 = 50（万元）；所得税的影响金额 = 50 × 25% = 12.5（万元）；留存收益的影响金额 = 50 - 12.5 = 37.5（万元）。

借：以前年度损益调整 50
　贷：应交税费——应交所得税 12.5
　　利润分配——未分配利润 37.5

借：利润分配——未分配利润 3.75
　贷：盈余公积 3.75

（四）综合题

【答案及解析】

（1）该交换不应按照非货币性资产交换准则处理；理由：企业以存货换取客户非货币性资产的，换出存货的企业相关会计处理应当适用收入准则。

分录为：

借：固定资产 600
　贷：主营业务收入 （600 - 100）500
　　银行存款 100

借：主营业务成本 400
　贷：库存商品 400

（2）甲公司应将其作为会计差错进行会计处理，调整 2×19 年和 2×20 年已计提的折旧，并分别调整 2×20 年期初留存收益和当期损益。

应调整的折旧金额 =（600 - 600 × 5%）/10 × 9/12 -（600 - 600 × 5%）/12 × 9/12 = 7.125（万元），即应补提折旧 7.125 万元。

（3）分录为：

借：投资性房地产 17 000
　贷：其他权益工具投资——成本 6 000
　　——公允价值变动 10 000
　　银行存款 500
　　盈余公积 50
　　利润分配——未分配利润 450

借：其他综合收益 10 000
　贷：盈余公积 1 000
　　利润分配——未分配利润 9 000

（4）属于会计政策变更。相关会计分录为：

借：投资性房地产——成本 17 000
　——公允价值变动 500
　投资性房地产累计折旧 （17 000/50 × 3/12）85
　贷：投资性房地产 17 000
　　盈余公积 {[17 500 -（17 000 - 85）] × 10%} 58.5
　　利润分配——未分配利润 {[17 500 -（17000 - 85）] × 90%} 526.5

应披露的内容为：

①会计政策变更的性质、内容和原因：

甲公司因房地产存在活跃市场，将其投资性房地产后续计量模式由成本模式变更为公允价值模式，构成一项会计政策变更；

②当期和各个列报前期财务报表中受影响的项目名称和调整金额：

2×21 年资产负债表项目的调整：调增投资性房地产年初余额 585 万元；调增盈余公积年初金额 58.5 万元，调增未分配利润年初金额 526.5 万元。

2×21 年利润表项目的调整：调增公允价值变动收益上年金额 500 万元，调增净利润上年金额 500 万元。

2×21 年所有者权益变动表项目的调整：调增盈余公积上年金额 58.5 万元，调增未分配利润上年金额 526.5 万元，调增所有者权益合计上年金额 585 万元。

调增盈余公积本年年初金额 58.5 万元，调增未分配利润本年年初金额 526.5 万元，调增所有者权益合计本年年初金额 585 万元。

第二十五章　资产负债表日后事项

2023 年教材内容主要变化

本章教材内容新增了关于资产负债表日后事项定义的解释。

本章近五年考试高频考点分布

高频考点内容	年度及题型分布
调整事项与非调整事项的区分	2022 年单选题、2021 年综合题、2020 年单选题、2019 年单选题、2018 年单选题、2018 年多选题
调整事项的会计处理	2020 年计算分析题、2020 年综合题

高频考点精讲

本章介绍资产负债表日后事项的会计处理方法。主要内容包括资产负债表日后事项涵盖的期间；资产负债表日后事项的内容；调整事项的会计处理方法以及非调整事项的披露内容。其中，资产负债表日后事项中调整事项的判断以及处理是本章的重点内容。

高频考点 1：资产负债表日后事项的内容★★

（一）调整事项

调整事项是指对资产负债表日已经存在的情况提供了新的或进一步证据的事项。调整事项通常包括：

（1）资产负债表日后诉讼案件结案，法院判决证实了企业在资产负债表日已经存在现时义务，需要调整原先确认的与该诉讼案件相关的预计负债，或确认一项新负债。

注意：如果在资产负债表日无法确定该或有事项符合预计负债的确认条件，而在日后事项期间确定的，则不构成调整事项。

（2）资产负债表日取得确凿证据，表明某项资产在资产负债表日发生了减值或者需要调整该项资产原先确认的减值金额。

（3）资产负债表日进一步确定了资产负债表日前购入资产的成本或售出资产的收入。

（4）资产负债表日后发现了财务报表舞

弊或差错。

（二）非调整事项

非调整事项是指表明资产负债表日后发生的情况的事项。非调整事项的发生不影响资产负债表日企业的财务报表数字，只说明资产负债表日后发生了某些情况。其中重要的可能影响资产负债表日以后的财务状况和经营成果，不加以说明将会影响财务报告使用者作出正确估计和决策。因此，需要适当披露。

（三）调整事项与非调整事项的区别

这取决于该事项表明的情况在资产负债表日或资产负债表日以前是否已经存在。若该情况在资产负债表日或以前已经存在，则属于调整事项；反之，则属于非调整事项。

经典例题

【真题·单选题】（2022）甲公司 2×20 年度财务报告于 2×21 年 4 月 15 日经批准报出。下列各项属于甲公司资产负债表日后调整事项的是（　　）。

A. 2×21 年 3 月经董事会审议批准宣告分配 2×20 年度的利润

B. 2×21 年 3 月发生火灾，2×20 年末的库存商品损失金额达账面价值的 30%

C. 2×21 年 3 月接到客户通知，要求其在原 2×20 年开始建造的项目中增加建设一座仓库，客户同意增加合同价款对新增仓库的建造成本给予补偿

D. 2×20 年末对乙公司的应收账款计提了 20% 的坏账准备。2×21 年 3 月甲公司得知乙公司 2×20 年末已资不抵债，该应收账款收回的可能性极低

【答案】D

【解析】选项 A、B 是资产负债表日后期间新发生的事项，属于非调整事项；选项 C 属于合同变更的第三种情形，将合同变更作为原合同的组成部分进行会计处理。

【真题·多选题】（2020）下列各项资产负债表日至财务报表批准报出日之间发生的事项中，不应作为调整事项调整资产负债表日所属年度财务报表相关项目的有（　　）。

A. 发生同一控制下企业合并

B. 发生销售退回

C. 发现报告年度财务报表存在重要差错

D. 拟出售固定资产在资产负债表日后事项期间满足划分为持有待售类别的条件

【答案】AD

【解析】选项 A，日后期间发生的企业合并，属于非调整事项；选项 D，日后期间满足划分为持有待售类别的条件，因该情况在资产负债表日不存在，所以，属于非调整事项。

【真题·单选题】（2020）甲公司在资产负债表日后期间发生下列事项，属于非调整事项的是（　　）。

A. 报告期间销售的产品有质量问题，被采购方退回

B. 股东大会通过利润分配方案，拟以资本公积转增股本并向全体股东分配股票股利

C. 外部审计师发现甲公司以前期间财务报表存在重大错误

D. 获悉法院关于乙公司破产清算的通告，甲公司资产负债表的应收乙公司的款项可能无法收回

【答案】B

【解析】选项 A、C、D，均作为资产负债表日后调整事项处理；选项 B，对于资产负债表日后企业利润分配方案中拟分配的以及经审议批准宣告发放股票股利以及资本公积转增股本，均作为日后非调整事项处理。

【真题·多选题】（2019）甲公司 2×18 年度财务报表于 2×19 年 3 月 20 日经董事会批准对外报出，其在 2×18 年度资产负债表日后事项期间发生的下列交易或事项中，属于调整事项的有（　　）。

A. 董事会通过 2×18 年度利润分配预案，拟每 10 股派发 1 元现金股利

B. 因 2×18 年 6 月收购的子公司当年度实际利润未达到承诺金额，确定应向交易对方收回部分已支付对价

C. 所持联营企业经审计的净利润与甲公司采用权益法核算时计算投资收益的联营企业未经审计的净利润金额存在差异

D. 2×18 年 12 月已确认销售的一批商品因质量问题被买方退回，税务机关开具的红字增值税专用发票已取得

【答案】BCD

【解析】资产负债表日后，企业利润分配方案中拟分配的以及经审议批准宣告发放的现金股利或利润，属于资产负债表日后非调整事项，选项 A 不符合题意。

【真题·单选题】(2018) 甲公司 2×16 年度财务报表于 2×17 年 3 月 20 日经董事会批准对外提供。2×17 年 1 月 1 日至 3 月 20 日，甲公司发生的有关交易或事项如下：(1) 2×17 年 1 月 20 日，法院对乙公司就 2×16 年 8 月起诉甲公司侵犯知识产权案件作出终审判决，甲公司需支付乙公司的赔偿超过其 2×16 年末预计金额 200 万元。(2) 根据 2×16 年 12 月 31 日甲公司与丙公司签订的销售协议，甲公司于 2×17 年 1 月 25 日将其生产的产品发往丙公司并开出增值税专用发票。丙公司收到货物后发现产品质量存在严重问题，随即要求退货。甲公司于 2×17 年 2 月 3 日收到丙公司退回的产品并开具红字发票。(3) 2×17 年 2 月 15 日，甲公司收到丁公司 2×16 年 12 月销售货款。(4) 2×17 年 3 月 10 日，甲公司与戊公司签订收购其持有的乙公司全部股权的协议。假定上述交易或事项均具有重要性，不考虑其他因素，应作为甲公司 2×16 年末资产负债表日后调整事项的是（　　）。

A. 销售退回

B. 签订收购股权协议

C. 法院判决的赔偿金额大于原预计金额

D. 收到丁公司货款

【答案】C

【解析】选项 A、B、D 都是在资产负债表日后事项期间发生的，与报告年度没有直接关系的重要事项，只需要在报表附注中披露即可。

高频考点 2：调整事项的处理原则

★★★

对企业发生的调整事项，视同在报告年度发生，调整报告年度的财务报表。由于现金流量表采取收付实现制，所以涉及的现金流量内容不须调整。具体操作原则是：

(1) 涉及损益的事项，通过“以前年度损益调整”科目核算，调整后该科目的余额转入“利润分配——未分配利润”科目。涉及所得税的，如果调整是在所得税汇算清缴前发生的，调整报告年度的应纳税所得额和应纳所得税额；如果调整是在所得税汇算清缴后发生的，调整本年度应纳所得税额。

(2) 涉及利润分配调整的事项，直接在“利润分配——未分配利润”科目核算。

(3) 不涉及损益及利润分配的事项，调整相关科目。

(4) 调整的财务报表相关项目数字包括：资产负债表日编制的财务报表相关项目的期末数或本年发生数；当期编制的财务报表相关项目的期初数或上年数；会计报表附注内容的调整。

高频考点 3：资产负债表日后调整事项的具体会计处理方法

★★★

（一）资产负债表日后诉讼案件结案

主要处理包括：调整上期预计数与实际数的差异，将预计负债转为其他应付款；调整上期的应交所得税并转销递延所得税；将“以前年度损益调整”科目余额转入“利润分配——未分配利润”科目；调整报告年度财务报表相关项目。

（二）资产负债表日后调整原已计提的减值准备

主要处理包括：调整或新增资产减值准备的已提数和实际数的差异；调整所涉及的递延所得税，一般不涉及应交所得税；结转“以前年度损益调整”科目余额。

（三）资产负债表日后进一步确定了之前购入资产的成本或售出资产的收入

主要处理包括：如果是调整成本，只需将估算数调整到实际数，对折旧额或摊销额不必调整；如果是发生了销售折让，需调整报告年度的收入和应交所得税；如果是销售退回，应冲销报告年度的主营业务收入、主营业务成本，应交所得税的调整视其汇算清缴是否完成来确定。

（四）资产负债表日后发现财务报表舞弊或差错

日后期间发现的差错类型	会计处理
日后期间发现的当年度的会计差错（无论重大还是非重大）	应当作为当年度的会计差错进行处理
日后期间发现的报告年度的会计差错（重大或是非重大）	应当按照资产负债表日后事项中的调整事项进行处理
日后期间发现的报告年度以前的非重大会计差错	作为报告年度的会计差错进行处理
日后期间发现的报告年度以前的重大会计差错	将差错的累积影响数调整报告年度的年初留存收益以及调整相关项目的年初数

高频考点4：非调整事项的会计处理★★★

非调整事项与资产负债表日存在的状况无关，不应当调整资产负债表日的财务报表。但对于有重大影响事项，应在附注中进行披露。披露的内容包括每项非调整事项的性质、内容及其对财务状况和经营成果的影响。无法作出估计的，应当说明原因。

小贴士 对于在报告期资产负债表日已经存在的债务，在其资产负债表日后期间与债权人达成的债务重组交易不属于资产负债表日后调整事项，不能据以调整报告期资产、负债项目的确认和计量。在报告期资产负债表中，债务重组中涉及的相关负债仍应按照达成债务重组协议前具有法律效力的有关协议等约定进行确认和计量。

命题点拨

命题角度：客观题可能涉及下面两类计算，在理解的基础上掌握公式，考试时可快速做出答案。

资产负债表日后调整事项（如考虑所得税影响）最终影响净利润（留存收益）的金额＝实际影响损益的金额×(1－所得税税率)

调整事项发生时调整净利润（留存收益）的金额＝(实际影响损益的金额－原来预计数或确认数)×(1－所得税税率)

经典例题

【真题·单选题】（2016）甲公司2×12年10月为乙公司的银行贷款提供担保。银行、甲公司、乙公司三方签订的合同约定：（1）贷款本金4 200万元，自2×12年12月21日起2年，年利率5.6%；（2）乙公司以房产为该贷款提供抵押担保。2×14年12月22日，该项贷款逾期未付，银行要求甲公司履行担保责任。2×14年12月30日，甲公司、乙公司与贷款银行协商签订补充协议，约定将乙公司的担保房产变现以偿付该项贷款本息。该房产预计处置价款可以覆盖贷款本息，甲公司在其2×14年财务报表未确认相关预计负债。2×15年5月，因乙公司该房产出售过程中出现未预期到的纠纷导致无法出售，银行向法院提起诉讼，判决甲公司履行担保责任。经庭外协商，甲公司需于2×15年7月和2×16年1月分两次等额支付乙公司所欠借款本息，同时获得对乙公司的追偿权，但无法预计能否取得。不考虑其他因素，甲公司对需履行的担保责任应进行的会计处理是（　　）。

A. 作为2×15年事项将需支付的担保款计入2×15年财务报表

B. 作为会计政策变更将需支付的担保款追溯调整2×14年财务报表

C. 作为重大会计差错更正将需支付的担保款追溯重述2×14年财务报表

D. 作为新发生事项，将需支付的担保款分别计入2×15年和2×16年财务报表

【答案】A

【解析】本题不属于政策变更，也不是前期差错更正。由于时间含义不明确，也不能作为资产负债表日后事项处理。由于该事项发生在2×15年，应由2×15年承担，2×16年没有责任承担，因此，选项A正确。

【真题·综合题】（2020节选）甲公司是一家在科创板上市的综合性医疗集团公司，2×18年和2×19年发生相关交易或事项如下：

2×18年3月，甲公司开发的一款处方药取得批准并对外销售，为了尽快获得市场认可，甲公司批准了一项销售政策：医院购买的该药品在有效期内若未实现对外销售，可返还给甲公司，该药品自出厂之日起一年内有效。2×18年3月1日至12月31日期间，甲公司对外销售该药品5 000箱，每箱售价3万元，每箱成本1万元，甲公司估计该药品退货率为20%。根据国家政策，甲公司收到退回的该药品应予以销毁。

2×19年4月10日，甲公司对2×18年销售的该药品截至2×19年3月底的退货情况进行统计，得出实际退货率为10%。甲公司管理层根据实际退货统计情况，对该药品退货率进行重新估计，将该药品的退货率调整为15%。

2×19年4月20日，甲公司2×18年财务报告经批准对外报出。

要求：编制甲公司2×18年确认药品销售收入的会计分录；判断甲公司对退货率调整是否属于2×18年资产负债表日后调整事项，说明理由，并编制相关会计分录。

【答案及解析】

2×18年12月31日：

借：银行存款（5 000×3）　15 000

　　贷：主营业务收入

　　　　（15 000－3 000）12 000

　　　　预计负债

　　　　（15 000×20%）3 000

借：主营业务成本　　4 000

　　应收退货成本

　　　　（5 000×20%）1 000

　　贷：库存商品　　5 000

甲公司对退货率调整属于2×18年资产负债表日后调整事项；理由：因为该销售事项在资产负债表日前已经存在，日后期间按照新取得的证据对原来已存在情况进行调整，应作为日后调整事项处理。分录为：

借：预计负债

　　[15 000×（20%－15%）] 750

　　贷：以前年度损益调整——调整主营业务收入

　　　　750

借：以前年度损益调整——调整主营业务成本

　　250

　　贷：应收退货成本

　　　　[5 000×（20%－15%）] 250

进阶练习

（一）单项选择题

1. 甲公司2×15年3月20日披露2×14年财务报告。2×15年3月3日，甲公司收到所在地政府于3月1日发布的通知，规定自2×13年6月1日起，对装机容量在2.5万千瓦及以上有发电收入的水库和水电站，按照上网电量8厘/千瓦时征收库区基金。按照该通知界定的征收范围，甲公司所属已投产水电站均需缴纳库区基金。不考虑其他因素，下列关于甲公司对上述事项会计处理的表述中，正确

的是（　　）。

A. 作为2×15年发生的事项在2×15年财务报表中进行会计处理

B. 作为会计政策变更追溯调整2×14年财务报表的数据并调整相关的比较信息

C. 作为重大会计差错追溯重述2×14年财务报表的数据并重述相关的比较信息

D. 作为资产负债表日后调整事项调整2×14年财务报表的当年发生数及年末数

2. 甲公司2×14年财务报告于2×15年3月20日对外报出，其于2×15年发生的下列交易事项中，不应作为2×14年资产负债表日后调整事项处理的是（　　）。

A. 1月20日，收到客户退回的部分商品，该商品于2×14年9月确认销售收入

B. 3月18日，甲公司的子公司发布2×14年经审计的利润。根据购买子公司协议约定，甲公司需在原预计或有对价基础上向出售方多支出1 600万元

C. 2月25日，发布重大资产重组公告，发行股份收购一家下游企业100%股权

D. 3月10日，2×13年被提起诉讼的案件结案，法院判决甲公司赔偿金额与原预计金额相差120万元

3. 下列在资产负债表日后事项期间发生的属于非调整事项的是（　　）。

A. 报告年度的销售退回

B. 资产负债表日后发行股票

C. 对报告年度资产减值的调整额

D. 发现的上年度发生的财务舞弊

4. 甲公司为上市公司，其2×16年度财务报告于2×17年3月1日对外报出。该公司在2×16年12月31日有一项未决诉讼，经咨询律师，估计很可能败诉并预计将支付的赔偿金额、诉讼费等在760万元至1 000万元之间（其中诉讼费为7万元）。为此，甲公司预计了880万元的负债；2×17年1月30日法院判决甲公司败诉，并需赔偿1 200万元，同时承担诉讼费用10万元。上述事项对甲公司2×16年度利润总额的影响金额为（　　）万元。

A. －880　　B. －330

C. －1 200　　D. －1 210

5. 甲公司20×3年财务报表于2×14年4月10日对外报出。假定其2×14年发生的下列有关事项均具有重要性，甲公司应当据以调整2×13年财务报表的是（　　）。

A. 5月2日，自2×13年9月即已开始策划的企业合并交易获得股东大会批准

B. 4月15日，发现2×13年一项重要交易会计处理未充分考虑当时情况，导致虚增2×13年利润

C. 3月12日，某项于2×13年资产负债表日已存在的未决诉讼结案，由于新的司法解释出台，甲公司实际支付赔偿金额大于原已确认预计负债

D. 4月10日，因某客户所在地发生自然灾害造成重大损失，导致甲公司2×13年资产负债表日应收该客户货款按新的情况预计的坏账高于原预计金额

6. 甲公司适用的企业所得税税率为25%，按照净利润的10%提取法定盈余公积。2×18年10月，甲公司因违约而被乙公司起诉。2×18年12月31日法院尚未判决。经法律咨询，认为很可能败诉，如果败诉，很可能被罚款500万元。甲公司为此确认了500万元的预计负债。2×19年3月20日，在公司财务报告批准对外报出之前，法院判决甲公司败诉，要求赔偿款乙公司600万元。甲公司服从判决，并于当日支付了赔偿款。不考虑其他因素，甲公司因此而调整2×18年度资产负债表盈余公积项目金额为（　　）万元。

A. 100　　B. 75

C. 67.5　　D. 7.5

7. 甲公司2×18年12月31日存货跌价准备计提了200万元，2×19年2月10日，内部审计人员发现预计售价的算法存在错误，经测算上年存货跌价准备应计提300万元。税法规定，企业计提的各项减值损失在未发生实质性损失前不允许税前扣除。甲公司按净利润的10%提取法定盈余公积，其2×18年度的财务

报告于2×19年4月20日经董事会批准对外报出；适用的所得税税率为25%，其2×18年度所得税汇算清缴工作于2×19年4月25日完成。下列关于上述事项对2×18年度利润表相关项目影响的说法中，正确的是（　　）。

A. 资产减值损失调增300万元

B. 存货跌价准备调减100万元

C. 净利润调减100万元

D. 未分配利润调减67.5万元

8. 甲公司2×19年3月10日，经股东大会通过决议对2×18年度的利润分配方案为用资本公积转增股本，每10股转增5股，转股日为5月10日，甲公司财务报表批准报出日为2×19年4月30日，甲公司下列会计处理中正确的是（　　）。

A. 作为调整事项，调减2×18年度会计报表中盈余公积项目

B. 作为非调整事项，在2×18年会计报表附注中进行披露

C. 不作资产负债表日后事项，不需要在2×18年会计报表中进行披露

D. 不调整2×18年报表项目，但需调整2×19年报表期初数

9. 甲公司为增值税一般纳税人，增值税率为13%。2×19年度的财务报告于2×20年3月10日对外报出，所得税税率为25%。2×20年3月5日，上年销售的一批商品因质量问题被退回，该批商品的成本为400万元，售价为500万元。甲公司的所得税汇算清缴在3月1日完成，下列处理中正确的是（　　）。

A. 调减2×19年应交所得税25万元

B. 作为2×20年的会计事项不调整2×19年报表项目

C. 调增2×19年递延所得税资产25万元

D. 调减2×20年所得税费用25万元

10. 甲公司为增值税一般纳税人，2×19年度的财务报表批准报出日为2×20年的4月10日。2×19年甲公司实现净利润9 000万元。2×20年3月15日，股东大会作出利润分配方案：按照净利润的10%提取法定盈余公积，分派现金股利800万元。甲公司据此作出了相应的会计处理，调整了2×19年财务报表的相关数字。审计人员提出疑问后，甲公司所作的下列处理中正确的是（　　）。

A. 调增未分配利润80万元

B. 调增营业利润800万元

C. 调增盈余公积80万元

D. 调减应付股利800万元

（二）多项选择题

1. 甲公司2×16年财务报表于2×17年4月10日批准对外报出，下列各项关于甲公司2×17年发生的交易或事项中属于2×16年资产负债表日后调整事项的有（　　）。

A. 3月2日，发现2×15年度存在一项重大会计差错，该差错影响2×15年利润表及资产负债表有关项目

B. 3月10日，2×16年底的一项未决诉讼结案，法院判决甲公司胜诉并获赔偿1 800万元。但甲公司无法判断对方的财务状况和支付能力

C. 2月10日，甲公司董事会通过决议将投资性房地产的后续计量由成本模式改为公允价值模式

D. 4月3日，收到2×16年11月销售的一批已确认销售收入的商品发生15%的退货，按照购销合同约定，甲公司应当返还客户与该部分商品有关的货款

2. 关于非调整事项下列说法正确的有（　　）。

A. 非调整事项一定是在资产负债表日后发生的

B. 非调整事项可能是有利事项，也可能是不利事项

C. 重要的非调整事项需要披露

D. 非调整事项不管重要还是不重要都需要披露

3. 下列说法中正确的有（　　）。

A. 调整事项涉及损益的，通过“以前年度损益调整”科目调整

B. 调整事项涉及损益的，通过“利润分

配——未分配利润”科目调整

C. 涉及利润分配的事项，直接通过“利润分配——未分配利润”科目调整

D. 调整事项只需调整报告年度的会计报表

4. 下列各项中，属于资产负债表日后调整事项的有（　　）。

A. 资产负债表日后期间发生重大火灾损失

B. 报告年度已售商品在资产负债表日后事项期间发生退回

C. 报告年度按暂估价值入账的固定资产在资产负债表日后事项期间办理完成竣工决算手续

D. 资产负债表日后事项期间发现报告年度不重要的会计差错

5. 甲股份有限公司2×18年度财务报告经董事会批准对外公布的日期为2×19年4月1日。该公司2×19年1月1日至4月1日发生的下列事项中，应当作为资产负债表日后事项中调整事项的有（　　）。

A. 3月20日甲公司经中国证监会批准在5月10日发行债券10亿元

B. 3月20日发现2×18年8月接受捐赠获得的专利技术尚未入账

C. 3月26日甲公司被法院判决败诉，并要求支付赔款900万元，此项诉讼甲公司已于2×18年末确认预计负债700万元

D. 3月15日与乙公司签订的合并协议执行完毕，该合并协议系甲公司于2×19年1月3日与乙公司签订

6. 甲公司2×16财务报表于2×17年4月10日批准对外报出，下列各项关于甲公司2×17年发生的交易或事项中，属于2×16年资产负债表日后调整事项的有（　　）。

A. 2月10日，甲公司董事会通过决议，将投资性房地产的后续计量由成本模式变更为公允价值模式

B. 4月3日，收到2×16年11月销售的一批已确认销售收入的商品发生15%的退货，按照购销合同约定，甲公司应当返还客户与该部分商品相关的货款

C. 3月2日，发现2×15年度存在一项重大会计差错，该差错影响2×15年利润表及资产负债表有关项目

D. 3月10日，2×16年底的一项未决诉讼结案，法院判决甲公司胜诉并获赔偿1 800万元，但甲公司无法判断对方的财务状况和支付能力

7. 甲公司2×19年度财务报表于2×20年3月25日批准报出。2×19年末甲公司应收乙公司账款500万元，乙公司产品因质量问题导致经营困难，甲公司按照该项应收账款余额10%计提了坏账准备。2×20年2月20日收到乙公司通报，乙公司财务困难情况更加严重。甲公司估计该项应收账款预计只能收回50%。甲公司适用的所得税税率为25%，甲公司已经按照净利润的10%的比例提取了法定盈余公积。下列关于甲公司对2×19年财务报告调整项目的说法中，正确的有（　　）。

A. 补提坏账准备200万元

B. 调增递延所得税资产50万元

C. 调减应交税金50万元

D. 在2×19年年度报表附注中披露这一事项

8. 2×19年8月1日，甲公司因合同违约被起诉。至2×19年12月31日，法院尚未判决。经咨询律师，甲公司认为有60%的可能性需要赔偿500万元，并预计承担诉讼费用5万元；2×20年3月1日，法院作出判决，甲公司需赔偿400万元和诉讼费用6万元。甲公司表示服从法院判决，当日支付了全部费用。甲公司2×19年度财务报告经董事会批准报出日为2×20年3月20日。不考虑其他因素，下列关于甲公司对2×19年年报所作处理正确的有（　　）。

A. 调减2×19年营业外支出100万元

B. 调减2×19年递延所得税资产24.75万元

C. 调增2×19年利润表中管理费用1万元

D. 作为 2×20 年当期业务处理

9. 甲公司 2×19 年度的财务报告批准报出日为 2×20 年 3 月 30 日。资产负债表日后期间发生下列情况：（1）2×20 年 1 月 30 日接到通知，债务企业乙企业宣告破产，所欠甲公司账款 500 万元预计只能收回 20%。甲公司在 2×19 年 12 月 31 日以前已被告知乙企业资不抵债，面临破产，甲已经计提坏账准备 100 万元。（2）2×20 年 3 月 15 日，甲公司收到丙企业销售退回通知，该批产品是 2×20 年 2 月 5 日出售的，退货原因是型号不符。（3）2×20 年 3 月 26 日股东大会决定扩大现金分红比例，涉及金额 200 万元。（4）3 月 28 日被丁公司起诉，原因是侵犯其专利权。下列说法中正确的有（　　）。

A. 事项（1）作为资产负债表日后调整事项处理

B. 事项（2）作为非调整事项处理

C. 事项（3）作为非调整事项处理

D. 事项（4）作为 2×20 年业务处理

（三）计算分析题

1. 甲公司为一家机械设备制造企业，按照当年实现净利润的 10% 提取法定盈余公积。假定甲公司 2×20 年度财务报表于 2×21 年 3 月 31 日对外公布。本题不考虑增值税、所得税及其他因素。

2×21 年 3 月，新华会计师事务所对甲公司 2×20 年度财务报表进行审计时，现场审计人员关注到其 2×20 年以下交易或事项的会计处理：

（1）10 月 20 日，甲公司向丁公司销售 M 型号钢材一批，售价为 1 000 万元，成本为 800 万元，钢材已发出，款项已收到。根据销售合同约定，甲公司有权在未来一年内按照当时的市场价格自丁公司回购同等数量、同等规格的钢材。截至 12 月 31 日，甲公司尚未行使回购的权利。据采购部门分析，该型号钢材市场供应稳定。

甲公司会计处理：2×20 年，确认其他应付款 1 000 万元，同时将发出钢材的成本结转至发出商品。

（2）12 月 30 日，甲公司与辛银行签订债务重组协议。协议约定，如果甲公司于次年 6 月 30 日前偿还全部长期借款本金 8 000 万元，辛银行将豁免甲公司 2×20 年度利息 400 万元以及逾期罚息 140 万元。根据内部资金筹措及还款计划，甲公司预计在 2×21 年 5 月还清上述长期借款。

甲公司会计处理：2×20 年，确认债务重组收益 400 万元，未计提 140 万元逾期罚息。

（3）12 月 31 日，因合同违约被诉案件尚未判决，经咨询法律顾问后，甲公司认为很可能赔偿的金额为 800 万元。2×21 年 2 月 5 日，经法院判决，甲公司应支付赔偿金 500 万元。当事人双方均不再上诉。

甲公司会计处理：2×20 年末，确认预计负债和营业外支出 800 万元；法院判决后未调整 2×20 年度财务报表。

要求：根据资料，逐项判断甲公司会计处理是否正确，并简要说明判断依据。对于不正确的会计处理，编制相应的调整分录。

2. 甲公司为境内上市公司，2×16 年度财务报表于 2×17 年 2 月 28 日经董事会批准对外报出。2×16 年，甲公司发生的有关交易或事项如下：

（1）甲公司历年来对所售乙产品实行“三包”服务（保证类质保），根据产品质量保证条款，乙产品出售后两年内如发生质量问题，甲公司将负责免费维修、调换等（不包括非正常损坏）。甲公司 2×16 年初与“三包”服务相关的预计负债账面余额为 60 万元，当年实际发生“三包”服务费用 45 万元。

按照以往惯例，较小质量问题发生的维修等费用为当期销售乙产品收入总额的 0.5%；较大质量问题发生的维修等费用为当期销售乙产品收入总额的 2%；严重质量问题发生的维修等费用为当期销售乙产品收入总额的 1%。根据乙产品质量检测及历年发生“三包”服务等情况，甲公司预计 2×16 年度销售乙产品中的 75% 不会发生质量问题，20% 可能发生较小质量问题，4%可能发生较大质量问题，1%可能发生严重质量问题。甲公司 2×16 年销售乙产品收入总额为 50 000 万元。

（2）2×17 年 1 月 20 日，甲公司收到其客户丁公司通知，因丁公司所在地于 2×17 年 1 月 18 日发生自然灾害，导致丁公司财产发生重大损失，无法偿付所欠甲公司货款 1 200 万元的 60%。甲公司已于 2×16 年末对该应收账款计提 200 万元的坏账准备。

（3）根据甲公司与丙公司签订的协议，甲公司应于 2×16 年 9 月 20 日向丙公司销售一批乙产品，因甲公司未能按期交付，导致丙公司延迟向其客户交付商品而发生违约损失 1 000 万元。为此，丙公司于 2×16 年 10 月 8 日向法院提起诉讼，要求甲公司按合同约定支付违约金 950 万元以及由此导致的丙公司违约损失 1 000 万元。

截至 2×16 年 12 月 31 日，双方拟进行和解，和解协议正在商定过程中。甲公司经咨询其法律顾问后，预计很可能赔偿金额在 950 万元至 1 000 万元之间。为此，甲公司于年末预计 975 万元损失并确认为预计负债。2×17 年 2 月 10 日，甲公司与丙公司达成和解，甲公司同意支付违约金 950 万元和丙公司的违约损失 300 万元，丙公司同意撤诉。甲公司于 2×17 年 3 月 20 日通过银行转账支付上述款项。

本题不考虑相关税费及其他因素。

要求：

（1）根据资料（1），说明甲公司“三包”服务有关的预计负债确定最佳估计数时的原则，计算甲公司 2×16 年应计提的产品“三包”服务费用；并计算甲公司 2×16 年 12 月 31 日与产品“三包”服务有关的预计负债年末余额。

（2）根据资料（2）~（3），分别说明与甲公司有关的事项属于资产负债表日后调整事项还是非调整事项，并说明理由；如为调整事项，分别计算甲公司应调整 2×16 年末留存收益的金额；如为非调整事项，说明其会计处理方法。

进阶练习答案及解析

（一）单项选择题

1.【答案】D

【解析】甲公司于 2×14 年度报告报出日后期间收到政府文件，这不属于会计准则中规定的“编报前期财务报表时能够合理预计取得并应当加以考虑的可靠信息”，也不属于“前期财务报表批准报出时能够取得的可靠信息”，甲公司在编制 2×14 年度财务报表时无法取得或预计这一事项，所以该事项不属于前期差错；根据会计准则规定，不属于会计政策变更，因 2×14 年度财务报告尚未报出，应作为资产负债表日调整事项调整 2×14 年财务报表的当年发生数及年末数。

2.【答案】C

【解析】选项 C，属于资产负债表日后非调整事项。

3.【答案】B

【解析】选项 B 为资产负债表日后发生的，与报告年度无关系，是非调整事项；其余选项都与报告年度有关，为调整事项。

4.【答案】D

【解析】本题中的资产负债表日后诉讼案件结案属于资产负债表日后调整事项，调整的金额也影响甲公司 20×6 年度利润总额，所以上述事项对甲公司 20×6 年度利润总额的影响金额 = -(1 200 + 10) = -1 210（万元）。

5.【答案】C

【解析】选项 A、B 不属于日后事项期间发生的交易或事项；选项 D，自然灾害导致的重大损失，属于非调整事项。

6.【答案】D

【解析】甲公司调减 2×18 年度资产负债表中盈余公积项目的金额 = (600 - 500) × (1 - 25%) × 10% = 7.5（万元）。

7. 【答案】D

【解析】未分配利润调减金额 = (100 - 25) × 90% = 67.5（万元）。

8. 【答案】B

【解析】资本公积转增资本不是调整事项，选项 A 错误；作为非调整事项，资本公积转增资本将会改变企业的资本结构，影响较大，应当在财务报表附注中进行披露，选项 B 正确；选项 C、D 的说法没有依据，不正确。

9. 【答案】C

【解析】销售退回发生在所得税汇算清缴后，不能调整报告年度所涉及的应缴所得税，选项 A 错误；该事项为资产负债表日后事项，应该调整报告年度报表项目，选项 B 错误；销售退回涉及的多交所得税应当作为报告年度的递延所得税资产，选项 C 正确；所得税费用调整还是调整报告年度的，选项 D 错误。

10. 【答案】D

【解析】分配现金股利不是资产负债表日后调整事项，不应该调整 2×19 年财务报表。上述错误引起报告年度应付股利增加 800 万元和未分配利润减少 800 万元，更正只涉及这两个项目，不涉及盈余公积和营业利润，选项 B、C 错误；调整未分配利润应为 800 万元，选项 A 错误。

（二）多项选择题

1. 【答案】AD

【解析】选项 B，虽然已经结案，但是甲公司无法判断对方的财务状况和支付能力，不作为日后调整事项处理；选项 C，作为会计政策变更处理。

2. 【答案】ABC

【解析】不重要的非调整事项不需要披露，选项 D 错误。

3. 【答案】AC

【解析】前期差错以及调整事项涉及损益的，都通过“以前年度损益调整”科目调整，会计政策变更涉及的调整损益通过“利润分配——未分配利润”进行调整，选项 B 错误；调整事项不仅要调整报告年度的财务报表，本年报表的年初数以及上年数也要进行调整，选项 D 错误。

4. 【答案】BCD

【解析】资产负债表日后调整事项指的是资产负债表日后期间发生的事项是对资产负债表日已经存在的情况进行的进一步的说明，所以选项 B、C、D 均属于资产负债表日后调整事项。

5. 【答案】BC

【解析】选项 A 为资产负债表日后发生的重要事项，需对外披露，是非调整事项；选项 D 在资产负债表日后发生且已完成，属于当年发生的完成交易，不需要进行披露。选项 B、C 都发生在资产负债表日前，日后得以证实，是调整事项。

6. 【答案】BC

【解析】选项 A，资产负债表日后期间，发生的会计政策变更，属于变更当年的新事项，不属于资产负债表日后调整事项；选项 B，报告年度销售商品已确认收入，在资产负债表日后期间发生退回，属于资产负债表日后调整事项；选项 C，在资产负债表日后期间发现以前年度的会计差错，作为资产负债表日后调整事项处理；选项 D，不符合确认为资产的条件。

7. 【答案】AB

【解析】乙公司因经营困难导致甲公司应收账款产生坏账这一事实在资产负债表日之前已经存在，在资产负债表日后得以证实，这是调整事项，应当补提坏账准备 200 万元，同时确认递延所得税资产增加 50 万元，选项 A、B 正确；由于不涉及应纳税所得额，不涉及应交所得税，选项 C 错误；由于作为调整事项已经调整了报告年度的报表，不需要在报表附注中披露该事项，选项 D 错误。

8. 【答案】ABC

【解析】该事项为资产负债表日后调整事项，选项 D 错误。由于法院判决赔偿数小于预计数，因此调减报告年度营业外支出 100 万元，诉讼费计入管理费用使其增加 1 万元，递延所得税资产调减 24.75 万元，选项 A、B、C 正确。

9. 【答案】ACD

【解析】选项 B 错误，涉及的该项业务是当年销售当年退回，是一种正常经营活动，不作为资产负债表日后事项处理。

（三）计算分析题

1. 【答案及解析】

事项（1）：会计处理不正确。理由：回购价格为市场价格（不固定），甲公司在销售时点已转移了钢材的控制权，符合收入确认条件。调整分录如下：

借：其他应付款　　1 000

　贷：主营业务收入（或以前年度损益调整）　　1 000

借：主营业务成本（或以前年度损益调整）　　800

　贷：发出商品　　800

事项（2）：会计处理不正确。理由：债务重组业务，在债务重组日确认债务重组收益，2×20 年 12 月 30 日不是债务重组完成日，不应当确认债务重组收益；支付逾期罚息构成甲公司 2×20 年底的现时义务，应按照或有事项准则确认逾期罚息 140 万元。

调整分录如下：

借：投资收益（或以前年度损益调整）　　400

　贷：长期借款（或应付利息）　　400

借：营业外支出（或以前年度损益调整）　　140

　贷：预计负债　　140

事项（3）：会计处理不正确。理由：2×21年 2 月 5 日法院对该项诉讼做出判决，属于日后调整事项，需要调整原先确认的与该案件相关的预计负债，应调整 2×20 年度财务报表。

调整分录如下：

借：预计负债　　800

　贷：营业外支出（或以前年度损益调整）　　300

　　其他应付款　　500

2. 【答案及解析】

（1）该或有事项涉及多个项目，最佳估计数应按照各种可能结果及相关概率加权计算确定。

2×16 年应计提的产品“三包”服务费用 = 50 000×0.5%×20% + 50 000×2%×4% + 50 000×1%×1% = 50 + 40 + 5 = 95（万元）

甲公司 2×16 年 12 月 31 日与产品“三包”服务有关的预计负债的年末余额 = 60 − 45 + 95 = 110（万元）

（2）事项（2）属于日后非调整事项。

理由：2×17 年 1 月 20 日甲公司得知丁公司所在地区于 2×17 年 1 月 18 日发生自然灾害，导致丁公司发生重大损失，无法支付货款 1 200 万元的 60%，这个自然灾害是在 2×17 年发生的，甲公司在日后期间得知，在资产负债表日及以前并不存在，所以属于日后非调整事项。

会计处理：对于无法偿还部分，应当确认坏账准备，直接计入 2×17 年当期损益，会计分录如下：

借：信用减值损失　　520

　贷：坏账准备　　520（1 200×60% − 200）

事项（3）属于日后调整事项。

理由：该未决诉讼发生在 2×16 年，甲公司在 2×16 年末确认了预计负债 975 万元，2×17 年 2 月 10 日，即资产负债表日后期间，甲公司和丙公司达成了和解，确定了最终支付的金额。

调整 2×16 年留存收益的金额 = −[(950 + 300) − 975] = −275（万元）

第二十六章　企业合并

2023 年教材内容主要变化

本章教材内容无实质变化。

本章近五年考试高频考点分布

高频考点内容	年度及题型分布
或有对价	2022 年综合题、2021 年综合题、2020 年单选题、2019 年综合题
与合并报表结合	2022 年综合题、2021 年多选题、2021 年综合题、2020 年计算分析题、2019 年综合题、2018 年综合题

高频考点精讲

本章介绍《企业会计准则第 20 号——企业合并》和《企业会计准则讲解》的相关内容，除了针对同一控制和非同一控制下企业合并的一般性会计处理以外，主要关注或有对价和反向购买的会计处理。

高频考点 1：或有对价★★★

（一）同一控制下企业合并涉及的或有对价

初始投资时，应按照《企业会计准则第 13 号——或有事项》的规定，判断是否应就或有对价确认预计负债或者确认资产，以及应确认的金额；确认预计负债或资产的，该预计负债或资产金额与后续或有对价结算金额的差额不影响当期损益，而应当调整资本公积（资本溢价或股本溢价），资本公积（资本溢价或股本溢价）不足冲减的，调整留存收益。

项目	确认或有对价	结算或有对价
或有对价涉及负债的确认	借：长期股权投资 　贷：银行存款等 　　预计负债 　　资本公积——资本溢价/股本溢价［倒挤差额，或借］	借：预计负债 　贷：银行存款 　　资本公积——资本溢价/股本溢价［或借］
或有对价涉及资产的确认	借：长期股权投资 　其他应收款 　贷：银行存款等 　　资本公积——资本溢价/股本溢价［倒挤差额，或借］	借：银行存款 　贷：其他应收款 　　资本公积——资本溢价/股本溢价［或借］

（二）非同一控制下企业合并涉及的或有对价

1. 购买日或有对价的处理

会计准则规定，购买方应当将合并协议约定的或有对价作为企业合并转移对价的一部分，按照其在购买日的公允价值计入企业合并成本。

项目	账务处理
（1）或有对价符合权益工具和金融负债定义	借：长期股权投资 　贷：银行存款 　　交易性金融负债
（2）或有对价符合金融资产定义及其确认条件	借：长期股权投资 　交易性金融资产 　贷：银行存款等

2. 购买日后或有对价的处理

<table>
<tr><th>项目</th><th colspan="2">账务处理</th></tr>
<tr><td>（1）购买日12个月内出现对购买日已存在情况的新的或进一步证据需要调整或有对价的，应当予以确认并调整合并成本和商誉</td><td colspan="2">借：长期股权投资
　贷：交易性金融负债
或作相反会计分录。
借：交易性金融资产
　贷：长期股权投资
或作相反会计分录</td></tr>
<tr><td rowspan="2">（2）其他情况下发生的或有对价变化或调整，应当区分情况进行会计处理（不调整合并成本和商誉）</td><td>①或有对价为权益性质的</td><td>不进行会计处理</td></tr>
<tr><td>②或有对价为金融资产或金融负债性质：按照公允价值计量，且公允价值变动计入当期损益</td><td>借：交易性金融资产
　贷：公允价值变动损益
或作相反会计分录。
借：公允价值变动损益
　贷：交易性金融负债
或作相反会计分录</td></tr>
</table>

经典例题

【真题·多选题】（2021）下列各项关于商誉会计处理的表述中，正确的有（　　）。

A. 企业内部产生的商誉不应确认为一项资产

B. 因商誉不具有实物形态，符合无形资产的特征，应确认为无形资产

C. 同一控制下企业合并中合并方实际支付的对价与取得被投资方于合并日净资产账面价值份额的差额不应确认为商誉

D. 非同一控制下企业合并中购买方实际支付的对价小于取得被投资方于购买日可辨认净资产公允价值份额的差额应计入当期损益

【答案】ACD

【解析】选项A正确，商誉的存在无法与企业自身区分开来，不具有可辨认性，不构成无形资产。选项C正确，同一控制下企业合并中合并方实际支付的对价与取得被投资方于合并日净资产账面价值份额的差额应当调整资本公积（资本溢价或股本溢价）；资本公积（资本溢价或股本溢价）的余额不足冲减的，调整留存收益。选项D正确，非同一控制下企业合并中购买方实际支付的对价小于取得被投资方于购买日可辨认净资产公允价值份额的差额应计入当期损益。

【真题·单选题】（2020）2×16年12月30日，甲公司以发行新股作为对价，购买乙公司所持丙公司60%股份。乙公司在股权转让协议中承诺，在本次交易完成后的3年内（2×17年至2×19年）丙公司每年净利润不低于5 000万元，若丙公司实际利润低于承诺利润，乙公司将按照两者之间的差额及甲公司作为对价发行时的股票价格计算应返还给甲公司的股份数量，并在承诺期满后一次性予以返还。2×17年，丙公司实际利润低于承诺利润，经双方确认，乙公司应返还甲公司相应的股份数量。不考虑其他因素，下列各项关于甲公司应收取乙公司返还的股份在2×17年12月31日合并资产负债表中列示的项目名称是（　　）。

A. 债权投资

B. 其他债权投资

C. 交易性金融资产

D. 其他权益工具投资

【答案】C

【解析】企业合并涉及或有对价的，若购买日12个月内出现对购买日已存在情况的新的或进一步证据需要调整或有对价的，或有对价为权益性质的，不进行会计处理；或有对价为资产或负债性质的，如果属于会计准则规定的金融工具，应当按照以公允价值计量且其变动计入当期损益进行会计处理，不得指定为以公允价值计量且其变动计入其他综合收益的金融资产。

【真题·单选题】（2016）2×14年1月1日，甲公司通过向乙公司股东定向增发1 500万股普通股（每股面值为1元，市价为6元），取得乙公司80%的股权，并控制乙公司，另以银行存款支付财务顾问费300万元。双方约定，如果乙公司未来3年平均净利润增长率超过8%，甲公司需要另外向乙公司股东支付100万元的合并对价；当日，甲公司预计乙公司未来3年平均净利润增长率很可能达到10%。该项交易前，甲公司与乙公司及其控股股东不存在关联关系。不考虑其他因素，甲公司该项企业合并的合并成本是（　　）万元。

A. 9 000　　B. 9 100

C. 9 300　　D. 9 400

【答案】B

【解析】财务顾问费属于为企业合并发生的直接费用，计入管理费用；某些情况下，合并各方可能在合并协议中约定，根据未来一项或多项或有事项的发生，购买方通过发行额外证券、支付额外现金或其他资产等方式追加合并对价，或者要求返还之前已经支付的对价。购买方应当将合并协议约定的或有对价作为企业合并转移对价的一部分，按照其在购买日的公允价值计入企业合并成本。因此，企业合并成本＝1 500×6＋100＝9 100（万元）。

【例题·计算分析题】A上市公司2×19年至2×23年进行的有关资本运作等交易或事项如下：

（1）2×19年10月，A公司与集团外B公司控股股东M公司签订协议，约定以发行A公司股份为对价购买M公司持有的B公司80%股权。A公司于2×19年12月31日向M公司发行1.5亿股股票，当日A公司股票收盘价为每股10元（公允价值）；交易完成后，M公司持有股份占A公司全部发行在外普通股股份的5%。交易各方于当日办理了B公司股权过户登记手续，A公司对B公司董事会进行改组。改组后B公司董事会由7名董事组成，其中A公司派出5名，对B公司实施控制。

协议约定，M公司承诺本次交易完成后的2×20年、2×21年和2×22年三个会计年度B公司实现的净利润三年合计不低于人民币30 000万元。B公司三年实现的净利润低于上述承诺利润的，A公司支付1元现金回购按一定公式计算的M公司持有的A上市公司股票对A公司进行补偿。

2×19年12月31日，A公司认为B公司在2×20年至2×22年期间基本能够实现承诺利润，发生业绩补偿的可能性较小。

（2）2×20年末，根据B公司利润实现情况及市场预期，A公司估计B公司三年内不能完成承诺的净利润，A公司需回购自身股份1 000万股，其公允价值为8 000万元。

（3）2×21年12月31日A公司估计B公司三年内不能完成承诺的净利润，A公司需回购自身股份800万股，其公允价值为6 800万元。

（4）2×22年12月31日，三年业绩对赌期完成，根据最终确认补偿金额计算出应回购的股数为600万股，每股市价为9元。

（5）2×23年3月1日，A公司支付1元现金回购自身股份。

（6）2×23年3月10日，A公司将回购股份注销。

（7）不考虑其他因素。

要求：

（1）判断购买日或有对价是金融资产、金融负债还是权益工具，并说明理由。

（2）判断三年业绩对赌期完成时或有对价是金融资产，还是权益工具，说明理由。

（3）编制A公司2×20年12月31日、2×21年12月31日、2×22年12月31日、2×23年3月1日和2×23年3月10日与或有对价有关的会计分录。

【答案及解析】

（1）属于金融资产。

理由：非同一控制下企业合并形成的或有对价中，若购买方根据标的公司的业绩情况确定收回自身股份的数量，或有对价相当于购买方用自身权益工具结算的衍生工具，该或有对价在购买日不满足“固定换固定”的条件，不属于一项权益工具，而是属于一项金融资产。因此，购买方应当在购买日将该或有对价分类为以公允价值计量且其变动计入当期损益的金融资产。

（2）属于权益工具。

理由：随着标的公司实际业绩的确定，购买方能够确定当期应收回的自身股份的具体数量，则在当期资产负债表日，该或有对价满足“固定换固定”的条件，应将其重分类为权益工具（其他权益工具），以重分类日相关股份的公允价值计量，并不再确认相关股份的后续公允价值变动。

（3）相关会计分录如下：

①2×20年12月31日：

借：交易性金融资产　8 000

　贷：公允价值变动损益　8 000

②2×21年12月31日：

借：公允价值变动损益

　　（8 000－6 800）1 200

　贷：交易性金融资产　1 200

③2×22年12月31日：

借：公允价值变动损益

　　（6 800－600×9）1 400

　贷：交易性金融资产　1 400

借：其他权益工具　5 400

　贷：交易性金融资产　5 400

④2×23年3月1日：

借：库存股　5 400.0001

　贷：其他权益工具　5 400

　　银行存款　0.0001

⑤2×23年3月10日：

借：股本　600

资本公积　　4 800.0001
　贷：库存股　　5 400.0001

【例题·单选题】甲公司为增值税一般纳税人，适用的增值税税率为13%。2×19年1月1日，甲公司以增发的5 000万股普通股（每股面值1元，每股市价3元）和一批存货作为对价，从非关联方丙公司处取得乙公司70%的股权，能够对乙公司实施控制。该批存货的成本为800万元，公允价值（等于计税价格）为1 000万元。合并合同规定，如果乙公司未来两年的平均净利润增长率超过25%，则甲公司应另向丙公司支付3 000万元的合并对价。当日，甲公司预计乙公司未来两年的平均净利润增长率很可能将超过25%。不考虑其他因素影响，甲公司购买乙公司70%股权的合并成本为（　　）万元。

A. 19 130　　B. 16 130
C. 19 000　　D. 18 800

【答案】A

【解析】合并成本＝5 000×3＋1 000×（1＋13%）＋3 000＝19 130（万元）。分录如下：

借：长期股权投资　　19 130
　贷：股本　　5 000
　　资本公积——股本溢价　　10 000
　　主营业务收入　　1 000
　　应交税费——应交增值税（销项税额）　　130
　　交易性金融负债　　3 000
借：主营业务成本　　800
　贷：库存商品　　800

高频考点2：反向购买★★

（一）企业合并成本的计算

反向购买中，法律上的子公司（购买方）的企业合并成本是指其如果以发行权益性证券的方式为获取在合并后报告主体的股权比例，应向法律上母公司（被购买方）的股东发行的权益性证券数量与其公允价值计算的结果。

计算公式：

合并成本＝（会计上购买方原普通股股数×法律上母公司的持股比例÷购买方原股东在合并后报告主体占的股权比例－会计上购买方原普通股股数×法律上母公司的持股比例）×购买方每股股票的公允价值

命题点拨

命题角度：考题如果通过客观题的形式考查合并成本的计算，可以直接用被购买方（法律上母公司）发行在外的普通股股数乘以每股股票的公允价值来计算。

（二）合并财务报表的编制

除了股本的结构（股数）、少数股东权益、每股收益计算公式的分母体现正向购买以外，合并报表其余项目的计算均体现“反向”。

（1）合并财务报表中，法律上子公司的资产、负债应以其在合并前的账面价值进行确认和计量。

（2）合并财务报表中的留存收益和其他权益余额应当反映的是法律上子公司在合并前的留存收益和其他权益余额。

（3）合并财务报表中的权益性工具的金额应当反映法律上子公司合并前发行在外的股份面值以及假定在确定该项企业合并成本过程中新发行的权益性工具的金额。但是，在合并财务报表中的权益结构应当反映法律上母公司的权益结构，即法律上母公司发行在外权益性证券的数量和种类。

名师解惑

问：为什么反向购买合并报表中权益结构应当反映法律上母公司的权益结构？

答：反向购买的业务背景往往是借壳上市，合并完成以后合并后的主体对外发行的股票是法律上母公司，即上市公司的，因此合并报表中权益结构应当反映法律上母公司发行在外的权益性证券的数量和种类。

（4）法律上母公司的有关可辨认资产、负债在并入合并财务报表时，应以其在购买日确定的公允价值进行合并，企业合并成本大于合并中取得的法律上母公司（被购买方）可辨认净资产公允价值的份额体现为商誉，小于合并中取得的法律上母公司（被购买方）可辨认净资产公允价值的份额确认为合并当期损益。

（5）合并财务报表的比较信息应当是法律上子公司的比较信息（即法律上子公司的前期合并财务报表）。

（6）法律上子公司的有关股东在合并过程中未将其持有的股份转换为法律上母公司股份的，该部分股东享有的权益份额在合并财务报表中应作为少数股东权益列示。因法律上子公司的部分股东未将其持有的股份转换为法律上母公司的股权，其享有的权益份额仍仅限于对法律上子公司的部分，该部分少数股东权益反映的是少数股东按持股比例计算享有法律上子公司合并前净资产账面价值的份额。

另外，对于法律上母公司的所有股东，虽然该项合并中其被认为是被购买方，但其享有合并形成报告主体的净资产及损益，不应作为少数股东权益列示。

（三）每股收益的计算

发生反向购买当期，分段计算发行在外普通股加权平均数：

（1）自当期期初至购买日，发行在外的普通股数量应假定为在该项合并中法律上母公司向法律上子公司股东发行的普通股数量。

（2）自购买日至期末发行在外的普通股数量为法律上母公司实际发行在外的普通股股数。

反向购买后对外提供比较合并财务报表的，其比较前期合并财务报表中的基本每股收益，应以法律上子公司在每一比较报表期间归属于普通股股东的净损益除以在反向购买中法律母公司向法律上子公司股东发行的普通股股数计算确定（把购买方股数换成被购买方的）。

经典例题

【真题·综合题】（2016）（建议考生学完合并报表再做此题）甲公司为境内上市公司，专门从事能源生产业务。2×15年，甲公司发生的企业合并及相关交易或事项如下：

（1）2×15年2月20日，甲公司召开董事会，审议通过了以换股方式购买专门从事新能源开发业务的乙公司80%股权的议案。2×15年3月10日，甲公司、乙公司及其控股股东丙公司各自内部决策机构批准了该项交易方案。2×15年6月18日，证券监管机构核准了甲公司以换股方式购买乙公司80%股权的方案。

2×15年6月30日，甲公司以3∶1的比例向丙公司发行6 000万股普通股，取得乙公司80%股权，有关股份登记和股东变更手续当日完成；同日，甲公司、乙公司的董事会进行了改选，丙公司开始控制甲公司，甲公司开始控制乙公司。甲公司、乙公司普通股每股面值均为1元，2×15年6月30日，甲公司普通股的公允价值为每股3元，乙公司普通股的公允价值为每股9元。

2×15年7月16日，甲公司支付为实施上述换股合并而发生的会计师、律师、评估师等费用350万元，支付财务顾问费1 200万元。

（2）甲公司、乙公司资产、负债等情况如下：

2×15年6月30日，甲公司账面资产总额17 200万元，其中固定资产账面价值4 500万元，无形资产账面价值1 500万元；账面负债总额9 000万元；账面所有者权益（股东权益）合计8 200万元，其中：股本5 000万元（每股面值1元），资本公积1 200万元，盈余公积600万元，未分配利润1 400万元。2×15年6月30日，甲公司除一项无形资产外，其他资产、负债的公允价值与其账面价值相同，该无形资产为一项商标权，账面价值1 000万元，公允价值3 000万元，按直线法摊销，预计尚可使用5年，预计净残值为零。

2×15年6月30日，乙公司账面资产总额34 400万元，其中固定资产账面价值8 000万元，无形资产账面价值3 500万元；账面负债总额13 400万元；账面所有者权益（股东权益）合计21 000万元，其中，股本2 500万元（每股面值1元），资本公积500万元，盈余公积1 800万元，未分配利润16 200万元。2×15年6月30日，乙公司除一项固定资产外，其他资产、负债的公允价值与其账面价值相同，该固定资产为一栋办公楼，账面价值3 500万元，公允价值6 000万元，按年限平均法计提折旧，预计尚可使用20年，预计净残值为零。

（3）2×15年12月20日，甲公司向乙公司销售一批产品，销售价格（不含增值税）为100万元，成本为80万元，款项已收取。截至2×15年12月31日，乙公司从甲公司购入的产品已对外出售50%，其余50%形成存货。

其他有关资料如下：

合并前，丙公司、丁公司分别持有乙公司80%和20%股权，甲公司与乙公司、丙公司、丁公司不存在任何关联方联系；合并后，甲公司与乙公司除资料（3）所述内部交易外，不存在其他任何内部交易。

甲公司和乙公司均按照年度净利润的10%计提法定盈余公积，不计提任意盈余公积。企业合并后，甲公司和乙公司没有向股东分配利润。

甲公司和乙公司适用的企业所得税税率均为25%。甲公司以换股方式购买乙公司80%股权的交易适用特殊税务处理规定，即收购企业、被收购企业的原有各项资产和负债的计税基础保持不变，甲公司和乙公司合并前的各项资产、负债的账面价值与其计税基础相同，不存在其他未确认暂时性差异所得税影响的事项。甲公司和乙公司预计未来年度均有足够的应纳税所得额用以抵扣暂时性差异。

除所得税外，不考虑增值税及其他相关税费，不考虑其他因素。

要求：

（1）根据资料（1）～（2）及其他有关资料，判断该项企业合并的类型及会计上的购买方和被购买方，并说明理由。

（2）根据资料（1）～（2）及其他有关资料，确定该项企业合并的购买日（或合并日），并说明理由。

（3）根据资料（1）～（2）及其他有关资料，计算甲公司取得乙公司80%股权投资的成本，并编制相关会计分录。

（4）根据资料（1）～（2）及其他有关资料，计算该项企业合并的合并成本和商誉（如有）。

（5）根据资料（1）～（2）及其他有关资料，计算甲公司购买日（或合并日）合并资产负债表中固定资产、无形资产、递延所得税资产（或负债）、盈余公积和未分配利润的列报金额。

（6）根据资料（3），编制甲公司2×15年度合并财务报表相关的抵销分录。

【答案及解析】

（1）合并类型：反向购买；会计上的购买方：乙公司；被购买方：甲公司；理由：2×15年6月30日，甲公司以3∶1的比例向丙公司发行6 000万股普通股，取得乙公司80%股权，有关股份登记和股东变更手续于当日完成；同日，甲公司、乙公司的董事会进行了改选，丙公司开始控制甲公司，甲公司开始控制乙公司，构成反向购买。

（2）购买日：2×15年6月30日。理由：2×15年6月30日，甲公司以3∶1的比例向丙公司发行6 000万股普通股，取得乙公司80%股权，有关股份登记和股东变更手续当日完成；同日，甲公司、乙公司的董事会进行了改选。实质上购买方已取得对被购买方的控制权。

（3）甲公司取得乙公司80%股权投资的成本＝6 000×3＝18 000（万元），相关会计分录为：

借：长期股权投资　　18 000
　贷：股本　　6 000
　　　资本公积——股本溢价　　12 000

借：管理费用　　　　　1 550
　　贷：银行存款　　　　　1 550

（4）合并成本：企业合并后，乙公司原股东丙公司持有甲公司的股权比例为 6 000 ÷（6 000 + 5 000）= 54.55%；假定乙公司发行本公司普通股对甲公司进行企业合并，在合并后主体享有同样的股权比例，乙公司应当发行的普通股股数为 2 500 × 80% ÷ 54.55% − 2 500 = 1 166.36（万股）。

企业合并成本 = 1 166.36 × 9 = 10 497.24（万元）

商誉 = 10 497.24 −（8 200 + 2 000 × 75%）= 797.24（万元）

（5）固定资产的列报金额 = 4 500 + 8 000 = 12 500（万元）

无形资产的列报金额 = 1 500 +（3 000 − 1 000）+ 3 500 = 7 000（万元）

递延所得税资产的列报金额 = 0

递延所得税负债的列报金额 =（3 000 − 1 000）× 25% = 500（万元）

盈余公积的列报金额 = 600 + 1 800 × 80% − 600 = 1 440（万元）

未分配利润的列报金额 = 1 400 + 16 200 × 80% − 1 400 = 12 960（万元）

（6）抵销分录为：

借：营业收入　　　　　100
　　贷：营业成本　　　　　100
借：营业成本　　　　　10
　　贷：存货　　　　　　　10

企业因该内部交易应确认的递延所得税资产 = 10 × 25% = 2.5（万元）

借：递延所得税资产　　　　2.5
　　贷：所得税费用　　　　　2.5

进阶练习

（一）单项选择题

1. 在同一控制下企业合并中涉及的或有对价，下列会计处理方法中正确的是（　　）。

A. 合并日因或有对价确认预计负债或资产的，该预计负债或资产金额与后续或有对价结算金额的差额计入投资收益

B. 合并日 12 个月内出现对合并日已存在情况的新的或进一步证据需要调整或有对价的，应当予以确认并对长期股权投资成本进行调整

C. 合并日 12 个月后出现对合并日已存在情况的新的或进一步证据需要调整或有对价的，应当予以确认并将其计入公允价值变动损益

D. 合并日因或有对价确认预计负债或资产的，该预计负债或资产金额与后续或有对价结算金额的差额不影响当期损益，应当调整资本公积

2. A 公司为一家规模较小的上市公司，B 公司为某大型未上市的企业。为实现资源的优化配置，A 公司 2 × 19 年 1 月 1 日向 B 公司原股东定向增发 1 500 万股本企业普通股以取得 B 公司全部的 2 000 万股普通股。当日，A 公司每股股票的公允价值为 20 元，B 公司每股股票的公允价值为 15 元。合并前，A 公司和 B 公司的股本金额分别为 500 万元和 2 000 万元。假定不考虑其他因素，该项业务中购买方合并成本为（　　）万元。

A. 16 000　　　　B. 24 998.38
C. 30 000　　　　D. 10 000

3. 下列关于反向购买后编制合并财务报告的说法中，正确的是（　　）。

A. 合并财务报表中，法律上子公司的资产、负债应以其在合并前的公允价值进行确认和计量

B. 合并财务报表中的权益结构应该反映法律上子公司发行在外的股票种类和数量

C. 合并财务报表中的少数股东权益是法律上子公司少数股东按照持股比例计算享有法律上子公司可辨认净资产公允价值份额

D. 计算合并财务报表当期每股收益时的普通股加权平均数，自当期期初至购买日，发行在外的普通股数量应假定为在该项合并中法律上母公司向法律上子公司股东发行的普通股数量；自购买日至期末发行在外的普通股数量为法律上母公司实际发行在外的普通股股数

4. 甲公司为增值税一般纳税人，适用的增值税税率为13%。2×21年1月1日，甲公司以增发的500万股普通股（每股市价3元）和一批存货作为对价，从C公司（非关联方）处取得乙公司80%的股权，能够对乙公司实施控制。该批存货的成本为80万元，公允价值（等于计税价格）为100万元。合同规定，如果乙公司未来两年的平均净利润增长率超过20%，则甲公司应另向C公司支付300万元的合并对价。当日，甲公司预计乙公司未来两年的平均净利润增长率很可能将超过20%。不考虑其他因素影响，甲公司购买乙公司80%股权的合并成本为（　　）万元。

A. 1 913　　B. 1 616

C. 1 600　　D. 1 200

（二）多项选择题

1. 在非同一控制下控股合并中，因未来存在一定不确定性事项而发生的或有对价，下列会计处理方法中不正确的有（　　）。

A. 购买方应当将合并协议约定的或有对价作为企业合并转移对价的一部分，按照其在购买日的公允价值计入企业合并成本

B. 购买日后出现对购买日已存在情况的新的或者进一步证据而需要调整或有对价的，应当予以确认并对原计入合并商誉的金额进行调整

C. 自购买日起12个月以后出现对购买日已存在情况的新的或者进一步证据而需要调整或有对价的，应当予以确认并对原计入合并商誉的金额进行调整

D. 自购买日起12个月内出现新的情况需要调整或有对价的，应当予以确认并对原计入合并商誉的金额进行调整

2. 下列关于反向购买后编制合并财务报告的说法中，不正确的有（　　）。

A. 合并财务报表中，法律上母公司的资产、负债应以其在合并前的账面价值进行确认和计量

B. 合并财务报表中的权益性工具的金额应当反映法律上母公司合并前发行在外的股份面值以及假定在确定该项企业合并成本过程中新发行的权益性工具的金额

C. 合并财务报表的比较信息应当是法律上母公司的比较信息（即法律上母公司的前期合并财务报表）

D. 合并财务报表中的留存收益和其他权益余额应当反映的是法律上子公司在合并前的留存收益和其他权益余额

3. 下列事项中，属于企业合并准则中所界定的企业合并的有（　　）。

A. 甲公司通过发行普通股自乙公司原股东处取得乙公司的全部股权，交易事项发生后乙公司仍持续经营

B. 甲公司支付对价取得乙公司的全部净资产，并购完成后乙公司丧失法人资格

C. 甲公司以其资产作为出资投入乙公司，取得对乙公司的控制权，并购完成后乙公司仍维持其独立法人资格继续经营

D. 甲公司购买乙公司40%的股权，在乙公司董事会中派一名董事

4. 下列各项关于甲公司2×16年发生的交易或事项中，其会计处理不会影响当年度甲公司合并所有者权益变动表留存收益项目本年年初金额的有（　　）。

A. 上年末资产的流动性与非流动性划分发生重要差错，本年予以更正

B. 收购受同一母公司控制的乙公司60%股权（至收购时已设立5年，持续盈利且未向投资者分配），交易符合作为同一控制下企业合并处理的条件

C. 自公开市场进一步购买联营企业股权，将持股比例自25%增加到53%并能够对其实施控制

D. 根据外在条件变化，将原作为使用寿

命不确定的无形资产调整为使用寿命为10年并按直线法摊销

（三）计算分析题

1. 甲公司是一家上市公司，2×18年和2×19年发生的相关交易或事项如下：

（1）2×18年3月1日，甲公司临时股东大会审议通过向乙公司非公开发行股份购买乙公司所持丙公司100%股权的议案。2×18年6月10日，甲公司非公开发行股份并购买丙公司100%股权的重组方案经政府相关部门核准，2×18年7月1日，甲公司向乙公司非公开发行2 400万股股票，并办理完成发行股份的登记手续，以及丙公司股东的变更登记手续。

当日，甲公司向乙公司发行股份的公允价值为每股10元；丙公司100%股权的公允价值为24 000万元，丙公司可辨认净资产公允价值为18 000万元，净资产账面价值为16 000万元，差异由一项非专利技术导致，其账面价值为零，公允价值为2 000万元，该非专利技术自甲公司取得丙公司股权之日起预计使用10年，采用直线法摊销，预计净残值为零。

甲公司此次非公开发行股份前的股份数为8 000万股。

（2）2×18年度，甲公司个别财务报表实现净利润20 000万元，丙公司个别财务报表实现净利润6 000万元，其中1~6月为2 000万元。

（3）丙公司因其在2×18年6月30日前销售的产品存在质量问题并对客户造成损害，被客户在2×18年12月提起诉讼要求赔偿损失。2×19年3月20日，经产品质量部门和法务部门认定，丙公司因该诉讼事项很可能向客户赔偿300万元。

甲公司2×18年度合并财务报表经批准于2×19年4月10日对外报出。

其他有关资料：第一，甲公司在购买丙公司100%股权前，与乙公司不存在任何关联方关系；第二，取得丙公司股权后，甲公司与丙公司之间未发生任何交易；第三，合并商誉未发生减值。第四，除资料（1）所述发行股份外，甲公司本年内未发生其他股份变动事项。第五，甲公司、丙公司适用的企业所得税税率均为25%，甲公司收购丙公司的交易满足税法中特殊性税务处理的条件，乙公司免交企业所得税。第六，丙公司因产品质量问题导致的损失在实际发生时准予税前扣除。第七，本题不考虑所得税外其他税费及其他因素。

要求：

（1）根据资料（1），判断此次合并交易会计上的购买方，并说明理由；计算此次合并交易的合并成本和商誉的金额。

（2）根据资料（2），计算甲公司2×18年度合并财务报表中归属于母公司股东的净利润，以及2×18年度基本每股收益。

（3）根据资料（3），判断丙公司该诉讼事项导致的义务是否应当在2×18年度个别财务报表中确认为预计负债，并说明理由。

（4）根据资料（3），判断甲公司是否因该诉讼事项需要调整购买日初始确认的商誉，并说明理由；如果需要调整商誉，计算调整后的商誉金额。

2. 2×17年至2×18年，甲公司发生的相关交易或事项如下：

（1）甲公司持有乙公司20%股权，能够对乙公司施加重大影响。2×17年1月1日，甲公司对乙公司股权投资的账面价值为4 000万元，其中投资成本为3 200万元，损益调整为500万元，以后期间可转入损益的其他综合收益为300万元。取得乙公司20%股权时，乙公司各项可辨认资产、负债的公允价值与其账面价值相同。

2×17年度，乙公司实现净利润1 800万元，分配现金股利1 200万元，无其他所有者权益变动事项。

（2）2×17年12月10日，甲公司与丙公司签订股权转让协议，协议约定：甲公司以发行本公司普通股为对价，受让丙公司所持的乙公司35%股权；双方同意以2×17年11月30日经评估乙公司全部股权公允价值15 000万元为依据，确定乙公司 35% 股权的转让价格为 5 250 万元，由甲公司以 5 元/股的价格向丙公司发行 1 050 万股本公司普通股作为支付对价。

2×18 年 1 月 1 日，甲公司向丙公司定向发行本公司普通股 1 050 万股，丙公司向甲公司交付乙公司 35% 股权，发行股份的登记手续以及乙公司股东的变更登记手续已办理完成。当日，甲公司对乙公司董事会进行改选，改选后甲公司能够控制乙公司的相关活动。购买日，甲公司股票的公允价值为 7.5 元/股，原持有乙公司 20% 股权的公允价值为 4 500 万元；乙公司净资产的账面价值为 14 000 万元（其中股本为 8 000 万元，盈余公积为 2 000 万元，未分配利润为 4 000 万元），可辨认净资产的公允价值为 16 000 万元，除一项固定资产的公允价值大于其账面价值 2 000 万元外，其他各项资产、负债的公允价值与账面价值相同。

其他有关资料：第一，在取得乙公司 35% 股权前，甲公司与丙公司不存在关联方关系；第二，甲公司与乙公司之间未发生内部交易；第三，本题不考虑税费及其他因素。

要求：

（1）根据资料（1），编制甲公司 2×17 年对乙公司股权投资进行权益法核算的会计分录，计算甲公司对乙公司股权投资 2×17 年 12 月 31 日的账面价值。

（2）根据资料（2），编制甲公司取得乙公司 35% 股权的会计分录，计算甲公司取得股权日在其个别财务报表中对乙公司股权投资的账面价值。

（3）根据上述资料，判断甲公司合并乙公司的企业合并类型，并说明理由；如为非同一控制下企业合并，说明购买日，计算甲公司购买乙公司的合并成本和商誉，并编制甲公司购买日在合并财务报表中的调整和抵销分录。

进阶练习答案及解析

（一）单项选择题

1.【答案】D

【解析】在同一控制下企业控股合并中，因或有对价确认预计负债或资产的，该预计负债或资产金额与后续或有对价结算金额的差额不影响当期损益，应当调整资本公积（资本溢价或股本溢价），资本公积（资本溢价或股本溢价）不足冲减的，调整留存收益，选项 A 错误；选项 B、C 说的是非同一控制下企业合并的处理。

2.【答案】D

【解析】合并后 B 公司原股东持有 A 公司和 B 公司组成的合并报告主体的股权比例 = 1 500/（500 + 1 500）×100% = 75%，对 A 公司形成控制，因此该业务属于反向购买，B 公司为会计上的购买方，虚拟增发的普通股股数 = 2 000/75% − 2 000 = 666.67（万股），合并成本 = 666.67 × 15 = 9 999.99 ≈ 10 000（万元）。

3.【答案】D

【解析】合并财务报表中，法律上子公司的资产、负债应以其在合并前的账面价值进行确认和计量，选项 A 错误；合并财务报表中的权益结构应该反映法律上母公司发行在外的股票种类和数量，选项 B 错误；合并财务报表中的少数股东权益是法律上子公司少数股东按照持股比例计算享有法律上子公司合并前所有者权益账面价值份额，选项 C 错误。

4.【答案】A

【解析】合并成本 = 500 × 3 + 100 ×（1 + 13%）+ 300 = 1 913（万元）。

（二）多项选择题

1.【答案】BCD

【解析】选项 B，购买日后 12 个月内出现对购买日已存在情况的新的或者进一步证据而需要调整或有对价的，应当予以确认并对原计入合并商誉的金额进行调整；选项C，自购买日起12个月以后发生的或有对价变化或调整，应当区分以下情况进行会计处理：或有对价为权益性质的，不进行会计处理；或有对价如果属于金融工具的确认与计量准则规定的金融工具的，应采用公允价值计量，公允价值变动计入当期损益；选项D，根据或有对价变动调整合并成本要同时满足两个条件，一个是购买日后12个月以内，另一个是对购买日已存在的情况提供新的或进一步的证据。

2.【答案】ABC

【解析】选项A，合并财务报表中，法律上母公司的资产、负债应以其在合并前的公允价值进行确认和计量；选项B，合并财务报表中的权益性工具的金额应当反映法律上子公司合并前发行在外的股份面值以及假定在确定该项企业合并成本过程中新发行的权益性工具的金额，而合并报表上的权益结构，应当反映法律上母公司的权益结构（数量和种类）；选项C，合并财务报表的比较信息应当是法律上子公司（会计上购买方）的比较信息（即法律上子公司的前期合并财务报表）。

3.【答案】ABC

【解析】选项D，属于对联营企业投资，不是企业合并。

4.【答案】ACD

【解析】选项A，企业资产和负债是按照流动性划分列报的，流动性的重新划分只会影响资产和负债的金额，不会影响期初留存收益；选项B，同一控制下企业合并，合并报表中应当将合并前子公司留存收益中归属于母公司部分予以恢复，借记“资本公积”科目，贷记“留存收益”科目，会影响期初留存收益项目的金额；选项C，属于当期事项，直接调整当期项目金额，对原投资视同销售处理，影响当期损益进而影响当期期末留存收益，不影响期初留存收益；选项D，属于会计估计变更，不需要追溯调整，不影响期初留存收益。

（三）计算分析题

1.【答案及解析】

（1）甲公司是购买方。

理由：甲公司发行股份后，乙公司拥有甲公司股份比例 = 2 400/（2 400 + 8 000）× 100% = 23.08%，不能控制甲公司，不构成反向购买，因此甲公司属于会计上的购买方。

合并成本 = 2 400 × 10 = 24 000（万元）。

商誉 = 24 000 −（18 000 − 2 000 × 25%）× 100% = 6 500（万元）。

评估增值的调整分录如下：

借：无形资产　　2 000

　　贷：资本公积　　2 000

借：资本公积　　500

　　贷：递延所得税负债　　500

（2）归属于母公司股东的净利润 = 20 000 +（6 000 − 2 000 − 2 000/10 × 6/12 × 75%）= 23 925（万元）。

2×18年度合并报表中基本每股收益 = 23 925/（8 000 + 2 400 × 6/12）= 2.60（元）。

评估增值的调整分录如下：

借：无形资产　　2 000

　　贷：递延所得税负债　　500

　　　　资本公积　　1 500

借：管理费用　　100

　　贷：无形资产——累计摊销　　100

借：递延所得税负债　　25

　　贷：所得税费用　　25

（3）应当在2×18年度个别报表确认预计负债。

理由：因为2×19年3月20日丙公司2×18年度报表还没有对外报出，属于资产负债表日后期间。且该事项在2×18年度资产负债表日已经存在，在日后期间得以证实，应该确认预计负债，所以应当作为调整事项，调整2×18年丙公司个别报表。

（4）应当调整商誉。

理由：在合并当期期末以暂时确定的价值对企业合并进行处理的情况下，自购买日算起12个月内取得进一步的信息表明需对原暂时确定的企业合并成本或所取得的资产、负债的暂时性价值进行调整的，应视同在购买日发生，即应进行追溯调整，故调整商誉。

调整后商誉的金额 = 24 000 −（18 000 − 2 000 × 25% − 300 × 75%）× 100% = 6 725（万元）。

评估增值的调整分录如下：

借：资本公积　　300

　贷：预计负债　　300

借：递延所得税资产　　75

　贷：资本公积　　75

2.【答案及解析】

（1）甲公司 2 × 17 年对乙公司股权投资进行权益法核算的会计分录如下：

借：长期股权投资——损益调整　　360

　贷：投资收益　　（1 800 × 20%）360

借：应收股利　　240

　贷：长期股权投资——损益调整　　（1 200 × 20%）240

借：银行存款　　240

　贷：应收股利　　240

甲公司对乙公司股权投资 2 × 17 年 12 月 31 日的账面价值 = 4 000 + 360 − 240 = 4 120（万元）。

（2）甲公司取得乙公司 35% 股权的会计分录如下：

借：长期股权投资　　（1 050 × 7.5）7 875

　贷：股本　　1 050

　　资本公积——股本溢价　　（7 875 − 1 050）6 825

甲公司取得股权日在其个别财务报表中对乙公司股权投资的账面价值 = 4 120 + 7 875 = 11 995（万元）。

（3）甲公司取得乙公司股权为多次交易形成的非同一控制下的企业合并。

理由：在取得乙公司 35% 股权前，甲公司与丙公司不存在关联方关系，在取得乙公司 35% 股权后，甲公司能够控制乙公司。

购买日为 2 × 18 年 1 月 1 日。

合并成本 = 4 500 + 7 875 = 12 375（万元）。

商誉 = 12 375 − 16 000 ×（20% + 35%）= 3 575（万元）。

借：固定资产　　2 000

　贷：资本公积　　2 000

借：长期股权投资　　（4 500 − 4 120）380

　贷：投资收益　　380

借：其他综合收益　　300

　贷：投资收益　　300

借：股本　　8 000

　资本公积　　2 000

　盈余公积　　2 000

　未分配利润　　4 000

　商誉　　3 575

　贷：长期股权投资　　12 375

　　少数股东权益　　（16 000 × 45%）7 200

第二十七章　合并财务报表

2023 年教材内容主要变化

本章教材内容完善了内部债权债务的合并处理的表述，按照修订后的准则调整了报表项目名称。新增一道在不丧失控制权的情况下部分处置对子公司长期股权投资的例题。整合了特殊业务在合并报表中的会计处理这一节的标题结构。

本章近五年考试高频考点分布

高频考点内容	年度及题型分布
合并报表前期准备事项	2019 年单选题
合并范围的确定	2018 年多选题
连续编制合并报表抵销分录编制	2022 年多选题、2021 年综合题、2020 年综合题
权益法、非同一控制下企业合并、评估增值	2021 年综合题、2020 年计算分析题
同一控制下企业合并、购买少数股权与收入、政府补助、借款费用等结合	2019 年综合题
非同一控制企业合并、合并现金流量表和合并资产负债表的列报、关联方披露、合并财务报表相关的调整与抵销处理	2018 年综合题
多次交易实现非同一控制下企业合并、合并报表层面与联营企业之间内部交易调整抵销、常规内部交易调整抵销	2022 年单选题、2022 年综合题

高频考点精讲

本章介绍《企业会计准则第 33 号——合并财务报表》的相关内容，主要包括长期股权投资与所有者权益的合并处理、内部债权债务的合并处理、内部商品交易的合并处理、内部固定和无形资产交易的合并处理、特殊交易在合并报表中的会计处理，以及所得税会计的合并处理等。

高频考点 1：长期股权投资与所有者权益的合并处理★★★

（一）同一控制下企业合并

1. 合并日合并财务报表的编制

母公司长期股权投资与子公司所有者权益

的抵销：

借：股本

资本公积

其他综合收益

盈余公积

未分配利润

贷：长期股权投资

少数股东权益［子公司所有者权益×少数股东持股比例］

2. 合并日后合并财务报表的编制

（1）将长期股权投资成本法核算的结果调整为权益法核算的结果。

①调整被投资单位实现的盈亏。

借：长期股权投资

贷：投资收益

或编制相反分录。

②调整被投资单位分派的现金股利。

借：投资收益

贷：长期股权投资

③调整子公司发生的其他综合收益变动。

借：长期股权投资

贷：其他综合收益

或编制相反分录。

④调整子公司发生的其他所有者权益变动。

借：长期股权投资

贷：资本公积

或编制相反分录。

第二年及以后连续编制合并财务报表时，继续编制上述调整分录，只不过需要将损益类项目换成“年初未分配利润”。

（2）合并抵销处理。

①母公司长期股权投资与子公司所有者权益的抵销。

借：股本

资本公积

其他综合收益

盈余公积

未分配利润

贷：长期股权投资

少数股东权益［子公司所有者权益×少数股东持股比例］

借：资本公积［以母公司资本溢价或股本溢价的贷方余额为限］

贷：盈余公积［归属于当前母公司部分］

未分配利润［归属于当前母公司部分］

小贴士 在合并财务报表中，子公司少数股东分担的当期亏损超过了少数股东在该子公司期初所有者权益中享有份额的（即发生超额亏损），其余额仍应当冲减少数股东权益，即少数股东权益可以出现负数（实体理论）。

②母公司的投资收益与子公司当年利润分配的抵销处理。

借：投资收益

少数股东损益

年初未分配利润

贷：提取盈余公积

对所有者（或股东）的分配

年末未分配利润

（二）非同一控制下企业合并

1. 购买日合并报表的编制

（1）将子公司各项可辨认资产负债由账面价值调整为公允价值。

借：固定资产——原价/无形资产/存货等

贷：资本公积

借：资本公积

贷：递延所得税负债

（2）母公司长期股权投资与子公司所有者权益的抵销。

借：股本

资本公积

其他综合收益

盈余公积

未分配利润

商誉［借方差额］

贷：长期股权投资

少数股东权益［子公司所有者权益×少数股东持股比例］

2. 购买日后合并财务报表的编制

（1）对子公司个别财务报表进行调整。

根据母公司在购买日设置的备查簿中登记的该子公司有关可辨认资产、负债的公允价值，对子公司的个别财务报表进行调整，使子公司的个别财务报表反映为在购买日公允价值基础上确定的可辨认资产、负债等在本期资产负债表日应有的金额。

调整分录（以管理用固定资产为例，假定固定资产公允价值大于账面价值）如下：

①投资当年：

借：固定资产——原价［调整固定资产原值］
　　贷：资本公积
借：资本公积
　　贷：递延所得税负债
借：管理费用［当年按公允价值与账面价值差额应补提折旧］
　　贷：固定资产——累计折旧
借：递延所得税负债［转回］
　　贷：所得税费用

②连续编制合并财务报表：

借：固定资产——原价［调整固定资产原值］
　　贷：资本公积——年初
借：资本公积——年初
　　贷：递延所得税负债
借：年初未分配利润［以前年度累计补提折旧］
　　贷：固定资产——累计折旧
借：递延所得税负债
　　贷：年初未分配利润［以前年度累计转回递延所得税负债］
借：管理费用［当年补提的折旧额］
　　贷：固定资产——累计折旧
借：递延所得税负债［当年的转回额］
　　贷：所得税费用

（2）长期股权投资由成本法调整为权益法。

长期股权投资成本法核算的结果调整为权益法核算的结果的会计处理与同一控制下企业合并的调整处理类似，但非同一控制下根据子公司发生的盈亏调整长期股权投资时，需要先根据子公司可辨认资产、可辨认负债购买日评估增值或减值的相关调整分录对子公司账面净利润进行调整。

子公司调整后的净利润＝账面净利润－［评估增值的固定资产（无形资产）补提折旧（摊销）－评估增值存货实现销售调增的营业成本＋应收款项评估减值的实现增加的利润］×（1－25%）

（3）抵销分录。

①母公司长期股权投资与子公司所有者权益的抵销：

借：股本
　　资本公积
　　其他综合收益
　　盈余公积
　　年末未分配利润［年初未分配利润＋子公司调整后的净利润－子公司提取盈余公积－子公司分配现金股利］
　　商誉［借方差额］
　　贷：长期股权投资
　　　　少数股东权益［子公司所有者权益×少数股东持股比例］

②母公司的投资收益与子公司当年利润分配的抵销处理：

借：投资收益
　　少数股东损益
　　年初未分配利润
　　贷：提取盈余公积
　　　　对所有者（或股东）的分配
　　　　年末未分配利润

命题点拨

命题角度：合并报表的综合题经常考非同一控制下企业合并，长期股权投资与所有者权益的抵销、投资收益和利润分配等的抵销更是必考点，考生一定要准确计算出子公司调整后净利润，计算该指标时只考虑投资时点评估增值的影响，内部交易不考虑。针对内部逆流交易未实现的损益，单独编制调整抵销少数股东权益和少数股东损益的分录。

经典例题

【真题·多选题】（2017）2×16 年甲公司所属企业集团内各公司发生的下列交易或事项中，不考虑其他因素，会引起甲公司合并财务报表中归属于母公司所有者的权益金额减少的有（　　）。

A. 2 月 3 日，甲公司向其控股 60% 的子公司（乙公司）捐赠货币资金 3 000 万元

B. 12 月 31 日，甲公司的子公司（丁公司）持有的其他权益工具投资公允价值相对年初下降 1 200 万元

C. 8 月 20 日，甲公司的子公司（戊公司）以资本公积金转增股本，每 10 股转增 3 股

D. 9 月 10 日，甲公司控股 70% 的子公司（丙公司）向所有股东按持股比例派发 1 亿元的股票股利

【答案】AB

【解析】选项 C，资本公积金转增股本属于所有者权益内部变动，不影响所有者权益总额；选项 D，派发股票股利属于所有者权益内部变动，不影响所有者权益总额。

【例题·单选题】2×17 年 1 月 1 日，长江公司以现金 500 万元收购黄河公司 80% 的股份。在购买日，黄河公司净资产的账面价值为 600 万元，各项资产和负债的公允价值与账面价值相等。黄河公司 2×17 年度实现净利润 55 万元，并支付现金股利 16.5 万元，假定长江公司除黄河公司外没有其他子公司，则 2×17 年末，长江公司的合并财务报表中的少数股东权益为（　　）万元。

A. 125.6　　B. 127.7

C. 132.7　　D. 120.2

【答案】B

【解析】少数股东权益 =（600 + 55 − 16.5）×（1 − 80%）= 127.7（万元）。

【例题·单选题】下列关于母公司投资收益与子公司利润分配的抵销分录的表述，错误的是（　　）。

A. 抵销母公司投资收益和少数股东损益均按调整后净利润份额计算

B. 抵销母公司投资收益是按调整后的净利润份额计算，而少数股东损益不需调整净利润

C. 抵销期末未分配利润按照期初和调整后的净利润减去实际分配后余额计算

D. 抵销子公司利润分配相关项目按照子公司实际提取和分配数计算

【答案】B

【解析】抵销母公司的投资收益和少数股东损益的确认均需按照调整后的净利润份额来计算。

【例题·多选题】2×15 年 1 月 1 日，甲公司购入乙公司 80% 股权（非同一控制下控股合并），能够对乙公司的财务和经营政策实施控制。除乙公司外，甲公司无其他子公司。当日乙公司可辨认净资产公允价值为 2 000 万元。2×15 年度乙公司以购买日可辨认净资产公允价值为基础计算实现净利润 300 万元，分配现金股利 100 万元，无其他所有者权益变动。2×15 年末，甲公司个别财务报表中所有者权益总额为 8 000 万元。下列项目中正确的有（　　）。

A. 2×15 年 12 月 31 日归属于母公司股东的权益为 8 240 万元

B. 2×15 年 12 月 31 日少数股东权益总额为 440 万元

C. 2×15 年 12 月 31 日归属于母公司股东的权益为 8 160 万元

D. 2×15 年度少数股东损益为 60 万元

【答案】BCD

【解析】选项 A、C，2×15 年 12 月 31 日归属于母公司股东的权益 = 8 000 +（300 − 100）× 80% = 8 160（万元）；选项 B，2×15 年 12 月

31日少数股东权益总额 =(2 000 + 300 - 100)× 20% = 440(万元);选项D,2×15年度少数股东损益 = 300 × 20% = 60(万元)。

高频考点2:内部交易的抵销处理

★★★

(一)内部债权债务的合并处理

1. 内部债权债务项目本身的抵销

借:债务类项目

　　贷:债权类项目

2. 内部投资收益(利息收入)和利息费用的抵销

借:投资收益

　　贷:财务费用/在建工程等

如果集团内部一方持有另一方的债券是在证券市场上从第三方手中购进的情况下,债权投资与应付债券抵销时,可能会出现差额,应当计入合并利润表的投资收益或财务费用项目。即此种情况下:

情形	账务处理
(1)当应付债券的摊余成本大于债权投资的摊余成本时	借:应付债券[个别报表的摊余成本] 　　投资收益[差额倒挤] 　　贷:债权投资[个别报表的摊余成本]
(2)当应付债券的摊余成本小于债权投资的摊余成本时	借:应付债券[个别报表的摊余成本] 　　贷:债权投资[个别报表的摊余成本] 　　　　财务费用[差额倒挤]

3. 内部应收账款计提坏账准备的抵销

(1)发生当年:

借:应收账款——坏账准备

　　贷:信用减值损失

(2)连续编制合并财务报表:

①将上期抵销的资产减值损失对本期期初未分配利润的影响抵销(抄、替换):

借:应收账款——坏账准备

　　贷:年初未分配利润

②将本期计提(或冲回)的坏账准备数额抵销,抵销分录与计提(或冲回)分录借贷方向相反,即:

借:应收账款——坏账准备

　　贷:信用减值损失

或编制相反分录。

(二)内部存货交易抵销

1. 内部销售收入、内部销售成本和未实现内部销售利润的抵销

(1)交易发生当年:

借:营业收入(内部销售方售价)

　　贷:营业成本(倒挤)

　　　　存货(期末结存存货中包含的未实现内部销售利润)

小贴士 期末结存存货中包含的未实现内部销售利润 = 期末内部购销形成的存货价值 × 内部销售方的毛利率,或 =(内部销售方售价 - 内部销售方成本)× 期末结存存货的比例。

(2)连续编制合并财务报表(三步曲):

步骤	账务处理
①假定上期末实现内部销售商品全部对集团外销售	借:年初未分配利润(上期末存货中包含的未实现内部销售利润) 　　贷:营业成本
②假定当期内部购进商品全部对集团外销售	借:营业收入 　　贷:营业成本
③期末抵销未实现内部销售利润	借:营业成本 　　贷:存货

2. 存货跌价准备的合并处理

（1）交易发生当年：

站在集团整体的角度看应抵销的金额，存货跌价准备的抵销应以存货中包含的未实现内部销售利润为限。抵销分录如下：

借：存货——存货跌价准备

　贷：资产减值损失

（2）连续编制合并财务报表（三步曲）：

步骤	账务处理
①首先，抵销存货跌价准备期初数（抄）	借：存货——存货跌价准备 　贷：年初未分配利润
②然后，抵销个别报表本期销售存货结转的存货跌价准备	借：营业成本 　贷：存货——存货跌价准备
③最后，抵销个别报表补提或者转回的存货跌价准备	借：存货——存货跌价准备 　贷：资产减值损失 或编制相反分录

（三）内部固定资产、无形资产交易的合并处理

1. 内部交易固定资产（或无形资产）持有期间的抵销

（1）交易发生当年。

步骤	账务处理
①将本期购入的固定资产（或无形资产）原价中包含的未实现内部销售利润抵销	a. 一方销售商品，另一方购入后作为固定资产（或无形资产）。 借：营业收入 　贷：营业成本 　　固定资产/无形资产——原价［本期购入的固定资产或无形资产原价中包含的未实现内部销售利润］
	b. 一方销售固定资产（或无形资产），另一方购入后仍作为固定资产（或无形资产）。 借：资产处置收益 　贷：固定资产/无形资产——原价
②将本期多提折旧或摊销抵销	借：固定资产/无形资产——累计折旧/累计摊销［本期多提折旧或摊销额］ 　贷：管理费用等

（2）连续编制合并财务报表。

步骤	账务处理
①将期初固定资产（或无形资产）原价中包含的未实现内部销售利润抵销	借：年初未分配利润 　贷：固定资产/无形资产——原价［期初固定资产或无形资产原价中包含的未实现内部销售利润］
②将期初累计多提折旧或摊销抵销	借：固定资产/无形资产——累计折旧/累计摊销［以前年度累计多提的折旧或摊销额］ 　贷：年初未分配利润
③将本期多提折旧或摊销抵销	借：固定资产/无形资产——累计折旧/累计摊销［本期多提的折旧或摊销额］ 　贷：管理费用等

2. 发生变卖或报废情况下内部固定资产（或无形资产）交易的抵销

发生变卖情况，将上述抵销分录中的“固定资产（或无形资产）——原价”项目和“固定资产（或无形资产）——累计折旧（或累计摊销）”项目用“资产处置收益”项目代替。

发生报废情况，将上述抵销分录中的“固定资产（或无形资产）——原价”项目和“固定资产（或无形资产）——累计折旧（或累计摊销）”项目用营业外收支项目代替。

步骤	账务处理
（1）将期初固定资产（或无形资产）原价中未实现内部销售利润抵销	借：年初未分配利润 贷：资产处置收益/营业外收入/营业外支出［期初固定资产或无形资产原价中包含的未实现内部销售利润］
（2）将期初累计多提折旧或摊销抵销	借：资产处置收益/营业外收入/营业外支出［以前年度累计多提的折旧或摊销额］ 贷：年初未分配利润
（3）将本期多提折旧或摊销抵销	借：资产处置收益/营业外收入/营业外支出［本期多提的折旧或摊销额］ 贷：管理费用等

（四）所得税相关的合并处理

1. 内部应收款项相关所得税的合并处理

（1）交易发生当年。

借：所得税费用［坏账准备余额×所得税税率］

贷：递延所得税资产

（2）连续编制合并财务报表。

①首先抵销上期所得税费用对本期期初未分配利润的影响（抄）。

借：年初未分配利润［期初坏账准备余额×所得税税率］

贷：递延所得税资产

②然后抵销个别报表（内部债权方）中递延所得税资产本期发生额（期末期初余额的差额）。

个别报表递延所得税资产的期末余额＝期末坏账准备余额×所得税税率

情形	账务处理
a. 坏账准备期末余额大于期初余额（个别报表补提）	借：所得税费用［坏账准备增加额×所得税税率］ 贷：递延所得税资产
b. 坏账准备期末余额小于期初余额（个别报表转回）	借：递延所得税资产 贷：所得税费用［坏账准备减少额×所得税税率］

2. 内部存货交易相关所得税会计的合并处理

（1）交易发生当年。

借：递延所得税资产［本期合并工作底稿上递延所得税资产的调整金额］

贷：所得税费用

（2）连续编制合并财务报表。

①调整合并报表层面递延所得税资产期初数（抄）。

借：递延所得税资产

贷：年初未分配利润

②调整合并报表层面本期递延所得税资产的发生额。

确认递延所得税时，只需看本期所编制的内部交易抵销分录中“存货”项目（不需考虑其明细项目的差异）账面价值增减变动了多少，因抵销分录不影响存货的计税基础，所以“存货”项目账面价值减少多少，就产生了多少可抵扣暂时性差异，以该差异乘以税率，即为本期合并报表上递延所得税资产的期末余额，再减去期初数（从上期抄过来的），即为本期递延所得税资产的调整金额。

借：递延所得税资产
　　贷：所得税费用

或编制相反分录。

3. 内部固定资产交易等相关所得税会计的合并处理

（1）交易发生当年。

借：递延所得税资产
　　贷：所得税费用

（2）连续编制合并财务报表。

①调整合并报表层面递延所得税资产期初数（抄）。

借：递延所得税资产
　　贷：年初未分配利润

②调整合并报表层面本期递延所得税资产的发生额。

原理同存货。

经典例题

【真题·多选题】（2022）2×20年6月，甲公司向其全资子公司（乙公司）销售商品1 000件，销售价格为100元/件，成本为90元/件，货款已结清。截至2×20年12月31日，乙公司已将上述商品中的700件对外出售，销售价格为105元/件。2×20年12月31日，乙公司从甲公司购入尚未对外出售的商品的可变现净值为85元/件，乙公司共计提了存货跌价准备0.45万元。不考虑相关税费及其他因素，下列各项关于甲公司编制2×20年度合并财务报表的抵销或调整中，正确的有（　　）。

A. 存货应抵销7万元

B. 营业收入应抵销10万元

C. 营业成本应抵销9.7万元

D. 资产减值损失应抵销0.3万元

【答案】BCD

【解析】乙公司个别报表计提的存货跌价准备＝(100－85)×300＝4 500（元），合并报表应有的存货跌价准备＝(90－85)×300＝1 500（元），合并报表层面应当抵销的存货跌价准备＝4 500－1 500＝3 000（元）。抵销分录如下：

借：营业收入　100 000
　　贷：营业成本　（倒挤）97 000
　　　　存货　[(100－90)×300] 3 000

借：存货——存货跌价准备　3 000
　　贷：资产减值损失　3 000

因此，存货抵销的金额为0，选项A错误。

【真题·多选题】（2017）2×15年12月31日，甲公司以某项固定资产及现金与其他三家公司共同出资设立乙公司，甲公司持有乙公司60%股权，能够对其实施控制。当日，双方办理了与固定资产所有权转移的相关手续。该固定资产的账面价值为2 000万元，公允价值为2 600万元。乙公司预计上述固定资产尚可使用10年，预计净残值为零，采用年限平均法计提折旧，年计提折旧额直接计入当期管理费用。不考虑其他因素，下列各项关于甲公司在编制合并财务报表时会计处理的表述中，正确的有（　　）。

A. 2×15年合并利润表资产处置收益项目抵销600万元

B. 2×16年合并利润表管理费用项目抵销60万元

C. 2×17年末合并资产负债表未分配利润项目的年初数抵销540万元

D. 2×17年末合并资产负债表固定资产项目抵销480万元

【答案】ABCD

【解析】甲公司向乙公司投出资产属于内部交易，其抵销分录为：

2×15年：

借：资产处置收益　(2 600－2 000) 600
　　贷：固定资产——原值　600

2×16年：

借：年初未分配利润　600
　贷：固定资产——原值　600
借：固定资产——累计折旧　60
　贷：管理费用　60
2×17 年：
借：年初未分配利润　600
　贷：固定资产——原值　600
借：固定资产——累计折旧　60
　贷：年初未分配利润　60
借：固定资产——累计折旧　60
　贷：管理费用　60

因此，2×15 年抵销利润表中资产处置收益 600 万元；2×16 年合并利润表中管理费用抵销 60 万元；2×17 年末合并资产负债表中未分配利润抵销金额 = 600 - 60 = 540（万元）；2×17 年末合并资产负债表中抵销固定资产项目的金额 = 600 - 60 - 60 = 480（万元）。

【真题·单选题】（2010）甲公司及其子公司（乙公司）2×18 年至 2×20 年发生的有关交易或事项如下：

（1）2×18 年 12 月 25 日，甲公司与乙公司签订设备销售合同，将生产的一台 A 设备销售给乙公司，售价（不含增值税）为 500 万元。2×18 年 12 月 31 日，甲公司按合同约定将 A 设备交付乙公司，并收取价款。A 设备的成本为 400 万元。乙公司将购买的 A 设备作为管理用固定资产，于交付当日投入使用。乙公司采用年限平均法计提折旧，预计 A 设备可使用 5 年，预计净残值为零。

（2）2×20 年 12 月 31 日，乙公司以 260 万元（不含增值税）的价格将 A 设备出售给独立的第三方，设备已经交付，价款已经收取。

甲公司和乙公司均为增值税一般纳税人，适用的增值税税率均为 13%。根据税法规定，乙公司为购买 A 设备支付的增值税进项税额可以抵扣；出售 A 设备按照适用税率缴纳增值税。甲公司在 2×20 年度合并利润表中因乙公司处置 A 设备确认的损失是（　　）万元。

A. -60　　B. -40
C. -20　　D. 40

【答案】C

【解析】甲公司在 2×20 年度合并利润表中因乙公司处置 A 设备确认的损失 =（400 - 400/5×2）- 260 = -20（万元）。

【例题·单选题】甲公司拥有乙公司 60% 的有表决权的股份，能够控制乙公司的财务和经营决策。2×15 年 8 月 1 日，甲公司将生产的产品出售给乙公司，售价 500 万元（不含增值税），成本为 400 万元，至 2×15 年末，乙公司已对外出售该批存货的 80%，且未对剩余部分计提减值准备。则甲公司 2×15 年合并利润表中因该事项应列示的营业成本为（　　）万元。

A. 320　　B. 400
C. 240　　D. 160

【答案】A

【解析】应列示的营业成本 = 400×80% = 320（万元）。

【例题·单选题】甲公司和乙公司是丙公司的子公司。2×17 年 6 月 30 日，甲公司将自己生产的产品销售给乙公司作为固定资产使用。甲公司取得销售收入 160 万元，销售成本为 120 万元。乙公司以 160 万元的价格作为该固定资产的原价入账。该固定资产用于行政管理部门，不需要安装并当月投入使用，预计使用年限为 5 年。采用年限平均法计提折旧，预计净残值为零。则丙公司 2×17 年末编制合并财务报表时，“固定资产”项目抵销的金额是（　　）万元。

A. 36　　B. 40
C. 44　　D. 32

【答案】A

【解析】“固定资产”项目抵销的金额 =（160 - 120）-（160 - 120）/5 × 6/12 = 36（万元）。

合并报表抵销分录：
借：营业收入　160
　贷：营业成本　120
　　固定资产　40
借：固定资产　4
　贷：管理费用　4

【真题·综合题】（2021 节选）甲公司相关年度发生的有关交易或事项如下：

（1）2×18 年 1 月 1 日，甲公司以发行 5 000万股普通股为对价，从丙公司处购买其所持乙公司 60% 的股权，当日办理了股权过户登记手续。甲公司所发行股份的面值为每股 1 元，公允价值为每股 10 元。另外，甲公司以银行存款支付与乙公司股权评估相关的费用 150 万元。

2×18 年 1 月 1 日，乙公司净资产账面价值为 65 000 万元，其中，股本 25 000 万元，资本公积 5 000 万元，盈余公积 26 000 万元，未分配利润 9 000 万元；可辨认净资产的公允价值为 80 000 万元。公允价值与账面价值的差额为一宗土地增值 15 000 万元，其他资产和负债的账面价值等于公允价值。该土地尚可使用 50 年，预计净残值为零，按直线法摊销。当日，甲公司对乙公司的董事会进行改选，改选后能够控制乙公司。

甲公司购买乙公司股权前，乙公司为甲公司的常年客户；除此之外，甲公司与丙公司和乙公司不存在其他关系。

（2）2×18 年 6 月 25 日，甲公司出售其生产的设备给乙公司，销售价格为 2 500 万元，销售成本为 2 000 万元。乙公司将购买的设备作为管理用固定资产，并在 2×18 年 6 月 28 日投入使用，该设备预计使用 10 年，预计净残值为零，采用年限平均法计提折旧。

截至2×18年 12 月 31 日，甲公司尚未收到款项，甲公司按应收款项余额的 5% 计提了坏账准备；该项应收款项于 2×19 年 3 月 10 日收存银行。

（3）2×18 年度，乙公司实现净利润 6 000 万元，持有的金融资产公允价值上升确认其他综合收益 1 000 万元。2×18 年 12 月 31 日，按购买日乙公司净资产账面价值持续计算的净资产账面价值为 72 000 万元，其中股本 25 000 万元，资本公积 5 000 万元，其他综合收益 1 000 万元，盈余公积 26 600 万元，未分配利润 14 400 万元。

（4）2×19 年度，乙公司实现净利润 5 000 万元，持有的金融资产公允价值上升确认其他综合收益 200 万元。

甲公司在编制合并财务报表时，将乙公司作为一个资产组，2×18 年末进行减值测试时，没有发现该资产组存在减值。2×19 年 12 月末，甲公司对该资产组进行减值测试，减值测试的结果为：资产组的可收回金额为 92 000 万元，乙公司净资产账面价值为 77 200 万元。

其他资料：（1）甲公司按实现净利润的 10% 计提法定盈余公积，不计提任意盈余公积。（2）乙公司的各项资产和负债构成业务。（3）甲公司 2×19 年度财务报告于 2×20 年 3 月 1 日经批准对外报出。（4）本题不考虑相关税费及其他因素。

要求：

（1）根据资料（1），计算甲公司对乙公司投资的成本，编制甲公司对乙公司投资相关的会计分录；计算合并商誉金额。

（2）根据资料（1）～（3），编制甲公司 2×18 年度合并财务报表相关的抵销或调整分录。

（3）根据资料（2），编制甲公司 2×19 年度合并财务报表中与年初未分配利润相关的抵销或调整分录。

（4）根据资料（1）～（4），计算甲公司应计提的商誉减值准备，并编制相关会计分录。

【答案及解析】

（1）合并成本 =5 000×10 =50 000（万元）

借：长期股权投资　　50 000

　贷：股本（或实收资本）　5 000

　　资本公积——股本溢价　45 000

借：管理费用　　150

　贷：银行存款　　150

合并商誉 =50 000 －80 000×60% =2 000（万元）

（2）甲公司 2×18 年度合并财务报表相关的抵销或调整分录：

借：应付账款　　2 500

　贷：应收账款　　2 500

借：应收账款　　125
　贷：信用减值损失　　125

借：营业收入　　2 500
　贷：营业成本　　2 000
　　固定资产　　500

借：固定资产　　25
　贷：管理费用　　25

借：无形资产　　15 000
　贷：资本公积　　15 000

借：管理费用　　300
　贷：无形资产　　300

借：长期股权投资　　4 035
　贷：投资收益
[(6 000 - 15 000 ÷ 50 + 25) × 60%] 3 435
　　其他综合收益　　600

借：投资收益　　3 435
　少数股东损益　　2 290
　年初未分配利润　　9 000
　贷：提取盈余公积　　600
　　年末未分配利润
　　(9 000 + 5 725 - 600) 14 125

借：股本　　25 000
　资本公积　　20 000
　盈余公积　　26 600
　其他综合收益　　1 000
　年末未分配利润　　14 125
　商誉　　2 000
　贷：长期股权投资
　　(50 000 + 4 035) 54 035
　　少数股东权益　　34 690

(3) 甲公司2×19年度合并财务报表中与年初未分配利润相关的抵销或调整分录：

借：年初未分配利润　　500
　贷：固定资产　　500

借：固定资产　　25
　贷：年初未分配利润　　25

借：信用减值损失　　125
　贷：年初未分配利润　　125

(4) 应计提商誉减值 = [(65 000 + 15 000) + (6 000 - 15 000 ÷ 50 + 25 + 1 000) + (5 000 - 300 + 50 + 200) + 2 000 ÷ 60% - 92 000] × 60% = (86 725 + 4 950 + 3 333.33 - 92 000) × 60% = 3 008.33 × 60% = 1 805（万元）

借：资产减值损失　　1 805
　贷：商誉减值准备　　1 805

【真题·综合题】（2020节选）甲公司为增值税一般纳税人，销售货物适用的增值税税率为13%，适用的企业所得税税率为25%。2×18年，甲公司发生的相关交易或事项如下：

（1）2月20日，甲公司与子公司（乙公司）签订销售合同，向其销售100件A产品，每件销售价格为20万元，每件生产成本为12万元。甲公司于3月25日发出A产品，并开出了增值税专用发票。根据销售合同的约定，如甲公司销售的A产品存在质量问题，乙公司可在1年内退货。甲公司根据历史经验，估计该批A产品的退货率为8%。

乙公司于3月28日收到所购A产品并验收入库，当日通过银行转账支付上述货款。

（2）2×18年末，甲公司本年销售给乙公司的A产品尚未发生退货，甲公司重新评估A产品的退货率为5%；乙公司本年从甲公司购入的A产品对外销售50%，其余形成存货。

（3）2×18年末，甲公司出租给乙公司办公楼的公允价值为3 300万元。该出租办公楼系甲公司从2×17年6月30日起出租给乙公司以供其办公使用；租赁期开始日，该办公楼的账面原价为2 500万元，采用年限平均法计提折旧，预计使用50年，预计净残值为零，截至租赁期开始日已计提折旧500万元，未计提减值准备。根据租赁合同的约定，该办公楼租赁期为5年，每年租金为100万元。

甲公司对投资性房地产采用公允价值模式进行后续计量。上述出租办公楼2×17年6月30日的公允价值为2 800万元，2×17年12月31日的公允价值为3 000万元。

其他有关资料：第一，上述销售价格不含增值税额。第二，投资性房地产持有期间公允价值变动不计入应纳税所得额，以取得成本按期计提的折旧（与按转换为投资性房地产前会计上计提的折旧金额相同）可从应纳税所得额中扣除；存货按取得时的成本确定计税基础；除以上所述外，甲公司其他交易或事项的会计处理与税法规定的税务处理不存在差异。第三，甲公司预计未来年度有足够的应纳税所得额用以抵扣可抵扣暂时性差异。第四，乙公司适用的企业所得税税率为25%。第五，本题不考虑除增值税和企业所得税以外的税费及其他因素。

要求：根据上述资料，编制甲公司2×18年度合并财务报表的调整和抵销分录（不考虑与乙公司已确认的使用权资产及租赁负债相关的调整和抵销分录）。

【答案及解析】

（1）甲公司与乙公司A产品销售业务：

借：营业收入　　1 900
　　其他流动负债（预计负债）　　100
　　贷：营业成本　　（倒挤）1 540
　　　　其他流动资产（应收退货成本）　　60
　　　　存货　　400

借：递延所得税资产　　（400×25%）100
　　贷：所得税费用　　100

借：所得税费用　　（100×25%）25
　　贷：递延所得税资产　　25

借：递延所得税负债　　（60×25%）15
　　贷：所得税费用　　15

（2）甲公司与乙公司办公楼租赁业务：

借：固定资产　　2 000
　　其他综合收益　　800
　　贷：投资性房地产　　2 800

借：年初未分配利润　　200
　　公允价值变动收益　　300
　　贷：投资性房地产　　500

借：年初未分配利润　　25
　　管理费用　　50
　　贷：固定资产——累计折旧　　75

借：递延所得税负债　　343.75
　　贷：其他综合收益　　200
　　　　年初未分配利润　　56.25
　　　　所得税费用　　87.5

借：营业收入　　100
　　贷：管理费用　　100

高频考点3：特殊交易在合并财务报表中的会计处理★★★

（一）购买子公司少数股东股权的处理

母公司购买子公司少数股东拥有的子公司股权的，在合并财务报表中，因购买少数股权新取得的长期股权投资与按照新增持股比例计算应享有子公司自购买日或合并日开始持续计算的可辨认净资产份额之间的差额，应当调整母公司个别报表中的资本公积（资本溢价或股本溢价），资本公积不足冲减的，调整留存收益。调整分录如下：

借：资本公积
　　贷：长期股权投资

或作相反分录。

子公司自购买日开始持续计算的可辨认净资产＝购买日子公司可辨认净资产＋子公司累计实现的调整后的净利润－子公司分配的现金股利±子公司实现的其他综合收益±子公司实现的其他权益变动

（二）通过多次交易实现非同一控制下企业合并

1. 构成“一揽子交易”

按一项取得控制权的交易处理。符合下列一种或多种情况的，通常应将多次交易事项作为“一揽子交易”处理：

（1）交易是同时或者在考虑了彼此影响的情况下订立的；

（2）交易整体才能达成一项完整的商业结果；

（3）一项交易的发生取决于至少一项其他交易的发生；

（4）一项交易单独看是不经济的，但是和其他交易一并考虑时是经济的。

2. 不构成“一揽子交易”

情形	账务处理
原投资为金融资产	个别报表调公允（先卖后买），“其他综合收益”转“留存收益”，合并报表不需调整。个别报表账务处理如下（针对原投资部分）： 借：长期股权投资 　　贷：交易性金融资产 　　　　投资收益（公允价值与账面价值的差额，或借） 或者： 借：长期股权投资 　　贷：其他权益工具投资 　　　　留存收益（公允价值与账面价值的差额，或借）
原投资为长期股权投资（权益法）	个别报表维持账面，合并报表调公允（先卖后买），“其他综合收益”“资本公积——其他资本公积”转“投资收益”或“留存收益”。合并报表调整分录如下（针对原投资部分）： 借：长期股权投资 　　贷：长期股权投资 　　　　投资收益（公允价值与账面价值的差额，或借）

（三）不丧失控制权情况下处置部分对子公司投资的处理

母公司在不丧失控制权的情况下部分处置对子公司的长期股权投资的，处置价款与处置长期股权投资相对应享有子公司自购买日或合并日开始持续计算的净资产份额之间的差额，应当调整资本公积（资本溢价或股本溢价），资本公积不足冲减的，调整留存收益。

调整分录如下：

借：投资收益［冲减个别报表确认的投资收益］

　　贷：留存收益、其他综合收益、资本公积等［出售投资部分在合并报表层面所做的权益法调整］

（四）丧失控制权情况下处置部分对子公司投资的处理

1. 一次交易

（1）一般处理原则。

①终止确认原子公司相关资产负债、商誉等的账面价值，并终止确认少数股东权益（包括属于少数股东的其他综合收益）的账面价值。

②按照丧失控制权日的公允价值重新计量剩余股权，按剩余股权对被投资方的影响程度，作为长期股权投资或金融工具进行核算（先卖后买）。

③处置股权取得的对价与剩余股权的公允价值之和，减去按原持股比例计算应享有原有子公司自购买日开始持续计算的可辨认净资产账面价值份额与商誉之和，形成的差额计入丧失控制权当期的投资收益。

④与原有子公司股权投资相关的其他综合收益、其他所有者权益变动，应当在丧失控制权时转入当期损益，不允许重分类进损益的其他综合收益除外。

（2）具体会计处理。

①未丧失重大影响。

A. 个别报表。

将剩余投资由成本法追溯调整为权益法。

B. 合并报表（先卖后买）。

a. 合并报表当期的处置投资收益 =（处置股权取得的对价 + 剩余股权公允价值）- 原有子公司自购买日开始持续计算的可辨认净资产 × 原持股比例 - 商誉 + 其他综合收益（允许转损益的）、其他所有者权益变动 × 原持股比例

b. 调整分录如下：

剩余股权由账面价值调为公允价值：

借：长期股权投资

　　贷：投资收益

对个别报表处置收益归属期进行调整：

借：投资收益（个别报表多确认的）

贷：留存收益、其他综合收益等（卖掉的股权部分按照权益法所做的调整）

其他综合收益结转：

借：其他综合收益

贷：投资收益或留存收益

②丧失重大影响。

a. 个别报表（先卖后买）。

将剩余投资按照公允价值转为金融资产，差额计入投资收益。

b. 合并报表（先卖后买）。

合并报表当期的处置投资收益的计算同第一种情形。

名师解惑

问：为什么处置子公司股权丧失控制权时，合并报表层面剩余的股权投资要按照公允价值重新计量？

答：站在合并资产负债表角度，剩余的股权在丧失控制权之前和丧失控制权之后的性质发生了改变，丧失控制权之前体现为原子公司的具体资产和负债，丧失控制权之后体现为长期股权投资或者金融资产一个项目，相当于卖掉原子公司具体资产和负债，买回来新的股权。

2. 多次交易

情形	账务处理
（1）不构成“一揽子交易”	在丧失对子公司控制权以前的各项交易，应按照不丧失控制权的情况下部分处置对子公司长期股权投资的规定进行会计处理（权益性交易）
（2）构成“一揽子交易”	应将各项交易作为一项处置原有子公司并丧失控制权的交易进行会计处理，其中，对于丧失控制权之前的每一次交易，处置价款与处置投资对应的享有该子公司自购买日开始持续计算的净资产账面价值的份额之间的差额，在合并财务报表中应当计入其他综合收益，在丧失控制权时一并转入丧失控制权当期的损益

（五）因子公司少数股东增资导致母公司股权稀释（被动稀释）

1. 丧失控制权（但保留共同控制或重大影响）

（1）个别报表。

①按照新的持股比例确认本投资方应享有的原子公司因增资扩股而增加净资产的份额，与应结转持股比例下降部分所对应的长期股权投资原账面价值之间的差额计入当期损益（投资收益）。计算公式：

投资收益＝增资金额×最新持股比例－下降比例占原比例的比值×长期股权投资原账面价值

②按照新的持股比例视同自取得投资时即采用权益法核算进行追溯调整。

（2）合并报表。

参照主动稀释丧失控制权处理。

2. 未丧失控制权

如果由于子公司的少数股东对子公司进行增资，导致母公司股权稀释但未丧失控制权，母公司应当按照增资前的股权比例计算其在增资前子公司账面净资产中的份额，该份额与增资后按母公司持股比例计算的在增资后子公司账面净资产份额之间的差额计入资本公积，资本公积不足冲减的，调整留存收益（权益性交易）。

（六）逆流交易的合并处理

如果母子公司之间发生逆流交易，则所发生的未实现内部交易损益，应当按照母公司对该子公司的分配比例在“归属于母公司所有者的净利润”和“少数股东损益”之间分配抵销。

子公司之间出售资产所发生的未实现内部交易损益，应当按照母公司对出售方子公司的持股比例在“归属于母公司所有者的净利润”和“少数股东损益”之间分配抵销。

抵销分录如下：

借：少数股东权益

贷：少数股东损益（内部逆流交易抵销分录减少的子公司净利润×少

数股东持股比例）

第二年连续编制合并财务报表时，上述分录重新做，将“少数股东损益”换成“年初未分配利润”。

经典例题

【真题·综合题】（2022）甲公司于2×20年至2×21年发生的有关交易或事项如下：

（1）2×20年7月1日，甲公司以银行存款1 000万元购买丙公司持有的乙公司25%的股权，并支付相关交易费用50万元，双方办理了乙公司股权过户登记手续。甲公司能够对乙公司施加重大影响，采用权益法核算；当日，乙公司净资产账面价值为3 700万元，可辨认净资产公允价值为4 600万元，差额900万元是乙公司账面土地使用权增值。该土地使用权尚可使用30年，预计净残值为零，采用直线法摊销。

（2）2×20年10月1日，甲公司从乙公司购入其生产的产品作为库存商品，购买价格为1 200万元（等于公允价值）。乙公司销售该产品的销售成本为800万元。

该库存商品于2×21年3月1日一次性全部对外出售。

（3）2×20年度，乙公司实现净利润2 500万元，其中，7～12月实现净利润1 500万元。7～12月，乙公司实施股权激励增加资本公积（其他资本公积）200万元，指定为以公允价值计量且其变动计入其他综合收益的金融资产公允价值增加400万元，除此之外无其他所有者权益变动事项。

（4）2×21年7月1日，甲公司以溢价发行750万股股票为对价，从丙公司进一步购买乙公司75%的股权，双方办理了乙公司股权过户登记手续，自此甲公司持有乙公司100%股权，能够控制乙公司；当日，甲公司股票的市场价格为10元/股。为购买乙公司的75%股权，甲公司另以银行存款支付相关税费700万元、支付与发行股票相关的证券公司佣金800万元。

收购协议同时约定，甲公司购买乙公司75%股权后，如果乙公司自2×21年7月1日至2×23年12月31日累计实现的净利润达不到7 000万元的目标利润，丙公司应给予甲公司补偿。补偿方法是：乙公司实际净利润低于7 000万元目标利润的差额，按原股票发行价格计算的股份数量由丙公司退还甲公司。

2×21年7月1日，乙公司净资产的账面价值为6 400万元（其中，股本为1 000万元，资本公积为1 400万元，其他综合收益500万元，盈余公积为1 500万元，未分配利润为2 000万元），可辨认净资产的公允价值为8 670万元，除一项土地使用权增值870万元、一项专利权增值1 400万元外，其他各项资产、负债的账面价值与公允价值相等。该土地使用权尚可使用29年，预计净残值为零，采用直线法摊销；该专利权尚可使用5年，预计净残值为零，采用直线法摊销。当日，甲公司原持有乙公司25%股权的公允价值为2 500万元。

甲公司购买乙公司75%股权时，预计乙公司2×21年7月1日至2×23年12月31日累计实现的净利润能够超过7 000万元，或有补偿的公允价值为零。

（5）乙公司2×21年1～6月实现净利润500万元，指定为以公允价值计量且其变动计入其他综合收益的金融资产公允价值增加100万元，除此之外无其他所有者权益变动事项。2×21年7～12月实现净利润1 000万元，除此之外无其他所有者权益变动事项。

（6）2×21年12月31日，由于乙公司业务所在的市场行情呈下行趋势，预计短期内难以好转，甲公司重新评估认为乙公司未来两年利润很可能不达标，预期利润与目标利润的差额为500万元，根据利润补偿方案折算预计收回股票数量为50万股。2×21年12月31日，甲公司股票的市场价格为11元/股。

其他资料：①甲公司对乙公司投资前，与乙公司和丙公司不存在关联关系。②乙公司的各项资产和负债构成业务。③甲公司按实现净利润的10%计提法定盈余公积，不计提任意盈余公积。④本题不考虑相关税费及其他因素。

要求：

（1）根据资料（1），计算甲公司对乙公司投资经调整后的初始投资成本；编制甲公司投资相关的会计分录。

（2）根据资料（1）~（3），计算甲公司2×20年度个别财务报表中应确认的投资收益；编制与持有乙公司25%股权相关的会计分录；编制甲公司2×20年度合并财务报表中与从乙公司购入产品相关的抵销或调整分录。

（3）根据上述资料，计算甲公司2×21年1~6月个别财务报表中应确认的投资收益；编制与持有乙公司25%股权相关的会计分录；计算甲公司购买乙公司75%股权时，个别财务报表中原持有乙公司25%股权的账面价值；编制甲公司个别财务报表中进一步购买乙公司75%股权相关的会计分录。

（4）根据上述资料，计算甲公司购买乙公司的合并成本、所产生的商誉金额，以及购买日合并财务报表中重新计量甲公司原持有乙公司股权对利润总额的影响金额。

（5）根据上述资料，编制甲公司2×21年度合并财务报表相关的抵销或调整分录。

（6）根据资料（6），判断甲公司对预期丙公司给予的补偿是否应调整合并成本，说明理由；编制相关会计分录。

【答案及解析】

（1）甲公司对乙公司投资调整后初始投资成本=1 000+50+（4 600×25%－1050）=1 150（万元）

借：长期股权投资——乙公司（投资成本） 1 150

贷：银行存款 1 050

营业外收入 100

（2）甲公司对乙公司投资应确认的投资收益={1 500－[（900÷30÷2）+400]}×25%=271.25（万元）

个别财务报表：

借：长期股权投资——乙公司（损益调整） 271.25

贷：投资收益 271.25

借：长期股权投资——乙公司（其他权益变动）50

贷：资本公积（其他资本公积） 50

借：长期股权投资——乙公司（其他综合收益） 100

贷：其他综合收益 100

合并财务报表：

借：长期股权投资——乙公司（损益调整）100

贷：存货 100

（3）2×21年1~6月应确认的投资收益=[500－900÷30÷2+400]×25%=221.25（万元）

借：长期股权投资——乙公司（损益调整） 221.25

贷：投资收益 221.25

借：长期股权投资——乙公司（其他综合收益）25

贷：其他综合收益 25

购买日甲公司原持有乙公司25%股权的长期股权投资的账面价值=1 150+271.25+50+100+221.25+25=1 817.5（万元）

借：长期股权投资——乙公司（投资成本） （750×10）7 500

贷：股本 750

资本公积——股本溢价 6 750

借：管理费用 700

资本公积——股本溢价 800

贷：银行存款 1 500

（4）甲公司购买乙公司的合并成本：750×10+2 500=10 000（万元）

商誉=10 000-8 670=1 330（万元）

重新计量甲公司原持有乙公司25%股权对利润总额的影响金额：2 500-1 817.5=682.5（万元）

（5）借：无形资产

（1 400+870）2 270

贷：资本公积 2 270

借：管理费用 155

贷：无形资产

（870÷29÷2+1 400÷5÷2）155

借：长期股权投资——乙公司（投资成本）

682.5

贷：投资收益 682.5

借：长期股权投资——乙公司（损益调整）845

贷：投资收益

{[1 000-(1 400÷5÷2)-(870÷29÷2)]×100%}

845

借：投资收益 845

年初未分配利润 2 000

贷：提取盈余公积 150

年末未分配利润

（2 845-150）2 695

借：股本 1 000

资本公积

（1 400+1 400+870）3 670

盈余公积 1 650

其他综合收益 500

年末未分配利润 2 695

商誉 1 330

贷：长期股权投资 10 845

（6）不应调整合并成本。

理由：甲公司预计补偿款发生变化是由于收购之后发生的市场情况改变。

借：交易性金融资产

（50×11）550

贷：公允价值变动损益 550

【真题·多选题】（2020）下列各项中，在合并资产负债表中应当计入资本公积的有（　　）。

A. 同一控制下企业合并中支付的合并对价账面价值小于取得的净资产账面价值的差额

B. 存货转换为采用公允价值模式进行计量的投资性房地产时转换日公允价值大于账面价值的差额

C. 因联营企业接受新股东的资本投入，投资方仍采用权益法核算时相应享有联营企业净资产份额发生变动的部分

D. 母公司在不丧失控制权的情况下部分处置对子公司的长期股权投资，处置价款大于处置长期股权投资相对应享有子公司自购买日开始持续计算的净资产份额的差额

【答案】ACD

【解析】存货转换为采用公允价值模式进行计量的投资性房地产时转换日公允价值大于账面价值的差额应该计入其他综合收益，选项A、C、D正确。

【真题·计算分析题】（2020）2×17年至2×18年，甲公司发生的相关交易或事项如下：

（1）甲公司持有乙公司20%股权，能够对乙公司施加重大影响。2×17年1月1日，甲公司对乙公司股权投资的账面价值为4 000万元，其中投资成本为3 200万元，损益调整为500万元，以后期间可转入损益的其他综合收益为300万元。取得乙公司20%股权时，乙公司各项可辨认资产、负债的公允价值与其账面价值相同。

2×17年度，乙公司实现净利润1 800万元，分配现金股利1 200万元，无其他所有者权益变动事项。

（2）2×17年12月10日，甲公司与丙公司签订股权转让协议，协议约定：甲公司以发行本公司普通股为对价，受让丙公司所持的乙公司35%股权；双方同意以2×17年11月30日经评估乙公司全部股权公允价值15 000万元为依据，确定乙公司35%股权的转让价格为

5 250 万元，由甲公司以 5 元/股的价格向丙公司发行 1 050 万股本公司普通股作为支付对价。

2×18 年 1 月 1 日，甲公司向丙公司定向发行本公司普通股 1 050 万股，丙公司向甲公司交付乙公司 35% 股权，发行股份的登记手续以及乙公司股东的变更登记手续已办理完成。当日，甲公司对乙公司董事会进行改选，改选后甲公司能够控制乙公司的相关活动。购买日，甲公司股票的公允价值为 7.5 元/股，原持有乙公司 20% 股权的公允价值为 4 500 万元；乙公司净资产的账面价值为 14 000 万元（其中股本为 8 000 万元，盈余公积为 2 000 万元，未分配利润为 4 000 万元），可辨认净资产的公允价值为 16 000 万元，除一项固定资产的公允价值大于其账面价值 2 000 万元外，其他各项资产、负债的公允价值与账面价值相同。

其他有关资料：第一，在取得乙公司 35% 股权前，甲公司与丙公司不存在关联方关系；第二，甲公司与乙公司之间未发生内部交易；第三，本题不考虑税费及其他因素。

要求：

（1）根据资料（1），编制甲公司 2×17 年对乙公司股权投资进行权益法核算的会计分录，计算甲公司对乙公司股权投资 2×17 年 12 月 31 日的账面价值。

（2）根据资料（2），编制甲公司取得乙公司 35% 股权的会计分录，计算甲公司取得股权日在其个别财务报表中对乙公司股权投资的账面价值。

（3）根据上述资料，判断甲公司合并乙公司的企业合并类型，并说明理由；如为非同一控制下企业合并，说明购买日，计算甲公司购买乙公司的合并成本和商誉，并编制甲公司购买日在合并财务报表中的调整和抵销分录。

【答案及解析】

（1）

借：长期股权投资——损益调整　　360

　贷：投资收益　　（1 800×20%）360

借：应收股利　　240

　贷：长期股权投资——损益调整　　（1 200×20%）240

借：银行存款　　240

　贷：应收股利　　240

甲公司对乙公司股权投资 2×17 年 12 月 31 日的账面价值 = 4 000 + 360 − 240 = 4 120（万元）。

（2）

借：长期股权投资　　（1 050×7.5）7 875

　贷：股本　　1 050

　　资本公积——股本溢价　　（7 875 − 1 050）6 825

甲公司取得股权日在其个别财务报表中对乙公司股权投资的账面价值 = 4 120 + 7 875 = 11 995（万元）。

（3）甲公司取得乙公司股权为多次交易形成的非同一控制下的企业合并。

理由：在取得乙公司 35% 股权前，甲公司与丙公司不存在关联方关系，在取得乙公司 35% 股权后，甲公司能够控制乙公司。

购买日为 2×18 年 1 月 1 日。

合并成本 = 4 500 + 7 875 = 12 375（万元）

商誉 = 12 375 − 16 000 ×（20% + 35%）= 3 575（万元）

借：固定资产　　2 000

　贷：资本公积　　2 000

借：长期股权投资　　（4 500 − 4 120）380

　贷：投资收益　　380

借：其他综合收益　　300

　贷：投资收益　　300

借：股本　　8 000

　资本公积　　2 000

　盈余公积　　2 000

　未分配利润　　4 000

　商誉　　3 575

　贷：长期股权投资　　12 375

　　少数股东权益　　（16 000×45%）7 200

【真题·综合题】（2014 节选）甲公司在若干年前参与设立了乙公司并持有其 30% 的股权，将乙公司作为联营企业，采用权益法核算。20×6 年 1 月 1 日，甲公司自 A 公司（非关联方）购买了乙公司 60% 的股权并取得了控制权，购买对价为 3 000 万元，发生与合并直接相关费用 100 万元，上述款项均以银行存款转账支付。

20×6 年 1 月 1 日，甲公司原持有对乙公司 30% 长期股权投资的账面价值为 600 万元（长期股权投资账面价值的调整全部为乙公司实现净利润，乙公司不存在其他综合收益及其他影响权益变动的因素）；当日乙公司净资产账面价值为 2 000 万元，可辨认净资产公允价值为 3 000 万元，乙公司 100% 股权的公允价值为 5 000 万元，30% 股权的公允价值为 1 500 万元，60% 股权的公允价值为 3 000 万元。

要求：

（1）计算甲公司在进一步取得乙公司 60% 股权后，个别财务报表中对乙公司长期股权投资的账面价值，并编制相关会计分录。

（2）计算甲公司合并财务报表中与乙公司投资相关的商誉金额，计算该交易对甲公司合并财务报表损益的影响。

【答案及解析】

（1）甲公司个别财务报表中长期股权投资的账面价值 = 600 + 3 000 = 3 600（万元）。

会计分录如下：

借：长期股权投资　　3 000
　　贷：银行存款　　3 000
借：管理费用　　100
　　贷：银行存款　　100

（2）甲公司合并财务报表中的商誉计算过程：

商誉 = 甲公司原持有股权的公允价值 + 新增的购买成本 − 乙公司可辨认净资产公允价值的份额 =（1 500 + 3 000）− 3 000 × 90% = 4 500 − 2 700 = 1 800（万元）。

该交易对甲公司合并财务报表的损益影响 = −100 +（1 500 − 600）= 800（万元）。

【例题·单选题】20×1 年 1 月 1 日，甲公司支付 800 万元取得乙公司 100% 的股权。购买日乙公司可辨认净资产的公允价值为 600 万元。20×1 年 1 月 1 日至 20×2 年 12 月 31 日期间，乙公司以购买日可辨认净资产公允价值为基础计算实现的净利润为 50 万元（未分配现金股利），持有其他债权投资的公允价值上升 20 万元。

除上述外，乙公司无其他影响所有者权益变动的事项。20×3 年 1 月 1 日，甲公司转让所持有乙公司 70% 的股权，取得转让款项 700 万元；甲公司持有乙公司剩余 30% 股权的公允价值为 300 万元。转让后，甲公司能够对乙公司施加重大影响。

甲公司因转让乙公司 70% 股权在 20×3 年度合并财务报表中应确认的投资收益是（　　）万元。

A. 91　　B. 111
C. 140　　D. 150

【答案】D

【解析】合并报表中确认的投资收益 =（700 + 300）−（600 + 50 + 20）−（800 − 600）+ 20 = 150（万元）。

【例题·计算分析题】2×18 年 1 月 1 日，甲公司以每股 3 元的价格购入 A 上市公司股票 500 万股，并由此持有 A 公司 5% 股权。投资前甲公司与 A 公司不存在关联方关系。甲公司将对 A 公司的该项投资分类为以公允价值计量且其变动计入其他综合收益的金融资产，假定 2×19 年 12 月 31 日 A 公司股价为每股 4 元。

2×20 年 1 月 1 日，甲公司以现金 2.2 亿元为对价，向 A 公司大股东收购 A 公司 55% 的股权，从而取得对 A 公司的控制权；A 公司当日股价为每股 4 元（与上年末相等），A 公司可辨认净资产的公允价值为 3 亿元。甲公司购买 A 公司 5% 股权和后续购买 55% 的股权不构成“一揽子交易”（不考虑所得税等影响）。甲公司按照 10% 提取法定盈余公积。

要求：计算甲公司购买日个别报表上长期股权投资的初始成本、合并报表上确认的合并成本及商誉金额，并编制相关的会计分录。

【答案及解析】

（1）长期股权投资初始成本（即合并成本）= 原持有股权在购买日的公允价值 2 000 万元 + 购买日应支付的对价 22 000 万元 = 24 000（万元）。

商誉 = 合并成本 − 享有 A 公司于购买日的可辨认净资产公允价值的份额 = 24 000 − (30 000 × 60%) = 6 000（万元）。

（2）账务处理如下（完整的会计分录）：

2 × 18 年 1 月 1 日：

借：其他权益工具投资——成本　　1 500

　　贷：银行存款　　1 500

2 × 19 年 12 月 31 日：

借：其他权益工具投资——公允价值变动　　500

　　贷：其他综合收益　　[500 × (4 − 3)]　500

2 × 20 年 1 月 1 日：

借：长期股权投资　　24 000

　　贷：其他权益工具投资　　2 000

　　　　银行存款　　22 000

借：其他综合收益　　500

　　贷：盈余公积　　50

　　　　利润分配——未分配利润　　450

【例题·计算分析题】2 × 18 年 1 月 1 日，甲公司以现金 4 000 万元取得 A 公司 20% 股权并具有重大影响，按权益法进行核算。当日，A 公司可辨认净资产公允价值为 1.8 亿元。2 × 20 年 1 月 1 日，甲公司另支付现金 9 000 万元取得 A 公司 35% 股权，并取得对 A 公司的控制权。2 × 20 年 1 月 1 日，甲公司原持有的对 A 公司 20% 股权的公允价值为 5 000 万元，账面价值为 4 600 万元（其中，与 A 公司权益法核算相关的累计净损益为 150 万元、累计其他综合收益为 450 万元）；A 公司可辨认净资产公允价值为 2.2 亿元（不考虑所得税等影响）。

要求：计算甲公司购买日个别报表上长期股权投资的账面价值、合并报表上确认的合并成本及商誉金额，并编制合并报表上的调整分录。

【答案及解析】

（1）购买日个别报表上长期股权投资账面价值 = 原长期股权投资账面价值 4 600 万元 + 追加投资支付对价 9 000 万元 = 13 600（万元）。

借：长期股权投资　　9 000

　　贷：银行存款　　9 000

（2）合并成本 = 原长期股权投资公允价值 5 000 万元 + 追加投资支付对价 9 000 万元 = 14 000（万元）。

商誉 = 合并成本 14 000 万元 − 享有 A 公司在购买日的可辨认净资产公允价值的份额为 12 100 万元（22 000 × 55%）= 1 900（万元）。

（3）合并报表层面的调整分录：

借：长期股权投资　　400

　　贷：投资收益　　（5 000 − 4 600）400

借：其他综合收益　　450

　　贷：投资收益　　450

（4）抵销分录：

借：子公司所有者权益　　22 000

　　商誉　　1 900

　　贷：长期股权投资　　14 000

　　　　少数股东权益　　9 900

进阶练习

（一）单项选择题

1. 甲公司 20 × 8 年 6 月购入境外乙公司 60% 股权，并能够控制乙公司。甲公司在编制 20 × 8 年度合并财务报表时，为使乙公司的会计政策与甲公司保持一致，对乙公司的会计政策进行了调整。下列各项中，不属于会计政策调整的是（　　）。

A. 将固定资产折旧方法由年限平均法调整为双倍余额递减法

B. 按照公历年度统一会计年度

C. 将发出存货成本的计量方法由先进先出法调整为移动加权平均法

D. 将投资性房地产的后续计量由成本模式调整为公允价值模式

2. 甲公司拥有对四家公司的控制权，其下属子公司的会计政策和会计估计均符合会计准则规定，不考虑其他因素，甲公司在编制2×16年合并财务报表时，对其子公司进行的下述调整中，正确的是（　　）。

A. 将子公司（乙公司）1年以内应收账款坏账准备的计提比例由3%调整为与甲公司相同的计提比例5%

B. 对2×16年通过同一控制下企业合并取得的子公司（丁公司），将其固定资产、无形资产的折旧和摊销年限按照与甲公司相同的期限进行调整

C. 将子公司（丙公司）投资性房地产的后续计量模式由成本模式调整为与甲公司相同的公允价值模式

D. 将子公司（戊公司）闲置不用但没有明确处置计划的机器设备由固定资产调整为持有待售非流动资产并相应调整后续计量模式

3. 甲公司及子公司对投资性房地产采用不同的会计政策。具体为：子公司乙对作为投资性房地产核算的房屋采用公允价值模式进行后续计量；子公司丙对作为投资性房地产核算的土地使用权采用成本模式计量，按剩余15年期限分期摊销计入损益；子公司丁对出租的房屋采用成本模式计量，并按房屋仍可使用年限10年计提折旧；子公司戊对在建的投资性房地产采用公允价值模式进行后续计量。甲公司自身对作为投资性房地产的房屋采用成本模式进行后续计量，并按房屋仍可使用年限20年计提折旧。不考虑其他因素，下列关于甲公司在编制合并财务报表时，对纳入合并范围的各子公司投资性房地产的会计处理中，正确的是（　　）。

A. 将投资性房地产的后续计量统一为成本模式，同时统一有关资产的折旧或摊销年限

B. 对于公允价值能够可靠计量的投资性房地产采用公允价值计量，其他投资性房地产采用成本模式计量

C. 区分在用投资性房地产与在建投资性房地产，在用投资性房地产统一采用成本模式计量，在建投资性房地产采用公允价值模式计量

D. 子公司的投资性房地产后续计量均应按甲公司的会计政策进行调整，即后续计量采用成本模式并考虑折旧或摊销，折旧或摊销年限根据实际使用情况确定

4. 甲公司于2019年3月1日支付4 500万元取得乙公司80%股权，当日乙公司可辨认净资产公允价值为5 000万元，账面价值为4 000万元，乙公司各项资产、负债的计税基础与其原账面价值相同。在合并前，甲公司与乙公司没有关联方关系。甲、乙公司适用的所得税税率均为25%。该业务的合并商誉为（　　）万元。

A. 500　　　　B. 700

C. 1 300　　　　D. 1 500

5. 2×20年12月31日，甲公司与乙公司设立丙公司，丙公司注册资本为1 000万元，甲公司用账面价值700万元，公允价值1 000万元的房屋对丙公司出资占丙公司股权的80%，乙公司以现金250万元对丙公司出资占丙公司股权的20%，甲公司控制丙公司。不考虑其他因素。2×20年12月31日，甲公司下列各项会计处理的表述中，正确的是（　　）。

A. 个别财务报表中不应确认资产处置损益300万元

B. 个别财务报表中确认对丙公司的长期股权投资800万元

C. 合并报表中确认少数股东权益250万元

D. 合并报表中房屋的账面价值1 000万元

6. 甲公司（非投资性主体）控制乙公司，乙公司是投资性主体。乙公司控制丙公司和丁公司。其中仅有丙公司为乙公司的投资活动提供相关服务。乙公司持有联营企业戊公司30%股权。不考虑其他因素，下列表述中正确的是（　　）。

A. 乙公司个别财务报表中对持有的戊公司股权采用权益法核算

B. 甲公司个别财务报表中对持有的乙公司股权采用公允价值计量

C. 乙公司个别财务报表中对持有的丙公司股权采用公允价值计量

D. 乙公司个别财务报表中对持有的丁公司股权采用公允价值计量

（二）多项选择题

1. 甲公司是一家境内上市公司，为非投资性主体。下列公司应当纳入甲公司合并报表范围的有（　　）。

A. 甲公司持45%表决权股份的乙公司，乙公司的其他股东单方持股的比例均小于1%，且没有股东之间代为行使表决权的协议

B. 甲公司由于内部业务整合，决定对持股60%的子公司A公司进行清算，通过股东会决议成立清算组，清算组由各股东组成，截止到资产负债表日清算尚未完成

C. 甲公司作为代理人身份，持股55%的丁公司

D. 甲公司持有戊结构化主体30%的表决权，通过合同安排拥有对戊的权力，通过参与戊的相关活动享有可变回报，并且有能力运用对戊的权力影响其回报金额

2. 甲公司（非投资性主体）为乙公司、丙公司的母公司，乙公司为投资性主体，拥有两家全资公司，两家子公司均不为乙公司的投资活动提供相关服务，丙公司为股权投资基金，拥有两家联营企业，丙公司对其拥有的两家联营企业按照公允价值考核和评价管理层业绩。不考虑其他因素，下列关于甲公司、乙公司和丙公司对其所持股权投资的会计处理中，正确的有（　　）。

A. 乙公司不应编制合并财务报表

B. 丙公司在个别报表中对其拥有的两家联营企业的投资应按照公允价值计量，公允价值变动计入当期损益

C. 乙公司在个别报表中对其拥有的两家子公司应按照公允价值计量，公允价值变动计入当期损益

D. 甲公司在编制合并财务报表时，应将通过乙公司间接控制的两家子公司按公允价值计量，公允价值计入当期损益

3. 甲公司拥有乙公司60%的有表决权股份；乙公司拥有丙公司52%的有表决权股份，拥有丁公司31%的有表决权股份；甲公司直接拥有丁公司22%的有表决权股份；假定上述公司均以其所持表决权股份参与被投资企业的财务和经营决策。同时，甲公司接受戊公司的委托，对戊公司的子公司己公司提供经营管理服务，甲公司与戊和己公司之间没有直接或间接的投资关系。上述公司中，应纳入甲公司合并财务报表范围的有（　　）。

A. 乙公司　　B. 丙公司

C. 丁公司　　D. 己公司

4. A公司及其子公司发生了如下现金流量：（1）A公司自其子公司B公司的少数股东处以5 000万元价款购入B公司10%的股权投资；（2）A公司以其持有的一项土地使用权换入其子公司C公司的其他权益工具投资，支付补价500万元；（3）A公司以600万元银行存款出售其持有D公司（A公司的子公司）5%的股权投资，出售股权投资后，仍能够对D公司实施控制；（4）A公司出售其持有E公司（A公司的联营企业）全部股权投资，取得价款3 000万元。不考虑其他因素，A公司编制合并现金流量表时进行的下列处理，不正确的有（　　）。

A. A公司取得B公司少数股权支付的价款重分类为“支付其他与筹资活动有关的现金”进行列报

B. A公司向C公司支付的价款作为“处置固定资产、无形资产和其他长期资产收回的

现金净额”列报

C. A公司出售D公司股权投资取得的价款重分类为“收到其他与筹资活动有关的现金”进行列报

D. A公司出售E公司取得的现金在“处置子公司及其他营业单位收到的现金净额”列报

5. 下列有关交叉持股合并处理的说法中，正确的有（　　）。

A. 对于母公司持有的子公司股权，与通常情况下母公司长期股权投资与子公司所有者权益的合并抵销处理相同

B. 子公司相互之间持有的长期股权投资，应当比照母公司对子公司的股权投资的抵销方法，将长期股权投资与其对应的子公司所有者权益中所享有的份额相互抵销

C. 对于子公司持有母公司股权所确认的投资收益（如利润分配或现金股利），应当进行抵销处理

D. 子公司将所持有的母公司股权分类为公允价值计量的金融资产的，同时冲销子公司累计确认的公允价值变动

6. 2×18年2月1日，甲公司以4 000万元购买乙公司60%的股权，实现非同一控制下企业合并。购买日乙公司可辨认净资产的公允价值为5 000万元。2×19年3月1日，甲公司以1 500万元进一步购买乙公司20%的股权。乙公司可辨认净资产公允价值自购买日持续计算的金额为6 000万元。甲公司合并报表中资本公积（资本溢价）为1 000万元。2×20年1月1日，甲公司以6 000万元出售乙公司40%的股权。丧失对乙公司的控制权，但仍对乙公司能够施加重大影响。乙公司可辨认净资产公允价值自购买日持续计算的金额为7 000万元。剩余40%股权的公允价值为3 000万元。2×20年1月1日下列各项与甲公司处置乙公司股权相关会计处理的表述中，正确的有（　　）。

A. 甲公司个别报表中确认股权处置损益3 250万元

B. 甲公司个别报表中剩余的长期股权投资的账面价值为3 000万元

C. 甲公司合并报表中确认股权处置损益2 100万元

D. 甲公司合并财务报表中剩余的长期股权投资的账面价值为3 000万元

7. 下列各项中，在合并资产负债表中应当计入资本公积的有（　　）。

A. 同一控制下企业合并中支付的合并对价账面价值小于取得的净资产账面价值的差额

B. 存货转换为采用公允价值模式进行计量的投资性房地产时转换日公允价值大于账面价值的差额

C. 因联营企业接受新股东的资本投入，投资方仍采用权益法核算时相应享有联营企业净资产份额发生变动的部分

D. 母公司在不丧失控制权的情况下部分处置对子公司的长期股权投资，处置价款大于处置长期股权投资相对应享有子公司自购买日开始持续计算的净资产份额的差额

（三）综合题

1. 甲公司为一上市集团公司，持有乙公司80%股权，对其具有控制权；持有丙公司30%股权，能对其实施重大影响。20×6年及20×7年发生的相关交易或事项如下：

（1）20×6年6月8日，甲公司将生产的一批汽车销售给乙公司，销售价格为600万元，汽车已交付乙公司，款项尚未收取。该批汽车的成本为480万元。20×6年12月31日，甲公司对尚未收回的上述款项计提坏账准备30万元。20×7年9月2日，甲公司收到乙公司支付的上述款项600万元。乙公司将上述购入的汽车作为行政管理部门的固定资产于当月投入使用，该批汽车采用年限平均法计提折旧，预计使用6年，预计无净残值。

（2）20×6年7月13日，丙公司将成本为400万元的商品以500万元的价格出售给甲公司，货物已交付，款项已收取，甲公司将上述购入的商品向集团外单位出售，其中50%商

品在20×6年售完，其余50%商品的在20×7年售完。在丙公司个别财务报表上，20×6年度实际的净利润为3 000万元；20×7年度实际的净利润为3 500万元。

（3）20×6年8月1日，甲公司以9 000万元的价格从非关联方购买丁公司70%股权，款项已用银行存款支付，丁公司股东的工商变更登记手续已办理完成。购买日丁公司可辨认净资产的公允价值为12 000万元（含原未确认的无形资产公允价值1 200万元），除原未确认的无形资产外，其余各项可辨认资产、负债的公允价值与账面价值相同。上述无形资产系一项商标权，采用直线法摊销，预计使用10年，预计无残值，甲公司根据企业会计准则的规定将购买日确定为20×6年8月1日。

丁公司20×6年8月1日个别资产负债表中列报的货币资金为3 500万元（全部为现金流量表中所定义的现金），列报的所有者权益总额为10 800万元，其中实收资本为10 000万元，盈余公积为80万元，未分配利润为720万元。在丁公司个别利润表中，20×6年8月1日起至12月31日止期间实际净利润180万元，20×7年度实际净利润400万元。

（4）20×7年1月1日，甲公司将专门用于出租办公楼租赁给乙公司使用，租赁期为5年，租赁期开始日为20×7年1月1日，年租金为50万元，于每年末支付。出租时，该办公楼的成本为600万元，已计提折旧400万元，甲公司对上述办公楼采用年限平均法计提折旧，预计使用30年，预计无净残值。

乙公司将上述租入的办公楼专门用于行政管理部门办公。20×7年12月31日，乙公司向甲公司支付每年租金50万元。

其他有关资料：

第一，本题所涉销售或购买的价格是公允的。20×6年以前，甲公司与子公司以及子公司相互之间无集团内部交易，甲公司及其子公司与联营企业无关联方交易。

第二，甲公司及其子公司按照净利润的10%计提法定盈利公积，不计提任意盈余公积。

第三，甲公司及其子公司，联营企业在其个别财务报表中已按照企业会计准则的规定对上述交易或事项分别进行了会计处理。

第四，不考虑税费及其他因素。

要求：

（1）根据资料（2），计算甲公司在20×6年和20×7年个别财务报表中应确认的投资收益。

（2）根据资料（3），计算甲公司购买丁公司的股权产生的商誉。

（3）根据资料（3），说明甲公司支付的现金在20×6年度合并现金流量表中列报的项目名称，并计算该列报项目的金额。

（4）根据资料（4），说明甲公司租赁给乙公司的办公楼在20×7年12月31日合并资产负债表中列报的项目名称，并陈述理由。

（5）根据上述资料，说明甲公司在其20×6年度合并财务报表中应披露的关联方名称，分别不同类别的关联方简述应披露的关联方信息。

（6）根据上述资料，编制与甲公司20×7年度合并资产负债表和合并利润表相关的调整分录和抵销分录。

2. 甲公司为境内上市公司且属于增值税一般纳税人。2×15年和2×16年，甲公司发生的有关交易或事项如下：

（1）2×15年6月30日，甲公司以2 400万元购入乙公司26%股权，能够对乙公司施加重大影响，采用权益法核算；款项通过银行转账支付，股权过户登记手续于当日办理完成。当日，乙公司可辨认净资产公允价值为10 000万元，各项可辨认资产、负债的公允价值与其账面价值相同。

2×15年9月30日，甲公司出售其生产的丙产品给乙公司，增值税专用发票上注明的销售价款为2 000万元，增值税额为340万元。截至2×15年12月31日，乙公司已对外出售所购丙产品的50%。甲公司生产该批丙产品的成本为 1 300 万元。

（2）2×15 年 11 月 20 日，甲公司与丁公司签订购买乙公司股权的协议，该协议约定，以 2×15 年 10 月 31 日经评估确定的乙公司可辨认净资产公允价值 14 800 万元为基础，甲公司以 4 800 万元购买丁公司持有的乙公司 30% 股权。上述协议分别经交易各方内部决策机构批准，并于 2×15 年 12 月 31 日经监管机构核准。

2×16 年 1 月 1 日，交易各方办理了乙公司股权过户登记手续。当日，甲公司对乙公司董事会进行改组，改组后的董事会由 9 名董事组成，其中甲公司派出 6 名。按乙公司章程规定，所有重大的经营、财务和分配等事项经董事会成员 2/3 及以上表决通过后方可实施。

2×16 年 1 月 1 日，乙公司账面所有者权益构成为：实收资本 10 000 万元、资本公积 1 200 万元、盈余公积 800 万元、其他综合收益 700 万元、未分配利润 500 万元；乙公司可辨认净资产的公允价值为 15 000 万元，除一块土地使用权增值 1 800 万元外（该土地使用权属于乙公司办公用房所占土地，尚可使用 30 年，预计无残值，按直线法摊销），其他各项可辨认资产、负债的公允价值与其账面价值相同。甲公司原持有乙公司 26% 股权的公允价值为 3 900 万元；甲公司购买乙公司 30% 股权的公允价值为 4 800 万元。

（3）2×15 年，乙公司按其净资产账面价值计算实现的净利润为 2 200 万元，其中 7～12 月实现的净利润为 1 200 万元；2×15 年 7～12 月其他综合收益增加 700 万元。

2×16 年，乙公司于 2×15 年向甲公司购买的丙产品已全部实现对外销售。2×16 年，乙公司按其净资产账面价值计算实现的净利润为 2 500 万元，其他综合收益增加 650 万元。

其他有关资料：

第一，甲公司适用的所得税税率为 25%，甲公司购入乙公司股权按照实际成本作为计税基础，甲公司预计未来有足够的应纳税所得额用以抵扣可抵扣暂时性差异。乙公司各项资产、负债按照取得时的成本作为计税基础，涉及企业合并的，以购买日（或合并日）的账面价值作为计税基础，其中因企业合并产生的商誉于处置合并相关资产时可税前扣除。甲公司拟长期持有乙公司股权。

第二，甲公司投资乙公司前，甲公司、乙公司、丁公司之间不存在关联方关系。

第三，乙公司除实现净利润、其他综合收益外，无其他权益变动事项；乙公司按其实现净利润的 10% 计提法定盈余公积，没有进行其他分配。

第四，本题不考虑除所得税以外的其他相关税费以及其他因素。

要求：

（1）计算 2×15 年 12 月 31 日甲公司持有的乙公司股权在其个别财务报表中列报的长期股权投资金额，编制甲公司取得及持有乙公司投资相关的会计分录。

（2）计算 2×15 年 12 月 31 日合并报表投资收益的列示金额。

（3）判断甲公司增持乙公司 30% 股权的交易类型，并说明理由；确定甲公司对乙公司的企业合并成本，如判断属于非同一控制下企业合并的，计算应予确认的商誉金额；判断乙公司应于何时纳入甲公司合并财务报表范围，并说明理由。

（4）编制甲公司 2×16 年末与其合并财务报表相关的调整或抵销分录。

3. 甲公司为一上市的集团公司，原持有乙公司 30% 股权，能够对乙公司施加重大影响。甲公司 20×3 年及 20×4 年发生的相关交易事项如下：

（1）20×3 年 1 月 1 日，甲公司从乙公司的控股股东——丙公司处受让乙公司 50% 股权，受让价格为 13 000 万元，款项已用银行存款支付，并办理了股东变更登记手续。购买日，乙公司可辨认净资产的账面价值为 18 000 万元，公允价值为 20 000 万元（含原未确认的无形资产公允价值 2 000 万元），除原未确认入账的无形资产外，其他各项可辨认资产及负债的公允价值与其账面价值相同。上述无形资产系一项商标权，自购买日开始尚可使用10年，预计净残值为零，采用直线法摊销。

甲公司受让乙公司50%后，共计持有乙公司80%股权，能够对乙公司实施控制。甲公司受让乙公司50%股权时，所持乙公司30%股权的账面价值为5 400万元，其中投资成本4 500万元，损益调整870万元，其他权益变动30万元；公允价值为6 200万元。

（2）20×3年1月1日，乙公司个别财务报表中所有者权益为18 000万元，其中实收资本为15 000万元，资本公积为100万元，盈余公积为290万元，未分配利润为2 610万元。

20×3年度，乙公司个别财务报表实现净利润500万元，因其他债权投资公允价值变动产生的其他综合收益60万元。

（3）20×4年1月1日，甲公司向丁公司转让所持乙公司70%股权，转让价格为20 000万元，款项已经收到，并办理了股东变更登记手续。出售日，甲公司所持乙公司剩余10%股权的公允价值为2 500万元。转让乙公司70%股权后，甲公司不能对乙公司实施控制、共同控制或施加重大影响。甲公司对其分类为以公允价值计量且其变动计入当期损益的金融资产。

其他有关资料：甲公司与丙公司、丁公司于交易发生前无任何关联关系。甲公司受让乙公司50%股权后，甲公司与乙公司无任何关联方交易。

乙公司按照净利润的10%计提法定盈余公积，不计提任意盈余公积。20×3年度及20×4年度，乙公司未向股东分配利润。

不考虑相关税费及其他因素。

要求：

（1）根据资料（1），计算甲公司20×3年度个别财务报表中受让乙公司50%股权后长期股权投资的初始投资成本，并编制与取得该股权相关的会计分录。

（2）根据资料（1），计算甲公司20×3年度合并财务报表中因购买乙公司发生的合并成本及应列报的商誉。

（3）根据资料（1），计算甲公司20×3年度合并财务报表中因购买乙公司50%股权应确认的投资收益。

（4）根据资料（1）～（2）编制甲公司20×3年度合并资产负债表和合并利润表相关的调整及抵销分录。

（5）根据上述资料，计算甲公司20×4年度个别财务报表中因处置70%股权应确认的投资收益，并编制相关会计分录。

（6）根据上述资料，计算甲公司20×4年度合并财务报表中因处置70%股权应确认的投资收益。

4. 甲公司为上市公司，乙公司和丙公司为其子公司。2×22年发生相关业务如下：

（1）2×22年1月1日，甲公司将一项管理用固定资产的使用年限由10年改为8年，该固定资产成本2 000万元，无残值，已经使用两年，采用直线法计提折旧。

针对该事项，甲公司补提了前两年的折旧，会计处理为：

借：利润分配——未分配利润　　100

　　贷：累计折旧　　100

（2）2×22年3月1日，甲公司发现上年发生的销售，由于质量问题于当日发生了退回。

针对该事项，甲公司冲减当年的收入和成本，会计处理为：

借：主营业务收入　　1 500

　　贷：应收账款　　1 500

借：库存商品　　1 000

　　贷：主营业务成本　　1 000

（3）2×22年5月10日，甲公司发现上年在计算所得税时，漏记了800万元的所得税费用。

针对该事项，甲公司于2×22年5月10日，将漏记的费用计入了当期所得税费用，会计处理为：

借：所得税费用　　800

贷：应交税费——应交所得税 800

（4）2×22年1月1日，甲公司向乙公司10名高管授予一项股票期权，该项股份支付计划约定，乙公司高管人员在乙公司服务期限满3年，即可以于期满后每人以每份4元的价格购买甲公司持有的乙公司50万股股票。授予日，该项股票期权的公允价值为每份3元。至2×22年末，有1名高管离职，预计剩余等待期内还有1人离职。乙公司认为其没有结算义务，因此未做会计处理。

（5）2×22年7月1日，丙公司将其外购的一栋办公楼出租给甲公司。该办公楼于6月20日购入，成本为6 000万元，预计使用寿命为50年，预计净残值为零。甲公司与丙公司6月30日签订协议，约定租期为1年，年租金为150万元，于每年年末支付。丙公司采用公允价值模式对投资性房地产进行后续计量。甲公司取得办公楼后将其投入管理部门使用。双方对自用房地产均采用直线法计提折旧。2×22年12月31日，该投资性房地产公允价值为6 500万元。对于短期租赁，甲公司选择采用简化处理方法。

针对该事项，甲公司2×22年合并财务报表的处理：

借：营业收入 150

贷：管理费用 150

其他资料：①甲公司2×21年财务报告于2×22年4月30日对外报出；②不考虑所得税等其他税费影响，以及以前年度损益调整结转留存收益的会计处理；③甲公司审计的财报上述事项均具有重要性。

要求：

（1）根据资料（1），判断甲公司会计处理是否正确，说明理由；如果不正确，编制更正的会计分录；

（2）根据资料（2），判断甲公司会计处理是否正确，说明理由；如果不正确，编制更正的会计分录；

（3）根据资料（3），判断甲公司会计处理是否正确，说明理由；如果不正确，编制更正的会计分录；

（4）根据资料（4），判断乙公司会计处理是否正确，说明理由；如果不正确，编制更正的会计分录。

（5）根据资料（5），判断甲公司合并财务报表会计处理是否正确，说明理由；如果不正确，编制合并财务报表中该事项的更正分录。

进阶练习答案及解析

（一）单项选择题

1.【答案】A

【解析】选项A，属于会计估计调整。

2.【答案】C

【解析】企业在编制合并财务报表之前只需要统一母子公司之间的会计政策，不需要统一会计估计，因此选项A、B不对；选项D，划分为持有待售非流动资产须同时符合以下条件：（1）根据类似交易中出售此类资产或处置组的惯例，在当前状况下即可立即出售；（2）出售极可能发生，即企业已经就一项出售计划作出决议且获得确定的购买承诺，预计出售将在一年内完成。该固定资产只是闲置不用，并未满足这三个条件中的任何一个，因此不能划分为持有待售的非流动资产。

3.【答案】D

【解析】编制合并财务报表前，应当尽可能统一母公司和子公司的会计政策，统一要求子公司所采用的会计政策与母公司保持一致，但不会统一有关资产的折旧或摊销年限。

4.【答案】B

【解析】本题属于非同一控制下的企业合并，且从集团角度考虑，会计上认可被合并方的公允价值，从税法角度考虑认可被合并方的账面价值（原计税基础不发生改变）。乙公司可辨认净资产公允价值 5 000 万元大于原账面价值 4 000 万元，按照净额计算，形成应纳税暂时性差异，需要确认递延所得税负债，递延所得税负债 =（5 000 - 4 000）× 25% = 250（万元）；企业合并商誉 = 企业合并成本 - 被合并方可辨认净资产公允价值 × 持股比例 = 4 500 -（5 000 - 250）× 80% = 700（万元）。本题的相关调整抵销分录为：

借：评估增值的净资产　　1 000
　贷：资本公积　　　　　　　1 000
借：资本公积　　　　　　250
　贷：递延所得税负债　　　　250
借：乙公司所有者权益项目
　　　　　　　　　　　4 750
　商誉　　　　　　　　700
　贷：长期股权投资　　　　4 500
　　少数股东权益　　　　　950

5.【答案】C

【解析】选项 A，个别报表中以固定资产作为对价取得长期股权投资，资产账面价值与公允价值确认资产处置损益 300 万元（1 000 - 700）；选项 B，个别报表中以付出对价的公允价值确认长期股权投资的入账价值 1 000 万元；选项 C，合并报表中少数股权权益 =（1 000 + 250）× 20% = 250（万元）；选项 D，合并报表中投出资产比照内部交易进行处理，房屋按照 700 万元确认账面价值，所以选项 C 正确。

6.【答案】D

【解析】选项 A，乙公司个别财务报表中对持有的戊公司股权采用公允价值计量；选项 B，甲公司个别财务报表中对持有的乙公司股权采用成本法核算；选项 C，乙公司个别报表对持有丙公司股权采用成本法核算。

（二）多项选择题

1.【答案】ABD

【解析】选项 C，投资方如果是代理人身份，不拥有对被投资方的权力，不能控制被投资方，不纳入合并范围。

2.【答案】ABC

【解析】选项 A、C，如果母公司是投资性主体，则母公司应当仅将为其投资活动提供相关服务的子公司（如有）纳入合并范围并编制合并财务报表，其他子公司不应当予以合并，母公司对其他子公司的投资应当按照公允价值计量且其变动计入当期损益；乙公司的两家子公司不为乙公司提供服务，因此不应纳入乙公司合并范围，乙公司不需要编制合并报表；选项 B，丙公司对其拥有的两家联营企业按照公允价值考核和评价管理层业绩，说明丙公司将其作为“直接指定为以公允价值计量且其变动计入当期损益的金融资产”核算；选项 D，一个投资性主体的母公司如果其本身不是投资性主体，则应当将其控制的全部主体，包括投资性主体以及通过投资性主体间接控制的主体，纳入合并财务报表范围。

3.【答案】ABC

【解析】选项 A，甲公司拥有乙公司 60% 的有表决权股权，超过了 50%，能够实施控制，因此乙公司应纳入甲公司的合并范围；选项 B，甲公司控制乙公司，乙公司拥有丙公司 52% 的股权，甲公司间接持有丙公司 52% 的股权，能够实施控制，丙公司应纳入合并范围；选项 C，乙公司拥有丁公司 31% 的股权，甲公司直接拥有丁公司 22% 的股权，因此甲公司共持有丁公司（31% + 22%）53% 的股权，能够达到控制，需要纳入甲公司的合并范围；选项 D，甲公司不持有己公司任何有表决权股份，只是接受委托提供经营管理服务，也不是主要责任人，不拥有权力，不能将己公司纳入甲公司的合并范围。

4.【答案】BD

【解析】选项 A，购买子公司少数股东股权支付的现金，母公司个别报表属于投资活动现金流出，而合并报表层面属于权益性交易，属于筹资活动现金流出；选项 B，A 公司个别报表作为“投资支付的现金”列报，C 公司个别报表作为“收回投资支付的现金”列报，合并报表当中需要予以抵销；选项 C，处置子公司股权不丧失控制权收到的现金，母公司个别报表属于投资活动现金流入，而合并报表层面作为权益性交易，属于筹资活动现金流入；选项 D，应作为“收回投资收到的现金”列报。

5. 【答案】ABCD

【解析】交叉持股，在编制合并财务报表时，（1）对于母公司持有的子公司股权，与通常情况下母公司长期股权投资与子公司所有者权益的合并抵销处理相同；（2）对于子公司持有的母公司股权，应当按照子公司取得母公司股权日所确认的长期股权投资的初始投资成本，将其转为合并财务报表中的库存股，作为所有者权益的减项，在合并资产负债表中所有者权益项目下以“减：库存股”项目列示；（3）对于子公司持有母公司股权所确认的投资收益（如利润分配或现金股利），应当进行抵销处理；（4）子公司将所持有的母公司股权分类为以公允价值计量且其变动计入其他综合收益的金融资产的，按照公允价值计量的，同时冲销子公司累计确认的公允价值变动。

6. 【答案】AD

【解析】甲公司取得 60% 的股权初始成本为 4 000 万元，合并报表确认的合并商誉 = 4 000 − 5 000 × 60% = 1 000（万元）；继续取得 20% 的股权，个别报表 80% 股权的账面价值 = 4 000 + 1 500 = 5 500（万元）；处置 40% 的股权，个别报表确认的处置损益 = 6 000 − 5 500 × 40%/80% = 3 250（万元），剩余股权按照权益法调整后的账面价值 = 5 500 × 40%/80% + (7 000 − 5 000) × 40% = 3 550（万元），选项 A 正确，选项 B 不正确；合并报表中剩余股权按照公允价值重新计量，剩余长期股权投资账面价值为 3 000 万元，合并报表应确认处置损益 = (6 000 + 3 000) − 7 000 × 80% − 1 000 = 2 400（万元），选项 C 不正确，选项 D 正确。

7. 【答案】ACD

【解析】存货转换为采用公允价值模式进行计量的投资性房地产时转换日公允价值大于账面价值的差额应该计入其他综合收益，选项 A、C、D 正确。

（三）综合题

1. 【答案及解析】

（1）甲公司 20×6 年个别报表中应确认投资收益 = [3 000 − (500 − 400) × (1 − 50%)] × 30% = 885（万元）；

甲公司 20×7 年个别报表中应确认的投资收益 = [3 500 + (500 − 400) × 50%] × 30% = 1 065（万元）。

（2）甲公司购买丁公司股权应确认商誉 = 9 000 − 12 000 × 70% = 600（万元）。

（3）甲公司支付的现金在 20×6 年度合并现金流量表中列报的项目名称为“取得子公司及其他营业单位支付的现金净额”，列报金额 = 9 000 − 3 500 = 5 500（万元）。

（4）甲公司租赁给乙公司的办公楼在 20×7 年 12 月 31 日的合并资产负债表中列报项目名称为“固定资产”。

理由：母公司将办公楼出租给子公司属于集团公司之间的内部交易，要进行抵销处理，视同交易从未发生，因此在合并报表层面该办公楼属于自用房地产，即固定资产。

（5）甲公司在其 20×6 年度合并财务报表中应披露的关联方：乙公司、丙公司、丁公司。

对于乙公司和丁公司，应披露子公司的名称、业务性质、注册地、注册资本及其变化、母公司对该子公司的持股比例和表决权比例。

对于丙公司，应披露关联方关系的性质。

（6）甲公司 20×7 年合并报表与乙公司股权相关调整抵销分录如下：

①甲公司与乙公司内部商品交易的抵销：

借：年初未分配利润　　120
　贷：固定资产　　120
借：固定资产
　[(600 − 480)/6 × 6/12]　10
　贷：年初未分配利润　　10
借：固定资产
　[(600 − 480)/6]　20
　贷：管理费用　　20

②甲公司与乙公司内部债权债务的抵销：

借：应收账款　30

　贷：年初未分配利润　30

借：信用减值损失　30

　贷：应收账款　30

③甲公司与乙公司内部租赁交易的抵销：

借：固定资产　200

　贷：投资性房地产　200

借：营业收入　50

　贷：管理费用　50

借：投资性房地产　20

　贷：营业成本　20

借：管理费用　20

　贷：固定资产　20

④甲公司 20×7 年合并报表与丁公司股权相关调整抵销分录如下：

a. 对丁公司未确认的无形资产价值进行调整：

借：无形资产　1 200

　贷：资本公积　1 200

借：年初未分配利润　(1 200/10×5/12) 50

　管理费用　(1 200/10) 120

　贷：无形资产　170

b. 对长期股权投资按照权益法进行调整：

借：长期股权投资　287

　贷：年初未分配利润　[(180－50)×70%] 91

　　投资收益　[(400－120)×70%] 196

c. 抵销分录：

借：实收资本　10 000

　资本公积　1 200

　盈余公积　(80＋180×10%＋400×10%) 138

　未分配利润　(720＋180－50－180×10%＋400－120－400×10%)　1 072

　商誉　600

　贷：长期股权投资　(9 000＋287) 9 287

　　少数股东权益　[(10 000＋1 200＋138＋1 072)×30%] 3 723

借：投资收益　196

　少数股东损益　84

　年初未分配利润　(720＋180－50－180×10%) 832

　贷：提取盈余公积　40

　　年末未分配利润　(720＋180－50－180×10%＋400－120－400×10%) 1 072

2. 【答案及解析】

(1) 2×15 年甲公司持有的乙公司股权在其个别报表中列示的长期股权投资金额为 3 003 万元。

取得乙公司股权的分录：

借：长期股权投资——投资成本　2 400

　贷：银行存款　2 400

初始投资成本 2 400 万元小于应享有乙公司投资时点可辨认净资产公允价值份额 2 600 万元（10 000×26%），需要调整长期股权投资的初始投资成本。

借：长期股权投资——投资成本　200

　贷：营业外收入　200

子公司调整后的净利润＝1 200－(2 000－1 300)×(1－50%)＝850（万元）。

借：长期股权投资——损益调整　(850×26%) 221

　贷：投资收益　221

借：长期股权投资——其他综合收益　(700×26%) 182

　贷：其他综合收益　182

2×15 年 12 月 31 日长期股权投资的余额＝2 400＋200＋221＋182＝3 003（万元）。

（2）2×15 年 12 月 31 日合并报表投资收益的列示金额 =221 +182 =403（万元）。

借：营业收入（2 000×26%） 520
　　贷：营业成本 338
　　　　投资收益
　　　　[（2 000 −1 300）×26%] 182

（3）甲公司增持乙公司 30% 股权，属于通过多次交易分步取得股权，最终形成非同一控制下控股合并的情况。

2×16 年 1 月 1 日纳入合并财务报表范围。理由：2×16 年 1 月 1 日，交易各方办理了乙公司股权过户登记手续。当日，甲公司对乙公司董事会进行改组，改组后的董事会由 9 名董事组成，其中甲公司派出 6 名。按乙公司章程规定，所有重大的经营、财务和分配等事项经董事会成员三分之二及以上表决通过后实施，实现了企业合并；且甲公司投资乙公司前，甲公司、乙公司、丁公司之间不存在关联方关系，所以属于通过多次交易分步取得股权，最终形成非同一控制下企业控股合并的情况，并自购买日即 2×16 年 1 月 1 日纳入甲公司合并财务报表范围。

合并成本 =3 900 +4 800 =8 700（万元）。

合并商誉 =8 700 −（15 000 −1 800×25%）×56% =552（万元）。

（4）分录如下：

借：无形资产 1 800
　　贷：资本公积 1 350
　　　　递延所得税负债 450
借：管理费用 60
　　贷：无形资产 60
借：递延所得税负债 15
　　贷：所得税费用 15

调整后的净利润 =2 500 −60 +15 =2 455（万元）。

借：长期股权投资
　　（2 455×56%） 1 374. 8
　　贷：投资收益 1 374. 8
借：长期股权投资 364
　　贷：其他综合收益 364
借：长期股权投资 3 900
　　贷：长期股权投资 3 003
　　　　投资收益 897
借：其他综合收益 182
　　贷：投资收益 182
借：实收资本 10 000
　　资本公积
　　　　（1 200 +1 350） 2 550
　　其他综合收益
　　　　（700 +650） 1 350
　　盈余公积（800 +250） 1 050
　　年末未分配利润
　　　　（500 +2 455 −250） 2 705
　　商誉 552
　　贷：长期股权投资
　　（8 700 +1 374. 8 +364） 10 438. 8
　　　　少数股东权益 7 768. 2
借：投资收益 1 374. 8
　　少数股东损益 1 080. 2
　　年初未分配利润 500
　　贷：提取盈余公积 250
　　　　年末未分配利润 2 705

3. 【答案及解析】

（1）个别报表中的投资成本 =5 400 +13 000 =18 400（万元）。

借：长期股权投资 13 000
　　贷：银行存款 13 000

（2）合并报表中的成本 =6 200 +13 000 =19 200（万元），商誉 =19 200 −20 000×80% =3 200（万元）。

（3）合并报表中确认的投资收益 =6 200 −5 400 +30 =830（万元）。

【提示】权益法增资转为非同一控制下企业合并时，合并报表中需要将原股权投资确认的资本公积转入投资收益。

（4）资产负债表日的合并报表调整和抵销分录如下：

借：无形资产 2 000
　　贷：资本公积 2 000
借：管理费用 200

贷：无形资产——累计摊销

（2 000/10）200

调整之后的净利润 =（500 - 2 000/10）= 300（万元）。

借：长期股权投资　　800

　贷：投资收益　　800

借：资本公积　　30

　贷：投资收益　　30

借：长期股权投资　　240

　贷：投资收益（300 × 80%）240

借：长期股权投资

（60 × 80%）48

　贷：其他综合收益　　48

借：实收资本（股本）　　15 000

　资本公积

（100 + 2 000）2 100

　其他综合收益　　60

　盈余公积

（290 + 500 × 10%）340

　年末未分配利润

（2 610 + 500 - 200 - 50）2 860

　商誉　　3 200

　贷：长期股权投资　　19 488

　　少数股东权益　　4 072

借：投资收益　　240

　少数股东损益　　60

　年初未分配利润　　2 610

　贷：提取盈余公积　　50

　　年末未分配利润　　2 860

（5）个别报表中确认的投资收益 =（20 000 - 18 400 × 70%/80%）+（2 500 - 18 400 × 10%/80%）+ 30 = 4 130（万元）。

借：银行存款　　20 000

　贷：长期股权投资　　16 100

　　投资收益　　3 900

借：资本公积　　30

　贷：投资收益　　30

借：交易性金融资产　　2 500

　贷：长期股权投资　　2 300

　　投资收益　　200

（6）合并报表中确认的投资收益 =（20 000 + 2 500）-［（18 000 + 2 000 + 500 + 60 - 200）× 80% + 3 200］+ 60 × 80% = 3 060（万元）。

4.【答案及解析】

（1）甲公司会计处理不正确。理由：固定资产使用年限的变更属于会计估计变更，应当按照未来适用法处理，不需要追溯调整已确认的折旧。

更正分录：

借：累计折旧　　100

　贷：利润分配——未分配利润

100

（2）甲公司会计处理不正确。理由：日后期间发现报告年度销售业务发生退回的，应当作为日后调整事项处理，调整报告年度收入、成本的金额。

更正分录为：

借：以前年度损益调整——调整营业收入

1 500

　贷：主营业务收入　　1 500

借：主营业务成本　　1 000

　贷：以前年度损益调整——调整营业成本

1 000

（3）甲公司的会计处理不正确。理由：非日后期间发现前期重大会计差错的，需要追溯调整期初留存收益，不能直接计入当期损益。

更正分录为：

借：以前年度损益调整——所得税费用

800

　贷：所得税费用　　800

（4）乙公司会计处理不正确。理由：甲公司向乙公司高管人员授予乙公司的股票，乙公司不具有结算义务的，乙公司应当作为权益结算的股份支付处理，确认费用和资本公积（其他资本公积）。

乙公司应确认管理费用和资本公积的金额 =（10 - 1 - 1）× 50 × 3 × 1/3 = 400（万元）

更正分录：

借：管理费用　400

　贷：资本公积——其他资本公积　400

（5）甲公司合并财务报表会计处理不正确。理由：母公司租入子公司外购的房地产，并将其投入管理部门使用，从集团角度看，相当于集团外购房地产并将其投入管理部门使用，不应在合并财务报表中确认投资性房地产，而应确认为固定资产，并按期计提折旧。

更正分录为：

借：固定资产　6 000

　公允价值变动损益　500

　贷：投资性房地产　6 500

借：管理费用　60

　贷：固定资产（6 000/50/2）60

甲公司个别报表处理：

借：管理费用　150

　贷：银行存款　150

丙公司个别报表处理：

借：投资性房地产——成本　6 000

　贷：银行存款　6 000

借：银行存款　150

　贷：其他业务收入　150

借：投资性房地产——公允价值变动　500

　贷：公允价值变动损益　500

合并财务报表角度，相当于集团外购房地产并自用，合并财务报表认可的分录为：

借：固定资产　6 000

　贷：银行存款　6 000

借：管理费用　60

　贷：固定资产——累计折旧（6 000/50/2）60

因此，在合并财务报表上应编制的抵销分录为：

借：固定资产　6 000

　公允价值变动损益　500

　贷：投资性房地产　6 500

借：管理费用（6 000/50/2）60

　贷：固定资产　60

借：营业收入　150

　贷：管理费用　150

原会计处理仅做了租金的抵销，没有其他处理。

第二十八章 每股收益

2023 年教材内容主要变化

本章教材内容无实质性变化。

本章近五年考试高频考点分布

高频考点内容	年度及题型分布
基本每股收益	2022 年单选题、2021 年单选题、2021 年计算分析题
稀释每股收益	2021 年计算分析题、2019 年单选题
每股收益的重新计算	2021 年单选题、2020 年多选题

高频考点精讲

本章考点主要包括：基本每股收益的计算；稀释每股收益计算的原则，各种潜在普通股稀释每股收益的计算方法；每股收益的重新计算和列报等内容。

高频考点 1：基本每股收益★★★

基本每股收益是按照归属于普通股股东的当期净利润除以当期实际发行在外普通股的加权平均数计算确定。

项目	内容
分子的确定	计算基本每股收益时，分子为归属于普通股股东的当期净利润，即企业当期实现的可供普通股股东分配的净利润或应由普通股股东分担的净亏损金额。发生亏损的企业，每股收益以负数列示。 以合并财务报表为基础计算的每股收益，分子应当是归属于母公司普通股股东的当期合并净利润，即扣减少数股东损益后的余额。与合并财务报表一同提供的母公司财务报表中企业自行选择列报每股收益的，以母公司个别财务报表为基础计算的每股收益，分子应当是归属于母公司全部普通股股东的当期净利润

续表

项目	内容
分母的确定	计算基本每股收益时，分母为当期发行在外普通股的加权平均数，即期初发行在外普通股股数根据当期新发行或回购的普通股股数与相应时间权数的乘积进行调整后的数量。 发行在外的普通股加权平均数＝期初发行在外普通股股数＋当期新发行普通股股数×已发行时间÷报告期时间－当期回购普通股股数×已回购时间÷报告期时间 已发行时间、报告期时间和已回购时间，一般按照天数计算；在不影响计算结果合理性的前提下，也可以采用简化的计算方法，如按月计算

小贴士 （1）基本每股收益仅考虑当期实际发行在外的普通股股票。

（2）公司库存股不属于发行在外的普通股，且无权参与利润分配，应当在计算分母时扣除。

（3）以合并财务报表为基础计算的每股收益，分子应当是归属于母公司普通股股东的合并净利润，即扣减少数股东损益后的余额。

命题点拨

命题角度：基本每股收益

本考点在命题时，一般会以客观题（单选题或多选题）或计算分析题的形式出现，主要考核基本每股收益的计算。

经典例题

【真题·单选题】（2022）2×20年1月1日，甲公司发行在外的普通股为20 000万股，4月1日发行股份3 000万股购买乙公司60%的股权。本次交易构成同一控制下企业合并。2×20年度，甲公司合并利润表净利润为12 000万元，其中归属于母公司股东的净利润为10 000万元（包含乙公司1～3月归属于母公司股东的净利润1 000万元）。不考虑其他因素，甲公司2×20年度合并财务报表中的基本每股收益是（　　）元/股。

A. 0.39　　B. 0.43

C. 0.40　　D. 0.52

【答案】B

【解析】同一控制下企业合并，作为对价新发行的普通股股数，应计入各列报期间普通股的加权平均数，甲公司2×20年度合并财务报表中的基本每股收益＝10 000/（20 000＋3 000）＝0.43（元/股）。

【真题·单选题】（2020）甲公司2×17年度归属于普通股股东的净利润为5 625万元。2×17年1月1日，甲公司发行在外普通股股数为3 000万股。2×17年4月1日，甲公司按照每股10元的市场价格发行普通股1 000万股。2×18年4月1日，甲公司以2×17年12月31日股份总额4 000万股为基数，每10股以资本公积转增股本2股。不考虑其他因素，甲公司在2×18年度利润表中列示的2×17年度基本每股收益是（　　）元/股。

A. 1.17　　B. 1.25

C. 1.41　　D. 1.50

【答案】B

【解析】每股收益＝5 625÷［（3 000＋1 000×9/12）×1.2］＝1.25（元/股）。

高频考点2：稀释每股收益基本计算原则★★

稀释每股收益是以基本每股收益为基础。假设企业所有发行在外的稀释性潜在普通股均已转换为普通股，从而分别调整归属于普通股股东的当期净利润以及发行在外普通股的加权平均数计算而得的每股收益。

潜在普通股是指赋予其持有者在报告期或以后期间享有取得普通股权利的一种金融工具或其他合同。目前，我国企业发行的潜在普通股主要有可转换公司债券、认股权证、股份期权等。

稀释性潜在普通股，是指假设当期转换为普通股会减少每股收益的潜在普通股。

对于亏损企业而言，稀释性潜在普通股假

设当期转换为普通股，将会增加每股亏损的金额。计算稀释每股收益时只考虑稀释性潜在普通股的影响，而不考虑不具有稀释性的潜在普通股。

项目	内容
分子的调整	计算稀释每股收益时，应当根据下列事项对归属于普通股股东的当期净利润进行调整： (1) 当期已确认为费用的稀释性潜在普通股的利息。 (2) 稀释性潜在普通股转换时将产生的收益或费用。 上述调整应当考虑相关的所得税影响。对于包含负债和权益成分的金融工具，仅需调整属于金融负债部分的相关利息、利得或损失
分母的调整	(1) 分母：当期发行在外普通股的加权平均数＝计算基本每股收益时普通股的加权平均数＋假定稀释性潜在普通股转换为已发行普通股而增加的普通股股数的加权平均数。 (2) 假定稀释性潜在普通股转换为已发行普通股而增加的普通股股数，应当按照其发行在外时间进行加权平均。 ①以前期间发行的稀释性潜在普通股，应当假设在当期期初转换为普通股； ②当期发行的稀释性潜在普通股，应当假设在发行日转换普通股； ③当期被注销或终止的稀释性潜在普通股，应当按照当期发行在外的时间加权平均计入稀释每股收益； ④当期被转换或行权的稀释性潜在普通股，应当从当期期初至转换日（或行权日）计入稀释每股收益中，从转换日（或行权日）起所转换的普通股则计入基本每股收益中

小贴士 当期被转换或行权的稀释性潜在普通股，应当从当期期初至转换日（或行权日）计入稀释每股收益中，从转换日（或行权日）起所转换的普通股则计入基本每股收益中。

假定稀释性潜在普通股转换为已发行普通股而增加的普通股股数，应当根据潜在普通股的条件确定。当存在不止一种转换基础时，应当假定会采取从潜在普通股持有者角度看最有利的转换率或执行价格。

经典例题

【真题·单选题】(2020) 2×15 年，甲公司向乙公司以每股 10 元发行 600 万股股票，约定 2×19 年 12 月 31 日，甲公司以每股 20 元的价格回购乙公司持有的 600 万股股票。2×19年初，甲公司发行在外的普通股股数为 2 000万股，当年甲公司发行在外的普通股股数无变化，2×19 年甲公司实现净利润 300 万元，甲公司普通股股票平均市场价值为每股 15 元。甲公司 2×19 年稀释每股收益是（　　）元。

A. 0.136　　B. 0.214

C. 0.162　　D. 0.150

【答案】A

【解析】调整增加的普通股股数＝600×20/15－600＝200（万股）。因此稀释每股收益＝300/（2 000＋200×12/12）＝0.136（元）。

【例题·单选题】下列关于稀释每股收益的说法不正确的是（　　）。

A. 稀释每股收益是以基本每股收益为基础计算的

B. 在计算稀释每股收益时，对于包含负债成分和权益成分的金融工具不仅仅需要调整属于金融负债部分的相关利息、利得或损失

C. 以前期间发行的稀释性潜在普通股，应当假设在当期期初转换，并调整计算发行在外的普通股加权平均数

D. 企业应根据稀释性潜在普通股转换时将产生的收益或费用对归属于普通股股东的当期净利润进行调整

【答案】B

【解析】在计算稀释每股收益时，对于包含负债成分和权益成分的金融工具仅需要调整属于金融负债部分的相关利息、利得或损失。选项 B 错误。

高频考点 3：稀释每股收益的计算方法★★★

（一）可转换公司债券

可转换公司债券是指公司依法发行的、在

一定期间内依据约定的条件可以转换成股份的公司债券。对于可转换公司债券，可以采用假设转换法判断其稀释性，并计算稀释每股收益。

项目	方法
1. 调整分子和分母	（1）计算增加的发行在外的普通股股数——假设这部分可转换公司债券在当期期初（或发行日）即已转换成普通股，从而增加了发行在外的普通股股数的加权平均数（属于分母的调整）。 （2）可转换公司债券在当期期初（或发行日）即已转换成普通股，节约了公司债券的利息费用，即增加了归属于普通股股东的当期净利润（属于分子的调整）
2. 计算每股收益，确定稀释性	（1）用增加的净利润除以增加的普通股股数，得出增量股的每股收益。 （2）与原来的每股收益比较，如果增量股的每股收益小于原每股收益，则说明该可转换公司债券具有稀释作用，应当计入稀释每股收益的计算中

小贴士 计算稀释每股收益时，以基本每股收益为基础，分子的调整项目为当期已确认为费用的利息等的税后影响额；分母的调整项目为假定可转换公司债券当期期初（或发行日）转换为普通股的股数加权平均数。

命题点拨

命题角度：稀释每股收益的计算方法

本考点在命题时，一般会以客观题（单选题或多选题）和计算分析题的形式出现，主要考核稀释每股收益的计算方法。近五年每年均以计算分析题考核，考生应该重点掌握。

经典例题

【真题·计算分析题】（2021）2×19年至2×20年，甲公司发生的有关交易或事项如下：

（1）2×19年7月1日，甲公司以每份面值100元的价格发行可转换公司债券10万份，募集资金1 000万元（不考虑发行费用）。该债券存续期为3年，票面年利率为5%，利息按年支付，到期一次还本。该批债券自2×20年7月1日起即可按照10元/股的价格转换为普通股。在转换日之前，如果甲公司发生配股、资本公积转增股本等资本结构变化的事项，转股价格将进行相应调整，以确保债券持有人的利益不被稀释。

发行债券时，市场上不含转股权但其他条件与之类似的债券利率为6%。

（2）2×20年7月1日，上述债券全部按原定价格10元/股将本金转换为普通股，共计100万股。2×20年1月1日，甲公司发行在外的普通股股数为1 000万股，除上述转股事项外，2×20年内未发生其他股本变化，也不存在其他稀释性潜在普通股。

（3）2×20年，甲公司实现归属于普通股股东的净利润300万元，该净利润包含2×20年1～6月计提的与上述可转换公司债券相关的利息费用。

其他资料：①（P/F，3，5%）＝0.8638；（P/A，3，5%）＝2.7232；（P/F，3，6%）＝0.8396；（P/A，3，6%）＝2.6730。②假定可转换公司债券的利息费用采用负债的初始入账价值乘以年实际利率，按月平均计提，且利息费用于2×19年和2×20年均不符合资本化条件。③甲公司适用的企业所得税税率为25%。④本题不考虑除企业所得税以外的其他相关税费及其他因素。

要求：

（1）判断甲公司发行的可转换公司债券的会计分类，并说明理由。

（2）根据资料（1），计算甲公司发行的可转换公司债券中负债的初始入账金额，编制甲公司2×19年7月1日发行可转换公司债券，以及2×19年12月31日计提利息费用相关的会计分录。

（3）计算甲公司2×20年度的基本每股收益。

（4）判断甲公司可转换公司债券对于

2×20年度每股收益是否具有稀释作用，并说明理由，如有，计算甲公司2×20年度的稀释每股收益。

【答案及解析】

（1）甲公司发行的可转换公司债券同时包含负债和权益成分，应分别分类为金融负债和权益工具。

理由：甲公司附有支付本金和利息的合同义务，应分类为金融负债。

转股安排符合“固定换固定”的原则［或：该可转换公司债券（固定金额）可以转换为固定数量的普通股］，其中的反稀释调整条款不妨碍符合该原则，因此转股权应分类为权益工具。

（2）负债的初始入账金额＝1 000×0.8396＋50×2.6730＝839.6＋133.65＝973.25（万元）。

借：银行存款　　1 000
　　应付债券——利息调整　　26.75
　贷：应付债券——面值　　1 000
　　　其他权益工具　　26.75

借：财务费用　　29.20
　贷：应付债券——利息调整　　4.20
　　　应付利息　　25

（3）基本每股收益＝300÷（1 000＋100×6÷12）＝0.29（元/股）。

（4）可转换公司债券对于2×20年度每股收益不具有稀释性。

理由：假设转换为普通股增加的股数＝100×6÷12＝50（万股）；

假设转换为普通股增加的净利润＝29.2×（1－25%）＝21.9（万元）；

增量股的每股收益＝21.9÷50＝0.44（元/股）；

增量股的每股收益大于基本每股收益，所以可转换公司债券不具有稀释性。

【例题·单选题】某公司2×20年1月2日发行面值为1 000万元、票面利率为4%的可转换债券，每100元债券可转换为1元面值普通股80股。该公司2×20年净利润为7 500万元，2×20年初发行在外普通股6 000万股，债券利息不符合资本化条件，直接计入当期损益，所得税税率为25%，不考虑可转换公司债券在负债和权益成分之间的分拆。该公司2×20年的稀释每股收益为（　　）元。

A. 1.125　　B. 1.1074

C. 1.095　　D. 0.03

【答案】B

【解析】基本每股收益＝7 500÷6 000＝1.125（元），假设转换所增加的净利润＝1 000×4%×（1－25%）＝30（万元），假设转换所增加的普通股股数＝1 000÷100×80＝800（万股），增量股的每股收益＝30÷800≈0.03（元），增量股的每股收益小于基本每股收益，可转换公司债券具有稀释作用；稀释每股收益＝（7 500＋30）÷（6 000＋800）＝1.1074（元）。

（二）认股权证、股份期权

项目	方法
1. 稀释性判断	（1）对于盈利企业，认股权证、股份期权等的行权价格低于当期普通股平均市场价格时，具有稀释性。 （2）对于亏损企业，认股权证、股份期权的假设行权一般不影响净亏损，但增加普通股股数，从而导致每股亏损金额的减少，实际上产生了反稀释的作用，因此，这种情况下，不应当计算稀释每股收益。 即只有盈利企业，认股权证、股份期权等的行权价格低于当期普通股平均市场价格时，需要对认股权证、股份期权计算稀释每股收益
2. 稀释每股收益的计算	（1）计算增加的普通股股数。 增加的普通股股数＝拟行权时转换的普通股股数－行权价格×拟行权时转换的普通股股数÷当期普通股平均市场价格 （2）计算增加普通股加权平均数。 增加的普通股加权平均数＝增加的普通股股数×假设发行在外的时间权数 （3）计算稀释每股收益。 稀释每股收益＝普通股股东的净利润/（发行在外普通股＋增加的普通股加权平均数）

小贴士 （1）对于稀释性认股权证、股份期权，计算稀释每股收益时，一般无须调整分子净利润金额，只需要按照下列步骤对分母普通股加权平均数进行调整。

（2）假设这些认股权证、股份期权在当期期初（或发行日）已经行权，计算按约定行权价格发行普通股将取得的股款金额。

经典例题

【真题·单选题】（2021）2×20 年 1 月 1 日，甲公司对外发行 2 000 万份认股权证，行权日为 2×21 年 7 月 1 日，每份认股权证可以在行权日以 8 元的价格认购甲公司 1 股新发行的股份。2×20 年度，甲公司发行在外普通股加权平均数为 6 000 万股，每股平均市场价格为 10 元；2×20 年度甲公司归属于普通股股东的净利润为 5 800 万元。不考虑其他因素，甲公司 2×20 年度的稀释每股收益是（　　）元/股。

A. 0.73　　B. 0.76

C. 0.91　　D. 0.97

【答案】C

【解析】认股权证调整增加的普通股股数 = 拟行权时转换的普通股股数 - 行权价格 × 拟行权时转换的普通股股数/当期普通股平均市场价格 = 2 000 - 8 × 2 000/10 = 400（万股）。稀释每股收益 = 5 800/（6 000 + 400）= 0.91（元/股）。

【例题·单选题】甲公司 2×20 年度归属于普通股股东的净利润为 2 760 万元，发行在外的普通股加权平均数为 3 000 万股，当年度该普通股平均市场价格为每股 8 元。2×20 年 1 月 1 日，甲公司对外发行认股权证 2 000 万份，行权日为 2×21 年 6 月 30 日，每份认股权可以在行权日以 4 元的价格认购甲公司 1 股新发的股份。甲公司 2×20 年度稀释每股收益金额是（　　）元/股。

A. 0.8　　B. 0.54

C. 0.92　　D. 0.69

【答案】D

【解析】基本每股收益 = 2 760 ÷ 3 000 = 0.92（元/股）。

调整增加的普通股股数 = 2 000 - 2 000 × 4 ÷ 8 = 1 000（万股）。甲公司 2×20 年度稀释每股收益金额 = 2 760 ÷（3 000 + 1 000）= 0.69（元/股）。

（三）限制性股票

限制性股票等待期内计算每股收益的方法

项目	计算方法
等待期内基本每股收益的计算	基本每股收益仅考虑发行在外的普通股，按照归属于普通股股东的当期净利润除以发行在外普通股的加权平均数计算。 （1）现金股利可撤销。 分子应扣除当期分配给预计未来可解锁限制性股票持有者的现金股利；分母不应包含限制性股票的股数。 （2）现金股利不可撤销。 等待期内计算基本每股收益时，分子应扣除归属于预计未来可解锁限制性股票的净利润；分母不应包含限制性股票的股数
等待期内稀释每股收益的计算	上市公司在等待期内稀释每股收益的计算，应视解锁条件不同采取不同的方法： （1）解锁条件仅为服务期限条件的。 公司应假设资产负债表日尚未解锁的限制性股票已于当期期初（或晚于期初的授予日）全部解锁，并参照本章中股份期权的有关规定考虑限制性股票的稀释性。行权价格低于公司当期普通股平价市场价格时，应当考虑其稀释性，计算稀释每股收益。 行权价格 = 限制性股票的发行价格 + 资产负债表日尚未取得的职工服务的公允价值 稀释每股收益 = 当期净利润 ÷（普通股加权平均数 + 调整增加的普通股加权平均数） = 当期净利润 ÷［普通股加权平均数 +（限制性股票股数 - 行权价格 × 限制性股票股数 ÷ 当期普通股平均市场价格）］

续表

项目	计算方法
等待期内稀释每股收益的计算	限制性股票若为当期发行的，则还需考虑时间权数计算加权平均数。 （2）解锁条件包含业绩条件的。 公司应假设资产负债表日即为解锁日并据以判断资产负债表日的实际业绩情况是否满足解锁要求的业绩条件。若满足业绩条件的，应当参照上述解锁条件仅为服务期限条件的有关规定计算稀释性每股收益；若不满足业绩条件的，计算稀释性每股收益时不必考虑此限制性股票的影响

经典例题

【真题·单选题】（2022）甲公司2×20年1月1日发行在外的普通股股数为5 000万股。2×20年3月1日吸收外部投资者的现金增资，新增600万股普通股。2×20年12月1日授予员工限制性股票60万股，如果无法达到行权条件，该限制性股票将由甲公司按原授予价格回购。不考虑其他因素，甲公司在计算2×20年度基本每股收益时，分母即普通股股数是（　　）万股。

A. 5 500　　B. 5 505

C. 5 600　　D. 5 605

【答案】A

【解析】计算基本每股收益时，分母不包括限制性股票的股数，因此，普通股加权平均数=5 000+600×10/12=5 500（万股）。

（四）企业承诺将回购其股份的合同

企业承诺将回购其股份的合同中规定的回购价格高于当期普通股平均市场价格时，应当考虑其稀释性。计算稀释每股收益时，与前面认股权证、股份期权的计算思路恰好相反，具体步骤为：

（1）假设企业于期初按照当期普通股平均市场价格发行普通股，以募集足够的资金来履行回购合同；合同日晚于期初的，则假设企业于合同日按照自合同日至期末的普通股平均市场价格发行足量的普通股。该假设前提下，由于是按照市价发行普通股，导致企业经济资源流入与普通股股数同比例增加，每股收益金额不变。

（2）假设回购合同已于当期期初（或合同日）履行，按照约定的行权价格回购本企业股票。

（3）比较假设发行的普通股股数与假设回购的普通股股数，差额部分作为净增加的发行在外普通股股数，再乘以相应的时间权重，据此调整计算稀释每股收益的分母数。

增加的普通股股数=回购价格×承诺回购的普通股股数÷当期普通股平均市场价格－承诺回购的普通股股数

经典例题

【例题·单选题】A公司2×20年度归属于普通股股东的净利润为600万元，发行在外普通股加权平均数为1 500万股。2×20年3月1日，该公司与股东签订一份远期回购合同，承诺一年后以每股16元的价格回购其发行在外的450万股普通股。假设，该普通股2×20年1月至12月平均市场价格均为12元。2×20年度基本每股收益和稀释每股收益为（　　）元/股。

A. 0.4和0.37　　B. 0.37和0.4

C. 0.44和0.4　　D. 0.4和0.44

【答案】A

【解析】基本每股收益=600÷1 500=0.4（元/股）；

调整增加的普通股股数=450×16÷12－450=150（万股）；

稀释每股收益=600÷（1 500+150×10÷12）=0.37（元/股）。

【例题·多选题】对于盈利企业，下列各项潜在普通股中，具有稀释性的有（　　）。

A. 发行的行权价格低于普通股平均价格的期权

B. 发行的购买价格高于当期普通股平均市场价格的认股权证

C. 签订的承诺以高于当期普通股平均市场价格回购本公司股份的协议

D. 持有的增量股每股收益大于当期基本每股收益的可转换公司债券

【答案】AC

【解析】对于盈利企业，发行的购买价格低于当期普通股平均市场价格的认股证，具有稀释性，选项B错误；对于盈利企业，持有的增量股每股收益小于当期基本每股收益的可转换公司债券，具有稀释性，选项D错误。

（五）多项潜在普通股

企业对外发行不同潜在普通股的，单独考察其中某潜在普通股可能具有稀释作用，但如果和其他潜在普通股一并考察时可能恰恰变为反稀释作用。

为了反映潜在普通股最大的稀释作用，应当按照各潜在普通股的稀释程度从大到小的顺序计入稀释每股收益，直至稀释每股收益达到最小值。

通常情况下，股份期权和认股权证排在前面计算，因为其假设行权一般不影响净利润。

对外发行多项潜在普通股计算稀释每股收益的步骤

1	列出企业在外发行的各潜在普通股
2	假设各潜在普通股已于当期期初或发行日转换为普通股，确定其对归属于普通股股东当期净利润的影响金额可转换公司债券的假设转换一般会增加当期净利润金额；股份期权和认股权证的假设行权一般不影响当期净利润
3	确定各潜在普通股假设转换后将增加的普通股股数值得注意的是，稀释性股份期权和认股权证假设行权后，计算增加的普通股股数不是发行的全部普通股股数，而应当是其中无对价发行部分的普通股股数
4	计算各潜在普通股的增量股每股收益，判断其稀释性。增量股每股收益越小的潜在普通股稀释程度越大
5	按照潜在普通股稀释程度从大到小的顺序，将各稀释性潜在普通股分别计入稀释每股收益中。分步计算过程中，如果下一步得出的每股收益小于上一步得出的每股收益，表明新计入的潜在普通股具有稀释作用，应当计入稀释每股收益中；反之，则表明具有反稀释作用，不计入稀释每股收益中
6	最后得出的最小每股收益金额即为稀释每股收益

总结：
除可转换债券外，如股份期权和认股权证等潜在普通股一般不影响净利润，应该排在可转换债券前。
（1）如果多项潜在普通股不存在可转换债券，每项潜在普通股都具有稀释作用，则不需要排序。
（2）如果多项潜在普通股存在可转换债券，则可转换债券的稀释性应该比其他潜在普通股的稀释性小，因此应该排在后面。
（3）计算各潜在普通股的增量股每股收益，判断其稀释性。增量股每股收益越小的潜在普通股稀释程度越大。
（4）按照潜在普通股稀释程度从大到小的顺序，将各稀释性潜在普通股分别计入稀释每股收益中

1. 如果多项潜在普通股不存在可转换债券，每项潜在普通股都具有稀释作用，则不需要排序。

首先，计算每项潜在普通股调整增加的普通股加权平均数，然后，计算稀释每股基本收益。

经典例题

【例题·计算分析题】A上市公司2×20年1月1日发行在外的普通股为80 000万股。2×20年度A公司与计算每股收益相关的事项如下：

（1）4月10日，以年初发行在外普通股股数为基数，每10股送4股股票股利，除权日为5月1日。

（2）6月1日，发行6 000万份认股权证，行权日为2×21年4月1日，每份认股权证可在行权日以7元的价格认购A公司1股普通股。

（3）7月1日，根据已报经批准的股权激

励计划，授予高级管理人员4 000万份股票期权，每份股票期权行权时可按6元的价格购买A公司1股普通股。

（4）7月1日，A公司与股东签订一份远期股份回购合同，承诺2年后以每股15元的价格回购股东持有的5 000万股普通股。

A公司当期各期间的普通股平均市场价格均为每股12元，2×20年实现的归属于普通股股东的净利润为178 000万元。

要求：根据上述资料计算A公司2×20年度每股收益。

【答案及解析】

A公司2×20年度基本每股收益＝178 000/(80 000×1.4)＝1.59（元）；

因发行认股权证调整增加的普通股加权平均数＝(6 000－6 000×7÷12)×3/12＝625（万股）；

因股票期权调整增加的普通股加权平均数＝(4 000－4 000×6÷12)×6/12＝1 000（万股）；

因承诺回购股票调整增加的普通股加权平均数＝(5 000×15÷12－5 000)×6/12＝625（万股）；

因此，A公司2×20年度稀释每股收益＝178 000/［80 000×1.4＋（625＋1 000＋625)］＝1.56（元）。

2. 如果多项潜在普通股存在可转换债券，则可转换债券的稀释性应该比其他潜在普通股的稀释性小，因此应该排在后面。

（1）计算各潜在普通股的增量股每股收益，判断其稀释性。增量股每股收益越小的潜在普通股稀释程度越大。

（2）按照潜在普通股稀释程度从大到小的顺序，将各稀释性潜在普通股分别计入稀释每股收益中。

分步计算过程中，如果下一步得出的每股收益小于上一步得出的每股收益，表明新计入的潜在普通股具有稀释作用，应当计入稀释每股收益中；反之，则表明具有反稀释作用，不计入稀释每股收益中。

（3）最后得出的最小每股收益金额即为稀释每股收益。

经典例题

【真题·单选题】（2019）甲公司为上市公司，其20×8年度基本每股收益为0.43元/股。甲公司20×8年度发生的可能影响其每股收益的交易或事项如下：（1）发行可转换公司债券，其当年增量股的每股收益为0.38元；（2）授予高管人员2 000万股股票期权，行权价格为6元/股；（3）接受部分股东按照市场价格的增资，发行在外普通股股数增加3 000万；（4）发行认股权证1 000万份，每份认股权证持有人有权利以8元的价格认购甲公司1股普通股。甲公司20×8年度股票的平均市场价格为13元/股。不考虑其他因素，下列各项中，对甲公司20×8年度基本每股收益不具有稀释作用的是（　　）。

A. 股票期权

B. 认股权证

C. 可转换公司债券

D. 股东增资

【答案】D

【解析】增量股每股收益小于基本每股收益时，可以判断出该事项具有稀释性。可转换公司债券增量股每股收益小于基本每股收益，具有稀释作用；对于盈利企业，认股权证和股票期权等的行权价低于当期普通股平均市场价格时，具有稀释作用；因按市价增资导致发行在外的股数增加不具有稀释作用。

高频考点4：每股收益的重新计算

★★★

（1）由于企业派发股票股利、公积金转增资本、拆股或并股等，在重新计算每股收益时，只需要调整企业派发股票股利、公积金转增资本、拆股或并股后发行在外普通股加权平均数，再按调整后的股数重新计算各列报期间的每股收益。

（2）因配股而重新计算每股收益时应当

考虑配股中的送股因素，企业首先应当计算出一个调整系数，再用配股前发行在外普通股的股数乘以该调整系数，得出计算每股收益时应采用的普通股股数。

①每股理论除权价格 =（行权前发行在外普通股的公允价值总额 + 配股收到的款项）/行权后发行在外的普通股股数

②调整系数 = 行权前发行在外普通股的每股公允价值/每股理论除权价格

③因配股重新计算的上年度基本每股收益 = 上年度基本每股收益/调整系数

④本年度基本每股收益 = 归属于普通股股东的当期净利润/（配股前发行在外普通股股数 × 调整系数 × 配股前普通股发行在外的时间权重 + 配股后发行在外普通股加权平均数）

命题点拨

命题角度：每股收益的重新计算

本考点在命题时，一般会以客观题（单选题或多选题）和计算分析题的形式出现，主要考核重述比较期间每股收益即每股收益的重新计算。

经典例题

【真题·多选题】（2020）下列各项情形中，根据企业会计准则的规定应当重述比较期间每股收益的有（　　）。

A. 报告年度资产负债表日后事项期间以盈余公积转增股本

B. 报告年度因发生同一控制下企业合并发行普通股

C. 报告年度发放股票股利

D. 报告年度因前期差错对比较期间损益进行追溯重述

【答案】ABCD

【解析】企业派发股票股利、公积金转增资本、拆股或并股等，会增加或减少其发行在外普通股或潜在普通股的数量，为了保持会计指标的前后期可比性，企业应当在相关报批手续全部完成后，按调整后的股数重新计算各列报期间的每股收益，选项 A、C 正确；同一控制下企业合并，作为合并对价发行的普通股，应当计入各列报期间普通股的加权平均数，因此需要重述比较期间每股收益，选项 B 正确；对前期差错进行调整，影响了损益的，应当重新计算各列报期间的每股收益，选项 D 正确。

【真题·单选题】（2020）甲公司 2×17 年度归属于普通股股东的净利润为 5 625 万元。2×17 年 1 月 1 日，甲公司发行在外普通股股数为 3 000 万股。2×17 年 4 月 1 日，甲公司按照每股 10 元的市场价格发行普通股 1 000万股。2×18 年 4 月 1 日，甲公司以2×17 年 12 月 31 日股份总额 4 000 万股为基数，每 10 股以资本公积转增股本 2 股。不考虑其他因素，甲公司在 2×18 年度利润表中列示的 2×17 年度基本每股收益是（　　）元/股。

A. 1.25　　B. 1.41

C. 1.50　　D. 1.17

【答案】A

【解析】2×17 年度基本每股收益 = 5 625 ÷（3 000 + 1 000 × 9/12）= 1.5（元/股），2×18 年度利润表中列示的 2×17 年度基本每股收益 = 1.5 ÷ 1.2 = 1.25（元/股）。

【例题·多选题】根据《企业会计准则第 34 号——每股收益》列报的规定，下列会计处理方法中正确的有（　　）。

A. 列报期间不具有稀释性但以后期间很可能具有稀释性的潜在普通股

B. 在资产负债表日至财务报告批准报出日之间，企业发行在外普通股或潜在普通股发生重大变化的情况

C. 企业应当在利润表中单独列示基本每股收益和稀释每股收益

D. 企业应当在附注中披露基本每股收益和稀释每股收益分子、分母的计算过程

【答案】ABCD

【解析】企业应当在附注中披露与每股收益有关的下列信息：

（1）基本每股收益和稀释每股收益分子、

分母的计算过程；

（2）列报期间不具有稀释性但以后期间很可能具有稀释性的潜在普通股；

（3）在资产负债表日至财务报告批准报出日之间，企业发行在外普通股或潜在普通股股数发生重大变化的情况。

进阶练习

（一）单项选择题

1. 华阳公司为上市公司，2×23 年期初公司发行在外的普通股股数为20 000 万股，当年华阳公司实现净利润12 000 万元，发生的可能影响其发行在外普通股股数的事项有：（1）2×23年4 月1 日，股东大会通过每10 股派发4 股股票股利的决议并于4 月10 日实际派发；（2）2×23 年10 月1 日，华阳公司自公开市场回购本公司股票2 000 万股，拟用于员工持股计划。不考虑其他因素，华阳公司2×23年基本每股收益是（　　）元。

A. 0.46

B. 0.44

C. 0.43

D. 0.6

2. 下列交易或事项中，可能影响稀释每股收益的是（　　）

A. 签订承诺回购其股份的合同且回购价格小于普通股平均市场价格

B. 发行可转换公司债券且其增量股的每股收益高于基本每股收益

C. 对现有股东进行配股且配股价小于普通股平均市场价格

D. 授予员工股票期权且行权价小于普通股平均市场价格

3. 企业在计算稀释每股收益时，下列各项不属于对普通股股东的当期净利润进行调整的是（　　）。

A. 当期已确认为费用的稀释性潜在普通股的利息

B. 对于包含负债和权益成分的金融工具，需分别调整属于金融负债部分和权益部分的相关利息、利得或损失

C. 稀释性潜在普通股转换时将产生的收益或费用

D. 稀释性潜在普通股转换时将产生的收益或费用进行调整时，应当考虑相关的所得税影响

4. 2×23 年1 月1 日华阳公司发行在外的普通股为12 000 万股。4 月1 日，华阳公司根据经批准的股份激励计划，授予高管人员6 000万股股票期权，等待期为3 年，每份期权行权时可按4 元的价格购买华阳公司1 股普通股。6 月30 日，华阳公司宣告发放股票股利，以2×23 年1 月1 日总股本为基数每10 股送2 股。10 月1 日，华阳公司按市价回购普通股6 000 万股，以备实施股权激励计划。2×23 年度实现归属于普通股股东的净利润18 000 万元，普通股平均市价为每股10 元。不考虑其他因素，2×23 年度利润表中华阳公司应列报的稀释每股收益为（　　）元。

A. 1.15

B. 1.06

C. 1.4

D. 1.28

5. 2×23 年7 月1 日，庆华公司发行1 000 万股普通股取得蓝天公司100%的股权，合并后蓝天公司仍维持其独立法人资格继续经营。庆华公司与蓝天公司在合并前无任何关联方关系。合并前，庆华公司发行在外的普通股股数为6 000 万股，除企业合并过程中定向增发的股票外股数未发生其他变动。庆华公司2×23 年实现净利润7 500 万元，蓝天公司2×23 年实现净利润1 200 万元，利润在每个月均匀发生。庆华公司与蓝天公司采用的会计政策相同。不考虑其他因素，2×23 年合并利润表中基本每股收益为（　　）元。

A. 1.25　　　　B. 1.15

C. 1.32　　D. 1.34

6. 庆华公司2×23年4月1日为建造生产线发行两年期可转换公司债券。该债券面值为1 000万元，票面利率为5%，每100元债券可转换为80股面值1元的普通股。该公司2×23年实现净利润2 100万元，2×23年初发行在外普通股为2 300万股，所得税税率为25%，假设不考虑可转换公司债券负债成分和权益成分的分拆。不考虑其他因素，该公司2×23年稀释每股收益为（　　）元。

A. 0.72　　B. 0.70

C. 0.91　　D. 0.92

7. 2×23年1月1日，华阳公司对外发行20 000万份股份期权，行权日为2×24年7月1日，行权价格6元/股。华阳公司2×23年度实现的净利润为45 000万元，其中归属于普通股股东的为40 500万元，归属于优先股股东的为4 500万元；发行在外普通股加权平均数为60 000万股。华阳公司普通股平均市场价格为8元，华阳公司2×23年稀释每股收益为（　　）元。

A. 0.68　　B. 0.60

C. 0.62　　D. 0.51

8. 庆华公司2×19年度净利润为35 000万元（不包括子公司利润或子公司支付的股利），发行在外普通股30 000万股，持有子公司蓝天公司80%的普通股股权。蓝天公司2×19年度净利润为2 415万元，发行在外普通股400万股，普通股平均市场价格为8元。2×19年初，蓝天公司对外发行350万份可用于购买其普通股的认股权证，行权价格为4元，庆华公司持有15万份认股权证。假设母子公司之间没有其他需抵销的内部交易。庆华公司取得对蓝天公司投资时，蓝天公司各项可辨认资产的公允价值与其账面价值一致。庆华公司合并报表的稀释每股收益为（　　）元。

A. 1.17　　B. 1.21

C. 1.23　　D. 4.2

9. 庆华公司2×22年归属于普通股股东的净利润为1 800万元，当年年初发行在外的普通股股数为1 100万股，7月1日增发700万股。2×23年3月30日庆华公司之前发行的400万份认股权证全部行权，庆华公司因此增发400万股普通股，4月1日庆华公司宣告发放股票股利，以2×23年3月31日的普通股股数为基准，每10股送3股。庆华公司2×23年比较报表中的基本每股收益为（　　）元。

A. 1.15　　B. 0.95

C. 0.66　　D. 0.63

10. 华阳公司2×22年度和2×23年度归属于普通股股东的净利润分别为3 744万元和4 380万元。2×22年1月1日，华阳公司发行在外普通股为2 000万股。2×22年5月1日，华阳公司按照每股12元的市场价格发行普通股600万股。2×23年4月1日，华阳公司以2×22年12月31日股份总额2 500万股为基数，每10股以资本公积转增股本2股。不考虑其他因素，华阳公司在2×23年度利润表中列报的2×22年度基本每股收益是（　　）元。

A. 1.44　　B. 1.30

C. 1.20　　D. 1.56

（二）多项选择题

1. 下列关于基本每股收益的表述中，正确的有（　　）。

A. 公司库存股不属于发行在外的普通股，且无权参与利润分配，应当在计算每股收益分母时

B. 发生亏损的企业，每股收益以负数列示

C. 以母公司个别财务报表为基础计算的每股收益，分子应当是归属于母公司普通股股东的当期合并净利润

D. 计算基本每股收益时，分子应当是归属于普通股股东的当期净利润扣除

2. 下列关于稀释每股收益的计算，处理正确的有（　　）。

A. 企业应根据稀释性潜在普通股转换时将产生的收益或费用对归属于普通股股东的当期净利润进行调整

B. 计算合并财务报表的每股收益时，分子应包括母公司和子公司当期净利润

C. 当期发行的稀释性潜在普通股，应当假设在发行日转换，并调整计算发行在外的普通股加权平均数

D. 以前期间发行的稀释性潜在普通股，应当假设在当期期初转换，并调整计算发行在外的普通股加权平均数

3. 下列各项与稀释每股收益相关的表述中，正确的有（　　）。

A. 稀释每股收益以基本每股收益为基础

B. 稀释性潜在普通股是指可转换公司债券和认股权证

C. 盈利企业签订的回购价格高于当期普通股平均市场价格的股份回购合同具有稀释性

D. 潜在普通股都具有稀释性

4. 下列关于可转换债券计算稀释每股收益的说法中，正确的有（　　）。

A. 对于可转换公司债券，可以采用假设转换法判断其稀释性，并计算稀释每股收益

B. 分子的调整项目为当期已确认为费用的利息等的税后影响额

C. 分母的调整项目为假定可转换公司债券当期期初（或发行日）转换为普通股的股数加权平均数

D. 计算稀释每股收益时，以基本每股收益为基础

5. 庆华公司2×23年归属于普通股股东的净利润为2 500万元，2×23年4月1日按市价新发行普通股400万股，此次增发使发行在外普通股总数增加为1 000万股。2×23年1月1日（日后期间）分配股票股利，以2×23年12月31日总股本1 000万股为基数每10股送4股，假设不存在其他股数变动因素。下列说法正确的有（　　）。

A. 日后期间分配股票股利，需对资产负债表期间的每股收益进行重新计算

B. 发行股票股利后，2×21年底的普通股加权平均数是1 260股

C. 重新计算的2×21年基本每股收益为1.98元

D. 在重新计算时，应该考虑新发行股份的时间权数

6. 下列各项中，应该重新计算各项报表期间每股收益的有（　　）。

A. 报告年度以盈余公积转为股本

B. 报告年度资产负债表日后期间分拆的股份

C. 报告年度以发行股份为对价实现非同一控制下的企业合并

D. 报告年度因发现企业前期重大会计差错而对财务报告进行调整

7. 下列关于限制性股票等待期内稀释每股收益的计算说法中，正确的有（　　）。

A. 解锁条件仅为服务期限条件的，锁定期内计算稀释每股收益时，分子应加回计算基本每股收益时已扣除的当期分配给预计未来解锁限制性股票持有者的现金股利或归属于预计未来可解锁限制性股票的净利润

B. 解锁条件包含业绩条件的，若不满足业绩条件的，计算稀释性每股收益时不必考虑此限制性股票的影响

C. 限制性股票若为当期发行的，则还需考虑时间权数计算加权平均数

D. 解锁条件包含业绩条件的，若满足业绩条件的，计算稀释性每股收益时不必考虑此限制性股票的影响

8. 下列项目中，企业应当在附注中披露的与每股收益有关的信息有（　　）。

A. 在资产负债表日至所得税汇算清缴日之间，企业发行在外普通股或潜在普通股发生重大变化的情况

B. 列报期间不具有稀释性，但以后期间很可能具有稀释性的潜在普通股

C. 基本每股收益分子、分母的计算过程

D. 稀释每股收益分子、分母的计算过程

（三）计算分析题

1. 华阳公司和蓝天公司分别为M公司控制下的两家全资子公司。2×23年4月30日，华阳公司自母公司M公司处取得蓝天公司

100%的股权，合并后蓝天公司仍维持其独立法人资格继续经营。为进行该项企业合并，华阳公司向蓝天公司的股东定向增发10 000万股本公司普通股（每股面值为1元）。该项合并中参与合并的企业在合并前及合并后均被M公司最终控制，为同一控制下的企业合并。假定华阳公司和蓝天公司采用的会计政策相同，两家公司在合并前未发生任何交易，合并前华阳公司没有子公司。

华阳公司2×22年度净利润为7 600万元，蓝天公司2×22年度净利润为1 900万元；华阳公司2×23年度合并净利润为12 000万元，其中包括被合并方蓝天公司在合并前实现的净利润760万元。合并前华阳公司发行在外的普通股为40 000万股，假定除企业合并过程中定向增发股票外股数未发生其他变动。

要求：计算2×23年度华阳公司比较利润表中基本每股收益。

2. 华阳公司为上市公司，2×22年至2×23年的有关资料如下：

（1）2×22年1月1日发行在外普通股股数为85 000万股。2×22年5月31日，经股东大会同意并经相关监管部门核准，华阳公司以2×22年5月18日为股权登记日，向全体股东每10股发放1.5份认股权证，共计发放12 300万份认股权证，每份认股权证可以在2×23年5月31日按照每股6元的价格认购1股甲公司普通股。华阳公司股票2×22年6月至2×22年12月平均市场价格为每股10元。华阳公司归属于普通股股东的净利润2×19年度为40 000万元。

（2）2×23年5月31日，认股权证持有人全部行权，华阳公司收到认股权证持有人交纳的股款73 800万元。2×23年6月1日，华阳公司办理完成工商变更登记，将注册资本变更为94 300万元。华阳公司股票2×23年1月至2×23年5月平均市场价格为每股12元。华阳公司归属于普通股股东的净利润2×23年度为56 000万元。

要求：

（1）根据资料（1）计算2×22年度每股收益。

（2）根据资料（2）计算2×23年度每股收益。

进阶练习答案及解析

（一）单项选择题

1.【答案】B

【解析】基本每股收益=12 000/（20 000+20 000/10×4－2 000×3/12）=0.44（元）。

2.【答案】D

【解析】选项A，回购价格小于普通股平均市场价格，该承诺回购股份的合同不具有稀释性，不影响稀释每股收益；选项B，可转换公司债券的增量股的每股收益高于基本每股收益，不具有稀释性，不影响稀释每股收益；选项C，对现有股东进行配股会使企业流通在外的普通股增加，并非是潜在普通股，不影响稀释每股收益；选项D，对于盈利企业，股票期权且行权价小于普通股平均市场价格，因此该股票期权具有稀释性，会影响稀释每股收益。答案是选项D。

3.【答案】B

【解析】计算稀释每股收益时，应当根据下列事项对归属于普通股股东的当期净利润进行调整：（1）当期已确认为费用的稀释性潜在普通股的利息。（2）稀释性潜在普通股转换时将产生的收益或费用。上述调整应当考虑相关的所得税影响。对于包含负债和权益成分的金融工具，仅需调整属于金融负债部分的相关利息、利得或损失。

4.【答案】A

【解析】股票期权调整增加的股数=6 000－6 000×4/10=3 600（万股）。2×23年度利润表中华阳公司应列报的稀释每股收益=18 000/（12 000×1.2+3 600×9/12－6 000×

3/12) = 1.15 (元)。

5. 【答案】A

【解析】非同一控制下企业合并中作为对价发行的普通股股数应当从购买日起计算，2×23年发行在外的普通股股数 = 6 000 + 1 000×6/12 = 6 500(万股)；蓝天公司2×23年实现净利润1 200万元，庆华应当从蓝天公司分享利润 = 1 200×6/12 = 600(万元)，合并净利润 = 7 500 + 600 = 8 100(万元)；基本每股收益 = 8 100/6 500 = 1.25(元)。

6. 【答案】A

【解析】该公司为了建造生产线而发行债券的，债券的利息计入在建工程，不影响损益，所以不会使得净利润增加。

普通股股数的增加 = 1 000/100×80 = 800(万股)；

稀释的每股收益 = 2 100/(2 300 + 800×9/12) = 0.72(元)。

7. 【答案】C

【解析】调整增加的普通股股数 = 20 000 − 20 000×6÷8 = 5 000(万股)，稀释的每股收益 = 40 500/(60 000 + 5 000) = 0.62(元)。

8. 【答案】B

【解析】(1) 蓝天公司调整增加的普通股股数 = 350 − 350×4/8 = 175(万股)。

(2) 蓝天公司的稀释每股收益 = 2 415/(400 + 175) = 4.2(元)。

(3) 归属于庆华公司普通股股东的净利润 = 35 000万元。

(4) 蓝天公司净利润中归属于普通股且由庆华公司享有的部分 = 4.2×400×80% = 1 344(万元)。

(5) 蓝天公司净利润中归属于认股权证且由庆华公司享有的部分 = 4.2×175×15/350 = 31.5(万元)。

(6) 庆华公司合并报表的稀释每股收益 = (35 000 + 1 344 + 31.5)/30 000 = 1.21(元)。

9. 【答案】B

【解析】由于庆华公司2×23年发放股票股利，所以2×23年比较报表中2×22年的基本每股收益需要重新计算，重新计算的基本每股收益 = 1 800/[(1 100 + 700×6/12)×1.3] = 0.95(元)。

10. 【答案】B

【解析】3 744÷[(2 000 + 600×8÷12)×1.2] = 1.30(元)。

(二) 多项选择题

1. 【答案】ABD

【解析】选项C，以母公司个别财务报表为基础计算的每股收益，分子应当是归属于母公司全部普通股股东的当期净利润。

2. 【答案】ACD

【解析】选项B，分子应为母公司普通股股东享有的当期合并净利润部分，即扣除少数股东损益。

3. 【答案】AC

【解析】稀释性潜在普通股是指可转换公司债券和认股权证、股份期权等，选项B错误；潜在普通股是否具有稀释性的判断标准是看其对持续经营每股收益的影响，假定潜在普通股当期转换为普通股，如果会减少经营每股收益或增加经营每股亏损，表明具有稀释性，否则具有反稀释性。选项D错误。

4. 【答案】ABCD

【解析】对于可转换公司债券，可以采用假设转换法判断其稀释性，并计算稀释每股收益；计算稀释每股收益时，以基本每股收益为基础，分子的调整项目为当期已确认为费用的利息等的税后影响额；分母的调整项目为假定可转换公司债券当期期初(或发行日)转换为普通股的股数加权平均数。

5. 【答案】ABCD

【解析】日后期间分配股票股利，需对资产负债表期间的每股收益进行重新计算，选项A正确；发行的股票股利后，2×23年底的普通股加权平均数 = 600×1.4×3/12 + 1 000×1.4×9/12 = 1 260(股)，选项B正确；经重新计算的2×23年基本每股收益 = 2 500/1 260 = 1.98(元)，选项C正确；在重新计算时，是应该考虑当年新发行的股份的时间权数的，选项 D 正确。

6.【答案】ABD

【解析】选项 A，通过发行股票实现非同一控制下的企业合并，企业的资产与所有者权益均发生变动，不需要重新计算各列报期的每股收益。

7.【答案】ABC

【解析】解锁条件包含业绩条件的，若满足业绩条件的，应当参照解锁条件仅为服务期限条件的有关规定计算稀释性每股收益。

8.【答案】BCD

【解析】企业应当在附注中披露的与每股收益有关的信息有：（1）基本每股收益和稀释每股收益分子、分母的计算过程。（2）列报期间不具有稀释性，但以后期间很可能具有稀释性的潜在普通股。（3）在资产负债表日至财务报告批准报出日之间，企业发行在外普通股或潜在普通股股数发生重大变化的情况。选项 A 不应该披露。

（三）计算分析题

1.【答案及解析】

2×23 年度基本每股收益 = 12 000/(40 000 + 10 000) = 0.24（元）

2×22 年度基本每股收益 =（7 600 + 1 900）/（40 000 + 10 000）= 0.19（元）

2.【答案及解析】

（1）2×22 年度每股收益计算如下：

①基本每股收益。

基本每股收益 = 40 000/85 000 = 0.47（元）；

②稀释每股收益。

假设转换增加的普通股股数的加权平均数 =（12 300 − 12 300×6/10）×7/12 = 2 870（万股）

稀释每股收益 = 40 000/(85 000 + 2 870) = 0.46（元）

（2）2×23 年度每股收益计算如下：

①基本每股收益。

基本每股收益 = 56 000/(85 000 + 12 300×7/12) = 56 000/92 175 = 0.61（元）

②2×23 年稀释每股收益。

假设转换增加的普通股股数的加权平均数 =（12 300 − 12 300×6/12）×5/12 = 2 562.5（万股）

稀释每股收益 = 56 000/（92 175 + 2 562.50）= 0.59（元）

第二十九章　公允价值计量

2023 年教材内容主要变化

本章教材内容无实质变化。

本章近五年考试高频考点分布

高频考点内容	年度及题型分布
公允价值计量要求	2022 年多选题、2018 年单选题
公允价值层次	2020 年单选题、2019 年单选题

高频考点精讲

本章考点包括：公允价值计量的基本要求，公允价值的初始计量、估值技术、输入值和公允价值层次等公允价值具体应用的方法。

高频考点 1：公允价值计量的基本要求★★

（一）相关资产或负债

企业以公允价值计量相关资产或负债，应当考虑该资产或负债的特征以及该资产或负债是以单项还是以组合的方式进行计量等因素。

1. 相关资产或负债的特征

（1）资产状况和所在位置。

市场参与者以公允价值计量一项非金融资产时，通常会考虑该资产的地理位置和环境、使用功能、结构、新旧程度、可使用状况等。因此，企业计量其公允价值时，也应考虑这些特征，对类似资产的可观察市场价格或其他交易信息进行调整，以确定该资产的公允价值。

（2）对资产出售或使用的限制。

企业以公允价值计量相关资产，应当考虑出售或使用该资产所存在的限制因素。

小贴士　企业为合理确定相关资产的公允价值，应当区分该限制是针对资产持有者的，还是针对该资产本身的。

经典例题

【例题·多选题】下列各项中，有关计量资产或负债公允价值时应该考虑的特征有（　　）。

A. 资产的地理位置和环境、使用功能、

结构、新旧程度、可使用状况等

B. 资产或负债是以单项还是以组合的方式进行计量

C. 企业为合理确定相关资产的公允价值，应当考虑针对资产持有者的限制

D. 企业为合理确定相关资产的公允价值，应当考虑针对资产本身的限制

【答案】ABD

【解析】企业以公允价值计量资产时，不应考虑针对该资产持有者的限制因素。选项C错误。

2. 计量单元

计量单元，是指相关资产或负债以单独或者组合方式进行计量的最小单位。企业在确认相关资产或负债时就已经确定了该资产或负债的计量单元。

小贴士 企业以公允价值计量相关资产或负债，该资产或负债可以是单项资产或负债，比如一台机器设备、一项专利权或者一项金融资产或负债，也可以是资产组合、负债组合或者资产和负债的组合。企业是以单项还是以组合的方式对相关资产或负债进行公允价值计量，取决于该资产或负债的计量单元。

经典例题

【例题·多选题】下列属于公允价值计量准则规范的计量单元的有（　　）。

A. 一辆汽车

B. 一条生产线

C. 一项交易性金融负债

D. 一条生产线中的某设备，该设备的价值与其他设备不能合理区分

【答案】ABC

【解析】计量单元，是指相关资产或负债以单独或者组合方式进行计量的最小单位。选项D，设备不能单独出售，说明不能单独计量，因此不属于一个计量单元。

（二）有序交易

项目	内容
定义	企业以公允价值计量相关资产或负债，应当假定市场参与者在计量日出售资产或者转移负债的交易，是当前市场情况下的有序交易。企业应用于相关资产或负债公允价值计量的有序交易，是在计量日前一段时期内该资产或负债具有惯常市场活动的交易，不包括被迫清算和抛售
有序交易的确定	企业在确定一项交易是否为有序交易时，应当全面理解交易环境和有关事实。企业应当基于可获取的信息，如市场环境变化、交易规则和习惯、价格波动幅度、交易量波动幅度、交易发生的频率、交易对手信息、交易原因、交易场所和其他能够获得的信息，运用专业判断对交易行为和交易价格进行分析，以判断该交易是否为有序交易。 为了确定一项交易是否为有序交易，企业应当考虑可合理获得的信息，在获得合理信息时应当考虑成本效益原则，不应花费过大成本
	当存在下列情况时，相关资产或负债的交易活动通常不应作为有序交易： （1）在当前市场情况下，市场在计量日之前一段时间内不存在相关资产或负债的惯常市场交易活动。 （2）在计量日之前，相关资产或负债存在惯常的市场交易，但资产出售方或负债转移方仅与单一的市场参与者进行交易。 （3）资产出售方或负债转移方处于或者接近于破产或托管状态，即资产出售方或负债转移方已陷入财务困境。 （4）资产出售方为满足法律或者监管规定而被要求出售资产，即被迫出售。 （5）与相同或类似资产或负债近期发生的其他交易相比，出售资产或转移负债的价格是一个异常值
有序交易价格的应用	（1）企业判定相关资产或负债的交易是有序交易的，在以公允价值计量该资产或负债时，应当考虑该交易的价格，即以交易价格为基础确定该资产或负债的公允价值。 （2）企业在公允价值计量过程中赋予有序交易价格的权重时，应当考虑交易量、交易的可比性、交易日与计量的临近程度等因素。 企业判定相关资产或负债的交易不是有序交易的，在以公允价值计量该资产或负债时，不应考虑该交易的价格，或者赋予该交易价格较低权重。 （3）企业根据现有信息不足以判定该交易是否为有序交易的，在以公允价值计量该资产或负债时，应当考虑该交易的价格，但不应将该交易价格作为计量公允价值的唯一依据或者主要依据。相对于其他已知的有序交易价格，企业应赋予该交易较低权重

经典例题

【例题·多选题】下列关于以公允价值计量相关资产或负债时，有序交易价格应用的说法中，正确的有（　　）。

A. 企业判定相关资产或负债的交易不是有序交易的，在以公允价值计量该资产或负债时，不应考虑该交易的价格，或者赋予该交易价格较低权重

B. 企业在公允价值计量过程中赋予有序交易价格的权重时，应当考虑交易量、交易的可比性、交易日与计量日的临近程度等因素

C. 企业根据现有信息不足以判定该交易是否为有序交易的，应以交易价格作为该项资产或负债的公允价值

D. 企业判定相关资产或负债的交易是有序交易的，在以公允价值计量该资产或负债时，应当考虑该交易的价格。

【答案】ABD

【解析】企业根据现有信息不足以判定该交易是否为有序交易的，在以公允价值计量该资产或负债时，应当考虑该交易的价格，但不应将该交易价格作为计量公允价值的唯一依据或者主要依据。选项C错误。

（三）主要市场或最有利市场

主要市场，是指相关资产或负债交易量最大和交易活跃程度最高的市场。最有利市场，是指在考虑交易费用和运输费用后，能够以最高金额出售相关资产或者以最低金额转移相关负债的市场。

项目	主要市场	最有利市场
定义	主要市场，是指相关资产或负债交易量最大和交易活跃程度最高的市场	在考虑交易费用和运输费用后能够以最高金额出售该资产或者以最低金额转移该负债的市场作为最有利市场
识别	企业根据可合理取得的信息，能够在交易日确定相关资产或负债交易量最大和交易活跃程度最高的市场的	企业根据可合理取得的信息，无法在交易日确定相关资产或负债交易量最大和交易活跃程度最高的市场的，应当在考虑交易费用和运输费用后能够以最高金额出售该资产或者以最低金额转移该负债的市场作为最有利市场
应用	企业应当以主要市场上相关资产或负债的价格为基础，计量该资产或负债的公允价值。无论相关资产或负债的价格能够直接从市场观察到，还是通过其他估值技术获得，企业都应当以主要市场上相关资产或负债的价格为基础，计量该资产或负债的公允价值。确定公允价值时应当考虑运输费用，不考虑交易费用	不存在主要市场或者无法确定主要市场的，企业应当以相关资产或负债最有利市场的价格为基础，计量其公允价值。企业在确定最有利市场时，应当考虑交易费用、运输费用等

经典例题

【例题·多选题】下列关于主要市场或最有利市场的说法中，正确的有（　　）。

A. 企业应当以主要市场上相关资产或负债的价格为基础，计量该资产或负债的公允价值

B. 企业正常进行资产出售或者负债转移的市场是主要市场或最有利市场

C. 相关资产或负债的主要市场要求企业于计量日在该市场上实际出售资产或者转移负债

D. 最有利市场的选择标准是价格扣除交易费用和运输费的净额最高者；但是最有利市场下的公允价值 = 最有利市场的价格 - 运输费用

【答案】AD

【解析】选项B，说法过于绝对，通常情况下，如果不存在相反的证据，企业正常进行资产出售或者负债转移的市场可以视为主要市

场或最有利市场；选项 C，相关资产或负债的主要市场应当是企业可进入的市场，但不要求企业于计量日在该市场上实际出售资产或者转移负债。

【例题·单选题】甲公司委托某证券公司于 2×20 年 12 月 1 日购买 A 上市公司 100 万股普通股股票，初始认定为以公允价值计量且其变动计入当期损益的金融资产，购买价格为每股 12 元，甲公司共支付 1 204 万元，其中 4 万元是支付给证券公司的手续费。甲公司在 2×20 年12 月 1 日初始计量该金融资产时，每股股票的公允价值是（　　）元。

A. 12　　B. 12.04

C. 11.96　　D. 13

【答案】A

【解析】企业在根据主要市场或最有利市场的交易价格确定相关资产或负债的公允价值时，不应根据交易费用对该价格进行调整。即交易费用不计入公允价值。所以选项 A 正确。

（四）市场参与者

企业以公允价值计量相关资产或负债，应当充分考虑市场参与者之间的交易，采用市场参与者在对该资产或负债定价时为实现其经济利益最大化所使用的假设。

项目	内容
市场参与者的定义	市场参与者，是指在相关资产或负债的主要市场（或者在不存在主要市场情况下的最有利市场）中，相互独立的、熟悉资产或负债情况的、能够且愿意进行资产或负债交易的买方和卖方
市场参与者的特征	市场参与者应当具备下列特征： （1）市场参与者应当相互独立，不存在关联方关系。如果企业有证据表明，关联方之间的交易是按市场条款达成的，则关联方之间交易可以作为市场参与者之间的交易，交易价格可作为公允价值计量的基础。 （2）市场参与者应当熟悉情况，根据可获得的信息，包括通过正常的尽职调查获取的信息，对相关资产或负债以及交易具备合理认知。 （3）市场参与者应当有能力并自愿进行相关资产或负债的交易，而非被迫或以其他强制方式进行交易
市场参与者的确定	企业在确定市场参与者时，应当考虑所计量的相关资产或负债、该资产或负债的主要市场（或者在不存在主要市场情况下的最有利市场）以及在该市场上与企业进行交易的市场参与者等因素，从总体上识别市场参与者。 企业在确定市场参与者时至少应当考虑以下因素： （1）所计量的相关资产或负债。例如，金融资产的市场参与者与非金融资产的市场参与者之间将存在较大差别。 （2）该资产或负债的主要市场（或者在不存在主要市场情况下的最有利市场）。 （3）企业将在主要市场或最有利市场进行交易的市场参与者

经典例题

【真题·多选题】（2022）企业采用公允价值计量相关资产或负债时，下列各项表述正确的有（　　）。

A. 企业应当以相关资产或负债最有利市场的价格为基础计量公允价值

B. 企业在以公允价值计量相关资产时，不应考虑仅针对特定资产持有者的限制

C. 企业应假定市场参与者在计量日出售资产或转移负债的交易，是当前市场情况下的有序交易

D. 企业应当充分考虑市场参与者之间可能的交易，包括熟悉或不熟悉资产情况的、有意愿或者无意愿进行资产交易的买方或卖方之间的交易

【答案】BC

【解析】企业应当以相关资产或负债主要市场的价格为基础计量公允价值，不存在主要市场的，以最有利市场的价格为基础计量，选项 A 错误；市场参与者是相互独立、熟悉资产情况、自愿进行交易的买方和卖方，选项 D

错误。

【真题·单选题】（2018）甲公司在非同一控制下企业合并中取得10台生产设备，合并日以公允价值计量这些生产设备。甲公司可以进入X市场或Y市场出售这些生产设备，合并日相同生产设备每台交易价格分别为180万元和175万元。如果甲公司在X市场出售这些合并中取得的生产设备，需要支付相关交易费用100万元，将这些生产设备运到X市场需要支付运费60万元。如果甲公司在Y市场出售这些合并中取得的生产设备，需要支付相关交易费用80万元，将这些生产设备运到Y市场需要支付运费20万元。假定上述生产设备不存在主要市场，不考虑增值税及其他因素，甲公司上述生产设备的公允价值总额是（　　）万元。

A. 1 640　　B. 1 650

C. 1 730　　D. 1 740

【答案】C

【解析】根据准则规定，企业根据可合理取得的信息，无法在交易日确定相关资产或负债交易量最大和交易活跃程度最高的市场的，应当在考虑交易费用和运输费用后能够以最高金额出售该资产或者以最低金额转移该负债的市场作为最有利市场。X市场：180×10－100－60＝1 640（万元），Y市场：175×10－80－20＝1 650（万元），所以Y市场为最有利市场。10台生产设备的公允价值总额：175×10－20＝1 730（万元）。故选项C正确。

命题点拨

命题角度：公允价值计量的基本要求

本考点在命题时，一般会以客观题（单选题或多选题）的形式出现，主要考核以公允价值计量的相关资产或负债、以公允价值计量应该考虑的特征、有序交易、主要市场和最有利市场、市场参与者。

高频考点2：公允价值初始计量★★★

企业应当根据交易性质和相关资产或负债的特征等，判断初始确认时的公允价值是否与其交易价格相等。企业在取得资产或者承担负债的交易中，交易价格是取得该资产所支付或者承担该负债所收到的价格，即进入价格。而相关资产或负债的公允价值是脱手价格，即出售该资产所能收到的价格或者转移该负债所需支付的价格。

在下列情况下，企业以公允价值对相关资产或负债进行初始计量的，不应将取得资产或者承担负债的交易价格作为该资产或负债的公允价值：

（1）关联方之间的交易。但企业有证据表明，关联方之间的交易是按照市场条款进行的，该交易价格可作为确定其公允价值的基础。

（2）被迫进行的交易，或者资产出售方（或负债转移方）在交易中被迫接受价格的交易。例如，资产出售方或负债转移方为满足监管或法律要求而被迫出售资产或转移负债，或者资产出售方或负债转移方正陷于财务困境。

（3）交易价格所代表的计量单元不同于以公允价值计量的相关资产或负债的计量单元。例如，在企业合并交易中，以公允价值计量的相关资产或负债仅是交易中的一部分，而交易除该资产或负债外，还包括应单独计量但未确认的无形资产。

（4）进行交易的市场不是该资产或负债的主要市场（或者在不存在主要市场情况下的最有利市场）。

经典例题

【例题·多选题】下列各项中的交易价格，不可以作为公允价值计量的有（　　）。

A. 关联方之间的交易

B. 被迫进行的交易

C. 交易价格所代表的计量单元不同于以公允价值计量的相关资产或负债的计量单元

D. 进行交易的市场不是该资产或负债的

主要市场（或者在不存在主要市场情况下的最有利市场）

【答案】ABCD

【解析】在下列情况中，企业以公允价值对相关资产或负债进行初始计量的，不应将取得资产或者承担负债的交易价格作为该资产或负债的公允价值：

（1）关联方之间的交易。但企业有证据表明关联方之间的交易是按照市场条款进行的该交易价格可作为确定其公允价值的基础；

（2）被迫进行的交易，或者资产出售方（或负债转移方）在交易中被迫接受价格的交易；

（3）交易价格所代表的计量单元不同于以公允价值计量的相关资产或负债的计量单元；

（4）进行交易的市场不是该资产或负债的主要市场（或者在不存在主要市场情况下的最有利市场）。

高频考点3：估值技术★★

企业以公允价值计量相关资产或负债，应当使用适用于当前情况的估值技术，且企业使用该估值技术时有足够可利用数据和其他信息支持。企业使用估值技术的目的是估计市场参与者在计量日当前市场情况下的有序交易中出售资产或者转移负债的价格。

估值技术通常包括市场法、收益法和成本法，企业应当根据实际情况从这三种方法中选择一种或多种估值技术，用于估计相关资产或负债的公允价值。

方法	内容
市场法	市场法是利用相同或类似的资产、负债或资产和负债组合的价格以及其他相关市场交易信息进行估值的技术
收益法	收益法是企业将未来金额转换成单一现值的估值技术。企业使用的收益法包括现金流量折现法、多期超额收益折现法（一般用于无形资产）、期权定价模型（一般用于衍生金融工具）等估值方法
成本法	成本法是反映当前要求重置相关资产服务能力所需金额的估值技术，通常是指现行重置成本法

小贴士 企业在公允价值计量中使用的估值技术一经确定，不得随意变更。

经典例题

【例题·单选题】下列估值方法中，属于成本法的是（　　）

A. 市场乘数法

B. 现金流量折现法

C. 多期超额收益折现法

D. 重置成本法

【答案】D

【解析】选项A是市场法，选项B、C是收益法，选项D是成本法。

【例题·多选题】企业应当运用更多职业判断，确定恰当的估值技术。企业对估值技术的选择，应当考虑的因素有（　　）

A. 根据企业可获得的市场数据和其他信息，其中一种估值技术是否比其他估值技术更恰当

B. 其中一种估值技术所使用的输入值是否更容易在市场上观察到或者只需作更少的调整

C. 其中一种估值技术得到的估值结果区间是否在其他估值技术的估值结果区间内

D. 优先选择市场法

【答案】ABC

【解析】企业应当运用更多职业判断，确定恰当的估值技术。企业至少应当考虑下列因素：（1）根据企业可获得的市场数据和其他信息，其中一种估值技术是否比其他估值技术更恰当；（2）其中一种估值技术所使用的输入值是否更容易在市场上观察到或者只需作更少的调整；（3）其中一种估值技术得到的估值结果区间是否在其他估值技术的估值结果区间内；（4）市场法和收益法结果存在较大差异的，进一步分析存在较大差异的原因。

高频考点4：输入值★★★

企业以公允价值计量相关资产或负债，应当考虑市场参与者在对相关资产或负债进行定价时所使用的假设，包括有关风险的假设，例如，所用特定估值技术的内在风险等。市场参与者所使用的假设即为输入值，可分为可观察输入值和不可观察输入值。

企业使用估值技术时，应当优先使用可观察输入值，仅当相关可观察输入值无法取得或取得不切实可行时才使用不可观察输入值。企业通常可以从交易所市场、做市商市场、经纪人市场、直接交易市场获得可观察输入值。

经典例题

【真题·单选题】（2017）企业在按照会计准则规定采用公允价值计量相关资产或负债时，下列各项有关确定公允价值的表述中，正确的是（　　）。

A. 在确定资产的公允价值时，可同时获取出价和要价的，应使用要价作为资产的公允价值

B. 使用估值技术确定公允价值时，应当使用市场上可观察输入值，在无法取得或取得可观察输入值不切实可行时才能使用不可观察输入值

C. 在根据选定市场的交易价格确定相关资产或负债的公允价值时，应当根据交易费用对有关价格进行调整

D. 以公允价值计量资产或负债，应当首先假定出售资产或转移负债的有序交易在该资产或负债的最有利市场进行

【答案】B

【解析】选项A，当相关资产或负债具有出价和要价时，企业可以使用出价和要价价差中在当前市场情况下最能代表该资产或负债公允价值的价格记录该资产或负债；选项C，在根据选定市场的交易价格确定相关资产或负债的公允价值时，应当根据资产或负债的特征对有关价格进行调整，与交易费用无关；选项D，以公允价值计量资产或负债应当首先假定出售资产或转移负债的有序交易在该资产或负债的主要市场进行，不存在主要市场的才可以选择最有利市场。

【例题·单选题】下列关于输入值的表述中，不正确的是（　　）。

A. 市场参与者所使用的假设即为输入值，可分为可观察输入值和不可观察输入值

B. 企业使用估值技术时，应同时使用可观察输入值和不可观察输入值

C. 企业应当选择与市场参与者在相关资产或负债交易中会考虑的，并且与该资产或负债特征相一致的输入值

D. 企业使用估值技术时，应当优先使用可观察输入值，仅当相关可观察输入值无法取得或取得不切实可行时才使用不可观察输入值

【答案】B

【解析】选项B，企业使用估值技术时，应优先使用可观察输入值，仅当相关可观察输入值无法取得或取得不切实可行时才使用不可观察输入值。

高频考点5：公允价值层次★★★

（一）输入值的层次

企业应当将估值技术所使用的输入值划分为三个层次，并最优先使用活跃市场上相同资产或负债未经调整的报价（第一层次输入值），最后使用不可观察输入值（第三层次输入值）。

层次	定义	内容
第一层次	输入值第一层次输入值是企业在计量日能够取得的相同资产或负债在活跃市场上未经调整的报价	最优先使用活跃市场上相同资产或负债未经调整的报价

续表

层次	定义	内容
第二层次输入值	第二层次输入值是除第一层次输入值外相关资产或负债直接或间接可观察的输入值	（1）活跃市场中类似资产或负债的报价。 （2）非活跃市场中相同或类似资产或负债的报价。 （3）除报价以外的其他，包括在正常报价间隔期间可观察的利率和收益率曲线等。 （4）市场验证的输入值等
第三层次输入值	第三层次输入值是相关资产或负债的不可观察输入值	包括不能直接观察和无法由可观察市场数据验证的利率、股票波动率、企业合并中承担的弃置义务的未来现金流量、企业使用自身数据作出的财务预测等

（二）公允价值计量结果所属的层次

公允价值计量结果所属的层次，由对公允价值计量整体而言重要的输入值所属的最低层次决定。企业应当在考虑相关资产或负债特征的基础上判断输入值的重要性，并考虑公允价值计量本身，而不是公允价值的变动以及这些变动的会计处理。企业应当在书面文件中记录其如何评估输入值对于公允价值计量的重要性，并一致应用该政策。

公允价值计量结果所属的层次，取决于估值技术的输入值，而不是估值技术本身。

企业只有在相关资产或负债几乎很少存在市场交易活动，导致相关可观察输入值无法取得或取得不切实可行的情况下，才能使用第三层次输入值，即不可观察输入值。

命题点拨

命题角度：输入值

本考点在命题时，一般会以客观题（单选题或多选题）的形式出现，主要考核输入值、输入值的层次。

经典例题

【真题·单选题】（2020）公允价值计量所使用的输入值划分为三个层次，下列各项输入值中，不属于第二层次输入值的是（　　）。

A. 活跃市场中类似资产或负债的报价

B. 活跃市场中相同资产或负债的报价

C. 非活跃市场中类似资产或负债的报价

D. 非活跃市场中相同资产或负债的报价

【答案】B

【解析】第二层次输入值包括：（1）活跃市场中类似资产或负债的报价；（2）非活跃市场中相同或类似资产或负债的报价；（3）除报价以外的其他可观察输入值，包括在正常报价间隔期间可观察的利率和收益率曲线等；（4）市场验证的输入值等。

【例题·多选题】下列关于公允价值层次的表述中，正确的有（　　）。

A. 活跃市场类似资产或负债的公允价值应该归类为第二层次输入值

B. 企业在估计资产或负债的价值时，可以随意选用不同层次的输入值

C. 公允价值计量结果所属的层次，取决于估值技术

D. 企业将估值技术所使用的输入值划分为三个层次

【答案】AD

【解析】选项B，企业应最优先使用活跃市场上相同资产或负债未经调整的报价即第一层次输入值，最终使用不可观察输入值即第三层次输入值；选项C，公允价值计量结果所述的层次，取决于估值技术的输入值，而不是估值技术本身。

进阶练习

（一）单项选择题

1. 企业在按照会计准则规定采用公允价值计量相关资产或负债时，下列各项有关确定公允价值的表述中，正确的是（　　）。

A. 在根据选定市场的交易价格确定相关资产或负债的公允价值时，应当根据交易费用对有关价格进行调整

B. 以公允价值计量资产或负债，应当首先假定出售资产或转移负债的有序交易在该资产或负债的最有利市场进行

C. 在确定资产的公允价值时，可同时获取出价和要价的，应使用要价作为资产的公允价值

D. 使用估值技术确定公允价值时，应当使用市场上可观察输入值，在无法取得或取得可观察输入值不切实可行时才能使用不可观察输入值

2. 下列关于交易费用的说法不正确的是（　　）。

A. 企业在根据主要市场或最有利市场的交易价格确定相关资产或负债的公允价值时，应根据交易费用对该价格进行调整

B. 交易费用是在进行相关资产或负债交易时不可避免会发生的费用，交易费用直接由交易引起，并且是企业进行交易所必需的

C. 企业在根据主要市场或最有利市场的交易价格确定相关资产或负债的公允价值时，不应根据交易费用对该价格进行调整

D. 企业在确定相关资产的公允价值时，不需要扣除交易费用，但是在确定该资产的主要市场和最有利市场时可能需要考虑交易费用或运输费用

3. 下列关于输入值的说法中，错误的是（　　）。

A. 第一层次输入值是企业在计量日能够取得的相同资产或负债在活跃市场上未经调整的报价

B. 企业使用估值技术时，只能使用可观察输入值

C. 市场参与者所使用的假设即为输入值，可分为可观察输入值和不可观察输入值

D. 第三层次输入值是相关资产或负债的不可观察输入值

4. 企业在按照会计准则规定采用公允价值计量相关资产或负债时，下列各项有关确定公允价值的表述中，正确的是（　　）。

A. 在确定资产的公允价值时，可同时获取出价和要价的，应使用要价作为资产的公允价值

B. 使用估值技术确定公允价值时，应当使用市场上可观察输入值，在无法取得或取得可观察输入值不切实可行时才能使用不可观察输入值

C. 在根据选定市场的交易价格确定相关资产或负债的公允价值时，应当根据交易费用对有关价格进行调整

D. 以公允价值计量资产或负债，应当首先假定出售资产或转移负债的有序交易在该资产或负债的最有利市场进行

5. 2×20 年 12 月 31 日，华阳公司购入一项设备，支付买价 750 万元，另支付运输费 4 万元。该项固定资产预计使用年限为 7 年，华阳公司采用直线法计提折旧，预计净残值为 4 万元。2×23 年 12 月 31 日，华阳公司对该项资产进行减值测试。在确定其公允价值时，华阳公司根据相关信息得知市场上在 1 个月前有相关交易发生，成交价为 630 万元，成新率为 70%。已知该项设备的成新率为 60%，2×23 年 12 月 31 日华阳公司确定该项设备的公允价值为（　　）万元。

A. 750　　B. 630
C. 540　　D. 544

6. 下列有关公允价值计量的表述中，正确的是（　　）。

A. 企业以公允价值计量相关资产或负债，应当假定出售资产或者转移负债的有序交易在该资产或负债的最有利市场进行

B. 企业以公允价值计量相关资产和负债，由于市场环境发生变化，对公允价值的估值由市场法改为收益法，企业应作为会计政策变更进行会计处理

C. 企业以公允价值计量相关资产和负债，由于无法取得相同资产或负债在活跃市场上的报价，企业采用经市场验证的输入值进行估计，该公允价值计量结果属于第三层次

D. 企业估计相关资产或负债的公允价值时，应当优先考虑第一层次输入值

（二）多项选择题

1. 下列事项中，属于《企业会计准则第39号——公允价值计量》准则规范的相关资产或负债的有（　　）。

A. 以公允价值计量的企业年金基金投资

B. 固定资产的初始计量

C. 以公允价值计量且其变动计入当期损益的金融资产或金融负债

D. 存货准则中规定的可变现净值

2. 企业以公允价值计量相关资产，下列各项中属于相关资产特征的有（　　）

A. 资产的功能和结构

B. 资产的新旧程度

C. 资产所在的位置和所处的环境

D. 转让资产所需要发生的交易费用

3. 下列各项资产、负债以公允价值计量的有（　　）。

A. 交易性金融资产

B. 无形资产

C. 其他债权投资

D. 应付职工薪酬——非货币性福利

4. 下列关于公允价值计量相关资产或负债，有关有序交易的说法中，正确的有（　　）。

A. 有序交易是惯常市场活动的交易，包括被迫清算

B. 企业根据现有信息不足以判定该交易是否为有序交易的，在以公允价值计量该资产或负债时，应当考虑该交易的价格，但不应将该交易价格作为计量公允价值的唯一依据或者主要依据

C. 在有序交易下，企业应以交易价格为基础确定该资产或负债的公允价值

D. 企业应用于相关资产或负债公允价值计量的有序交易包括抛售

5. 下列各项中，关于市场参与者的表述正确的有（　　）。

A. 企业应当从市场参与者角度计量相关资产或负债的公允价值，且应考虑企业自身持有资产、清偿或者以其他方式履行负债的意图和能力

B. 市场参与者应当相互独立，不存在关联方关系

C. 市场参与者应当熟悉情况，根据可获得的信息，包括通过正常的尽职调查获取的信息，对相关资产或负债以及交易具备合理认知

D. 企业在确定市场参与者时，只需考虑所计量的相关资产或负债、该资产或负债的主要市场

6. 下列关于主要市场或最有利市场的说法中，正确的有（　　）。

A. 对相同资产或负债而言，任何企业都具有相同的主要市场

B. 主要市场，是指相关资产或负债交易量最大和交易活跃程度最高的市场

C. 通常情况下，如果不存在相反的证据，企业正常进行资产出售或者负债转移的市场可以视为主要市场或最有利市场

D. 相关资产或负债的主要市场（或者在不存在主要市场情况下的最有利市场）应当是企业可进入的市场，但不要求企业于计量日在该市场上实际出售资产或者转移负债

7. 下列关于市场参与者的说法中，正确的有（　　）。

A. 市场参与者，是指在相关资产或负债的主要市场（或者在不存在主要市场情况下的最有利市场）中，相互独立的、熟悉资产或负

债情况的、能够且愿意进行资产或负债交易的买方和卖方

B. 市场参与者应当有能力并自愿进行相关资产或负债的交易

C. 企业应当从市场参与者角度计量相关资产或负债的公允价值，而不应考虑企业自身持有资产、清偿或者以其他方式履行负债的意图和能力

D. 企业应从自身持有资产、清偿或者以其他方式履行负债的意图和能力角度计量相关资产或负债的公允价值

8. 下列关于输入值的表述中，正确的有（　　）。

A. 市场参与者所使用的假设是输入值，企业使用估值技术时，只能使用可观察输入值

B. 企业使用估值技术时，应优先使用可观察输入值，仅当相关可观察输入值无法取得或取得不切实可行时才使用不可观察输入值

C. 企业应当选择与市场参与者在相关资产或负债交易中会考虑的、反映该资产或负债特征的输入值

D. 第二层次输入值是企业在计量日能够取得的相同资产或负债在活跃市场上未经调整的报价

9. 下列关于公允价值层次的表述中，正确的有（　　）。

A. 相关资产或负债的不可观察输入值为第一层次的输入值

B. 活跃市场中类似资产或负债的报价属于第二层次输入值

C. 企业应当将估值技术所使用的输入值划分为三个层次

D. 企业应最优先使用活跃市场上相同资产或负债未经调整的报价即第一层次输入值，最终使用不可观察输入值即第三层次输入值

进阶练习答案及解析

（一）单项选择题

1.【答案】D

【解析】选项A，在根据选定市场的交易价格确定相关资产或负债的公允价值时，应当根据资产或负债的特征对有关价格进行调整，与交易费用无关；选项B，以公允价值计量资产或负债应当首先假定出售资产或转移负债的有序交易在该资产或负债的主要市场进行，不存在主要市场的才可以选择最有利市场；选项C，当相关资产或负债具有出价和要价时，企业可以使用出价和要价价差中在当前市场情况下最能代表该资产或负债公允价值的价格记录该资产或负债。

2.【答案】A

【解析】企业在根据主要市场或最有利市场的交易价格确定相关资产或负债的公允价值时，不应根据交易费用对该价格进行调整，选项A错误。

3.【答案】B

【解析】企业使用估值技术时，应当优先使用可观察输入值，仅当相关可观察输入值无法取得或取得不切实可行时才使用不可观察输入值，选项B错误。

4.【答案】B

【解析】选项A，当相关资产或负债具有出价和要价时，企业可以使用出价和要价价差中在当前市场情况下最能代表该资产或负债公允价值的价格记录该资产或负债；选项C，在根据选定市场的交易价格确定相关资产或负债的公允价值时，应当根据资产或负债的特征对有关价格进行调整，与交易费用无关；选项D，以公允价值计量资产或负债应当首先假定出售资产或转移负债的有序交易在该资产或负债的主要市场进行，不存在主要市场的才可以选择最有利市场。

5.【答案】C

【解析】华阳公司该项设备的公允价值 = 630/70% ×60% = 540（万元）。

6. 【答案】D

【解析】企业应当假定出售资产或转移负债的有序交易在资产或负债的主要市场进行，选项A不正确；公允价值的估值技术由市场法改为收益法，应作为会计估计变更进行会计处理，选项B不正确；企业采用经市场验证的输入值估计公允价值，其计量结果属于第二层次选项C不正确；企业估计相关资产或负债的公允价值时，应当优先考虑第一层次输入值，选项D正确。

（二）多项选择题

1. 【答案】AC

【解析】固定资产准则中规定不同来源的固定资产初始计量方法不同，选项B不入选；存货准则中规定的可变现净值、资产减值准则中规范的预计未来现金流量现值等计量属性，不遵循公允价值计量准则规范的相关规定，选项D不入选。

2. 【答案】ABC

【解析】相关资产或负债的特征是指市场参与者在计量日对该资产或负债进行定价时考虑的特征，包括资产状况及所在位置，对资产出售或使用的限制等。转让资产所需要发生的交易费用是交易市场的特征，而非资产的特征，选项D不正确。

3. 【答案】ACD

【解析】无形资产来源不同初始计量方法不同。交易性金融资产、其他债权投资和应付职工薪酬——非货币性福利均以公允价值计量。答案为选项A、C、D。

4. 【答案】BC

【解析】企业应用于相关资产或负债公允价值计量的有序交易不包括被迫清算和抛售，选项A、D错误。

5. 【答案】BC

【解析】企业应当从市场参与者角度计量相关资产或负债的公允价值，而不应考虑企业自身持有资产、清偿或者以其他方式履行负债的意图和能力，选项A错误；企业在确定市场参与者时，应当考虑所计量的相关资产或负债、该资产或负债的主要市场（或者在不存在主要市场情况下的最有利市场）以及在该市场上与企业进行交易的市场参与者等因素，从总体上识别市场参与者，选项D错误。

6. 【答案】BCD

【解析】对相同资产或负债而言，不同企业可能具有不同的主要市场，选项A错误。

7. 【答案】ABC

【解析】企业应当从市场参与者角度计量相关资产或负债的公允价值，而不应考虑企业自身持有资产、清偿或者以其他方式履行负债的意图和能力，选项D错误。

8. 【答案】BC

【解析】企业使用估值技术时，应优先使用可观察输入值，仅当相关可观察输入值无法取得或取得不切实可行时才使用不可观察输入值，选项A错误；第一层次输入值是企业在计量日能够取得的相同资产或负债在活跃市场上未经调整的报价，选项D错误。

9. 【答案】BCD

【解析】相关资产或负债的不可观察输入值为第三层次的输入值，选项A错误；第二层次输入值包括：活跃市场中类似资产或负债的报价，选项B正确；企业应当将估值技术所使用的输入值分为三个层次，选项C正确；企业应最优先使用活跃市场上相同资产或负债未经调整的报价即第一层次输入值，最终使用不可观察输入值即第三层次输入值，选项D正确。

第三十章　政府及民间非营利组织会计

2023 年教材内容主要变化

本章教材新增了政府单位对于投资业务的解释，增加了固定资产后续支出计量方面的表述，新增了民间非营利组织净资产是否受到限制以及限制是否解除的进一步解释，并新增了相关例题。

本章近五年考试高频考点分布

高频考点内容	年度及题型分布
政府单位特定业务的会计核算	2022 年单选题、2021 年多选题、2020 年单选题、2018 年计算分析题
民间非营利组织会计	2022 年单选题、2019 年多选题、2018 年单选题

高频考点精讲

本章主要阐述政府及民间非营利组织的会计核算方法，其知识体系、内容与前面的其他章节有着本质的差别，应注意区分，认真对待。本章主要内容包括：政府会计概述、政府单位特定业务的会计核算和民间非营利组织会计。

高频考点 1：财政拨款收支的账务处理★★

（一）财政直接支付

业务事项	预算会计	财务会计
（1）收到“财政直接支付入账通知书”时	借：行政支出、事业支出等 贷：财政拨款预算收入	借：库存物品、固定资产、应付职工薪酬、业务活动费用、单位管理费用等 贷：财政拨款收入

续表

业务事项	预算会计	财务会计
（2）年末，根据本年度财政直接支付预算指标数与当年财政直接支付实际支出数的差额	借：资金结存——财政应返还额度 贷：财政拨款预算收入	借：财政应返还额度 贷：财政拨款收入
（3）下年度恢复财政直接支付额度后，单位以财政直接支付方式发生实际支出时	借：行政支出、事业支出等 贷：资金结存——财政应返还额度	借：库存物品、固定资产、应付职工薪酬、业务活动费用、单位管理费用等 贷：财政应返还额度

（二）财政授权支付业务

业务事项	预算会计	财务会计
（1）收到代理银行盖章的“授权支付到账通知书”时	借：资金结存——零余额账户用款额度 贷：财政拨款预算收入	借：零余额账户用款额度 贷：财政拨款收入
（2）按规定支用额度时，按照实际支用的额度	借：行政支出、事业支出等 贷：资金结存——零余额账户用款额度	借：库存物品、固定资产、应付职工薪酬、业务活动费用、单位管理费用等 贷：零余额账户用款额度
（3）年末，依据代理银行提供的对账单作注销额度的相关账务处理	借：资金结存——财政应返还额度 贷：资金结存——零余额账户用款额度	借：财政应返还额度 贷：零余额账户用款额度
（4）下年年初恢复额度时	借：资金结存——零余额账户用款额度 贷：资金结存——财政应返还额度	借：零余额账户用款额度 贷：财政应返还额度——财政授权支付
（5）年末，政府单位本年度财政授权支付预算指标数大于零余额账户用款额度下达数的，根据未下达的用款额度	借：资金结存——财政应返还额度 贷：财政拨款预算收入	借：财政应返还额度 贷：财政拨款收入
（6）下年度收到财政部门批复的上年末未下达零余额账户用款额度时	借：资金结存——零余额账户用款额度 贷：资金结存——财政应返还额度	借：零余额账户用款额度 贷：财政应返还额度

经典例题

【真题·单选题】（2021）下列各项关于政府会计的表述中，正确的是（　　）。

A. 政府决算报表的编制基础为权责发生制

B. 政府财务报告分为政府部门财务报告和政府综合财务报告

C. 政府财务会计要素包括资产、负债、净资产、成本和费用

D. 政府决算报告包括政府财务报告

【答案】B

【解析】政府会计主体应当编制决算报告和财务报告，其中政府决算报表的编制主要以收付实现制为基础，政府财务报告的编制主要以权责发生制为基础，选项A、D不正确；政府财务会计要素包括资产、负债、净资产、收入和费用，选项C不正确。

【真题·单选题】（2020）政府会计由预算会计和财务会计构成，下列关于政府会计的表述中，错误的是（　　）。

A. 预算会计实行收付实现制，财务会计实行权责发生制

B. 政府会计主体应当建立预算会计和财务会计两套账，分别反映政府会计主体的预算执行信息和财务信息

C. 政府会计应当实现预算会计和财务会计双重功能

D. 政府会计应当以预算会计核算生成的数据为基础编制政府决算报告，以财务会计核算生成的数据为基础

【答案】B

【解析】政府会计由预算会计和财务会计组成，其核算遵循适度分离并相互衔接的基础，虽然实现“双功能”“双基础”“双报告”，但并不是要求政府会计主体建立两套账，而是要求预算会计要素和财务会计要素相互协调，决算报告和财务报告相互补充，对同一个经济业务在预算会计和财务会计中进行平行记账。

【真题·单选题】（2020）下列各项关于科研事业单位有关业务或事项会计处理的表述中，正确的是（　　）。

A. 纳入单位预算管理的现金收支的业务采用预算会计核算，不涉及现金收支的业务采用财务会计核算

B. 开展技术咨询服务收取的劳务费（不含增值税）在预算会计下确认为其他预算收入

C. 年度终了，根据本年度财政直接支付预算指标数与本年财政直接支付实际支出数的差额，确认为其他预算收入

D. 财政授权支付方式下年度终了，根据代理银行提供的对账单核对无误后，注销零余额账户用款额度的余额，并于下年初恢复

【答案】D

【解析】对于纳入部门预算管理的现金收支业务，同时进行财务会计和预算会计核算，选项A错误；科研事业单位的技术咨询劳务费应该计入“事业预算收入”，选项B错误；年度终了，在计算本年度财政直接支付预算指标数与本年财政直接支付实际支出数的差额时，预算会计核算借记“资金结存——财政应返还额度”，贷记“财政拨款预算收入”，选项C错误。

【真题·多选题】（2019）下列各项关于政府单位特定业务会计核算的一般原则中，正确的有（　　）。

A. 政府单位财务会计实行权责发生制

B. 除另有规定外，单位预算会计采用收付实现制

C. 对于纳入部门预算管理的现金收支业务，同时进行财务会计和预算会计核算

D. 对于单位应上缴财政的现金所涉及的收支业务，进行预算会计处理

【答案】ABC

【解析】对于单位应上缴财政的现金所涉及的收支业务，仅进行财务会计处理，无须进行预算会计处理。

【例题·单选题】2×22年10月3日，甲事业单位向同级财政部门申请支付电费3万元，10月5日，经财政部门审核后以财政直接支付方式向电力公司支付电费2万元，10月25日，甲事业单位收到了“财政直接支付入账通知书”，通知书中注明金额为5万元。不考虑其他因素，下列关于甲事业单位的会计处理中，正确的是（　　）

A. 10月3日，确认事业支出3万元

B. 10月5日，确认管理费用2万元

C. 10月25日，确认财政拨款预算收入5万元

D. 10月25日，确认业务活动费用3万元

【答案】C

【解析】在财政直接支付方式下，对财政直接支付的支出，单位收到“财政直接支付入账通知书”时，按照通知书中的直接支付入账金额2万元进行会计处理。所以甲事业单位应在10月25日进行会计处理，分录如下：

预算会计：

借：事业支出　　5

　　贷：财政拨款预算收入　　5

财务会计：

借：业务活动费用/单位管理费用　　5

　　贷：财政拨款收入　　5

选项C正确。

高频考点2：非财政拨款收支业务★

（一）事业（预算）收入

业务事项		财务会计	预算会计
采用财政专户返还方式	实际收到或应收应上缴财政专户的事业收入时	借：银行存款/应收账款等 贷：应缴财政款	—
	向财政专户上缴款项时	借：应缴财政款 贷：银行存款等	—
	收到从财政专户返还的事业收入时	借：银行存款等 贷：事业收入	借：资金结存——货币资金 贷：事业预算收入
采用预收款方式	实际收到款项时	借：银行存款等 贷：预收账款	—
	按合同完成进度确认收入时	借：资金结存——货币资金 贷：事业预算收入	—
采用应收款方式	根据合同完成进度计算本期应收的款项	借：应收账款 贷：事业收入	—
	实际收到款项时	借：银行存款等 贷：应收账款	借：资金结存——货币资金 贷：事业预算收入
其他方式下		借：银行存款/库存现金等 贷：事业收入	借：资金结存——货币资金 贷：事业预算收入

（二）捐赠（预算）收入和支出

业务事项		财务会计	预算会计
接受捐赠的货币资金	按照实际收到的金额	借：银行存款/库存现金 贷：捐赠收入	借：资金结存——货币资金 贷：其他预算收入——捐赠预算收入
接受捐赠的存货、固定资产等	按照确定的成本	借：库存物品/固定资产等 贷：银行存款等［相关税费支出］ 捐赠收入	借：其他支出［支付的相关税费等］ 贷：资金结存——货币资金
	如按照名义金额入账	借：库存物品/固定资产等 贷：捐赠收入 借：其他费用 贷：银行存款等［相关税费支出］	借：其他支出［支付的相关税费等］ 贷：资金结存

（三）债务预算收入和债务还本支出

业务事项	财务会计	预算会计
取得借款	借：银行存款 贷：短期借款、长期借款——本金	借：资金结存——货币资金 贷：债务预算收入
计提利息	借：在建工程等（资本化的专门借款利息） 其他费用（费用化利息） 贷：应付利息（短期借款、分期付息） 长期借款——应计利息（到期一次还本付息）	—
支付利息	借：应付利息 贷：银行存款	借：其他支出 贷：资金结存——货币资金

续表

业务事项	财务会计	预算会计
偿还借款	借：短期借款、长期借款——本金 　　长期借款——应计利息 　　贷：银行存款	借：债务还本支出（支付的本金金额） 　　其他支出（支付的利息金额） 　　贷：资金结存——货币资金

（四）投资支出

<table>
<tr><th colspan="2">业务事项</th><th>财务会计</th><th>预算会计</th></tr>
<tr><td colspan="2">以货币资金对外投资</td><td>借：短期投资、长期股权投资、长期债券投资等
　　贷：银行存款等</td><td>借：投资支出
　　贷：资金结存——货币资金</td></tr>
<tr><td rowspan="2">利息或股利</td><td>收到价款中包含</td><td>借：银行存款
　　贷：短期投资、应收股利、应收利息等</td><td>借：资金结存——货币资金
　　贷：投资支出</td></tr>
<tr><td>持有股权投资期间</td><td>借：银行存款
　　贷：应收股利、应收利息</td><td>借：资金结存——货币资金
　　贷：投资预算收益</td></tr>
<tr><td colspan="2">出售、对外转让或到期收回</td><td>借：银行存款
　　贷：短期投资、长期股权投资、长期债券投资（对外投资的账面余额）
　　　　应收股利或应收利息（尚未领取的现金股利、利润或尚未收取的利息）
　　　　银行存款（发生的相关税费等支出）
　　　　投资收益（差额，也可能在借方）</td><td>借：资金结存——货币资金
　　贷：投资支出（当年）或其他结余（以前年度）（取得投资时“投资支出”科目的发生额）
　　　　投资预算收益（差额，也可能在借方）</td></tr>
</table>

小贴士 单位按规定出资成立如事业单位、社会团体、基金会等非营利法人单位，不按照投资业务进行会计处理，按照出资金额，在财务会计中借记“其他费用”科目，贷记“银行存款”等科目；同时，在预算会计中借记“其他支出”科目，贷记“资金结存”科目。

经典例题

【例题·计算分析题】某水利部门所属勘察设计机构当月取得设计服务方面的收入，其开具的增值税专用发票上注明的金额为320 000元，增值税税额为16 000元。

要求：根据上述资料，编制该机构相关的会计分录。

【答案及解析】

（1）该机构收到设计费时：

财务会计：

借：银行存款　　336 000

　　贷：事业收入　　320 000

　　　　应交增值税——应交税金（销项税额）　　16 000

预算会计：

借：资金结存——货币资金　　336 000

　　贷：事业预算收入　　336 000

（2）该机构实际缴纳增值税时：

财务会计：

借：应交增值税——应交税金（已交税金）　　16 000

　　贷：银行存款　　16 000

预算会计：

借：事业支出　　16 000

　　贷：资金结存——货币资金　　16 000

小贴士 在处理涉及增值税的业务时，预算会计根据实际收到的资金确认预算收入，缴纳增值税再确认支出。

【例题·多选题】甲事业单位用财政专户返还的方式管理事业收入，2×22年4月6日，事业单位收到应上缴财专户的事业收入60万元，4月16日，甲事业单位将上述款项上缴财政专户，5月16日，甲事业单位收到从财政专户返还的事业收入60万元。下列关于甲事业单位的处理中正确的有（　　）

A. 收到应缴财政专户的事业收入确认事业收入60万元

B. 向财政专户上缴款项时，冲减应缴财政款60万元

C. 收到从财政专户返还的事业收入时，确认事业预算收入60万元

D. 向财政专户上缴款项时，同时进行财务会计处理和预算会计处理

【答案】BC

【解析】甲事业单位相关会计处理如下：

（1）收到应上缴财政专户的事业收入时

借：银行存款　60

　贷：应缴财政款　60

（2）向财政专户上缴款项时：

借：应缴财政款　60

　贷：银行存款　60

【提示】对于单位应上缴财政的现金所涉及的收支业务，仅需要进行财务会计处理，不需要进行预算会计处理。

（3）收到从财政专户返还的事业收入时：

财务会计：

借：银行存款　60

　贷：事业收入　60

预算会计：

借：资金结存——货币资金　60

　贷：事业预算收入　60

高频考点3：无偿调拨净资产★★

业务事项	财务会计	预算会计
单位按照规定取得无偿调入的非现金资产	借：库存物品、长期股权投资、固定资产、无形资产、公共基础设施、政府储备物资、文物文化资产、保障性住房等（相关资产在调出方的账面价值加相关税费、运输费等） 贷：零余额账户用款额度、银行存款等（调入过程中发生的归属于调入方的相关费用） 无偿调拨净资产（差额）	借：其他支出（调入方实际发生的费用金额） 贷：资金结存
单位按照规定经批准无偿调出非现金资产	借：无偿调拨净资产（调出资产的账面余额或账面价值） 固定资产累计折旧、无形资产累计摊销、公共基础设施累计折旧（摊销）、保障性住房累计折旧（相关资产已计提的累计折旧或累计摊销） 贷：库存物品、长期股权投资、固定资产、无形资产、公共基础设施、政府储备物资、文物文化资产、保障性住房等（调出资产的账面余额） 借：资产处置费用（调出过程中发生的归属于调出方的相关费用） 贷：零余额账户用款额度、银行存款等	借：其他支出 贷：资金结存 年末，单位应将“无偿调拨净资产”科目余额转入累计盈余，借记或贷记“无偿调拨净资产”科目，贷记或借记“累计盈余”科目

经典例题

【真题·计算分析题】（2018）甲单位为事业单位，其涉及财政拨款的收支业务通过财政授权支付方式结算。2×17年度，甲单位发生的有关经济业务或事项如下：

2×17年5月5日，甲单位接受其他事业单位无偿调入物资一批，根据调出单位提供的

相关凭证注明，该批物资在调出方的账面价值为300万元，甲单位经验收合格后入库。物资调入过程中甲单位以银行存款支付了运输费20万元。

要求：不考虑其他因素，根据上述资料，编制甲单位2×17年度相关的会计分录。

【答案及解析】

财务会计：

借：库存物品 320

贷：银行存款 20

无偿调拨净资产 300

预算会计：

借：其他支出 20

贷：资金结存——货币资金 20

单位按照规定取得无偿调入的非现金资产时，承担运费的一方，需要对运费部分同时做财务会计分录和预算会计分录。

财务会计：

借：非现金资产（相关资产在调出方的账面价值加相关税费、运输费等）

贷：零余额账户用款额度、银行存款等（调入过程中发生的归属于调入方的相关费用）

无偿调拨净资产（差额）

预算会计：

借：其他支出（调入方实际发生的费用金额）

贷：资金结存

高频考点4：固定资产★

（一）取得固定资产

业务事项	财务会计	预算会计
购入不需安装的固定资产验收合格时	借：固定资产（按照确定的固定资产成本） 贷：财政拨款收入、零余额账户用款额度、应付账款、银行存款等 购入需要安装的固定资产，在安装完毕交付使用前通过“在建工程”科目核算，安装完毕交付使用时再转入“固定资产”科目	借：行政支出、事业支出、经营支出等（按照实际支付的款项） 贷：财政拨款预算收入、资金结存
自行建造的固定资产交付使用时	借：固定资产（按照在建工程成本） 贷：在建工程 已交付使用但尚未办理竣工决算手续的固定资产，按照估计价值入账，待办理竣工决算后再按照实际成本调整原来的暂估价值	—
融资租赁取得的固定资产	借：固定资产［不需安装］或在建工程［需安装］（其成本按照租赁协议或者合同确定的租赁价款、相关税费以及固定资产交付使用前所发生的可归属于该项资产的运输费、途中保险费、安装调试费等确定） 贷：长期应付款（按照租赁协议或者合同确定的租赁付款额） 财政拨款收入、零余额账户用款额度、银行存款等（按照支付的运输费、途中保险费、安装调试费等金额）	借：行政支出、事业支出、经营支出等（按照实际支付的税费等金额） 贷：财政拨款预算收入、资金结存
接受捐赠的固定资产	借：固定资产［不需安装］或在建工程［需安装］（按照确定的固定资产成本） 贷：零余额账户用款额度、银行存款（按照发生的相关税费、运输费等） 捐赠收入（差额） 接受捐赠的以名义金额计量的固定资产，其会计处理参照库存物品	借：其他支出 贷：资金结存（按照实际支付的税费、运输费等金额）

续表

业务事项	财务会计	预算会计
无偿调入的固定资产	借：固定资产［不需安装］或在建工程［需安装］（按照确定成本） 贷：零余额账户用款额度、银行存款等（按照发生的相关税费、运输费等） 无偿调拨净资产（差额）	借：其他支出 贷：资金结存（按照实际支付的税费、运输费等金额）

（二）固定资产后续支出

后续支出符合资产确认条件的，如增加固定资产使用效能或延长其使用年限，应资本化计入固定资产；不符合确认条件的，如维护固定资产正常使用发生的日常维修、养护等后续支出，计入当期费用或其他相关资产成本。

通常情况下，将固定资产转入改建、扩建时：

借：在建工程

固定资产累计折旧

贷：固定资产

（三）对固定资产计提折旧

单位按月计提固定资产折旧时，按照应计提折旧金额：

借：业务活动费用、单位管理费用、经营费用、加工物品、在建工程等

贷：固定资产累计折旧

（四）处置固定资产

业务事项	财务会计	预算会计
报经批准出售、转让固定资产	借：资产处置费用（按照被出售、转让固定资产的账面价值） 固定资产累计折旧 贷：固定资产 同时： 借：银行存款（按照收到的价款） 贷：银行存款（按照处置过程中发生的相关费用） 应缴财政款（差额）	—
报经批准对外捐赠固定资产	借：资产处置费用（按照被出售、转让固定资产的账面价值） 固定资产累计折旧 贷：固定资产	借：其他支出 贷：资金结存（按照实际支付的相关费用金额）
报经批准无偿调出固定资产	借：固定资产累计折旧 无偿调拨净资产（差额） 贷：固定资产 借：资产处置费用 贷：银行存款等（按照无偿调出过程中发生的归属于调出方的相关费用）	借：其他支出 贷：资金结存
转入待处置资产时	借：待处理财产损溢——待处理财产价值 固定资产累计折旧 贷：固定资产［账面余额］	—
报经批准予以处置	借：资产处置费用 贷：待处理财产损溢——待处理财产价值	—
支付清理费用	借：待处理财产损溢——处理净收入 贷：银行存款	—
收到残料变价收入	借：银行存款 贷：待处理财产损溢——处理净收入	—
结转处置固定资产净收入	借：待处理财产损溢——处理净收入 贷：应缴财政款	—

经典例题

【例题·计算分析题】2×22年6月12日，甲事业单位经批准购入一批大型彩色复合机，取得的增值税专用发票上注明的设备价款为135 000元，增值税税额为17 550元，该事业单位以银行存款支付了相关款项，同时本月月末，事业单位财务部门计提业务部门本月固定资产折旧7 800元。

要求：不考虑其他因素，根据上述资料，编制甲事业单位相关的会计分录。

【答案及解析】

（1）购买大型彩色复合机：

财务会计：

借：固定资产　135 000

　应交增值税——应交税金（进项税额）　17 550

　贷：银行存款　152 550

预算会计：

借：事业支出　152 550

　贷：资金结存——货币资金　152 550

（2）当月计提折旧：

借：业务活动费用　7 800

　贷：固定资产累计折旧　7 800

高频考点5：应付职工薪酬★★

业务事项		财务会计	预算会计
计算确认当期应付职工薪酬	从事专业及其辅助活动人员的职工薪酬	借：业务活动费用/单位管理费用 贷：应付职工薪酬	—
	应由在建工程、加工物品、自行研发无形资产负担的职工薪酬	借：在建工程/加工物品/研发支出等 贷：应付职工薪酬	—
	从事专业及其辅助活动以外的经营活动人员的职工薪酬	借：经营费用 贷：应付职工薪酬	—
	因解除与职工的劳动关系而给予的补偿	借：单位管理费用 贷：应付职工薪酬	—
从职工薪酬中代扣各种款项	代扣代缴个人所得税	借：应付职工薪酬——基本工资 贷：其他应交税费——应交个人所得税	—
	代扣社会保险费和住房公积金	借：应付职工薪酬——基本工资 贷：应付职工薪酬——社会保险费/住房公积金	—
	代扣为职工垫付的水电费、房租等费用时	借：应付职工薪酬——基本工资 贷：其他应收款等	—
向职工支付工资、津贴补贴等薪酬		借：应付职工薪酬 贷：财政拨款收入 /零余额账户用款额度 /银行存款等	借：行政支出 /事业支出 /经营支出等 贷：财政拨款预算收入 /资金结存

续表

业务事项	财务会计	预算会计
按照规定缴纳职工社会保险费和住房公积金	借：应付职工薪酬——社会保险费/住房公积金 贷：财政拨款收入 /零余额账户用款额度 /银行存款等	借：行政支出 /事业支出 /经营支出等 贷：财政拨款预算收入 /资金结存
从应付职工薪酬中支付的其他款项	借：应付职工薪酬 贷：零余额账户用款额度 /银行存款等	借：行政支出 /事业支出 /经营支出等 贷：资金结存等

经典例题

【真题·计算分析题】（2018）甲单位为事业单位，其涉及财政拨款的收支业务通过财政授权支付方式结算。2×17年度，甲单位发生的有关经济业务或事项如下：

2×17年度，甲单位为开展专业业务活动及其辅助活动的人员发放工资600万元，津贴250万元，奖金100万元，代扣代缴个人所得税30万元；另支付其他相关费用800万元。

要求：根据上述资料，编制甲单位2×17年度与预算会计相关的会计分录。

【答案及解析】

（1）实际支付职工薪酬：

借：事业支出 （600+250+100-30）920

贷：资金结存——零余额账户用款额度 920

（2）上缴代扣的个人所得税时：

借：事业支出 30

贷：资金结存——零余额账户用款额度 30

（3）支付其他相关费用：

借：事业支出 800

贷：资金结存——零余额账户用款额度 800

高频考点6：PPP项目合同的确认与计量★★

（一）取得时的账务处理	（1）投资建造形成的PPP项目资产，应在资产验收合格交付使用时，按照确定的成本（包括该项资产自建造开始至验收合格交付使用前所发生的全部必要支出），借记“PPP项目资产”科目，贷记“PPP项目净资产”科目
	（2）从第三方购买形成的PPP项目资产，应在资产验收合格交付使用时，按照确定的成本（包括该项资产的购买价款、相关税费以及验收合格交付使用前发生的可归属于该项资产的运输费、装卸费、安装费和专业人员服务费等），借记“PPP项目资产”科目，贷记“PPP项目净资产”科目
	（3）使用社会资本方现有资产形成的PPP项目资产，应在PPP项目开始运营日，按照该项资产的评估价值，借记“PPP项目资产”科目，贷记“PPP项目净资产”科目
	（4）使用政府方现有资产形成的PPP项目资产，在PPP项目开始运营日，按照该资产的账面价值，借记“PPP项目资产”科目，按照资产已计提的累计折旧或摊销，借记“公共基础设施累计折旧（摊销）”等科目，按照资产的账面余额，贷记“公共基础设施”等科目；按照相关规定需要进行资产评估的，政府方应当按照资产评估价值，借记“PPP项目资产”科目，按照资产已计提的累计折旧或摊销，借记“公共基础设施累计折旧（摊销）”等科目，按照资产的账面余额，贷记“公共基础设施”等科目，按照资产评估价值与账面价值的差额贷记“其他收入”科目或借记“其他费用”科目

续表

（一）取得时的账务处理	（5）对政府方原有资产进行改建、扩建形成的 PPP 项目资产，应在资产验收合格交付使用时，按照资产改建、扩建前的账面价值加上改建、扩建发生的支出，再扣除资产被替换部分账面价值后的金额，借记“PPP 项目资产”科目，按照资产改建、扩建前已计提的累计折旧或摊销，借记“公共基础设施累计折旧（摊销）”等科目，按照资产的账面余额，贷记“公共基础设施”等科目，按照 PPP 项目资产初始入账金额与原有资产账面价值的差额，贷记“PPP 项目净资产”科目
（二）PPP 项目资产在项目运营期间的账务处理	（1）正常使用而发生的日常维修、养护等后续支出，不计入 PPP 项目资产的成本
	（2）为增加 PPP 项目资产的使用效能或延长其使用年限而发生的大修、改建、扩建等后续支出，在资产验收合格交付使用时，按照相关支出扣除资产被替换部分账面价值的差额，借记“PPP 项目资产”科目，贷记“PPP 项目净资产”科目
	（3）PPP 项目运营期间，按月对 PPP 项目资产计提折旧（摊销）。作为 PPP 项目资产单独计价入账的土地使用权，按照无形资产的相关规定进行摊销
	（4）初始确认的 PPP 项目净资产金额等于 PPP 项目资产初始入账金额的，按月计提 PPP 项目资产折旧（摊销）时，应当按照计提的 PPP 项目资产折旧（摊销）金额，借记“PPP 项目净资产”科目，贷记“PPP 项目资产累计折旧（摊销）”科目
	（5）初始确认的 PPP 项目净资产金额小于 PPP 项目资产初始入账金额的，按月计提 PPP 项目资产折旧（摊销）时，应当按照计提的 PPP 项目资产折旧（摊销）金额的相应比例（即 PPP 项目净资产初始入账金额占 PPP 项目资产初始入账金额的比例），借记“PPP 项目净资产”科目，按照计提的 PPP 项目资产折旧（摊销）金额，贷记“PPP 项目资产累计折旧（摊销）”科目，按照当期计提的折旧（摊销）金额与所冲减的 PPP 项目净资产金额的差额，借记“业务活动费用”等科目
（三）PPP 项目合同终止时的账务处理	（1）PPP 项目合同终止时，按规定移交至政府方的，根据 PPP 项目资产的性质和用途，将其重分类为公共基础设施等资产。无须对所移交的 PPP 项目资产进行资产评估的，按移交日 PPP 项目资产的账面价值，借记“公共基础设施”等科目，按照已计提的累计折旧（摊销），借记“PPP 项目资产累计折旧（摊销）”科目，按照 PPP 项目资产的账面余额，贷记“PPP 项目资产”科目；按规定需要对所移交的 PPP 项目资产进行资产评估的，按照资产评估价值，借记“公共基础设施”等科目，按照已计提的累计折旧（摊销），借记“PPP 项目资产累计折旧（摊销）”科目，按照 PPP 项目资产的账面余额，贷记“PPP 项目资产”科目，按照资产评估价值与 PPP 项目资产账面价值的差额，贷记“其他收入”科目或借记“其他费用”科目
	（2）PPP 项目合同终止时，将尚未冲减完的 PPP 项目净资产账面余额转入累计盈余，即按 PPP 项目净资产的账面余额，借记“PPP 项目净资产”科目，贷记“累计盈余”科目

经典例题

【真题·单选题】（2022）下列关于行政事业单位 PPP 项目合同会计处理的表述中，正确的是（　　）。

A. 使用社会资本方现有资产形成的 PPP 项目资产，政府方无须进行会计处理

B. 使用政府方现有资产形成的 PPP 项目资产，政府方无须进行会计处理

C. PPP 项目资产正常使用中发生的日常维修等后续支出，政府方应计入 PPP 项目资产成本

D. 社会资本方投资建造形成 PPP 项目资产，政府方应在资产验收合格交付使用时确认为 PPP 项目资产

【答案】 D

【解析】 使用社会资本方现有资产形成的 PPP 项目资产，政府方应当在 PPP 项目开始运营日确认为 PPP 项目资产，选项 A 不正确；使用政府方现有资产形成 PPP 项目资产的，应当在 PPP 项目开始运营日将其现有资产重分类为 PPP 项目资产，选项 B 不正确；对于为维护 PPP 项目资产的正常使用而发生的日常维修、养护等后续支出，政府方不计入 PPP 项目资产的成本，选项 C 不正确。

高频考点7：部门（单位）合并财务报表★★

（一）合并范围	合并范围一般应当以财政预算拨款关系为基础予以确定。有下级预算单位的部门（单位）为合并主体，其下级预算单位为被合并主体。合并主体应当将其全部被合并主体纳入合并财务报表的合并范围
	以下会计主体也应当纳入部门（单位）合并财务报表范围：（1）部门（单位）所属的未纳入部门预决算管理的事业单位。（2）部门（单位）所属的纳入企业财务管理体系执行企业类会计准则制度的事业单位。（3）财政部规定的应当纳入部门（单位）合并财务报表范围的其他会计主体
	以下会计主体不纳入部门（单位）合并财务报表范围：（1）部门（单位）所属的企业，以及所属企业下属的事业单位。（2）与行政机关脱钩的行业协会商会。（3）部门（单位）财务部门按规定单独建账核算的会计主体，如工会经费、党费、团费和土地储备资金、住房公积金等资金（基金）会计主体。（4）挂靠部门（单位）的没有财政预算拨款关系的社会组织以及非法人性质的学术团体、研究会等
（二）合并程序	部门（单位）合并资产负债表应当以部门（单位）本级和其被合并主体符合上述有关编制基础和统一会计政策要求的个别资产负债表或合并资产负债表为基础，在抵销内部业务或事项对合并资产负债表的影响后，由部门（单位）本级合并编制
	部门（单位）合并收入费用表应当以部门（单位）本级和其被合并主体符合上述有关编制基础和统一会计政策要求的个别收入费用表或合并收入费用表为基础，在抵销内部业务或事项对合并收入费用表的影响后，由部门（单位）本级合并编制

高频考点8：民间非营利组织特定业务的会计核算★★

（一）捐赠收入的核算

（1）接受捐赠时：

借：银行存款等

　　贷：捐赠收入——限定性收入（有限定用途）

　　　　　　　——非限定性收入（无限定用途）

（2）如果限定性捐赠收入的限制在确认收入的当期得以解除：

借：捐赠收入——限定性收入

　　贷：捐赠收入——非限定性收入

（3）期末：

借：捐赠收入——限定性收入

　　贷：限定性净资产

借：捐赠收入——非限定性收入

　　贷：非限定性净资产

（二）会费收入

（1）收到时：

①当期会费。

借：银行存款等

　　贷：会费收入——非限定性收入（无限定用途）

　　　　　　　——限定性收入（有限定用途）

②本年收到以后年度会费。

借：银行存款等

　　贷：预收账款

（2）期末：

借：会费收入——限定性收入

　　贷：限定性净资产

借：会费收入——非限定性收入

　　贷：非限定性净资产

（三）业务活动成本

（1）发生的业务活动成本：

借：业务活动成本

　　贷：银行存款等

（2）会计期末：

借：非限定性净资产

　　贷：业务活动成本

经典例题

【真题·单选题】（2022）依照我国法律法规成立的民间基金会甲收到乙公司捐助的一辆已使

用两年的汽车，该汽车原购买时增值税专用发票上注明的价款为30万元，捐赠前该汽车在乙公司的账面价值为10万元，捐赠协议确定的价格为20万元，类似二手汽车的市场价格为15万元。不考虑相关税费及其他因素，基金会甲对于收到的上述捐赠资产应入账的金额是（　　）万元。

A. 10　　B. 15

C. 20　　D. 30

【答案】B

【解析】民间非营利组织受赠非现金资产，捐赠方提供有关凭据的，应当按照凭据上标明的金额作为入账价值；如果凭据上标明的金额与受赠资产公允价值相差较大，应当按照公允价值计量。

【例题·多选题】民间非营利组织关于捐赠的会计处理，下列表述中正确的有（　　）。

A. 对于无条件捐赠应当在捐赠收到时确认收入

B. 接受的劳务捐赠不予确认，但应在附注中披露

C. 如果捐赠方没有提供有关凭证，受赠的非现金资产按照名义金额入账

D. 现金捐赠，接受方应按照实际收到的金额入账

【答案】ABD

【解析】如果捐赠方没有提供有关凭据，受赠的非现金资产应以其公允价值作为入账价值，选项C错误。

【例题·多选题】下列关于民间非营利组织会计的说法中正确的有（　　）。

A. 民间非营利组织对于所接受的劳务捐赠不应确认捐赠收入

B. 民间非营利组织的会费收入通常属于非交换交易收入

C. 会计期末，民间非营利组织需要将本期的业务活动成本余额转入非限定性净资产

D. 民间非营利组织收到的受托代理资为现金时，可以不通过“受托代理资产”科目核算

【答案】ABCD

进阶练习

（一）单项选择题

1. 下列项目中，关于零余额账户用款额度的说法错误的是（　　）。

A. 按规定支用额度时，借记有关科目，贷记“零余额账户用款额度”科目

B. 从零余额账户提取现金时，借记“库存现金”科目，贷记“零余额账户用款额度”科目

C. 在财政授权支付方式下，收到代理银行盖章的《授权支付到账通知书》时，根据通知书所列数额，借记“零余额账户用款额度”科目，贷记“财政拨款收入”科目

D. 因购货退回等发生国库授权支付额度退回的，属于本年度支付的款项，按照退回金额，借记“零余额账户用款额度”科目，贷记“财政拨款结转”等科目

2. 2×22年4月5日，甲医院以恢复的上年度财政直接支付额度向乙医疗器械公司采购一批医疗器械，总价款为250万元。到货后立即投入使用并于4月20日收到财政直接支付入账通知书。不考虑其他因素，甲医院对上述业务进行的会计处理中错误的是（　　）。

A. 在财务会计中增加财政拨款收入250万元

B. 在财务会计中增加固定资产250万元

C. 在预算会计中增加行政支出250万元

D. 在预算会计中减少资金结存250万元

3. 甲社会团体的个人会员每年应交纳会费150元，交纳期间为每年1月1日至12月31日，当年未按时交纳会费的会员下年度自动失去会员资格。该社会团体共有会员600人。截至2×22年12月31日，450人交纳当

年会费，100 人交纳了 2×22 年度至 2×23 年度的会费，50 人尚未交纳当年会费，该社会团体 2×22 年度应确认的会费收入为（　　）元。

A. 67 500　　B. 82 500

C. 90 000　　D. 87 500

4. 2×22 年 6 月 5 日，甲民间非营利组织按照与乙企业签订的一份捐赠协议，向乙企业指定的一所贫困地区医院捐赠医疗器械 30 台，甲民间非营利组织收到乙企业捐赠的医疗器械时进行的下列会计处理中，错误的是（　　）。

A. 确认受托代理负债

B. 确认受托代理资产

C. 按照乙企业提供的凭据上标明的金额（与公允价值相近）作为入账价值

D. 确认固定资产

5. 某事业单位的收入、费用发生额如下：财政拨款收入为 2 000 万元，上级补助收入为 850 万元，附属单位上缴收入为 370 万元，经营收入为 650 万元，投资收益为 150 万元，租金收入 40 万元，利息收入 25 万元，业务活动费用为 950 万元，单位管理费用为 500 万元，经营费用为 320 万元，资产处置费用为 220 万元。不考虑其他因素，该事业单位的本期盈余金额为（　　）万元。

A. 2 095　　B. 2 070

C. 2 055　　D. 2 315

6. 下列各项中，民间非营利组织应确认捐赠收入的是（　　）。

A. 接受志愿者无偿提供的劳务

B. 收到捐赠人口头约定捐赠承诺

C. 收到捐赠人书面协议捐赠承诺

D. 收到捐赠人限定了用途的现金

7. 关于非财政拨款收支业务，下列会计处理表述中错误的是（　　）。

A. 事业预算收入按照实际收到的金额扣除增值税销项税之后的金额入账

B. 事业收入在预算会计中采用收付实现制核算，在财务会计中采用权责发生制核算

C. 对于纳入单位预算管理的现金收支业务进行预算会计核算的同时要进行财务会计核算

D. 债务预算收入是指事业单位按照规定从银行和其他金融机构等借入的、纳入部门预算管理的、不以财政资金作为偿还来源的债务本金

8. 下列关于民间非营利组织净资产的说法中，不正确的是（　　）。

A. 按照净资产是否受到限制，民间非营利组织净资产分为限定性净资产和非限定性净资产

B. 调整以前期间非限定性收入、费用项目直接通过收入、费用科目核算

C. 满足一定条件可以将限定性净资产重分类为非限定性净资产

D. 同受两项或多项限制的限定性净资产只有在限定性净资产的最后一项限制解除时，才能认为其限制已经解除

9. 2×22 年 4 月 15 日，甲基金会与乙企业签订了一份捐赠协议。协议规定，自 2×22 年 8 月 1 日至 2×22 年 12 月 31 日，乙企业在 5 个月的时间里每售出一件产品，即向甲基金会捐赠 1 元钱以资助贫困地区的儿童，款项将在每月底根据销售量计算后至甲基金银行账户，同时，乙企业承诺，此次捐赠的款项不会少于 50 万元并争取达到 100 万元。截至 2×22 年 8 月 31 日，乙企业共销售 20 万件产品。根据此协议，甲基金会在 2×22 年 8 月 31 日收到了乙企业捐赠的款项 20 万元。甲基金会在 8 月应确认的捐赠收入为（　　）万元。

A. 0　　B. 20

C. 50　　D. 100

（二）多项选择题

1. 下列各项中，关于政府决算报告的表述不正确的有（　　）。

A. 以收付实现制为编制基础

B. 以财务会计核算生成的数据为准

C. 综合反映政府会计主体年度预算收支执行结果的文件

D. 反映政府整体的财务状况

2. 属于政府预算会计要素的有（　　）。

A. 预算结余　　B. 净资产

C. 预算收入　　D. 收入

3. 下列各项中，属于“应付职工薪酬”科目核算的内容有（　　）

A. 基本工资

B. 工会经费和职工教育经费

C. 非货币性福利

D. 住房公积金

4. 2×22 年 12 月 13 日，某基金会获得一笔 50 万元的捐款收入，捐赠人要求该补助用于资助改善贫困地区人们的医疗状况，至 2×22 年12 月 31 日该笔支出尚未发生。对于该事项的核算，下列说法中正确的有（　　）。

A. 该笔收入在 12 月 31 日要转入到限定性净资产

B. 该笔收入在 12 月 31 日要转入到非限定性净资产

C. 该笔收入属于非交换交易收入

D. 该笔收入因为规定了资金的使用用途，属于限定性收入

5. 2×22 年 5 月 14 日，某行政单位批准以其一部公务轿车置换另一单位的一批库存物品，库存物品已验收入库。该公务轿车账面余额为 20 万元，已计提折旧 8 万元，公允价值 15 万元。置换过程中该单位收到对方支付的补价 2 万元已存入银行，另外以现金支付运输费 1 万元。假定不考虑其他因素，该行政单位进行的下列处理中，表述正确的有（　　）。

A. 库存物品的入账成本为 15 万元

B. 固定资产的账面价值要转销为 0

C. 产生其他收入 2 万元

D. 运输费要单独做一笔分录，记入“其他支出”科目

6. 下列项目中，关于无偿调入存货、接受捐赠的说法正确的有（　　）。

A. 没有相关凭据的，其成本比照同类或类似存货的市场价格加上相关税费、运输费等确定

B. 没有相关凭据，同类或类似存货的市场价格也无法可靠取得的，存货按照名义金额入账

C. 其成本根据有关凭据注明的金额以及相关税费、运输费等确定

D. 单位接受捐赠的存货，在财务会计中，应按照确定的成本借记“库存物品”，按照发生的相关税费、运输费等，贷记“银行存款”等科目，按照其差额，贷记“其他收入”科目

7. 下列各项，属于民间非营利组织收入的有（　　）。

A. 捐赠收入

B. 提供服务收入

C. 投资收益

D. 商品销售收入

8. 关于受托代理业务与捐赠业务的区别，下列说法正确的有（　　）。

A. 受托代理业务中，民间非营利组织并不是受托代理资产的最终受益人，只是代受益人保管这些资产，而接受捐赠的资产，民间非营利组织对于资产以及资产带来的收益具有控制权

B. 受托代理业务中，民间非营利组织只是起到中介人的作用，没有权力改变受益人和受托代理资产的用途，而对于限定性捐赠，民间非营利组织具有一定的自主权，可以在资产提供者的限定范围内选择具体的受益人

C. 受托代理业务中，委托人通常明确指出具体的受益人姓名或单位名称

D. 受托代理业务通常应签订明确的书面协议，且是委托方、受托方和受益人三方共同签订

9. 关于民间非营利组织会计，下列说法中正确的有（　　）。

A. 以权责发生制为会计核算基础

B. 在采用历史成本计价的基础上，引入公允价值计量基础

C. 分为资产、负债、所有者权益、收入、费用五大要素

D. 民间非营利组织设立时取得的注册资

金直接计入净资产

10. 会计期末，民间非营利组织应将各费用类科目的余额转入“非限定性净资产”科目的借方，贷记的会计科目可能有（　　）。

A. 业务活动成本　　B. 管理费用

C. 财务费用　　D. 其他费用

进阶练习答案及解析

（一）单项选择题

1. 【答案】D

2. 【答案】A

【解析】甲医院相关业务会计处理如下：

预算会计：

借：行政支出　　250

　贷：资金结存——财政应返还额度　　250

财务会计：

借：固定资产　　250

　贷：财政应返还额度　　250

3. 【答案】B

【解析】会费收入反映的是当期会费收入的实际发生额，不包括预计交纳的会费金额。题中，有 50 人尚未交纳当年会费，不满足会费收入确认条件。该社会团体 2×22 年度应确认的会费收入 = 150 ×（450 + 100）= 82 500（元）。

4. 【答案】D

【解析】甲民间非营利组织在该项业务当中，只是起到中介人的作用，应作为受托代理业务核算，收到受托代理资产时，应该确认受托代理资产和受托代理负债，不能确认为固定资产，选项 D 错误。

5. 【答案】A

【解析】本期盈余反映单位本期各项收入、费用相抵后的金额。年末，将该科目余额转入“本年盈余分配”。该行政单位的本期盈余金额 = 2 000 + 850 + 370 + 650 + 150 + 40 + 25 − 950 − 500 − 320 − 220 = 2 095（万元）。

6. 【答案】D

【解析】民间非营利组织对于其接受的劳务捐赠，不予确认，但应在会计报表附注中做相关披露；捐赠人的捐赠承诺函，本身并不满足非交换交易收入的确认条件，并不是民间非营利组织的捐赠收入；收到捐赠人限定了用途的现金，计入捐赠收入——限制性收入，选项 D 正确。

7. 【答案】A

【解析】事业收入按照实际收到的金额扣除增值税销项税之后的金额入账，事业预算收入按照实际收到的金额入账，选项 A 错误。

8. 【答案】B

【解析】调整以前期间非限定性收入、费用项目应该通过“非限定性净资产”科目核算。

9. 【答案】B

【解析】对于民间非营利组织接受捐赠的现金资产，应当按照实际收到的金额入账，所以甲基金会在 8 月应确认的捐赠收入为 20 万元。

（二）多项选择题

1. 【答案】BD

【解析】选项 B、D 为政府综合财务报告的内容。

2. 【答案】AC

【解析】政府预算会计要素包括预算收入、预算支出与预算结余。政府财务会计要素包括资产、负债、净资产、收入和费用。

3. 【答案】ABCD

4. 【答案】ACD

【解析】因该笔捐赠收入收到时规定了其用途，且期末并未解除限制，因此期末要将限定性收入结转到限定性净资产，选项 A、D 正确，捐赠是非交换交易的一种，该笔收入属于非交换交易收入，选项 C 正确。

5. 【答案】CD

【解析】库存物品的入账成本 = 15 − 2 +

1 = 14（万元）

财务会计分录为：

借：库存物品　　14

　　固定资产累计折旧　　8

　　银行存款　　2

　　贷：固定资产　　20

　　　　库存现金　　1

　　　　应缴财政款　　1

　　　　其他收入　　2

预算会计分录为：

借：其他支出　　1

　　贷：资金结存——货币资金　　1

6. 【答案】ABC

【解析】单位接受捐赠的存货，在财务会计中，应按照确定的成本借记“库存物品”科目，按照发生的相关税费、运输费等，贷记“银行存款”等科目，按照其差额，贷记“捐赠收入”科目。

7. 【答案】ABCD

【解析】民间非营利组织收入包括捐赠收入、会费收入、提供服务收入、政府补助收入、投资收益、商品销售收入等主要业务活动收入和其他收入。

8. 【答案】ABCD

9. 【答案】ABD

【解析】民间非营利组织分为资产、负债、净资产、收入、费用五大要素，选项C错误。

10. 【答案】ABD

【解析】会计期末，“业务活动成本”“管理费用”“筹资费用”“其他费用”等的余额均转入“非限定性净资产”科目。

第三部分

跨章节综合题演练

跨章节综合练习题

一、计算分析题

1. 2×18年至2×21年，甲公司发生的有关交易或事项如下：

（1）2×18年7月1日，甲公司收到政府对其芯片研发项目补助款1 600万元并存入银行，其中1 200万元用于补助新建研发大厦，400万元用于补助研发芯片技术。政府规定，对研发大厦建成当年（考核期）甲公司招聘的研发人员人数和研发芯片的绩效进行考核，若考核不达标则需退回全部补助款。

截至2×18年12月31日，研发大厦尚未建成。甲公司不确定考核期内能否达到政府规定的考核标准。甲公司采用总额法核算政府补助。

（2）2×19年6月30日，研发大厦建成并达到预定可使用状态，总成本为8 000万元，预计使用年限为50年。采用年限平均法计提折旧，预计净残值为零；当日，甲公司预计能够达到政府规定的考核期考核标准。2×19年7～12月发生研发费用1 000万元，因不符合资本化条件，全部计入当期损益。

截至2×19年12月31日，甲公司达到了政府规定的考核期考核标准。

（3）2×21年6月30日，甲公司为整合芯片业务，将研发大厦以7 800万元出售给子公司（乙公司），当日出售研发大厦的款项已收存银行，甲公司持有乙公司80%的股权。

本题不考虑相关税费及其他因素。

要求：

（1）根据资料（1），判断甲公司收到1 600万元补助款时，是否应确认为当期损益或递延收益，说明理由，编制相关会计分录。

（2）根据资料（1）～（2），判断甲公司收到的政府补助是与资产相关还是与收益相关，编制甲公司2×19年度与政府补助相关的会计分录。

（3）根据上述资料，编制甲公司2×21年度个别财务报表中与政府补助、处置研发大厦相关的会计分录，编制甲公司2×21年6月30日合并财务报表相关的抵销或调整分录。

2. 甲公司2×18年度财务报表经董事会批准于2×19年3月15日向外报出，甲公司与2×18年度财务报表相关的交易或事项如下：

（1）2×18年1月1日，甲公司从无关联关系的第三方处受让了其所持有乙公司30%股权，转让价格为2 000万元，款项已用银行存款支付。乙公司的股东变更登记手续已经办理完成，取得投资当日，乙公司净资产账面价值为5 000万元，可辨认净资产公允价值为7 000万元，除账面价值为1 000万元、公允价值为3 000万元的专利权外，其他资产、负债的公允价值与账面价值相同。该专利预计使用20年，已使用10年，自甲公司取得乙公司股权起尚可使用10年，预计净残值为零，采用直线法摊销，受让乙公司股权后，甲公司能够对乙公司施加重大影响，甲拟长期持有乙的股权。

2×18年度，乙公司账面实现净利润1 000万元，因金融资产价值公允价值变动确认其他综合收益50万元。

（2）2×18年12月31日，甲公司与其所在地政府签订协议，根据协议的约定，甲公司将按照所在地政府的要求开发新型环保建筑材料，政府将在协议签订之日起1个月内向甲公司拨付款项2 000万元，新型建筑材料的研究成果将归政府所有，当日，甲收到当地政府拨付的款项2 000万元。

（3）2×19年1月26日，甲公司的办公楼完成竣工结算手续，实际成本为68 000万元，上述办公楼已于2×17年12月28日完工并达到预定可使用状态，甲公司按照预算金额62 000万元暂估入账，该办公楼预计使用50年，预计净残值为零，采用年限平均法计提折旧。

其他相关资料：

①乙公司的会计政策和会计期间与甲公司相同；②甲公司和乙公司均为国内居民企业，其适用的企业所得税税率均为25%；③取得乙公司股权日，乙公司可辨认净资产公允价值与账面价值的差额不考虑企业所得税的影响；④除题目要求外本题不考虑所得税及其他因素。

要求：

（1）根据资料（1），计算甲公司对乙公司股权投资的初始入账价值，并编制相关的会计分录。

（2）根据资料（1），计算甲公司对乙公司股权投资2×18年度应确认的投资收益和其他综合收益，并编制相关的会计分录。

（3）根据资料（1），判断甲公司对乙公司长期股权投资形成的暂时性差异是否应确认递延所得税，并说明理由；如应确认递延所得税，计算递延所得税金额，并编制相关的会计分录。

（4）根据资料（2）判断甲公司从政府取得的款项是否为政府补助，说明理由，并编制相关会计分录；

（5）根据资料（3）判断甲公司完成办公楼决算手续的事项是否为资产负债表日后调整事项，并说明理由；如为调整事项，计算固定资产在2×18年12月31日资产负债表中列示的金额，编制调整2×18年度财务报表的分录。

3. 甲股份有限公司（以下简称“甲公司”）为一家从事贵金属进口、加工生产及相关产品销售的企业，其2×15年发生了下列交易或事项：

（1）为促进产品销售，甲公司于2×15年推出贵金属产品以旧换新业务。甲公司在销售所生产的黄金饰品时，承诺客户在购买后任一时点，若购买的黄金饰品不存在不可修复的瑕疵，可按其原购买价格换取甲公司在售的其他黄金饰品。

具体为，所换取新的黄金饰品价格低于原已售饰品价格的，差额不予退还；所换取新的黄金饰品价格高于原已售饰品价格的，客户补付差额。

2×15年，甲公司共销售上述承诺范围内的黄金饰品2 300件，收取价款4 650万元，相关产品成本为3 700万元。

该以旧换新政策系甲公司2×15年首次推向市场，以前年度没有类似的销售政策。2×15年黄金的市场价格处于上升通道，根据有关预测数据，未来期间黄金价格会持续保持小幅上升趋势。

（2）为了进一步树立公司产品的品牌形象，甲公司2×15年聘请专业设计机构为本公司品牌设计了卡通形象摆件，并自市场上订制后发放给经销商供展示使用。为此，甲公司支付设计机构200万元设计费，共订制黄金卡通形象摆件200件，订制价为每件3.5万元。2×15年11月，甲公司收到所订制的摆件并在年底前派发给经销商。

甲公司在将订制的品牌卡通形象摆件发放给主要经销商供其摆放宣传后，按照双方约定，后续不论经销商是否退出，均不要求返还。

（3）按照国家有关部门要求，2×15年甲公司根据国家规定将其持有的100吨某进口贵金属，每吨进口价1 200万元，按照进口价格的80%出售给政府指定的下游企业，收取货款96 000万元。

2×15年末，甲公司收到国家有关部门按照上述进口商品的进销差价支付的补偿款24 000万元。

（4）2×15年1月2日，甲公司股东大会通过向高管人员授予限制性股票的方案。方案规定：30 名高管人员每人以每股 5 元的价格购买甲公司 10 万股普通股，自方案通过之日起，高管人员在甲公司服务满 3 年且 3 年内公司净资产收益率平均达到 15% 或以上，3 年期满即有权利拥有相关股票。服务期未满或未达到业绩条件的，3 年期满后，甲公司将以每股 5 元的价格回购有关高管人员持有的股票。3 年等待期内，高管人员不享有相关股份的股东权力。

2×15 年 1 月 2 日，甲公司普通股的市场价格为每股 10 元；当日，被授予股份的高管人员向甲公司支付价款并登记为相关股票的持有人。

2×15 年，该计划涉及的 30 名高管人员中没有人离开甲公司，且预计未来期间不会有高管人员离开。2×15 年甲公司净资产收益率为 18%，预计未来期间仍有上升空间，在 3 年期间内平均净资产收益率达到 20% 的可能性较大。

本题不考虑增值税等相关税费及其他因素。

要求：根据资料（1）～（4），逐项说明甲公司 2×15 年应进行的会计处理并说明理由（包括应如何确认及相关理由，并编制会计分录）。

4. 甲股份有限公司（以下简称“甲公司”）20×4 年发生了以下交易事项：

（1）2 月 1 日，与其他方签订租赁合同，将本公司一栋原自用现已闲置的办公楼对外出租，年租金为 120 万元，自当日起租。甲公司该办公楼原价为 1 000 万元，至出租日累计折旧 400 万元，未计提减值。甲公司对投资性房地产采用公允价值模式进行后续计量，出租日根据同类资产的市场状况估计其公允价值为 2 000 万元。

12 月 31 日，该办公楼的公允价值为 2 080 万元。甲公司已一次性收入第一年租金 120 万元。

（2）甲公司为资源开采型企业，按照国家有关规定需计提安全生产费用，当年度计提安全生产费 800 万元，用已计提的安全生产费购置安全生产设备 200 万元。

（3）6 月 24 日，甲公司与包括其控股股东 P 公司及债权银行在内的债权人签订债务重组协议，约定对甲公司欠该部分债权人的债权按照相同比例予以豁免，其中甲公司应付银行短期借款本金余额为 3 000 万元，应付控股股东款项 1 200 万元，对于上述债务，协议约定甲公司应于 20×4 年 6 月 30 日前按照余额的 80% 偿付，余款予以豁免。6 月 28 日，甲公司偿付了上述有关债务。

9 月 20 日，为帮助甲公司度过现金流危机，甲公司控股股东 P 公司代其支付了 600 万元原材料采购款，并签订协议约定 P 公司对于所承担债务将不以任何方式要求甲公司偿还或增加持股比例。

（4）7 月 1 日，甲公司以一项对子公司股权投资换取丙公司 30% 股权，甲公司对该子公司股权投资的账面价值为 2 800 万元，双方协商确定的公允价值为 3 600 万元。当日，甲公司即向丙公司董事会派出成员参与其生产经营决策。购买日，丙公司可辨认净资产公允价值为 15 000 万元，账面价值为 12 000 万元，公允价值与账面价值的差额源自一项土地使用权增值，该土地使用权在丙公司的账面价值 3 000 万元，未计提减值，预计尚可使用 30 年，预计净残值为零，采用直线法摊销。

丙公司 20×4 年个别财务报表中实现净利润金额为 2 400 万元，有关损益在年度当中均衡实现。自甲公司取得对丙公司股权之日起，丙公司原持有的一项其他权益工具投资至年末公允价值上升 60 万元。

要求：

（1）编制甲公司 20×4 年有关交易事项的会计分录。

（2）计算甲公司个别财务报表中 20×4 年因上述交易事项应确认的投资收益、营业外收入、资本公积及其他综合收益的金额。

5. 甲公司的财务经理在复核 20×9 年度财

务报表时，对以下交易或事项会计处理的正确性难以作出判断。本题不考虑所得税及其他因素，假设甲公司按照净利润的10%提取法定盈余公积，不提取任意盈余公积。

为减少投资性房地产公允价值变动对公司利润的影响，从20×9年1月1日起，甲公司将出租厂房的后续计量由公允价值模式变更为成本模式，并将其作为会计政策变更采用追溯调整法进行会计处理。甲公司拥有的投资性房地产系一栋专门用于出租的厂房，于20×6年12月31日建造完成达到预定可使用状态并用于出租，成本为8 500万元。

20×9年度，甲公司对出租厂房按照成本模式计提了折旧，并将其计入当期损益。

在投资性房地产后续计量采用成本模式的情况下，甲公司对出租厂房采用年限平均法计提折旧，出租厂房自达到预定可使用状态的次月起计提折旧，预计使用25年，预计净残值为零。在投资性房地产后续计量采用公允价值模式的情况下，甲公司出租厂房各年末的公允价值如下：20×6年12月31日为8 500万元；20×7年12月31日为8 000万元；20×8年12月31日为7 300万元；20×9年12月31日为6 500万元。

要求：根据资料，判断甲公司自20×9年1月1日起变更投资性房地产的后续计量模式并进行追溯调整的会计处理是否正确，同时说明判断依据；如果甲公司的会计处理不正确，编制更正的会计分录。

6. 甲公司2×18年至2×20年发生交易或事项如下：

（1）2×18年12月1日，甲公司与乙公司签订租赁合同，甲公司租入乙公司的一整层。租赁期自2×19年1月1日至2×23年12月31日；租金为50万元/年，每年年初支付。2×19年1月1日，甲公司向乙公司支付第一年的租金50万元。甲公司向房地产中介支付佣金2万元。甲公司增量借款利率为5%。

2×19年1月1日，甲公司从乙公司租入的公寓免费提供给10名管理人员居住。

（2）2×20年1月1日，由于公寓漏水等严重质量问题，甲公司未向乙公司支付第二年租金，并与乙公司协商后解除了租赁合同。双方不再互相补偿。

2×20年1月1日，甲公司以1 000万元向丙公司购买房屋，当日办理了款项支付、房屋移交等手续；同日，甲公司以800万元的价格将房屋出售给10名管理人员，并约定该10名管理人员购买房屋后必须在甲公司服务5年。

（3）2×20年5月12日，甲公司以成本700元/件、已计提存货跌价准备70元/件的自产产品作为福利发放给200名员工，每人1件。该200名员工包括管理人员50人、销售人员30人、生产人员120人。该产品同期市场价格为640元/件。

其他相关资料：（P/A，5%，5）=4.3295；（P/A，5%，4）=3.5460；假定不考虑增值税等相关税费。

要求：

（1）根据资料（1），说明甲公司对租入公寓和将公寓提供给管理人员居住应当如何进行会计处理；计算租赁负债入账价值与使用权资产的入账价值，编制甲公司2×19年度与租赁相关的会计分录。

（2）根据资料（2），计算甲公司解除租赁合同对2×20年损益的影响金额，以及甲公司将新购房屋出售给管理人员对2×20年损益的影响金额；编制甲公司2×20年与终止租赁协议相关的会计分录。

（3）根据资料（3），编制甲公司发放非货币性福利相关的会计分录。

7. 甲公司为上市公司，内审部门在审核2×20年财务报表时，对以下交易或事项的会计处理提出了质疑：

资料一：2×20年1月，甲公司因生产一批新型环保产品，需购进一台环保设备，并向有关部门提出补助2 000万元的申请，2×20年2月1日，政府有关部门批准了甲公司申请，2月2日，财政拨款到账，2×20年3月1

日，甲公司购入无须安装的环保设备并投产使用，环保设备成本 3 200 万元，使用寿命 10 年，无残值，采用年限平均法计提折旧。就此事项，甲公司做了如下会计处理：

（1）2×20 年 2 月 1 日，甲公司确认递延收益：

借：银行存款　　2 000

　贷：递延收益　　2 000

（2）2×20 年购入环保设备：

借：固定资产　　3 200

　贷：银行存款　　3 200

（3）2×20 年全年计提折旧：

借：生产成本　　100

　贷：累计折旧　　100

资料二：2×20 年 9 月，甲公司生产并销售一批特殊材料环保冰柜，该冰柜的生产成本为每台 50 000 元，市场价为每台 65 000 元。甲公司按照国家确定的价格以每台 45 000 元的价格对外出售；每销售一台冰柜，国家给予补助 13 000 元。共销售 2 000 台，甲公司做了如下会计处理：

借：银行存款　　11 600

　贷：其他收益　　11 600

资料三：甲公司于 2×20 年 10 月 1 日和企业所在地方政府签订合作协议，根据协议约定，当地政府将向甲公司提供 1 200 万元奖励资金，用于企业的创新研发和人才激励，甲公司须向当时政府报送详细的资金使用情况，并按合作协议使用资金。协议同时约定，甲公司自获得奖励起 10 年内注册地址不得离开地方政府辖区，否则政府有权追回奖励资金。甲企业于 2×20 年 10 月 30 日收到 1 200 元政府补助，于 2×20 年 12 月给核心高管发放年金 300 万元，客观情况表明甲公司未来离开该辖区的可能性极小，甲公司做了如下会计处理：

借：银行存款　　1 200

　贷：其他应付款　　1 200

借：其他应付款　　300

　贷：管理费用　　300

甲公司采用净额法核算政府补助。假定不考虑增值税等相关税费及其他因素。（单位：万元）

要求：根据资料一至资料三，逐项判断甲公司的会计处理是否正确，并说明理由，如果不正确，请编制正确的 2×20 年度财务报表的会计处理分录（按当期差错处理，无须通过“以前年度损益调整”科目）。

8. 甲公司是一家从事政府鼓励类产品的生产和销售的上市公司，其生产的产品列入国家补贴目录，按照政府限定的价格对外销售后可按规定申请政府补贴。甲公司 2×17 年至 2×19 年发生的相关交易或事项如下：

（1）2×17 年度，甲公司销售政府鼓励类产品 5 000 件，每件销售价格为 12 万元，根据国家相关规定，年度终了后三个月内，销售政府鼓励类产品的企业，可按政府文件规定的标准和条件申请政府补贴，实际能够收到的政府补贴取决于政府审批的结果，2×18 年 2 月，甲公司预计因 2×17 年销售政府鼓励类产品可取得 50 000 万元的补贴，并按程序向政府有关部门提交了申请，甲公司在 2×17 年度财务报表中将上述申请的政府补贴作为销售收入确认。

（2）2×18 年度，甲公司销售政府鼓励类产品 6 000 件，每件销售价格仍为 12 万元。2×19 年 1 月，甲公司按程序向政府有关部门提交了 60 000 万元的补贴申请。2×19 年 4 月 10 日，甲公司收到政府有关部门对其补贴申请的批复文件，经政府有关部门审核确定，甲公司 2×17 年度和 2×18 年度销售政府鼓励类产品可获得的政府补贴分别为 35 000 万元和 42 000 万元。

2×19 年 4 月 20 日，甲公司 2×18 年度财务报表经批准对外报出。

（3）甲公司 2×18 年 12 月 1 日开始推行一项客户会员积分计划，根据该计划，在甲公司购买商品的客户可申请加入会员，会员在甲公司消费 100 元可获得 1 个积分，每个积分从次月开始，会员在甲公司购买商品时可抵减 1

元，2×18 年 12 月，甲公司共向会员销售商品 10 000 万元，这些会员共获得 100 万个积分，根据历史经验，甲公司估计该积分的兑换率为 85%。2×19 年 1 月，甲公司会员在购买商品时使用了 20 万个积分。

本题不考虑税费和其他因素。

要求：

(1) 根据资料 (1)，判断甲公司 2×17 年将预计可收到的政府补贴确认为收入是否正确，并说明理由。

(2) 根据资料 (1) ~ (2)，说明甲公司 2×19 年 4 月 10 日收到补贴申请的批复文件，对甲公司 2×18 年度财务报表而言，是属于资产负债表日后调整事项，还是非调整事项，并说明理由。若属于调整事项，编制调整 2×18 年度财务报表的会计分录。

(3) 根据资料 (3)，计算甲公司 2×18 年 12 月向会员销售商品应当确入的收入金额，以及 2×19 年 1 月会员使用积分应确认的收入金额，并编制相关会计分录。

9. 甲公司是一家上市公司，2×18 年和 2×19 年发生的相关交易或事项如下：

(1) 2×18 年 3 月 1 日，甲公司临时股东大会审议通过向乙公司非公开发行股份购买乙公司所持丙公司 100% 股权的议案。2×18 年 6 月 10 日，甲公司非公开发行股份并购买丙公司 100% 股权的重组方案经政府相关部门核准，2×18 年 7 月 1 日，甲公司向乙公司非公开发行 2 400 万股股票，并办理完成发行股份的登记手续，以及丙公司股东的变更登记手续。当月，甲公司向乙公司发行股份的公允价值为每股 10 元；丙公司 100% 股权的公允价值为 24 000 万元，丙公司可辨认净资产公允价值为 18 000 万元，净资产账面价值 16 000 万元，差异由一项非专利技术导致，其账面价值为零，公允价值为 2 000 万元，该非专利技术自甲公司取得丙公司股权之日起预计使用 10 年，采用直线法摊销，预计净残值为零。

甲公司此次非公开发行股份前的股份数为 8 000 万股。

(2) 2×18 年度，甲公司个别财务报表实现净利润 20 000 万元，丙公司个别财务报表实现净利润 6 000 万元，其中 1 ~ 6 月为 2 000 万元。

(3) 丙公司因其在 2×18 年 6 月 30 日前销售的产品存在质量问题并对客户造成损害，被客户在 2×18 年 12 月提起诉讼要求赔偿损失。2×19 年 3 月 20 日，经产品质量部门和法务部门认定，丙公司因该诉讼事项很可能向客户赔偿 300 万元。

甲公司 2×18 年度合并财务报表经批准于 2×19 年 4 月 10 日对外报出。

其他相关资料：第一，甲公司在购买丙公司 100% 股权前，与乙公司不存在任何关联方案；第二，取得丙公司股权后，甲公司与丙公司之间未发生任何交易；第三，合并商誉未发生减值。第四，除资料 (1) 所述发生股份外，甲公司本年内未发生其他股份变动事项。第五，甲公司、丙公司适用的企业所得税税率均为 25%，甲公司收购丙公司的交易满足税法中特殊性税务处理的条件，乙公司免交企业所得税。第六，丙公司因产品质量问题导致的损失在实际发生时准予税前扣除。第七，本题不考虑所得税外其他税费及其他因素。

要求：

(1) 根据资料 (1)，判断此次合并交易会计上的购买方，并说明理由；计算此次合并交易的合并成本和商誉的金额。

(2) 根据资料 (2)，计算甲公司 2×18 年度合并财务报表中归属于母公司股东的净利润，以及 2×18 年度基本每股收益。

(3) 根据资料 (3)，判断丙公司该诉讼事项导致的义务是否应当在 2×18 年度个别财务报表中确认为预计负债，并说明理由。

(4) 根据资料 (3)，判断甲公司是否因该诉讼事项需要调整购买日初始确认的商誉，并说明理由；如果需要调整商誉，计算调整后的商誉金额。

10. A公司为上市公司，内审部门在审核公司及下属子公司2×20年度财务报表时，对以下交易或事项的会计处理提出质疑：

资料一：2×20年1月1日，A公司新招揽一批生产人员和基建人员，生产人员和基建人员比例为6:4，因原工人宿舍床位紧张，新公寓楼尚在建设中，A公司决定租赁一栋公寓楼作为新招揽人员宿舍，年租金400万元，房屋价值3 000万元，预计使用年限20年。A公司的会计处理如下：

借：生产成本　　550
　　贷：应付职工薪酬——非货币性福利　　550
借：应付职工薪酬——非货币性福利　　550
　　贷：其他应付款　　400
　　　　累计折旧　　150

资料二：2×20年7月1日，A公司将自己新建成的公寓楼免费提供给本公司管理人员和销售精英作为单身公寓，管理人员和销售精英的人员比为4:6，公寓楼账面价值为2 002万元，预计使用年限20年，预计净残值2万元。A公司的会计处理如下：

借：管理费用　　40
　　销售费用　　60
　　贷：应付职工薪酬——非货币性福利　　100

资料三：2×20年9月10日，A公司决定采用授予员工限制性股票的方式实行股权激励计划，2×20年10月1日，根据A公司与高管和生产车间核心技术人员签订的股权激励协议，A公司以非公开发行方式对20名高管人员每人授予5万份自身股票（每股面值1元），授予价格为每股5元，当日，20名高管人员全部出资认购，认购款总额500万元，A公司履行了相关增资手续。A公司预计该限制性股票股权激励在授予日的公允价值为每股6元，激励计划规定，被授予股权激励的高管人员从2×20年1月1日起在A公司连续服务满4年的，所授予股票将于2×24年10月1日全部解锁；期间离职的，A公司将按照原授予价格每股5元进行回购。2×20年10月1日至2×24年10月1日，所授予股票不得上市流通或转让；激励对象因获授限制性股票而取得的现金股利由公司代管，作为应付股利在解锁时向激励对象支付；对于未解锁的限制性股票，甲公司回购股票时应扣除激励对象已享有的该部分现金股利。2×20年12月31日，无高管人员离开，预计未来4年内将离职的高管人数为3，当年宣告发放现金股利为每股0.5元（限制性股票持有人享有同等分配权利）。甲公司的会计处理如下：

（1）授予日A公司会计分录：

借：银行存款　　500
　　贷：股本　　100
　　　　资本公积——股本溢价　　400

（2）A公司等待期2×20年确认的管理费用和资本公积的会计分录：

借：管理费用　　127.5
　　贷：资本公积——其他资本公积　　127.5

（3）2×20年分配现金股利会计分录：

借：利润分配——应付现金股利　　42.5
　　贷：应付股利——限制性股票股利　　42.5

假定：不考虑相关税费及其他因素；不考虑提取盈余公积等利润分配因素。

要求：根据上述资料，逐项判断A公司的会计处理是否正确，若正确请说明理由；若A公司的会计处理不正确，请编制正确的会计分录。

11. 甲公司2×19年至2×22年与乙公司投资相关的业务如下：

（1）2×19年6月10日，甲公司以10.8元/股的价格购入乙公司500万股的股票，另支付交易费用100万元，持股比例为5%，对其不具有控制、共同控制和重大影响，并且准备长期持有，因此将其指定为以公允价值计量且其变动计入其他综合收益的金融资产。

2×19 年 12 月 31 日，乙公司股票市价为 12 元/股。

（2）2×20 年 6 月 8 日，甲公司与丁公司签订协议，约定以 26 000 万元的价格继续购入丁公司持有的乙公司 20% 的股权。2×20 年 7 月 1 日，甲公司支付了购买价款并办理完成了过户手续。当日，乙公司股票市场价格为 13 元/股。增资后甲公司持股比例变为 25%，能够对乙公司实施重大影响，并按权益法进行后续核算。

（3）2×20 年 7 月 1 日，乙公司净资产总额为 120 000 万元，其中包含一项未确认的管理用无形资产，其公允价值为 2 000 万元，尚可使用寿命为 8 年，预计净残值为零，采用直线法计提摊销。

乙公司 2×20 年全年的净利润是 6 600 万元，其中 7～12 月净利润为 4 000 万元；持有的一项非交易性权益工具投资公允价值上升 500 万元，其中 7～12 月上升 200 万元。

（4）2×21 年 1 月 1 日，甲公司购入丙公司 150 万股的股票，股票市价为每股 7.8 元，对其持股比例为 2%，另支付交易费用 25 万元。甲公司将其分类为以公允价值计量且其变动计入当期损益的金融资产。2×21 年末，丙公司股票市价为每股 10 元。

其他资料：①甲公司、乙公司适用的所得税税率均为 25%；②甲公司按照 10% 的比例计提法定盈余公积；③税法规定，企业的各项资产以历史成本为计量基础，持有期间公允价值变动不计入应纳税所得额；④甲公司拟长期持有对乙公司的投资；⑤不考虑其他因素。

要求：

（1）根据资料（1），编制甲公司购入乙公司股票时的会计分录。

（2）根据资料（1）～（3），编制甲公司持有乙公司股票、增加对乙公司投资以及乙公司按照权益法后续计量的相关会计分录。

（3）根据资料（4），编制甲公司取得并持有丙公司股票的会计分录。

二、综合题

1. 甲公司从事生物制药、体外试剂的研发、生产、销售和检测业务。2×19 年至 2×20 年，甲公司发生的有关交易或事项如下：

（1）甲公司与乙体检中心签订常年合作协议，甲公司向乙体检中心提供肠癌筛查试剂盒，每个试剂盒的结算价格为 400 元。体检客户购买了乙体检中心包含肠癌筛查试剂盒的体检套餐后，将试剂盒带回家中。自行采集样本装入试剂盒中寄回甲公司，甲公司检测完毕后将检测结果以短信形式告知体检客户。

乙体检中心按照当月完成体检的客户人数与甲公司对账，不论体检客户是否将样本寄回给甲公司，款项均于下月支付给甲公司，试剂盒的有效期为半年，若半年内体检客户未将样本寄回给甲公司，则试剂盒失效，相关款项无须退回。根据历史经验，甲公司预计体检客户未将样本寄回的可能性较低。

2×19 年 7 月 1 日，甲公司向乙体检中心发出 100 个试剂盒，有效期至 2×19 年 12 月 31 日。2×19 年 7 月 31 日，甲乙双方对账，7 月共有 100 位体检客户购买了试剂盒，甲公司收回试剂盒 80 个，完成检测 60 个。2×19 年 8 月 2 日，乙体检中心通过银行转账向甲公司支付款项 4 万元。2×19 年 8 月，甲公司收回 18 个试剂盒，完成检测 38 个。截至 2×19 年 12 月 31 日，100 个试剂仍有 2 个未寄回，试剂盒已失效。

（2）甲公司向丙公司授权使用某项无形资产（技术），授权期为 2 年，自该项技术向丙公司交付之日起，丙公司一次性向甲公司支付授权使用费 1 000 万元。此外，根据丙公司使用该技术生产的产品每年实现销售收入的 5% 向甲公司支付授权使用费。甲公司于 2×19 年 1 月 1 日将存储技术资料的加密 U 盘交给丙公司，丙公司可以随时登录甲公司网站对 U 盘进行解密。丙公司于 2×19 年 1 月 20 日通过银行转账向甲公司支付 1 000 万元，并于 2×19 年2 月 1 日登录网站解密 U 盘。甲公司向丙公司交付技术资料后，不会再对技术进行任何修改。

2×20 年 1 月 5 日，丙公司告知甲公司，利用该技术生产的产品在 2×19 年实现销售收入 6 000 万元，应向甲公司支付授权许可费 300 万元。

(3) 根据甲公司的销售政策。员工每取得一项新合同，可以获得合同价款总额 3% 的业务提成费，若员工离职，尚未支付的业务提成费将一次性支付给员工。

2×19 年 7 月 1 日，甲公司与丁公司签订了 2 年期销售合同，合同期自 2×19 年 7 月 1 日至 2×21 年 6 月 30 日；销售总量为 24 万件，每月销售 1 万件；合同价款总额为 4 000 万元。甲公司正常执行该合同，销售该产品的毛利率为 20%。该销售合同由业务员张三取得，甲公司于 2×19 年 7 月 25 日通过银行转账向张三支付了 6 个月的业务提成费 30 万元，剩余的业务提成费于 2×20 年 2 月 15 日一次性支付。

(4) 甲公司用一批自产药品换取戊公司某办公楼 1～2 层两年的使用权，该批药品对外销售价格为 1 200 万元；若采用一次性支付两年租金的方式，办公楼两年租金的市场价格为 1 100 万元。协议约定的租赁期自 2×20 年 1 月 1 日至 2×21 年 12 月 31 日。甲公司于 2×19 年12 月 10 日向戊公司一次性交付药品。2×20 年 1 月 1 日与戊公司办理了办公楼交接手续。

其他资料：①甲公司 2×19 年度财务报告于 2×20 年 3 月 15 日经批准报出；②不考虑客户未行使的权利；③本题不考虑相关税费及其他因素。

要求：

(1) 根据资料（1），分析说明甲公司与乙体检中心的合作业务确认收入时应当采用的方法，计算甲公司 2×19 年 7 月应确认的收入金额；分别编制甲公司 2×19 年相关月份与试剂盒收入相关的会计分录。

(2) 根据资料（2），分析说明甲公司向丙公司授予技术使用权确认收入应当采用的方法、时点；编制甲公司 2×19 年度与授予技术使用权收入相关的会计分录。

(3) 根据资料（3），判断甲公司 2×19 年新签订合同相关的业务提成费是否属于合同取得成本，说明理由，分析说明业务提成费的会计处理方法，编制甲公司 2×19 年 7 月与业务提成费相关的会计分录。

(4) 根据资料（4），分析说明甲公司与戊公司的资产互换交易中确认收入的时点，计算收入确认的金额；编制甲公司 2×19 年度相关会计分录。

2. 甲公司为增值税一般纳税人，主营医疗设备的销售和相关服务，销售商品适用的增值税税率为 13%，相关服务适用的增值税税率为 6%。2×20 年甲公司发生的有关交易或事项如下：

(1) 2×20 年 1 月 1 日，甲公司与经销商乙公司签订为期 1 年的框架协议，该协议约定，甲公司向乙公司出售医疗设备，协议中约定了设备型号、付款方式、质保及相关服务，但协议未对采购数量或价格做出承诺。具体数量和价格由后续双方认可的每季度销售订单确定。

该医疗设备在使用前需要安装，安装过程比较简单，不涉及对设备的修改或整合，甲公司或市场上其他安装公司都可以提供相关安装服务。但出于维持客户关系的考虑，甲公司承诺为乙公司的终端用户提供免费安装服务，并且对相关设备提供法定质保范围内的免费维修。

根据甲公司对外公布的销售政策，如果乙公司全年从甲公司提货的数量达到 1 万台，乙公司能够获得全年销售总额 10% 的折扣，折扣将抵减乙公司应付甲公司的货款。

(2) 2×20 年度，甲公司对乙公司销售医疗设备的情况为：第一季度实际销售 2 000 台，每台销售价格为 5 000 元，甲公司预计乙公司全年提货量很可能无法达到 1 万台；第二季度实际销售 2 000 台，每台销售价格为 5 000 元，甲公司预计乙公司全年提货量很可能仍无法达到1万台；第三季度实际销售4 000台，每台销售价格为4 500元，甲公司预计乙公司全年提货量能够达到1万台；第四季度实际销售4 000台，每台销售价格为4 500元。上述销售价格为折扣前的合同原价。根据历史经验，计提质保费用的比例为当期确认的销售收入金额的1%。

2×20年12月31日，甲公司一次性收到乙公司货款3 000万元已存入银行，其余货款尚未收到；当年甲公司未实际发生质保支出。

（3）2×20年1月1日，丙医院从经销商处购买甲公司生产的上述医疗设备用于医学检测。甲公司授权丙医院使用其云端软件，进行为期3年的检测数据分析和存储。丙医院与甲公司签订的协议约定，甲公司除每年固定收取120万元服务费之外，还按照每份检测单加收1元服务费。甲公司的该云端软件由其自行开发并搭建服务器进行维护。

2×20年度，甲公司经与丙医院核对，确认丙医院实际完成了10万份检测；截至12月31日，甲公司尚未收到服务费相关的价款。

（4）丙医院在使用上述医疗设备进行检测的过程中还需配套耗材，丙医院指定甲公司从供应商丁公司采购耗材，耗材价格由丙医院与丁公司协商确定，丙医院同意甲公司在耗材价格基础上加价1%服务费向其出售耗材。丙医院根据各月的实际需求向甲公司提出采购的数量需求，甲公司向丁公司下单后，丁公司将耗材直接发送到丙医院，耗材的质量由丁公司负责，耗材价款由丙医院与丁公司直接结算。甲公司与丁公司之间不存在其他交易安排。

2×20年度，甲公司实际向丙医院提供耗材20万件，每件耗材价格为10元；截至12月31日，甲公司尚未收到与耗材供应相关的服务费。

其他资料：①本题所涉及的销售商品的销售价格或提供服务的服务费价格均为公允的市场价格，且不含增值税；②增值税按照扣除销售折扣后的价格计算；③本题所涉及的各公司之间不存在关联方关系；④本题除增值税以外，不考虑其他相关税费及其他因素。

要求：

（1）根据资料（1），判断甲公司销售医疗设备的合同是1年的框架协议还是每季度销售订单，说明理由；判断该销售合同中包含几项履约义务，说明理由。

（2）根据资料（2），编制甲公司第三季度、第四季度与销售医疗设备业务相关的会计分录（不考虑履约义务的拆分）。

（3）根据资料（3），判断甲公司授权丙医院使用其云端软件的交易应在一段时间内还是某一时点确认收入，说明理由；说明甲公司授权丙医院使用其云端软件所收取的服务费的收入确认方法；编制甲公司2×20年相关的会计分录。

（4）根据资料（4），判断甲公司在向丙医院供应耗材的交易中是主要责任人还是代理人，并说明理由；编制甲公司收入确认相关的会计分录。

3. 注册会计师在对甲公司20×8年度财务报表进行审计时，关注到甲公司对前期财务报表进行了追溯调整，具体情况如下：

（1）甲公司20×7年1月1日开始进行某项新技术的研发，截至20×7年12月31日，累计发生研究支出300万元，开发支出200万元。在编制20×7年度财务报表时，甲公司考虑到相关技术尚不成熟，能否带来经济利益尚不确定，将全部研究和开发费用均计入当期损益。20×8年12月31日，相关技术的开发取得重大突破，管理层判断其未来能够带来远高于研发成本的经济利益流入，且甲公司有技术、财务和其他资源支持其最终完成该项目。

甲公司将本年（20×8年）发生的原计入管理费用的研发支出100万元全部转入“开发支出”项目，并对20×7年已费用化的研究和开发支出进行了追溯调整，相关会计处理如下：

借：研发支出（资本化支出）　　600

贷：以前年度损益调整 500

管理费用 100

（2）20×7年7月1日，甲公司向乙公司销售产品，增值税专用发票上注明的销售价格为1 000万元，增值税税款130万元，并于当日取得乙公司转账支付的1 130万元。销售合同中还约定：20×8年6月30日甲公司按1 100万元的不含增值税价格回购该批商品，商品一直由甲公司保管，乙公司不承担商品实物灭失或损失的风险。在编制20×7年财务报表时，甲公司将上述交易作为一般的产品销售处理，确认了销售收入1 000万元，并结转销售成本600万元。

20×8年6月30日，甲公司按约定支付回购价款1 100万元和增值税税款143万元，并取得增值税专用发票。甲公司重新审阅相关合同，认为该交易实质上是抵押借款，上年度不应作为销售处理，相关会计处理如下：

借：以前年度损益调整

（20×7年营业收入）1 000

贷：其他应付款 1 000

借：库存商品 600

贷：以前年度损益调整

（20×7年营业成本）600

借：其他应付款 1 000

财务费用 100

应交税费——应交增值税（进项税额）

143

贷：银行存款 1 243

（3）甲公司20×7年度因合同纠纷被起诉。在编制20×7年度财务报表时，该诉讼案件尚未判决，甲公司根据法律顾问的意见，按最可能发生的赔偿金额100万元确认了预计负债。20×8年7月，法院判决甲公司赔偿原告150万元。甲公司决定接受判决，不再上诉。据此，甲公司相关会计处理如下：

借：以前年度损益调整 50

贷：预计负债 50

（4）甲公司某项管理用固定资产系20×5年6月30日购入并投入使用，该设备原值1 200万元，预计使用年限12年，预计净残值为零，按年限平均法计提折旧。20×8年6月，市场出现更先进的替代资产，管理层重新评估了该资产的剩余使用年限，预计其剩余使用年限为6年，预计净残值仍为零（折旧方法不予调整）。甲公司20×8年的相关会计处理如下：

借：以前年度损益调整 83.33

管理费用 133.33

贷：累计折旧 216.66

其他资料：不考虑所得税等相关税费的影响，以及以前年度损益调整结转的会计处理。

要求：根据资料（1）~（4），判断甲公司对相关事项的会计处理是否正确，并说明理由；对于不正确的事项，编制更正有关会计处理的调整分录。

4. 甲公司是A股上市公司。相关年度发生的有关交易或事项如下：

（1）2×19年1月1日，甲公司以发行5 000万股普通股为对价，购买乙公司60%的股权，构成非同一控制下的企业合并。甲公司发行股份的面值为每股1元，公允价值为每股10元，并于当日办理了乙公司股权过户登记及增发股份手续。

乙公司持有丙公司100%的股权，2×19年1月1日，乙公司合并财务报表主要财务数据如下：

单位：万元

项目	乙公司合并财务报表	
	账面价值	可辨认资产或负债的公允价值
资产总额	92 000	99 000
其中：无形资产	10 000	18 000
商誉（与丙公司相关）	1 000	

续表

项目	乙公司合并财务报表	
	账面价值	可辨认资产或负债的公允价值
负债总额	40 000	40 000
净资产合计金额	52 000	59 000
其中：实收资本	20 000	略
资本公积	10 000	
盈余公积	12 000	
未分配利润	10 000	
少数股东权益	0	

乙公司持有的丙公司股权，系乙公司以前年度通过非同一控制下企业合并的方式取得的。2×19年1月1日，乙公司合并财务报表中的可辨认净资产账面价值为51 000万元，可辨认净资产公允价值为59 000万元（其中：乙公司可辨认净资产公允价值为40 000万元（不含对丙公司的长期股权投资），丙公司可辨认净资产的公允价值为19 000万元）。除乙公司自身一项无形资产增值8 000万元以外，其他资产、负债的账面价值等于公允价值。该无形资产尚可使用年限为20年，预计净残值为零，采用直线法摊销。由于乙公司与丙公司的业务不具有协同性，甲公司按可辨认净资产公允价值比例将商誉分摊至乙公司业务和丙公司业务。

（2）2×19年6月25日，丙公司将账面原价4 000万元、已计提折旧1 000万元的办公楼按公允价值5 000万元销售给甲公司。甲公司将该办公楼对外出租，甲公司对投资性房地产采用公允价值模式进行后续计量，丙公司销售办公楼款项已收存银行。2×19年12月31日，该办公楼的公允价值为5 500万元。

（3）2×19年12月15日，经相关程序审议批准，乙公司与无关联关系的其他公司签订了不可撤销的协议，该协议约定，乙公司将丙公司100%的股权以28 000万元的价格对外出售。2×20年1月5日，乙公司与交易对手方办理完成了丙公司的股权过户登记手续。

2×20年1月5日，丙公司可辨认净资产在甲公司合并财务报表中的账面价值与2×19年12月31日的账面价值相等。

（4）2×19年度，乙公司个别财务报表净利润为5 000万元。新购入的非交易性权益工具投资公允价值上升确认其他综合收益500万元；丙公司个别财务报表净利润为3 000万元。无其他所有者权益变动。

乙公司向甲公司报送的2×19年12月31日合并资产负债表中，净资产的账面价值为60 500万元，其中：实收资本20 000万元，资本公积10 000万元，其他综合收益500万元，盈余公积12 500万元，未分配利润17 500万元。

其他资料：①甲公司、乙公司和丙公司均按实现净利润的10%计提法定盈余公积，未做其他分配；②甲公司2×19年度财务报告于2×20年3月1日经批准报出；③本题不考虑相关税费及其他因素。

要求：

（1）根据资料（1），说明甲公司购买乙公司（含丙公司）时，对于乙公司合并财务报表中确认的与丙公司相关的商誉1 000万元应当如何进行会计处理；计算甲公司购买乙公司（含丙公司）形成的商誉金额以及应分摊至乙公司及丙公司的金额。

（2）根据资料（2），编制甲公司和丙公司2×19年度个别财务报表的相关会计分录。

（3）根据资料（3）~（4），说明甲公司编制2×19年度合并财务报表时，对乙公司拟处置的丙公司股权应当如何进行会计处理及应列报的报表项目名称；判断乙公司处置丙公司股权的处置日；计算处置日甲公司合并利润表中应列示的与股权处置相关的投资收益金额；根据上述资料，编制甲公司2×19年度合并财务报表相关的抵销或调整分录。

5. 甲公司为上市公司，内审部门在审核公司及下属子公司20×2年度财务报表时，对以下交易或事项的会计处理提出质疑。

（1）20×2年6月25日，甲公司与丙公司签订土地租赁协议。协议约定，甲公司从丙公司租入一块土地用于建设销售中心；该土地租赁期限为20年，自20×2年7月1日开始，年租金固定为100万元，以后年度不再调整，甲公司于租赁期开始日一次性支付20年租金2 000万元。

20×2年7月1日，甲公司向丙公司支付租金2 000万元。

甲公司对上述交易或事项的会计处理为：

借：无形资产　　2 000
　　贷：银行存款　　2 000
借：销售费用（2 000/20/2）50
　　贷：累计摊销　　50

（2）20×2年8月1日，甲公司与丁公司签订产品销售合同。合同约定，甲公司向丁公司销售最近开发的C商品1 000件，售价（不含增值税）为500万元，增值税税额为65万元；甲公司于合同签订之日起10日内将所售C商品交付丁公司，丁公司于收到C商品当日支付全部款项；丁公司有权于收到C商品之日起6个月内无条件退还C商品。

20×2年8月5日，甲公司将1 000件C商品交付丁公司并开出增值税专用发票，同时收到丁公司支付的款项565万元。该批C商品的成本为400万元。

由于C商品系初次销售，甲公司无法估计退货的可能性。

甲公司对上述交易或事项的会计处理为：

借：银行存款　　565
　　贷：主营业务收入　　500
　　　　应交税费——应交增值税（销项税额）　　65
借：主营业务成本　　400
　　贷：库存商品　　400

（3）20×1年12月20日，甲公司与10名公司高级管理人员分别签订商品房销售合同。合同约定，甲公司将自行开发的10套房屋以每套600万元的优惠价格销售给10名高级管理人员；高级管理人员自取得房屋所有权后必须在甲公司工作5年，如果在工作未满5年的情况下离职，需根据服务期限补交款项。20×2年6月25日，甲公司收到10名高级管理人员支付的款项6 000万元。

20×2年6月30日，甲公司与10名高级管理人员办理完毕上述房屋的产权过户手续。上述房屋成本为每套420万元，市场价格为每套800万元。甲公司对上述交易或事项的会计处理为：

借：银行存款　　6 000
　　贷：主营业务收入　　6 000
借：主营业务成本　　4 200
　　贷：开发产品　　4 200

（4）甲公司设立全资子公司乙公司，从事公路的建设和经营。20×2年3月5日，甲公司（合同投资方）、乙公司（项目公司）与某地政府（合同授予方）签订特许经营协议，该政府将一条公路的特许经营权授予甲公司。协议约定，甲公司采用建设—经营—移交方式进行公路的建设和经营，建设期3年，经营期30年；建设期内，甲公司按约定的工期和质量标准建设公路，所需资金自行筹集；公路建造完成后，甲公司负责运行和维护，按照约定的收费标准收取通行费。

经营期满后，甲公司应按协议约定的性能和状态将公路无偿移交给政府。项目运行中，建造及经营、维护均由乙公司实际执行。

乙公司采用自行建造的方式建造公路，截至20×2年12月31日，累计实际发生建造成本20 000万元（其中，原材料13 000万元，职工薪酬3 000万元，机械作业4 000万元），预计完成建造尚需发生成本60 000万元。乙公司预计应收对价的公允价值为项目建造成本加上10%的利润。

乙公司对上述交易或事项的会计处理为：

借：合同履约成本　　　　20 000

　　贷：原材料　　　　　　　13 000

　　　　应付职工薪酬　　　　 3 000

　　　　累计折旧　　　　　　 4 000

其他相关资料：所涉及公司均为增值税一般纳税人，适用的增值税税率均为13%，假定涉及的房地产业务不考虑增值税。除增值税外，不考虑其他相关税费，不考虑提取盈余公积等因素。

要求：

（1）根据资料（1）~（3），逐项判断甲公司的会计处理是否正确，并说明理由；如果甲公司的会计处理不正确，编制更正甲公司20×2年度财务报表的会计分录（编制更正分录时可以使用报表项目）。

（2）根据资料（4），判断乙公司的会计处理是否正确，并说明理由；如果乙公司的会计处理不正确，编制更正乙公司20×2年度财务报表的会计分录（编制更正分录时可以使用报表项目）。

6. 甲公司为一家主要从事不动产和股权投资的公司，2×17年、2×18年和2×19年发生的相关交易或事项如下：

（1）2×17年12月20日，甲公司以4 000万元的价格购买乙公司30%股权，款项已通过银行支付，乙公司股东变更登记手续已办理完成。取得股权日，乙公司净资产账面价值为12 000万元，除一项无形资产外，乙公司各项资产、负债的公允价值与账面价值相同。该无形资产为乙公司生产经营而自行开发形成的非专利技术，其账面价值为零，公允价值为3 000万元，该非专利技术采用直线法摊销，自甲公司取得乙公司股权之日起预计使用10年，预计净残值为零。取得乙公司股权后，甲公司向乙公司派驻两位董事，能够对乙公司施加重大影响，乙公司主要从事房地产开发业务。

2×18年1月，乙公司将其开发的成本为800万元的商铺以1 000万元的市场价格销售给甲公司，甲公司将购买的商铺作为投资性房地产对外出租，并对投资性房地产采用公允价值模式进行后续计量。2×18年12月31日该商铺公允价值为900万元。

2×18年度，乙公司实现净利润3 600万元，作为存货的房地产转换为以公允价值计量的投资性房地产时，公允价值大于账面价值产生的其他综合收益为400万元。

（2）2×18年2月，甲公司与丙银行签署应收账款转让协议，将8 000万元应收账款转让给丙银行，转让价为7 500万元。双方约定，甲公司为转让的应收账款未来坏账损失提供担保，担保额2 000万元，实际坏账损失超过担保余额的部分由丙银行承担；未经甲公司同意，丙银行不能将该应收账款转让给其他方，未来期间若甲公司收到转让应收账款的款项，须立即支付给丙银行。甲公司所提供担保在该日的公允价为300万元。当日，甲公司收到丙银行支付的应收账款转让款7 500万元。

（3）2×18年4月1日，甲公司将原本用于出售的一处商铺出租给丁公司，租期为3年，租金分为两部分：①固定租金：按季度支付租金，每季度租金为300万元；②变动租金：按照丁公司当年营业收入的1%收取，于每年年初收取上年变动租金。由于受到疫情影响，为了鼓励丁公司的承租活动，甲公司免除丁公司2×18年第二季度租金。2×18年末，丁公司实现营业收入2 500万元。

（4）甲公司2×18年设立一家全资子公司戊公司，向其投入一项固定资产。

2×19年1月1日，甲公司将戊公司49%的股权转让给A公司，转让价款为3亿元，转让取得的价款专门用于戊公司一项工程的建造。A公司不能转让该股权投资；2年以后，甲公司需要按照10%的利率确定的复利终值3.63亿元将该股权回购。

当日，甲公司将取得的3亿元款项借给戊公司，用于上述工程的建设，借款期限两年，年利率为5%，到期一次归还本息；至年末该工程尚未完工。戊公司当期为进行工程建造发生支出2 000万元，闲置资金进行投资取得收益450万元。

要求：

（1）根据资料（1），计算甲公司对乙公司股权投资的初始投资成本，以及2×18年应确认的投资收益金额，并编制相关分录；

（2）根据资料（2），判断甲公司是否应当终止确认所转让的应收账款，说明理由，并编制相关分录；

（3）根据资料（3），计算甲公司2×18年应确认租金收入的金额，并编制相关会计分录。

（4）根据资料（4），判断甲公司该业务属于股权转让还是股权质押融资，说明理由，并编制会计分录；

（5）根据资料（4），计算该笔借款资本化的金额，并编制合并报表中与借款以及借款费用资本化相关的调整、抵销分录。

7. 甲公司为一家上市公司，2×17年度和2×18年度发生的有关交易或事项如下：

（1）甲公司自2×17年12月1日起开始推行一项会员客户奖励积分计划。根据该计划，会员客户在甲公司每有消费100元可获得1个积分，每个积分从次月开始在会员客户购物时可抵减1元。2×17年12月，甲公司共向其会员客户销售商品1 000万元，这些客户共获得10万个积分。根据历史经验。甲公司估计该积分的兑换率为85%。2×18年1月，甲公司的会员客户在购物时使用了2万个积分，抵减购物款2万元，甲公司对该积分的兑换率预计还是85%，假定企业所得税法对上述交易的处理与企业会计准则相同。

（2）2×17年1月1日。为激励高管人员，甲公司以每股5元的价格向20名高管人员每人授予50万股限制性股票（每股面值为1元），发行价款5 000万元已于当日收存银行，并办理完成限制性股票的股权过户登记手续。根据限制性股票激励计划，被授予限制性股票的高管人员从2×17年1月1日起在甲公司连续服务5年，其所授予的限制性股票才能够解除限售：如果这些高管人员在5年内离开甲公司，甲公司有权以授予价格每股5元回购其被授予的限制性股票。2×17年末。甲公司预计限制性股票限售的5年内高管人员离职的比例为10%。2×17年1月1日和2×17年12月31日，甲公司股票的市场价格分别为每股20元和每股25元，根据企业所得税法规定，对于附有服务条件的股权激励计划，等待期内确认的成本费不得税前扣除，待行权后根据实际行权时股份公允价值与激励对象实行行权支付的价格之间的差额允许税前扣除。甲公司从期末股票的市场价格估计未来因股份支付可在税前扣除的金额。

（3）2×17年1月1日，甲公司购入一项房产并对外出租，将该房产作为投资性房地产核算，采用成本模式进行后续计量。该房产的购入成本为8 000万元。预计使用寿命为40年，预计净残值为零。采用年限平均法计提折旧。2×18年1月1日，甲公司将投资性房地产的后续计量由成本模式变更为公允价值模式。当日，该房产的公允价值为8 500万元。

假定企业所得税法规定，甲公司上述房产的折旧年限为20年，预计净残值为零，采用年限平均法计提的折旧可在税前扣除。

（4）甲公司共有2 000名职工。从2×17年1月1日起。实行累积带薪缺勤制度，该制度规定，每个职工每年可享受10个工作日带薪休假。未使用的年休假只能向后结转一个日历年度。超过1年未使用的休假权利作废。职工离职时。甲公司对职工未使用的累积带薪休假不支付现全。职工休假时以后进先出为基础，即首先从当年可享受的休假权利中扣除，再从上年结转的带薪休假的余额中扣除。2×17年甲公司每个职工平均未使用带薪休假为4天，2×17年12月31日甲公司预计2×18年1 800名职工将享受不超过10天的带薪休假另外200名职工每人平均享受12天年休假，这200名职工均为管理人员。甲公司管理人员平均每个工作日工资为600元，假定企业所得税法对上述交易的处理与企业会计准则相同。

其他资料：甲公司适用的所得税税率为25%，甲公司按照净利润10%计提法定盈余公积，不计提任意盈余公积，不考虑除所得税以外相关税费的影响。

要求：

（1）根据资料（1），计算甲公司2×17年12月向会员客户销售商品应当确认的收入金额，以及2×18年1月会员客户使用积分应当确认的收入金额，并编制相关会计分录。

（2）根据资料（2），计算甲公司2×17年度应确认的股份支付费用金额以及因股份支付应确认的递延所得税金额，授予限制性股票，确认股份支付费用及其递延所得税相关的会计分录。

（3）根据资料（3），计算甲公司2×17年度因投资性房地产应确认的递延所得税金额，并编制相关会计分录；说明甲公司2×18年1月1日变更投资性房地产后续计量模式的会计处理原则，并编制相关会计分录。

（4）根据资料（4），计算甲公司2×17年度因实行累积带薪制度应当确认的应付职工薪酬金额，并编制相关会计分录。

8. 甲公司20×9年发生的企业合并情况及相关交易或事项如下：

（1）以所持丙公司100%的股权和部分现金作为对价，购买乙上市公司定向发行的股份，从而实现对乙公司的收购。上述甲公司通过购买乙公司定向发行的股份从而收购乙公司的方案于20×8年3月和20×8年7月分别经甲公司、乙公司董事会和股东大会批准。20×8年10月12日，政府相关部门核准并通过购买乙公司定向发行的股份从而收购乙公司的方案。

20×9年1月1日，乙公司向甲公司定向发行本公司普通股48 000万股，并办理完成股份增发手续，甲公司向乙公司支付银行存款30 000万元，移交丙公司并办理完成丙公司股东的变更登记手续。向甲公司定向发行股份后，乙公司发行在外的股份数为80 000万股，甲公司所持乙公司股份占乙公司股份总额的60%。同日，甲公司对乙公司的董事会进行改选，改选后董事会由9人组成，6人由甲公司委派。根据乙公司章程，股东大会决议需经代表1/2以上表决权的股东通过，董事会决议需经1/2以上的董事通过。

20×9年1月1日，乙公司普通股的面值为每股1元，公允价值为每股10元，发行股份前，乙公司净资产的账面价值为280 000万元（其中：股本32 000万元，资本公积188 000万元，盈余公积10 000万元，未分配利润50 000万元），可辨认净资产的公允价值为300 000万元，除一项投资性房地产外，其他资产的公允价值与账面价值相同。该投资性房地产为出租用的办公楼，账面价值为65 000万元，公允价值为85 000万元，按年限平均法计提折旧，使用年限为50年，已使用30年，自甲公司取得乙公司股份起尚可使用20年，预计净残值为零。

20×9年1月1日，甲公司所持丙公司100%股权的账面价值为150 000万元，公允价值为450 000万元，丙公司净资产的账面价值为380 000万元（其中：股本50 000万元，资本公积100 000万元，盈余公积50 000万元，未分配利润180 000万元），可辨认净资产的公允价值为400 000万元，除一项无形资产外，其他资产、负债的公允价值与账面价值相同。

该无形资产是一项专利权，账面价值10 000万元，公允价值30 000万元，按直线法进行摊销，预计使用10年，已使用5年，自乙公司取得丙公司股权起尚可使用5年，预计净残值为零。

甲公司为合并乙公司而发生的会计师、律师、评估师等费用1 050万元，乙公司为定向发行股份支付承销商佣金2 000万元。

（2）乙公司以3 150万元的价格从外部独立的第三方受让丁公司5%股权，款项已以银行存款支付，另支付交易费用50万元。乙公司准备长期持有该股权投资。由于乙公司对丁公司不具有控制、共同控制或重大影响。乙公司将对丁公司股权投资指定为以公允价值计量且其变动计入其他综合收益的金融资产。20×9年12月31日，乙公司所持丁公司上述股权的公允价值为3 400万元。

（3）乙公司20×9年11月30日与丙公司签订办公楼转让合同，按合同签订当日的账面价值将办公楼转让给丙公司，以供丙公司办公用，根据合同约定乙公司将在40日内腾空办公楼并将其移交丙公司。合同签订日，该办公楼的账面原价60 000万元，已计提折旧（包括当年1～11月计提的折旧）3 000万元。该办公楼采用年限平均法计提折旧，预计使用50年，预计净残值为零。乙公司预计上述办公楼转让将于下年1月份完成。预计公允价值减去处置费用后的净额大于账面价值。

年末，乙公司尚未完成办公楼的腾空并移交给丙公司。

乙公司个别财务报表实现净利润12 000万元，指定为以公允价值计量且其变动计入其他综合收益的其他权益工具投资因公允价值变动确认其他综合收益200万元。

丙公司个别财务报表实现净利润6 500万元。

其他资料：

①在合并前，甲公司与乙公司无任何关联方关系；

②除资料（1）和（3）所述内部交易外，本年及以前年度甲公司、乙公司和丙公司之间尚未发生其他交易；

③乙公司和丙公司均按照年度净利润的10%计提法定盈余公积，不计提任意盈余公积，本年未向股东分配股利；

④以前年度丙公司除净损益及利润分配外未发生所有者权益的其他变动；

⑤在甲公司作为支付对价将所持丙公司100%股权转让给乙公司未按照可辨认净资产的公允价值调整入账。甲公司在合并财务报表中处置所持丙公司40%股权时的公允价值按全部股权的公允价值分别计算确定；

⑥甲公司采用由母公司直接汇总各子公司的个别财务报表并调整和抵销的方式编制20×9年度合并财务报表；

⑦不考虑相关税费及其他因素。

要求：

（1）计算甲公司对乙公司60%股权投资的成本，并编制相关会计分录。

（2）计算甲公司合并乙公司的合并成本以及商誉。

（3）编制乙公司发行股份的会计分录。

（4）编制乙公司与取得及持有丁公司股权相关的会计分录。

（5）编制乙公司与拟出售办公楼相关的会计分录。

（6）计算甲公司在20×9年度合并财务报表中应列示的少数股东损益和少数股东权益。

（7）编制甲公司20×9年度合并财务报表的调整和抵销分录。

9. 甲公司是一家在科创板上市的综合性医疗集团公司，2×18年和2×19年发生相关交易或事项如下：

（1）2×18年1月1日，甲公司向乙公司的股东按面值发行可转换公司债券60万份作为支付对价，收购乙公司100%股权。该债券面值为100元，期限为3年，票面年利率为6%，利息每年末支付，每份债券均可在债券发行一年后的任何时间转换为10股甲公司的普通股。甲公司发行债券时，二级市场上与之类似的按面值发行但没有转股权的债券市场利率为9%。上述可转债已完成相关登记手续，乙公司股东的变更登记手续也已完成。

（2）2×18年2月1日，甲公司与丙公司签订了一份疫苗生产线的建造合同。合同约定，根据丙公司质量控制要求，甲公司在丙公司的生产车间建造一条疫苗生产线，负责生产线的总体规划设计、设备采购、安装调试，保证生产线达到丙公司要求。合同总价款为9 000万元，丙公司将组织里程碑验收，并分阶段付款，其中签订合同时预付合同价款的

10%，完成设备采购安装时支付合同价款的30%，完成调试验收时支付合同价款的50%，剩余10%的合同价款作为质量保证金，待生产线投入使用并稳定运行两年后支付。合同履行期间，如果甲公司终止合同，已完成的建造部分归丙公司所有，丙公司可在甲公司工作的基础上，聘请其他单位继续完成生产线的建造。甲公司预计合同总成本为6 000万元。

根据甲公司的会计政策，对于在某一时段内履行的履约义务，甲公司采用投入法确定履约进度。截至2×18年12月31日，甲公司已完成总体规划设计、设备采购和安装工作，共发生成本4 000万元，其中按照丙公司要求向第三方采购设备发生支出3 000万元。2×19年8月1日，甲公司按计划的成本和时间完成生产线的建造，丙公司组织验收生产线并于当日投入使用。

（3）2×18年3月，甲公司开发的一款处方药取得批准并对外销售，为了尽快获得市场认可，甲公司批准了一项销售政策：医院购买的该药品在有效期内若未实现对外销售，可返还给甲公司，该药品自出厂之日起一年内有效。2×18年3月1日至12月31日期间，甲公司对外销售该药品5 000箱，每箱售价3万元，每箱成本1万元，甲公司估计该药品退货率为20%。根据国家政策，甲公司收到退回的该药品应予以销毁。

2×19年4月10日，甲公司对2×18年销售的该药品截至2×19年3月底的退货情况统计，并得出实际退货率为10%。甲公司管理层根据实际退货统计情况，对该药品退货率进行重新估计，将该药品的退货率调整为15%。

2×19年4月20日，甲公司2×18年财务报告经批准对外报出。

（4）2×18年12月20日，甲公司股东大会通过一项关于发行限制性股票的决议：甲公司以每股5元价格向100名研发人员每人发行10 000股股票，研发人员购买股票后，自2×19年起需要在甲公司连续服务三年，三年期满未离开。甲公司的股票每股面值为1元，在该日公允价值为每股20元。

2×19年，有5名研发人员离开，甲公司按照约定回购了离职人员购买的股票，并按有关程序予以注销。当年末，甲公司预计三年中离开的研发人员比例达到10%。

其他资料：第一，复利现值系数：（P/F，6%，3）= 0.8396，（P/F，9%，3）= 0.7722；年金现值系数：（P/A，6%，3）= 2.6730，（P/A，9%，3）= 2.5313；第二，相关交易收付款项均以银行存款按合同约定时间收取或支付；第三，甲公司发生的研发费用全部费用化计入当期损益；第四，不考虑税费影响。

要求：

（1）计算甲公司发行的可转债在2×18年应确认的利息费用，并编制甲公司2×18年与发行可转债和确认利息费用相关的会计分录；

（2）判断甲公司为丙公司建造生产线是否属于在某一时段内履行的履行义务，并说明理由；计算甲公司2×18年和2×19年分别应确认的收入金额，并编制相关的会计分录；

（3）编制甲公司2×18年确认药品销售收入的会计分录；判断甲公司对退货率调整是否属于2×18年资产负债表日后调整事项，说明理由，并编制相关会计分录；

（4）编制甲公司发行股份的会计分录，计算甲公司2×19年应确认的股份支付费用，编制确认股份支付费用和回购并注销股票的会计分录。

10. 甲公司是一家上市公司，为建立长效激励机制，吸引和留住优秀人才，制定和实施了限制性股票激励计划，甲公司发生的与该计划相关的交易或有事项如下：

（1）2×18年1月1日，甲公司实施经批准的限制性股票激励计划，通过定向发行股票的方式向50名管理人员每人授予20万股限制性股票，每股面值1元，发行所得款项10 000万元已存入银行。限制性股票的登记手续已办理完成。甲公司以限制性股票授予日公司股票的市价减去授予价格后的金额确定限制性股票在授予日的公允价值为12元/股。

上述限制性股票激励计划于2×18年1月1日经甲公司股东大会批准，根据该计划，限制性股票的授予价格为10元/股。限制性股票的限售期为授予的限制性股票登记完成之日起48个月，激励对象获授的限制性股票在解除限售前，不得转让、用于担保或偿还债务。激励对象自授予的限制性股票登记完成之日起工作满4年，激励对象获授的限制性股票方可解除限售。员工离职后，甲公司对未满足解除限售条件的激励对象持有的限制性股票由甲公司按照授予价格回购并注销。

(2) 2×18年度，甲公司实际有1名管理人员离开，甲公司预计未来3年还有4名管理人员离开。

(3) 2×19年度，甲公司实际有1名管理人员离开，甲公司预计未来2年还有2名管理人员离开。

(4) 2×20年末，甲公司实际有2名管理人员离开，且因企业自身原因取消该激励计划。

(5) 2×19年5月3日，甲公司股东大会批准董事会制定的利润分配方案，以包括上述限制性股票在内的股份20 980万股为基数（发行限制性股票前普通股股数为20 000万股），每股分配现金股利1元。根据限制性股票激励计划，甲公司支付给限制性股票持有者的现金股利可撤销，即一旦未达到解锁条件，被回购限制性股票的持有者将无法获得（或需要退回）其在禁售期内应收（或已收）的现金股利。2×19年5月25日，甲公司以银行存款支付股利20 980万元。

其他相关资料：第一：假设员工实际离职均发生在每年年末；第二，2×18年度，甲公司实现净利润160 000万元；第三，2×18年底，股票价格为20元/股；第四，2×19年底，股票价格为21元/股；第五，本题所得税税率为25%，预计未来年度有足够的应纳税所得额用以抵扣可抵扣暂时性差异，不考虑其他因素。

要求：

(1) 编制授予限制性股票当日的会计分录；

(2) 根据上述资料，计算甲公司2×18年度、2×19年度因限制性股票激励计划分别应予确认的损益，并编制相关的会计分录；

(3) 根据上述资料，编制甲公司2×19年度与利润分配相关的会计分录；

(4) 根据上述资料，计算甲公司2×18年度就该限制性股票应确认的所得税费用；

(5) 根据上述资料，计算甲公司2×20年度因限制性股票激励计划应予确认的损益；

(6) 根据上述资料，计算2×18年度的基本每股收益。

11. 甲公司为增值税一般纳税人，销售货物适用的增值税税率为13%，适用的企业所得税税率为25%，2×18年，甲公司发生的相关交易或事项如下：

(1) 2月20日，甲公司与子公司（乙公司）签订销售合同，向其销售100件A产品，每件销售价格为20万元，每件生产成本为12万元。甲公司于3月25日发出A产品，并开出了增值税专用发票。根据销售合同的约定，如甲公司销售的A产品存在质量问题，乙公司可在1年内退货。甲公司根据历史经验，估计该批A产品的退货率为8%。

乙公司于3月28日收到所购A产品并验收入库，当日通过银行存款转账支付上述货款。

(2) 3月15日，因存在质量问题，甲公司收到丙公司退回的10件A产品，同时收到税务部门开具的红字增值税专用发票，甲公司通过银行转账退回了相关款项。该退回的A产品是甲公司2×17年出售给丙公司200件产品中的其中一部分，每件销售价格为19万元，每件生产成本为12万元。2×17年末，甲公司估计该批A产品的退货率为8%。

2×18年3月15日，该批产品的退货期已满，除上述10件A产品退货外，无其他退货情况。

（3）5 月 30 日，甲公司与丁公司签订销售合同，向丁公司销售 500 件 B 产品。根据销售合同的约定，甲公司 11 月 20 日前向丁公司交付 B 产品，销售价格总额为 9 800 万元；如果该批产品在 1 年之内发生质量问题，甲公司负责免费维修，但如因丁公司保管不善或使用不当造成的损坏，甲公司不提供免费维修服务；B 产品质保期满后，甲公司可以为该批产品提供未来 3 年维修服务，但丁公司需另外支付维修服务费用 300 万元。11 月 5 日，甲公司按照合同约定发出 B 产品，开具增值税专用发票，并收取货款。

（4）2×18 年末，甲公司本年销售给乙公司的 A 产品尚未发生退货，甲公司重新评估 A 公司的退货率为 5%；乙公司本年从甲公司购入的 A 产品对外销售 50%，其余形成存货。

（5）2×18 年末，甲公司出租给乙公司办公楼的公允价值为 3 300 万元。该出租办公楼系甲公司从 2×17 年 6 月 30 日起出租给乙公司以供其办公使用；租赁期开始日，该办公楼的账面原价为 2 500 万元，采用年限平均法计提折旧，预计使用 50 年，预计净残值为零，截至租赁期开始日已计提折旧 500 万元，未计提减值准备。根据租赁合同的约定，该办公楼租赁期为 5 年，每年租金为 100 万元。

甲公司投资性房地产采用公允价值模式进行后续计量。上述出租办公楼 2×17 年 6 月 30 日的公允价值为 2 800 万元，2×17 年 12 月 31 日的公允价值为 3 000 万元。

其他相关资料：第一，上述销售价格不含增值税税款。第二，投资性房地产持有期间公允价值变动不计入应纳税所得额，以取得成本按期计提的折旧额（与按转换为投资性房地产前会计上计提的折旧金额相同）可从应纳税所得额中扣除；存货按取得时的成本确定计税基础；除上述外，甲公司其他交易或事项的会计处理与税法规定的税务处理不存在差异。第三，甲公司预计未来年度有足够的应纳税所得额用以抵扣可抵扣暂时性差异。第四，乙公司适用的企业所得税税率为 25%。第五，本题不考虑除增值税和企业所得税以外的税费及其他因素。

要求：

（1）根据资料（1），编制甲公司销售 100 件 A 产品的会计分录。

（2）根据资料（2），编制甲公司收到退回 A 产品的会计分录。

（3）根据资料（3），指出甲公司销售 B 产品合同附有的单项履约义务，并说明理由；计算每一单项履约义务应分摊的合同价格；说明甲公司销售 B 产品在质保期内提供的维修服务和质保期满后所提供的维修服务分别应当如何进行会计处理。

（4）根据资料（4），编制甲公司与重新评估 A 产品退货率相关的会计分录。

（5）根据上述资料，编制甲公司 2×18 年度合并财务报表的调整和抵销分录（不考虑与乙公司已确认使用权资产及租赁负债相关的调整和抵销分录）。

跨章节综合练习题答案及解析

一、计算分析题

1.（1）甲公司收到 1 600 万元补助款时，不应确认为当期损益或递延收益。理由：在实际收到相关政府补助时，甲公司不确定考核期内能否达到政府规定的考核标准，不符合政府补助的确认条件，因此甲公司应先将收到的款项确认为其他应付款。

相关会计分录为：

借：银行存款　　1 600

　贷：其他应付款　　1 600

（2）该企业所取得的该项政府补助属于综合性项目的政府补助，其中 1 200 万元属于与资产相关的政府补助，400 万元属于与收益相关的政府补助。

2×19 年 6 月 30 日，甲公司预计能够达到政府规定的考核期考核标准时，甲公司应编制如下分录：

借：其他应付款　　1 600
　贷：递延收益　　1600

2×19 年末：

借：递延收益
　　（1 200/50×6/12）12
　贷：其他收益　　12

借：递延收益　　400
　贷：其他收益　　400

（3）编制甲公司 2×21 年度个别财务报表中与政府补助、处置研发大厦相关的会计分录：

借：递延收益
　　（1 200/50×6/12）12
　贷：其他收益　　12

借：固定资产清理　　7 680
　累计折旧
　　（8 000/50×2）320
　贷：固定资产　　8 000

借：递延收益
　（1 200－1 200/50×2）1 152
　贷：固定资产清理　　1 152

借：银行存款　　7 800
　贷：固定资产清理
　　（7 680－1 152）6 528
　　资产处置损益　　1 272

甲公司 2×21 年 6 月 30 日合并财务报表相关的抵销或调整分录：

借：资产处置收益　　1 272
　贷：固定资产　　120
　　递延收益　　1 152

2.（1）甲公司取得乙公司 30% 的股权，对应的初始投资成本为 2 000 万元；

甲公司持股乙公司 30% 股权，应享有的乙公司可辨认净资产的公允价值份额＝7 000×30%＝2 100（万元）；因此甲公司确认该长期股权投资的入账金额为 2 100 万元；相关的账务处理如下：

借：长期股权投资——投资成本
　　2 000
　贷：银行存款　　2 000

借：长期股权投资——投资成本
　　100
　贷：营业外收入　　100

（2）甲公司对乙公司股权投资 2×18 年度应确认的投资收益＝（1 000－2 000/10）×30%＝240（万元）；

甲公司对乙公司股权投资 2×18 年度应确认的其他综合收益＝50×30%＝15（万元）；

借：长期股权投资——损益调整
　　240
　　——其他综合收益
　　15
　贷：投资收益　　240
　　其他综合收益　　15

（3）甲公司对乙公司长期股权投资形成的暂时性差异不应确认递延所得税。

理由：因为甲公司拟长期持有乙公司该 30% 的股权，则因初始投资成本的调整产生的暂时性差异预计未来期间不会转回，对未来期间没有所得税影响；因确认投资损益产生的暂时性差异，如果在未来期间逐期分回现金股利或利润时免税（我国税法规定，居民企业间的股息、红利免税），也不存在对未来期间的所得税影响；因确认应享有被投资单位其他权益变动而产生的暂时性差异，在长期持有的情况下预计未来期间也不会转回。因此，在准备长期持有的情况下，对于采用权益法核算的长期股权投资账面价值与计税基础之间的差异，投资企业一般不确认相关的所得税影响。

（4）甲公司从政府取得的款项不是政府补助；理由：因为该新型节能环保材料的所有权归政府所有；这个业务是政府委托甲公司开发新型节能环保材料，政府作为客户，甲公司作为研发服务提供商。

账务处理：

借：银行存款　　2 000

贷：合同负债　　　　　　　2 000

（5）甲公司完成办公楼决算手续的事项属于资产负债表日后调整事项；理由：资产负债表日后进一步确定了资产负债表日前取得资产的成本。

2×18 年已经计提的折旧金额 =62 000/50 =1 240（万元）；2×18 年 12 月 31 日原报表上反映的该固定资产的账面价值为 62 000 - 1 240 =60 760（万元）；按照办理竣工决算后的固定资产的入账金额对该固定资产的原值进行调整，折旧不调，调整的金额 =68 000 - 62 000 =6 000（万元），调整后在报表中列示的金额 =60 760 +6 000 =66 760（万元）。调整分录为：

借：固定资产　　　　　　　6 000

　贷：在建工程　　　　　　　6 000

3. 事项（1）：

甲公司应当确认所售产品的收入并结转有关成本。

借：库存现金（银行存款）

　　　　　　　　　　　　4 650

　贷：主营业务收入（营业收入）

　　　　　　　　　　　　4 650

借：主营业务成本（营业成本）

　　　　　　　　　　　　3 700

　贷：库存商品　　　　　　　3 700

理由：甲公司对于 2×15 年推出的以旧换新政策下的产品销售，考虑到有关价款已取得、未来黄金价格在上涨的趋势下，发生以旧换新的比率相对较小，同时有关销售政策规定未来换取新产品的价格不能低于原所售产品价格等因素，可以认为所售产品的控制权发生转移，已确认的收入极可能不会发生重大转回。满足销售商品的收入确认条件。

事项（2）：

甲公司对于品牌形象设计费及卡通摆件订制费应当作为期间费用核算。

借：销售费用　　　　　　　200

　贷：银行存款　　　　　　　200

借：销售费用　（200×3.5）700

　贷：银行存款　　　　　　　700

理由：对于发放给经销商的黄金卡通形象摆件和设计费，因其主要目的在于推广公司品牌，且无法证明未来期间可能带来经济利益流入，也不会自经销商收回，不符合资产的定义，应当作为当期销售费用核算。

事项（3）：

甲公司一方面应确认进口商品的收入并结转成本，同时对于自国家有关部门取得的 24 000 万元补偿款应确认为营业收入。

借：银行存款　　　　　96 000

　贷：主营业务收入（营业收入或其他业务收入）　　　96 000

借：银行存款　　　　　24 000

　贷：主营业务收入（营业收入或其他业务收入）　　　24 000

理由：甲公司自国家有关部门取得的补偿款并非属于政府向公司单方面的经济资源流入，其本质上是国家代下游客户向甲公司支付的购货款，不属于政府补助。企业从政府取得的经济资源与企业销售商品活动密切相关，且来源于政府的经济资源是企业商品的对价组成部分，应该按照收入准则确认。

事项（4）：

甲公司所授予高管的限制性股票应作为股份支付处理，取得高管支付的价款应当确认为负债。

借：银行存款

　　　　　（30×5×10）1 500

　贷：股本　　（30×1×10）300

　　资本公积——股本溢价

　　　　　　　　　　　　1 200

借：库存股　　　　　　1 500

　贷：其他应付款　　　　　1 500

借：管理费用　　　　　　500

　贷：资本公积——其他资本公积

　　　　　　　　　　　　500

30×10×(10-5)/3 =500（万元）

理由：授予日有关限制性股票的市场价格高于高管实际支付的价格，其差额未来 3 年内应作为股份支付费用计入相关期间损益。对于取得的限制性股票，因未来期间在没有达到行权条件时甲公司将以原价回购，不符合权益界定，应作为金融负债。

4. （1）事项（1）：

2 月 1 日：

借：投资性房地产——成本　　2 000

　累计折旧　　400

　贷：固定资产　　1 000

　　其他综合收益　　1 400

12 月 31 日：

借：投资性房地产——公允价值变动　　80

　贷：公允价值变动损益　　80

借：银行存款　　120

　贷：其他业务收入　　110

　　预收账款　　10

事项（2）：

计提专项储备：

借：生产成本（制造费用）　800

　贷：专项储备——安全生产费　　800

购置固定资产：

借：固定资产　　200

　贷：银行存款等　　200

借：专项储备——安全生产费　　200

　贷：累计折旧　　200

事项（3）：

借：短期借款——银行　　3 000

　应付账款——P 公司　　1 200

　贷：银行存款　　3 360

　　投资收益　　840

借：应付账款　　600

　贷：资本公积——股本溢价　600

事项（4）：

借：长期股权投资——投资成本　　3 600

　贷：长期股权投资　　2 800

　　投资收益　　800

借：长期股权投资——投资成本（15 000 × 30% − 3 600）900

　贷：营业外收入　　900

借：长期股权投资——损益调整［（2 400/2 − 3 000/30 × 6/12）× 30%］345

　——其他综合收益　　18

　贷：投资收益　　345

　　其他综合收益　　18

（2）应确认投资收益 = 840 + 800 + 345 = 1 985（万元）

应确认营业外收入 = 900 万元

应确认资本公积 = 600 万元

应确认其他综合收益 = 1 400 + 18 = 1 418（万元）

5. （1）甲公司 20 × 9 年 1 月 1 日起变更投资性房地产的后续计量模式并进行追溯调整的会计处理不正确。

（2）判断依据：按照会计准则的规定，已经采用公允价值模式计量的投资性房地产不得从公允价值模式变更为成本模式。

（3）分析过程如下：

原会计处理：

20 × 6 年末：

借：投资性房地产　　8 500

　贷：银行存款　　8 500

20 × 7 年末公允价值变动 = 8 000 − 8 500 = −500（万元）

借：公允价值变动损益　　500

　贷：投资性房地产　　500

20 × 8 年末公允价值变动 = 7 300 − 8 000 = −700（万元）

借：公允价值变动损益　　700

　贷：投资性房地产　　700

原错误的会计处理：

①20 × 9 年 1 月 1 日：

借：投资性房地产　　1 200

　贷：盈余公积　　120

利润分配 1 080

②借：盈余公积 68

利润分配 612

贷：投资性房地产累计折旧

（8 500/25 ×2）680

③20 ×9 年 12 月 31 日：

借：其他业务成本 340

贷：投资性房地产累计折旧

（8 500/25）340

更正分录如下：

①借：盈余公积 120

利润分配 1 080

贷：投资性房地产 1 200

②借：投资性房地产累计折旧

680

贷：利润分配 612

盈余公积 68

③公允价值变动 = 6 500 － 7 300 = －800（万元）

借：公允价值变动损益 800

投资性房地产累计折旧 340

贷：投资性房地产 800

其他业务成本 340

6.（1）①甲公司对租入公寓，在租赁期开始日，应对租赁确认使用权资产和租赁负债，按照租赁期开始日尚未支付的租赁付款额的现值计量租赁负债，按照成本计量使用权资产；后续期间，应按照周期性利率计算租赁负债在租赁期内的各期间的利息费用，按照固定资产准则的相关规定，自租赁期开始日起对使用权资产计提折旧。

甲公司将公寓提供给管理人员居住，应作为非货币性福利处理。由于不属于短期租赁，租入公寓确认为使用权资产，因此应视为以自有资产无偿提供给职工使用，按其受益对象，将各期折旧金额计入当期损益，同时确认应付职工薪酬。

②租赁负债的入账价值 = 50 ×（P/A，5%，4）= 50 × 3. 546 0 = 177. 3（万元）

使用权资产的入账价值 = 50 ×（P/A，5%，4）+ 50 + 2 = 50 × 3. 546 0 + 50 + 2 = 229. 3（万元）

租赁期开始日的分录为：

借：使用权资产 229. 3

租赁负债——未确认融资费用

22. 7

贷：租赁负债——租赁付款额

（50 × 4）200

银行存款 52

2 × 19 年末的会计分录为：

未确认融资费用摊销额 = 177. 3 × 5% = 8. 87（万元）

借：应付职工薪酬——非货币性福利

8. 87

贷：租赁负债——未确认融资费用

8. 87

借：财务费用 8. 87

贷：应付职工薪酬——非货币性福利

8. 87

借：应付职工薪酬——非货币性福利

45. 86

贷：使用权资产累计折旧

（229. 3/5）45. 86

借：管理费用 45. 86

贷：应付职工薪酬——非货币性福利

45. 86

（2）①2 × 20 年 1 月 1 日，使用权资产账面价值 = 229. 3 － 45. 86 = 183. 44（万元），租赁负债的账面价值 = 177. 3 + 8. 87 = 186. 17（万元）；因此停止租赁对损益的影响 = 186. 17 － 183. 44 = 2. 73（万元）。

因购买房屋向管理人员出售影响损益的金额 = －（1 000 － 800）/5 = －40（万元）

②停止租赁的会计分录为：

借：租赁负债——租赁付款额

200

使用权资产累计折旧

45. 86

贷：租赁负债——未确认融资费用

（22. 7 － 8. 87）13. 83

使用权资产 229.3
资产处置损益 2.73

甲公司购买房屋作为福利的分录为：

购入住房时：

借：固定资产 1 000
贷：银行存款 1 000

向职工出售住房时：

借：银行存款 800
长期待摊费用 200
贷：固定资产 1 000

2×20 年末摊销：

借：管理费用 （200/5）40
贷：应付职工薪酬——非货币性福利 40

借：应付职工薪酬——非货币性福利 40
贷：长期待摊费用 40

（3）甲公司发放自产产品作为福利的：

借：生产成本 （120×640/10 000）7.68
管理费用 （50×640/10 000）3.2
销售费用 （30×640/10 000）1.92
贷：应付职工薪酬——非货币性福利 （200×640/10 000）12.8

借：应付职工薪酬——非货币性福利 12.8
贷：主营业务收入 12.8

借：主营业务成本 12.6
存货跌价准备 （70×200/10 000）1.4
贷：库存商品 （700×200/10 000）14

7.（1）资料一甲公司会计处理不正确。理由：①甲公司应于实际收到补助金额当日确认递延收益，因而确认递延收益时间不应为 2 月 1 日，而应为 2 月 2 日；②由于甲公司采用的是净额法，因而购入设备时应将政府补助金额冲减固定资产账面金额；③甲公司购入环保设备是为了生产环保产品，相关折旧费用不应计入生产成本，而应计入制造费用，且购入设备当月不计提折旧，因而全年折旧月份应为 9 个月。

正确分录：

①2×20 年 2 月 2 日，甲公司确认递延收益：

借：银行存款 2 000
贷：递延收益 2 000

②2×20 年购入环保设备：

借：固定资产 3 200
贷：银行存款 3 200

同时：

借：递延收益 2 000
贷：固定资产 2 000

③2×20 年全年计提折旧：

借：制造费用 90
贷：累计折旧 90

（2）资料二甲公司会计处理不正确。理由：甲公司与政府发生销售商品等日常经营活动相关的交易，且来源于政府的经济资源是企业商品对价的组成部分，应当按照《企业会计准则第 14 号——收入》的规定进行会计处理，不属于政府补助。

正确会计分录：

借：银行存款 11 600
贷：主营业务收入 11 600

借：主营业务成本 10 000
贷：库存商品 10 000

（3）资料三甲公司会计处理不正确。理由：由于客观情况表明甲公司未来 10 年内离开该政府辖区的可能性极小，因而该家企业在收到补助资金时，应记入“递延收益”科目，实际按规定用途使用补助资金时再结转计入当期损益，对于核心高管的激励属于按用途使用。

正确会计分录：

① 2×20 年 10 月 30 日甲公司实际收到补贴资金：

借：银行存款 1 200
贷：递延收益 1 200

② 2×20 年 12 月，甲公司将补贴资金发放高管奖金时，应结转当期损益：

借：递延收益　　　　　　300

　贷：管理费用　　　　　　300

8. （1）正确。理由：因为该款项与具有明确商业实质的交易相关，不是自国家无偿取得的现金流入，为企业正常销售的一部分。

（2）属于调整事项。

理由：因为2×19 年4 月10 日财务报表未对外报出，属于资产负债表日后期间，销售鼓励类产品可获得的补贴又是在2×18 年资产负债表日已经存在，只是金额在日后期间得以证实，所以是调整事项。

应调整收入的金额 =（35 000－50 000）+（42 000－60 000）=－33 000（万元）。分录为：

借：以前年度损益调整——营业收入

　　　　　　　　　　33 000

　贷：其他应收账款　　　　33 000

（3）销售商品的单独售价为 10 000 万元，积分的单独售价 =100×1×85% =85（万元）。

销售商品分摊的交易价格 =10 000×10 000/（10 000+85）=9 915.72（万元）

积分分摊的交易价格 =10 000×85/（10 000+85）=84.28（万元）

2×18 年 12 月销售商品应确认收入 9 915.72 万元，分录为：

借：银行存款　　　　　　10 000

　贷：主营业务收入　　　　9 915.72

　　合同负债　　　　　　　84.28

2×19 年1 月会员使用积分应确认的收入 =84.28×20/（100×85%）=19.83（万元）

借：合同负债　　　　　　19.83

　贷：主营业务收入　　　　19.83

9. （1）甲公司是购买方。

理由：甲公司发行股份后，乙公司拥有甲公司股份比例 =2 400/（2 400+8 000）=23.08%，不能控制甲公司，不构成反向购买，因此甲公司属于会计上的购买方。

合并成本 =2 400×10 =24 000（万元）

商誉 =24 000－（18 000－2 000×25%）×100% =6 500（万元）

（2）归属于母公司股东的净利润 =20 000+（6 000－2 000－2 000/10×6/12×75%）=23 925（万元）

2×18 年度合并报表中基本每股收益 =23 925/（8 000+2 400×6/12）=2.60（元）

（3）应当在2×18 年度个别报表确认预计负债。

理由：因为 2×19 年 3 月 20 日丙公司 2×18 年度报表还没有对外报出，属于资产负债表日后期间。且该事项在2×18 年度资产负债表日已经存在，在日后期间得以证实应该确认预计负债，所以应当作为调整事项，调整2×18 年丙公司个别报表。

（4）应当调整商誉。

理由：在合并当期期末以暂时确定的价值对企业合并进行处理的情况下，自购买日算起12 个月内取得进一步的信息表明需对原暂时确定的企业合并成本或所取得的资产、负债的暂时性价值进行调整的，应视同在购买日发生，即应进行追溯调整，故调整商誉。

调整后商誉的金额 =24 000－（18 000－2 000×25%－300×75%）×100% =6 725（万元）

10. （1）资料一会计处理不正确。

理由：基建人员产生的相关薪酬费用不应计入生产成本，而应计入在建工程，同时，由于公寓楼为租赁，A 公司并不享有所有权，无须计提折旧费用。正确分录如下：

借：生产成本　　　　　　240

　　在建工程　　　　　　160

　贷：应付职工薪酬——非货币性福利

　　　　　　　　　　　　400

借：应付职工薪酬——非货币性福利

　　　　　　　　　　400

　贷：其他应付款　　　　　400

（2）资料二会计处理不正确。

理由：企业将自有房屋等资产无偿提供给

员工使用，需计提折旧费用，并将折旧费用单独列示。正确分录如下：

借：管理费用 40

销售费用 60

贷：应付职工薪酬——非货币性福利 100

借：应付职工薪酬——非货币性福利 100

贷：累计折旧 100

（3）资料三会计处理不正确。

理由一：授予日员工认购限制性股票应确认库存股。正确分录如下：

授予日 A 公司会计分录：

借：银行存款 （20×5×5）500

贷：股本 （20×5×1）100

资本公积——股本溢价 （倒挤）400

同时：

借：库存股 ［20×5×5（回购价）］500

贷：其他应付款——限制性股票回购义务 500

理由二：2×20 年确认的管理费用不应是全年，实际授予时间为 2×20 年 10 月 1 日，应确认 3 个月的管理费用。调整分录如下：

A 公司等待期 2×20 年确认的管理费用和资本公积的会计分录：

借：管理费用 ［(20－3)×5×6÷4÷12×3］31.875

贷：资本公积——其他资本公积 31.875

理由三：2×20 年对限制性股票的股利记账时还应冲减授予日计提的限制性股票回购义务。调整分录如下：

2×20 年分配现金股利会计分录：

借：利润分配——应付现金股利 ［(20－3)×5×0.5］42.5

贷：应付股利——限制性股票股利 42.5

同时：

借：其他应付款——限制性股票回购义务 42.5

贷：库存股 42.5

11.（1）分录为：

借：其他权益工具投资——成本 （10.8×500＋100）5 500

贷：银行存款 5 500

（2）2×19 年末：

借：其他权益工具投资——公允价值变动 500

贷：其他综合收益 （12×500－5 500）500

借：其他综合收益 125

贷：递延所得税负债 （500×25%）125

2×20 年 7 月 1 日：

借：长期股权投资——投资成本 （26 000＋13×500）32 500

贷：银行存款 26 000

其他权益工具投资——成本 5 500

——公允价值变动 500

盈余公积 50

利润分配——未分配利润 450

借：其他综合收益 500

贷：盈余公积 50

利润分配——未分配利润 450

借：递延所得税负债 125

贷：其他综合收益 125

2×20 年下半年调整后净利润＝4 000－2 000/8/2×75%＝3 906.25（万元），权益法后续计量的分录：

借：长期股权投资——损益调整 976.56

贷：投资收益

（3 906.25 ×25%）976.56

借：长期股权投资——其他综合收益

37.5

贷：其他综合收益

（200 ×75% ×25%）37.5

（3）购入时：

借：交易性金融资产——成本

（150 ×7.8）1 170

投资收益 25

贷：银行存款 1 195

2 ×21 年期末：

借：交易性金融资产——公允价值变动

330

贷：公允价值变动损益

（150 ×10 －1 170）330

借：所得税费用 82.5

贷：递延所得税负债 82.5

二、综合题

1.（1）甲公司向乙体检中心转让试剂盒与为最终客户（体检客户）提供检测服务不可明确区分，两者组合在一起构成单项履约义务，且该单项履约义务属于在某一时点履行的履约义务，因此甲公司应在客户取得商品控制权（即甲公司将检测结果以短信形式告知体检客户）时确认收入。对于客户未寄回样本的试剂盒，甲公司应在试剂盒到期失效时确认收入。

甲公司 2 ×19 年 7 月应确认的收入金额 = 400 ×60 =24 000（元）。

2 ×19 年 7 月的相关会计分录：

借：应收账款 40 000

贷：合同负债 40 000

借：合同负债 24 000

贷：主营业务收入 24 000

2 ×19 年 8 月的相关会计分录：

借：银行存款 40 000

贷：应收账款 40 000

借：合同负债（400 ×38）15 200

贷：主营业务收入 15 200

2 ×19 年 12 月的相关会计分录：

借：合同负债 （400 ×2）800

贷：主营业务收入 800

（2）由于甲公司向丙公司交付技术资料后，不会再对技术进行任何修改，因此甲公司向丙公司授予技术使用权属于在某一时点履行的履约义务，应在履行该履约义务时确认收入。具体而言，甲公司在 2 ×19 年 1 月 1 日将存储技术资料的加密 U 盘交给丙公司，丙公司可以随时登录甲公司网站对 U 盘进行解密，此时丙公司取得商品控制权，所以甲公司应在 2 ×19 年1 月 1 日针对固定对价 1 000 万元确认收入；丙公司按相关产品销售收入的 5% 向甲公司支付的授权使用费，属于基于销售或使用情况的特许权使用费，甲公司应当在丙公司相关销售或使用行为实际发生与甲公司履行相关履约义务二者孰晚的时点确认收入，因此甲公司应当在 2 ×20 年 1 月 5 日确认收入 300 万元。

相关会计分录如下：

2 ×19 年 1 月 1 日：

借：应收账款 1 000

贷：主营业务收入 1 000

2 ×19 年 1 月 20 日：

借：银行存款 1 000

贷：应收账款 1 000

2 ×20 年 1 月 5 日：

借：应收账款 300

贷：以前年度损益调整——主营业务收入

300

（3）甲公司 2 ×19 年新签订合同相关的业务提成费属于合同取得成本。理由：该业务提成费属于为取得该销售合同发生的增量成本，且预期能够收回。

甲公司将 2 ×19 年新签订合同相关的业务提成费作为合同取得成本确认为一项资产后，由于相关销售合同将持续 2 年，各月销量均匀发生，因此应采用直线法对该项合同取得成本进行摊销，每月摊销金额为5万元（120/24），计入销售费用。

2×19年7月与业务提成费相关的会计分录如下：

借：合同取得成本 （4 000×3%）120

　贷：应付职工薪酬 120

借：应付职工薪酬 30

　贷：银行存款 30

借：销售费用 （120/24）5

　贷：合同取得成本 5

（4）甲公司与戊公司的资产互换交易中确认收入的时点为2×19年12月10日；应确认的收入金额为非现金对价在合同开始日的公允价值，即1 100万元。甲公司在2×19年度的相关会计分录为：

借：使用权资产 1 100

　贷：主营业务收入 1 100

2.（1）根据资料（1），判断甲公司销售医疗设备的合同是1年的框架协议还是每季度销售订单，说明理由；判断该销售合同中包含几项履约义务，说明理由。

合同是每季度销售订单。

理由：甲公司与乙公司签订的框架协议中未约定购买的数量和价格，合同权利义务不清晰，不具有法律约束力。

每季度的订单中有明确数量和价格条款，结合框架协议中的其他约定，例如付款方式、产品型号等信息，符合合同成立的条件。

合同中包含两项履约义务：

①设备销售；

②设备安装。

理由：设备销售和安装本身均可让客户单独受益；

从合同层面上看，安装与设备销售不存在重大修改、整合或高度关联，各自可明确区分。

（2）根据资料（2），编制甲公司第三季度、第四季度与销售医疗设备业务相关的会计分录（不考虑履约义务的拆分）。

第三季度：

借：应收账款 1 604.6

　贷：主营业务收入（或营业收入） 1 420

　　应交税费——应交增值税（销项税额） 184.6

（1 000＋1 000＋4 000×4 500÷10 000）×（1－10%）－2 000＝1 420（万元）

借：销售费用 14.2

　贷：预计负债 14.2

第四季度：

借：应收账款 1 830.6

　贷：主营业务收入（或营业收入） 1 620

　　应交税费——应交增值税（销项税额） 210.6

4 000×4 500÷10 000×（1－10%）＝1 620（万元）

借：银行存款 3 000

　贷：应收账款 3 000

借：销售费用 16.2

　贷：预计负债 16.2

（3）根据资料（3），判断甲公司授权丙医院使用其云端软件的交易应在一段时间内还是某一时点确认收入，说明理由；说明甲公司授权丙医院使用其云端软件所收取的服务费的收入确认方法；编制甲公司2×20年相关的会计分录。

该知识产权许可应在一段时间内确认收入。

理由：由于该软件搭建在云端，由甲公司搭建服务器进行维护，可以合理预期甲公司的后续维护将对医院正常使用软件产生重大影响。

收取的价款中：

固定年费120万元应在一年内按时间分摊确认收入；

每单1元的收费属于根据实际使用情况收

取的可变对价，应在实际使用发生和履行相关义务孰晚的时点确认收入。

借：应收账款　　137.8

　贷：主营业务收入（或营业收入）

　　（120+1×10）130

　　应交税费——应交增值税（销项税额）　7.8

（4）根据资料（4），判断甲公司在向丙医院供应耗材的交易中是主要责任人还是代理人，说明理由；编制甲公司收入确认相关的会计分录。

甲公司在该业务中是代理人。

理由：甲公司在将耗材销售给丙医院之前，并未取得耗材的控制权。在耗材供应中，丙医院指定供应商丁公司，甲公司只能根据丙医院的指令向供应商丁公司下单，并收取固定比例的服务费（或甲公司不承担存货风险）。

借：应收账款　　2.12

　贷：主营业务收入

　　（20×10×1%）2

　　应交税费——应交增值税（销项税额）　0.12

3.（1）甲公司对事项（1）的会计处理不正确。

理由：20×8 年 12 月 31 日之前研发支出资本化条件尚未满足，在满足资本化条件后对于原来未满足资本化条件时已费用化的研发支出不应该进行调整。

调整分录：

借：管理费用　　100

　以前年度损益调整　　500

　贷：研发支出——资本化支出

　　600

（2）甲公司对事项（2）的会计处理不正确。

理由：甲公司将上年处理作为会计差错予以更正是正确的，但关于融资费用的处理不正确，不应将融资费用全部计入 20×8 年度，该融资费用应在 20×7 年度与 20×8 年度之间进行分摊。

调整分录：

借：以前年度损益调整　　50

　贷：财务费用　　50

（3）甲公司对事项（3）的会计处理不正确。

理由：上年度对诉讼事项的预计负债是基于编制上年度财务报表时的情形作出的最佳估计，在没有明确证据表明上年度会计处理构成会计差错的情况下，有关差额应计入当期损益。

调整分录：

借：营业外支出　　50

　贷：以前年度损益调整　　50

借：预计负债　　150

　贷：其他应付款　　150

（4）甲公司对事项（4）的会计处理不正确。

理由：折旧年限变更属于会计估计变更，不应追溯调整。

估计变更后，剩余年限中每年折旧金额 =（1 200－1 200/12×3）÷6＝150（万元），即每半年折旧额 75 万元。20×8 年当年应确认的折旧金额＝1 200/12×1/2＋75＝125（万元），因此应调减错误的处理中确认的管理费用＝133.33－125＝8.33（万元），应调减错误的处理中确认的累计折旧＝216.66－125＝91.66（万元），再将追溯调整的以前年度损益调整 83.33 万元冲销。

调整分录：

借：累计折旧　　91.66

　贷：管理费用　　8.33

　　以前年度损益调整　　83.33

4.（1）①乙公司合并财务报表中确认的与丙公司相关的商誉 1 000 万元不在甲公司编制的合并财务报表中体现；

②甲公司购买乙公司（含丙公司）形成的商誉金额＝5 000×10－59 000×60%＝

14 600（万元）

甲公司购买乙公司（含丙公司）形成的商誉金额应分摊至乙公司的商誉金额 = 14 600 × 40 000/（40 000 + 19 000）= 9 898.31（万元）

甲公司购买乙公司（含丙公司）形成的商誉金额应分摊至丙公司的商誉金额 = 14 600 − 9 898.31 = 4 701.69（万元）

（2）甲公司个别财务报表分录：

借：投资性房地产——成本　5 000
　贷：银行存款　5 000

借：投资性房地产——公允价值变动　500
　贷：公允价值变动损益　500

丙公司个别财务报表分录：

借：固定资产清理　3 000
　累计折旧　1 000
　贷：固定资产　4 000

借：银行存款　5 000
　贷：固定资产清理　3 000
　　资产处置损益　2 000

（3）甲公司编制 2 × 19 年度合并财务报表时，对乙公司拟处置的丙公司股权应当作为持有待售资产列报，应将丙公司所有资产和负债划分为持有待售类别。

乙公司处置丙公司股权的处置日为 2 × 20 年 1 月 5 日。

处置日甲公司合并利润表中应列示的与股权处置相关的投资收益 = 28 000 −（19 000 + 3 000）× 60% − 4 701.69 = 10 098.31（万元）

①评估增值、减值的调整抵销分录：

借：无形资产　8 000
　贷：资本公积　8 000

借：管理费用　（8 000/20）400
　贷：无形资产　400

借：资本公积　1 000
　贷：商誉　1 000

②内部交易抵销分录：

借：资产处置收益　2 000
　贷：其他综合收益　2 000

③逆流交易调整分录：

借：少数股东权益　800
　贷：少数股东损益　800

借：其他综合收益　800
　贷：少数股东权益　800

④成本法调整为权益法：

乙公司与丙公司调整后的净利润 =（5 000 − 400）+ 3 000 = 7 600（万元）

甲公司对乙公司长期股权投资权益法调整分录：

借：长期股权投资　4 860
　贷：投资收益　（7 600 × 60%）4 560
　　其他综合收益　（500 × 60%）300

借：实收资本　20 000
　资本公积　（10 000 + 8 000 − 1 000）17 000
　其他综合收益　500
　盈余公积　（12 000 + 500）12 500
　未分配利润　（10 000 + 4 600 − 500 + 3 000）17 100
　商誉　14 600
　贷：长期股权投资　（5 000 × 10 + 4 860）54 860
　　少数股东权益　26 840

借：持有待售资产　4 701.69
　贷：商誉　4 701.69

借：投资收益　［（4 600 + 3 000）× 60%］4 560
　少数股东损益　［（4 600 + 3 000）× 40%］3 040
　年初未分配利润　10 000
　贷：提取盈余公积　500
　　年末未分配利润　17 100

5.（1）资料（1）中甲公司的会计处理不正确。理由：对于租入的土地使用权，企业不应确认为无形资产，应确认使用权资产。

更正分录如下：

借：累计摊销　50

　使用权资产　2 000

　贷：无形资产　2 000

　　使用权资产累计摊销　50

借：在建工程　50

　贷：销售费用　50

资料（2）中甲公司的会计处理不正确。理由：对于附有销售退回条件但无法估计退货率的商品销售，企业在发出商品时不应确认收入。更正分录如下：

借：主营业务收入　500

　贷：预计负债　500

借：应收退货成本　400

　贷：主营业务成本　400

资料（3）中甲公司的会计处理不正确。理由：由于商品房销售合同约定了服务的年限，甲公司应将商品房市场价格与优惠价格的差额作为长期待摊费用处理，在合同规定的服务年限内平均摊销计入损益，同时，确认应付职工薪酬。

借：长期待摊费用　2 000

　贷：主营业务收入　2 000

借：管理费用　200

　贷：应付职工薪酬　200

借：应付职工薪酬　200

　贷：长期待摊费用　200

（2）资料（4）中乙公司的会计处理不正确。理由：甲公司采用建设经营移交方式建设和经营高速公路属于 PPP 业务，乙公司为其提供建造服务的，在建造期内应按照《企业会计准则第 14 号——收入》的规定确认相关的收入和费用。交易价格为可变对价的，应当按照成本加成法为基础确认收入。

更正分录为：

履约进度 = 20 000/（20 000 + 60 000）= 25%

应确认的主营业务成本 =（20 000 + 60 000）× 25% = 20 000（万元）

应确认的主营业务收入 =（20 000 + 60 000）×（1 + 10%）× 25% = 22 000（万元）

借：营业成本（或主营业务成本）

　20 000

　贷：合同履约成本　20 000

借：合同资产　22 000

　贷：营业收入（或主营业务收入）

　22 000

6.（1）甲公司对乙公司股权投资的初始投资成本 = 4 000 万元

调整后的净利润 = 3 600 − 3 000/10 = 3 300（万元）

2 × 18 年应确认的投资收益金额 = 3 300 × 30% = 990（万元）

相关分录为：

2 × 17 年 12 月 20 日

借：长期股权投资——投资成本

　4 000

　贷：银行存款　4 000

初始投资成本 4 000 万元，应享有被投资方可辨认净资产公允价值的份额 =（12 000 + 3 000）× 30% = 4 500（万元），前者小于后者，需要调整长期股权投资账面价值：

借：长期股权投资——投资成本

　500

　贷：营业外收入　500

2 × 18 年末：

借：长期股权投资——损益调整

［（3 600 − 3 000/10）× 30%］990

　——其他综合收益

　（400 × 30%）120

　贷：投资收益　990

　　其他综合收益　120

（2）甲公司不应当终止确认所转让的应收账款。理由：由于甲公司既没有转移也没有保留该笔应收账款所有权上几乎所有的风险和报酬，并且未经甲公司同意，丙银行不能将该应收账款转让给其他方，丙银行不具备出售该笔款项的实际能力，导致甲公司保留了对该笔应收账款的控制，所以应当按照甲公司继续涉入被转移金融资产的程度继续确认该被转移金融资产，并相应确认相关负债。

会计分录为：

借：银行存款　　7 500
　　继续涉入资产　　2 000
　　投资收益　　800
　　贷：应收账款　　8 000
　　　　继续涉入负债　　2 300

(3) 甲公司2×18年应确认租金收入的金额=(300×4×3-300)/3×9/12+2 500×1%=850（万元）。分录为：

借：银行存款　　600
　　其他应收款　　250
　　贷：其他业务收入　　850

(4) 甲公司该业务属于股权质押融资。理由：因为A公司不能转让该股权投资，2年以后，甲公司需要按照10%的利率确定的复利终值3.63亿元将该股权回购，所以A公司没有取得该股权的控制权。

向A公司转让股权时：

借：银行存款　　30 000
　　贷：长期应付款　　30 000

2×19年末：

借：财务费用　　3 000
　　贷：长期应付款　　3 000

第二年应确认的利息费用=(30 000+3 000)×10%=3 300（万元），会计分录为：

借：财务费用　　3 300
　　贷：长期应付款　　3 300
借：长期应付款　　36 300
　　贷：银行存款　　36 300

(5) 该笔借款在个别报表层面应该资本化的金额=30 000×5%-450=1 050（万元）

在合并报表层面应该资本化的金额是=30 000×10%-450=2 550（万元）

合并报表中与借款以及借款费用资本化相关的调整、抵销分录：

借：长期应付款　　31 500
　　贷：长期应收款　　31 500
借：在建工程　　1 500
　　贷：财务费用　　1 500

7. (1) ①积分的单独售价=10×1×85%=8.5（万元）

甲公司按照商品和积分单独售价的相对比例对交易价格进行分摊：

分摊至商品的交易价格=1 000/(1 000+8.5)×1 000=991.57（万元）

分摊至积分的交易价格=8.5/(1 000+8.5)×1 000=8.43（万元）

2×17年12月确认收入的金额为991.57万元，分录如下：

借：银行存款　　1 000
　　贷：主营业务收入　　991.57
　　　　合同负债　　8.43

②2×18年1月，甲公司的会员客户在购物时使用了2万个积分，确认收入的金额=2/8.5×8.43=1.98（万元）。

借：合同负债　　1.98
　　贷：主营业务收入　　1.98

(2) 授予日的会计分录为：

借：银行存款　　5 000
　　贷：股本　　(20×50×1) 1 000
　　　　资本公积——股本溢价　　4 000

同时：

借：库存股　　5 000
　　贷：其他应付款——限制性股票回购义务　　5 000

2×17年末，确认管理费用和资本公积金额=(20-20×10%)×50×(20-5)×1/5=2 700（万元）。

借：管理费用　　2 700
　　贷：资本公积——其他资本公积　　2 700

所得税的会计处理：

年末股票的公允价值=(20-20×10%)×50×25×1/5=4 500（万元）

年末股票期权行权价格 =（20 - 20 × 10%）×50 ×5 ×1/5 =900（万元）

年末预计未来期间可税前扣除的金额 = 4 500 - 900 =3 600（万元）

分录：

借：递延所得税资产

（3 600 ×25%）900

贷：资本公积——其他资本公积

225

所得税费用

（2 700 ×25%）675

（3）①2 ×17 年 12 月 31 日，投资性房地产的账面价值和计税基础如下：

账面价值 = 8 000 - 8 000/40 = 7 800（万元）

计税基础 = 8 000 - 8 000/20 = 7 600（万元）

投资性房地产账面价值 7 800 万元大于计税基础 7 600 万元，产生应纳税暂时性差异 200 万元，确认递延所得税负债（7 800 - 7 600）×25% =50（万元），分录如下：

借：所得税费用 50

贷：递延所得税负债 50

②会计处理原则：投资性房地产由成本模式变更为公允价值模式作为会计政策变更处理，并按计量模式变更时公允价值与账面价值的差额调整期初留存收益，分录如下：

借：投资性房地产——成本

8 000

——公允价值变动

500

投资性房地产累计折旧 200

贷：投资性房地产 8 000

递延所得税负债 175

盈余公积 52.5

利润分配——未分配利润

472.5

（4）甲公司 2 ×17 年度因实行累积带薪制度应当确认的应付职工薪酬金额 =（12 - 10）× 200 ×600/10 000 =24（万元），分录如下：

借：管理费用 24

贷：应付职工薪酬——累积带薪缺勤

24

8.（1）甲公司对乙公司 60% 股权投资的成本 = 持有丙公司 100% 股权的公允价值 450 000 + 现金 30 000 =480 000（万元）

借：长期股权投资——乙

480 000

贷：长期股权投资——丙

150 000

银行存款 30 000

投资收益

（450 000 - 150 000）300 000

（2）合并成本 = 450 000 + 30 000 = 480 000（万元）

甲公司编制合并财务报表时，子公司包括乙公司和丙公司，其可辨认净资产公允价值包括丙公司可辨认净资产公允价值，乙公司发行权益性证券前乙公司可辨认净资产公允价值、发行权益性证券收到的现金减去支付的发行费用。

即购买日乙公司合并报表可辨认净资产公允价值 = 乙公司可辨认净资产公允价值 300 000 + 丙公司可辨认净资产公允价值 400 000 + 收到的银行存款 30 000 - 支付给中介机构的佣金 2 000 =728 000（万元）。

商誉 = 合并成本 - 乙公司合并报表可辨认净资产公允价值份额 = 480 000 - 728 000 × 60% =43 200（万元）。

（3）乙公司发行股份的会计分录：

借：长期股权投资——丙

450 000

银行存款 30 000

贷：股本 48 000

资本公积 432 000

借：资本公积 2 000

贷：银行存款 2 000

（4）乙公司与取得及持有丁公司股权相

关的会计分录：

借：其他权益工具投资——成本 3 200

贷：银行存款 3 200

借：其他权益工具投资——公允价值变动 200

贷：其他综合收益 200

（5）乙公司与拟出售办公楼相关的会计分录：

借：持有待售资产 57 000

累计折旧 3 000

贷：固定资产 60 000

（6）少数股东损益 = {[12 000 − (85 000 − 65 000)/20] + [6 500 − (30 000 − 10 000)/5]} × 40% = 5 400（万元）。

少数股东权益 = 728 000 × 40% + 5 400 + 200 × 40% = 296 680（万元）。

（7）甲公司 20×9 年度合并财务报表的调整和抵销分录：

①购买日 20×9 年 1 月 1 日：

因为是站在甲公司角度一次合并，因此在购买日将乙公司和丙公司汇总的所有者权益和甲公司长期股权投资抵销，所以应将购买日乙公司发行权益性证券确认的长期股权投资 450 000 万元冲销，首先冲减乙公司增加的股本 48 000 万元，剩余部分冲减资本公积 402 000 万元。

借：股本 48 000

资本公积 402 000

贷：长期股权投资——丙 450 000

抵销后乙公司个别报表中资本公积的增加额 = 432 000 − 2 000 − 402 000 = 28 000（万元）。

乙公司在购买日当天收到了甲公司的银行存款 30 000 万元增加了乙公司个别报表的可辨认净资产，同时支付给中介机构的佣金 2 000 万元减少了乙公司个别报表的可辨认净资产，所以乙公司当日增加的可辨认净资产公允价值 = 30 000 − 2 000 = 28 000（万元），即增加的资本公积。

将乙公司和丙公司可辨认净资产调整为公允价值：

借：投资性房地产 （85 000 − 65 000） 20 000

贷：资本公积 20 000

借：无形资产 （30 000 − 10 000） 20 000

贷：资本公积 20 000

汇总乙公司所有者权益：

股本 = 32 000 + 50 000 = 82 000（万元）

资本公积 = 乙公司个别报表 188 000 + 丙公司个别报表 100 000 + 乙公司评估增值 20 000 + 丙公司评估增值 20 000 + 购买日增加的 28 000 = 356 000（万元）

盈余公积 = 10 000 + 50 000 = 60 000（万元）

未分配利润 = 50 000 + 180 000 = 230 000（万元）

将甲公司长期股权投资与乙公司所有者权益抵销：

借：股本 82 000

资本公积 356 000

盈余公积 60 000

未分配利润 230 000

商誉 43 200

贷：长期股权投资 480 000

少数股东权益 （728 000 × 40%） 291 200

②20×9 年 12 月 31 日：

对乙公司投资的调整分录：

借：投资性房地产 20 000

贷：资本公积 20 000

借：营业成本（20 000/20） 1 000

贷：投资性房地产——累计折旧 1 000

借：长期股权投资 [（12 000 − 1 000）× 60%] 6 600

贷：投资收益　　　　　　6 600

借：长期股权投资

（200×60%）120

贷：其他综合收益　　　　120

对丙公司投资的调整分录：

借：无形资产　　　　　20 000

贷：资本公积　　　　20 000

借：管理费用（20 000/5）4 000

贷：无形资产——累计摊销

4 000

借：长期股权投资

［（6 500－4 000）×60%］1 500

贷：投资收益　　　　　1 500

把乙公司和丙公司内部交易抵销：

借：固定资产　　　　　57 000

贷：持有待售资产　　　57 000

借：管理费用

（60 000/50/12）100

贷：固定资产——累计折旧　100

借：少数股东权益　　　　40

贷：少数股东损益　　　　40

20×9 年 12 月 31 日调整抵销分录：

长期股权投资＝480 000＋6 600＋120＋1 500＝488 220（万元）

自购买日开始持续计算可辨认净资产价值＝728 000＋（12 000－1 000）＋（6 500－4 000）＋200＝741 700（万元）

借：股本　　　　　　　48 000

资本公积　　　　　402 000

贷：长期股权投资　　　450 000

借：股本　　　　　　　82 000

资本公积　　　　　356 000

其他综合收益（0＋200）200

盈余公积

（60 000＋1 200＋650）61 850

未分配利润

（230 000＋12 000－1 000

－1 200＋6 500－4 000

－650）241 650

商誉　　　　　　　43 200

贷：长期股权投资　　　488 220

少数股东权益

（741 700×40%）296 680

借：投资收益

（6 600＋1 500）8 100

少数股东损益

［（11 000＋2 500）×40%］5 400

年初未分配利润　　230 000

贷：提取盈余公积

［（12 000＋6 500）×10%］1 850

年末未分配利润　　241 650

③甲公司在合并财务报表中处置所持丙公司 40% 股权确认的资本公积＝丙公司 100% 股权的公允价值 450 000×40%－持续计算的可辨认净资产份额（400 000＋6 500－4 000）×40%＝19 000（万元）。

9.（1）甲公司发行的可转换公司债券负债成分的公允价值＝60×100×6%×（P/A，9%，3）＋60×100×（P/F，9%，3）＝60×100×6%×2.531 3＋60×100×0.772 2＝5 544.47（万元）

权益成分的公允价值＝60×100－5 544.47＝455.53（万元）

甲公司发行的可转换公司债券 2×18 年应确认的利息费用＝5 544.47×9%＝499（万元）

甲公司 2×18 年与发行可转债相关的会计分录：

借：长期股权投资

（60×100）6 000

应付债券——可转换公司债券（利息调整）

（6 000－5 544.47）455.53

贷：应付债券——可转换公司债券（面值）

6 000

其他权益工具　　　455.53

甲公司 2×18 年与确认利息费用相关的会

计分录：

借：财务费用 499

贷：应付利息（6 000×6%）360

应付债券——可转换公司债券（利息调整）

（499－360）139

（2）甲公司为丙公司建造生产线属于在某一时段内履行的履行义务；理由：①合同约定，根据丙公司质量控制要求，甲公司在丙公司的生产车间建造一条疫苗生产线，负责生产线的总体规划设计、设备采购、安装调试，保证生产线达到丙公司要求。说明丙公司能够控制履约过程中的在建商品。②如果甲公司终止合同，已完成的建造部分归丙公司所有，丙公司可在甲公司工作的基础上，聘请其他单位继续完成生产线的建造，说明丙公司在甲公司履约的同时即取得并消耗甲公司履约所带来的经济利益。

2×18 年应确认的收入＝（4 000－3 000）/（6 000－3 000）×（9 000－3 000）＋3 000＝5 000（万元）

2×19 年应确认的收入＝9 000－5 000＝4 000（万元）

2×18 年 2 月 1 日：

借：应收账款 900

贷：合同结算

（9 000×10%）900

借：银行存款 900

贷：应收账款 900

2×18 年 12 月 31 日：

借：应收账款 2 700

贷：合同结算

（9 000×30%）2 700

借：银行存款 2 700

贷：应收账款 2 700

借：合同结算 5 000

贷：主营业务收入 5 000

借：合同履约成本 4 000

贷：银行存款等 4 000

借：主营业务成本 4 000

贷：合同履约成本 4 000

2×19 年 8 月 1 日：

借：应收账款

（9 000×50%）4 500

贷：合同结算 4 500

借：银行存款 4 500

贷：应收账款 4 500

借：合同结算 4 000

贷：主营业务收入 4 000

借：合同履约成本 2 000

贷：银行存款等

（6 000－4 000）2 000

借：主营业务成本 2 000

贷：合同履约成本 2 000

（3）甲公司 2×18 年确认药品销售收入的会计分录：

2×18 年 12 月 31 日：

借：银行存款（5 000×3）15 000

贷：主营业务收入

（15 000－3 000）12 000

预计负债

（15 000×20%）3 000

借：主营业务成本 4 000

应收退货成本

（5 000×20%）1 000

贷：库存商品 5 000

甲公司对退货率调整属于 2×18 年资产负债表日后调整事项；理由：因为该销售事项在资产负债表日前已经存在，日后期间按照新取得的证据对原来已存在情况进行调整，应作为日后调整事项处理。分录为：

借：预计负债

［15 000×（20%－15%）］750

贷：以前年度损益调整

——调整主营业务收入 750

借：以前年度损益调整

——调整主营业务成本 250

贷：应收退货成本

[5 000 ×(20% －15%)] 250

(4) 甲公司发行股份的会计分录：

借：银行存款 (5 ×100 ×1) 500

贷：股本 100

资本公积——股本溢价 400

借：库存股 500

贷：其他应付款 500

甲公司2 ×19 年应确认的股份支付费用 = 100 ×(1 －10%)×1 ×(20 －5)×1/3 = 450 (万元)

确认股份支付费用的会计分录：

借：研发支出 450

贷：资本公积——其他资本公积 450

回购并注销股票的会计分录：

借：其他应付款 (5 ×1 ×5) 25

贷：银行存款 25

借：股本 5

资本公积——股本溢价 (25 －5) 20

贷：库存股 25

10. (1) 2 ×18 年1 月1 日

借：银行存款 10 000

贷：股本 (50 ×20) 1 000

资本公积 9 000

同时，就回购义务确认负债：

借：库存股 1 000

贷：其他应付款 1 000

(2) 2 ×18 年12 月31 日应确认损益的金额 =(50 －1 －4)×20 ×12 ×1/4 = 2 700 (万元)

借：管理费用 2 700

贷：资本公积——其他资本公积 2 700

2 ×19 年12 月31 日应确认损益的金额 =(50 －2 －2)×20 ×12 ×2/4 －2 700 = 2 820 (万元)

借：管理费用 2 820

贷：资本公积——其他资本公积 2 820

(3) 2 ×19 年5 月3 日，预计未来可解锁限制性股票持有者的现金股利 (以2 ×18 年预计行权人数为基础) = (50 －1 －4) ×20 ×1 = 900 (万元)，预计未来不可解锁限制性股票股利持有者的现金股利 =4 ×20 ×1 =80 (万元)。

①对于预计未来可解锁限制性股票持有者：

借：利润分配 900

贷：应付股利 900

同时：

借：其他应付款 900

贷：库存股 900

②对于预计未来不可解锁限制性股票持有者：

借：其他应付款 80

贷：应付股利 80

③其他普通股股份发放的现金股利：

借：利润分配 20 000

贷：应付股利 20 000

2 ×19 年5 月25 日，实际发放现金股利：

借：应付股利 20 980

贷：银行存款 20 980

(4) 2 ×18 年度，当期所得税费用 = (160 000 +2 700) ×25% =40 675 (万元)

预计未来税前扣除的金额 =(50 －1 －4)人×20 万股×(期末公允价值20 －授予价格10)×1/4 =2 250 (万元)

年末应确认递延所得税资产 = 2 250 × 25% =562. 5 (万元)

2 ×18 年度，股份支付计划在当期确认的费用为2 700 万元，预计未来期间可税前扣除的金额为2 250 万元，未超过当期确认的费用，因此，就该限制性股票应确认的递延所得税费用为－562. 5 万元。

甲公司在2 ×18 年应确认的所得税费用 = 40 675 －562. 5 =40 112. 5 (万元)

(5) 2 ×20 年12 月31 日应确认损益的金

额 =（50 − 4）×20×12×4/4 − 2 700 − 2 820 = 5 520（万元）

（6）2×18 年度基本每股收益 = 160 000/20 000 = 8（元/股）

11.（1）甲公司销售 100 件 A 产品的会计分录如下：

2×18 年 3 月 25 日：

借：应收账款　　2 260

　贷：主营业务收入（20×100×92%）1 840

　　预计负债（20×100×8%）160

　　应交税费——应交增值税（销项税额）　260

借：主营业务成本（12×100×92%）1 104

　应收退货成本（12×100×8%）96

　贷：库存商品（12×100）1 200

3 月 28 日：

借：银行存款　　2 260

　贷：应收账款　　2 260

借：所得税费用　　24

　贷：递延所得税负债（96×25%）24

借：递延所得税资产（160×25%）40

　贷：所得税费用　　40

（2）甲公司收到退回 A 产品的会计分录为：

借：应交税费——应交增值税（销项税额）（10×19×13%）24.7

　预计负债（200×8%×19）304

　贷：主营业务收入（19×6）114

　　银行存款（10×19×1.13）214.7

借：库存商品（10×12）120

　主营业务成本（6×12）72

　贷：应收退货成本（200×12×8%）192

借：所得税费用　　76

　贷：递延所得税资产（304×25%）76

借：递延所得税负债（192×25%）48

　贷：所得税费用　　48

（3）①甲公司销售 B 产品合同，只存在销售 B 产品一项履约义务。

理由：对于因客户保管不善或使用不当造成损坏而需要的维修服务，甲公司并没有通过合同明确承诺为其提供该项服务，因此销售 B 产品的合同仅存在两项承诺，一个是销售 B 产品，另一个是质保期内免费提供质量问题的维修服务。而由于质保期内提供免费的质量维修服务，是为达到法定标准提供的，不属于单项履约义务，所以该合同只存在销售商品一项单项履约义务。

②销售业务应分摊交易价格 9 800 万元。

③质保期内提供免费的质量维修服务，不属于单项履约义务，应按照或有事项的准则进行处理，将预计的维修费用计入预计负债。

质保期满之后提供的维修服务，应作为一项单项履约义务进行会计处理。如果丁公司选择购买该项服务，甲公司应将收到的款项计入合同负债，在提供维修服务期间内分摊确认相关收入。

（4）甲公司重新估计退货率的分录为：

借：预计负债　　60

　贷：主营业务收入（20×100×3%）60

借：主营业务成本　　36

　贷：应收退货成本（12×100×3%）36

借：所得税费用　　15

　贷：递延所得税资产（60×25%）15

借：递延所得税负债

（36×25%）9

贷：所得税费用 9

（5）甲公司2×18年度合并财务报表的调整和抵销分录如下：

①甲公司与乙公司A产品销售业务：

借：营业收入 1 900

预计负债 100

贷：营业成本 1 540

应收退货成本 60

存货

［（2 000－1 200）×50%］400

借：递延所得税资产

（400×25%）100

贷：所得税费用 100

借：所得税费用（100×25%）25

贷：递延所得税资产 25

借：递延所得税负债

（60×25%）15

贷：所得税费用 15

②甲公司与乙公司办公楼租赁业务：

借：固定资产 2 000

其他综合收益 800

贷：投资性房地产 2 800

借：年初未分配利润 200

公允价值变动损益 300

贷：投资性房地产 500

借：年初未分配利润 25

管理费用 50

贷：固定资产——累计折旧 75

借：递延所得税负债

｛［3 300－（2 500－500－2 500/50×1.5）］×25%｝343.75

贷：其他综合收益

［（2 800－2 000）×25%］200

年初未分配利润

［（3 000－2 800＋2 500/50/2）×25%］56.25

所得税费用

［（3 300－3 000＋2 500/50）×25%］87.5